:pg 159

Silvio Paolucci
Giuseppina Signorini
Luciano Marisaldi

3 Di tempo in tempo

L'Età contemporanea

DT 0076563522
COD 54970
DI TEMPO IN T
EMPO 3
PAOLUCCI SILU
SIGNORINI GIU
MARISALDI LUC
ZANICHELLI
ZANICHELLI ED
22D7F2AEAE

GUARDA! I video del libro sul tuo smartphone

1 SCARICA LA APP Guarda! DA:

Scarica su App Store — DISPONIBILE SU Google play

2 INQUADRA, SCATTA, GUARDA

- **Inquadra** l'immagine del libro con la fotocamera del tuo smartphone
- **scatta**
- **guarda** il video

Per saperne di più, vai
su.zanichelli.it/guarda

L'eBook multimediale

1 REGÌSTRATI

Vai su **my.zanichelli.it** e regìstrati come studente

2 ATTIVA IL TUO LIBRO

Una volta entrato in **myZanichelli**, inserisci la **chiave di attivazione** che trovi sul bollino argentato in questa pagina

FACSIMILE

3 CLICCA SULLA COPERTINA

Puoi:

- **scaricare l'eBook offline** sul tuo computer o sul tuo tablet
- **sfogliare un'anteprima** dell'eBook online

Di tempo in tempo è la seconda edizione di Paolucci, Signorini, Marisaldi *Il racconto dello storico*, Zanichelli 2012

Realizzazione editoriale:
- Coordinamento editoriale: Marina Di Simone
- Coordinamento redazionale: Laura Russo
- Redazione: Sara Madussi, Laura Russo
- Segreteria di redazione: Rossella Frezzato, Deborah Lorenzini
- Progetto grafico e impaginazione: Studio 8vo, Bologna
- Revisione didattica, rilettura critica dei testi, soluzioni degli esercizi e contributo all'ideazione degli apparati cartografici e iconografici: Elisa Donin
- Revisione didattica di aperture e sintesi di capitolo: Letizia Ori
- Revisione didattica e contributo all'ideazione degli apparati cartografici e iconografici degli esercizi *Il capitolo a colpo d'occhio*: Giuseppina Lenoci
- Consulenza didattica: Sabrina Frigiolini, Giuseppina Lenoci, Laura Manzoni
- Ricerca iconografica: Costanza Pastore/Studio 8vo, Bologna
- 10 in leggibilità: le 10 regole sono state elaborate in collaborazione con lo studio grafico Chialab, Bologna. L'Istituto Superiore per le Industrie Artistiche (ISIA) di Urbino ha verificato che tutte le regole siano rispettate in questo libro
- Carte: Bernardo Mannucci
- Disegni: Claudio Prati
- Rilettura dei testi: Il Nove, Bologna

Copertina:
- Progetto grafico: Miguel Sal & C., Bologna
- Ideazione: Studio 8vo, Bologna
- Realizzazione: Roberto Marchetti e Francesca Ponti
- Immagine di copertina: **Routes of the Flying Clipper Ships, Pan American World Airways**, 1941 circa. Litografia a colori. HistoryMiami, Florida. © HistoryMiami/Bridgeman Images

Prima edizione: 2012
Seconda edizione: gennaio 2017

Ristampa:

5 4 3 2 2018 2019 2020 2021

Zanichelli garantisce che le risorse digitali di questo volume sotto il suo controllo saranno accessibili, a partire dall'acquisto dell'esemplare nuovo, per tutta la durata della normale utilizzazione didattica dell'opera. Passato questo periodo, alcune o tutte le risorse potrebbero non essere più accessibili o disponibili: per maggiori informazioni, leggi my.zanichelli.it/fuoricatalogo

File per sintesi vocale
L'editore mette a disposizione degli studenti non vedenti, ipovedenti, disabili motori o con disturbi specifici di apprendimento i file pdf in cui sono memorizzate le pagine di questo libro. Il formato del file permette l'ingrandimento dei caratteri del testo e la lettura mediante software screen reader. Le informazioni su come ottenere i file sono sul sito http://www.zanichelli.it/scuola/bisogni-educativi-speciali

Grazie a chi ci segnala gli errori
Segnalate gli errori e le proposte di correzione su **www.zanichelli.it/correzioni**. Controlleremo e inseriremo le eventuali correzioni nelle ristampe del libro. Nello stesso sito troverete anche l'errata corrige, con l'elenco degli errori e delle correzioni.

Zanichelli editore S.p.A. opera con sistema qualità
certificato CertiCarGraf n. 477
secondo la norma UNI EN ISO 9001:2008

Contributi:
- Compiti di realtà, progetto multidisciplinare: Francesco Mariutto
- *History Highlights*: Elisa Donin
- Didattica in itinere: Iolanda Pellegrino

Contributi dell'Edizione insegnante:
- Percorsi letterari: Maria Cristina Pennacchio
- *History Highlights*: Elisa Donin

Realizzazione delle risorse digitali:
- Coordinamento redazionale: Laura Russo
- Redazione: Jacopo Bassi
- Audiolibro: Immagina srl, Bologna
- Progettazione esecutiva e sviluppo software di Booktab, realizzazione di carte animate e mappe interattive: duDAT srl, Bologna
- Carte: Bernardo Mannucci
- Stesura e ricerca iconografica dei percorsi multimediali, sceneggiatura ed esercizi interattivi delle carte animate, sceneggiatura del video *History Highlights*: Elisa Donin
- Ideazione e realizzazione dei video *Ciak, si impara!*: Appears srl, Bologna
- Progettazione esecutiva e sviluppo software dell'applicazione Guarda!: Yoomee Technologies, Bologna I Ravenna
- Realizzazione e adattamento della sceneggiatura del video *History Highlights*: Antonio Mannucci, Pier Xenofon Kotanidis
- Voce narrante: Richard Rice
- Disegni: Giulio Peranzoni
- PowerPoint per capitolo: Lorenzo Ferrari
- PowerPoint di *History Highlights*, esercizi interattivi ZTE: Elisa Donin

Questo libro è stampato su carta che rispetta le foreste.
www.zanichelli.it/chi-siamo/sostenibilita

Stampa: La Fotocromo Emiliana
Via Sardegna 30, 40060 Osteria Grande (Bologna)
per conto di Zanichelli editore S.p.A.
Via Irnerio 34, 40126 Bologna

Stud pag = 105 a 120 data 19

Silvio Paolucci
Giuseppina Signorini
Luciano Marisaldi

3 Di tempo in tempo

L'Età contemporanea

Una rappresentazione del mondo di Età contemporanea

Il planisfero in copertina non serviva per l'orientamento; faceva parte del manifesto pubblicitario del 1941 di una grande compagnia aerea statunitense.

I *flying clippers,* aerei che coprono le rotte intercontinentali, sono la versione volante dei veloci vascelli a vela, i *clippers*, che nel XIX secolo si sfidavano per battere i record di velocità negli oceani. Le rotte aeree, come si vede nell'immagine, collegano località costiere: i *flying clippers* erano infatti idrovolanti.

Quando esce questa pubblicità, in Europa è già iniziata la seconda guerra mondiale e, verso la fine del 1941, anche gli Stati Uniti sono coinvolti.

Le Americhe sono raffigurate al centro del planisfero. In questi anni, infatti, avviene un altro importante spostamento dell'asse del mondo: dopo il Mediterraneo e dopo l'Oceano Atlantico, il Pacifico diventa protagonista della storia globale.

Alla fine della guerra, le innovazioni tecniche ideate per scopi bellici sono applicate all'aviazione civile, che avrà un rapidissimo sviluppo.

ZANICHELLI

Unità 1 INDICE

L'ETÀ DEGLI IMPERI

conferenza di Berlino **1884**

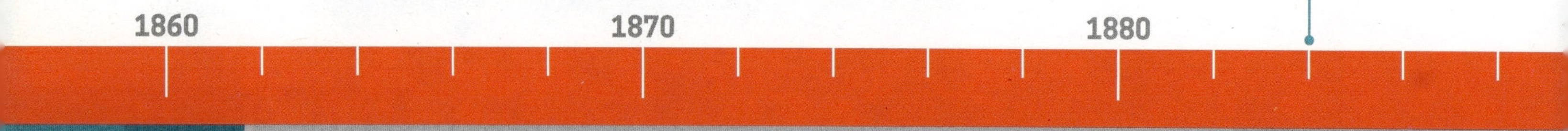

apertura del canale di Panama **1914**

1900 1910 1920

Unità 2 INDICE

TRENT'ANNI, DUE GUERRE MONDIALI

1914 scoppia la prima guerra mondiale

1900 1910 1920

1945 finisce la seconda guerra mondiale

1940 — 1950 — 1960

Unità 3
INDICE

IL MONDO DIVISO DEL DOPOGUERRA

indipendenza dell'India
1947

1930 1940 1950

1969 l'uomo sulla Luna

1970 1980 1990

Unità 4 INDICE

IL MONDO ATTUALE

1989 cade il muro di Berlino

1970 1980 1990

GUARDA! LA CARTA ANIMATA

mappa interattiva

GUARDA! IL VIDEO

GUARDA! LA CARTA ANIMATA

mappa interattiva

esercizi su ZTE

GUARDA! IL VIDEO

2002 entra in vigore l'euro

2010 2020 2030

Unità 1

L'ETÀ DEGLI IMPERI

Uno sguardo sul mondo

Imperi e Stati coloniali nel 1878

La distribuzione della popolazione mondiale nel 1900

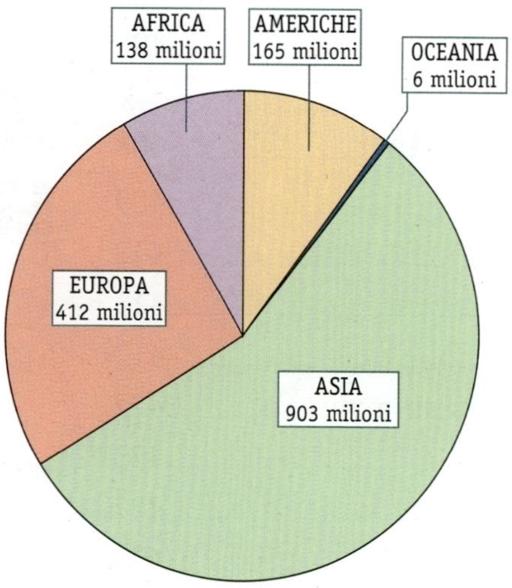

Le cinque città più grandi del mondo

nel 1871	
Londra	3 841 000
Parigi	1 851 000
New York	1 478 000
Pechino	1 130 000
Vienna	1 020 000

nel 1900	
Londra	6 226 000
New York	3 437 000
Parigi	2 714 000
Berlino	1 888 000
Chicago	1 698 000

Comprendo i cambiamenti nello spazio e nel tempo

Innovazione	1871 invenzione del telefono
Società	BELLE ÉPOQUE; 1882-1889 legislazioni sociali in Germania
Espansione coloniale	1876 la regina Vittoria imperatrice delle Indie; 1884-1885 conferenza di Berlino
Politica	1870 guerra franco-prussiana; 1871 proclamazione dell'impero tedesco

1870 — 1880 — 1890

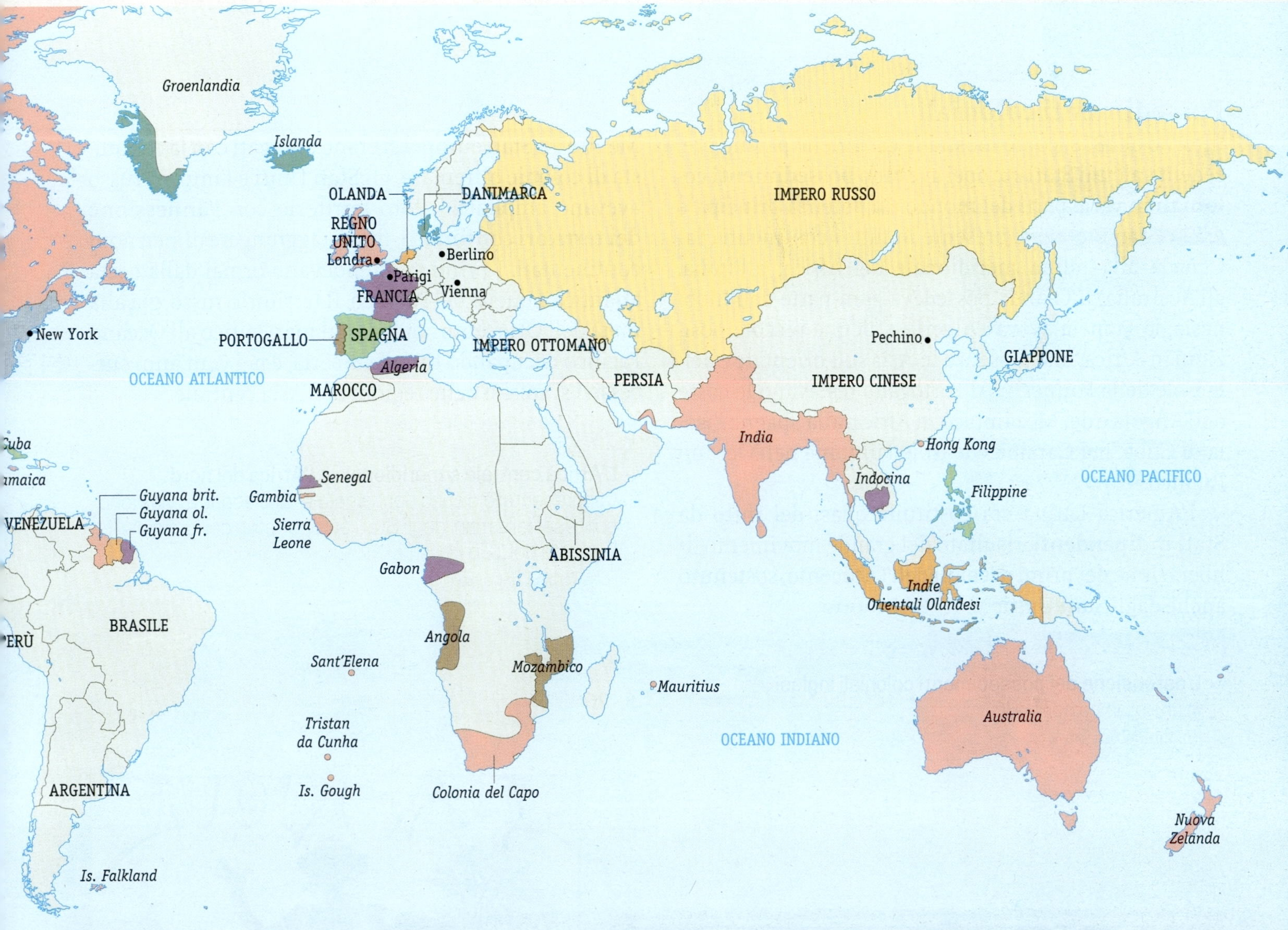

▼ **1895** raggi X e cinematografo

▼ **1896** telegrafo senza fili

▼ **1903** primo volo aereo

▼ **1905-1916** Einstein e la relatività

▼ **1914** canale di Panama

▼ **1903** movimento per il voto alle donne in Gran Bretagna

1912 ▼ suffragio universale maschile in Italia

1894-1905 ESPANSIONE DEL GIAPPONE

1885-1914 LE POTENZE EUROPEE SI SPARTISCONO IL CONTINENTE AFRICANO

PARTITI DI MASSA

1903-1914 ETÀ GIOLITTIANA IN ITALIA

1914-1918 PRIMA GUERRA MONDIALE

1900 | 1910 | 1920

Unità

1 Luoghi inesplorati e antiche civiltà

Possedimenti coloniali

Intorno al 1878, come mostra la carta delle pagine precedenti, alcuni Stati europei avevano **possedimenti coloniali** in varie parti del mondo. La potenza principale era la Gran Bretagna, presente in tutti i continenti (dal Canada alla punta meridionale dell'Africa, all'India, all'Australia). L'Olanda possedeva gran parte dell'Indonesia, la Francia aveva l'Algeria e alcune piccole posizioni in Africa, una presenza in Asia sud-orientale e nelle isole della Polinesia. Al Portogallo restavano le coste dell'Angola e del Mozambico in Africa, alla Spagna l'isola di Cuba, nei Caraibi, e le isole Filippine nell'Oceano Pacifico.

L'America Latina era costituita quasi del tutto da **Stati indipendenti**, risultato del grande movimento di liberazione dei primi decenni dell'Ottocento, sostenuto anche dagli Stati Uniti.

Mentre gli Stati europei si erano allargati con la conquista di colonie oltremare, gli Stati Uniti e l'impero russo avevano ampliato il loro territorio con l'**annessione dei territori confinanti**, fino a raggiungere dimensioni continentali. I primi si estendevano ormai dalla costa atlantica a quella del Pacifico. Il territorio russo, già alla metà dell'Ottocento, andava dal mar Baltico all'Oceano Pacifico occupando tutta la Siberia, e nei vent'anni successivi si spinse nelle regioni dell'Asia centrale.

L'estensione dei possedimenti coloniali inglesi in una stampa del 1886.
Boston, Public Library.

L'Africa centrale e meridionale e l'Africa del nord (rappresentate da una donna nera e da Cleopatra) vengono contese dalle mani degli Stati europei, avidi dei loro gioielli. Vignetta del 1887.
Foto Corbis/Contrasto.

L'Africa semi-sconosciuta

Vaste regioni nell'interno dell'Africa, a sud del Sahara, erano ancora inesplorate e sconosciute agli occidentali. I possedimenti coloniali degli Europei, verso il 1870, erano limitati ad alcune zone costiere. I governi dei maggiori Stati industrializzati (primi fra tutti la Gran Bretagna, la Francia e la Germania) organizzarono **spedizioni esplorative** che avevano diversi scopi: scientifici (come conoscere e studiare nuove specie di animali e piante, o disegnare le carte geografiche) e politico-economici (come preparare la penetrazione commerciale e organizzare la conquista del territorio).

Negli ultimi decenni dell'Ottocento, l'Africa venne quasi completamente spartita fra le potenze europee [→ cap. 3 par. 2].

Antiche civiltà d'Asia

Nell'Asia meridionale e orientale c'erano due immensi Paesi di antica civiltà: l'India e la Cina.

L'**India** era la colonia più importante per l'economia inglese. Questo immenso e popoloso Paese da secoli era il principale mercato asiatico. Il dominio coloniale dell'Inghilterra sul continente indiano era iniziato verso la metà del Settecento con la conquista della grande e ricca regione del Bengala. Da lì il possesso territoriale si estese a quasi tutta la penisola indiana. Nel 1803 fu conquistata Delhi, capitale della dinastia Moghul, che regnava in India fin dal XVI secolo, e nella seconda metà dell'Ottocento la monarchia britannica assunse direttamente il governo della colonia [→ cap. 3 par. 3].

La **Cina** era un immenso impero, con capitale Pechino, retto fin dal XVII secolo dalla dinastia imperiale dei Qing. L'impero cinese era stato molto prospero nel Settecento, quando aveva esteso la sua influenza su vaste regioni dell'Asia centrale e della Siberia. La popolazione crebbe notevolmente e a metà dell'Ottocento sfiorava il mezzo miliardo di abitanti. Mancò però la capacità di ammodernare le tecniche agricole e di sviluppare le attività manifatturiere, e ben presto gran parte della popolazione contadina si trovò in condizioni di povertà. Ne nacquero ripetute rivolte che indebolirono il potere imperiale [→ cap. 3 par. 3].

Festeggiamenti a Delhi per celebrare l'incoronazione della regina Vittoria a imperatrice dell'India.
Londra, British Library. Foto Getty Images.

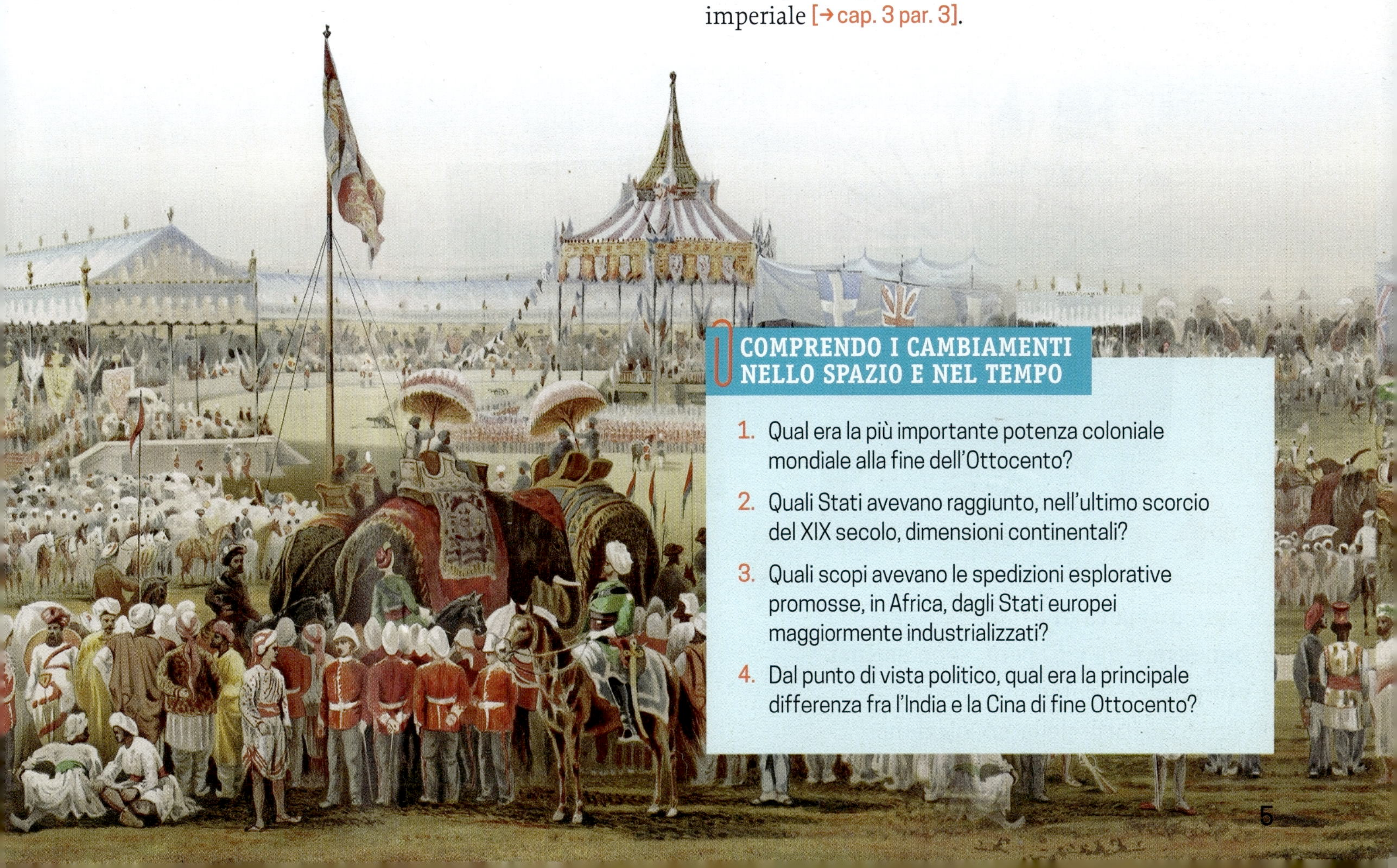

COMPRENDO I CAMBIAMENTI NELLO SPAZIO E NEL TEMPO

1. Qual era la più importante potenza coloniale mondiale alla fine dell'Ottocento?
2. Quali Stati avevano raggiunto, nell'ultimo scorcio del XIX secolo, dimensioni continentali?
3. Quali scopi avevano le spedizioni esplorative promosse, in Africa, dagli Stati europei maggiormente industrializzati?
4. Dal punto di vista politico, qual era la principale differenza fra l'India e la Cina di fine Ottocento?

Capitolo

1 Progresso e segni di crisi in occidente

CIAK si impara!

GUARDA! IL VIDEO

MI ORIENTO NEL CAPITOLO

dal 1870 → al 1914

1

Tra Otto e Novecento luoghi lontanissimi sono collegati tra loro da **treni** e **navi** sempre più veloci e da **mezzi di comunicazione** come il **telegrafo senza fili** di Guglielmo Marconi.

2

L'**industria** fa passi da gigante grazie a nuove tecniche di produzione, come la **siderurgia** per il ferro e l'acciaio, e a nuove fonti di energia come il **petrolio**.

3

Scoperte come quella dei **raggi X** e nuove teorie come quella della **relatività** di **Albert Einstein** rivoluzionano il mondo della scienza.

4

Si apre un'epoca di **progresso** e **benessere** da cui, però, sono **esclusi i più poveri**: contadini e operai, la maggior parte della popolazione.

1. Trasporti e comunicazioni: il mondo diventa più piccolo

Lo sviluppo dei mezzi di trasporto avvicina i continenti

Fra Otto e Novecento lo sviluppo della **rete ferroviaria** e l'infittirsi delle **rotte navali transoceaniche** (cioè attraverso gli oceani) rese possibile collegare uomini e Paesi lontani come mai era accaduto in precedenza.

Negli Stati Uniti il collegamento ferroviario fra l'Atlantico e il Pacifico era stato completato nel 1869. Altre **ferrovie transcontinentali** furono aperte all'inizio del XX secolo: la Transiberiana nell'impero russo entrò in servizio fra il 1891 e il 1916; la Transandina nel Sudamerica nel 1910.

Sui mari, flotte di **navi a vapore** dallo scafo di ferro – e più tardi d'acciaio – garantivano regolari servizi di linea. L'apertura del **canale di Suez** fra Mediterraneo e Mar Rosso **(1869)** e quella del **canale di Panama** fra Atlantico e Pacifico **(1914)** ridussero i tempi di navigazione.

I cieli cominciavano a essere solcati dai primi **aeroplani**. Due ingegneri americani, i fratelli Wright, riuscirono a volare su un piccolo aereo il 17 dicembre 1903. I progressi furono molto rapidi: nel 1909 fu realizzata la prima traversata del canale della Manica e nel 1910 un aereo sorvolò le Alpi.

Le grandi vie di comunicazione fra Otto e Novecento.

GUARDA! LA CARTA ANIMATA

Nei primi anni del XX secolo si cominciarono a vedere per le strade anche le prime **automobili**. L'industria automobilistica era favorita dai perfezionamenti del motore a scoppio, dai progressi della tecnica petrolifera e dall'invenzione degli pneumatici.

Un centralino telefonico a Berlino nel 1890.
Francoforte, Bundespostmuseum.

Le telecomunicazioni

Nel 1837 l'americano Samuel Morse inventò un apparecchio, il **telegrafo elettrico**, che trasmetteva – attraverso sottili cavi metallici – messaggi scritti con l'«alfabeto Morse», un codice convenzionale fatto di suoni brevi (punti) e lunghi (linee). Fu l'inizio di uno spettacolare sviluppo delle **telecomunicazioni** (comunicazioni a distanza). Le regioni industrializzate dell'America e dell'Europa si coprirono di migliaia di chilometri di cavi e nel 1866 venne deposto in fondo all'Atlantico un cavo telegrafico lungo 4000 km, che collegava i due continenti. Nel 1870 un cavo sottomarino steso attraverso il canale di Suez e l'Oceano Indiano collegò l'India con l'Inghilterra. Informazioni che prima richiedevano settimane o mesi giungevano a destinazione in poche ore.

Verso la fine dell'Ottocento cominciò a diffondersi anche il **telefono**, brevettato dall'italiano Antonio Meucci nel **1871**.

Ma come fare, per esempio, per comunicare da terra con una nave in mezzo all'oceano? Il problema fu risolto dopo la scoperta (avvenuta nel 1887 per opera del fisico tedesco **Heinrich Hertz**) delle **onde elettromagnetiche**, che si propagano alla velocità della luce. Un italiano, **Guglielmo Marconi**, utilizzando le onde hertziane, riuscì a trasmettere messaggi a distanza senza bisogno di fili elettrici e nel **1896** brevettò a Londra il **telegrafo senza fili**. Da quel momento le comunicazioni via radio si affiancarono a quelle via cavo.

La **radio** vera e propria fu messa a punto un po' più tardi, dopo l'invenzione di una potente valvola capace di amplificare i segnali.

Nascono la fotografia e il cinematografo

Verso la metà dell'Ottocento nacque la fotografia e da allora i progressi tecnici furono rapidi. Già nel 1872 fu possibile trasmettere fotografie col telegrafo e nel 1880 uscì a New York un giornale illustrato con fotografie. Nel 1888 fu messa a punto la prima macchina fotografica che usava rotoli di **pellicola** ottenuta da un materiale plastico di recente invenzione, la **celluloide**.

Sul finire del secolo (1895) i fratelli francesi Lumière riuscirono a proiettare le prime immagini in movimento: nasceva il **cinematografo**, che era ancora muto (diventerà sonoro nel 1927). Il cinema fu subito **spettacolo e divertimento di massa**; inoltre – insieme alla fotografia – divenne uno strumento potente per **documentare gli avvenimenti importanti**, come le guerre e gli incontri fra capi di Stato, e la realtà della vita di tutti i giorni.

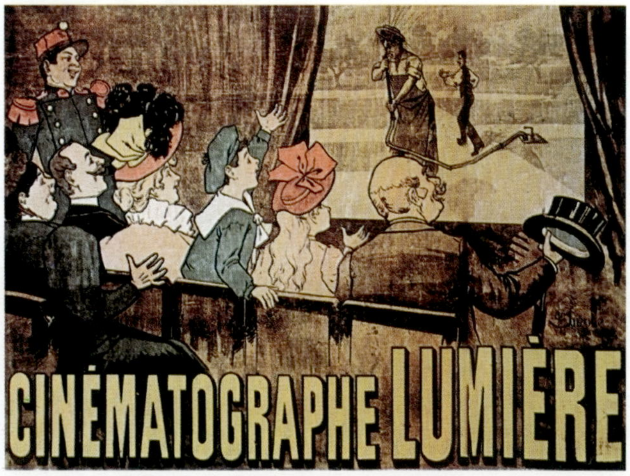

Pubblicità del 1895 per il cinematografo dei fratelli Lumière. La prima proiezione di fronte a un pubblico pagante avvenne a Parigi proprio in quell'anno.
Parigi, Musée de l'Affiche.

I protagonisti

Guglielmo Marconi

Nato a Bologna nel 1874, Guglielmo Marconi aveva solo ventun anni quando, nel 1895, costruì le prime due **stazioni radiotelegrafiche** sperimentali. Un generatore di oscillazioni elettriche, collegato a un filo metallico isolato nell'aria (l'antenna) e alla terra, costituiva la stazione trasmittente; le onde potevano essere captate da un ricevitore collegato anch'esso a un'antenna e alla terra. La distanza fra le due stazioni, in quel primo esperimento, fu di circa due chilometri. Fu ben presto chiaro che si poteva aumentare la portata, cioè la distanza alla quale era possibile trasmettere, aumentando l'altezza delle antenne dal suolo.

Occorreva molto denaro per dare all'idea uno sviluppo industriale: bisognava infatti competere con le potentissime società di comunicazioni via cavo, che avevano investito somme enormi nella rete telegrafica. Così Marconi fondò una società in Inghilterra, e riuscì a diffondere le sue idee. Da allora fu chiamato in ogni parte del mondo per stabilire collegamenti radio. Nel 1899 riuscì a trasmettere attraverso la Manica tra la Francia e l'Inghilterra; nel 1907 fu inaugurato il primo servizio radiotelefonico pubblico fra l'Europa e l'America.

Marconi viaggiò instancabilmente per allestire stazioni radio in tutto il mondo e passò la vita a perfezionare le sue invenzioni: studiò la **sintonizzazione**, cioè il modo di permettere la trasmissione senza interferenze fra stazioni vicine; ideò **trasmettitori** più potenti e **ricevitori** più sensibili. In particolare s'impegnò a creare una rete di **stazioni radio marittime**: fu grazie a questa organizzazione che nel 1912, quando il transatlantico *Titanic* affondò per l'urto contro un iceberg in mezzo all'Atlantico, le navi in rotta nella zona poterono ricevere la richiesta di soccorso e trarre in salvo la maggior parte dei passeggeri.

Dopo la prima guerra mondiale (1914-1918), Marconi si dedicò a esperimenti di trasmissione con **onde corte** e poi con **microonde**: aprì la strada, così, alla trasmissione su lunghissime distanze e allo sviluppo della radio e del radar. Morì, ancora in piena attività di studio, nel 1937.

Guglielmo Marconi durante un esperimento di radiotelegrafia.

La figura di Marconi fu usata nella banconota da 2000 lire (la moneta in uso in Italia fino al 2002, quando fu introdotto l'euro).

COLLOCO GLI EVENTI NEL TEMPO

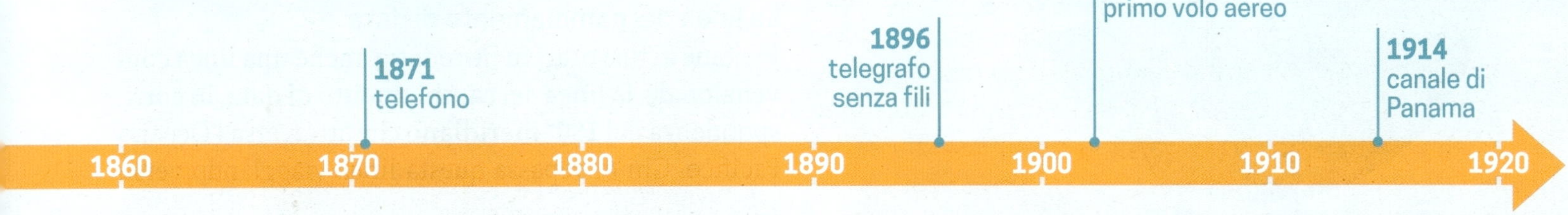

Geostoria

I fusi orari

Ora locale e ora nazionale

La Terra compie in 24 ore una rotazione sul proprio asse; per questo a noi sembra che il Sole si muova nel cielo. Il passaggio del Sole determina l'**ora locale**. Quando il Sole, nel suo moto apparente, passa in corrispondenza di un meridiano, in tutte le località che si trovano su quel meridiano è mezzogiorno. Nello stesso istante, in luoghi che si trovano a diversa longitudine l'ora sarà diversa: nelle località più a est sarà più tardi, in quelle più a ovest, invece, l'orologio andrà messo indietro. Alle nostre latitudini, basta spostarsi di venti chilometri per contare già un minuto di differenza.

Finché gli spostamenti furono lenti e brevi, questa variazione non creò difficoltà. La situazione cambiò quando, con lo sviluppo delle **ferrovie**, fu possibile compiere rapidamente lunghi viaggi e, grazie al **telegrafo**, furono possibili contatti fra luoghi molto distanti.

Nei primi tempi ogni tratto di ferrovia faceva riferimento all'ora della località importante più vicina: dunque in certi punti intermedi si regolava l'orologio. Verso la metà dell'Ottocento si giunse a stabilire un'ora ferroviaria unica, che in genere corrispondeva a quella della capitale dello Stato o a quella di un importante nodo ferroviario. Nacque così l'**ora «nazionale»**. L'Inghilterra se ne dotò nel 1848 scegliendo l'ora di Greenwich (Londra); in Italia solo nel 1886 tutte le città si uniformarono all'ora di Roma. La Francia scelse l'ora di Parigi nel 1891. Rapidamente l'ora nazionale ferroviaria fu estesa anche alla vita economica e all'attività quotidiana.

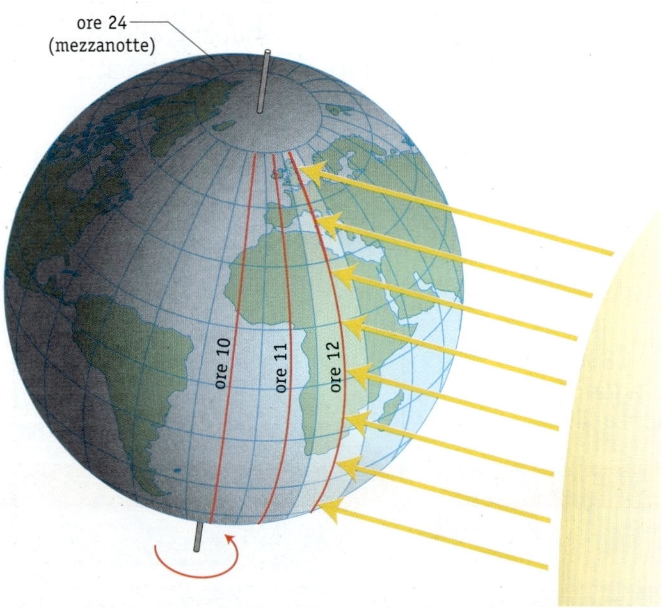

Il passaggio del Sole e la divisione della Terra in fusi orari.

L'introduzione dei fusi orari

Restava un problema: cosa accadeva quando si attraversava un confine? Fra l'ora italiana e quella svizzera c'erano 20 minuti di differenza, 10 fra l'ora italiana e quella austro-ungarica. Era evidentemente necessario giungere a una forma di semplificazione.

Apposite commissioni si misero all'opera e si giunse all'introduzione dei **fusi orari**. La Terra fu divisa – in base ai meridiani – in 24 zone o fusi, che differivano di un'ora l'uno dall'altro: ciascun fuso corrispondeva a 15 gradi di longitudine. In ciascun fuso andava adottata l'ora del meridiano intermedio. Questo sistema si dimostrò assai pratico. Gli Stati compresi in uno stesso fuso hanno la stessa ora e la differenza fra due fusi contigui è di un'ora esatta, facilitando i calcoli.

In una conferenza internazionale nel 1884 a Washington, finalmente, si decise di creare un'**ora internazionale** basata sui **fusi orari** per l'organizzazione delle ferrovie, dei telegrafi e dei servizi postali sul piano mondiale. Come meridiano base fu scelto quello di Greenwich, che già era in uso per le rotte navali. La Germania aderì al nuovo sistema nel 1891, l'Italia nel 1893. Ultima la Francia, nel 1911.

La linea del cambiamento di data

Insieme ai fusi orari fu introdotta anche una linea convenzionale, la linea del **cambiamento di data**, in corrispondenza del **180° meridiano** che attraversa l'Oceano Pacifico. Chi oltrepassa questa linea viaggiando verso ovest deve saltare un giorno; chi viaggia verso est deve contare la stessa data due volte.

Il motivo si può spiegare nel seguente modo. Viaggiando verso ovest, a ogni fuso si mette indietro l'orologio di un'ora. Alla fine del giro avremo arretrato di ventiquattro ore, un giorno. Viceversa, se viaggiamo verso est e aggiungiamo un'ora a ciascun fuso, al termine avremo accumulato un giorno in più. I fusi orari e la linea del cambiamento di data ci spiegano perché i **festeggiamenti per il nuovo anno** iniziano dalla Nuova Zelanda e dall'Australia molto prima che cominci da noi il cenone di san Silvestro. Convenzionalmente, è come se il giorno della Terra cominciasse su quella linea agli antipodi dell'Europa.

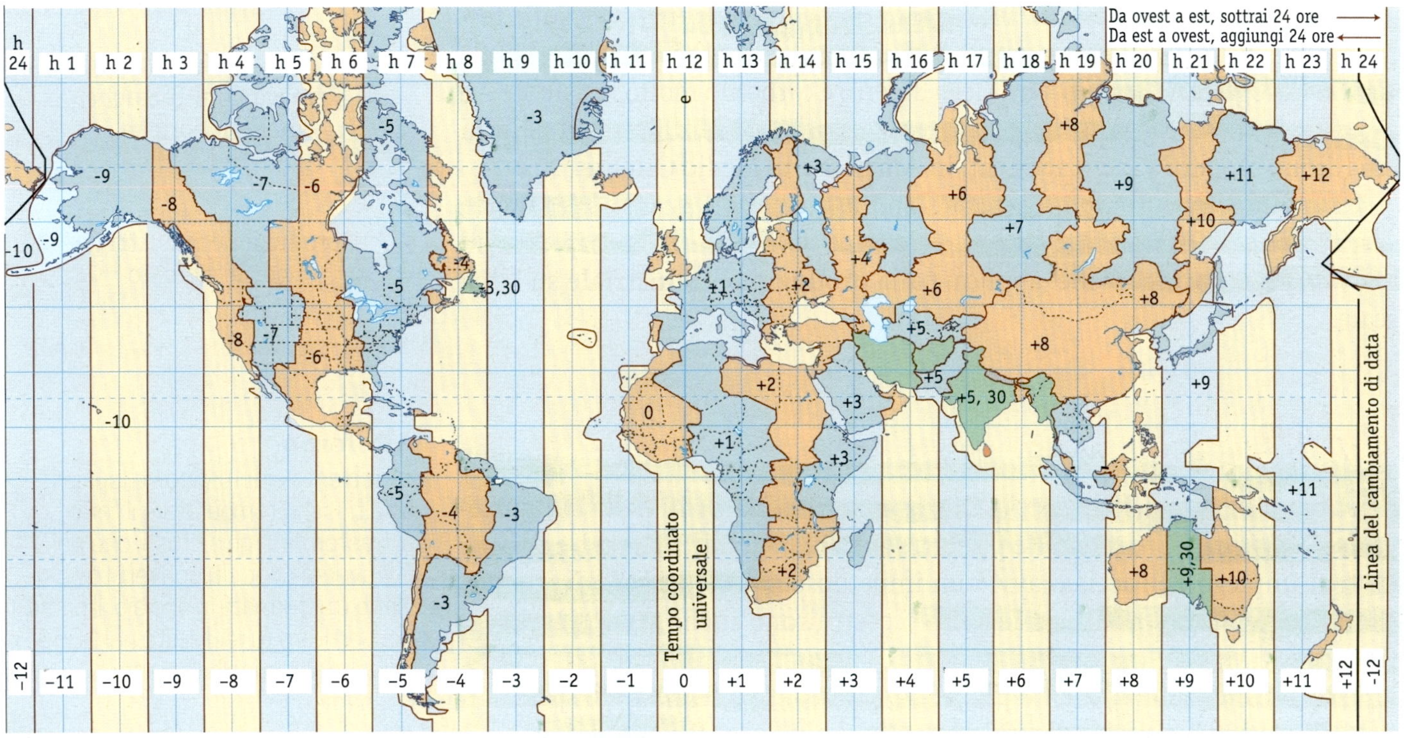

Carta dei fusi orari. Come si vede, in concreto i margini dei fusi non corrispondono esattamente ai meridiani, ma si adattano ai confini politici degli Stati. Generalmente, infatti, ogni Stato è compreso in un fuso orario; fanno eccezione Paesi molto sviluppati nel senso della longitudine, come gli Stati Uniti, il Canada, la Russia. La Cina invece, nonostante la grande estensione, è tutta compresa in un unico fuso.

MI ORIENTO NELLA COMPLESSITÀ DEL PRESENTE

Cerca una carta dei fusi orari d'Europa (in un libro o su Internet). Quando in Italia è mezzogiorno, che ore sono negli altri Paesi europei? Compila una tabella secondo l'esempio.

Ore 11	Ore 12	Ore 13	Ore 14
	Italia		

2. Scoperte scientifiche e produzione industriale

Dal laboratorio al mercato

Tra gli ultimi decenni del XIX secolo e l'inizio del Novecento, in Europa e negli Stati Uniti **l'industria crebbe moltissimo**, tanto che si parla di «seconda rivoluzione industriale».

La prima industrializzazione era iniziata in Inghilterra a fine Settecento e si basava sull'industria tessile, sul carbone come fonte di energia e sulla tecnologia del ferro. Lo sviluppo industriale di fine Ottocento fu possibile grazie alla **tecnologia dell'acciaio** – una lega di ferro e carbonio molto resistente – e all'**energia elettrica**. Al carbone si affiancò, come combustibile, il **petrolio**, di cui furono scoperti vasti giacimenti in America e in Medio Oriente.

Lo sviluppo fu così rapido perché, durante tutto il XIX secolo, le **scoperte scientifiche** e le **invenzioni** fatte nei laboratori si trasformarono rapidamente in **innovazioni tecniche**, applicate alla **produzione industriale** su larga scala.

ORGANIZZO I CONCETTI

invenzioni nei laboratori
↓
innovazioni tecniche nelle fabbriche
↓
produzione industriale per il mercato

L'acciaio

La **siderurgia** (cioè la produzione industriale del ferro e dell'acciaio) divenne il settore trainante dell'industria. Grazie ai perfezionamenti nella costruzione degli **altiforni***, fu possibile produrre acciaio in grandi quantità e a basso costo. L'impiego dell'acciaio avviò un impetuoso **sviluppo delle ferrovie e delle costruzioni navali**. Con l'acciaio si costruirono anche **armi più potenti** e precise: cannoni di calibro maggiore, mitragliatrici dal tiro più rapido, navi corazzate con armamento più pesante e corazza difensiva più spessa. In tutti gli Stati industrializzati aumentarono le spese per gli armamenti.

* **Altoforno**
È l'impianto siderurgico nel quale ad altissime temperature il ferro si trasforma in ghisa fusa, che poi attraverso appositi convertitori viene trasformata in acciaio. Il primo convertitore fu realizzato nel 1856 dall'ingegnere inglese Henry Bessemer.

Un gruppo di ciclisti in una fotografia del 1899.

Un'automobile è guidata da due eleganti signore, 1895 circa.
Foto Culture Club/Getty Images.

Furono costruiti in acciaio anche oggetti molto piccoli ma utilissimi, come i **cuscinetti a sfera** che permettono di ridurre l'attrito fra superfici rotanti. Fecero così grandi progressi **nuovi mezzi di trasporto su ruote**: la bicicletta e più tardi l'automobile.

Il petrolio

In America si estraeva petrolio fin dal 1859, ma per lungo tempo il suo prezzo restò molto superiore a quello del carbone. Solo quando, nel **1901**, entrarono in funzione i grandi **giacimenti del Texas**, l'uso del petrolio divenne più conveniente. Ben presto le navi cominciarono a essere mosse da motori diesel (così chiamati dal nome dell'inventore), che funzionavano con un derivato del petrolio, la **nafta**. Un altro prodotto della raffinazione del petrolio, la **benzina**, accelerò nei primi decenni del XX secolo la diffusione dell'automobile.

Il petrolio affiancò il carbone come fonte di energia, perciò il **controllo dei giacimenti** divenne uno dei grandi **obiettivi politico-militari** degli Stati industrializzati. Nel 1908 ricchi giacimenti furono scoperti a Mosul, nel nord dell'attuale Iraq, regione che apparteneva all'impero ottomano. Il Medio Oriente si rivelò in seguito ricchissimo di giacimenti.

Un giacimento petrolifero a Saratoga, in Texas, nel 1908.
Getty Images.

COLLEGO CAUSE ED EFFETTI

▶ **PERCHÉ dalla fine dell'Ottocento il controllo dei giacimenti petroliferi diventa un obiettivo strategico per gli Stati industrializzati? Scegli la risposta giusta.**

- ☐ Perché il petrolio diventa un'importante fonte di energia.
- ☐ Perché il petrolio è meno costoso del carbone.
- ☐ Perché i derivati del petrolio sono indispensabili per il funzionamento dei motori di nuova concezione.

L'industria elettrica

Spettacolare fu anche lo sviluppo dell'industria elettrica, tanto che nelle città di fine Ottocento l'**illuminazione elettrica** sostituì gradualmente i lampioni a gas. La vita notturna cittadina (feste, danze, spettacoli) divenne un evidente segno di modernità.

La prima macchina generatrice di corrente elettrica, la **dinamo**, era stata messa a punto negli anni Sessanta del XIX secolo. Dalla combinazione di dinamo e di turbine (grandi ruote a pale mosse dall'acqua o dal vapore) nacquero sul finire del secolo le **centrali elettriche***, per produrre elettricità.

Una strada illuminata in un quadro di Louis Grimshaw del 1902. Il pittore mostra sul lato sinistro le luci elettriche bianche e sfolgoranti; dall'altra parte i lampioni a gas emettono una luce gialla e morbida. I due tipi di illuminazione si affiancheranno per parecchi anni.
Newcastle upon Tyne, Laing Art Gallery.
Foto The Bridgeman Art Library.

Progetto multidisciplinare
Una mostra sul petrolio
p. 446

* **Centrali elettriche**
Si dice idroelettrica la centrale che sfrutta la forza dell'acqua (*idro-* deriva dalla parola greca che significa «acqua»).
Si dice termoelettrica la centrale che sfrutta la forza del vapore ricavato bruciando carbone o petrolio (*termo-* deriva dalla parola greca che significa «calore»).

L'impiego dell'elettricità fu **essenziale per lo sviluppo dell'industria**, perché l'energia poteva essere trasportata su grandi distanze attraverso appositi cavi; così le aree industriali divennero più numerose anche in località lontane dalle fonti di energia.

Le **industrie elettriche ed elettrotecniche** (le americane General Electric e Westinghouse, le tedesche AEG e Siemens, l'italiana Edison, fondata nel **1884**) divennero ben presto dei colossi industriali.

La chimica industriale

Gli scienziati chimici crearono in laboratorio **nuovi materiali** e nuovi metodi di lavorazione. Nacquero allora la soda, utile per fabbricare vetro e saponi, i fertilizzanti chimici per l'agricoltura e i coloranti sintetici (cioè prodotti attraverso particolari reazioni chimiche). Al posto degli stracci per produrre la carta si cominciò a usare la cellulosa, un materiale ricavato chimicamente dal legno.

L'**industria bellica** (cioè di guerra) fu rivoluzionata dall'invenzione della dinamite, ottenuta per primo dal chimico Alfred **Nobel*** nel 1867; a essa seguirono altri esplosivi più potenti. Furono ben presto costruite anche **armi chimiche** devastanti: gas velenosi, asfissianti, incendiari.

Progressi della medicina

La chimica aiutò anche il progresso della medicina: furono prodotti **nuovi medicinali**, come l'aspirina, e sostanze che potevano essere usate come **anestetici** per alleviare il dolore.

La ricerca medica e biologica permise di ridurre la mortalità debellando gravissime malattie che per secoli avevano flagellato l'umanità. Furono preparati dei **vaccini**, cioè dei medicinali che, iniettando dei microbi patogeni (cioè generatori di malattie) indeboliti, formano degli anticorpi che proteggono dall'infezione. Il chimico e biologo francese Louis Pasteur (1822-1895) realizzò alcuni vaccini, fra cui quello contro la rabbia (**1885**). Verso la fine del secolo furono prodotti anche i vaccini contro la peste e il colera; nei primi decenni del XX secolo fu realizzato anche un vaccino contro la tubercolosi.

Nella pratica medica e chirurgica furono introdotte nuove tecniche di **sterilizzazione** (cioè la distruzione dei microbi per mezzo di sostanze chimiche); in questo modo si ridussero di molto i rischi d'infezione.

* **Nobel**
Alfred Nobel, inventore e ricco industriale, istituì a Stoccolma una fondazione per premiare coloro che avessero reso «i maggiori servigi all'umanità» nel campo della chimica, della fisica, della medicina, della letteratura e della pace. La prima premiazione ebbe luogo nel 1901.

Un'operazione chirurgica nel 1881 a Vienna in un dipinto di Adalbert Seligmann. Grazie alla sterilizzazione diminuì la mortalità dopo le operazioni chirurgiche; l'anestesia rese possibili interventi mai realizzati prima.
Vienna, Österreichische Galerie Belvedere.

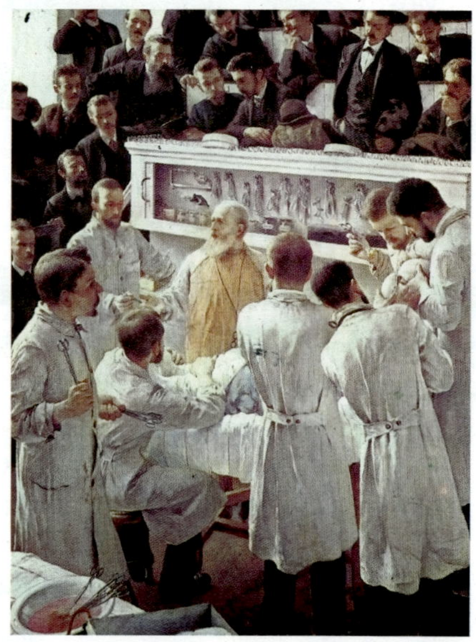

COLLOCO GLI EVENTI NEL TEMPO

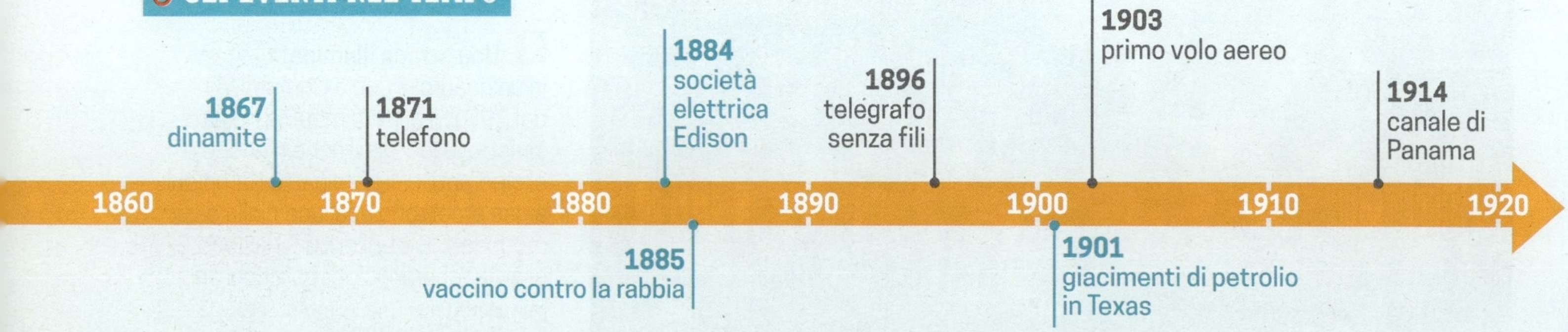

Vita quotidiana

L'industria dei cibi in scatola

Fino all'Ottocento i sistemi per conservare i cibi erano un'eredità delle epoche più antiche: la salatura, l'affumicatura e l'essiccazione. Nel corso dell'Ottocento furono messe a punto nuove tecniche per conservare gli alimenti: la pastorizzazione, l'inscatolamento e il congelamento.

La **pastorizzazione** (ideata da Pasteur) è un metodo che, portando rapidamente ad alta temperatura alimenti liquidi (come latte, vino o birra), permette di distruggere i microrganismi sensibili al calore e di conservare i cibi più a lungo.

L'**inscatolamento** all'inizio consisteva nello sterilizzare alimenti in vasi di vetro ermeticamente chiusi. Era una pratica in uso dalla fine del Settecento, ma solo nel secolo successivo i progressi della biologia e della chimica permisero di migliorare la tecnica di sterilizzazione e d'inscatolamento, aumentando il tempo di conservazione. Si sviluppò una vera **industria dei cibi in scatola** che utilizzava vasi di vetro e scatolette di latta (oggi si usano anche contenitori di plastica o di cartone): i recipienti, privati di aria e chiusi ermeticamente, venivano sterilizzati ad alte temperature. La prima industria di carne in scatola fu avviata a Chicago nel 1868.

Un altro procedimento di conservazione inventato nell'Ottocento è la **refrigerazione**, la conservazione per mezzo del freddo. Il ghiaccio prodotto dalle fabbriche era venduto in grossi blocchi e veniva conservato in armadi rivestiti di zinco, le ghiacciaie. In tempi più vicini a noi si giunse al congelamento e al surgelamento (raffreddamento rapido che conserva intatte per mesi le proprietà e le caratteristiche degli alimenti).

La possibilità di conservare gli alimenti e di trasportarli per mare o in ferrovia, in scatolette o in celle frigorifere, moltiplicò gli **scambi commerciali** fra Paesi lontani. Sulle tavole degli Europei, per esempio, giunse la carne prodotta in Argentina. Divenne anche possibile inviare prodotti non deperibili dove ce n'era bisogno (come nei luoghi colpiti da carestie o sui fronti di guerra) e cambiò lentamente ma inarrestabilmente il modo di alimentarsi di un gran numero di persone.

Manifesto pubblicitario di una ditta americana di ketchup, 1890 circa.
Foto A. Tanner/Alamy.

Pubblicità di una ditta americana produttrice di carne in scatola, 1898.

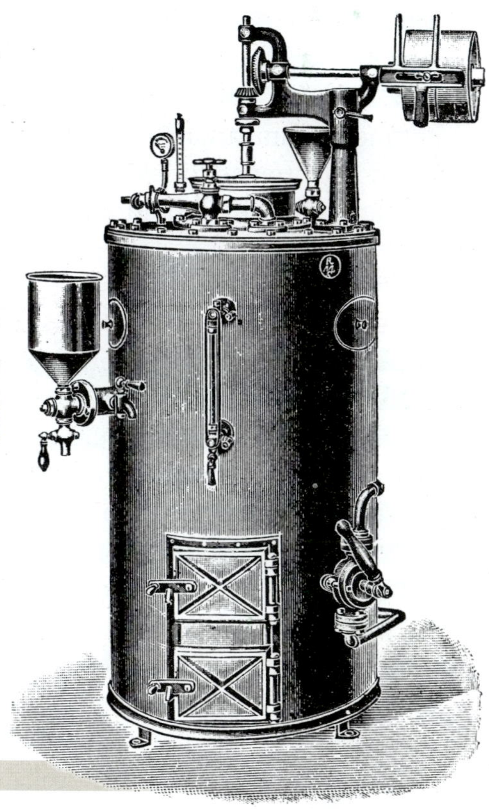

Una macchina per la pastorizzazione. Illustrazione del 1900 circa.
Foto E. Ereza/Alamy.

3. I nuovi mondi della scienza: la materia e la mente

Progressi della fisica

Negli ultimi anni del XIX secolo, gli esperimenti condotti nei laboratori di fisica portarono a scoperte che mettevano in discussione alcune teorie che molti scienziati ritenevano incrollabili.

Nel **1895** il fisico tedesco **Wilhelm Röntgen** scoprì i **raggi X**. Sono raggi che possono attraversare le parti molli del corpo (come la pelle e i muscoli) ma non le ossa; grazie a essi è possibile esaminare gli organi interni (con una radioscopia) e fissarne l'immagine su una lastra fotografica (con una radiografia). I raggi X furono da allora impiegati per la **diagnosi** delle malattie.

Negli anni seguenti furono fatte scoperte altrettanto importanti. Nel 1896 il francese **Henri Becquerel** scoprì che alcune sostanze hanno la proprietà di emettere radiazioni in apparenza simili ai raggi X. Tale caratteristica è detta **radioattività** e radioattivi gli elementi che la possiedono. Un nuovo elemento chimico, il **radio**, fortemente radioattivo, fu scoperto nel 1898 da Maria Skłodowska (più nota come **Marie Curie**) in collaborazione col marito, Pierre Curie.

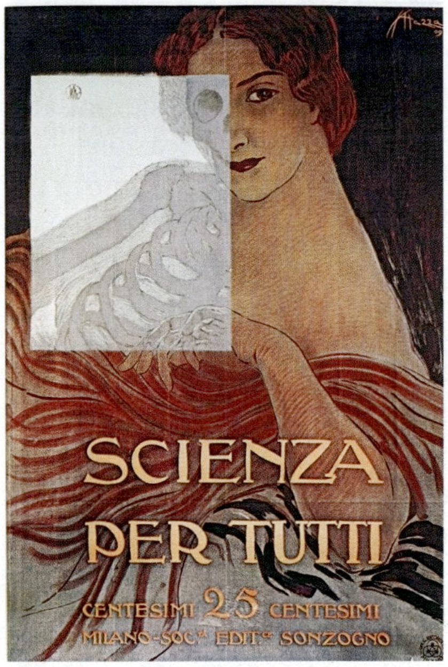

La copertina di un numero della rivista «Scienza per tutti» mostra un'elegante signora esposta ai raggi X.

La fisica atomica

Studiando i fenomeni radioattivi, il fisico britannico **Ernest Rutherford** scoprì che l'**atomo*** non è compatto e indivisibile come si era sempre pensato. Nel corso di esperimenti sulla radioattività, Rutherford riuscì a individuare il **nucleo** dell'atomo e propose un modello di struttura dell'atomo simile a un minuscolo sistema solare: intorno al nucleo centrale, trattenute da una forza di attrazione, ruotano particelle più piccole. Nel 1919 lo scienziato riuscì perfino a «bombardare» con radiazioni i nuclei degli atomi di azoto, disintegrandoli e ottenendo ossigeno. Era la prima **reazione nucleare** della storia. Con le scoperte di Rutherford e dei suoi colleghi nasceva la **fisica atomica**.

* **Atomo**
La parola «atomo» deriva dal greco e significa «indivisibile». Era considerato la più piccola componente della materia. Gli studi sulla radioattività mostrarono però che l'atomo è composto di particelle ancora più piccole.

Albert Einstein e la teoria della relatività

Ancor più rivoluzionaria doveva rivelarsi una nuova **teoria**, detta **della relatività**, che spiegava fenomeni che la fisica classica, fondata sulle leggi di Newton (fine del XVII secolo), non era in grado di spiegare. Essa fu opera del tedesco **Albert Einstein**, che pubblicò i suoi studi nel **1905** e nel 1916.

Secondo questa teoria, oltre alle tre dimensioni dello spazio (lunghezza, larghezza, altezza) ne esiste una quarta, quella del tempo. Spazio e tempo, poi, non sono grandezze immutabili, ma variano a seconda del moto dell'osservatore e del luogo rispetto al quale li misura.

La teoria della relatività permise di spiegare fenomeni celesti che altrimenti sarebbero stati incomprensibili, come

Albert Einstein tiene una lezione a Vienna nel 1921; nello stesso anno ottenne il premio Nobel per la fisica.
Foto Ferdinand Schmutzer.

l'emissione di luce e di radiazioni da parte delle stelle. Inoltre contribuì a **cambiare la concezione della materia**: questa si presentava ora come un concentrato di energia, che con appositi procedimenti gli uomini possono liberare in enormi quantità per scopi non solo pacifici.

Lo studio della mente

Mentre la fisica e la chimica mettevano in discussione la struttura della materia, una disciplina recente, la **psicologia**, fu rivoluzionata dalle scoperte sul funzionamento e sulla struttura della mente.

Il medico viennese **Sigmund Freud** all'inizio del Novecento elaborò una nuova teoria, che ebbe grande successo. Freud sosteneva che molti disturbi psichici (cioè mentali) hanno origine in esperienze, anche gravi e dolorose (traumi), che il malato ha sofferto nella sua vita (di frequente nell'infanzia). Il malato allontana dalla sua mente (rimuove) queste esperienze e le dimentica, ma il trauma continua ad agire in profondità, senza che egli se ne renda conto. Questa oscura forza, che Freud chiama **inconscio**, è la causa di molti comportamenti considerati anormali.

Le scoperte di Freud diedero origine a una nuova disciplina medica, la **psicoanalisi** o «analisi della psiche», che influenzò profondamente la cultura e la società del XX secolo.

Il divano nello studio di Sigmund Freud. Il paziente vi si sdraiava e veniva invitato a esporre pensieri ed emozioni, permettendo al medico di farsi un'idea delle cause dei suoi disturbi.

COLLOCO GLI EVENTI NEL TEMPO

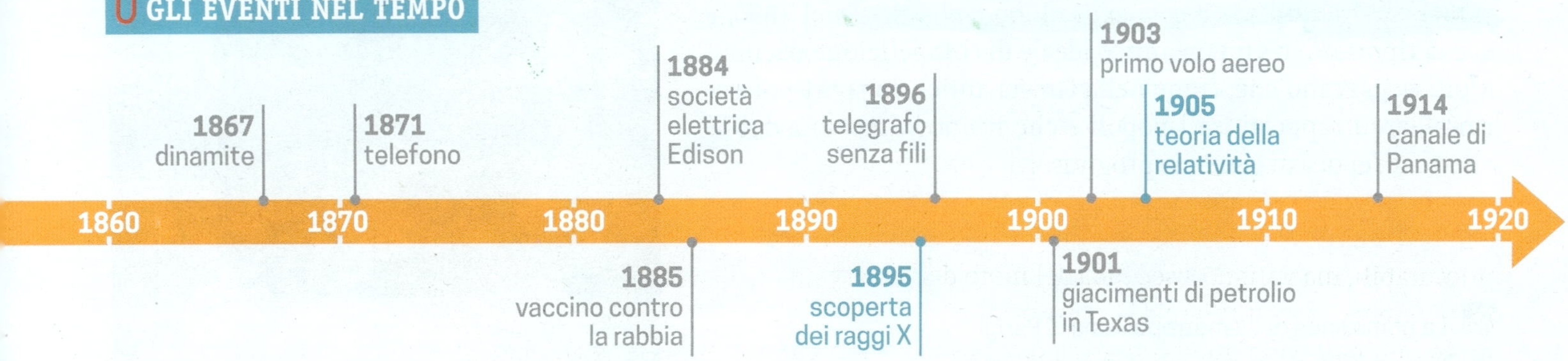

4. Un'epoca bella, ma non per tutti

Fiducia nel progresso e nella pace

Fra Otto e Novecento nei Paesi industrializzati d'Europa si diffuse un clima di generale ottimismo e di fiducia nel futuro, che era giustificato da alcuni fatti concreti.

Gli Europei si erano abituati a un **lungo periodo di pace**. Dopo la conclusione della guerra franco-prussiana del **1870**, non c'erano più state guerre in Europa. Si era diffusa l'idea che i problemi internazionali si potessero risolvere con la **diplomazia*** e i periodici **congressi** fra nazioni per prendere accordi ed evitare i conflitti.

Le meraviglie del progresso avevano **cambiato il volto delle città**, reso più confortevoli le abitazioni, rivoluzionato le comunicazioni e i trasporti.

Grazie al miglioramento delle condizioni igienico-sanitarie era **diminuita la mortalità**, soprattutto infantile, e la **vita media** si era **allungata**. Fra il 1800 e il 1900 gli Europei passarono da 188 a 412 milioni (un aumento di oltre il 100%), mentre nel resto del pianeta la crescita non superava il 50%.

A questo periodo, fra gli ultimi decenni dell'Ottocento e i primi anni del nuovo secolo, fu dato il nome di «epoca bella», in francese ***belle époque***.

* **Diplomazia**
È la gestione dei rapporti fra gli Stati con la trattativa e il negoziato, cioè con la ricerca di un punto comune che soddisfi tutti. La diplomazia è determinante per evitare la guerra e gestire situazioni complesse.

COLLEGO CAUSE ED EFFETTI

▸ **PERCHÉ il periodo tra fine Ottocento e inizio Novecento in Europa è percepito come molto positivo? Completa le frasi.**

- la guerra ……………………………………
- il progresso tecnologico ……………………………………
- la mortalità infantile ……………………………………
- la vita media ……………………………………

L'inizio del nuovo secolo

Fin dalla metà dell'Ottocento si erano tenute in varie città, a cominciare da Londra, le **Esposizioni universali**, grandi fiere nelle quali i visitatori potevano vedere da vicino le meraviglie della tecnica e le tradizioni di terre lontane. In questo modo si consolidava sempre più l'idea della superiorità dell'occidente industriale sul resto del mondo.

Nella capitale francese, **Parigi**, si tenne nel 1900 una grande Esposizione universale, che in sei mesi fu visitata da oltre 50 milioni di persone. Furono messi in mostra i più recenti ritrovati della scienza e della tecnica, primi fra tutti l'elettricità e il cinematografo.

Nello stesso anno 1900, Parigi ospitò un'altra manifestazione di richiamo mondiale: la seconda edizione delle **Olimpiadi**. La precedente Olimpiade aveva avuto luogo ad Atene, nel 1896, e aveva riportato in vita un antico ideale di competizione pacifica. Molti pensavano che, come nella Grecia antica, lo sport potesse rinsaldare i rapporti fra i popoli e che il nuovo secolo avrebbe aperto un'epoca di generale progresso.

La prima linea della metropolitana di Parigi fu inaugurata nel 1900, in occasione della grande Esposizione universale.

Il tempo libero e lo sport di massa

Durante la *belle époque* crebbe fra gli Europei benestanti la voglia di vivere e di divertirsi. Per chi ne aveva la possibilità, il **tempo libero** cominciò a essere considerato un diritto. I ricchi approfittavano delle comodità offerte dai nuovi mezzi di trasporto per fare viaggi all'estero: non solo nelle principali capitali europee e nelle città d'arte, ma anche verso **mete esotiche** come l'Africa settentrionale o il Mar Nero.

All'inizio del XX secolo i **transatlantici** divennero vere e proprie «città galleggianti». Industriali, commercianti, finanzieri, collezionisti d'arte erano ospitati in cabine con acqua corrente, potevano passare il tempo nei ristoranti e nelle sale da ballo o conversando in comode poltrone come in un club di Londra o di New York.

Si diffuse anche l'abitudine di trascorrere periodi di riposo al mare, in montagna o nelle località termali: la moda della **villeggiatura** si diffuse non solo tra i nobili e i ricchi borghesi, ma anche tra la piccola e media borghesia.

A cavallo fra Otto e Novecento, anche lo **sport** divenne un **fenomeno di massa**. Fra gli sport più popolari ci furono da subito il **calcio** e il **ciclismo**, che furono ben presto praticati anche da un gran numero di dilettanti. La bicicletta, in particolare, permetteva a molti di allargare il raggio dei propri spostamenti, tanto che fu un potente mezzo di diffusione del turismo.

Manifesto che pubblicizza la stagione balneare di Livorno, realizzato nel 1901 da Leonetto Cappiello.
Collezione privata.

Fonti

Il mondo del futuro

Il brano, del 1892, è di Max Nordau, medico e scrittore di origine ungherese. In queste righe, tratte da un saggio dal titolo *Degenerazione*, sui cambiamenti del costume e della società, Nordau ipotizza come sarà il mondo un secolo più tardi, cioè come sarà il nostro presente.

« La fine del XX secolo vedrà, probabilmente, una generazione alla quale non tornerà greve [pesante] leggere quotidianamente alcune dozzine di metri quadrati di giornali, essere chiamata di continuo al telefono, pensare contemporaneamente a tutte le cinque parti del mondo, vivere metà in ferrovia e metà nella navicella aerea, e sbrigarsela con un circolo di diecimila persone fra conoscenti, colleghi e amici. Saprà trovare i suoi comodi in seno alla metropoli e, coi suoi nervi robustissimi, soddisfare senza noia e senza eccitazione le infinite esigenze della vita. »

LAVORO SULLE FONTI

1. Analizza il testo e rispondi alle seguenti domande: chi è l'autore del testo? In quale contesto si trovano le righe qui riportate? In che anno furono scritte? Le previsioni si sono avverate? In che modo?
2. Completa la tabella, scrivendo ciò che, nel mondo attuale, corrisponde alle ipotesi esposte nel brano, usando, tra le altre, anche le seguenti parole: online, cellulari, Internet.

Previsioni	Realtà di oggi
Si leggeranno tanti giornali	Si guarda la T.V.
Si telefonerà in continuazione	Si sta su Internet
Ci si sposterà con grande facilità	Ci si sposta con i mezzi pubblici
Si conoscerà tanta gente	I *social network*, come Facebook
Tutti i continenti saranno collegati	Da cellulari o da computer
Le città diventeranno grandi e complesse	Megalopoli (= città grandissime)

3. Si parla oggi, per indicare il tempo in cui viviamo, di «società dell'informazione»: c'è, nel brano, qualche previsione su questo aspetto?

Segni di crisi sull'Europa e sul mondo

Nonostante i progressi e le speranze, in quegli stessi anni fra Otto e Novecento si addensavano molte e inquietanti ombre.

La **pace** era **apparente**: i grandi Stati europei, divisi da rivalità economiche e politiche, non accettavano di porre un limite alle loro aspirazioni. Per impadronirsi delle materie prime e delle nuove fonti di energia, gli Stati erano pronti a farsi la guerra. Nessuno Stato era disposto ad accettare una limitazione negli armamenti o nelle proprie ambizioni di espansione coloniale.

Il **benessere** era **riservato a pochi**: a quelle persone che per ricchezza, nobiltà e prestigio costituivano le classi dominanti della società europea. La massa della popolazione (contadini e operai) era esclusa dal benessere, dalle opportunità di viaggiare e spesso anche dalla possibilità di uscire dalla povertà.

Per molti l'**emigrazione** restava l'unico modo per cercare migliori condizioni di vita. Dalle regioni europee più arretrate (l'Italia meridionale, le regioni asiatiche dell'impero russo, la Spagna e alcune zone dell'impero austro-ungarico) nel primo decennio del Novecento emigrarono – soprattutto verso le Americhe e l'Australia – oltre 11 milioni di persone.

Rovinose **crisi economiche** si manifestavano periodicamente e neppure lo sviluppo industriale riusciva a scongiurarle. Le **lotte sociali** sfociavano spesso in scioperi e manifestazioni, che la polizia reprimeva con la forza.

History Highlights

Ellis Island: a place of hope and tears
p. 93

L'urlo (1893), del norvegese Edvard Munch, è un'opera simbolo del movimento espressionista, poiché fissa sulla tela con il suo grido muto l'inquietudine e l'incertezza dell'epoca.
Oslo, Galleria Nazionale.

L'arte interpreta le inquietudini della società

In un mondo così pieno di contraddizioni, alcuni artisti (scrittori, musicisti, pittori) cercarono nuovi modi per esprimere l'entusiasmo e le paure che la vita moderna suscitava. Nacquero le **avanguardie*** artistiche.

Alcuni movimenti artistici, come il **futurismo**, celebravano con entusiasmo la velocità, la modernità della macchina e dell'industria. Altri, come l'**espressionismo**, esprimevano con immediatezza il sentimento (paura, rabbia, incertezza) che la vita sociale suscitava. Alcuni pittori, anziché raffigurare oggetti, usarono forme astratte per manifestare stati d'animo, idee, desideri (**astrattismo**). Altri scomposero gli oggetti come se fossero visti contemporaneamente da punti di vista diversi (**cubismo**).

Fra l'opposizione dei benpensanti e l'entusiasmo di molti giovani, le avanguardie artistiche del primo Novecento ebbero una vasta influenza sulla società e introdussero nuovi modi di pensare.

* **Avanguardia**
In un reparto militare, l'avanguardia è il gruppo che procede davanti al grosso dell'esercito, per aprire la strada. Per estensione si chiamano così anche i movimenti artistici e le correnti di pensiero che esplorano vie nuove, propongono idee non tradizionali e tecniche innovative.

COLLOCO GLI EVENTI NEL TEMPO

1860 – 1870 – 1880 – 1890 – 1900 – 1910 – 1920

- **1867** dinamite
- **1870-1914** *belle époque*
- **1871** telefono
- **1884** società elettrica Edison
- **1885** vaccino contro la rabbia
- **1895** scoperta dei raggi X
- **1896** telegrafo senza fili
- **1901** giacimenti di petrolio in Texas
- **1903** primo volo aereo
- **1905** teoria della relatività
- **1914** canale di Panama

RICOSTRUISCO LA MAPPA DEL CAPITOLO

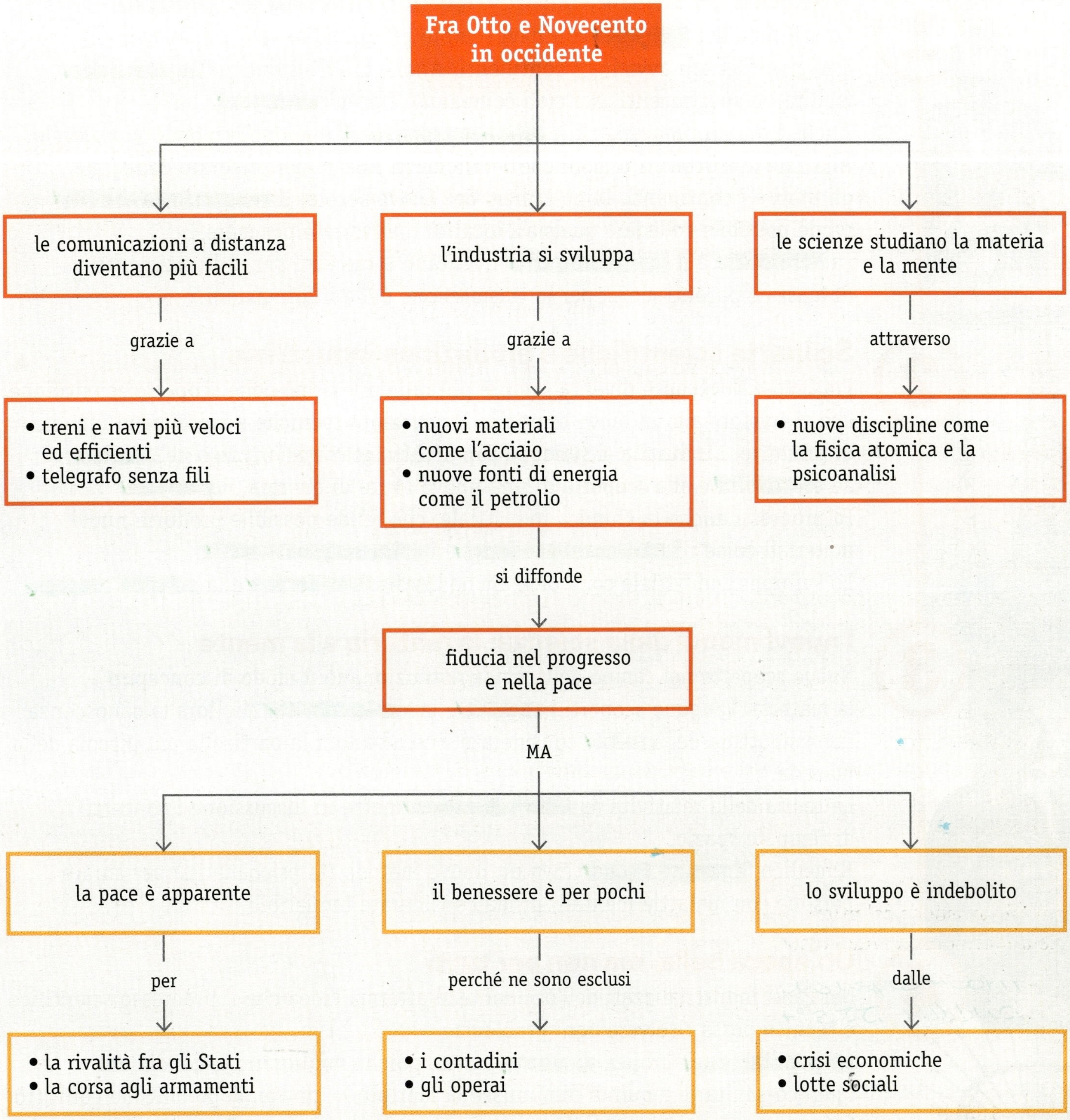

Sintesi

RICOSTRUISCO LE INFORMAZIONI

1 Trasporti e comunicazioni: il mondo diventa più piccolo

Lo sviluppo dei **trasporti** con navi sempre più grandi e veloci e ferrovie transcontinentali avvicina i continenti. Anche la diffusione dell'**automobile** facilita gli spostamenti. Nei cieli compaiono i primi **aeroplani**.
Anche i grandi progressi nelle **telecomunicazioni** rendono il mondo più piccolo. Alla fine dell'Ottocento migliaia di chilometri di cavi del telegrafo collegano gli Stati e i continenti. Dopo l'inizio del nuovo secolo, il **telegrafo senza fili** rende possibile collegare qualsiasi località, per terra e per mare.
La **fotografia** e il **cinematografo** diventano strumenti per il divertimento di massa e potenti mezzi per la trasmissione delle informazioni.

2 Scoperte scientifiche e produzione industriale

Fra Otto e Novecento diventa sempre più rapido il ritmo delle scoperte scientifiche, che si trasformano in breve tempo in innovazioni tecniche e modificano i modi di produrre. L'industria si sviluppa soprattutto grazie all'utilizzo dell'**acciaio**, all'**elettricità** e alla scoperta di una nuova fonte di energia, il **petrolio**.
Fa progressi anche la chimica industriale, che rende possibile produrre nuovi materiali come i **fertilizzanti chimici** e i **coloranti artificiali**.
Lo sviluppo industriale coinvolge anche l'**industria bellica** e la **scienza medica**.

3 I nuovi mondi della scienza: la materia e la mente

Nuove scoperte nel campo della fisica rivoluzionano il modo di concepire la materia. Vengono scoperti i **raggi X** e la **radioattività**. Migliora la conoscenza della struttura dell'**atomo**, considerato fino ad allora la particella più piccola della materia.
La teoria della relatività di **Albert Einstein** mette in discussione i concetti di tempo e spazio.
Il medico **Sigmund Freud** trova un nuovo metodo (la psicoanalisi) per curare persone con malattie mentali, prima considerate inguaribili.

4 Un'epoca bella, ma non per tutti

Nei Paesi industrializzati dell'occidente si afferma l'idea che il progresso scientifico e tecnico possa risolvere ogni problema.
La popolazione europea **aumenta** molto, poiché migliorano le condizioni igienico-sanitarie e quindi diminuisce la mortalità. Inoltre, dopo l'ultimo conflitto franco-prussiano del 1870, l'Europa sta vivendo un lungo periodo di pace.
Questo periodo è chiamato «epoca bella» (in francese, ***belle époque***), ma la **pace** fra gli Stati europei è **instabile** e il benessere è riservato a una minoranza di persone. Le **crisi economiche**, l'emigrazione di operai e contadini, le **lotte sociali** dimostrano che il mondo è in un equilibrio assai precario.

Esercizi

COSTRUISCO LE MIE COMPETENZE

VERIFICO LE CONOSCENZE

Paragrafo 1

1 Completa il testo con le parole mancanti.

Lo sviluppo dei .... rese il mondo più piccolo, perché fu possibile spostarsi più rapidamente. Si cominciò a viaggiare attraverso i continenti in treno e poi in .... , a volare sugli .... , a solcare gli oceani sui .... Diventarono più facili le comunicazioni a distanza, per mezzo del .... e poi del .... L'invenzione di Marconi del «..» rese possibile comunicare a distanza attraverso le onde radio. In quegli anni la tecnica rese possibile anche nuove forme d'arte che divennero potenti strumenti per l'informazione: la fotografia e il ....

LAVORO SULLE FONTI

Paragrafo 2

2 Quali furono gli elementi che favorirono la seconda rivoluzione industriale? Rispondi scrivendo un breve testo riferito a ciascuna di queste immagini.

La stazione di Milano a fine Ottocento.
Milano, Galleria d'Arte Moderna.

Pubblicità della compagnia elettrica tedesca, 1888.
Berlino, Istituto d'arte del Palazzo Reale.

Pubblicità degli stabilimenti FIAT, 1916.
L. Metlicovitz.

RIORGANIZZO DATI E CONCETTI

Paragrafo 2

3 A che cosa servono? Rispondi completando la tabella (segui l'esempio).

Petrolio	Combustibile e fonte di energia	**Fertilizzanti chimici**	
Centrale elettrica		**Soda**	
Celluloide		**Dinamite**	

STABILISCO COLLEGAMENTI

Paragrafi 1 e 2

4 Spiega perché si verificano gli avvenimenti elencati.

a. L'invenzione di Guglielmo Marconi rese più sicura la navigazione.
b. I canali di Suez e di Panama resero il mondo «più piccolo».
c. Furono introdotti i fusi orari.
d. Lo sviluppo dell'industria divenne molto rapido.
e. L'elettricità fu essenziale per lo sviluppo dell'industria.

Esercizi 1903

COLLOCO NEL TEMPO

Paragrafi 1 e 2

5 Completa la tavola cronologica scrivendo le date e i nomi mancanti.

Data	Avvenimento
....	.... inventa la dinamite
....	.... mette a punto il vaccino contro la rabbia
....	Röntgen scopre i raggi X
....	.... brevetta il telegrafo senza fili
1903	....
....	Prima traversata aerea della Manica
1914	....

VERIFICO LE CONOSCENZE

Paragrafo 3

6 Completa il testo con le parole mancanti.

Fra Ottocento e Novecento ebbero particolare importanza i progressi della fisica ...., con la scoperta della .... e delle particelle che compongono l'.. . Le ricerche misero spesso in crisi convinzioni tramandate da secoli. Per esempio, il fisico Albert Einstein, con la teoria della ...., mostrò che le dimensioni dello spazio e la velocità del tempo non sono delle grandezze assolute e immutabili.

LAVORO CON LE MAPPE

Intero capitolo

7 Completa i due schemi a stella inserendo gli elementi mancanti, per ricostruire un quadro dell'epoca a cavallo fra XIX e XX secolo.

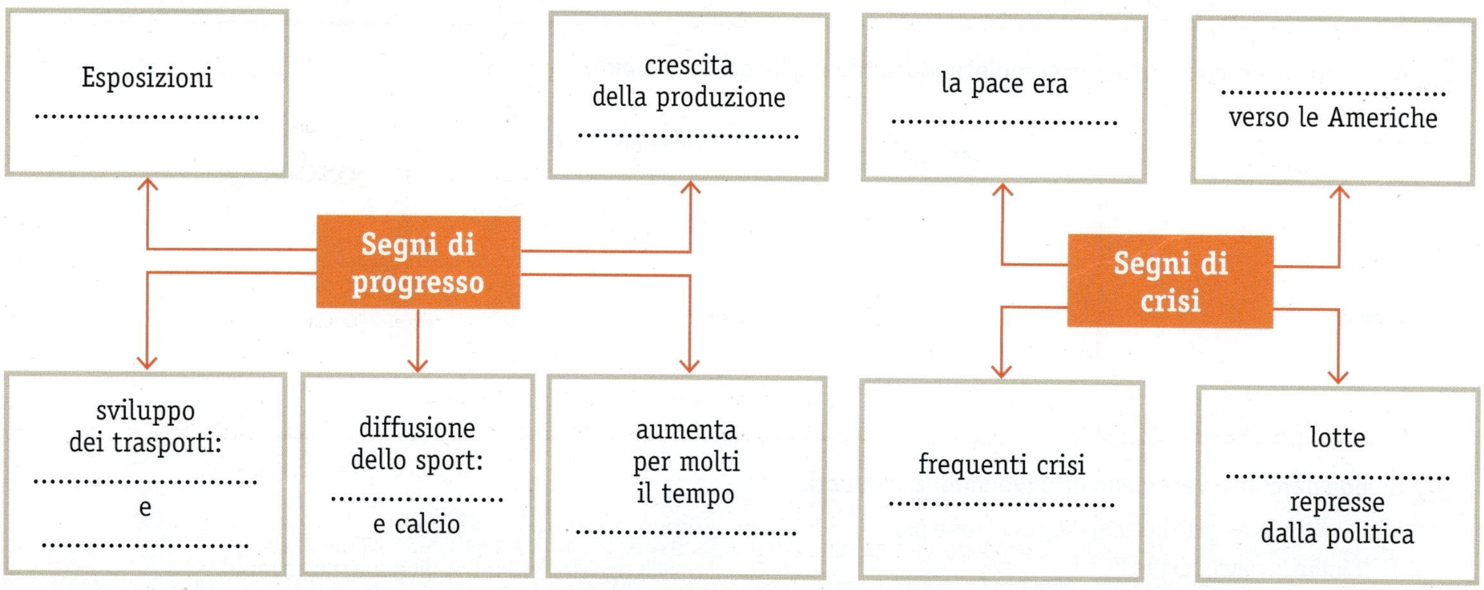

VERIFICO LE CONOSCENZE

Paragrafo 4

8 Completa il testo con le parole mancanti.

Il moltiplicarsi di scoperte e invenzioni portò a un sentimento di fiducioso .... nei riguardi del futuro: molti credevano che il .... avrebbe migliorato la vita e risolto ogni problema. L'allungamento della .... media della popolazione europea, dovuto alle migliorate condizioni igienico-sanitarie, era un segno che si viveva in un mondo migliore.
Dopo la fine della guerra franco-prussiana, l'Europa poté godere di un lungo periodo di .... Questo periodo fu chiamato, in francese, ..., cioè «...» ; ma la pace fra gli Stati europei era instabile e il benessere era riservato a una minoranza della .... Le frequenti .... economiche, la sempre più intensa .... di operai e contadini alla ricerca di migliori condizioni di vita, le lotte sociali dimostravano che il mondo era in un equilibrio assai precario.

Imparo a imparare

INTERPRETO DATI DEMOGRAFICI

Intero capitolo

I grafici permettono di visualizzare in maniera immediata un fenomeno sotto due aspetti: per esempio, le dimensioni e lo sviluppo nel tempo. Il loro uso serve sia per dare informazioni di carattere statistico, sia per mettere a confronto situazioni diverse nel tempo. Solitamente i grafici vengono utilizzati per spiegare processi economici, rapporti sociali o andamenti demografici.

I grafici di questa pagina ci danno informazioni sulla popolazione mondiale nel 1900 e nel 2000. Nell'istogramma (diagramma a colonne) si nota con maggiore evidenza il grande aumento della popolazione extraeuropea nel 2000 rispetto al 1900. Nel grafico a torta, invece, si nota meglio la proporzione fra la popolazione europea e quella degli altri continenti.

La popolazione europea ed extraeuropea nel 1900 e nel 2000 (milioni di abitanti)

La popolazione europea ed extraeuropea nel 1900 e nel 2000

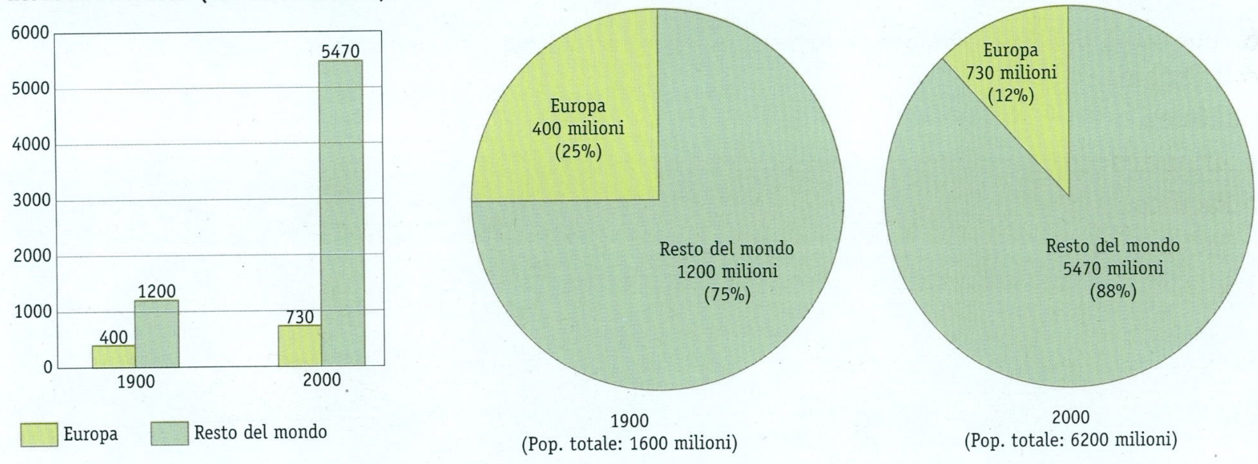

1900 (Pop. totale: 1600 milioni)

2000 (Pop. totale: 6200 milioni)

9 Traduci i grafici proposti in forma di testi scritti, completando la seguente didascalia.

Sia il grafico a colonne sia quelli a .... mettono a confronto la popolazione .... e quella .... negli anni .... e .... Nel 1900 la popolazione mondiale era complessivamente di .... milioni di abitanti, così suddivisi: .... in Europa e .... nel resto del mondo. Ciò significa che su 100 abitanti della Terra ben .... erano Europei. Nel corso del XX secolo la percentuale di Europei rispetto alla popolazione mondiale è calata dal .... al ....

Il capitolo a colpo d'occhio

QUANDO

1. Nella linea del tempo sono indicate due date. SCEGLI dall'elenco l'evento che si riferisce a ciascuna data. AIUTATI con la linea del tempo del capitolo.

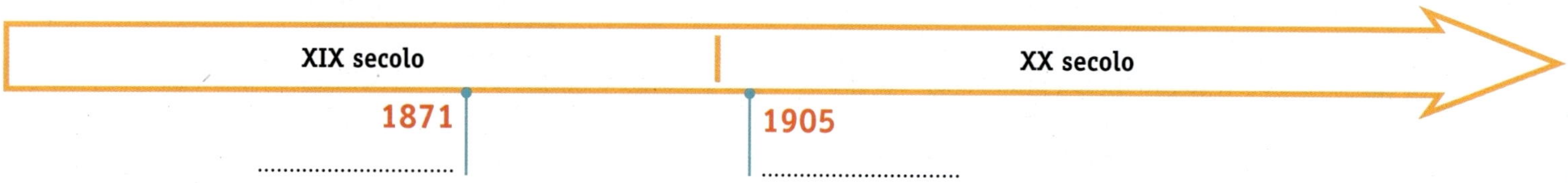

a. Esposizione universale di Parigi

b. Invenzione del telefono

c. Apertura del canale di Suez

d. Teoria della relatività

Come fu chiamato il periodo in cui questi avvenimenti sono accaduti? SCRIVILO sulla linea tratteggiata. ....

DOVE

2. SCRIVI nella carta muta il nome delle seguenti località presenti nel capitolo:

- Mosca
- Parigi
- Londra
- Canale di Panama
- Canale di Suez
- Oceano Atlantico
- Oceano Pacifico
- Oceano Indiano
- New York

LE PAROLE DA RICORDARE

3. Come si chiama? COLLEGA le seguenti locuzioni alla parola giusta.

a. **Avanzamento profondo nella vita politica, nel modo di produrre o nel modo di pensare**

b. **Comunicazioni a distanza**

c. **Movimenti che innovano le forme d'arte**

- ☐ transatlantici
- ☐ riforma
- ☐ avanguardie artistiche
- ☐ olimpiadi
- ☐ telecomunicazioni
- ☐ progresso
- ☐ astrattismo

LA MAPPA DEI CONCETTI

4. COMPLETA la mappa inserendo al posto giusto le parole seguenti.
ATTENZIONE: ci sono alcune parole intruse.

Benessere • occidente • progresso • oriente • industria • agricoltura • lotte sociali • pace

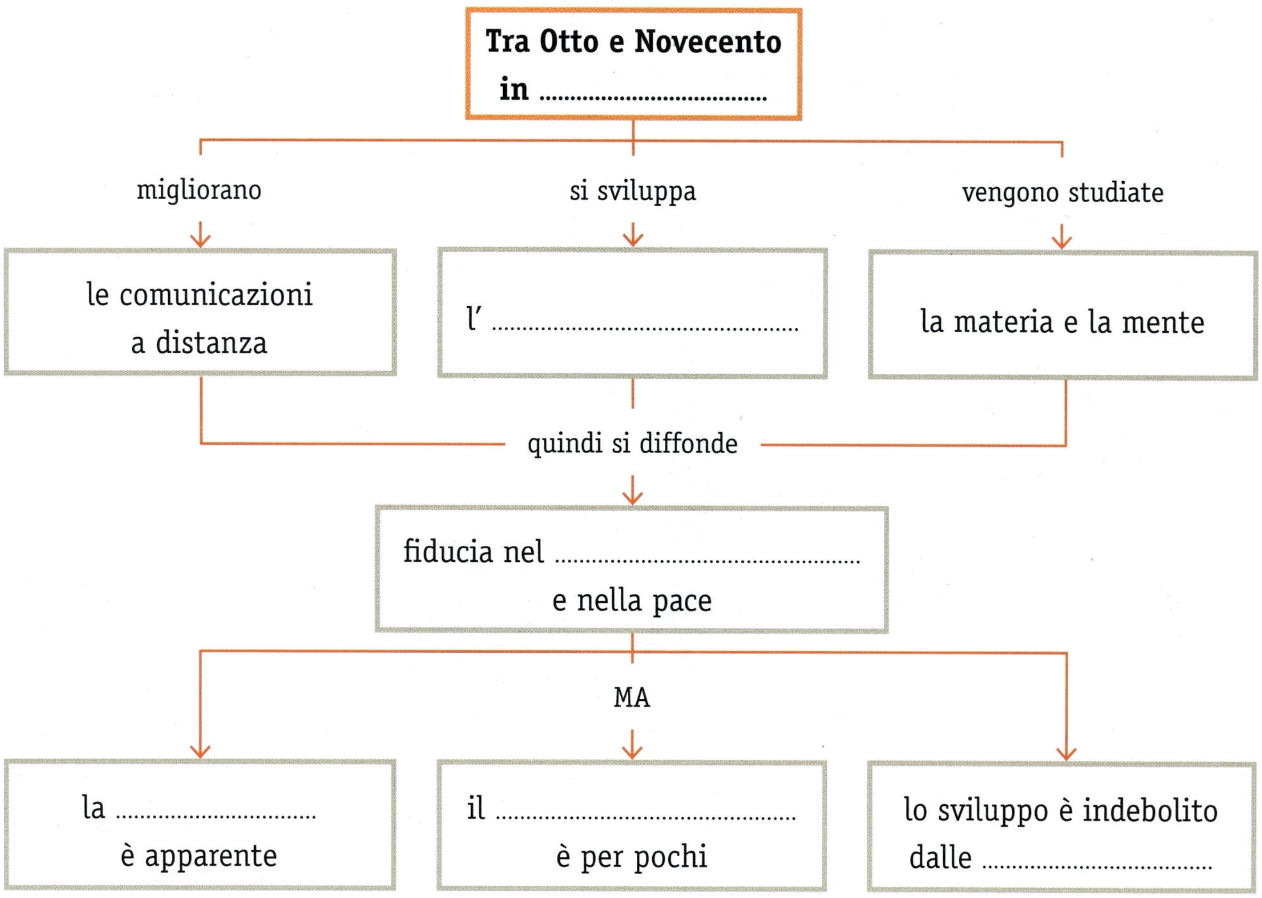

Capitolo 2

Fra democrazia e nazionalismo

CIAK si impara!

GUARDA! IL VIDEO

MI ORIENTO NEL CAPITOLO dal 1870 → al 1914

1 Tra Otto e Novecento in occidente si diffondono **ideali democratici** come l'uguaglianza tra uomini e donne, il diritto alla pensione, alle cure mediche, a lavorare in un ambiente sicuro. Le **suffragiste** lottano per il **diritto di voto alle donne.**

2 Con la nascita dei **partiti di massa** anche contadini e operai, le fasce più povere della popolazione, iniziano a prendere parte alla **vita politica.**

3 Il **senso di appartenenza** a una stessa **nazione** si rafforza grazie a una **lingua** e a una **storia** comuni, ma anche grazie all'**esercito**, che avvicina uomini provenienti da regioni diverse.

4 Le teorie scientifiche di **Charles Darwin** sulla **selezione naturale** vengono **male interpretate** e usate da alcuni per sostenere la **presunta superiorità** della razza bianca.

1. Progressi della democrazia

Si diffonde il diritto di voto

All'inizio del Novecento in Europa non c'erano più monarchie assolute. Dappertutto si era posto un limite al potere dei capi di Stato (imperatori, re o presidenti di repubbliche) ed era cresciuta l'autorità delle assemblee elettive (i **parlamenti**). Si diffondeva la democrazia, soprattutto con l'allargamento del diritto di voto.

Era però ancora una **democrazia imperfetta**, perché non tutti i cittadini potevano votare. I governi, infatti, cercarono di rallentare questo progresso civile, temendo che le **masse popolari**, per mezzo della maggioranza parlamentare, togliessero potere e privilegi alle vecchie classi dirigenti. Per esempio, esclusero dal diritto di voto i più giovani, in qualche caso fino ai trent'anni. In alcuni Stati si attribuì il diritto di voto solo ai cittadini più ricchi o più istruiti. In molti casi poi si cercò di esercitare pressioni sugli elettori attraverso il **voto palese**: non si votava nel segreto di una cabina, ma sotto gli occhi dei presenti.

Tra la metà dell'Ottocento e i primi decenni del Novecento, tuttavia, il **suffragio*** **universale maschile** venne introdotto in molti Stati europei: Francia, Danimarca, Grecia, Germania, Bulgaria, Spagna, Belgio, Norvegia, Austria. Fuori d'Europa era in vigore negli Stati Uniti, in Australia e in Nuova Zelanda. Nel 1912 fu introdotto anche in Italia e in Argentina; in Gran Bretagna solo nel 1918.

*** Suffragio**
È la manifestazione della propria volontà mediante un voto, in un'assemblea o in una consultazione elettorale. La parola deriva dal latino e indicava in origine il voto per acclamazione.

ORGANIZZO I CONCETTI

Introduzione del diritto di voto a suffragio universale maschile in alcuni Paesi d' Europa.

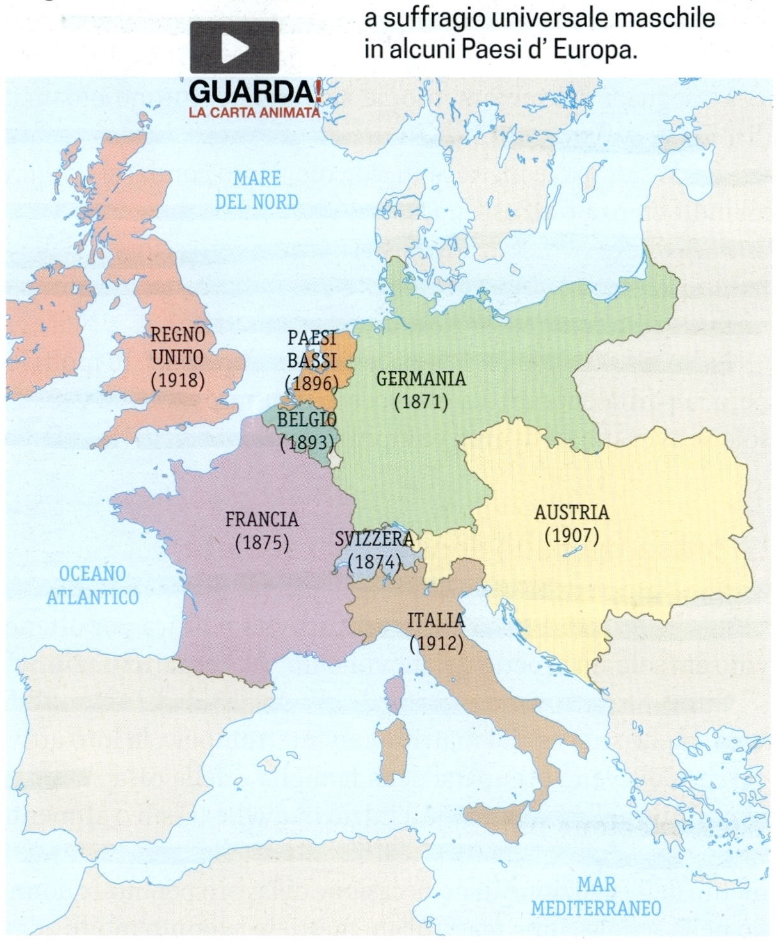

Manifestazione internazionale contro la repressione delle suffragiste in Inghilterra. I cartelli (anche in tedesco e in francese) annunciano un comizio di Emmeline Pankhurst. Il cartello in inglese accusa il governo di assassinare le donne.
Foto Topical Press Agency/Getty Images.

L'estensione del diritto di voto alle donne	
Anno	**Paese**
1869	Wyoming (Stati Uniti)
1893	Nuova Zelanda
1906	Finlandia
1907	Danimarca
1917	Russia
1918	Gran Bretagna
1919	Germania
1920	Tutti gli Stati Uniti
1944	Francia
1945	Italia
1971	Svizzera

I primi movimenti femminili per il diritto di voto

Nella maggioranza degli Stati europei, per molto tempo ancora il suffragio rimase esclusivamente maschile. Le donne non potevano votare e dovettero lottare a lungo per ottenere parità di diritti: **movimenti femministi** sorsero fin dalla seconda metà del XIX secolo. Particolarmente drammatica fu l'azione del movimento femminista in Gran Bretagna, dove nel 1903 **Emmeline Pankhurst** fondò l'Unione Sociale e Politica delle Donne, il cui obiettivo politico principale era il riconoscimento del diritto di suffragio femminile.

Le seguaci del movimento, le **suffragiste**, furono chiamate in segno di disprezzo **suffragette**. Esse dovettero affrontare i gravi pregiudizi contro le donne: la stampa le metteva in ridicolo, i loro comizi si svolgevano in mezzo all'indifferenza e all'ostilità, la polizia non era tenera nei loro confronti. Per farsi ascoltare ricorsero a mezzi estremi: fecero scioperi della fame, s'incatenarono ai lampioni per non essere arrestate durante le dimostrazioni, sommersero il parlamento inglese di richieste scritte.

La lotta delle donne, tuttavia, era ancora agli inizi. In molti Paesi esse ottennero la parità dei diritti a Novecento inoltrato: in Gran Bretagna nel 1918 (e solo se avevano trent'anni compiuti); in Italia nel 1945; in Svizzera nel 1971.

La presenza delle donne nella società

Negli ultimi decenni del XIX secolo, nell'occidente industrializzato cambiò l'idea che le donne avevano di sé. L'attività politica per ottenere il diritto di voto era solo un aspetto del movimento per l'**emancipazione*** femminile.

Erano sempre più numerose le donne che decidevano di **lavorare fuori casa**, anche se spesso il matrimonio interrompeva la loro attività lavorativa, perché dovevano occuparsi della famiglia e della casa. Aumentò la presenza femminile nelle fabbriche (all'inizio in quelle tessili o alimentari), ma anche negli uffici, dove erano impiegate come dattilografe e segretarie. Anche l'aumento dell'istruzione fu un'occasione di lavoro per molte donne, che entrarono nella scuola come maestre, un mestiere ritenuto molto adatto a loro.

Una maestra al lavoro con la sua classe in un dipinto francese del 1889.
Parigi, Grand Palais.

* **Emancipazione**
La parola deriva dal latino e significa «liberazione dalla schiavitù».

Eppure il lavoro femminile era considerato di minor valore, ed era meno pagato rispetto a quello dei maschi. Si pensava comunemente che il marito, come capo della famiglia, dovesse essere pagato di più perché spettava a lui mantenere moglie e figli. Nacquero in tutta Europa movimenti femminili per **rivendicare l'uguaglianza**. Le operaie (appoggiate generalmente dai socialisti) chiesero soprattutto parità di salario; le borghesi lottarono per il diritto di voto e per l'accesso alle università e alle professioni riservate agli uomini (cominciarono a esserci donne medico, avvocato, ingegnere).

Il cammino verso l'uguaglianza fu molto lungo. La parità salariale e il diritto di voto furono ammessi in quasi tutti i Paesi progrediti nella prima metà del Novecento. Solo più tardi, nella seconda metà del secolo, fu riconosciuta per legge una completa parità fra i coniugi.

Cittadinanza e Costituzione
Diritti, integrazione e cittadinanza
p. 94

Le riforme dello Stato assistenziale

La lotta delle donne per il diritto di voto era solo un aspetto dell'inquietudine che agitava le masse popolari sulla strada della democrazia. I governi europei capirono che per evitare che lo scontro sociale diventasse violento era necessario assicurare alle masse migliori condizioni di vita e maggiore uguaglianza. Scelsero dunque la via delle riforme.

In Germania, **tra il 1883 e il 1889**, il cancelliere Otto von Bismarck fece approvare dal parlamento **leggi sociali**, che proteggevano i lavoratori contro i rischi di malattie, infortuni, invalidità e vecchiaia.

Con lo stesso obiettivo i governi liberali inglesi del **1906-1914** posero le basi dello **Stato assistenziale** (in inglese *Welfare State*), cioè uno Stato che si assume il compito di assicurare ai cittadini protezione e benessere, usando a questo scopo una parte delle entrate fiscali. Furono assegnate **pensioni** statali ai lavoratori anziani; fu organizzato un **sistema previdenziale**, che comprendeva l'assicurazione contro le malattie e la disoccupazione; furono istituiti **uffici di collocamento** per aiutare chi era in cerca di un lavoro; si introdusse il salario minimo; fu ridotta a otto ore la giornata lavorativa dei minatori. Anche l'Italia, ai primi del Novecento, si avviò su una strada di riforme [→ cap. 4 par. 1].

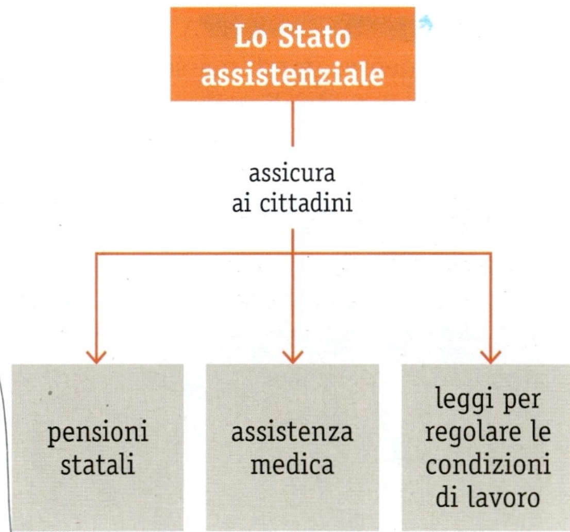

le "corporazioni" nel Medioevo circa nel '300

COLLOCO GLI EVENTI NEL TEMPO

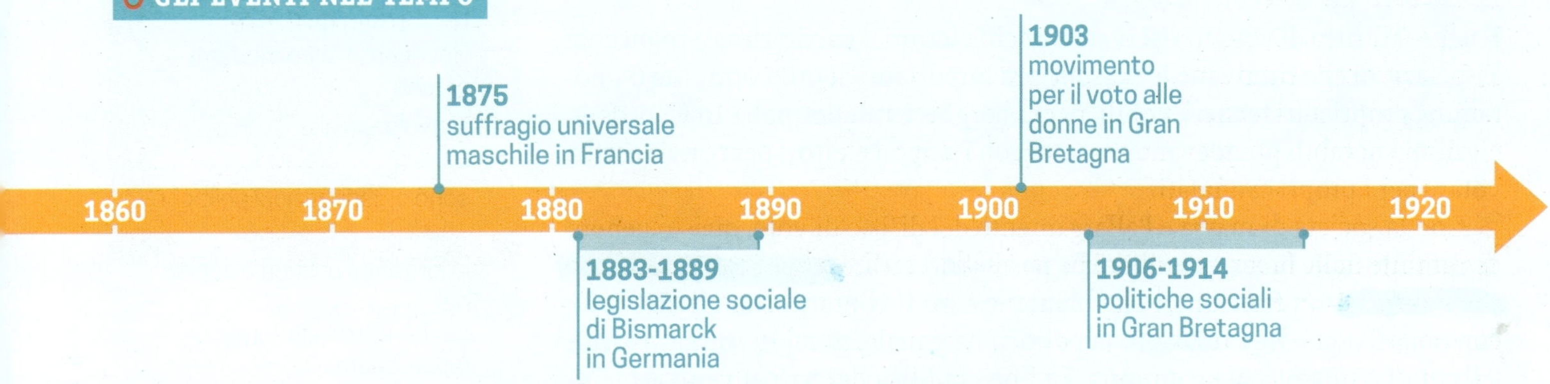

2. Nascono i partiti di massa

Nuovi protagonisti

Le grandi masse di popolazione acquistarono un peso sempre maggiore nella società, nella politica e nell'economia.

L'industria creava in continuazione nuovi prodotti e la pubblicità commerciale cercava di orientare gli acquisti e i gusti di **masse di consumatori** (soprattutto delle donne). Il cinema si avviava a rappresentare una rivoluzionaria forma di **intrattenimento di massa**. Con il procedere dell'industrializzazione, **masse operaie** sempre più numerose si organizzavano in movimenti, partiti e sindacati. Ma c'erano anche, in Europa, grandi **masse di contadini**, che cominciavano a organizzarsi per far sentire la loro voce e migliorare la loro condizione.

Fra Otto e Novecento la presenza delle masse divenne dominante e si affermò la **società di massa**. A quell'epoca, però, questo fenomeno riguardava solo l'occidente; grandi masse esistevano anche in Asia e in Africa, ma solo nel mondo industrializzato esse facevano valere la loro forza politica ed economica.

Il Quarto Stato, un quadro del 1901 di Giuseppe Pellizza da Volpedo. L'intento del pittore era quello di rappresentare una classe lavoratrice consapevole della propria «robustezza, forza, compattezza». Milano, Museo del Novecento.

Nascono i partiti moderni

Finché il diritto di voto fu riservato a pochi elettori, i partiti rimasero piccole associazioni che riunivano le persone più importanti di una comunità (i «notabili»: proprietari terrieri, nobili, ricchi borghesi, intellettuali). In vista delle elezioni i notabili prendevano contatto con i singoli elettori per convincerli a votare per i propri candidati.

Con la società di massa e l'allargamento del diritto di voto, questo genere di contatto non fu più possibile: fu necessario creare **organizzazioni politiche stabili** con funzionari che mantenessero il contatto con gli elettori e con obiettivi che riguardassero la politica nazionale, non più soltanto locali e limitati a una piccola comunità. La linea politica dei partiti veniva decisa

ORGANIZZO I CONCETTI

▶ **Completa le frasi.**

I partiti nati fra Otto e Novecento sono moderni perché:

- si rivolgono alle ....
- sono organizzazioni politiche ....
- la loro linea politica è decisa nei .... dagli iscritti e dai loro rappresentanti

nei congressi, cioè nelle assemblee degli iscritti e dei loro rappresentanti. Si parla di partiti di massa perché si rivolgevano, per la prima volta nella storia, a grandi masse di popolazione attraverso i comizi. I primi partiti di massa furono i partiti socialisti e quelli di ispirazione cristiana.

Appartenere a un partito significava non solo avere interessi in comune, ma anche condividere un'ideologia, cioè dei princìpi, dei valori, delle speranze e una certa visione della società e del mondo. I simpatizzanti, con l'acquisto della tessera, con il versamento di quote regolari e con l'abbonamento al giornale, finanziavano l'attività politica del loro partito.

La tessera del partito socialista italiano per l'anno 1906.
Firenze, Istituto Socialista di Studi Storici.

I partiti socialisti

I socialisti erano divisi in rivoluzionari (che sostenevano la necessità della lotta per conquistare il potere) e riformisti (favorevoli a una trasformazione graduale per mezzo di riforme). I partiti socialisti erano riuniti, dal 1889, nella Seconda Internazionale, che aveva il compito di coordinare la loro azione. Lo strumento principale di lotta era lo sciopero, soprattutto lo sciopero generale, che riguardava tutte le categorie e poteva bloccare un intero Paese. I governi dovettero tollerare gli scioperi, ma erano pronti a intervenire con l'esercito per ristabilire l'ordine.

All'inizio del Novecento i partiti socialisti erano protagonisti della vita politica in tutti i Paesi europei. Il numero degli aderenti era particolarmente alto nei Paesi più industrializzati: nel 1911, gli iscritti erano 1,4 milioni in Gran Bretagna e un milione in Germania.

I partiti di ispirazione cristiana

I partiti di ispirazione cristiana, in prevalenza cattolici, si affermarono soprattutto in Germania e in Italia. Seguendo la dottrina sociale della Chiesa, questi partiti sostenevano che fra le classi sociali dovessero esserci rapporti di solidarietà e non di lotta. Al loro interno c'erano elettori di tendenze moderate (che accettavano limitate e graduali riforme sociali e politiche) o conservatrici (che volevano conservare la situazione esistente).

In Germania il partito cristiano fu combattuto dal governo del cancelliere Bismarck. In Italia per molto tempo mancò un partito dei cattolici perché il papa, dopo la presa di Roma nel 1870, aveva proibito ai cattolici di partecipare alla vita politica. Solo all'inizio del Novecento i cattolici italiani cominciarono a organizzarsi; ma un vero grande partito popolare venne fondato solo nel 1919 da Luigi Sturzo.

Quanti partiti?

Negli Stati Uniti, dalla metà dell'Ottocento e fino a oggi, il sistema politico si basò sul bipartitismo: due grandi partiti, il repubblicano e il democratico, si contendono il governo del Paese. Nella maggior parte degli Stati del mondo si sono invece sviluppati molti partiti, di destra, di sinistra e di centro: in questi casi il sistema si dice pluripartitico. Così è in Italia.

In alcuni Paesi c'è un solo partito, quello che governa (monopartitismo): l'esistenza di un partito unico è sempre segno di mancanza di democrazia.

ORGANIZZO I CONCETTI

▶ **Completa la tabella.**

Monopartitismo	....
Bipartitismo	.... partiti
Pluripartitismo	.... partiti
Oggi in Italia	sistema politico ....

Gli anarchici e il rifiuto dello Stato

Non tutti accettavano l'esistenza dello Stato e delle sue istituzioni. Gli **anarchici*** contrapponevano all'organizzazione statale l'aspirazione a una «società naturale», in cui gli esseri umani non avessero limiti alla loro libertà, se non quelli stabiliti dalla natura o da un libero atto della volontà individuale. Il movimento anarchico era nato nella seconda metà dell'Ottocento e, all'inizio, si era rivolto soprattutto alle masse contadine misere e oppresse. I socialisti si opponevano decisamente agli anarchici, che furono espulsi dall'Internazionale socialista.

Fu in questo periodo che presso alcuni gruppi anarchici prese forza l'idea di compiere **attentati terroristici**, pensati come gesti esemplari che avrebbero dovuto scuotere il popolo e spingerlo all'azione. Fu organizzata una serie di attentati contro re, imperatori, presidenti di Stato: di essi rimasero vittime lo zar Alessandro II (1881), l'imperatrice d'Austria Elisabetta (1898), il re d'Italia Umberto I (1900), il presidente degli Stati Uniti William McKinley (1901) e altri ancora. La repressione fu durissima e coinvolse tutti gli anarchici, compresi quelli che si erano dissociati dal terrorismo.

* **Anarchia**
La parola deriva dal greco e significa «mancanza di un potere che comanda».

L'uccisione di re Umberto I, vittima di un attentato nel 1900 a Monza, illustrata sulla copertina della «Domenica del Corriere».

COLLOCO GLI EVENTI NEL TEMPO

1860 – 1870 – 1880 – 1890 – 1900 – 1910 – 1920

- **1875** suffragio universale maschile in Francia
- **1883-1889** legislazione sociale di Bismarck in Germania
- **1889** Seconda Internazionale socialista
- **1900** uccisione di Umberto I re d'Italia
- **1903** movimento per il voto alle donne in Gran Bretagna
- **1906-1914** politiche sociali in Gran Bretagna
- **1919** partito popolare cattolico in Italia

Fonti

L'emancipazione della donna operaia

La lotta per i diritti delle donne e per il socialismo in Italia ebbe fra le protagoniste una russa, Anna Kuliscioff, nata in Crimea nel 1857, appartenente a una famiglia di commercianti ebrei. Laureata in medicina, Anna si specializzò in ginecologia a Torino e a Padova. Fece importanti studi sull'origine batterica delle febbri puerperali, cioè sulle infezioni che frequentemente colpivano le donne dopo il parto e le portavano alla morte. A Milano si dedicò all'attività di medico dei poveri, mettendo in pratica le sue idee di solidarietà verso il mondo operaio. Si legò in quel periodo a un altro esponente del socialismo italiano, Filippo Turati, con il quale fu molto attiva nel partito socialista italiano, che venne fondato nel 1892 [→ cap. 4 par. 1].

Per Anna le idee socialiste non potevano essere separate dalla lotta per i diritti delle donne. Fu lei a ispirare una legge per la tutela del lavoro femminile e minorile che il parlamento approvò nel 1901.

Anna Kuliscioff morì nel 1925, quando ormai in Italia si imponeva un potere dittatoriale, il regime fascista [→ cap. 7].

Il brano che segue è tratto da un discorso che Anna Kuliscioff tenne a Milano nel 1890. L'autrice esamina la condizione femminile in fabbrica: si riferisce a settori (il tessile e la manifattura tabacchi) nei quali la presenza femminile era forte, e a una situazione come quella italiana, nella quale lo sviluppo industriale era ancora nella fase iniziale.

Ritratto fotografico di Anna Kuliscioff.
Fondazione A. Kuliscioff, Milano.

« Chi risente maggiormente tutto l'orrore dell'inferiorità sociale della donna è la donna operaia. Il numero delle donne impiegate nelle industrie e nella manifattura è un vero esercito, che in certi paesi e in date industrie supera l'esercito operaio maschile. E ce lo provano meglio di tutto le statistiche, per quanto siano incerte e incomplete.
Uno studio del Ministero del commercio in alcune industrie italiane (nel settore tessile e nella manifattura tabacchi) trovò in esse, su 382 131 operai, il 27% di uomini e il 49,32% di donne, ossia – a parte i fanciulli – 103 562 uomini e 188 486 donne. [...]
E questo non avviene solo in Italia. Molte altre simili cifre avrei raccolto e dell'Inghilterra e della Francia e di altri paesi. [...] E come viene retribuita la donna produttrice di tante e così svariate ricchezze in tutti i paesi d'Europa?
Da tutte le statistiche si desume, con sufficiente certezza, questa conclusione: che la donna, a pari lavoro, è sempre pagata molto meno dell'uomo. E allora si capisce che la donna operaia, se deve vivere del solo lavoro, non possa bastare a se stessa.
Qual è ora la causa di codesta inferiorità dei salari femminili?
Le donne non sono affatto coalizzate, non presentano resistenza al capitale sfruttatore ed è ben raro che si servano dell'arma temibile dello sciopero.
La donna è ossequiente alla tradizione, più ligia dell'uomo all'autorità, ed è anche più ignorante. Qui in Italia, secondo l'ultimo censimento, le donne analfabete sono il 73,51%, gli uomini analfabeti sono il 61,03%. È vero che nell'analfabetismo il sesso forte non è molto più forte dell'altro. [...]
La donna insomma è considerata come un'appendice dell'uomo, non come persona a sé, che abbia diritto al lavoro e a vivere lavorando. »

(Da Anna Kuliscioff, *Il monopolio dell'uomo*, Critica Sociale, Milano 1894)

LAVORO SULLE FONTI

1. Analizza il testo e rispondi alle seguenti domande: chi è l'autrice del testo e perché la sua testimonianza è autorevole? In che anno fu scritto questo intervento?
2. Il brano della Kuliscioff fa riferimento anche al lavoro minorile. Sottolinea il paragrafo nel quale si affronta questo argomento e prova a calcolare quanti sono, in percentuale, i fanciulli nelle fabbriche esaminate.
3. Qual è la causa dell'inferiorità dei salari femminili, secondo l'autrice?
4. Qual è la conseguenza che la donna subisce per il fatto di avere salari più bassi dell'uomo? Sottolinea le righe in cui trovi la risposta.

3. La nazionalizzazione delle masse

Personificazione della Germania, ritratta come una giovane donna che con la spada difende la pace (simboleggiata da un ramo di ulivo). Immagini di questo tipo erano molto popolari in tutti i Paesi e propagandavano l'amor di patria.
Norimberga, Germanisches Nationalmuseum.

Il sentimento della comunità nazionale

Con l'estensione del diritto di voto e l'attività dei partiti moderni masse sempre più numerose parteciparono alla vita politica. Si diffuse anche tra i ceti popolari nelle città e nelle campagne, in tutti i Paesi europei, il sentimento di appartenere a una comunità nazionale, a una patria. I popoli trovarono nell'amor di patria, che li faceva sentire Italiani o Francesi o Tedeschi, un nuovo modo di sentirsi affratellati.

Le classi dirigenti e i governanti dei vari Paesi cercarono di stimolare e di orientare il sentimento di amor di patria attraverso feste, cerimonie e monumenti. La bandiera e l'inno nazionale erano i simboli del comune destino nel quale i cittadini si riconoscevano. Questo fenomeno storico è detto **nazionalizzazione delle masse.**

Le minoranze etniche

Qualche volta non si considera patria la nazione, ma l'**etnia*** alla quale si appartiene. I confini dell'etnia coincidono di solito con quelli della nazione, ma non di rado accade che in una stessa nazione convivano più etnie, delle quali una è più numerosa e dominante, altre – le **minoranze etniche** – sono meno numerose e occupano regioni limitate. All'inizio del XX secolo c'erano in Europa alcuni Stati multietnici. In Gran Bretagna, per esempio, gli Inglesi erano l'etnia dominante, ma con loro vivevano e facevano parte della stessa nazione gli Irlandesi, i Gallesi e gli Scozzesi.

Il sentimento di appartenere a un'etnia diversa da quella dominante diede origine spesso a tentativi di separazione, che contrastavano con le esigenze di unità nazionale degli Stati e degli imperi. Per esempio, l'impero asburgico era indebolito dai tentativi di formare nazioni separate messi in atto dalle diverse etnie che lo costituivano: gli Ungheresi, i Cèchi, i Croati, i Rumeni.

* **Etnia**
È un raggruppamento umano i cui individui hanno in comune caratteri linguistici e culturali.

Irlandesi manifestano contro il predominio inglese.
Foto The Print Collector/Getty Images.

Educazione all'amor di patria

Alcune istituzioni dello Stato si assunsero il compito di educare all'amor di patria. La **scuola**, per esempio, fu uno strumento fondamentale di educazione patriottica. Non c'era paese o villaggio d'Europa, per quanto piccolo, che non avesse una scuola elementare e i maestri potevano facilmente esercitare la propria influenza e autorità sui bambini, educandoli ad amare la patria.

I due insegnamenti principali, da questo punto di vista, furono la **lingua** e la **storia nazionale**.

L'uso della lingua italiana invece del dialetto, parlato in famiglia dalla maggior parte degli scolari, aveva l'obiettivo di rafforzare nei bambini la convinzione di essere tutti figli della stessa nazione.

L'insegnamento della **storia**, che s'incentrava sugli episodi gloriosi della storia patria, era rivolto principalmente a suscitare il sentimento orgoglioso di appartenere a una nazione grande e forte.

Un'altra istituzione che servì a rafforzare i sentimenti di identità nazionale nelle popolazioni degli Stati europei fu **l'esercito**. Qui, soldati di regioni diverse facevano insieme il servizio militare, e le diverse unità portavano nomi che ricordavano località gloriose, eventi eroici o personaggi famosi della storia nazionale.

Soldato italiano in posa con la bandiera tricolore.
Foto Wulz/RMFA.

pensare che sia più importante degli altri

Si diffonde il nazionalismo

Ben presto l'amor di patria si trasformò nell'animo di molti Europei in esaltazione della superiorità della propria patria sulle altre. Si diffusero atteggiamenti di rancore nei confronti delle altre nazioni, accusate di complottare ai danni della propria, e si accompagnarono a propositi di **rivincita**. Spesso questi sentimenti nascevano in seguito a sconfitte militari, che avevano ferito l'orgoglio nazionale di un popolo. Fu questo il caso dei Francesi dopo la sconfitta subita nel 1870 per opera dei Tedeschi.

Questo attaccamento alla propria nazione, orgoglioso e carico di aggressività verso i «nemici» veri o supposti, prese il nome di **nazionalismo**.

Tale sentimento fu favorito dai governi, perché rendeva più facile fare accettare all'opinione pubblica le guerre, nelle quali si mandavano i soldati, arruolati con la **coscrizione obbligatoria**, a rischiare la vita per la patria.

COLLEGO CAUSE ED EFFETTI

► **PERCHÉ i governi incoraggiavano il diffondersi di sentimenti nazionalisti? Cerca la risposta nel testo.**

ORGANIZZO I CONCETTI

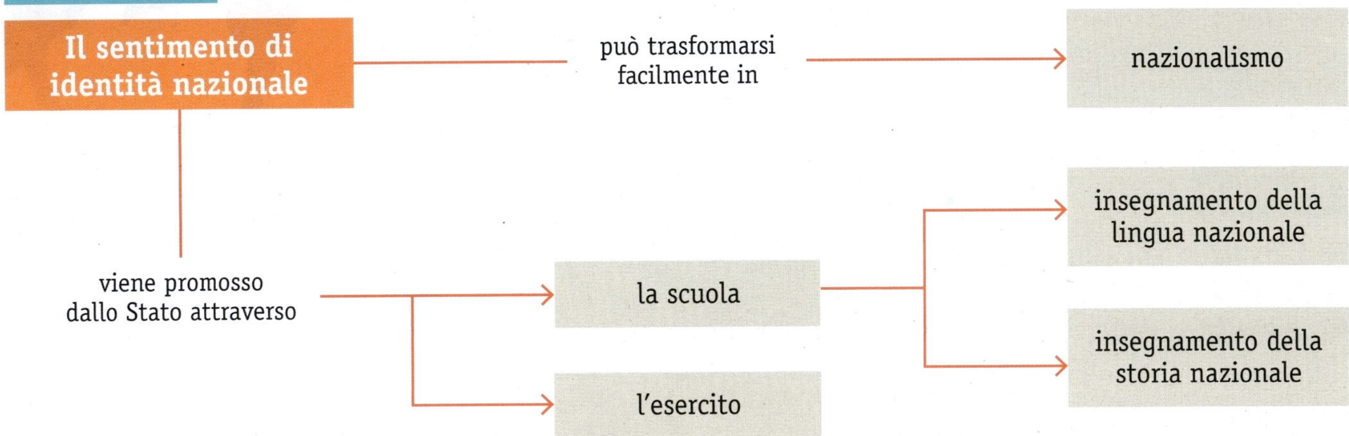

Patrimonio della cultura

Un luogo pieno di simboli: il Vittoriano

Il Vittoriano è un grandioso monumento costruito a Roma verso la fine dell'Ottocento per celebrare il re Vittorio Emanuele II, che aveva realizzato l'unità d'Italia. È chiamato anche Altare della Patria e vi si svolgono cerimonie ufficiali; è meta di molti visitatori sia per la sua grandiosità, sia per il magnifico panorama che offre sulla città. Fu inaugurato nel 1911, in occasione del cinquantenario dell'unità, ma la decorazione (che è costituita da un centinaio di opere in marmo e in bronzo) fu completata diversi anni più tardi. Recentemente al suo interno è stato allestito il Museo del Risorgimento.

Veduta d'insieme del **Vittoriano**.
Foto Shutterstock/Mikadun

La tomba del Milite Ignoto, il cuore dell'Altare della Patria: qui venne tumulata nel 1921 la salma di un soldato italiano scelto (da una madre che aveva perso il figlio in guerra) fra alcuni caduti sui campi di battaglia della Prima guerra mondiale dei quali non si era potuto stabilire l'identità. La tomba è sempre custodita da una guardia d'onore, mentre su un braciere arde una fiamma perenne.
Foto L. Marisaldi.

ricordo del sangue versato per la fiamma

Il monumento equestre a Vittorio Emanuele II, che si trova nella parte centrale del complesso. Sul basamento sono scolpite, in forma di figure femminili, le città che furono capitali degli Stati pre-unitari e le repubbliche marinare. Le statue sulla sinistra dell'immagine raffigurano Venezia e Palermo.
Foto L. Marisaldi.

RICERCO E PRODUCO

Cerca su Internet informazioni sul Museo del Risorgimento per organizzare una «visita virtuale»: inizia con il sito http://www.risorgimento.it/home_museo_ita.asp.

4. Darwinismo sociale e razzismo

Darwin con fattezze scimmiesche in una vignetta satirica. Darwin affermava, giustamente, che uomini e scimmie derivano da un antenato comune ormai estinto. Ma i suoi avversari, banalizzando la teoria dell'evoluzione, diffusero l'idea che secondo lui l'uomo discendeva direttamente dalle scimmie.
Foto Bridgeman.

Darwin e l'evoluzionismo

Nel **1859** fu pubblicato in Inghilterra un libro di fondamentale importanza per la conoscenza dell'**evoluzione degli esseri viventi**: *L'origine delle specie*, del biologo e naturalista Charles Darwin (1809-1882). Vi erano riportate le osservazioni che Darwin aveva fatto durante le sue spedizioni nell'Oceano Pacifico e nelle isole Galápagos. Per Darwin gli esseri viventi si evolvono nel tempo, cioè sono soggetti a cambiamenti: un'intera specie può modificarsi, alcune specie possono scomparire, altre nuove possono sorgere. Questo processo è l'**evoluzione delle specie**. In conseguenza dell'evoluzione le piante e gli animali che ora popolano il nostro pianeta non sono uguali alle prime piante e ai primi animali comparsi sulla Terra; anzi, molte delle piante e degli animali che sono vissuti in passato non esistono più.

La selezione naturale

Secondo la teoria di Darwin, tutte le specie viventi, in natura, combattono una **lotta per la sopravvivenza**, attraverso la ricerca del cibo, dell'acqua, di un luogo adatto in cui vivere. In questa lotta, gli individui con caratteristiche più adatte agli ambienti in cui vivono tendono a sopravvivere e a riprodursi di più di quelli che ne sono privi. I caratteri adatti alla sopravvivenza si trasmettono da una generazione all'altra e ad ogni generazione aumenta il numero degli individui che ne sono dotati. Si giunge così, nel corso dei millenni, alla comparsa di una nuova specie, più adatta all'ambiente e più capace di sopravvivere. Darwin chiamò questo processo «**selezione naturale**». In questo meccanismo di evoluzione rientra anche la specie umana, che discende da forme più arcaiche, ormai estinte.

La teoria darwiniana dell'evoluzione suscitò molte discussioni, ma ben presto la maggior parte dei biologi si convinse che c'erano prove sufficienti che l'evoluzione avvenisse davvero. Iniziò, verso la fine dell'Ottocento, anche un grande sviluppo della **paleontologia***. Furono trovati allora molti dei fossili di ominidi che permisero di abbozzare l'albero genealogico dell'umanità.

* **Paleontologia**
È lo studio dei resti fossili degli esseri viventi ed è una disciplina scientifica essenziale per lo studio della preistoria. La parola deriva dal greco e significa letteralmente «scienza degli esseri viventi antichi».

Il darwinismo sociale

L'evoluzione delle specie viventi era una scoperta di grande valore, ma la sua validità scientifica è limitata alla **biologia**. Le teorie di Darwin, però, furono ben presto usate anche per interpretare i fenomeni sociali, come se la **società** fosse un organismo vivente soggetto alle stesse leggi della biologia. Questa ideologia prese il nome di **darwinismo sociale**, ma non venne formulata da Darwin: fu opera di politici, di sociologi e di economisti molto influenti verso la fine dell'Ottocento. Costoro sostenevano che anche nella società umana vi fosse una selezione naturale, che distingue gli individui e i popoli adatti a dominare da quelli destinati a essere oppressi.

ORGANIZZO I CONCETTI

Il darwinismo sociale

applica la selezione naturale ai fenomeni sociali e sostiene che

- le disuguaglianze sociali sono inevitabili
- le riforme sociali sono inutili
- i popoli forti sono adatti a dominare

Il darwinismo sociale in questo modo:

- stabiliva che all'interno dei singoli Stati i ricchi e i potenti, quando sfruttavano i poveri e i deboli, non facevano altro che seguire una **legge di natura**. In tal modo le disuguaglianze sociali venivano presentate come necessità naturali e inevitabili;
- considerava inutili le riforme dello Stato assistenziale;
- nei rapporti internazionali giustificava il dominio degli Stati più forti ed economicamente progrediti sugli altri.

L'ideologia del darwinismo sociale appoggiava le forme più aggressive di nazionalismo e le politiche di potere e di conquista coloniale.

Dominio coloniale: la superiorità tecnologica dell'occidente, secondo il darwinismo sociale, è basata su superiori qualità naturali di quei popoli e giustifica il dominio del mondo. Nella foto, l'incontro, alla fine del XIX secolo, tra alcuni esploratori inglesi e una tribù kikuyu (nell'attuale Kenya).

Il razzismo e la superiorità della razza bianca

Darwin, come tutti gli uomini del suo tempo, era convinto che il genere umano fosse diviso in razze, ma non era razzista: cioè non pensava che esistessero razze per natura superiori ad altre. Ma nel secondo Ottocento la superiorità della razza bianca fu considerata una verità scientificamente dimostrata. In realtà, le differenze fisiche e culturali fra i diversi gruppi umani dipendono dall'adattamento ai diversi ambienti, e il concetto di «razza» non ha nessun significato scientifico. Le **teorie razziste**, dunque, non avevano **nessuna validità**; esse però si diffusero e si radicarono a sostegno dell'espansione colonia-

COLLOCO GLI EVENTI NEL TEMPO

- **1859** *L'origine delle specie*, di Charles Darwin
- **1875** suffragio universale maschile in Francia
- **1883-1889** legislazione sociale di Bismarck in Germania
- **1889** Seconda Internazionale socialista
- **1900** uccisione di Umberto I re d'Italia
- **1903** movimento per il voto alle donne in Gran Bretagna
- **1906-1914** politiche sociali in Gran Bretagna
- **1919** partito popolare cattolico in Italia

1860 1870 1880 1890 1900 1910 1920

le europea e servirono a giustificare lo sfruttamento di altri popoli da parte dei bianchi.

C'era anche una forma di razzismo meno aggressivo. Si sosteneva, per esempio, che l'Europa avesse il dovere di non abbandonare i popoli meno sviluppati: doveva al contrario educarli a recuperare il tempo perduto, insegnando loro le regole della civiltà. Con queste convinzioni si finiva per considerare normale che gli Africani, gli Indiani o i Cinesi fossero trattati da schiavi o venissero sfruttati come manodopera a buon mercato nelle piantagioni e nelle industrie.

Il razzismo non si fermò a questo punto. Anche all'interno della razza bianca – si sostenne – era possibile fare distinzioni. Secondo alcuni, il gruppo superiore era la stirpe germanica, nella quale la razza bianca, detta anche ariana, si era preservata pura nei secoli. L'**antisemitismo*** fin dalla fine dell'Ottocento nell'Europa occidentale cominciò a fondarsi sulla convinzione che gli Ebrei appartenessero a una razza inferiore.

* **Antisemitismo**
È l'ostilità contro gli Ebrei, alimentata da pregiudizi di vario genere (religiosi, razziali, culturali, economici).

RICOSTRUISCO LA MAPPA DEL CAPITOLO

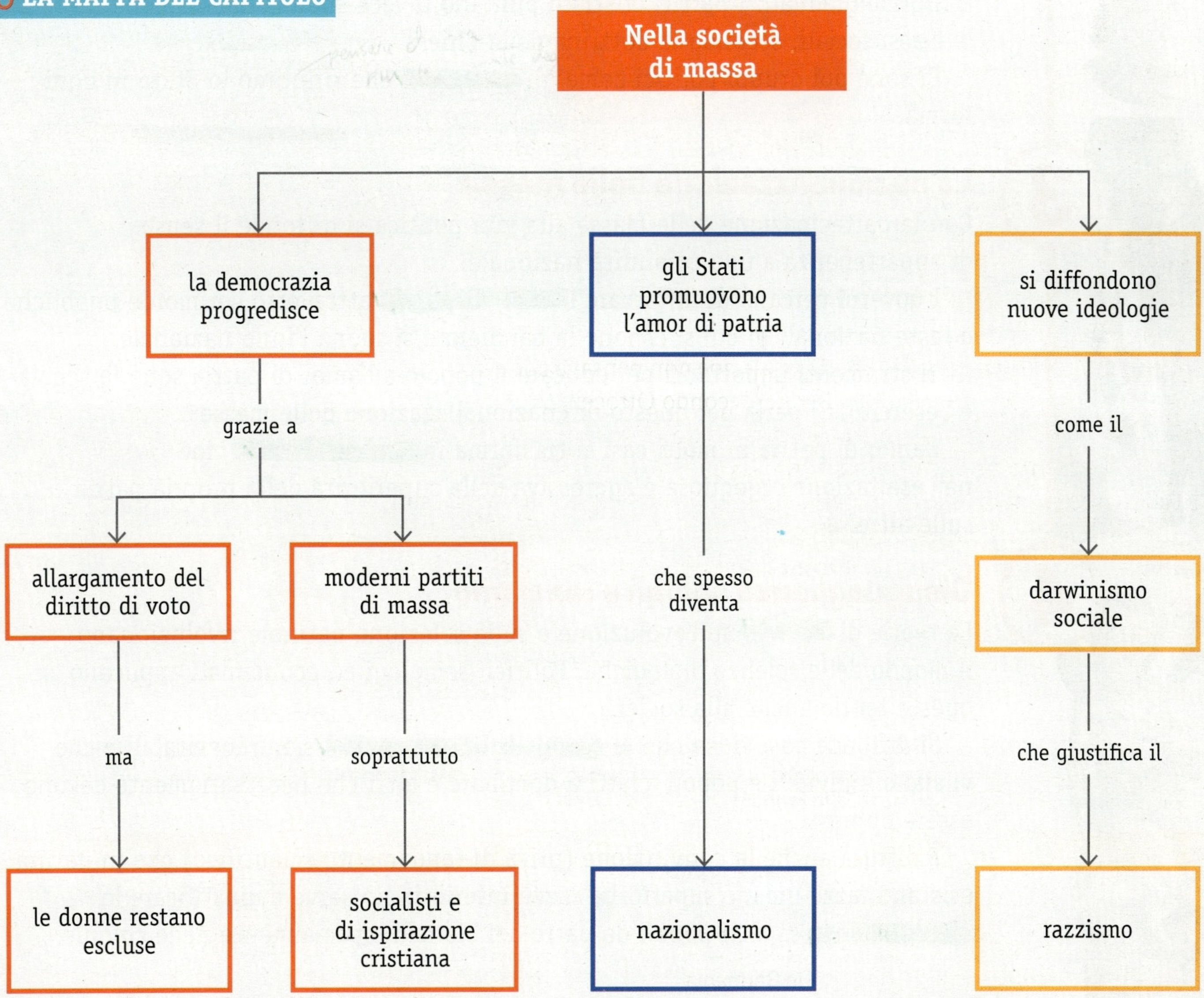

Sintesi

RICOSTRUISCO LE INFORMAZIONI

1 Progressi della democrazia

All'inizio del Novecento nei Paesi occidentali la **democrazia** fa importanti passi avanti grazie all'estensione del **diritto di voto** (**suffragio**), che però per molto tempo resta limitato alla popolazione maschile. Le donne, escluse dal voto, lottano a lungo per ottenere **gli stessi diritti degli uomini** sia in politica sia nel mondo del lavoro.

2 Nascono i partiti di massa

Con l'estensione del diritto di voto verso la fine dell'Ottocento, i partiti politici diventano organizzazioni stabili che prevedono un apparato di funzionari, il tesseramento degli iscritti e la pubblicazione di giornali di partito.

I **nuovi partiti**, che raccolgono grandi masse di persone, sono quelli di ispirazione **socialista** e di ispirazione **cristiana**. I socialisti sono divisi in rivoluzionari, che sostengono la lotta per il potere, e riformisti, favorevoli a riforme graduali. I partiti cristiani puntano invece sulla collaborazione fra le classi sociali, secondo la dottrina della Chiesa.

Ci sono poi gruppi politici come gli **anarchici** che rifiutano lo Stato in ogni forma.

3 La nazionalizzazione delle masse

Con la partecipazione delle masse alla vita politica si diffonde il senso di appartenenza a una comunità nazionale.

I governi cercano di rafforzare l'**amor di patria** attraverso cerimonie pubbliche e feste nazionali in cui si espone la bandiera e si suona l'inno nazionale. Altri strumenti importanti per educare il popolo all'amor di patria sono la scuola e l'esercito. Si parla per questo di «nazionalizzazione delle masse».

L'amor di patria in molti casi si trasforma in **nazionalismo**, cioè nell'esaltazione orgogliosa e aggressiva della superiorità della propria patria sulle altre.

4 Disuguaglianze sociali e razzismo

Le teorie di **Darwin** sull'evoluzione e sulla selezione naturale rivoluzionano il mondo delle scienze biologiche. Politici, sociologi ed economisti applicano queste teorie anche alla società.

Si diffonde così l'idea che le **disuguaglianze sociali** siano inevitabili e che vi siano individui e popoli adatti a dominare e altri che necessariamente devono essere oppressi.

È diffusa anche la convinzione (priva di fondamento scientifico) che in natura esistano razze umane superiori e razze inferiori: ciò serve a giustificare lo **sfruttamento** di altri popoli da parte dei bianchi, specialmente nelle colonie.

Esercizi

COSTRUISCO LE MIE COMPETENZE

VERIFICO LE CONOSCENZE

Paragrafo 1

1 Completa il testo con le parole mancanti.

Fra Otto e Novecento si affermò, nell'occidente industrializzato, la società di ...massa... . Le assemblee elettive (i ...parlamenti...) acquistarono maggiore autorità e si diffuse la democrazia, con l'allargamento del diritto di ...voto... . Il ...suffragio... universale maschile fu introdotto in molti Stati tra la metà dell'Ottocento e i primi decenni del Novecento; per lungo tempo restarono però ...escluse... le donne. Le attiviste dei movimenti femministi (le ...suffragette...) lottarono duramente per ottenere questo diritto.

LAVORO SULLE FONTI

Paragrafo 1

2 Queste due vignette riguardano la questione del suffragio femminile. Interpretale rispondendo alle domande.

Nella figura 1 (del 1900) una donna è chiusa in gabbia con un criminale e un pazzo. Il cartello dice: «Detenuti e pazzi non hanno il diritto di voto per il parlamento. Le donne devono essere classificate fra costoro?». La donna tiene in mano il lucchetto che blocca le sbarre e dice: «È ora che esca di qui. Dove troverò la chiave?».

a. Che cosa vuole la donna? Qual è la chiave con cui aprirà il lucchetto e uscirà dalla gabbia?

b. Chi ha diffuso la vignetta era favorevole o contrario a riconoscere il diritto di voto alle donne?

La figura 2 si intitola «La dimora di una suffragetta» e mostra il marito (probabilmente un operaio) che al ritorno dal lavoro trova una figlioletta in lacrime, l'altra addormentata per terra e la casa in disordine. Sul muro c'è un manifestino: «Voto alle donne!».

c. Chi ha diffuso il manifesto era favorevole o contrario a riconoscere il diritto di voto alle donne?

d. Quale immagine della donna vuole trasmettere questo manifesto? A quali cambiamenti della condizione sociale delle donne si riferisce?

1

2

STABILISCO COLLEGAMENTI

Paragrafo 1

3 Completa le frasi.

a. Molti governi cercarono di limitare la concessione del diritto di voto perché ....

b. Il voto palese costituisce una limitazione del diritto di voto perché ....

c. Fra Otto e Novecento nascono organizzazioni e movimenti femminili perché ....

Esercizi

VERIFICO LE CONOSCENZE
Paragrafo 2

4 Completa il testo con le parole mancanti.

I partiti divennero organizzazioni politiche .... ; i loro dirigenti si rivolgevano agli elettori con i .... nelle piazze e con articoli sui .... di partito. I primi partiti di massa furono i partiti .... e quelli di ispirazione .... Il principale strumento di lotta dei partiti socialisti era lo .... I partiti cristiani seguivano la .... sociale della Chiesa e sostenevano che fra le classi sociali dovessero esserci rapporti di ....

RIORGANIZZO DATI E CONCETTI
Paragrafo 2

5 Completa la tabella mettendo le crocette; poi rispondi alla domanda: perché divenne necessario trasformare i partiti tradizionali in partiti moderni?

	Partiti tradizionali	Partiti moderni
1. sono partiti di massa		
2. sono costituiti da poche persone		
3. si rivolgono alla folla con comizi		
4. gli iscritti contribuiscono alle spese		
5. hanno obiettivi nazionali		
6. si mobilitano solo in vista delle elezioni		
7. tengono contatti diretti con i singoli elettori		
8. dispongono di giornali e riviste		
9. si basano su una comune ideologia		

VERIFICO LE CONOSCENZE
Paragrafo 3

6 Completa il testo con le parole mancanti.

Con la partecipazione alla vita .... si diffuse nelle masse il sentimento di far parte di una stessa .... I governi favorirono l'amor di .... con la costruzione di .... e con cerimonie pubbliche, in occasione delle quali era esposta la .... ed eseguito l'... nazionale. Anche la .... e l'esercito furono strumenti per la .... delle masse. Dall'amor di patria si passò facilmente al ....

USO LE PAROLE DELLA STORIA
Paragrafo 3

7 Ognuno di questi termini rappresenta un elemento che ha contribuito alla formazione del sentimento nazionale. Per ciascuno di essi scrivi sul tuo quaderno una frase di spiegazione.

scuola ▪ esercito ▪ inno nazionale ▪ bandiera ▪ monumenti

RICERCO E PRODUCO — Paragrafo 3

8 Svolgi le attività proposte per conoscere meglio i principali simboli della nazione italiana: la bandiera e l'inno nazionale.

a. La bandiera è descritta nell'articolo 12 della Costituzione. Cercalo (su libri o su Internet) e trascrivilo sul tuo quaderno.

b. Scrivi un elenco di luoghi della tua città o del tuo paese nei quali è esposta una bandiera italiana.

c. Prova a elencare le occasioni in cui hai sentito eseguire l'inno nazionale (direttamente o in qualche trasmissione televisiva).

d. Facendo riferimento al secondo volume o a informazioni su Internet, completa la tabella relativa all'inno nazionale.

e. Insieme ai tuoi compagni, procurati il testo completo dell'inno. Dividetevi in gruppi: ciascun gruppo farà la parafrasi di una delle strofe dell'inno. Su Internet, nel sito della presidenza della Repubblica, si trova il testo annotato. Potete fare riferimento a quello.

Data di composizione	Autore della musica	Autore delle parole	Titolo originale
1847	Michele Novaro	Goffredo Mameli	Inno Patriottico

VERIFICO LE CONOSCENZE — Paragrafo 4

9 Completa il testo con le parole mancanti.

Il biologo ...Darwin Charles... nel libro *L'origine delle* ...specie... (1859) presenta una teoria dell'...evoluzione... delle specie viventi. I cambiamenti sono prodotti dalla lotta per la ...sopravvivenza..., basata sulla ...selezione... naturale. Le idee di Darwin furono applicate anche a fenomeni ...naturali...: fra gli esseri umani i ricchi e potenti opprimono i ...politici... e gli Stati forti sottomettono gli altri popoli obbedendo a una ...legge... di natura. Con ciò si giustificavano le ...disuguaglianze... sociali e fra le nazioni. Senza nessuna base scientifica si affermò che esistono ...razze... superiori e inferiori. Anche gli Ebrei furono considerati una razza inferiore e questa convinzione facilitò la rinascita dell'...Antisemitismo... .

LAVORO SULLE FONTI — Paragrafo 4

10 Osserva l'immagine e leggi la didascalia; poi rispondi alle domande.

a. Quale dei tre individui è raffigurato in modo realistico e quali in modo caricaturale?

b. L'immagine suggerisce la somiglianza fra due di queste «razze»: quali?

c. L'immagine sostiene il razzismo solo tra popoli di continenti diversi o anche all'interno dell'Europa? Motiva la tua risposta.

a b c

In questa immagine tratta da un settimanale statunitense del 1898, un uomo «anglo-teutonico» **a** (così era definita la «razza» dei Tedeschi, degli Inglesi e degli Statunitensi) è contrapposto a un «irlandese-iberico» **b** («razza» dei popoli europei più poveri, che emigravano negli Stati Uniti in cerca di lavoro) e a un «negro» **c**.

Il capitolo a colpo d'occhio

QUANDO

1. In che anni si svolgono questi eventi? SCRIVI le date sui puntini, poi COLLOCALE sulla linea del tempo.

A

B

C

.... Politiche sociali in Gran Bretagna (*Welfare*)

.... Seconda Internazionale socialista

.... Nasce in Inghilterra il movimento per il voto alle donne

DOVE

2. COMPLETA le frasi e SCRIVI sulla carta il nome degli Stati corrispondenti.

In Italia le donne ebbero il diritto di voto nel 1945.
In .... lo ottennero molto più tardi, nel 1971.
Il cancelliere Bismarck fece approvare importanti leggi sociali in .... fra il 1883 e il 1889.
A partire dal 1906 in .... nacque lo Stato sociale (o *Welfare State*).
Spesso il nazionalismo si diffuse in seguito a sconfitte militari. Fu questo il caso della .... dopo la sconfitta subita nel 1870 per opera dei Tedeschi.

LE PAROLE DA RICORDARE

3. COLLEGA le seguenti parole o espressioni con la definizione corrispondente:

Suffragio universale
- [ ] cerimonia pubblica
- [ ] elezione al parlamento
- [x] diritto di voto per tutti

Nazionalismo
- [ ] forma di governo degli Stati nazionali
- [x] convinzione dalla superiorità della nazione a cui si appartiene
- [ ] appartenenza a una nazione

Razzismo
- [ ] conseguenza della teoria di Darwin sull'evoluzione
- [x] pregiudizio secondo cui il genere umano sarebbe diviso in razze e una di queste sarebbe superiore alle altre
- [ ] suddivisione del genere umano in gruppi dalle caratteristiche differenti

LA MAPPA DEI CONCETTI

4. COMPLETA la mappa inserendo al posto giusto le parole seguenti. ATTENZIONE ai termini intrusi.

Dittatura • democrazia • razzismo • ideologie • patria • nazismo • nazionalismo • voto

Nella società di massa

- progredisce → la ....democrazia.... → grazie → al diritto di ....voto.... e ai partiti di massa
- si promuove → l'amor di ....patria.... → che spesso si trasforma → in ....nazionalismo....
- si diffondono → nuove ....ideologie.... → per giustificare → il ....razzismo....

Capitolo **3**

Le grandi potenze si spartiscono il mondo

CIAK si impara!

GUARDA! IL VIDEO

MI ORIENTO NEL CAPITOLO dal 1870 → al 1914

1

I **Paesi industrializzati** usano la loro **superiorità militare** e **tecnologica** per avviare una nuova **espansione coloniale**.

2

Le potenze europee **si impadroniscono dell'Africa**: **si spartiscono il territorio** e **sfruttano le risorse** del continente.

3

All'inizio del Novecento l'**impero** coloniale **britannico** è il più vasto del mondo. In **Cina**, in seguito a **rivolte** scoppiate **contro gli stranieri**, crolla l'impero e **nasce la repubblica**.

4

Gli **Stati Uniti** sono una **grande potenza mondiale**. Grazie alla loro **superiorità economica**, influenzano la vita politica dei Paesi dell'**America centrale e meridionale**, di cui sfruttano le **materie prime**.

5

L'**impero russo** è immenso ma **arretrato**: la sua economia si basa ancora sull'**agricoltura**. Tra Otto e Novecento comincia una fase di **industrializzazione** che resta **limitata** ad alcune regioni.

1. La trasformazione del colonialismo

Una frattura divide i Paesi del mondo

Fra Ottocento e Novecento il progresso della rivoluzione industriale aveva diviso il mondo in due gruppi diversi di Paesi e di popoli, tra i quali si era aperta una frattura grave e pericolosa.

Da una parte c'era un piccolo numero di Stati, dove la rivoluzione industriale era già avvenuta o era in via di compimento: erano i Paesi delle scoperte scientifiche e tecnologiche e della superiorità economica e militare, che insieme formavano l'«occidente» e condividevano un'unica civiltà, detta appunto «civiltà occidentale». Dall'altra c'era il resto del mondo: un insieme di Stati poveri, non industrializzati e deboli militarmente, che i Paesi progrediti giudicavano arretrati.

ORGANIZZO I CONCETTI

► **Completa l'elenco.**

I vantaggi dei Paesi occidentali erano:

- rivoluzione industriale........ già completata o in atto
- sviluppo scientifico e tecnologico........
- superiorità economica........
- .... militare

Riprende il colonialismo

La superiorità economica dei Paesi industrializzati fu decisiva nel determinare l'evento politico più importante che contrassegnò la fine del XIX e i primi anni del XX secolo: la ripresa dell'espansione coloniale. Nel corso di pochi decenni un gruppo di Stati – Gran Bretagna, Francia, Germania, Belgio, Olanda, Italia, Stati Uniti, Giappone – si spartì quasi un quarto della superficie del pianeta.

Questa nuova fase di colonialismo, che gli storici hanno chiamato anche **imperialismo**, influenzò tutta la storia mondiale successiva.

GUARDA! LA CARTA ANIMATA

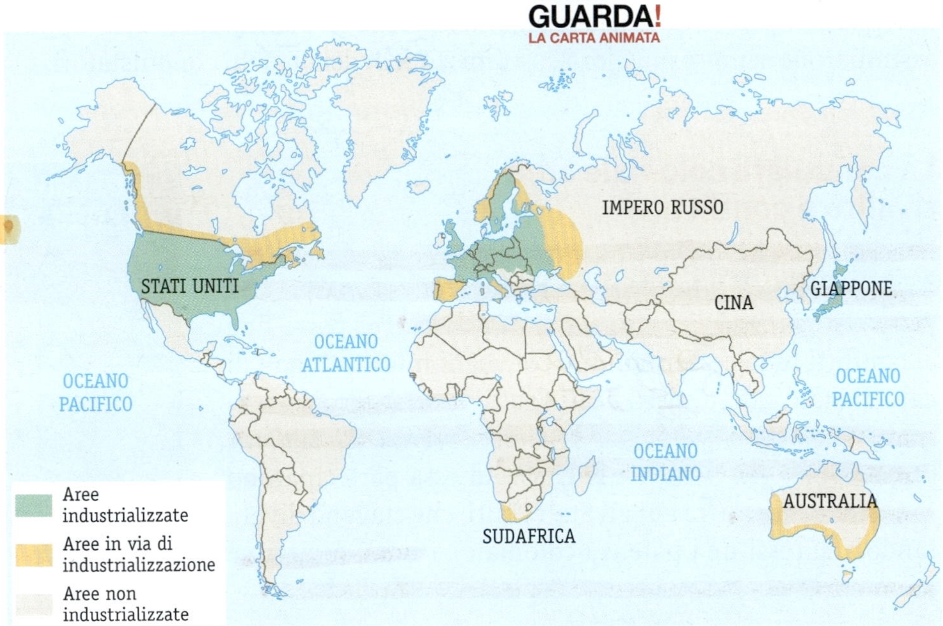

L'occidente e il resto del mondo agli inizi del XX secolo.

Motivazioni economiche del colonialismo

La principale ragione economica dell'espansione coloniale era la necessità di procurarsi **riserve strategiche*** di **materie prime**. Per i Paesi industrializzati, infatti, le nuove colonie costituivano una possibilità di rifornimento continuo e importante di fonti energetiche e materiali per continuare l'attività produttiva delle proprie fabbriche.

Un movente ancora più decisivo fu il desiderio di impossessarsi di **nuovi mercati**. Le crisi di sovrapproduzione, infatti, avevano mostrato che era sempre incombente il pericolo che i mercati europei non riuscissero più a smaltire tutte le merci prodotte. Perché queste non rimanessero invendute,

* **Strategico**
Ciò che è di grande importanza per raggiungere uno scopo generale (in questo caso, per raggiungere la potenza e la prosperità di uno Stato). La parola è usata soprattutto in campo militare.

era necessario assicurarsi la disponibilità di mercati quanto più popolosi possibile, dove i Paesi conquistatori avrebbero potuto vendere in abbondanza e con profitto i prodotti delle loro industrie.

Cause politico-militari e motivazioni ideali

Alle cause economiche si aggiungevano motivazioni militari e politiche.

Il diffondersi di un esagerato sentimento di orgoglio nazionale (**nazionalismo**) spingeva gli Stati europei a dare prova ciascuno della propria potenza anche costruendo, con le armi, vastissimi imperi coloniali. I loro eserciti erano dotati di armi da fuoco di grande precisione, di esplosivi con grandi capacità distruttive, di navi da guerra potenti, come le corazzate, munite di artiglieria di grosso calibro, o le cannoniere. La netta **superiorità tecnologica** rendeva la conquista più facile.

Inoltre le potenze colonizzatrici erano animate dalla convinzione che i popoli di razza bianca fossero superiori e dovessero assolvere all'**obbligo morale** di portare la civiltà alle popolazioni che ne erano prive e che erano considerate di razza inferiore perché erano arretrate.

Con l'avanzare della conquista alcuni popoli, come gli Aborigeni australiani, i Maori della Nuova Zelanda e i Pigmei dell'Africa meridionale, si isolarono in regioni impervie, dove a fatica mantennero le loro abitudini di vita, oppure assimilarono sempre più i loro costumi a quelli dei bianchi conquistatori.

La conquista coloniale crea rivalità e conflitti

Conquista e occupazione si svolsero in modo tumultuoso, con contrasti e tensioni fra gli Stati colonizzatori, che più volte giunsero a un passo dalla guerra. Per porre fine ai conflitti fu necessario indire convegni internazionali di capi di Stato e di ministri degli Esteri. Il più importante di questi incontri diplomatici fu la **conferenza di Berlino**, che si svolse **tra il 1884 e il 1885**. Ad essa parteciparono quattordici Paesi (tra cui gli Stati Uniti, che stavano diventando anch'essi una potenza coloniale), i quali decisero e concretamente progettarono la spartizione dell'Africa.

COLLEGO CAUSE ED EFFETTI

Nascono nuovi imperi coloniali	
Cause	• Bisogno di materie prime • Superiorità economica e tecnologica • Superiorità militare • Diffusione di ideologie razziste
Effetti	• Distruzione delle culture indigene • Conflitti tra gli Stati colonizzatori per la supremazia

COLLOCO GLI EVENTI NEL TEMPO

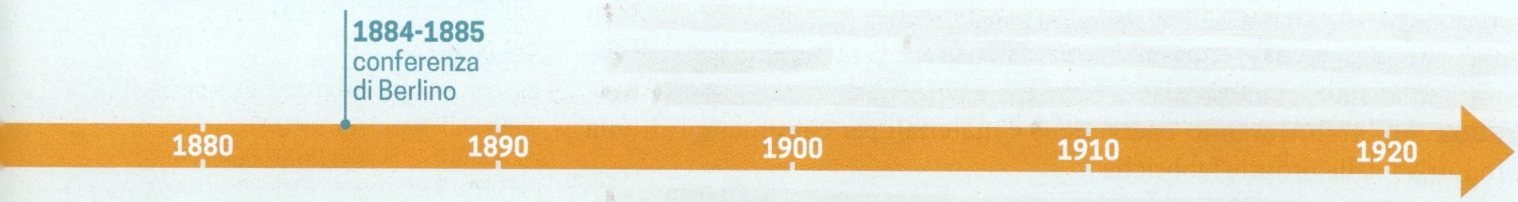

Fonti

Le giustificazioni della politica coloniale

Due politici dell'Ottocento, l'inglese Cecil Rhodes (1853-1902) e il francese Jules Ferry (1832-1893) esprimono il loro pensiero sul colonialismo.

Nel primo brano, Rhodes afferma che i popoli conquistati devono essere trattati come esseri incapaci di decidere.

« Io credo che i popoli indigeni (d'Asia e d'Africa) siano destinati a cadere gradualmente sotto la dominazione degli Europei. Noi dobbiamo trattare gli indigeni, là dove siano in condizioni di barbarie, in modo diverso dal nostro. Noi dobbiamo essere i loro padroni... L'indigeno deve essere trattato come un bambino e il diritto di voto deve essere negato così come si nega l'alcol. »

Cecil Rhodes in piedi sul continente africano, vignetta del 1892.
Foto New York, The Granger Collection.

Nel secondo brano Jules Ferry, in un discorso del 1885 al parlamento francese, giustifica moralmente l'imperialismo, ma mette in chiaro anche la motivazione politica dell'espansione coloniale.

« C'è un secondo punto che devo affrontare: ed è il problema dell'umanità e della civilizzazione. Le razze superiori hanno un diritto in rapporto alle razze inferiori. Dico diritto in quanto c'è per esse anche un dovere: hanno il dovere di civilizzare le razze inferiori. Questi doveri sono stati spesso misconosciuti nella storia dei secoli scorsi: certamente quando i soldati e gli esploratori spagnoli introducevano la schiavitù nell'America centrale non compivano il loro dovere di uomini di razza superiore. Ma ai nostri giorni io sostengo che le nazioni europee adempiono con larghezza, grandezza ed onestà a questo dovere superiore della civilizzazione. [...]
La politica coloniale della Francia è ispirata da una verità sulla quale è necessario richiamare la vostra attenzione: una marina come la nostra non può fare a meno sulla superficie dei mari di ripari solidi, di difese, di centri di rifornimento. [...] Illuminare senza agire, senza mescolarsi agli affari del mondo, tenendosi da parte da tutte le combinazioni europee, considerando una trappola qualsiasi spinta di espansione verso l'Africa, verso l'Oriente, significa per una grande nazione abdicare e, in un lasso di tempo più breve di quanto crediate, decadere dalla prima fila alla terza o alla quarta. »

Jules Ferry in una stampa della fine del XIX secolo.
Parigi, Collection BIUM.

LAVORO SULLE FONTI

1. Qual è il destino degli indigeni d'Asia e d'Africa secondo Cecil Rhodes? Come devono comportarsi gli Europei nei loro confronti? Come giudica Rhodes gli indigeni? Selvaggi? Infantili? Inferiori agli Europei? Pari agli Europei per dignità?
2. Secondo Ferry, i Francesi (e gli Europei in genere) appartengono alle razze superiori o a quelle inferiori? E gli indigeni delle colonie? Che dovere hanno dunque gli Europei, secondo lui?
3. Rhodes e Ferry ti sembrano favorevoli al colonialismo? Si possono definire razzisti? Motiva le tue risposte.
4. Ferry accenna al colonialismo spagnolo del XVI secolo in America: quale giudizio ne dà?
5. Perché, secondo Ferry, la Francia deve intraprendere decisamente una politica coloniale?

Geostoria

Esplorazioni in Africa e in Asia

Nella seconda metà dell'Ottocento si moltiplicarono i viaggi di esplorazione all'interno dei continenti africano e asiatico, dove restavano vaste regioni ancora inesplorate. Le spedizioni venivano organizzate con intenti scientifici (disegnare carte geografiche, studiare la flora e la fauna), per ragioni religiose e umanitarie (diffondere il Vangelo) o per motivi politico-economici (preparare la penetrazione commerciale e organizzare la conquista del territorio).

In **Africa**, con l'obiettivo di raggiungere le zone sconosciute, gli esploratori seguirono a ritroso il corso dei grandi fiumi. Così gli inglesi **Richard Burton** e **John Speke** raggiunsero, partendo dalle coste dell'Oceano Indiano, le sorgenti del Nilo, fra i laghi Vittoria e Tanganica.

Uno degli esploratori più famosi fu lo scozzese **David Livingstone**. Arrivato in Africa come medico e missionario, Livingstone compì fra il 1840 e il 1873 molti viaggi avventurosi: risalendo il corso del fiume Zambesi, scoprì le cascate che chiamò **Vittoria**, in onore della regina d'Inghilterra. Le sue spedizioni furono raccontate e seguite dalla stampa internazionale. Quando, nel 1869, Livingstone non diede più notizie di sé, il giornale «New York Herald» finanziò una spedizione di soccorso, guidata dal giornalista britannico **Henry Stanley**. Questi rintracciò Livingstone in un villaggio indigeno, poi si dedicò all'esplorazione del continente. Nel 1874 scoprì che era possibile mettere in comunicazione l'Oceano Atlantico con l'Oceano Indiano grazie alla rete fluviale che collega il bacino del fiume Congo a quello dello Zambesi.

In **Asia** le sole zone inesplorate erano quelle quasi inaccessibili, coperte da fitte foreste (come gran par-

Henry Morton Stanley posa col suo giovane attendente in uno scatto eseguito a Londra nel 1872, al ritorno dalle sue imprese africane.
Washington, Smithsonian Libraries.

L'esplorazione dell'Africa.

Il continente asiatico.

te dell'Indocina) o protette da barriere di deserti e di montagne (come il Tibet o l'Himalaya). Nel 1860 una spedizione francese, risalendo il corso del fiume Mekong, raggiunse la città di Angkor, antico centro della civiltà khmer, i cui resti erano semisepolti dalla giungla.

Pochi anni dopo, a partire dal 1870, il russo Nikolaj Prževalskij compì quattro spedizioni durante le quali affrontò l'altissima catena himalayana e scoprì le sorgenti dei fiumi Yangtze (o Fiume Azzurro) e Tarim. Infine, quasi sul finire del secolo, esploratori francesi travestiti da monaci buddisti entrarono nella città sacra e proibita di Lhasa in Tibet, dove risiedeva il Dalai Lama, capo del buddismo e (fino al 1959) dello Stato tibetano.

L'entrata del Palazzo del Potala a Lhasa in una fotografia del 1903.
Liverpool, World Museum. Foto Bridgeman Images.

COMPRENDO I CAMBIAMENTI NELLO SPAZIO E NEL TEMPO

1. Metti a confronto la carta dell'Africa con quella a p. 54, che mostra il continente diviso fra le grandi potenze. Quali colonie furono costituite lungo gli itinerari degli esploratori citati?
2. Osserva la situazione politica dell'Asia nella carta a p. 3, tenendo presente le informazioni contenute in questa scheda. Quali Stati o imperi erano interessati dagli itinerari delle esplorazioni? Una grande catena montuosa fa ancor oggi da confine fra l'India e la Cina: quale?

2. La spartizione dell'Africa

La corsa all'occupazione del continente

Ancora nel 1878 l'interno del continente africano era poco conosciuto e gli Stati europei possedevano pochi territori sulle coste [→ Uno sguardo sul mondo p. 3]. La conferenza di Berlino fu convocata per risolvere contrasti relativi alla zona del Congo, che venne spartito fra il Belgio e la Francia. Ma la decisione più importante fu che il possesso di un tratto di costa dava **diritto all'occupazione** del corrispondente entroterra. Ebbe così inizio la spartizione dell'Africa e in pochi decenni quasi tutto il continente fu assoggettato. Anche l'Italia partecipò alla «gara» coloniale [→ cap. 4 par. 3].

L'Africa occidentale divenne in gran parte colonia francese. Gli Inglesi avevano il **controllo dell'Egitto** dal **1882** e in competizione con i Francesi ampliarono i loro territori verso sud. Si giunse quasi alla guerra quando l'esercito coloniale inglese e quello francese si affrontarono a **Fashoda**, sull'alto corso del Nilo, nel **1898**. L'incidente fu risolto in maniera amichevole, perché entrambi gli Stati temevano che dal conflitto potesse trarre vantaggio la Germania. L'impero tedesco infatti era molto attivo nella conquista e nell'esplorazione e un vasto tratto della regione dei grandi laghi, fra il Congo e l'Oceano Indiano, divenne colonia tedesca. Nella conquista gli Europei sfruttarono le **rivalità** esistenti fra le numerose **tribù africane**, che la tratta dei neri aveva opposto le une alle altre.

Nel 1914 restavano in tutto il continente africano solo due Stati indipendenti: la Liberia, fondata nel 1847 da benefattori americani e popolata da ex schiavi neri, e l'Etiopia, che aveva resistito ai tentativi italiani di occuparla.

L'Africa nel 1914, ormai divisa fra gli Stati europei.

Stati indipendenti

Possedimenti coloniali:

Inglesi	Italiani
Portoghesi	Belgi
Tedeschi	Francesi
Spagnoli	

Nascono Stati dai confini arbitrari

La spartizione dell'Africa fu fatta senza tenere conto delle realtà politiche esistenti; i confini dei territori coloniali furono arbitrari, tracciati per soddisfare le **esigenze dei colonizzatori**, senza badare alla storia delle civiltà indigene, alle religioni e alle diverse culture.

Di conseguenza, popoli tra loro nemici dovettero convivere entro i confini di uno Stato, oppure una stessa popolazione fu divisa fra Stati vicini. Alcuni dei **conflitti etnici** dell'Africa di oggi hanno la loro radice nei confini tracciati allora e nella politica dei colonizzatori, che favorivano l'uno o l'altro gruppo etnico.

L'economia coloniale in Africa

La colonizzazione europea portò qualche miglioramento nelle condizioni di vita dell'Africa nera. Furono aperte scuole, si costruirono ospedali e la popolazione africana riprese ad aumentare. Furono introdotte **progredite tecniche** agricole e minerarie, l'economia fu modernizzata.

Tuttavia, da questi miglioramenti trassero vantaggio in prevalenza i colonizzatori. L'economia africana fu infatti destinata soprattutto a **colture per l'esportazione** e alla produzione di **materie prime a basso costo**, mentre i prodotti finiti, più costosi, erano importati dall'Europa. Lo sviluppo dell'industria non fu incoraggiato e l'estendersi delle piantagioni lasciò ai contadini – che praticavano un'agricoltura di pura sopravvivenza – terre molto povere, che continuarono a essere coltivate con metodi tradizionali.

Una scuola a Dar es Salaam, nell'Africa orientale tedesca (attuale Tanzania) alla fine dell'Ottocento. In classe sono appesi i ritratti dell'imperatore tedesco Guglielmo II e di sua moglie.
Foto Berlino, Villstein Bilderdienst.

Si sviluppa la monocoltura

Gli Europei incoraggiarono la coltivazione di piante per i mercati europei; ogni colonia si specializzò nella coltivazione di pochi prodotti o di uno solo (**monocoltura**): il cotone nel Sudan, il caffè nel Kenya, il cacao nel Ghana, le arachidi nel Senegal. Lo stesso valeva per le materie prime minerali: il rame nel Congo, diamanti e oro nel Sudafrica.

L'economia di questi Paesi era debole, perché dipendeva dagli Stati che acquistavano i loro prodotti. Se questi cessavano di comperarli, oppure ne facevano crollare il prezzo sui mercati mondiali, i Paesi africani produttori erano colpiti da crisi economiche che potevano ridurre le loro popolazioni alla fame.

Una guerra fra bianchi in Sudafrica

Durante la conquista dell'Africa ci furono contrasti fra le potenze europee rivali, ma non sfociarono in guerra aperta. Ci fu però un'eccezione importante: una guerra imperialista tra bianchi nell'Africa meridionale per il controllo delle ricchezze minerarie, oro e diamanti.

Fu combattuta fra gli Inglesi, che possedevano la Colonia del Capo, e i discendenti dei **Boeri**, coloni di origine olandese che abitavano le regioni dell'interno dove, nella seconda metà dell'Ottocento, furono trovati ricchi **giacimenti di oro** e **miniere di diamanti**. Nel **1899** si giunse alla guerra aperta, che si concluse nel 1902 con la vittoria degli Inglesi.

Dopo la pace il Sudafrica divenne una federazione di quattro Stati – due boeri (il Transvaal e l'Orange), due inglesi (il Natal e la provincia del Capo) – che prese il nome di **Unione Sudafricana**.

Nel nuovo Stato i bianchi erano una minoranza, ma detennero tutto il potere. A partire dal 1933 furono emanate leggi sempre più restrittive, che stabilivano una rigida separazione fra bianchi e neri. Questa discriminazione razziale fu chiamata *apartheid* e durò fino al 1994.

COLLOCO GLI EVENTI NEL TEMPO

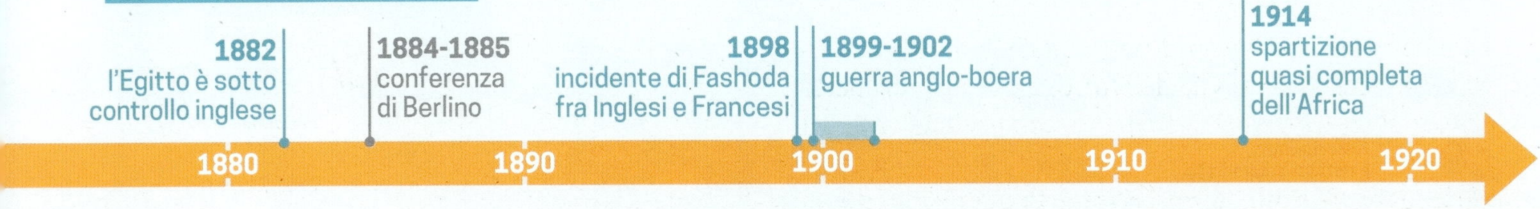

3. La supremazia sull'Asia

L'impero coloniale britannico

All'inizio del XX secolo l'impero coloniale britannico era il più vasto e potente del mondo: si estendeva sul 20% delle terre emerse e comprendeva quasi un quarto della popolazione mondiale.

Gli Inglesi dominavano il commercio internazionale grazie a una catena di basi militari collocate lungo le rotte marittime (come Gibilterra e Malta nel Mediterraneo, Aden nell'Oceano Indiano, Singapore nell'Asia sud-orientale). In Canada, Australia, Nuova Zelanda e Sudafrica la Gran Bretagna aveva creato vaste colonie dove vivevano molti bianchi, soprattutto di origine inglese (erano chiamate per questo colonie di popolamento).

Nella spartizione dell'Africa e con la guerra anglo-boera l'Inghilterra aveva ottenuto il possesso di un lungo corridoio di terre che – con una sola interruzione, l'Africa orientale tedesca – andava dall'Egitto fino alla punta più meridionale del continente africano.

Ma il **cuore dell'impero britannico** era in Asia. La colonia più importante per l'economia inglese era infatti l'**India**, un popoloso e immenso Paese che da secoli era il principale mercato asiatico e assorbiva fino al 45% dei tessuti inglesi di cotone.

COLLEGO CAUSE ED EFFETTI

▶ PERCHÉ a inizio Novecento l'impero coloniale inglese è forte ed esteso? Completa le frasi.

- Gli Inglesi possedevano porti sulle principali ....
- Avevano costruito "colonie di popolamento" con abitanti di origine ....
- In Africa possedevano un territorio che ....

L'impero britannico intorno al 1910.

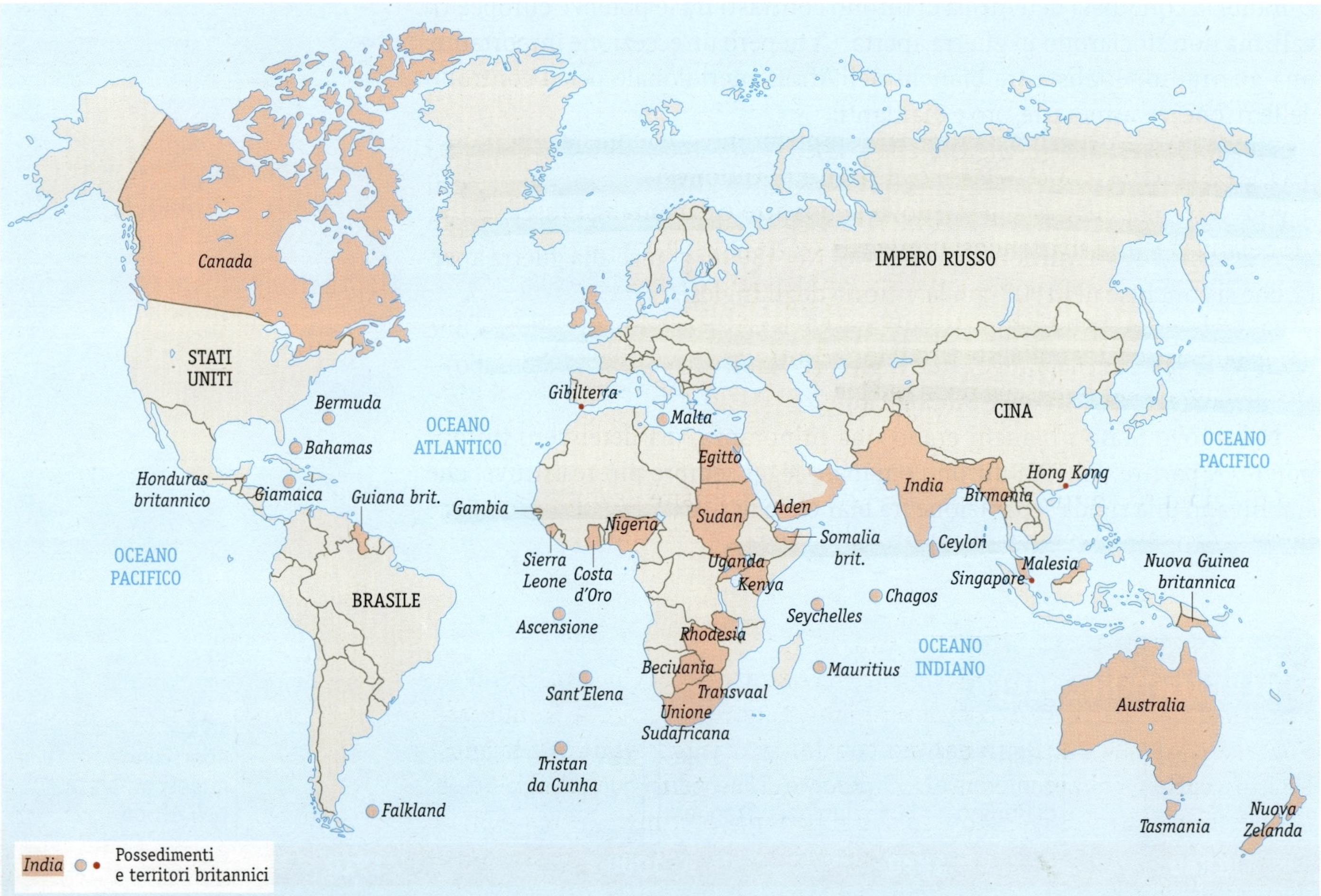

L'India, gioiello dell'impero

Nella seconda metà dell'Ottocento la **Compagnia delle Indie**, la potente organizzazione commerciale che aveva guidato l'India fino allora, fu allontanata e sostituita da un **viceré**, che governava per conto della monarchia britannica. Nel **1876** la regina Vittoria (1837-1901) fu proclamata imperatrice dell'India.

Il dominio inglese in India modificò profondamente l'organizzazione economica e sociale del Paese. Gli Inglesi cercarono di modernizzare l'India costruendo strade e ospedali, ferrovie e linee telegrafiche, istituendo un servizio postale e di trasporti pubblici.

Fu introdotto un codice di leggi basate sul principio dell'uguaglianza di tutti i cittadini, un principio sconosciuto alla società indiana, che si fondava invece sulle differenze fra le caste.

La stazione ferroviaria di Bombay (oggi Mumbai), costruita dagli Inglesi e inaugurata nel 1897.
Indian Office Library.

Vi furono però anche aspetti negativi. Sotto il dominio inglese si estese un tipo di agricoltura commerciale, destinata all'esportazione e non più, come in precedenza, all'autoconsumo. In questo modo i villaggi contadini perdettero la loro autosufficienza alimentare e quando l'India fu colpita dalle carestie gli effetti sulla popolazione furono disastrosi. Anche l'artigianato locale andò in crisi. I manufatti indiani – i tessuti soprattutto – erano più cari e non reggevano alla concorrenza dei prodotti inglesi, fatti a macchina e più economici.

L'Asia nell'età degli imperi coloniali

Le altre due maggiori potenze coloniali in Asia erano la Francia e l'Olanda. Fra Ottocento e Novecento, i **Francesi** completarono la conquista dell'**Indocina**, gli **Olandesi** rafforzarono il controllo sull'**Indonesia**.

A differenza dell'Africa, però, dove le potenze occidentali si insediarono con relativa facilità spartendosi immensi territori, in Asia c'erano diversi Stati di antica civiltà e orgogliosi della loro indipendenza, come la Persia, la Cina, l'Afghanistan. Questi restarono nominalmente indipendenti, ma anche su di essi le potenze occidentali estesero il loro controllo.

C'era poi il Giappone, che nella seconda metà dell'Ottocento si modernizzò, riuscì a evitare il controllo coloniale sul suo territorio e, anzi, si trasformò rapidamente in una potenza imperialista.

Le regioni settentrionali dell'Asia, infine, erano parte dell'impero russo, che nel XIX secolo si era esteso in Siberia e nell'Asia centrale.

La crisi dell'impero cinese e la rivolta dei Boxer No

Le potenze colonialiste non cercarono di conquistare la Cina, ma nella seconda metà del XIX secolo costrinsero l'imperatore ad aprire le frontiere al commercio occidentale, stipularono con lui **trattati ineguali** (vantaggiosi per sé, svantaggiosi per la Cina), occuparono città e territori dell'impero. In cambio fornirono all'imperatore soldati e armi per reprimere le frequenti rivolte, spesso provocate dalla fame e dirette sia contro l'imperatore sia contro gli stranieri.

I combattimenti fra ribelli cinesi e soldati europei durante la rivolta dei Boxer, in un dipinto dei primi anni del Novecento.
Collezione privata.

L'invadenza degli stranieri suscitò la formazione di gruppi nazionalisti cinesi: fra questi i **Boxer**, patrioti esperti di arti marziali e organizzati in una società segreta. Nel **1900** i Boxer scatenarono la **lotta contro gli stranieri**, assalendo ambasciate e missioni e massacrando Europei e Cinesi convertiti al cristianesimo.

La reazione fu immediata: un **esercito internazionale** comprendente soldati del Giappone e di molti Paesi occidentali, fra cui gli Stati Uniti e l'Italia, marciò su Pechino, saccheggiò la città e pose fine alla rivolta (**1901**).

Finisce l'impero e nasce la repubblica cinese

Dopo la repressione dei Boxer le potenze coloniali continuarono a spadroneggiare in Cina. Un ristretto numero di Cinesi, quelli che trattavano affari con gli stranieri, si arricchì, ma la grande maggioranza della popolazione continuò a vivere nella più intollerabile miseria.

Nel 1905 un figlio di contadini divenuto medico, Sun Zhongshan (il cui nome è a volte traslitterato come Sun Yat-sen), fondò un movimento rivoluzionario, che si diffuse soprattutto fra gli intellettuali e i borghesi delle città. Esso si trasformò poi nel **Guomindang**, o partito nazionalista del popolo, i cui obiettivi politici erano: trascinare le masse alla rivolta, rovesciare la dinastia al potere, salvare la Cina dall'arretratezza.

Nel 1911, dopo una serie di cattivi raccolti, scoppiarono in diversi luoghi dell'impero moti di protesta e sommosse di contadini. Si ribellarono all'imperatore anche molti operai nelle fabbriche delle città e una parte dell'esercito. Il Guomindang prese la guida della rivolta e questa si diffuse rapidamente in tutta la Cina. Nel **1912** l'**ultimo imperatore** del millenario impero (un bambino di sei anni, Puyi) fu detronizzato e **nacque la repubblica cinese**. Sun Zhongshan ne fu il primo presidente.

ORGANIZZO I CONCETTI

► **Completa la tabella.**

....	Rivolta dei ....
1905	Nasce il .... rivoluzionario che diverrà il Guomindang
....	Rivolte contro l' .... in tutto il Paese
....	L'ultimo imperatore viene .... e nasce la .... cinese

Una potenza imperialista asiatica: il Giappone

Fino a metà dell'Ottocento il Giappone era un regime feudale nel quale una casta di guerrieri proprietari di terre (i *daimyo*) dominava su masse di contadini ridotti a servi. Per iniziativa dell'imperatore **Mutsuhito**, salito al trono

La stazione ferroviaria di Tokyo in un'illustrazione del 1871. Il progetto fu eseguito da un architetto americano e divenne in quei decenni un simbolo della modernizzazione del Giappone.
Tokyo, Metropolitan Library.

nel 1867, venne abbattuta la struttura feudale del Paese: molti degli antichi signori feudali si trasformarono in imprenditori e molti contadini entrarono nelle fabbriche come operai. Nel **1889** una **Costituzione** fece del Giappone una monarchia costituzionale, pur confermando il tradizionale carattere divino della carica imperiale.

All'inizio del Novecento il Giappone era ormai una **potenza industriale e commerciale**. La seta giapponese invase i mercati europei; i tessuti di cotone entrarono in concorrenza con quelli inglesi; sorsero fabbriche di armi e cantieri navali; una rete di linee ferroviarie, telegrafiche e telefoniche collegò presto le principali città giapponesi.

L'espansione territoriale giapponese

Dalla necessità di procurarsi le materie prime di cui mancava (soprattutto ferro e petrolio), indispensabili per il suo sviluppo industriale, il Giappone fu spinto a espandersi territorialmente. In dieci anni, dal 1894 al 1905, combatté e vinse due guerre, la prima contro la Cina, la seconda contro l'impero russo [→ par. 5], e conquistò l'isola di Formosa (oggi Taiwan), la Manciuria meridionale e la Corea. L'impero giapponese diede così prova di essere diventato una grande e minacciosa potenza industriale e militare.

L'espansione giapponese.

Il Giappone nel 1904
Territori occupati dai Giapponesi nel 1905

COLLOCO GLI EVENTI NEL TEMPO

- **1876** la regina Vittoria è imperatrice dell'India
- **1882** l'Egitto è sotto controllo inglese
- **1884-1885** conferenza di Berlino
- **1889** Costituzione in Giappone
- **1898** incidente di Fashoda fra Inglesi e Francesi
- **1899-1902** guerra anglo-boera
- **1900-1901** rivolta dei Boxer in Cina
- **1912** nasce la repubblica cinese
- **1914** spartizione quasi completa dell'Africa

1880 1890 1900 1910 1920

4. Gli Stati Uniti, una grande potenza imperiale

La politica di espansione degli Stati Uniti

Negli ultimi decenni dell'Ottocento gli Stati Uniti si trasformarono nella **più grande potenza economica mondiale**.

Il territorio dell'Unione, oltre agli sterminati spazi per l'agricoltura e l'allevamento disponeva di immense risorse naturali come ferro, carbone e petrolio, essenziali per lo sviluppo dell'industria. Così, la produzione industriale crebbe con un ritmo che nessun altro Paese poteva vantare. La rete ferroviaria americana superava ormai in lunghezza quella dei Paesi dell'Europa occidentale messi insieme. La popolazione aumentava grazie alla forte immigrazione, favorita dallo sviluppo economico.

Molti intellettuali e uomini politici americani pensavano che portare nel mondo civiltà e progresso fosse un preciso dovere del loro Paese. Giornalisti nazionalisti scrivevano che **diventare una grande potenza mondiale** era l'inevitabile futuro (il «**destino manifesto**») degli Stati Uniti.

Gli uomini d'affari aspiravano a conquistare nuovi mercati, e i militari reclamavano **basi navali** e una **flotta potente**, per proteggere i traffici marittimi. Tutto questo portò gli Stati Uniti a una politica coloniale.

Un'aquila, simbolo degli Stati Uniti, distende le sue ali "protettrici" sull'Oceano Pacifico. Vignetta del 1904.
Washington, Library of Congress.

La conquista di un impero con le armi

La politica degli Stati Uniti si basava fin dai primi dell'Ottocento sul principio di esclusione delle potenze europee dal continente americano. Ormai, l'ultimo impero coloniale che manteneva possedimenti in America era quello spagnolo, e fu appunto a spese degli Spagnoli che gli USA estesero il loro territorio. Nel **1898** gli USA sostennero gli insorti dell'isola di **Cuba**, che volevano liberarsi dal dominio spagnolo. La **guerra contro la Spagna** fu vinta in poche settimane e gli Stati Uniti poterono impossessarsi dell'isola di **Portorico**, nel Mar dei Caraibi, e dell'arcipelago delle **Filippine**, nel Pacifico. Nel 1900 Cuba passò sotto il protettorato degli Stati Uniti, che così poterono influenzare le decisioni politiche dei governanti cubani.

Nello stesso anno della guerra contro la Spagna, gli Stati Uniti si annetterono le **Hawaii**, isole del Pacifico che nel 1959, dopo la seconda guerra mondiale, divennero il cinquantesimo Stato dell'Unione.

L'espansione degli Stati Uniti.

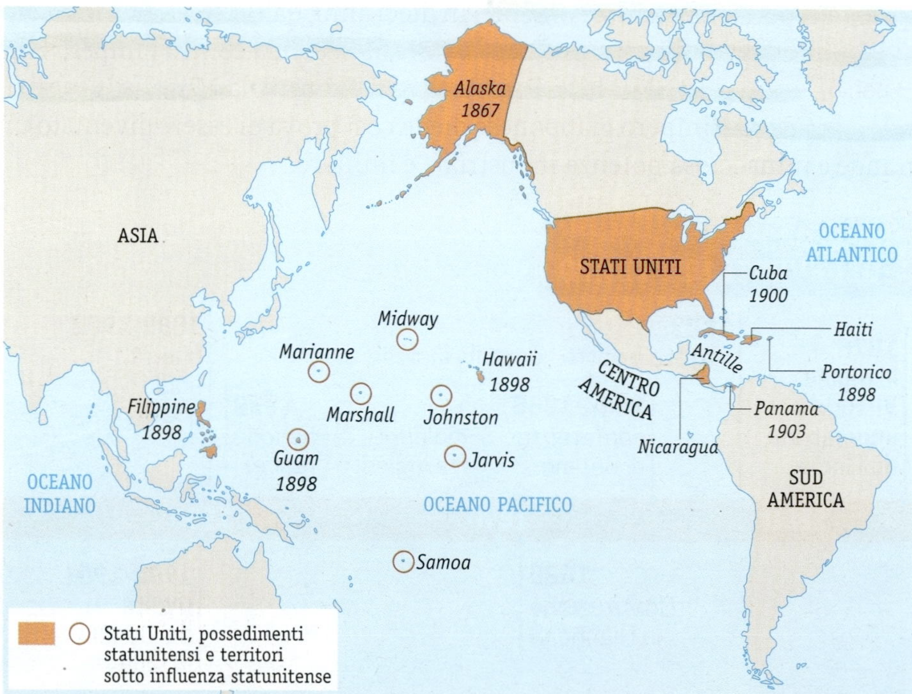

Dominio economico e influenza politica sull'America Latina

Il presidente statunitense **Theodore Roosevelt** (1901-1909) sostenne il principio che era diritto degli Stati Uniti intervenire in tutti gli Stati del continente per proteggere i propri interessi economici e politici. Quando la Colombia, nel 1903, rifiutò di concedere agli Stati Uniti il permesso di costruire un **canale** per collegare l'Oceano Atlantico e il Pacifico nella regione di Panama, gli Stati Uniti appoggiarono la **secessione*** di Panama, riconobbero il nuovo Stato e ottennero da esso la concessione voluta.

L'intervento statunitense in America Latina non avvenne con la conquista diretta di territori, ma attraverso la supremazia economica. Le compagnie d'affari americane, in cambio di prestiti concessi ai governi locali, ottennero il diritto di sfruttare a loro vantaggio piantagioni, miniere, ferrovie. Si assicurarono così il **monopolio del commercio** delle banane in America centrale, del caffè e del caucciù in Brasile, degli allevamenti bovini in Argentina, del rame in Cile. Un tale potere economico diede agli Stati Uniti anche la possibilità di influenzare la vita politica di quegli Stati.

Gli Stati Uniti investirono grandi capitali anche nella vicina repubblica del Messico: qui nel **1910** scoppiò una lunga serie di rivolte contadine (la **rivoluzione messicana**), che portò al potere i rivoluzionari, ma non risolse le gravi ingiustizie sociali del Paese.

Emiliano Zapata capeggiò nel Messico la rivolta dei braccianti contro i latifondisti che avevano occupato le loro terre. Fotografia del 1913.

* **Secessione**
È la decisione di un territorio di separarsi dallo Stato di cui fa parte.

ORGANIZZO I CONCETTI

gli Stati Uniti tra Ottocento e Novecento

- hanno → un rapido sviluppo economico
  - → forte immigrazione
  - → industrializzazione
- iniziano → una politica di espansione territoriale
  - → egemonia sull'America Latina

COLLOCO GLI EVENTI NEL TEMPO

- **1876** la regina Vittoria è imperatrice dell'India
- **1882** l'Egitto è sotto controllo inglese
- **1884-1885** conferenza di Berlino
- **1889** Costituzione in Giappone
- **1898** incidente di Fashoda fra Inglesi e Francesi
- **1898** guerra degli Stati Uniti contro la Spagna
- **1899-1902** guerra anglo-boera
- **1900-1901** rivolta dei Boxer in Cina
- **1910** rivoluzione messicana
- **1912** nasce la repubblica cinese
- **1914** spartizione quasi completa dell'Africa

1880 1890 1900 1910 1920

5. L'impero russo, un gigante fragile

Uno Stato immenso, con gravi squilibri sociali

L'impero russo era lo Stato più vasto del mondo; era uno Stato **multinazionale**, che comprendeva popoli appartenenti a più di cento nazionalità diverse, con differenti lingue e culture. Già alla metà dell'Ottocento si estendeva dal Mar Baltico alle coste dell'Oceano Pacifico occupando tutta la **Siberia**. Quei territori vasti e spopolati furono meta, nella seconda metà del secolo, di successive ondate di **emigrazione contadina**, provenienti dalla Russia europea, dall'Ucraina e dalla Bielorussia, nel tentativo di sfuggire alla miseria e alle frequenti carestie.

La Russia era infatti, in prevalenza, un Paese contadino. La maggior parte della terra apparteneva all'imperatore (lo zar) e a un piccolo numero di grandi proprietari, ricchi e potenti. Milioni di contadini vivevano miseramente e solo nel **1861** lo zar Alessandro II **abolì la servitù della gleba***, il vincolo che legava i contadini alla terra («gleba» significa «zolla di terra»). Con una riforma agraria, una parte delle terre poté essere acquistata dagli agricoltori stessi. Cominciò a costituirsi un gruppo di contadini più agiati (i *kulaki*), ma moltissimi altri furono ridotti al rango di lavoratori a giornata o costretti a una vita di stenti su campi poco produttivi.

Contadini russi fanno una pausa durante la raccolta del fieno, in una rara fotografia a colori del 1909.
Washington, Library of Congress. Foto S.M. Prokudin-Gorskij.

* **Gleba**
Deriva dal latino e significa «zolla di terra». La servitù della gleba era la condizione di quei contadini che, nell'età medievale e poi moderna, erano vincolati alla terra dei signori, dai quali ricevevano protezione in cambio di prestazioni di lavoro e di tributi. Quando il terreno veniva ereditato, anche i servi che ci lavoravano passavano sotto la signoria degli eredi.

L'opposizione all'autocrazia degli zar

La Russia era un'autocrazia, cioè una monarchia assoluta in cui non esistevano né Costituzione, né parlamento, né partiti politici, e lo zar esercitava sui sudditi un potere senza limiti e senza controllo.

Nella seconda metà del XIX secolo si formarono, fra gli studenti e gli intellettuali delle città, gruppi di opposizione al regime zarista, come i **populisti**, che si misero al servizio delle masse contadine, con l'obiettivo di soccorrerle e istruirle. Successivamente il movimento acquistò anche un carattere rivoluzionario e gruppi clandestini di populisti e di anarchici organizzarono attentati e azioni terroristiche. Di un attentato fu vittima, nel 1881, lo stesso zar Alessandro II.

Verso la fine del secolo (1898) sorse anche in Russia un partito politico socialista, organizzato sul modello delle socialdemocrazie occidentali, il **partito socialdemocratico russo**.

La reazione degli zar e la russificazione delle minoranze

I successori di Alessandro II tentarono di indirizzare il malcontento popolare contro gli **Ebrei**, accusati di essere la causa prima della miseria del Paese. Gli Ebrei erano concentrati nella parte occidentale dell'impero, soprattutto in Ucraina, Bielorussia e Polonia. Qui si scatenarono contro le minoranze ebraiche violente sommosse popolari, dette **pogrom**, che le autorità tolleravano e perfino assecondavano.

Gli zar cercarono l'appoggio della popolazione russa – e in particolare dei movimenti nazionalisti – contro le minoranze etniche, cioè contro le popolazioni non russe, alle quali furono imposti con la forza la lingua e i costumi russi. Questa **russificazione forzata** accrebbe e diffuse dappertutto nell'impero l'ostilità contro i sovrani.

L'industrializzazione della Russia

Nella seconda metà dell'Ottocento anche la Russia cominciò la sua industrializzazione. La manodopera era abbondante e il territorio era ricco di ferro, di carbone e di petrolio. Tuttavia lo sviluppo industriale russo rimase limitato. Mancavano, infatti, i **capitali** e fu necessario ricorrere a investimenti stranieri (soprattutto francesi e belgi) per costruire fabbriche e ferrovie. Proprio per raccogliere capitali il governo russo decise di vendere agli Stati Uniti nel 1867 la penisola dell'Alaska, nell'estremo nord del continente americano.

Le **infrastrutture** (strade, porti, ferrovie) restarono insufficienti e lo sviluppo fu concentrato in alcune regioni: a Mosca l'industria tessile, a San Pietroburgo quella meccanica, negli Urali e in Ucraina le attività minerarie e metallurgiche, sul Mar Caspio gli impianti petroliferi.

Il **mercato interno** russo fu sempre debole: a causa della povertà della popolazione i compratori erano pochi e avevano poco denaro da spendere. Perciò, fin dall'inizio, la Russia puntò sull'espansione coloniale, che, con la

ORGANIZZO I CONCETTI

► **Completa la mappa.**

L'impero russo

è ricco di ↓

.... e materie prime

ma povero di ↓

.... e capitali

quindi ↓

il suo sviluppo .... rimane limitato

L'espansione dell'impero russo.

conquista, apriva l'accesso a più vasti mercati. L'espansione coloniale russa non fu rivolta a territori distaccati dalla madrepatria, ma si svolse con l'allargamento dei confini nel continente asiatico.

COLLEGO CAUSE ED EFFETTI

L'impero russo è debole PERCHÉ:
- cresce l'opposizione all'autocrazia dello zar
- è economicamente arretrato
- subisce una dura sconfitta nella guerra russo-giapponese

L'espansione coloniale e lo scontro con il Giappone

Fra il 1860 e il 1870 l'impero russo si estese a sud, verso l'Asia centrale, annettendosi le regioni di Taškent, Bukhara e Samarcanda. Le grandi piantagioni di cotone di quelle regioni rifornirono da allora in poi le industrie tessili della Russia europea con materia prima a buon prezzo. Nel 1898 fu occupato Port Arthur, in territorio cinese, poi tutta la Manciuria.

L'espansione verso l'Oceano Pacifico portò alla **guerra russo-giapponese** del **1904-1905**, che si risolse in un disastro per la Russia, sconfitta dai Giapponesi per terra e per mare.

La rivoluzione del 1905

Anche a causa della catastrofe militare, in Russia la situazione interna precipitò. La domenica 22 gennaio 1905 una gran folla si radunò davanti al palazzo reale, a San Pietroburgo, chiedendo riforme democratiche. Non fu ascoltata: la guardia imperiale fece fuoco sul popolo disarmato, provocando un migliaio di morti e un numero doppio di feriti. La strage della «**domenica di sangue**» fu seguita da manifestazioni, sommosse contadine, scioperi e attentati in tutto il Paese (la «**rivoluzione del 1905**»); si ammutinarono anche alcune navi della flotta da guerra del Mar Nero.

Spinto dalle agitazioni popolari, lo zar **Nicola II** promise al Paese una Costituzione e un parlamento (la **Duma**), che si riunì per la prima volta a San Pietroburgo nel 1906. Ma appena la pressione popolare si allentò, lo zar sciolse la Duma e ritirò ogni promessa di Costituzione.

Lo zar Nicola II con sua moglie, la zarina Alessandra.
Foto Time Inc.

COLLOCO GLI EVENTI NEL TEMPO

- **1876** la regina Vittoria è imperatrice dell'India
- **1882** l'Egitto è sotto controllo inglese
- **1884-1885** conferenza di Berlino
- **1889** Costituzione in Giappone
- **1898** incidente di Fashoda fra Inglesi e Francesi
- **1898** guerra degli Stati Uniti contro la Spagna
- **1899-1902** guerra anglo-boera
- **1900-1901** rivolta dei Boxer in Cina
- **1904-1905** guerra russo-giapponese
- **1905** moto rivoluzionario in Russia
- **1910** rivoluzione messicana
- **1912** nasce la repubblica cinese
- **1914** spartizione quasi completa dell'Africa

1880 1890 1900 1910 1920

RICOSTRUISCO LA MAPPA DEL CAPITOLO

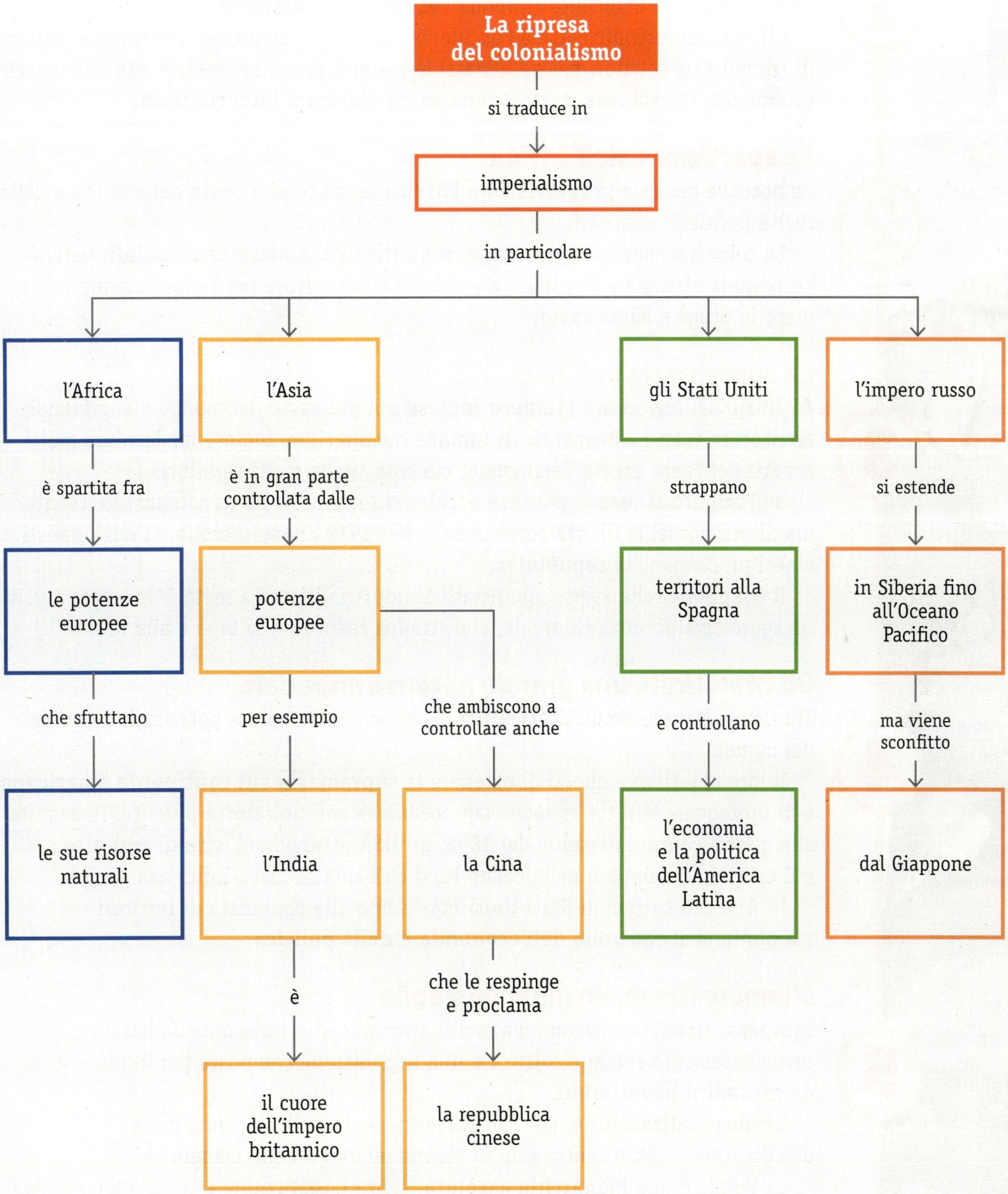

Sintesi

RICOSTRUISCO LE INFORMAZIONI

1 La trasformazione del colonialismo

Verso la fine dell'Ottocento riprende l'**espansione coloniale**.

Gli Stati industrializzati dell'occidente, ai quali si aggiunge il Giappone, cercano di conquistare territori per assicurarsi le materie prime necessarie alla loro crescita economica. Questa fase storica viene anche chiamata **imperialismo**.

2 La spartizione dell'Africa

Le potenze europee **si spartiscono l'Africa** senza tenere conto della storia e delle realtà politiche esistenti.

La colonizzazione porta vantaggi soprattutto alle **potenze coloniali**, perché l'economia africana è destinata a produrre monocolture per l'esportazione e materie prime a basso costo.

3 La supremazia sull'Asia

All'inizio del Novecento l'**impero inglese** è il più vasto del mondo e comprende territori in tutti i continenti. In India la dominazione inglese modernizza molti aspetti del Paese tra cui l'economia, ma crea anche molti squilibri.

Nell'**impero cinese** le potenze occidentali non cercano di conquistare territori, ma di assicurarsi la libertà commerciale. Nel 1912 l'impero crolla e i nazionalisti cinesi proclamano la **repubblica**.

Il **Giappone**, che aveva cominciato a industrializzarsi a metà Ottocento, diventa un'aggressiva potenza coloniale, che strappa territori alla Cina e alla Russia.

4 Gli Stati Uniti, una grande potenza imperiale

Tra Otto e Novecento gli **Stati Uniti** diventano la maggiore potenza industriale del mondo.

Il loro obiettivo è quello di ottenere la **supremazia sul continente americano** e di proteggere le rotte commerciali oceaniche con una flotta potente. In seguito alla guerra contro la Spagna del 1898, gli USA ottengono l'isola di Portorico nei Caraibi, le Filippine nell'Oceano Pacifico e una decisiva influenza su Cuba.

In America Latina gli Stati Uniti non vanno alla conquista di territori, ma puntano al **controllo dell'economia e della politica**.

5 L'impero russo, un gigante fragile

L'**impero russo** è vastissimo ma molto arretrato, con un'economia basata prevalentemente sull'**agricoltura** e una popolazione composta per lo più da **contadini poverissimi**.

L'**industrializzazione**, cominciata lentamente nella seconda metà dell'Ottocento, si concentra solo in alcune regioni e nelle maggiori città.

La Russia è una **monarchia assoluta**, senza Costituzione e senza parlamento.

Esercizi

COSTRUISCO LE MIE COMPETENZE

VERIFICO LE CONOSCENZE — Paragrafo 1

1 Completa il testo con le parole mancanti.

Dalla fine dell'.. riprese l'espansione coloniale degli Stati dell'occidente. Essi occuparono vaste regioni trasformandole in .... dei loro imperi; perciò per questa fase storica si parla di .... Le motivazioni di questa nuova espansione furono .... , perché gli Stati conquistatori avevano bisogno di materie .... , ma anche politiche, perché un aggressivo .... spingeva gli Stati a dimostrare la loro potenza. Inoltre, un'ideologia .... sosteneva la superiorità della «razza» bianca e il suo diritto di dominare sulle altre.

RIORGANIZZO DATI E CONCETTI — Paragrafo 1

2 Completa la tabella mettendo le crocette. Dovrai tenere presente anche ciò che hai studiato nel capitolo 2.

	Paesi industrializzati	Paesi del resto del mondo
Istituzioni democratiche		
Riforme sociali		
Scoperte scientifiche e innovazioni tecniche		
Materie prime da esportare		
Produzione industriale		
Crescente impoverimento		
Potenza militare		

VERIFICO LE CONOSCENZE — Paragrafo 2

3 Rispondi brevemente alle domande.

a. Quali furono le decisioni della conferenza di Berlino, e quali le conseguenze per l'Africa?
b. Come furono tracciati i confini delle colonie?
c. I colonizzatori modernizzarono l'economia; a vantaggio di chi?
d. In Africa fu combattuta una guerra fra bianchi: quale, perché e con quale esito?

LAVORO SULLE FONTI — Paragrafo 2

4 In questa vignetta satirica, la «torta» africana viene divisa fra le potenze europee nella conferenza di Berlino. Rispondi alle domande.

a. Perché il continente africano è paragonato a una torta?
b. Che cosa rappresentano le fette?
c. Quale fu la decisione più importante presa durante la conferenza?
d. Qual era la situazione dell'Africa nel 1914?

Esercizi

STABILISCO COLLEGAMENTI E RELAZIONI Paragrafo 2

5 Costruisci sul tuo quaderno una tabella come quella sotto. Elenca gli elementi della politica coloniale che diedero qualche vantaggio all'economia e alla società africana, e quelli che provocarono gravi danni.

L'Africa ebbe qualche vantaggio da...	L'Africa fu danneggiata da...

LEGGO UNA CARTA STORICA Paragrafo 2

6 Osserva la carta dell'Africa nel 1914 a p. 54 e commentala rispondendo alle domande.

a. Quanti e quali Stati africani sono indipendenti nel 1914?

b. Nello stesso anno, quante e quali sono le potenze coloniali presenti in Africa?

c. Due potenze coloniali occupano da sole più della metà del territorio africano: quali?

VERIFICO LE CONOSCENZE Paragrafo 3

7 Completa il testo con le parole mancanti.

Le potenze .... e gli Stati Uniti costringono l'imperatore cinese ad aprire le frontiere al .... internazionale, e stipulano trattati .... , a tutto svantaggio della Cina. Contro lo strapotere degli stranieri insorge, nel .... , un movimento nazionalista detto dei .... , che viene sconfitto da un esercito internazionale. Nel .... , però, la rivolta guidata dal partito.. ha successo: l'impero viene abolito e viene proclamata la ....

LAVORO SULLE FONTI Paragrafo 3

8 Scrivi un commento a questa vignetta satirica di fine Ottocento, completando la traccia.

La vignetta mostra un cinese che assiste disperato e impotente alla ....

La Cina è paragonata a una .... , di cui alcune potenze europee si ritagliano grosse ....

Gli Stati stranieri sono riconoscibili da alcuni simboli. Da sinistra:

- la Gran Bretagna, rappresentata dalla regina .... ;
- l'impero ...., con l'imperatore che porta l'elmetto prussiano;
- la ...., rappresentata dallo .... con il colbacco, il tipico copricapo;
- la ...., una giovane donna con il cappello tipico dei rivoluzionari e la coccarda con i colori della bandiera (blu, bianco, rosso);
- il ...., raffigurato da un personaggio con i lineamenti orientali e i capelli raccolti sul capo.

LEGGO UN GRAFICO

Paragrafo 3

9 Rispondi alle domande.

a. Che cosa rappresentano i due colori del grafico?

b. Fra il 1860 e il 1870 il Giappone esporta prevalentemente materie prime o prodotti finiti? Negli anni successivi quali esportazioni calano, quali crescono incessantemente? Come si presenta la situazione agli inizi del Novecento?

c. Quale fondamentale cambiamento è avvenuto nell'economia giapponese in poco più di cinquant'anni? Motiva la tua risposta.

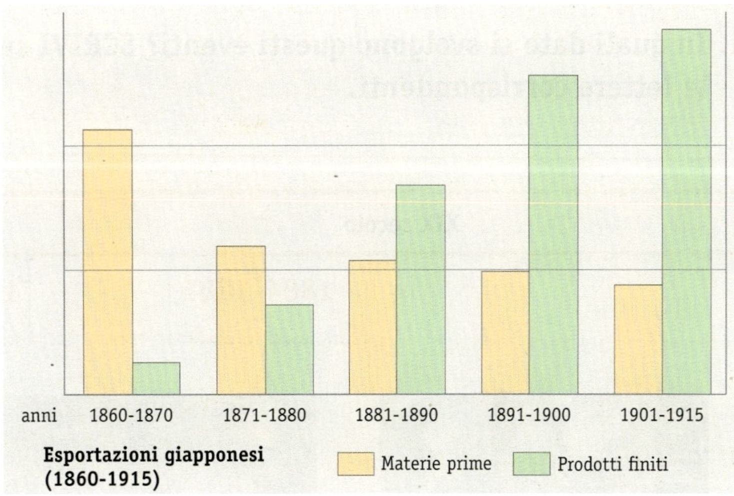

VERIFICO LE CONOSCENZE

Paragrafo 4

10 Completa il testo con le parole mancanti.

Alla fine del .... secolo gli Stati Uniti diedero inizio a una politica di espansione nel continente .... Appoggiando una rivolta dell'isola di .... contro la .... , gli Stati Uniti riuscirono ad annettere alcuni territori nei Caraibi (l'isola di ....) e nell'Oceano Pacifico (gli arcipelaghi delle .... e delle ....). La scelta americana fu però diversa da quella dei Paesi coloniali europei. Gli Stati Uniti esercitarono il potere in modo .... , attraverso la supremazia .... sull'America Latina. Il dominio economico si trasformò facilmente in influenza ....

VERIFICO LE CONOSCENZE

Paragrafo 5

11 Rispondi alle domande.

a. Perché l'abolizione della servitù della gleba non migliorò le condizioni di vita della maggior parte dei contadini russi?

b. Perché i successori dello zar Alessandro II favorirono i pogrom?

c. Quale fu la parte della popolazione favorita dalla politica degli zar?

d. Quali comportamenti furono imposti alle minoranze etniche?

STABILISCO COLLEGAMENTI E RELAZIONI

Paragrafo 5

12 In questa vignetta, un orso, che simboleggia la Russia, tenta di impedire a un giapponese di approdare sul continente.

a. Di quale continente si tratta? A quale avvenimento si riferisce la vignetta?

b. Da che cosa fu provocato il conflitto? Come si risolse?

c. Quali conseguenze ebbe in Russia?

Il capitolo a colpo d'occhio

QUANDO

1. In quali date si svolgono questi eventi? SCRIVI sulla linea del tempo le lettere corrispondenti.

XIX secolo — XX secolo

1884-1885 ....

1904-1905 ....

1912 ....

A Fine dell'impero e nascita della repubblica cinese

B Guerra russo-giapponese vinta dal Giappone

Foto Archives Charmet/ Bridgeman Images/Archivi Alinari.

C Conferenza di Berlino e inizio della spartizione dell'Africa

DOVE

2. COMPLETA la legenda. SCEGLI dall'elenco le parole mancanti.

francesi • inglesi • italiani • belgi • spagnoli

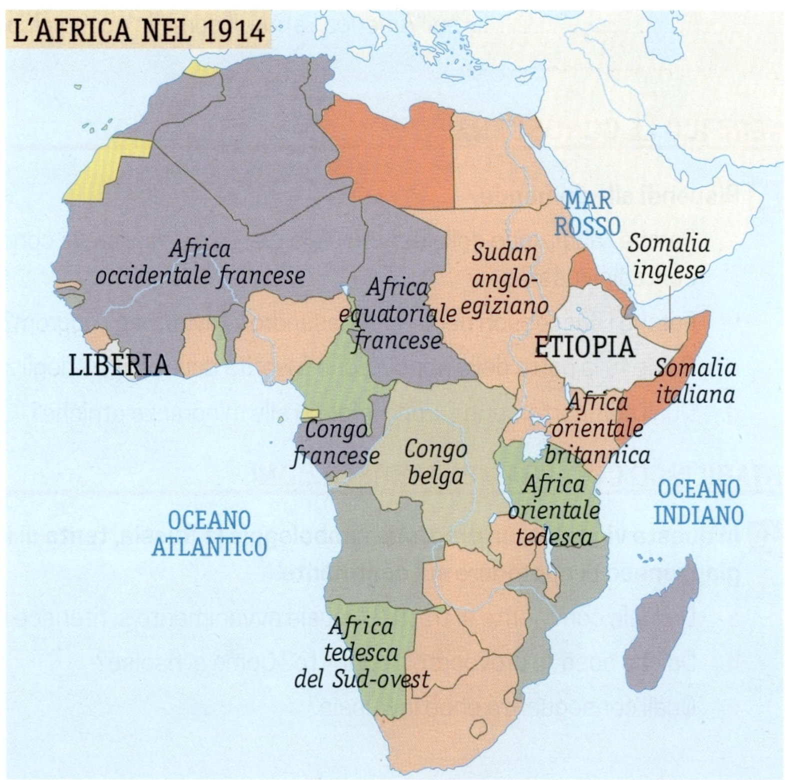

Stati indipendenti

Possedimenti coloniali:

- ....
- portoghesi
- tedeschi
- ....
- ....
- ....
- ....

LE PAROLE DA RICORDARE

3. Che cosa significa...? METTI LA CROCETTA sulla definizione giusta.

Imperialismo
- ☐ formazione degli imperi coloniali
- ☐ trasformazione degli imperi in colonie
- ☐ monarchia assoluta

Monocoltura
- ☐ coltivazione specializzata
- ☐ coltivazione specializzata in un solo prodotto
- ☐ contratto d'affitto in agricoltura

Autocrazia
- ☐ governo degli imperi coloniali
- ☐ attentato compiuto dagli anarchici
- ☐ potere senza limiti e senza controllo

LA MAPPA DEI CONCETTI

4. COMPLETA la mappa inserendo al posto giusto le parole seguenti.
ATTENZIONE: ci sono alcune parole intruse.

Povertà • razziste • supremazia • materie prime • indigene • militare • agricola

bisogno di	supremazia politica e	nascita di ideologie ....

portano a

Nuovi imperi coloniali

assimilano e distruggono	si scontrano tra loro per
le culture	la ....

Capitolo 4

L'Italia all'inizio del Novecento: l'età giolittiana

CIAK si impara!

GUARDA! IL VIDEO

MI ORIENTO NEL CAPITOLO

dal 1900 → al 1914

1

In Italia, all'inizio del Novecento, il governo di **Giovanni Giolitti** attua **riforme sociali** come la riduzione della giornata lavorativa e introduce il suffragio universale maschile.

2

Nell'età giolittiana l'**industrializzazione** del nord Italia progredisce soprattutto nel settore **siderurgico**, in quello **meccanico** (con la Fiat) e anche nel **settore chimico** (con la Pirelli). Il sud **agricolo** è ancora arretrato.

3

Dopo una battuta d'arresto a fine Ottocento, con Giolitti riprende l'**espansione coloniale** dell'Italia. Nel 1912 la **Libia** diventa una **colonia italiana**.

1. L'ingresso delle masse nella politica italiana

Inizia una politica meno autoritaria

Dopo l'assassinio del re Umberto I nel luglio 1900 salì al trono suo figlio, Vittorio Emanuele III di Savoia, che avrebbe regnato fino al 1946.

La tensione nella società era molto alta, con scioperi operai e manifestazioni contadine che spesso erano repressi con violenza. La classe dirigente liberale comprese che era necessario affrontare in modo nuovo i problemi del Paese, abbandonando l'autoritarismo e la repressione.

Il re decise di affidare il governo a uomini attenti alle necessità di una **nuova politica sociale** e capaci di far partecipare alla vita dello Stato liberale anche le forze del movimento operaio. Il nuovo indirizzo politico fu attuato da **Giovanni Giolitti** (1842-1928), un uomo politico piemontese che fu presidente del Consiglio, con poche interruzioni, **dal 1903 al 1914**. La sua azione fu così efficace che quel decennio prese il nome di **età giolittiana**. Come in altri Paesi d'Europa, anche in Italia **la democrazia si consolidò**.

Ritratto di Giolitti dei primi anni del Novecento.
Milano, Museo del Risorgimento.

La neutralità dello Stato nei conflitti sociali

Secondo Giolitti, lo Stato doveva rimanere **neutrale** nei conflitti del lavoro, perché il diritto di sciopero era garantito dalla legge. Le forze dell'ordine non dovevano essere mandate contro gli operai e i braccianti che si astenevano dal lavoro. Un intervento dello Stato a favore degli imprenditori, oltre che ingiusto, era un errore, perché avrebbe reso nemiche dello Stato le classi lavoratrici che rappresentavano la maggioranza della popolazione.

Giolitti aveva capito che il movimento degli operai e dei contadini era **espressione della società moderna** e faceva parte di una tendenza comune a tutti gli Stati europei avanzati. Inoltre, se i lavoratori ottenevano migliori salari, potevano spendere di più, e questo era positivo per l'intera economia. Nella sua azione di governo, Giolitti cercò dunque di **favorire la partecipazione delle masse alla vita politica** e di **accordarsi con i socialisti riformisti**, che non miravano ad abbattere lo Stato borghese, ma intendevano riformarlo con la lotta parlamentare.

Manifesto della Cassa nazionale mutua cooperativa per le pensioni, una delle prime iniziative per un sistema previdenziale in Italia.
Treviso, Museo Civico Luigi Bailo.

Le riforme di Giolitti

Giolitti fece approvare dal parlamento diverse leggi che miglioravano la **legislazione sociale** italiana, che era una delle più arretrate d'Europa. Fu regolato per legge il **lavoro notturno** e nei giorni festivi; l'**orario normale di lavoro** giornaliero fu limitato a dieci ore e fu vietato il lavoro dei minori di dodici anni. Furono aumentati i **sussidi per malattia** e invalidità e fu introdotto il **congedo di maternità** per le lavoratrici madri.

I sindacati vennero riconosciuti come intermediari fra i lavoratori e lo Stato e furono istituite le **Camere del Lavoro,** che raggruppavano e rappresentavano i lavoratori di ogni provincia.

L'ultima riforma di Giolitti fu l'istituzione del **suffragio universale maschile (1912)**: ebbero il diritto di voto tutti i cittadini maschi che avevano compiuto ventun anni (oppure trenta, se erano analfabeti). In questo modo il corpo elettorale triplicò (passò dall'8% al 24% dei sudditi del regno); restavano però sempre escluse le donne.

Anno	Totale dei votanti	% sul numero degli abitanti
1876	605 007	2,2
1880	621 896	2,5
1882	2 049 461	6,9
1886	2 420 317	8,1
1890	2 752 658	9,0
1892	2 934 445	9,4
1895	2 120 185	6,7
1897	2 120 909	6,6
1900	2 248 509	6,9
1904	2 541 327	7,5
1909	2 930 473	8,3
1913	8 672 249	24,5

ORGANIZZO I CONCETTI

RIFORME SOCIALI	
Orario normale di lavoro giornaliero	10 ore vietato lavoro ai minori di 12 anni
Lavoro in miniera	solo per chi ha più di 14 anni
Lavoro festivo e notturno	limitato
Congedo di maternità	per le lavoratrici
Sussidi per malattia e invalidità	aumentati
RIFORMA ELETTORALE	
Suffragio universale maschile (1912)	per tutti i maschi maggiorenni

Socialisti e sindacati

Il **partito socialista italiano** era stato fondato nel **1892**. Fra i promotori c'era l'avvocato lombardo **Filippo Turati**, che si pose a capo della **corrente riformista** del partito. Con lui Giolitti si propose di collaborare, ma non riuscì mai a coinvolgerlo nell'azione di governo.

Accanto ai riformisti c'era anche un'ala rivoluzionaria, che veniva detta **massimalista**, perché puntava a realizzare il programma massimo del socialismo, cioè l'abbattimento del potere della borghesia. In parlamento erano più numerosi i riformisti, ma verso la fine dell'età giolittiana la direzione del partito fu presa dai massimalisti.

Quando, con le riforme giolittiane, agli operai fu consentito di organizzarsi per essere adeguatamente rappresentati, fu istituita nel 1906 la **Confederazione Generale del Lavoro** (CGdL), un sindacato d'ispirazione socialista riformista. Questo sindacato (tuttora esistente con la sigla CGIL) rappresentava i lavoratori di tutta Italia organizzati per settore produttivo (operai metalmeccanici, tessili, ferrovieri, braccianti agricoli).

Manifesto del partito socialista italiano per il VII congresso del 1902: la Giustizia sociale spezza le catene dell'oppressione sui lavoratori.
Foto DeA Picture Library/Archivi Alinari.

Accanto alla CGdL e ad altri sindacati più piccoli che si rifacevano al marxismo, gradualmente acquistarono peso anche le **organizzazioni dei cattolici**, cioè le Società di mutuo soccorso in campo industriale, le Leghe bianche in agricoltura.

L'ingresso dei cattolici nella politica italiana

I cattolici erano molto attivi nella vita sociale e nell'economia, ma si tenevano ancora fuori dalla politica. Non esisteva un partito cattolico perché era ancora in vigore la proibizione che papa Pio IX aveva formulato quando Roma divenne capitale del regno e il potere temporale del pontefice fu abolito.

Molti cattolici pensavano però che fosse ormai giunto il momento di far sentire il proprio peso. Il papa Leone XIII, con l'enciclica *Rerum novarum* del 1891, aveva indicato la linea che i cattolici dovevano seguire per una maggiore giustizia sociale, in alternativa al socialismo.

Nelle **elezioni del 1913** – le prime a suffragio universale maschile – Giolitti propose ai cattolici di appoggiare quei candidati liberali che s'impegnavano a non votare leggi che potessero ferire la sensibilità cattolica (per esempio, limitando l'attività delle scuole cattoliche o introducendo il divorzio). In questo modo i liberali per la prima volta vinsero le elezioni con l'**appoggio esplicito della Chiesa** e delle organizzazioni cattoliche. Questo risultato rappresentò però un boomerang per Giolitti, la cui maggioranza liberale in parlamento, condizionata dall'accordo con i cattolici, non era più forte come un tempo. Nel 1914, dunque, Giolitti si dimise.

Il clientelismo

Giolitti ebbe il merito di favorire la modernizzazione del Paese e la pace sociale, ma fu anche molto disinvolto nel rafforzare la sua maggioranza con metodi spregiudicati, come la corruzione e le **clientele***.

Soprattutto nel meridione, dove i socialisti erano meno forti, egli consentì spesso ai candidati appartenenti alla sua maggioranza di assicurarsi il voto degli elettori promettendo favori e vantaggi ai **notabili*** locali. Questa politica gli attirò molte critiche e indebolì l'autorità dello Stato.

Giolitti "bifronte" parla ai rappresentanti della borghesia (a sinistra) e agli operai (a destra). Il suo abbigliamento è adeguato alle diverse situazioni. Caricatura, apparsa sulla rivista satirica «L'Asino» nel 1911.
Foto DeA Picture Library/Scala, Firenze.

* **Clientela**
Nel linguaggio politico indica un gruppo di persone che appoggiano un uomo politico in cambio di qualche vantaggio.

* **Notabili**
Erano, soprattutto nei piccoli centri, le persone più istruite e influenti, che potevano indirizzare l'opinione e il voto dei compaesani.

COLLOCO GLI EVENTI NEL TEMPO

Fonti

Istruzioni di Giolitti ai prefetti, 1 giugno 1906

Giolitti intendeva facilitare il coinvolgimento delle masse nella vita democratica e creare le condizioni per la pace sociale. Nello stesso anno in cui scrisse questo telegramma, Giolitti prese importanti provvedimenti, come l'istituzione delle Camere del Lavoro per organizzare la rappresentanza sindacale in Italia. Il telegramma è indirizzato ai prefetti, cioè ai pubblici ufficiali che in ciascuna provincia rappresentano il governo dello Stato e hanno importanti poteri per il controllo dell'ordine pubblico.

« Chiamato dalla fiducia di Sua Maestà assumo oggi la presidenza del Consiglio dei ministri e la direzione del ministero dell'Interno. I funzionari dipendenti da questo ministero già sanno che il programma col quale intendo governare si riassume nel rispetto di tutte le pubbliche libertà, nel mantenimento dell'ordine coi mezzi consentiti dalle leggi e nella più rigida giustizia in tutti gli atti dell'amministrazione.
Ma io in special modo ricordo a tutti i funzionari dello Stato che in questo periodo di profonda trasformazione sociale l'opera del governo deve ispirarsi ad un tempo alla più assoluta neutralità nelle lotte tra capitale e lavoro e alla più affettuosa cura delle legittime aspirazioni delle classi lavoratrici. E soprattutto deve essere opera del governo quella di persuadere tutti che le lotte per il progresso non possono essere feconde quando non sono pacifiche, ordinate, civili.
Chi rappresenta il governo nelle più elevate come nelle più umili sfere ha quindi non solamente il dovere di applicare rigidamente le leggi, ma anche quello di esercitare un vero apostolato di pace sociale. [...] »

(Da *Quarant'anni di politica italiana: dalle carte di Giovanni Giolitti*, a cura di G. Carocci, Milano, Feltrinelli, 1962)

Tessera d'iscrizione alla Camera del Lavoro di Reggio Emilia del 1905.

LAVORO SULLE FONTI

1. Analizza il testo e sottolinea i punti in cui trovi la risposta alle seguenti domande.
   a. In quale occasione Giolitti scrisse questo telegramma?
   b. Quale posizione deve tenere lo Stato nei contrasti fra capitale e lavoro?
   c. Quali sono i doveri dei rappresentanti del governo?
2. Qual è il significato di queste parole, che si trovano nel testo? Scrivilo, eventualmente aiutandoti con un vocabolario.
   a. Funzionari: ....
   b. Neutralità: ....
   c. Aspirazioni: ....
   d. Feconde: ....
   e. Apostolato: ....
3. Quando Giolitti dice che i rappresentanti del governo devono fare «apostolato di pace sociale», che cosa intende affermare? Scegli, fra le seguenti, la risposta che ti sembra corretta.
   - ☐ Devono rifiutarsi di sparare sui dimostranti.
   - ☐ Devono convincere tutte le parti sociali a operare per il bene comune.
   - ☐ Devono predicare, come gli apostoli, la fede cristiana.
   - ☐ Devono convincere tutti a votare per il governo.

2. La politica industriale di Giolitti

Nell'industrializzazione il nord è favorito

Nel periodo giolittiano l'economia italiana ebbe una forte crescita, tanto che gli economisti parlano di «decollo*». Questo fu dovuto al rapido sviluppo dell'industria, sia pure con qualche decennio di ritardo rispetto agli altri Paesi industrializzati d'Europa. L'agricoltura rimase l'attività prevalente, ma aumentò la quota percentuale dei lavoratori occupati nell'industria.

Lo sviluppo interessò prevalentemente le regioni settentrionali, tanto che si parla di «**triangolo industriale**» per indicare la regione più industrializzata del Paese, compresa fra **Genova, Torino** e **Milano**. L'industria al nord era favorita anche dalla ricchezza di corsi d'acqua che si potevano sfruttare a scopi idroelettrici.

* **Decollo**
È la fase iniziale del volo, quando l'aereo si stacca dal suolo e sale rapidamente. Qui sta a indicare il momento in cui lo sviluppo industriale diventa evidente e rapido.

Alcuni settori hanno uno sviluppo più rapido

L'**industria siderurgica** e quella **meccanica** furono i settori trainanti dello sviluppo. In meno di vent'anni, dal 1895 al 1913, la produzione di acciaio passò da 50 000 a oltre un milione di tonnellate all'anno. Protagonista in questo settore fu l'**ILVA**, una società fondata nel **1905**, che aveva gli impianti a Savona e a Piombino e che costruì a Bagnoli (Napoli) un nuovo grande polo siderurgico. A Genova, nel quartiere di Sampierdarena, si trovava la sede di una grande industria meccanica, la società **Ansaldo**, che produceva materiale ferroviario, armamenti pesanti, motori a scoppio e navi; all'inizio del Novecento vi lavoravano più di 10 000 operai.

Gli altri grandi centri dell'industria meccanica erano Torino (sede della **FIAT**) e Milano. Nel capoluogo lombardo si sviluppò anche l'**industria chimica**, con la società **Pirelli**, per la produzione di pneumatici e rivestimenti per cavi: il primo pneumatico per auto fu costruito nel **1901**.

Pubblicità degli pneumatici Pirelli del 1913.
Foto White Images/Scala, Firenze.

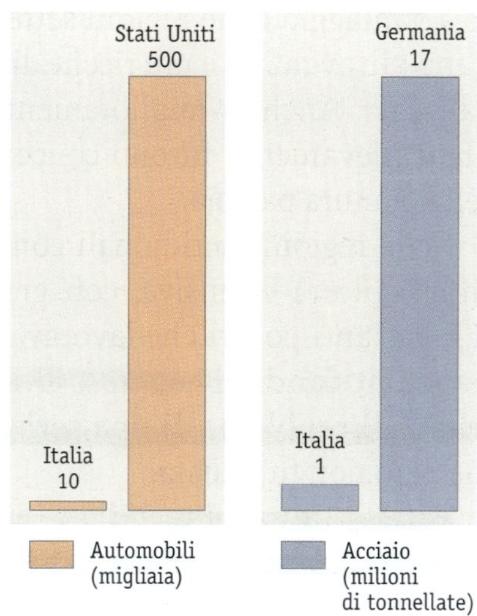

La produzione industriale italiana di automobili e acciaio nel 1913. I dati nazionali sono confrontati, rispettivamente, con quelli degli Stati Uniti e della Germania.

Lo Stato sostiene direttamente lo sviluppo dell'industria

Durante l'età giolittiana l'Italia fu il Paese europeo con la maggiore crescita economica; ma la produzione industriale italiana restava ben lontana da quella dei maggiori Paesi industrializzati.

ORGANIZZO I CONCETTI

Il protezionismo

- favorisce → l'industria settentrionale e i latifondisti del sud
- danneggia → l'agricoltura del meridione, che resta arretrata

COLLEGO CAUSE ED EFFETTI

▶ **PERCHÉ lo sviluppo economico in età giolittiana non fu omogeneo? Completa le frasi.**

Al nord:
- industria e agricoltura erano ....
- la popolazione era ....

Al sud:
- l'agricoltura era ....
- la popolazione era ....

Il decollo dell'economia fu reso possibile dal **sostegno diretto dello Stato**, che era il principale **committente*** delle industrie siderurgiche e meccaniche: occorreva infatti completare la costruzione della **rete ferroviaria**, potenziare i **trasporti** marittimi e terrestri, allestire una moderna **flotta da guerra**. Per favorire l'industria italiana, il governo attuò (come già in precedenza) una **politica protezionistica**, cioè impose forti dazi sui prodotti industriali importati dall'estero. Questo permetteva di tenere i prezzi abbastanza alti senza temere la concorrenza straniera.

* **Committente**
È colui che dà l'incarico di produrre qualcosa o si impegna ad acquistarla.

* **Latifondo**
Grande estensione di terra adibita prevalentemente a pascolo o a colture poco specializzate.

GUARDA! LA CARTA ANIMATA

Il divario fra nord e sud non diminuisce

La crescita economica non bastò a risolvere il più grande problema sociale ed economico dell'Italia unita, cioè la grande differenza di sviluppo fra Nord e Sud. Gli interventi a favore dell'industria andarono a vantaggio delle regioni settentrionali, che già erano più avanzate e più ricche di manodopera specializzata. Anche i miglioramenti nell'agricoltura e nell'allevamento furono concentrati soprattutto nella pianura padana.

Nelle regioni meridionali continuò a prevalere un'agricoltura estensiva, con grande abbondanza di braccianti poveri che lavoravano a giornata nei grandi **latifondi***. Numerose rivolte contadine ponevano il **problema di una seria riforma agraria**, che però non fu attuata.

L'arretratezza del meridione era evidente anche nella permanenza dell'**analfabetismo**: nel 1911 al sud il 60% della popolazione era analfabeta, mentre al nord era il 15%.

Qualche miglioramento fu comunque realizzato **anche al sud**: di particolare importanza furono la costruzione dell'acquedotto pugliese, l'industrializzazione della zona di Napoli e alcuni provvedimenti per il rimboschimento e la difesa del suolo.

L'Italia nell'età giolittiana.

Molti italiani poveri scelgono di emigrare

La difficile condizione dei contadini alimentò il fenomeno dell'**emigrazione**, che era iniziato già negli ultimi decenni dell'Ottocento, ma che nell'età giolittiana divenne imponente.

Fino al 1900 emigrarono in prevalenza **contadini** delle zone più povere del nord, come le campagne del Veneto. Nei primi anni del nuovo secolo a partire furono soprattutto contadini senza terra delle regioni meridionali (dove era ancora molto diffuso il latifondo).

Oltre mezzo milione di persone lasciavano l'Italia ogni anno, dirette in Francia e in Germania, ma soprattutto verso gli Stati Uniti, il Canada, l'Argentina e il Brasile. **Fra il 1900 e il 1914** gli **emigranti** italiani furono quasi il **20% della popolazione**. Nelle grandi città americane crebbero i quartieri abitati da italiani (come il quartiere *Little Italy*, «piccola Italia» a New York).

L'emigrazione ebbe due aspetti: uno **negativo**, uno positivo. Da un lato le campagne si spopolavano, i legami familiari diventavano più deboli; spesso gli emigranti dovevano combattere contro i pregiudizi e contro l'ostilità dei lavoratori locali, con i quali si mettevano in concorrenza. All'inizio quasi tutti andavano incontro a una vita difficile. Nel tempo però si vedevano gli **effetti benefici**: gli emigranti imparavano a leggere e scrivere per comunicare con la famiglia, apprendevano la lingua del luogo per poter lavorare e migliorare la loro condizione, infine mandavano in patria parte dei loro guadagni. Le **rimesse*** degli emigrati diventarono una parte importante dell'economia delle campagne meridionali italiane.

Molti emigranti poi ritornarono, portando con sé una migliore conoscenza del mondo, una specializzazione nel lavoro e denaro sufficiente ad acquistare in patria un po' di terra e una casa. Anche questo modificò lentamente l'economia del loro Paese.

Gli emigranti italiani dal 1896 al 1915 (in migliaia)

	Totale	Verso Paesi europei	Verso altri continenti
1896-1900	1552	743	809
1901-1905	2770	1224	1546
1906-1910	3256	1288	1968
1911-1915	2743	1218	1525

Emigranti italiani appena sbarcati a New York, 1905.

*** Rimessa**
Invio di denaro da parte degli emigrati alle loro famiglie rimaste nel Paese di origine.

ORGANIZZO I CONCETTI

L'emigrazione

VANTAGGI	• invio di denaro a casa (rimesse) • chi torna è più istruito e meno povero • diminuzione dell'analfabetismo • apprendimento di una lingua straniera
SVANTAGGI	• pregiudizi verso gli emigrati nei Paesi di arrivo • spopolamento della campagna • indebolimento dei legami familiari

COLLOCO GLI EVENTI NEL TEMPO

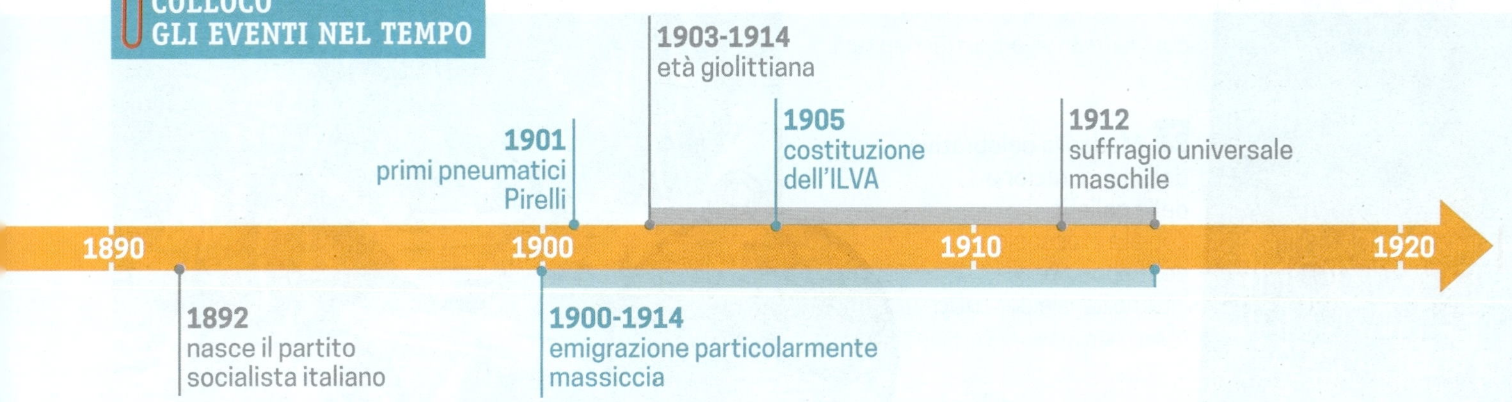

Scienza e tecnica

Il traforo del Sempione

Il primo tunnel ferroviario sotto la catena alpina fu quello del Fréjus (lungo 13,6 km): iniziato quando l'Italia non era ancora unita, fu inaugurato nel 1871, quando Roma era da poco divenuta la capitale d'Italia. La galleria collega la Val di Susa alla valle francese dell'Isère ed è ora in progetto un suo raddoppio per far passare la linea dell'Alta velocità. Nel 1900 fu aperto il traforo ferroviario del Colle di Tenda, lungo circa 8 km, sulla linea Cuneo-Ventimiglia-Nizza.

Durante l'età giolittiana giunsero a conclusione i lavori della linea ferroviaria fra Domodossola e Briga (in Svizzera) attraverso il tunnel del Sempione. Il nome deriva dal villaggio che si trova allo sbocco della galleria dalla parte svizzera. I lavori furono affidati a una ditta tedesca e furono molto complessi per la qualità della roccia (a volte molto friabile) e perché vennero intercettate diverse sorgenti d'acqua fredda e calda.

Per la costruzione furono scavate due gallerie parallele, con frequenti collegamenti: una serviva per collocare i binari, l'altra per l'aerazione e per lo scarico dei materiali. All'inizio solo una galleria era adibita al passaggio dei treni, con uno slargo al centro per permettere l'incrocio fra treni provenienti da direzioni opposte; per fare fronte all'aumento del traffico, nel 1921 anche la seconda galleria fu munita di binario ferroviario. Data la lunghezza della galleria, si decise fin dall'inizio di utilizzare la trazione elettrica; solo per pochi mesi fu necessario usare quella a vapore, che metteva a durissima prova macchinisti e viaggiatori.

Il traforo fu inaugurato nel 1906; con i suoi 19,8 km restò per quasi ottant'anni il più lungo tunnel ferroviario del mondo.

Con il traforo del Sempione, Milano aveva un nuovo importante collegamento con l'Europa centrale. Così l'entrata in funzione della linea del Sempione fu celebrata, nello stesso 1906, dalla prima **Esposizione internazionale** milanese. L'Expo si tenne nel parco dietro il Castello Sforzesco (l'attuale Parco Sempione) e nell'area che ospita ora la Fiera milanese. Il tema dei trasporti e dell'innovazione tecnologica fu al centro dell'Esposizione; vi parteciparono 40 nazioni. Più di 5 milioni furono i visitatori nei sei mesi di apertura. Tutte le costruzioni fatte per l'Expo furono poi demolite, salvo una: l'Acquario Civico.

Manifesto dell'Esposizione di Milano del 1906 che fu dedicata alla nuova linea ferroviaria del Sempione.
Milano, Raccolta delle stampe Achille Bertarelli.

Operai addetti alla costruzione della galleria; sul versante italiano venne costruito un villaggio per ospitarli.

Medaglia celebrativa dell'inaugurazione della galleria coniata in occasione dell'Esposizione internazionale del 1906.
Collezione privata.

3. Il colonialismo italiano e la guerra di Libia

L'Italia partecipa alla spartizione dell'Africa

Come le altre potenze europee, anche l'Italia partecipò alla conquista e alla spartizione dell'Africa.

La vicenda coloniale italiana iniziò nel 1869, pochi mesi dopo l'apertura del canale di Suez. Sulle coste del Mar Rosso, lungo la nuova rotta di navigazione, gli Italiani occuparono dapprima alcune basi (Assab e Massaua), poi una fascia di terre, che divenne nel 1890 la prima colonia italiana, l'**Eritrea**. Contemporaneamente l'Italia impose il suo **protettorato*** sulla **Somalia**, che nel 1905 diventò una colonia italiana.

A fondamento delle prime imprese coloniali italiane ci fu una **politica di grandezza nazionale**, che era allora comune a molti Paesi europei ed era ostinatamente voluta dal primo ministro dell'epoca, Francesco Crispi.

* **Protettorato**
L'istituzione di un protettorato si ha quando uno Stato (in questo caso la Somalia) accetta che il suo territorio sia protetto da un altro più potente (in questo caso l'Italia). Di fatto, il protettorato anticipava spesso l'occupazione coloniale.

Una drammatica battuta d'arresto

Quando le truppe italiane cercarono di penetrare dalla costa eritrea verso l'interno dell'Etiopia (o Abissinia), si scontrarono con l'aspra resistenza degli Abissini. L'Etiopia era uno dei regni più antichi e più forti dell'Africa; il suo imperatore (*negus*) Menelik era un uomo di grandi capacità politiche e possedeva le armi moderne necessarie per la difesa del suo Paese: gliele avevano vendute mercanti europei, italiani compresi.

Così nella battaglia in campo aperto di **Adua**, nel 1896, le truppe abissine, ben armate e più numerose, sbaragliarono l'esercito italiano e lo costrinsero a ritirarsi. La disfatta di Adua chiuse la prima fase colonialista italiana e provocò la caduta del governo di Crispi.

Menelik vittorioso dopo la battaglia di Adua. Copertina di una rivista illustrata francese del 1898. Collezione privata.

Crispi malconcio dopo la sconfitta africana. Vignetta satirica francese della fine del XIX secolo. Foto Art Media/Heritage Images/Scala, Firenze.

Soldati italiani in Libia nel 1911. Immagine di propaganda del governo italiano.

A Tripoli! Copertina dello spartito della più famosa canzone composta per la conquista della Libia. Il ritornello comincia con «Tripoli, bel suol d'amore…» e trasmette l'idea di una Libia magica e solare, che però diventerà italiana «… al rombo del cannon».
Riccione, Collezione Speziali.

La ripresa dell'espansione coloniale

L'espansione coloniale riprese quindici anni più tardi, durante il governo di Giolitti. Questa volta le ambizioni italiane si volsero verso la Libia, ultimo residuo dell'impero ottomano nell'Africa settentrionale.

Giovanni Giolitti aveva scarsa simpatia per le avventure coloniali, ma fu spinto alla guerra dalle pressioni dei fabbricanti di armi, dei grandi gruppi finanziari che avevano investito capitali in Libia e dei **nazionalisti**, che rivendicavano per l'Italia il diritto di possedere colonie come le altre potenze. Molti, poi, speravano che il futuro possedimento coloniale potesse accogliere le migliaia di contadini italiani che ogni anno erano costretti a emigrare. Alla guerra erano favorevoli anche i socialisti riformisti, mentre si dimostrarono decisamente contrari i massimalisti.

La conquista della Libia

La guerra ebbe inizio nell'ottobre **1911** e durò un anno. Gli Italiani conquistarono rapidamente le principali città libiche lungo la costa (Tripoli, Misurata e Bengasi), ma i villaggi arabi dell'interno, con l'aiuto dei Turchi, opposero una tenace resistenza. Allora, per costringere la Turchia alla resa, gli Italiani spostarono le operazioni militari nel mar Egeo e occuparono **Rodi** e le isole del **Dodecaneso**, abitate da una popolazione turca numerosa.

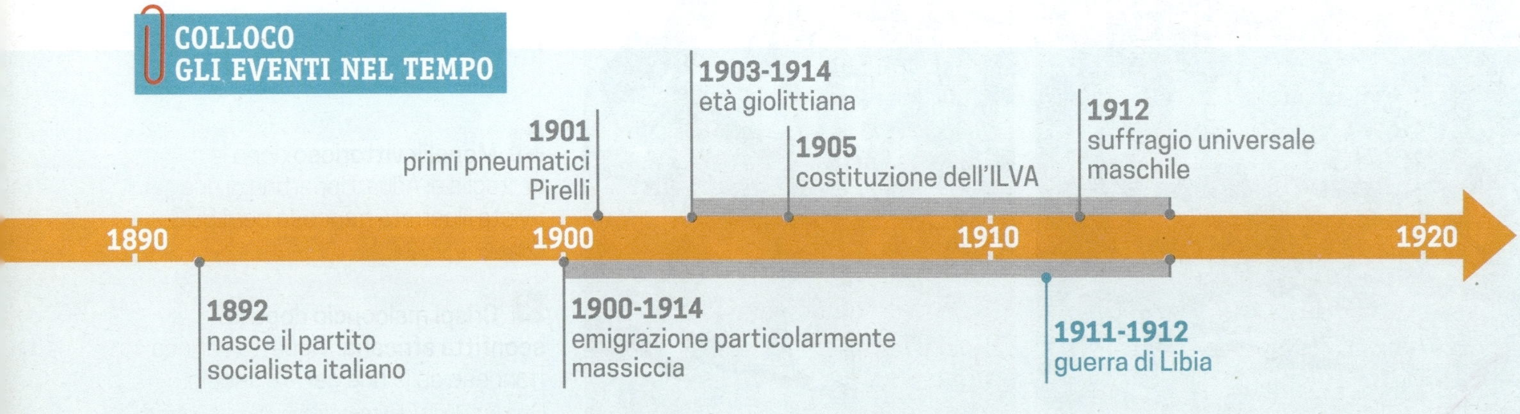

La Turchia dovette cedere e con la pace di Losanna (**1912**) la **Libia** divenne **colonia italiana**.

Anche dopo la pace le popolazioni dell'interno continuarono a ribellarsi al dominio italiano e la guerriglia proseguì ancora a lungo.

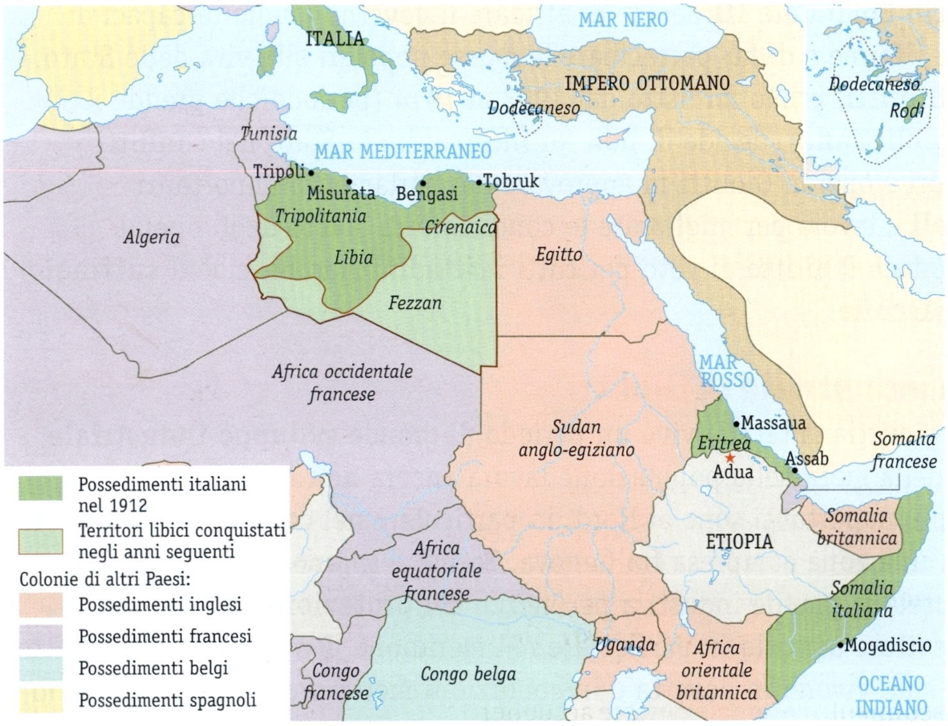

Le colonie italiane nel 1912.

ORGANIZZO I CONCETTI

▶ **Completa la tabella.**

Il colonialismo italiano in Africa	
....	Basi italiane sulle coste del Mar Rosso
1890	.... prima colonia italiana in Africa
1890	.... protettorato italiano
1896	Sconfitta italiana ad ....
....	Somalia colonia italiana
1911-1912	Guerra di ....
1912	Pace di .... : la Libia diventa una ....

RICOSTRUISCO LA MAPPA DEL CAPITOLO

Nell'età giolittiana (1903-1914)

- cresce → **la democrazia** → con → • legislazione sociale • suffragio universale maschile
- cresce → **l'economia** → grazie a → • protezionismo • intervento dello Stato → ma restano → • divario nord-sud • emigrazione
- riprende → **il colonialismo** → con la → conquista della Libia

Sintesi

RICOSTRUISCO LE INFORMAZIONI

1 L'ingresso delle masse nella politica italiana

Dopo la fine dell'Ottocento, caratterizzata da forti scontri sociali, il nuovo re d'Italia **Vittorio Emanuele III** decide di affidare il governo a uomini capaci di attuare nuove riforme e di far partecipare le masse popolari alla vita dello Stato.

Giovanni Giolitti, primo ministro dal 1903 al 1914 (periodo che prende il nome di **età giolittiana**), decide di non far intervenire lo Stato nei conflitti fra imprenditori e operai. Giolitti fa approvare dal parlamento importanti **riforme sociali** e lavora per migliorare le condizioni di lavoro degli operai. Nel 1912 introduce il diritto di voto per tutti i cittadini maschi, cioè il **suffragio universale maschile**.

2 La politica industriale di Giolitti

Durante l'età giolittiana l'Italia vive un periodo di grande **sviluppo industriale**, anche se più della metà della popolazione lavora ancora nell'agricoltura. Le fabbriche più importanti sono al Nord, in particolare nel cosiddetto «**triangolo industriale**», una zona compresa fra Genova, Torino e Milano.

Lo Stato tutela la grande industria per mezzo del **protezionismo**, ma ciò danneggia il settore agricolo in particolare nel meridione. I contadini, soprattutto nell'Italia del sud, vivono in povertà e in condizioni molto precarie e sono perciò costretti a **emigrare**.

3 Il colonialismo italiano e la guerra di Libia

Anche l'Italia partecipa alla conquista e alla spartizione dell'Africa. La vicenda coloniale italiana era iniziata poco dopo l'unificazione, e alla fine dell'Ottocento l'Italia ottiene l'**Eritrea** e il protettorato della **Somalia**, che diventa colonia nel 1905. Una grave battuta d'arresto si verifica nel 1896 quando le truppe italiane, nel tentativo di conquistare l'Etiopia, sono sconfitte nella battaglia di Adua dall'esercito del *negus* Menelik.

La politica di **espansione coloniale** riprende nel 1911 con la guerra per la conquista della **Libia**. L'anno successivo, con la pace di Losanna, la Libia diventa colonia italiana.

Esercizi

COSTRUISCO LE MIE COMPETENZE

VERIFICO LE CONOSCENZE — Paragrafo 1

1 Completa il testo con le parole mancanti.

Secondo Giolitti, lo Stato doveva mantenersi .... nei conflitti fra .... e lavoratori, perché la legge garantiva il .... di sciopero. Nella sua azione di governo, Giolitti cercò l'appoggio dei .... riformisti, il cui capo era Filippo .... Oltre a rinnovare la legislazione sociale, Giolitti fece un'importante riforma elettorale, introducendo il .... maschile. In questo modo il numero degli .... si triplicò. Nelle elezioni del 1913, Giolitti fece eleggere molti parlamentari del suo partito con i voti dei .... , che fino ad allora, per ordine del .... , si erano tenuti fuori dalla vita politica.

STABILISCO COLLEGAMENTI E RELAZIONI — Paragrafo 1

2 Completa le frasi.

I socialisti rivoluzionari erano detti anche .... perché volevano
....
I socialisti riformisti, invece, pensavano che lo Stato borghese
....

LAVORO SULLE FONTI — Paragrafo 1

3 Leggi questo brano del filosofo e storico Benedetto Croce, poi rispondi alle domande.

> « Furono quelli, in Italia, gli anni in cui meglio si attuò l'idea di un governo liberale, perché, da un lato, esso manteneva l'ordine sociale e l'autorità dello Stato, e dall'altro accoglieva i nuovi bisogni col lasciare libero campo alle competizioni economiche anche tra datori di lavoro e lavoratori e con misure a favore dei lavoratori. [Egli pensava inoltre che] convenisse chiamare via via nuovi strati sociali alla gestione dei pubblici affari. »
>
> (Da B. Croce, *Storia d'Italia dal 1871 al 1915*, Bari, Laterza, 1928)

a. Ti sembra che Croce dia un giudizio positivo o negativo del governo di Giolitti?

b. In che cosa consiste, secondo Croce, l'idea di un governo liberale, e in quale modo Giolitti cercò di realizzarla?

VERIFICO LE CONOSCENZE — Paragrafo 2

4 Completa il testo con le parole mancanti.

Lo sviluppo industriale dell'età .... (che fu un vero e proprio «decollo») non interessò tutto il Paese, ma soprattutto il cosiddetto «.................................... industriale» compreso fra le città di .... , ... e .... Fra i settori industriali con maggiore sviluppo ricordiamo l'industria siderurgica e quella ....
L'industria al nord fu favorita dalla presenza di corsi d'acqua, utili per la produzione di ....
Il .... rimase arretrato perché era prevalentemente agricolo e non fu attuata alcuna riforma .... per ridurre i latifondi.

Esercizi

INTERPRETO DATI STATISTICI — Paragrafo 2

5 **Confronta la tabella sull'emigrazione di pagina 79 con quella qui sotto, che mostra lo sviluppo dell'industria italiana (il dato del 1900 equivale a 100). Poi indica se le frasi seguenti sono vere o false.**

Anno	Aumento percentuale
1900	100
1905	126 (vuol dire un aumento del 26% in 5 anni)
1910	169
1913	184

a. Nel periodo fra il 1900 e il 1913 la produzione industriale aumenta fin quasi a raddoppiare. V F
b. Nello stesso periodo il numero di emigranti è assai minore che negli anni precedenti. V F
c. Le due tabelle dimostrano che lo sviluppo industriale non era uniforme in tutta Italia. V F

LAVORO SULLE FONTI — Paragrafo 2

6 **In questo brano del 1901 l'economista e deputato Francesco Saverio Nitti denuncia l'arretratezza del mezzogiorno. Leggi il testo e poi rispondi alle domande.**

« L'Italia meridionale quasi non ha alcuna ricchezza del sottosuolo; e non ha mai avuto grande sviluppo industriale. Base di tutta la vita sociale è l'agricoltura, unica fonte di ricchezza. Ancora adesso, come quarant'anni or sono, la grande industria manifatturiera non è quasi sorta. [...]
La pochezza dei rappresentanti del Mezzogiorno e la confusione delle idee è stata tale, che per tanti anni si è detto che il Mezzogiorno pagava poco e viceversa otteneva il maggior beneficio dalle spese dello Stato! [...] Ora dalle mie indagini risulta che, proporzionalmente alla sua ricchezza, il Sud paga per imposte di ogni natura assai più del Nord; e viceversa lo Stato spende molto meno.
Si credeva che le grandi spese per lavori pubblici fossero state nel Mezzogiorno, e ho dimostrato che non è vero. Si credeva che i meridionali avessero invaso gli impieghi e ho trovato che tra gli impiegati il minor numero era di meridionali. [...] La politica finanziaria dello Stato ha trasportato una massa ingente di ricchezza, qualche miliardo forse, dal Sud al Nord. [...] Così la differenza fra il Nord e il Sud si è acuita: l'Italia settentrionale e l'Italia meridionale sono ora a una distanza maggiore che nel 1860. »

(Da F.S. Nitti, *Scritti sulla questione meridionale*, Bari, Laterza, 1958)

a. Nelle prime righe Nitti si riferisce a «quarant'anni or sono»: a che anno si riferisce? Che cosa accadde?
b. L'autore espone alcune idee sul mezzogiorno che non rispondono alla realtà: quali?
c. Cosa vuol dire che la differenza fra sud e nord «si è acuita»?
d. Secondo te, l'autore è favorevole o contrario a una politica di aiuti al mezzogiorno?

USO LE PAROLE DELLA STORIA — Paragrafi 1 e 2

7 Scrivi brevemente il significato delle seguenti parole.

Riformista: ....

Massimalista: ....

Triangolo industriale: ....

Protezionismo: ....

Rimesse (degli emigrati): ....

VERIFICO LE CONOSCENZE — Paragrafo 3

8 Stabilisci se le frasi seguenti sono vere (V) o false (F).

a. La prima colonia italiana in Africa fu la Somalia. V F
b. L'Eritrea fu prima un protettorato italiano e poi una colonia. V F
c. L'Etiopia era detta anche Abissinia. V F
d. Menelik era l'imperatore abissino. V F
e. Dopo Adua, l'Italia non tentò nuove conquiste per un quindicennio. V F

PRODUCO UN TESTO DI ARGOMENTO STORICO — Paragrafo 3

9 Seguendo la traccia delle domande, scrivi un testo di 10 righe dal titolo *L'espansione coloniale italiana*.

a. Quale evento del 1869 fu sfruttato dall'Italia per navigare verso le coste dell'Eritrea?
b. La conquista dell'Eritrea e quella della Somalia procedettero in due modi differenti: quali?
c. Quali conseguenze politiche ebbe la sconfitta di Adua?
d. Quali gruppi erano favorevoli alla guerra in Libia?
e. In che modo avvenne la conquista della Libia?

LAVORO SULLE FONTI — Paragrafo 3

10 Osserva l'immagine, leggi la didascalia, poi rispondi alle domande.

a. Qual è il titolo del discorso? Che cosa significa? Sottolinea la risposta nella didascalia qui accanto.
b. Nella copertina, che cosa simboleggiano gli attrezzi conficcati al suolo? E quale svetta sopra gli altri?
c. Osserva lo sfondo dell'immagine: che tipo di paesaggio è raffigurato?
d. Quale funzione simbolica ha il tricolore che avvolge gli attrezzi?
e. Pascoli era socialista. Quale atteggiamento avevano i socialisti riformisti nei confronti dell'impresa coloniale in Libia?

Copertina di un discorso che il poeta Giovanni Pascoli (1855-1912) tenne il 26 novembre 1911 nel paese di Barga, in Toscana. Pascoli sosteneva che l'Italia, fino allora una povera terra di emigranti, finalmente mostrava un atteggiamento fiero e forte. E che, dopo la conquista della Libia, i contadini italiani avrebbero reso fertili quelle terre, così vicine alle nostre coste, anziché emigrare in America o in altri Paesi europei.

Il capitolo a colpo d'occhio

QUANDO

1. In che anno si sono svolti questi eventi? SCRIVILO sotto le immagini al posto dei puntini.

A

1900 Introduzione del suffragio universale maschile in Italia

B

1910 Inizia la guerra di Libia

COLLOCA le due date nella linea del tempo. Come si chiama il periodo dell'Italia che va dal 1903 al 1914? SCRIVILO nella linea del tempo al posto dei puntini.

1903-1914 Decaduta del lavoro

1890 — 1900 — 1910 — 1920

DOVE

2. SCRIVI sulla carta i nomi delle città mancanti, poi COMPLETA la didascalia. USA le parole seguenti:
nord • sud • giolittiana • Torino • Genova • industriale • scrivere

Nell'età giolittiana in Italia si sviluppa l'industria soprattutto al nord, nel «triangolo industriale» che comprende le città di Milano, Torino e genova.

Inoltre l'alfabetizzazione, cioè la capacità di leggere e scrivere, è diffusa in maniera diversa nella penisola: all'inizio del Novecento, al sud c'è un'alta percentuale di analfabeti.

L'ITALIA NELL'ETÀ GIOLITTIANA

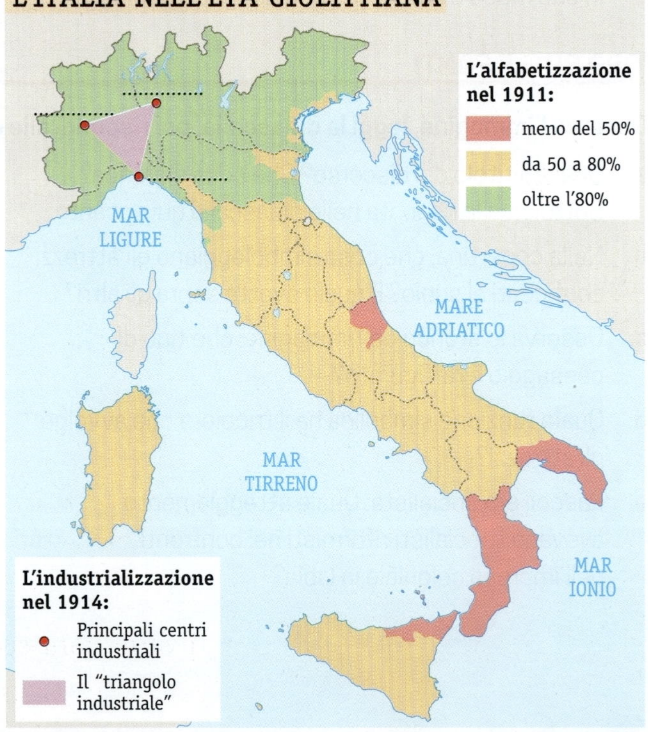

LE PAROLE DA RICORDARE

3. Che cosa significa...? METTI LA CROCETTA sulla definizione giusta.

Clientelismo
- ☐ offerta di vantaggi a persone per ottenere il loro voto
- ☒ obbligo di votare come vuole il capo del partito
- ☐ politica commerciale dei supermercati

Protezionismo
- ☒ provvedimenti dello Stato assistenziale
- ☐ incentivi allo sviluppo dell'industria
- ☐ imposizione di dazi sulle merci che provengono dall'estero

Protettorato
- ☐ trattato di alleanza
- ☐ intervento in guerra per difendere un alleato
- ☒ condizione di uno Stato che accetta la protezione da parte di uno Stato più potente

LA MAPPA DEI CONCETTI

4. COMPLETA la mappa inserendo al posto giusto le parole seguenti.
ATTENZIONE: ci sono alcune parole intruse.

Suffragio • democrazia • colonialismo • economia • emigrazione • protezionismo • legislazione • Somalia • Libia

Nell'età giolittiana

- con
  - • legislazione sociale
  - • suffragio universale maschile
  - cresce → la democrazia
- grazie a
  - • protezionismo
  - • intervento dello Stato
  - cresce → l' economia
  - ma restano
    - • divario nord-sud
    - • legislazione
- con
  - la conquista della Libia
  - ricomincia il → colonialismo

Sei pronto per la verifica?

ZTE ONLINE

IN 1 ORA

Punteggio massimo: 100 punti   Sufficienza: 60 punti

1. ORIENTARSI NEL TEMPO

Alcuni degli eventi elencati appartengono al periodo 1870-1900, altri al periodo 1901-1914. Scrivi nella tabella le lettere corrispondenti.

	1870-1900	1901-1914
a. Invenzione del telegrafo senza fili b. Teoria della relatività c. Suffragio universale maschile in Italia d. Uccisione di Umberto I, re d'Italia e. Conferenza di Berlino sull'Africa f. Inizio della guerra anglo-boera g. Istituzione della repubblica in Cina h. La regina Vittoria imperatrice dell'India i. Guerra russo-giapponese j. Conquista italiana della Libia		

2 punti per ogni risposta esatta – Punti: ..../20

2. VERIFICARE LE CONOSCENZE

Completa il testo con le parole mancanti.

Fra Otto e Novecento lo sviluppo dei mezzi di .... (telefono, ... senza fili) e dei mezzi di .... (ferrovie, navi, le prime automobili, i primi ....) avvicina i continenti come non mai. Si moltiplicano le esplorazioni nelle regioni sconosciute dell'.. e dell'Asia. Aumenta in occidente la fiducia nel .... , perché si pensa che la scienza e la .... renderanno la vita migliore. Negli Stati democratici si estende il diritto di .... , negato però ad alcune categorie di persone (.. , giovani, analfabeti). Per evitare tensioni sociali nasce il *Welfare State*, cioè lo Stato ....). La schiacciante superiorità economica, tecnologica e .... spinge l'occidente all'espansione .... ai danni dell'Africa e dell'Asia.

2 punti per ogni risposta esatta – Punti: ..../24

3. STABILIRE COLLEGAMENTI

Spiega perché....

a. i governi democratici diedero vita alle prime forme di Stato assistenziale.

b. fra Otto e Novecento nascono i partiti moderni.

c. i Paesi industrializzati riprendono l'espansione coloniale.

d. l'economia coloniale fu dannosa per l'Africa.

3 punti per ogni risposta esatta – Punti: ..../12

4. ORIENTARSI NELLO SPAZIO

In questa carta muta, che raffigura l'Africa nel 1914, scrivi il numero corrispondente ai seguenti Stati:

1. Libia ▪ 2. Egitto ▪ 3. Etiopia ▪ 4. Algeria ▪ 5. Congo belga ▪ 6. Unione sudafricana ▪ 7. Eritrea ▪ 8. Marocco

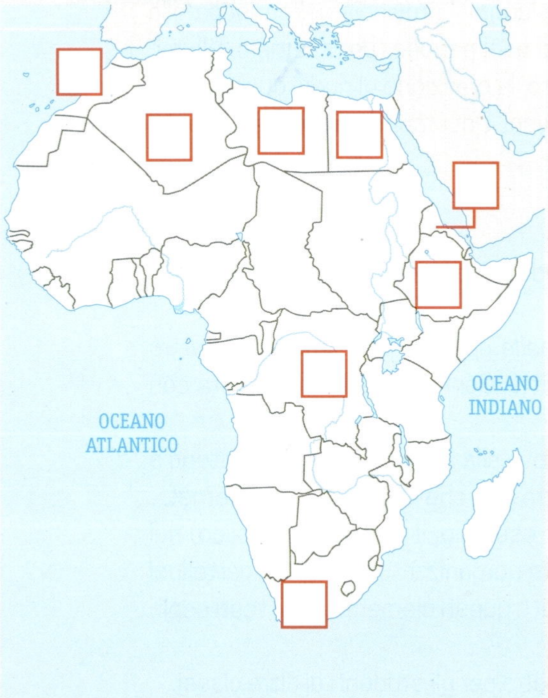

2 punti per ogni risposta esatta

Punti: ..../16

5. INTERPRETARE LE FONTI

Osserva l'immagine, pubblicata nel 1901 sulla «Domenica del Corriere», poi scrivi una didascalia rispondendo alle domande.

a. Che cosa mostra questa illustrazione?

b. Chi sta partendo? Sono solo uomini? Sono solo giovani adulti?

c. Descrivi i loro bagagli: che cosa noti?

d. A tuo parere, quali stati d'animo esprimono i loro volti?

4 punti per ogni risposta esatta

Punti: ..../16

6. USARE LE PAROLE DELLA STORIA

Scrivi le parole che corrispondono alle definizioni.

a. Periodo fra Otto e Novecento caratterizzato da fiducia nel progresso in occidente:

....

b. Un altro modo per indicare il diritto di voto:

....

c. Principi, valori e visione della società caratteristici di un partito:

....

d. Attaccamento orgoglioso e aggressivo alla propria nazione: ....

e. Ideologia che sosteneva che nella società umana opera un meccanismo di selezione naturale: ....

f. Decisione unilaterale di un territorio di separarsi dallo Stato di cui fa parte:

....

2 punti per ogni risposta esatta – Punti: ..../12

7. STABILIRE COLLEGAMENTI

[extra-punteggio] 4 punti per la risposta corretta

Che differenza c'è fra amor di patria e nazionalismo? Perché i governi favorirono il nazionalismo?

Compito di realtà

VERIFICO LE MIE COMPETENZE

La città nella *belle époque*

L'IDEA

Hai mai pensato a come potevano apparire la tua città o il tuo capoluogo di provincia nel periodo della *belle époque*? Molto probabilmente alcuni dei grandi cambiamenti di quel periodo (per esempio, l'illuminazione delle strade, l'introduzione di un servizio di trasporto pubblico, la creazione di nuovi quartieri o di importanti industrie) interessarono il tuo territorio proprio in quegli anni. Documentati su questi aspetti della storia locale.

CHE COSA DEVI FARE

Lavorando in piccoli gruppi, tu e i tuoi compagni procederete seguendo le istruzioni di questa scaletta.

1. Sintetizzate in modo schematico i cambiamenti avvenuti nella *belle époque*, poi elencate i quattro a vostro avviso più importanti per quanto riguarda la vita nelle città. Confrontate la vostra lista con quella dei compagni degli altri gruppi.
2. Nella sezione locale della biblioteca cittadina cercate notizie relative alla storia del vostro territorio a cavallo fra Otto e Novecento. Se necessario, approfondite le vostre ricerche anche usando Internet.
3. A questo punto, ciascun gruppo selezionerà un unico tema (per esempio, il trasporto pubblico) sul quale lavorare. Sulla base del materiale raccolto e opportunamente riorganizzato, realizzate cartelloni (o presentazioni multimediali) che lo illustrino e che contengano tutti questi elementi: brevi testi esplicativi, immagini e didascalie.
4. Presentate il vostro elaborato in classe o allestite una piccola mostra per gli studenti di altre classi.

INDICAZIONI DI LAVORO

Tempo a disposizione e discipline coinvolte

1 ora a scuola per la prima fase (Storia)
2 ore in biblioteca per la seconda fase
2 ore a scuola per la terza fase (Storia + Tecnologia + Arte e immagine)
1 ora a scuola per la presentazione

Materiali e strumenti utilizzabili

Libro di testo di storia e testi di storia locale
Cartoncino, pennarelli, materiali di cancelleria
Personal computer, software di elaborazione delle immagini e per la realizzazione di presentazioni multimediali

History Highlights

CLIL

Ellis Island: a place of hope and tears

1. Warm up

Match each word or expression with its Italian equivalent.

policy	(essere) respinti
to seek (one's) fortune	sottoporsi a
crowded steamships	(essere) adatti
to undergo	cercare fortuna
(to be) fit	affollate navi a vapore
(to be) rejected	politica

2. Read and check your comprehension

Read the text and fill in the text with the English words from exercise 1. Then listen and check.

In 1899 the USA adopted the Open Door .... , that is a policy of accepting immigrants from various countries. In the following years millions of people, especially from southern and eastern Europe, chose to .... their .... in the United States; and many of them made their first stop in America at the Ellis Island Immigration Station.

Immigrants were escaping from poverty or political and religious persecution in their native countries, and they hoped for a better life. Their trip across the Atlantic Ocean, on .... , lasted one to two weeks. When the ships arrived in New York, very few passengers could leave them freely: most of them had to .... medical and legal inspections to determine if they were .... for entry into the United States.

People who had health problems, or who failed answering the questions of the immigration officers, could be ....

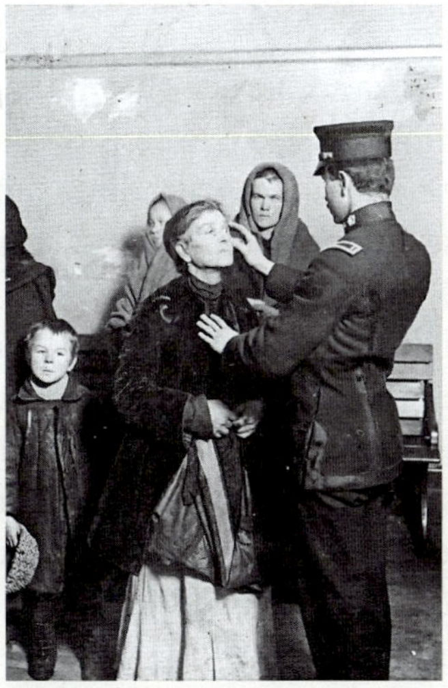

A photograph taken at Ellis Island Immigration Station in 1911.

Everett Collection Historical / Alamy Stock Photo.

3. Check your comprehension

Tick the correct answer.

a. What did the United States do in 1899?
- ☐ They encouraged immigration.
- ☐ They banned immigration.

b. Where did most immigrants come from at the beginning of the 20th century?
- ☐ From southern and western Europe.
- ☐ From southern and eastern Europe.

4. Historians at work

Look at the the picture above and tick the correct answer.

a. The man on the right is
- ☐ a doctor.
- ☐ an immigrant.

b. He is examining the woman's
- ☐ health.
- ☐ documents.

c. If the woman fails this examination
- ☐ she will be sent back to her country.
- ☐ she will be imprisoned.

CITTADINANZA e COSTITUZIONE

Diritti, integrazione e cittadinanza

Ieri e oggi

Un grande punto di forza della civiltà di Roma fu la possibilità data ai popoli dell'impero di diventare **cittadini*** romani. Gli alleati italici lottarono duramente per avere la cittadinanza romana e dunque il diritto di partecipare alla vita politica di Roma. Fu concessa la cittadinanza anche ai figli degli schiavi liberati, così come, alla fine del servizio militare, ai soldati arruolati nelle province. Essere cittadini significava sottostare alle stesse leggi e avere gli stessi diritti indipendentemente dalle proprie origini.

Nei secoli del Medioevo l'idea di cittadinanza rimase in vita nelle città comunali d'Italia e d'Europa; nelle monarchie feudali e nell'impero non c'erano cittadini, ma sudditi, tenuti all'obbedienza e senza diritti politici. Le cose cambiarono con le rivoluzioni americana e francese alla fine del Settecento, nelle quali i cittadini divennero protagonisti della vita politica.

I moderni Stati democratici garantiscono i diritti civili e politici dei cittadini attraverso le Costituzioni. I diritti di libertà tutelati dalla Costituzione italiana (domicilio, circolazione, pensiero, fede religiosa...) appartengono a tutte le persone presenti nel Paese, indipendentemente dal possesso della cittadinanza italiana.

* **Cittadino**
La parola deriva dal latino *civis*. *Cìvitas* è la cittadinanza, cioè la comunità dei cittadini e la città nel suo complesso.

Articolo 10
L'ordinamento giuridico italiano si conforma alle norme del diritto internazionale generalmente riconosciute.
La condizione giuridica dello straniero è regolata dalla legge in conformità delle norme e dei trattati internazionali.
Lo straniero, al quale sia impedito nel suo paese l'effettivo esercizio delle libertà democratiche garantite dalla Costituzione italiana, ha diritto d'asilo nel territorio della Repubblica, secondo le condizioni stabilite dalla legge.
Non è ammessa l'estradizione dello straniero per reati politici.

Cittadini e confini

Nella Costituzione la parola «straniero» è usata una volta sola, nell'articolo 10: siamo nella prima parte della Costituzione, quella che stabilisce i principi fondamentali e irrinunciabili. L'articolo 10 afferma che la Repubblica italiana aderisce ai trattati internazionali e disciplina con apposite leggi la condizione giuridica degli stranieri.

L'Italia garantisce il diritto stabilito dai **trattati dell'Unione europea** sulla **libertà di movimento** e di **espatrio*** dei cittadini comunitari all'interno dell'Unione. I confini interni all'Unione non sono una barriera ma un filtro; i cittadini comunitari vanno verso i luoghi dove si trovano migliori opportunità di lavoro,

Foto k86/Shutterstock.

di formazione, di servizi sociali. Sono in vigore anche accordi internazionali con Paesi **extracomunitari*** (come l'Albania o alcuni Stati della sponda sud del Mediterraneo) per regolare il numero e le modalità di ingresso dei migranti.

L'Italia cerca di gestire l'immigrazione di cittadini extracomunitari in base a obiettivi regionali generalmente di tipo economico: alle diverse nazionalità sono accordate, ogni anno, diverse quote di permessi. La concessione di un permesso di lavoro è legata alla richiesta di lavoro avanzata da aziende o privati residenti in Italia: in questo modo gli immigrati sono indirizzati dove la loro presenza è richiesta. Vi sono però anche dei meccanismi spontanei, che indirizzano gli immigrati dove già esistono e sono radicate comunità della nazione di origine.

Infine, l'Italia s'impegna a **proteggere i profughi** che chiedono asilo nel tentativo di sfuggire a persecuzioni e a guerre civili. Questo problema negli ultimi anni ha raggiunto livelli drammatici, per la crisi del Medio Oriente e dell'Africa sub-sahariana.

* **Espatrio**
È il passaggio dal proprio Stato a un altro.

* **Extracomunitario**
Non appartenente all'Unione europea.

Permanenza e radicamento

L'integrazione sociale e culturale è un processo lungo, che dipende dalle relazioni fra i migranti e la comunità nella quale vanno a inserirsi. Gli Stati possono **favorire l'integrazione** facilitando l'inserimento scolastico, garantendo l'accesso ai servizi sociali (per esempio, alle graduatorie comunali per le case popolari), accelerando le procedure per il **ricongiungimento familiare***, cioè perché l'immigrato possa essere raggiunto dal coniuge e dai figli.

Le condizioni che spingono l'immigrato a fermarsi in un luogo e a integrarsi sono innanzitutto il **lavoro** e la **casa**. Non è facile che entrambe le condizioni si realizzino: spesso intorno alle città, dove le possibilità di lavoro sono maggiori, è difficile trovare casa e si deve sopportare un lungo periodo di precarietà, magari con l'occupazione abusiva di abitazioni o con la coabitazione e il sovraffollamento. Talvolta si creano delle concentrazioni di stranieri in alcuni quartieri che tendono a trasformarsi in piccoli ghetti: gli abitanti originari si allontanano, i prezzi delle abitazioni scendono e il quartiere tende a degradarsi. In questi casi l'integrazione può diventare difficile.

L'integrazione richiede un doppio livello d'intervento: non basta infatti la legislazione nazionale, che stabilisce norme generali; occorre una dimensione locale, cioè che i provvedimenti delle Regioni e dei Comuni intervengano per migliorare le condizioni abitative, l'accesso ai servizi, la salute e l'istruzione.

* **Ricongiungimento familiare**
Possono fare richiesta di ricongiungimento familiare coloro che hanno un permesso di soggiorno per lavoro subordinato o per lavoro autonomo di durata non inferiore a un anno, oppure un permesso per asilo politico, per motivi di studio, per motivi religiosi, per attesa cittadinanza e in altri casi stabiliti dalla legge.

Foto Pressmaster/Shutterstock.

Foto W.Y. Liang/Shutterstock.

Un quadro di valori universali

Ogni popolo è portatore di una propria cultura che si manifesta in varie forme, per esempio nel modo di vestire, nelle abitudini alimentari, nelle espressioni religiose, nei rapporti fra uomo e donna. Per l'immigrato difendere la propria cultura è un modo per conservare la propria identità. L'incontro e la conoscenza reciproca delle culture può essere un arricchimento per tutti. Occorre però **vincere i pregiudizi**: che nessuno ritenga la propria civiltà superiore alle altre e che nessuno voglia imporre agli altri le proprie abitudini e usanze.

I governi hanno il compito, spesso difficile, di garantire la pacifica convivenza fra gli immigrati e le comunità locali. Le difficoltà nascono quando le tradizioni degli immigrati sono in contrasto con le leggi del Paese ospitante (per esempio quando contemplano l'inferiorità della donna o l'uso dei matrimoni combinati dalle famiglie). Il principio di base è che **la legge dello Stato vale per tutti** in tutto il territorio nazionale; e che i **diritti fondamentali dell'uomo** enunciati dalla carta dell'Onu vanno rispettati e garantiti.

In Italia le leggi sono basate sui principi della Costituzione. Tutti perciò, italiani e immigrati, devono evitare i comportamenti che la Costituzione vieta e le leggi proibiscono.

I **valori fondamentali** stabiliti dalla Costituzione che rientrano in questo contesto sono: il rispetto per la dignità della persona, l'uguaglianza fra uomo e donna, la libertà religiosa. I bambini (maschi e femmine) devono frequentare la scuola, le donne non possono essere segregate ed escluse dalla vita sociale, la religione non può dettare le norme della legge civile.

Una società in cambiamento

La società italiana, come molte altre in tutto l'Occidente, sta diventando sempre più **multietnica**. Venire in contatto con esperienze diverse è fonte di ricchezza per tutti: italiani, «nuovi italiani», stranieri residenti. Agli amici che vengono da lontano, l'Italia e gli italiani si presentano come un mondo da scoprire. Feste religiose e profane, rassegne di musica tradizionale, gastronomia, studio di lingue e dialetti sono occasioni per conoscersi, accettare le differenze, educarsi alla pace.

La **scuola** è un luogo che crea una straordinaria opportunità di conoscenza interculturale. Si possono mettere in comune le esperienze e, al tempo stesso, si impara a conoscere meglio la radice della nostra tradizione nella storia, la nostra identità. Lo **studio della storia** è un modo per capire come sono stati affrontati in passato i problemi e come le culture si sono mescolate. Il contatto fra culture diverse è uno scambio alla pari.

Le **statistiche sulla scuola** mostrano anche molto bene come la popolazione dell'Italia sia in rapido cambiamento; vent'anni fa gli alunni stranieri erano lo 0,6% del totale, oggi sfiorano il 10%. E ancora più significativo è il fatto che un ragazzo su quattro, fra gli studenti stranieri, frequenta ormai la scuola secondaria di secondo grado (erano 181 000 nell'anno scolastico 2015-2016). Un evidente segno che la scuola è un potente veicolo d'integrazione sociale.

Alunni stranieri ripartiti nei diversi cicli, anno scolastico 2015-2016.

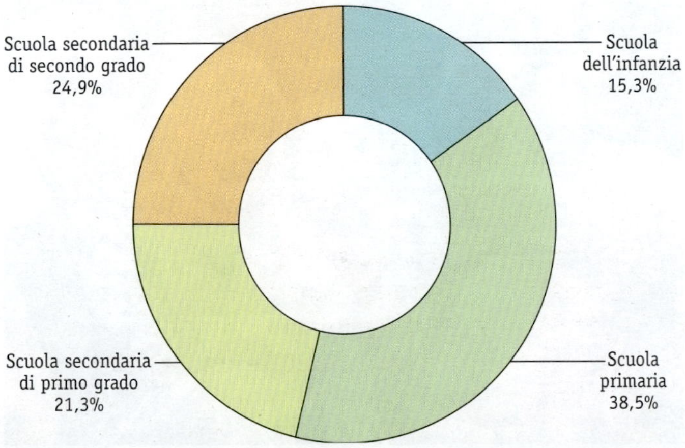

CONOSCO LA REALTÀ SOCIALE

1. Che cosa fa la scuola per facilitare la conoscenza reciproca e l'integrazione? Metti in comune le tue riflessioni in una discussione con i compagni e gli insegnanti.
2. Ciascuno può portare esperienze personali scelte da tutto il percorso scolastico, illustrare problemi, esempi positivi legati a compagni e insegnanti.

La cittadinanza italiana

La cittadinanza italiana è regolata dalla legge 91 del 5 febbraio 1992. Una persona ha la cittadinanza italiana per «diritto di sangue», cioè per nascita; è italiano chi è nato da padre o da madre italiani. Ma la cittadinanza si ottiene anche **per estensione**, quando un cittadino straniero sposa un cittadino italiano: basta che siano passati due anni dal matrimonio e sei mesi di residenza in Italia.

Si può diventare cittadini italiani per **beneficio di legge**. La legge prevede che la cittadinanza sia riconosciuta a stranieri residenti in Italia da almeno dieci anni (se cittadini extra Unione europea) o da almeno quattro (se cittadini dell'Unione). Un ragazzo nato in Italia da genitori stranieri, infine, ottiene la cittadinanza al compimento dei diciotto anni, cioè con la maggiore età.

Attualmente c'è un acceso dibattito su questo punto. Gli immigrati stranieri sono sempre più numerosi e molti ritengono che si debba accelerare l'accesso alla cittadinanza per favorire l'integrazione: per esempio concedendo la cittadinanza a chi, figlio di stranieri residenti in Italia, frequenta la scuola, parla l'italiano e conosce i principi di base della Costituzione italiana.

La cittadinanza italiana può anche essere perduta: è il caso di un individuo che si arruola nell'esercito di un altro Stato o di un cittadino che intenda rinunciarvi espressamente.

Come gli stranieri ottengono la cittadinanza in alcuni Paesi europei	
Spagna	Per nascita da almeno un genitore a sua volta nato in Spagna. Per residenza dopo dieci anni. Per matrimonio con uno spagnolo dopo un anno.
Irlanda	Per nascita da genitori di cui almeno uno risiede in Irlanda da almeno tre anni.
Gran Bretagna	Per nascita da un genitore già cittadino britannico. Per matrimonio dopo tre anni.
Olanda	All'età di 18 anni, con permesso di soggiorno permanente e cinque anni di residenza ininterrotta.
Francia	Per matrimonio con cittadino francese dopo due anni. A 18 anni se figlio di stranieri con cinque anni di residenza.
Germania	Per nascita da almeno un genitore con permesso di soggiorno permanente da tre anni e residente da otto anni. Per matrimonio con cittadino tedesco dopo tre anni.

Il percorso di concessione della cittadinanza a uno straniero si conclude con il giuramento di fedeltà alla Repubblica, in una cerimonia nel comune di residenza.

CONOSCO LA REALTÀ SOCIALE

1. Lavorando in gruppo, confrontate i diversi sistemi in uso per la concessione della cittadinanza e individuate quello che a vostro parere è più favorevole. Spiegate il motivo della scelta.

Prova Invalsi

Mi preparo per il test Invalsi

L'esercizio può essere diviso in tre fasi: preparazione, risposta ai test, revisione.

1. Preparazione
- Leggi rapidamente la prova dall'inizio alla fine. Fai una croce vicino ai quesiti che ti sembrano facili.
- Calcola quanto tempo puoi dedicare a ogni quesito, lasciando 5-10 minuti per un controllo finale.
- Controlla ogni tanto il ritmo delle risposte.

2. Risposta ai test
- Rispondi prima ai quesiti che ti sembrano più facili.
- Se ti blocchi su un quesito, segnalo con un punto interrogativo e vai avanti. Magari la risposta ti verrà in mente mentre lavori a un'altra parte della prova.

3. Revisione
- Se hai lasciato in sospeso un quesito a scelta multipla, elimina le risposte che ti sembrano sicuramente sbagliate. Poi scegli quella che ti pare più verosimile.
- Rileggi le risposte che hai dato ai quesiti a risposta aperta. Controlla se ci sono errori di ortografia o di sintassi.

Metti in pratica i suggerimenti in questa breve prova di valutazione della comprensione di un brano scritto nel 1993 dallo storico Piero Bevilacqua. Tempo a disposizione: un'ora.

«Furono dapprima i contadini del Nord d'Italia a emigrare, veneti in primo luogo, e furono la maggioranza fino alla fine del XIX secolo, diretti prevalentemente nelle regioni agricole del Sud America. Essi facevano parte di quella sterminata massa di uomini e donne che dall'Irlanda e dall'Inghilterra, dalla Polonia e dalla Germania, dalle campagne del Vecchio continente muovevano in cerca di fortuna verso le terre del Nuovo mondo. I contadini meridionali cominciarono a emigrare intorno agli anni Ottanta dell'Ottocento, verso l'Argentina e il Brasile, ma ben presto si indirizzarono, in maniera progressivamente esclusiva, verso gli Stati Uniti. Con l'inizio del nuovo secolo le regioni meridionali divennero le maggiori alimentatrici dell'esodo rurale, che assunse allora proporzioni gigantesche. [...]

La più grande trasformazione che l'emigrazione favorì all'interno delle campagne fu la rottura, se non definitiva, certo ampia e generale del dominio dei proprietari terrieri. In una realtà in cui la terra era la fonte unica delle risorse, chi la possedeva aveva un potere di comando enorme su chi ne era privo. Ma ora, per i contadini, di fronte ai bassi salari, ai soprusi, al comando assoluto, alla soggezione personale nei confronti degli antichi padroni, la possibilità di andarsene via, di emigrare, costituiva una grande conquista di libertà. Essi potevano fare ciò che per secoli era stato semplicemente negato: dire di no e cercare un altro lavoro, altrove. La sempre maggiore scarsità di manodopera giovane nelle campagne fece subito crescere i salari: e gli uomini, le donne, gli anziani e i ragazzi che non partivano poterono finalmente contrattare alla pari la ricompensa del loro lavoro. [...] Ma di sicuro uno degli elementi più straordinari di novità che l'emigrazione introdusse in tante realtà sociali del Mezzogiorno fu l'afflusso e la circolazione senza precedenti di denaro. Le rimesse degli emigrati divennero ben presto un fiume di moneta sonante che entrò nelle case della gente più misera, cambiò la condizione di tante famiglie, mitigò e talora fece sparire l'usura, creò un potere d'acquisto prima sconosciuto in paesi, villaggi e città. [...]

Ma tutte queste novità non ebbero contropartite? Certamente sì, anche se gli effetti di mutamento, di liberazione umana, di miglioramento sociale furono di sicuro prevalenti. [...] Non c'è dubbio che l'emigrazione significò anche per il Mezzogiorno l'emorragia delle energie di lavoro più giovani, delle figure più intraprendenti, spesso dei talenti manuali e di mestiere più abili.»

(Da P. Bevilacqua, *Breve storia dell'Italia meridionale dall'Ottocento a oggi*, Donzelli, Roma 1993)

1. Quale titolo fra i seguenti descrive meglio il contenuto del testo?

A L'emigrazione in America

B L'emigrazione, un dramma con molte conseguenze positive

C L'emigrazione dall'Italia meridionale fra Otto e Novecento

D Le rimesse degli emigrati e i loro effetti sull'economia

2. Dal testo si comprende che:

A l'emigrazione fu un fenomeno completamente negativo.

B l'emigrazione produsse anche effetti positivi per chi rimaneva nelle campagne italiane.

C l'emigrazione ebbe effetti positivi, ma solo nell'Ottocento.

D l'emigrazione fu un'irrimediabile emorragia di risorse umane.

3. L'espressione «Vecchio continente» indica:

A l'Italia. B l'America. C l'Europa. D il Brasile.

4. Gli emigranti che lasciavano il Vecchio continente si dirigevano verso il «Nuovo mondo», cioè:

A la Germania.

B il continente americano.

C l'Australia.

D le colonie italiane in Africa.

5. Che cosa significa l'espressione (sottolineata nel testo) «in maniera progressivamente esclusiva»?

A sempre più di rado.

B sempre più di frequente, fino a farne l'unica meta.

C scegliendo sempre di più mete alternative.

D scegliendo quella meta perché era impossibile andare altrove.

6. Secondo l'autore l'emigrazione «ruppe il dominio dei proprietari terrieri» perché:

A non restava nessuno che potesse lavorare nei campi.

B i proprietari, data la scarsità di manodopera, dovettero alzare i compensi e contrattare le condizioni di lavoro.

C le donne e i ragazzi cessarono di lavorare nelle campagne.

D i contadini, grazie alle rimesse degli emigranti, riuscirono a impadronirsi delle terre.

7. Cosa significa, nel contesto del penultimo paragrafo, il termine «afflusso»?

A aumento B arrivo C mancanza D valore

8. Individua e trascrivi i tre effetti positivi dell'emigrazione descritti dall'autore.

....

....

....

9. Scrivi un breve testo per spiegare quale effetto negativo dell'emigrazione viene messo in risalto nel brano.

Unità **2**

TRENT'ANNI, DUE GUERRE MONDIALI

Uno sguardo sul mondo

Imperi e Stati coloniali nel 1914

La distribuzione della popolazione mondiale nel 1914

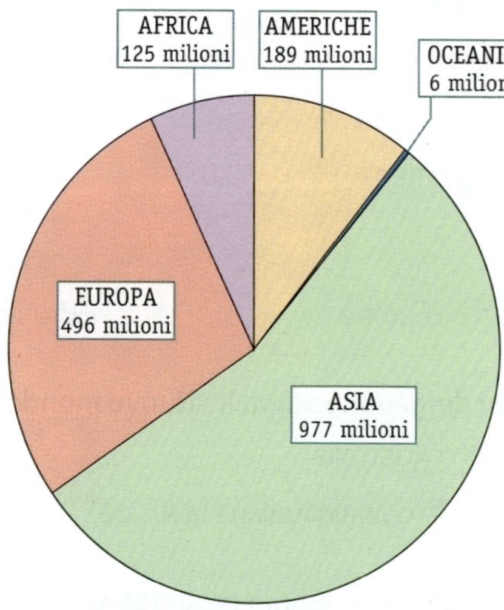

Le cinque città più grandi nel 1914

Londra	7 419 000
New York	4 767 000
Parigi	4 550 000
Chicago	2 185 000
Berlino	2 071 000

Comprendo i cambiamenti nello spazio e nel tempo

EUROPA
- **1914-1918** prima guerra mondiale
- **1917-1921** rivoluzione e guerra civile in Russia
- **1922** nasce l'Unione Sovietica
- **1919** trattati di pace e nuovi Stati in Europa
- **1918** la Germania è repubblica

STATI UNITI
- **1917** gli USA entrano in guerra

MEDIO ORIENTE E MONDO COLONIALE
- **1919** Francesi e Inglesi in Medio Oriente
- **1923** nasce la Turchia moderna

1912 — 1915 — 1920 — 1925

IL PERIODO DI QUESTA UNITÀ

crisi economica

1939-1945 seconda guerra mondiale

1927-1953 DITTATURA DI STALIN IN URSS

1922-1943 REGIME FASCISTA IN ITALIA

1933-1945 DITTATURA NAZISTA IN GERMANIA

1929 crollo della borsa di New York

crisi economica

ripresa economica

1941 gli USA entrano in guerra

1933-1937 espansionismo del Giappone

1935-1936 l'Italia fascista conquista l'Etiopia

1930 | 1935 | 1940 | 1945

Unità **2**

Confini politici e religiosi alla vigilia della prima guerra mondiale

L'Africa coloniale

Nel 1914 scoppiò in Europa una guerra che fu poi chiamata la «prima guerra mondiale», perché coinvolse molti Stati in tutto il mondo ed ebbe conseguenze drammatiche [→ cap. 5].

La carta delle pagine precedenti mostra la situazione politica del mondo subito prima che il conflitto avesse inizio. Se la confrontiamo con quella a p. 2, vediamo che la situazione dell'**Africa** era del tutto diversa: **il continente era ormai spartito** fra gli imperi coloniali europei [→ cap. 3]. La parte del leone la facevano il Regno Unito e la Francia, ma è evidente anche la presenza dell'impero germanico, che in questi anni aumentò la sua potenza militare e divenne sempre più aggressivo nella politica internazionale. Appartenevano alla Germania vaste regioni dell'Africa meridionale, sia sull'Oceano Atlantico sia sull'Oceano Indiano.

Anche l'Italia aveva esteso i suoi domini, strappando la Libia all'impero ottomano [→ cap. 4]. In realtà, solo le città della costa erano stabilmente in mano italiana, mentre proseguiva la lotta delle tribù dell'interno.

Gli **unici Stati indipendenti**, in Africa, erano nel 1914 l'**Etiopia** (o Abissinia), un regno potente che verso la fine dell'Ottocento aveva respinto gli attacchi italiani, e la **Liberia**, un piccolo Stato della costa occidentale con una storia particolare. L'origine della Liberia, infatti, si deve all'iniziativa di una società di benefattori americani che nel 1822 fondò un insediamento – chiamato Monrovia in nome del presidente americano James Monroe – destinato agli ex schiavi neri americani. Nel 1847 l'insediamento proclamò l'indipendenza e, insieme ai territori circostanti, prese il nome di Liberia (con capitale Monrovia).

Maschera africana del popolo Bassa residente nel territorio della Liberia.
Collezione privata. Foto Sotheby's.

Una moneta della repubblica della Liberia del 1847. Vi è raffigurata la Libertà con il berretto frigio, secondo un'iconografia tipicamente europea.
Collezione privata.

L'imperatore del Giappone consegna alle truppe la bandiera nazionale. Illustrazione francese realizzata durante la guerra russo-giapponese, 1904.
Foto White Images/Scala, Firenze.

Imperi antichi e nuovi

In Estremo Oriente, il **Giappone** era ormai una grande potenza imperiale, un paese industrializzato e bene armato, che aveva sconfitto l'impero russo (immenso ma debole) e aveva occupato la penisola di Corea.

Nel 1914 esistevano ancora due grandi imperi multinazionali fra l'Europa centro-orientale e il Medio Oriente: l'impero austro-ungarico e l'impero ottomano. Entrambi erano in crisi [→ cap. 5], ma dalla carta è evidente soprattutto l'indebolimento dell'impero ottomano, che aveva perso quasi tutti i suoi territori in Europa e tutto il Nordafrica.

Anche nel **continente americano** c'erano stati cambiamenti: con la perdita dell'isola di Cuba durante la guerra del 1898, era finita la presenza coloniale della Spagna [→ cap. 3]. L'intero continente era composto quasi completamente di Stati indipendenti, sui quali gli Stati Uniti esercitavano – e avrebbero continuato a farlo a lungo – la loro egemonia.

Confini religiosi

La **religione cristiana** (nelle sue diverse confessioni) caratterizzava l'occidente; durante l'età moderna i Paesi europei l'avevano introdotta nell'intero continente americano e in alcune parti dell'Africa. In Africa però alcune regioni erano cristiane da molti secoli: per esempio l'Etiopia, che insieme all'indipendenza politica aveva mantenuto anche quella religiosa nell'epoca dell'espansione islamica.

Il **mondo islamico** era costituito da una larga fascia che andava dall'Africa settentrionale al Medio Oriente e all'Asia centrale. C'era una forte presenza islamica anche in parte dell'India e l'islam era la religione prevalente nell'arcipelago dell'Indonesia.

Le altre grandi religioni erano l'**induismo**, prevalente in India, e il **buddismo** nell'Asia sud-orientale e in parte della Cina e del Giappone.

Le città

Nel 1914 le cinque città più grandi del mondo sono tutte negli Stati dell'occidente; segno evidente del predominio politico ed economico. Come si vede dal confronto con i dati relativi al 1900 [→tabella a p. 2] è aumentato il «peso» delle metropoli degli Stati Uniti; l'imperiale Londra tuttavia continua a mantenere il primato di città più grande del mondo.

Rispetto al 1871 è ancora più evidente la preminenza delle potenze emergenti; dall'elenco delle maggiori città sono infatti sparite Pechino, capitale della Cina che ha subìto l'aggressione dell'occidente [→ cap. 3], e Vienna, capitale di un grande impero indebolito dai nazionalismi.

Londra in una fotografia del 1914 circa.
Foto SSPL/Getty Images.

COMPRENDO I CAMBIAMENTI NELLO SPAZIO E NEL TEMPO

1. Confronta la carta delle pagine precedenti con quella a p. 2, poi rispondi.
   a. Quali imperi esistevano da lungo tempo nel territorio europeo? Quale di essi nel periodo considerato dovette abbandonare parte dei suoi territori?
   b. Fra quali maggiori potenze venne divisa l'Africa?
   c. In oriente l'impero cinese fu sostituito dalla repubblica nel 1912. Quale potenza imperiale si affermò nel Pacifico fra Otto e Novecento?
   d. A quali Stati appartengono le cinque città più grandi del mondo nel 1914?

Capitolo **5**

La prima guerra mondiale

CIAK si impara!

GUARDA! IL VIDEO

MI ORIENTO NEL CAPITOLO dal 1910 → al 1922

1

A inizio Novecento nell'impero austro-ungarico le **minoranze etniche** puntano all'indipendenza. Nell'impero ottomano ormai indebolito prende il potere il movimento riformatore dei **Giovani Turchi**.

2

Nel 1914 i contrasti tra gli Stati europei per il **possesso di territori e colonie** e le spinte dei **movimenti nazionalisti** causano lo scoppio della **prima guerra mondiale**.

3

All'inizio l'Italia resta **neutrale**, ma divisa tra chi vorrebbe la guerra (**interventisti**) e chi è contrario (**neutralisti**). Nel 1915 l'Italia **entra nel conflitto** contro Austria e Germania.

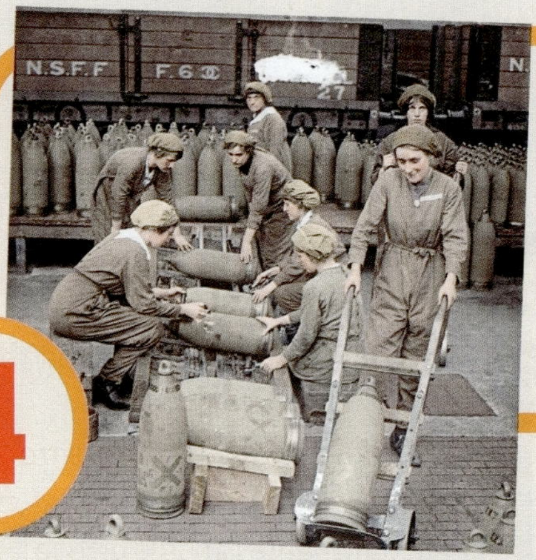

4

Anche le **popolazioni civili** sono coinvolte nel conflitto, che provoca milioni di morti. Nel 1917 l'entrata in guerra degli **Stati Uniti** segna una svolta decisiva.

5

Nel 1917 in Russia scoppia una **rivoluzione** che costringe lo **zar Nicola II** a rinunciare al trono. I **bolscevichi** guidati da **Lenin** prendono il potere, dando vita a un regime dittatoriale.

1. Due antichi imperi in difficoltà

I nazionalismi indeboliscono l'impero asburgico

Al centro del continente europeo, all'inizio del Novecento l'impero asburgico era governato dall'imperatore Francesco Giuseppe, che era salito al trono nel 1848. Era un **impero multinazionale**, che dal 1867 era costituito come una **doppia monarchia**: Austria e Ungheria erano Stati sovrani, ciascuno con un governo e un parlamento, ma avevano **in comune la figura dell'imperatore**. Tra i due Stati c'erano forti tensioni, perché il partito nazionalista ungherese voleva staccarsi dall'Austria.

Della **monarchia austriaca** facevano parte, oltre all'Austria, anche la Boemia, la Galizia polacca, la Slovenia, il Trentino e la Venezia Giulia. Della **monarchia ungherese** facevano parte, oltre all'Ungheria, anche la Slovacchia, la Croazia e la Transilvania.

Le nazionalità prevalenti erano quella tedesca in Austria e quella magiara in Ungheria. Nella monarchia austriaca le **minoranze** (Boemi, Polacchi, Sloveni e Italiani) avevano ottenuto nelle diverse regioni il diritto al **bilinguismo*** e varie forme di **autonomia**. C'era però chi aspirava a molto di più. Gli **irredentisti*** italiani, per esempio, volevano che il Trentino e la Venezia Giulia fossero annessi all'Italia.

Nella monarchia ungherese i diritti delle minoranze (rumena, tedesca, slovacca, croata e serba) erano ignorati. Le **tensioni più aspre** erano in Croazia, nella penisola balcanica, dove le popolazioni slave aspiravano all'unificazione degli Slavi del sud, con l'appoggio del regno di Serbia.

* **Bilinguismo**
Uso di due lingue, in questo caso la propria e il tedesco.

* **Irredentismo**
Movimento italiano d'opinione sorto dopo la terza guerra d'indipendenza, che aveva unito il Veneto all'Italia. Gli irredentisti volevano che l'Italia combattesse per completare l'unificazione nazionale. Il nome del movimento derivava dalle terre «irredente», cioè «non liberate» (il Trentino e la Venezia Giulia, territori di lingua italiana ancora soggetti alla dominazione austriaca).

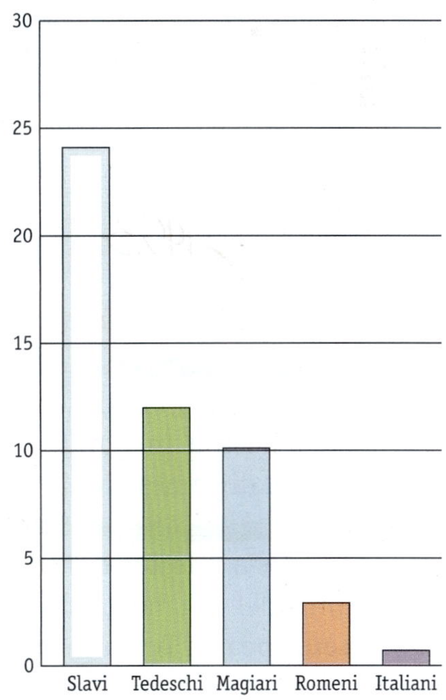

Le principali nazionalità dell'impero austro-ungarico nel 1910. Nel grafico la popolazione è espressa in milioni.

La tradizione imperiale e la società asburgica

Nella società dell'impero austro-ungarico c'erano grandi disuguaglianze. Fra l'Otto e il Novecento l'industria aveva avuto un notevole sviluppo in Austria e in Boemia, dove si stava formando una moderna borghesia imprenditoriale. L'economia dell'Ungheria e della Transilvania, invece, era ancora agricola e arretrata e il potere restava in mano a un'aristocrazia che aveva immense proprietà terriere.

La **figura dell'imperatore** costituiva un **simbolo di unità**, al di sopra delle nazionalità e dei loro contrasti. Era una figura autorevole, molto amata dalla maggioranza dei sudditi, che consideravano il sovrano un padre buono e giusto.

C'erano nell'impero anche **altri elementi di forza**: un esercito fedele e ben addestrato, una burocrazia efficiente e una magistratura che tutti consideravano imparziale. Infine, la dinastia degli Asburgo, rimasta fedele al cattolicesimo dai tempi della Riforma protestante, aveva l'**appoggio della Chiesa cattolica**.

Francesco Giuseppe nel 1915, un anno prima della morte.

ORGANIZZO I CONCETTI

Impero austro-ungarico

- Motivi di debolezza
  - Tensioni politiche fra Austria e Ungheria (che vuole l'indipendenza)
  - Tensioni fra le diverse etnie, soprattutto nella penisola balcanica
- Punti di forza
  - Imperatore simbolo di unità
  - Esercito fedele
  - Appoggio della Chiesa cattolica
  - Burocrazia efficiente

L'impero ottomano è in grave crisi

Anche l'impero ottomano era da molto tempo in difficoltà e **perdeva territori**. Nel 1908 la Bosnia, che da tempo era sotto il controllo austriaco, fu annessa all'impero d'Austria. In seguito l'impero ottomano dovette rinunciare anche alla Libia (che divenne colonia italiana). Infine, dopo le due guerre nel **1912-1913 (le guerre balcaniche)**, perse quasi tutti i propri possedimenti nei Balcani [→ Geostoria: Il declino dell'impero ottomano, p. 108].

L'autorità del sultano era debole, mentre proseguiva la **penetrazione economica europea**. In Turchia e nei Paesi arabi, infatti, le industrie europee trovavano sia vasti mercati, dove vendere i loro prodotti, sia materie prime per la produzione industriale: seta, cotone, olio per fabbricare saponi e così via.

Insieme all'influenza economica occidentale si diffondevano, nella tradizionale civiltà islamica, le idee di mercato e di progresso e le mode culturali europee. Anche questo dava luogo a tensioni nella società e alla **richiesta di riforme**.

COLLEGO CAUSE ED EFFETTI

L'impero ottomano si indebolisce PERCHÉ:

- perde territori
- l'autorità del sultano è in crisi
- l'economia non resiste alla concorrenza dell'industria europea

I sultani introducono timide riforme

Nella seconda metà dell'Ottocento i sultani ottomani fecero qualche tentativo di riforma. Venne proclamata l'uguaglianza di tutti i sudditi, senza distinzione di fede e di razza; furono istituiti tribunali statali **laici***, in sostituzione dei *cadì*, i giudici islamici, che fondavano le loro sentenze sulle norme stabilite dal Corano; fu promulgata una legge che introduceva la proprietà privata della terra.

Ma queste innovazioni contrastavano con la tradizione islamica e gli stessi sultani che le proclamavano spesso non avevano né l'energia, né la volontà di farle applicare. Nel 1876, per esempio, il sultano Abd ul-Hamid II promulgò una costituzione, che istituiva un parlamento elettivo; ma, dopo due anni, la sospese e condannò a morte o al carcere i riformatori che ne presero le difese.

* **Laico**
Questa parola si riferisce a tutto ciò che non è regolato dalla religione. Come sostantivo, indica il fedele che non fa parte della gerarchia religiosa (cioè che non è prete o monaco). Come aggettivo, applicato allo Stato, indica che le leggi sono fatte dall'autorità e dalle istituzioni civili.

Il partito nazionalista dei Giovani Turchi prende il potere

Nel 1908 un gruppo di ufficiali e di funzionari turchi, appartenenti al movimento riformatore e nazionalista dei **Giovani Turchi**, suscitò una ribellione nell'esercito e s'impadronì di fatto del potere, anche se, di nome, il sultano continuò a mantenere la sovranità.

I Giovani Turchi intendevano modernizzare lo Stato ottomano, prendendo a modello i regimi europei. Inoltre volevano affermare la **supremazia turca** sugli altri popoli dell'impero, imponendo l'uso della lingua turca ed esaltando le glorie storiche turche. In questo tentativo però si scontrarono con il nascente nazionalismo delle popolazioni arabe del Medio Oriente.

Una manifestazione dei Giovani Turchi a Istanbul di fronte al Palazzo del Topkapi, la residenza del Sultano. Disegno di Achille Beltrame pubblicato sulla «Domenica del Corriere» nel 1913.
Foto Scala, Firenze.

COLLOCO GLI EVENTI NEL TEMPO

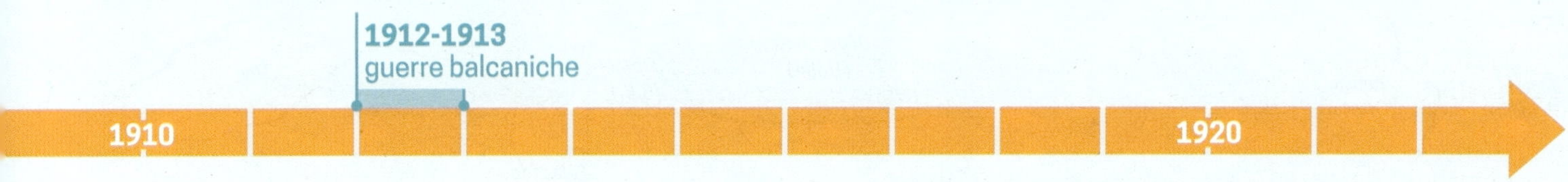

Geostoria

Il declino dell'impero ottomano

Già nel Settecento l'impero ottomano aveva dovuto cedere alla Russia ampie regioni nel Caucaso (Georgia, Armenia, Azerbaigian). Nella penisola balcanica le potenze europee appoggiavano le rivolte delle popolazioni cristiane ribelli: con l'aiuto degli Europei, nel 1818 si era formato un regno autonomo in **Serbia** e nel 1832 il regno indipendente di **Grecia**.

Nel 1878 si erano resi indipendenti anche il **Montenegro**, la **Bulgaria** e la **Romania**. Infine, nel 1908 l'impero degli Asburgo aveva annesso la **Bosnia**, una regione con una consistente minoranza di serbi, di religione cristiana.

Nel 1912 la Serbia, la Bulgaria e la Grecia si unirono in un'alleanza – la **Lega balcanica** – che, dopo una breve ma feroce guerra, costrinse l'impero ottomano ad abbandonare l'Albania e la Macedonia. L'anno seguente scoppiò un conflitto fra i membri della Lega balcanica per la spartizione dei nuovi territori. Solo una parte dell'Albania fu dichiarata indipendente; il resto del territorio albanese (la regione del Kosovo) passò alla Serbia, mentre la Macedonia veniva spartita fra la Serbia e la Grecia. Dopo queste «**guerre balcaniche**» l'impero ottomano manteneva in Europa solo una piccola regione nell'entroterra di Istanbul.

Le guerre balcaniche furono condotte in nome del **nazionalismo** e del **conflitto fra religioni** e lasciarono una triste eredità. Molti musulmani dovettero abbandonare le regioni passate sotto il dominio dei paesi cristiani, mentre peggiorò la condizione delle minoranze cristiane nell'impero ottomano, con la deportazione o l'espulsione di molti Greci e Armeni dalle città e dalle regioni turche nelle quali vivevano da secoli.

I conflitti che hanno insanguinato l'ex Iugoslavia negli anni Novanta del XX secolo [→ cap. 15 par. 3] hanno avuto fra le loro cause anche gli **odi etnici** che erano radicati nella regione. Nel 1914 la **sistemazione politica della penisola balcanica** era una delle questioni più spinose per gli Stati europei. I **Balcani** erano considerati **una polveriera** pronta a esplodere alla prima occasione.

I confini dell'impero ottomano.

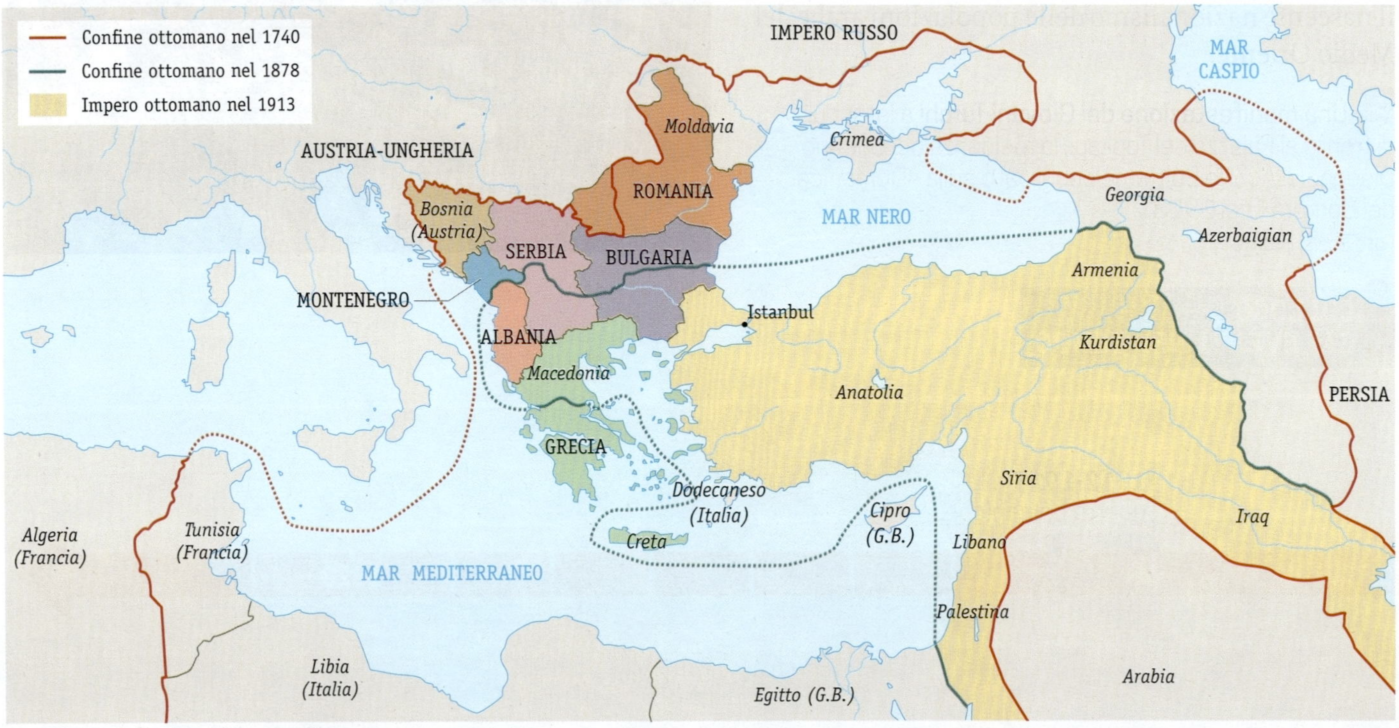

2. Una nuova guerra in Europa

Gli Stati europei hanno interessi contrapposti

Nel 1914 l'Europa era attraversata da pericolose tensioni.

La più evidente era la **rivalità fra la Germania e la Gran Bretagna**. L'imperatore tedesco Guglielmo II praticava un'aggressiva politica estera, aveva appoggiato in Sudafrica i Boeri nella guerra contro la Gran Bretagna e aveva avviato ambiziosi piani di riarmo; la flotta tedesca sembrava ormai in grado di competere con gli Inglesi per il dominio del mare.

Anche **la Francia era in aperta ostilità con la Germania**, con la volontà di riprendere i territori che erano diventati tedeschi in conseguenza della sconfitta del 1870: le regioni minerarie e industriali dell'Alsazia e della Lorena.

Per il **controllo dei Balcani** erano in competizione l'impero austro-ungarico e l'impero russo. La Russia appoggiava apertamente il nazionalismo slavo e le richieste d'indipendenza delle popolazioni slave soggette all'impero: gli Sloveni, i Croati e i Serbi di Bosnia (o Serbo-bosniaci). L'annessione da parte dell'Austria (1908) della Bosnia-Erzegovina, regione abitata da molti Serbi, aveva suscitato l'ostilità del regno di Serbia.

Anche il **nazionalismo**, diffuso in tutti i Paesi europei, alimentava rivalità e risentimenti. I numerosi movimenti nazionalisti speravano nella guerra.

Il re d'Inghilterra Giorgio V (a destra) **e l'imperatore di Germania Guglielmo II.** Erano entrambi nipoti della regina Vittoria, dunque erano cugini. Qui sono ritratti in una fotografia del 1913. Molti degli Stati europei erano monarchie i cui sovrani erano spesso legati da parentela. Questo non bastò ad assicurare la pace.
Foto The Print Collector/Alamy.

Le regioni contese nell'Europa del 1914.

Sistemi di alleanze all'inizio del XX secolo

I trattati di alleanza che legavano le potenze europee vincolavano gli Stati che li avevano sottoscritti all'aiuto reciproco in caso di guerra.

La **Triplice Alleanza**, istituita nel **1882**, legava in un impegno di reciproca difesa l'impero germanico, l'impero austro-ungarico e il regno d'Italia. Il cancelliere tedesco Bismarck aveva concepito questa alleanza soprattutto in funzione anti-francese. All'interno della Triplice Alleanza l'Italia era un alleato incerto, perché aspirava a completare l'unità nazionale, liberando dal dominio austriaco il Trentino e la Venezia Giulia.

Alla Triplice Alleanza si contrappose, a partire dal **1907**, la **Triplice Intesa**, cioè un accordo difensivo tra la Francia, la Gran Bretagna e la Russia, quest'ultima molto indebolita dopo la sconfitta nella guerra contro il Giappone [→ cap. 3 par. 5].

Questo clima di incertezza e reciproco sospetto spinse gran parte delle potenze europee a potenziare i propri eserciti e a dotarli di armamenti migliori.

ORGANIZZO I CONCETTI

► **Completa la tabella.**

Triplice Alleanza (istituita nel 1882):	▪ impero .... ▪ impero austro-ungarico ▪ ....
Triplice Intesa (istituita nel ....):	▪ .... ▪ .... ▪ Gran Bretagna

ORGANIZZO I CONCETTI

Condizioni che favoriscono lo scoppio della guerra
Le potenze europee sono rivali per il possesso delle colonie
I movimenti nazionalisti propagandano la guerra
La Francia vuole riappropriarsi dell'Alsazia e della Lorena
L'Inghilterra teme la potenza economica e militare dell'impero germanico
Le popolazioni slave dei Balcani aspirano all'indipendenza
I trattati di alleanza impegnano gli Stati a intervenire in difesa degli alleati

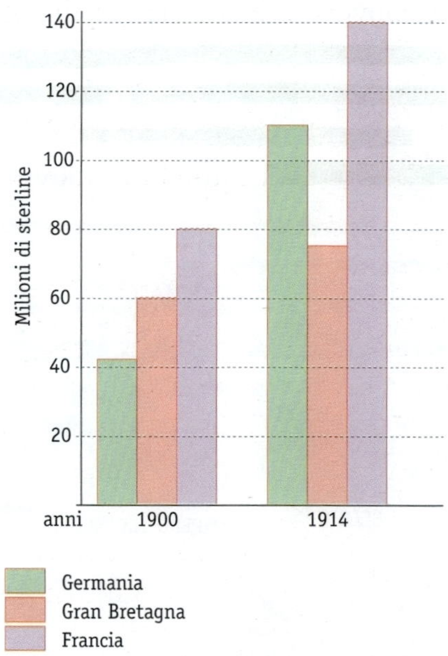

Il grafico mostra l'aumento delle spese per gli armamenti fra il 1900 e il 1914. È evidente la corsa al riarmo soprattutto della Germania e della Francia.

A Sarajevo si accende la scintilla della guerra

Il **28 giugno 1914** a Sarajevo, in Bosnia, uno studente serbo-bosniaco che faceva parte di un'organizzazione indipendentista uccise l'arciduca Francesco Ferdinando, erede al trono austriaco in visita alla città. L'Austria accusò il governo serbo di avere favorito gli attentatori. Dopo essersi assicurato l'appoggio della Germania, **l'impero austro-ungarico dichiarò guerra alla Serbia** il **28 luglio 1914**. Rapidamente, una **catena di dichiarazioni di guerra** estese il conflitto all'intera Europa.

Il 30 luglio lo zar di **Russia**, che vedeva minacciato l'equilibrio nei Balcani, ordinò la **mobilitazione generale**, cioè la chiamata alle armi di tutti i reparti dell'esercito. Sulla base degli accordi con l'Intesa, la mobilitazione della Russia obbligava la **Francia** a intervenire in suo appoggio. La **Germania** rispose dichiarando guerra alla Russia il 1 agosto e alla Francia il 3 agosto.

Nei primi giorni di guerra **l'esercito tedesco**, per attaccare di sorpresa la Francia, **invase il Belgio**, Paese **neutrale***, puntando su Parigi. Allora anche la **Gran Bretagna** intervenne nel conflitto a fianco della Francia e della Russia. Il coinvolgimento dell'immenso impero inglese diede una **dimensione mondiale** al conflitto.

Nello stesso mese di agosto anche il **Giappone** dichiarò guerra alla Germania e occupò alcune isole tedesche nell'Oceano Pacifico. A fianco dei Tedeschi, invece, nell'ottobre 1914 entrò in guerra l'**impero ottomano**. Così il sistema delle alleanze, anziché garantire la pace, fece sì che un conflitto regionale, nato nell'Europa sud-orientale, si estendesse e diventasse mondiale.

* **Neutrale**
È neutrale uno Stato che dichiara di mantenersi estraneo a una guerra specifica oppure (come nel caso del Belgio e della Svizzera) a tutte le guerre in generale: in tal caso avrà un esercito per la propria difesa, ma non parteciperà ad alleanze militari.

La folla a Londra esulta per la dichiarazione di guerra. Molti consideravano la guerra una vitale manifestazione di forza; si pensava, inoltre, che avrebbe avuto breve durata e si sarebbe conclusa con la vittoria del proprio Paese.
Foto Getty Images.

Dalla guerra di movimento alla guerra di posizione

I generali tedeschi avevano preparato una **guerra di movimento**, basata su una rapida avanzata degli eserciti: il loro intento era conquistare Parigi per costringere alla resa la Francia, prima che la Russia potesse reagire. Per questo invasero il Belgio, le cui frontiere non erano fortificate, a costo di essere considerati come barbari aggressori.

Le cose non andarono secondo i piani. L'esercito tedesco, infatti, venne bloccato lungo il corso del fiume Marna, a poche decine di chilometri dalla capitale francese. Da quel momento, sul fronte occidentale, il conflitto si trasformò in una logorante **guerra di posizione**: poiché non si potevano sferrare attacchi decisivi, gli eserciti rafforzarono le posizioni raggiunte scavando trincee, lunghi corridoi nel terreno disposti su più linee, protetti da filo spinato e da mitragliatrici [→ Scienza e tecnica: Armi e tattica per la guerra, p. 114].

Gli imperi centrali sono accerchiati

Sul fronte orientale, i Tedeschi fermarono l'avanzata russa nelle grandi battaglie di **Tannenberg** e dei **Laghi Masuri**, in Polonia; i Russi però sconfissero gli Austriaci a sud, in Galizia. I due «**imperi centrali**» (quello tedesco e quello

ORGANIZZO I CONCETTI

► **Completa la tabella con le prime fasi della guerra.**

Giugno 1914	attentato di Sarajevo
Luglio 1914	▪ l'Austria dichiara guerra alla .... ▪ la Russia dichiara la mobilitazione generale ▪ la Francia interviene a fianco della ....
Agosto 1914	▪ la Germania dichiara guerra alla .... ▪ la Germania dichiara guerra alla .... ▪ la Germania invade il Belgio ▪ la Gran Bretagna interviene a fianco di .... e .... ▪ il Giappone dichiara guerra alla ....
Ottobre 1914	l'impero ottomano interviene a fianco della ....

austro-ungarico, detti così perché si estendevano su regioni al centro dell'Europa), si trovarono accerchiati, dovendo combattere su due fronti, quello occidentale e quello orientale. Per i Russi, tuttavia, era molto difficile ricevere aiuti dai loro alleati (Francia e Inghilterra), i cui territori erano lontani e difficili da collegare.

La guerra si svolgeva anche sul mare. La flotta inglese mantenne sempre la superiorità e bloccò l'accesso ai porti tedeschi (il «**blocco navale**») per impedire alla Germania di ricevere per mare rifornimenti e rinforzi. Per rompere il blocco i Tedeschi usarono un'arma nuova, il **sommergibile**, che navigava sott'acqua e colpiva all'improvviso con siluri le navi da guerra nemiche, ma anche navi civili e mercantili degli Stati neutrali.

I fronti di guerra fra il 1914 e il 1916.

GUARDA! LA CARTA ANIMATA

Le nuove dimensioni della guerra

Gli Stati in guerra sfruttarono a fondo le capacità della loro industria per produrre armamenti, esplosivi e gas tossici, navi e vagoni ferroviari per trasportare materiali e truppe. L'industria alimentare metteva al servizio della guerra le più avanzate tecniche di conservazione dei cibi. Con questi mezzi a disposizione si poteva pensare di condurre la guerra fino alla distruzione completa del nemico. In realtà gli imperi centrali ebbero ben presto problemi di rifornimento e per continuare la guerra costrinsero alla fame le loro popolazioni.

Anche se fu combattuto soprattutto in Europa, il conflitto raggiunse **dimensioni mondiali**, perché fu condotto da potenze che avevano interessi economici in tutto il mondo e potevano mobilitare uomini e risorse dalle loro colonie fuori d'Europa. Soldati senegalesi furono arruolati nell'esercito francese. Reparti di soldati indiani, australiani e neozelandesi vennero a combattere a fianco degli Inglesi in Mesopotamia contro gli Ottomani e sul fronte occidentale contro i Tedeschi.

Un ufficiale neozelandese dell'esercito britannico: fu ritratto nel 1918, mentre si trovava a combattere in Belgio.
Archivi Nazionali della Nuova Zelanda.

La morte di massa

Il numero di vittime superò qualsiasi guerra precedente: le battaglie della prima guerra mondiale provocarono circa nove milioni di morti. Per le sue dimensioni straordinarie, nella memoria di chi l'aveva vissuto, questo conflitto fu la **Grande guerra**.

La guerra di posizione ebbe un costo umano altissimo, perché i generali continuarono per molto tempo a ordinare attacchi di fanteria, senza tenere conto delle perdite.

Oltre al sommergibile e a cannoni sempre più potenti, altre armi fecero la loro comparsa. Dal 1915 i Tedeschi per primi fecero uso di bombe che sprigionavano **gas velenosi**. Come difesa fu usata la maschera antigas. Gli effetti delle armi chimiche furono talmente terribili (anche perché non facevano distinzione fra alleati e nemici) che per il futuro gli Stati s'impegnarono a non usarle più, almeno in Europa.

Solo verso la fine della guerra fu sperimentata con successo, dagli Inglesi, una nuova arma offensiva, **il carro armato**, che rese possibile di nuovo una guerra di movimento. Infine, i cieli videro la prime **battaglie aeree**; ma, più che per i bombardamenti, l'aereo fu usato per la ricognizione, cioè l'osservazione delle linee nemiche.

COLLEGO CAUSE ED EFFETTI

La prima guerra mondiale, con i suoi 9 milioni di morti, è chiamata anche Grande guerra PERCHÉ:

- la guerra di posizione causa la morte di grandi masse di soldati
- si usano per la prima volta armi nuove e micidiali

Percorso multimediale
La Grande guerra
40 documenti

Soldati inglesi in trincea con le maschere antigas per proteggersi dagli attacchi chimici tedeschi.
Foto Alamy.

COLLOCO GLI EVENTI NEL TEMPO

Scienza e tecnica

Armi e tattica per la guerra di posizione

Gli eserciti della prima guerra mondiale avevano a disposizione armi difensive molto efficaci: **fucili di precisione** a tiro rapido e soprattutto **mitragliatrici**. Montate su solidi treppiedi, ben nascoste in postazioni mimetizzate, le mitragliatrici potevano sparare anche 500 colpi al minuto a grande distanza. Esse causarono enormi perdite alla fanteria e resero definitivamente inutile la cavalleria, che era stata l'arma di assalto in tutte le guerre dell'Ottocento. Lo spazio intermedio fra gli opposti schieramenti (la «terra di nessuno») era spesso di poche centinaia di metri: milioni di uomini morirono per superare questo breve spazio.

L'**artiglieria pesante** divenne l'arma dominante nella guerra di posizione. Solo i cannoni di grosso calibro, che sparavano da chilometri di distanza, potevano aprire varchi nelle linee difensive nemiche. Di solito un lungo **bombardamento preparatorio** (che poteva durare anche più giorni) era il segnale che l'attacco stava per cominciare. I colpi dei cannoni obbligavano i difensori a rintanarsi, devastavano il terreno e talvolta seppellivano interi reparti di soldati nelle loro trincee. Quando l'artiglieria allungava il tiro e puntava sulle retrovie nemiche, iniziava l'assalto della fanteria. I fanti scattavano fuori dalle loro trincee e correvano verso quelle nemiche, cercando di oltrepassare i reticolati sotto il fuoco delle mitragliatrici. Arrivati a contatto col nemico, dovevano combattere corpo a corpo alla **baionetta**, una specie di pugnale fissato alla canna del fucile. Ogni assalto era un vero massacro e fonte di terrore sia per chi attaccava, sia per chi doveva difendersi.

Sul fronte alpino furono anche scavati lunghi cunicoli per far esplodere potenti **mine** sotto le postazioni nemiche.

Soldati americani azionano la mitragliatrice contro le truppe tedesche posizionate sul fronte occidentale.
College Park, National Archives.

Soldati inglesi escono dalla trincea e avanzano tra le esplosioni del fuoco nemico.
Foto P. Popper.

Un soldato francese in posa con il fucile armato di baionetta. Cartolina della prima guerra mondiale.
Foto Apic/Getty Images.

3. L'Italia in guerra

All'inizio l'Italia resta neutrale

Quando iniziò la guerra, nel luglio 1914, l'Italia dichiarò la sua **neutralità**, attirandosi da parte dell'Austria e della Germania l'accusa di tradimento. Formalmente gli accordi della Triplice Alleanza impegnavano ciascun Paese a entrare in guerra in caso di aggressione subita da uno dei membri. Poiché era stata l'Austria a dichiarare guerra alla Serbia, e la Germania aveva aggredito il Belgio, il governo italiano non si sentì obbligato a intervenire a fianco degli imperi centrali.

La popolazione era divisa: in grande maggioranza gli italiani capivano che la guerra era da evitare, perché avrebbe portato solo lutti e miseria. Erano molti, però, anche coloro che volevano che l'Italia intervenisse: essi furono chiamati **interventisti**. Chi chiedeva l'intervento, però, non voleva che avvenisse a fianco, bensì contro l'Austria.

Il partito socialista italiano è diviso fra chi vuole partecipare alla guerra e chi intende restare neutrale.
Milano, Raccolta delle stampe Achille Bertarelli.

Chi era contrario alla guerra, chi la voleva

I **socialisti** erano in gran parte **contrari alla guerra**, perché pensavano che i lavoratori avrebbero patito grandi sofferenze, senza ottenere, anche in caso di vittoria, alcun miglioramento della vita. Anche i **cattolici** erano neutralisti, perché la guerra era contro i loro princìpi. Infine i **liberali**, con Giolitti, consideravano l'Italia troppo debole per partecipare al conflitto e speravano di ottenere concessioni territoriali dall'Austria in cambio della neutralità.

Favorevoli alla guerra erano i **nazionalisti**: essi volevano che l'Italia si affermasse come grande potenza militare, attraverso la conquista di territori e di colonie. Tra loro c'erano molti artisti e letterati, come il poeta Gabriele D'Annunzio e lo scrittore futurista Filippo Tommaso Marinetti.

Gli **irredentisti** (come i trentini Cesare Battisti e Damiano Chiesa e l'istriano Nazario Sauro) volevano la guerra contro l'Austria per completare l'unità nazionale, con la conquista del Trentino e della Venezia Giulia.

Erano favorevoli all'intervento anche i **socialisti rivoluzionari**: pensavano che la guerra avrebbe aperto la strada alla rivoluzione sociale. Fra loro c'era Benito Mussolini, che abbandonò la direzione del giornale socialista, l'«Avanti!», e fondò «Il Popolo d'Italia», per sostenere l'intervento.

Nonostante le tragiche notizie che arrivavano dai fronti, nel Paese si moltiplicarono le manifestazioni di piazza a favore dell'entrata in guerra.

L'arresto di un manifestante dopo un comizio interventista. Questo personaggio diventerà famoso: è Benito Mussolini, che fu espulso dal partito socialista per la sua propaganda a favore della guerra.
Foto Archivi Alinari.

L'Italia entra in guerra a fianco dell'Intesa

Anche il re Vittorio Emanuele III era favorevole all'intervento, che doveva completare la missione dei Savoia, l'unità d'Italia. Il governo italiano guidato da Antonio Salandra, con un **patto** firmato a Londra **all'insaputa del parlamento**, s'impegnò a entrare in guerra a fianco dell'Intesa. L'accordo prevedeva che in caso di vittoria il Trentino, l'Alto Adige (Sudtirolo), Trieste, l'Istria e la Dalmazia (sull'opposta sponda dell'Adriatico, nella penisola balcanica) diventassero italiani.

Sotto la pressione delle manifestazioni di piazza dei nazionalisti, e per evitare un contrasto con il re, il parlamento concesse al governo i «pieni poteri», cioè la facoltà di decidere della pace o della guerra. Il **24 maggio 1915** l'Italia entrò in guerra contro l'Austria.

ORGANIZZO I CONCETTI

► **Completa l'elenco.**

Territori che l'Italia avrebbe acquisito in caso di vittoria sull'Austria:

- ....
- Alto Adige
- ....
- Istria
- ....

La guerra sul fronte alpino

L'Austria era preparata a una guerra con l'Italia e aveva predisposto una fitta serie di fortificazioni ben armate lungo un fronte di 700 chilometri, a nord, dal Trentino alle Alpi Carniche e, a est, lungo il fiume **Isonzo**. Per gli italiani fu quest'ultimo il settore principale del fronte, perché da lì si poteva avere accesso al porto di Trieste e, attraverso la Slovenia, spingersi nel cuore dell'Austria.

L'esercito italiano era composto da circa un milione e mezzo di soldati, in maggioranza contadini, che erano stati costretti a lasciare le loro terre e le loro famiglie. Erano perciò maldisposti verso la guerra e inoltre erano poco addestrati e insufficientemente equipaggiati per le necessità di un conflitto moderno.

Il comandante dell'esercito italiano, il generale **Luigi Cadorna**, lanciò, fra il giugno e il dicembre 1915, quattro attacchi successivi nel settore orientale. Queste «**battaglie dell'Isonzo**», che pure costarono all'Italia 60 000 morti e 170 000 feriti, non inflissero al nemico nessuna sconfitta decisiva e non aprirono nessuna breccia nelle linee austriache. Così, il fronte italo-austriaco si fissò lungo l'Isonzo, nelle brulle colline del Carso e sulle creste delle montagne trentine e venete: anche sul fronte italiano cominciò quasi subito una dura guerra di posizione. Fu una guerra combattuta anche ad alta quota, in condizioni difficilissime, dove i soldati non morivano soltanto in combattimento, ma anche per il freddo e le valanghe.

Colonna di alpini italiani sul fronte dell'Adamello, 1916.

COLLOCO GLI EVENTI NEL TEMPO

4. La guerra dei militari e delle popolazioni

Il 1916 in Francia e in Italia: offensive e controffensive

Sul fronte occidentale i Tedeschi nel **1916** sferrarono una violenta offensiva, che durò da febbraio ad agosto, attorno alla città di **Verdun**, in Lorena. Gli alleati dell'Intesa risposero con una controffensiva lungo il corso del fiume **Somme**, che si basò su un impiego massiccio dell'artiglieria. Morti e feriti furono milioni, ma le linee del fronte occidentale – 800 chilometri di trincee e di filo spinato – rimasero immutate.

In Italia, il generale Cadorna ordinò nuove offensive sull'Isonzo, senza badare alle perdite. L'Austria, a sua volta, scatenò nel maggio 1916 una **controffensiva** – detta **«spedizione punitiva»** – sull'altopiano di Asiago e sul Monte Pasubio [→ carta a p. 120], per penetrare dal Trentino nella pianura padana. Pur con gravi perdite di uomini e di mezzi, le truppe italiane riuscirono a fermare l'avanzata. Passarono anzi al contrattacco e conquistarono, sul fronte dell'Isonzo, la città di **Gorizia**.

La battaglia di Verdun, un quadro del pittore svizzero Félix Valloton del 1917. I fasci di luce colorata indicano la violenza dei due fuochi nemici.
Parigi, Musée de l'Armée.

Il fronte interno: economia di guerra e propaganda

La guerra era diventata un **evento di massa** e coinvolse anche la popolazione civile. Fin dall'inizio del conflitto, vaste zone in corrispondenza dei fronti erano state evacuate e la popolazione trasferita in zone più sicure. Si erano moltiplicati i campi e i villaggi di **profughi***. Il passaggio degli eserciti e le battaglie lasciavano città distrutte e campagne devastate.

* **Profugo**
Chi, per motivi militari o politici, è costretto ad abbandonare il luogo in cui vive e a cercare rifugio altrove.

Per sostenere lo sforzo bellico i governi dovettero instaurare **economie di guerra**: favorirono, cioè, le attività che servivano alla guerra, sacrificando le altre. Le fabbriche di armi, di esplosivi, di veicoli militari aumentarono di numero; le industrie alimentari lavorarono soprattutto per rifornire di viveri i soldati al fronte.

A mano a mano che il conflitto si prolungava, le condizioni di vita della popolazione civile peggiorarono, perché quasi tutte le risorse dello Stato servivano per armare e rifornire gli eserciti. Questo era vero soprattutto per gli imperi centrali, sottoposti al blocco navale che impediva alle navi mercantili di sbarcare rifornimenti nei porti tedeschi. Anche gli Stati dall'economia più debole, come l'Italia e la Russia, erano in condizioni drammatiche. I prezzi aumentarono senza fine, mentre stipendi e salari restavano bassi. La guerra non si combatteva solo al fronte, ma anche nella società civile, nel cosiddetto **«fronte interno»** [→ I protagonisti: Il ruolo delle donne durante la guerra p. 119].

Tutti gli Stati fecero ricorso alla **propaganda** (con giornali, manifesti, i primi documentari cinematografici) per convincere i cittadini che la ragione stava dalla loro parte, che i nemici erano colpevoli dei peggiori crimini e che il loro Paese stava combattendo in nome della civiltà contro la barbarie.

Tuttavia, alla fine del 1916, quando la guerra infuriava in Europa ormai da più di due anni, esplose il malcontento delle masse popolari. Gli operai organizzarono scioperi e manifestazioni di protesta. In tutti gli eserciti si moltiplicarono i casi di **diserzione** (l'abbandono del proprio reparto) e di **ammutinamento** (la ribellione agli ordini ricevuti), benché i colpevoli venissero condannati a morte per fucilazione.

ORGANIZZO I CONCETTI

Caratteri della guerra moderna

- vengono usate armi efficaci e micidiali
  - sono coinvolte anche le popolazioni civili
    - milioni sono i morti, i feriti, gli invalidi
- gli Stati
  - impiegano risorse e capitali enormi
  - mobilitano milioni di uomini

Due manifesti di propaganda, uno inglese e uno austriaco, il primo invita ad arruolarsi nell'esercito, il secondo invita a sottoscrivere il prestito di guerra. Entrambi si ispirano alla leggenda di san Giorgio che uccide il drago e in entrambi il cavallo bianco è simbolo del bene.

Il 1917, l'anno decisivo

Nell'intento di forzare il blocco navale che aggravava la crisi dell'economia, la Germania decise, nel **1917**, di scatenare una **guerra sottomarina indiscriminata**, cioè di affondare senza preavviso tutte le navi, anche quelle neutrali, che si fossero avvicinate alle coste dei Paesi nemici.

L'offensiva tedesca spinse il presidente degli **Stati Uniti**, il democratico Thomas W. Wilson, a decidere l'entrata **in guerra a fianco dell'Intesa**, che avvenne il 6 aprile 1917. Fino ad allora gli Stati Uniti avevano aiutato l'Inghilterra con crediti finanziari e forniture di materiale bellico. Con l'intervento diretto degli USA la superiorità di risorse degli alleati divenne enorme e la sconfitta degli imperi centrali divenne solo questione di tempo.

Il primo Paese a pagare le conseguenze dello sforzo bellico fu tuttavia la **Russia**, il più arretrato dei grandi Stati europei. Una rivoluzione, nel febbraio e nell'ottobre 1917, abbatté la monarchia degli zar. Il nuovo governo firmò con gli imperi centrali un **armistizio*** – trasformato nel 1918 nella **pace di Brest-Litovsk** – che permise alla Russia di uscire dal conflitto.

History Highlights
A World War I propaganda poster
p. 241

* **Armistizio**
È una sospensione della guerra concordata fra due eserciti; di solito viene fatta per preparare le trattative di pace.

I protagonisti

Il ruolo delle donne durante la guerra

Percorso multimediale
La Grande guerra
40 documenti

In tutti i paesi europei la mobilitazione degli eserciti allontanò milioni di lavoratori dalle fabbriche e dai campi. Ma la produzione industriale (come quella agricola) non poteva fermarsi; anzi, era necessario che crescesse rapidamente. Mentre nel lavoro agricolo le donne avevano sempre avuto una presenza importante, proprio negli anni della guerra esse cominciarono a lavorare in gran numero anche nelle fabbriche, per sostituire gli operai mandati al fronte. Dapprima furono impiegate soprattutto nelle fabbriche di munizioni. Ben presto però furono occupate anche in mestieri che tradizionalmente erano ritenuti maschili, come condurre i tram o riparare impianti elettrici. Anche in campo militare ebbero un ruolo importante e crescente. Non furono mai impiegate in battaglia, però ogni esercito aveva reparti femminili che si occupavano delle comunicazioni, dei rifornimenti e, soprattutto, dell'assistenza sanitaria. Le crocerossine, che furono chiamate «la grande armata bianca», furono presenti da protagoniste in tutte le tragedie del fronte. In qualunque ruolo fossero impegnate, le donne acquistarono rapidamente coscienza della loro importanza e del loro valore. Durante e dopo la guerra, sempre più numerose, s'impegnarono a rivendicare gli stessi diritti politici, economici e sociali degli uomini.

Le crocerossine hanno un ruolo di primo piano nell'assistenza di malati e di civili. Manifesto della Croce Rossa della prima guerra mondiale.
Milano, Raccolta delle stampe Achille Bertarelli.

Bigliettaie e manovratrici davanti a un tram. Fotografia tratta dalla rivista «L'Illustrazione italiana» del maggio 1917.
Firenze, Biblioteca del Museo di Storia della Fotografia Fratelli Alinari.

Operaie inglesi in una fabbrica di munizioni, in una fotografia del 1917.
Londra, Imperial War Museum.

La disfatta dell'esercito italiano a Caporetto

Anche per l'Italia il 1917 fu un anno durissimo. Lotte sociali sconvolsero le grandi città industriali del nord, mentre al fronte i soldati, che avevano perso la fiducia nei loro comandanti, erano sempre più demoralizzati.

Nell'ottobre un'offensiva austro-tedesca sfondò a **Caporetto**, sull'alto Isonzo, le linee italiane. L'esercito italiano arretrò disordinatamente, con gravissime perdite, fino al monte Grappa e al **fiume Piave**.

Il generale Cadorna fu destituito e rimpiazzato da Armando Diaz. Si formò un **governo di unità nazionale***, presieduto da Vittorio Emanuele Orlando. Tutte le risorse del Paese furono mobilitate nella resistenza e l'offensiva nemica fu arrestata.

* **Governo di unità nazionale**
È una forma di governo a cui partecipano anche rappresentanti dell'opposizione; si forma nelle situazioni di estremo pericolo per lo Stato.

La guerra sul fronte italo-austriaco.

- Confine nel 1914
- Fronte prima di Caporetto
- Fronte dopo Caporetto
- Fronte al momento dell'armistizio
- Confine nel 1919

Il 1918: la fine degli imperi centrali

La Germania e l'Austria non avevano comunque più forze per continuare la guerra. Nel luglio 1918 una grande offensiva degli Anglo-franco-americani sul fronte occidentale obbligò i nemici a una rapida ritirata.

Sul fronte italiano gli Austriaci furono sconfitti a **Vittorio Veneto**, nell'ottobre 1918, e l'esercito imperiale si dissolse: soldati ungheresi, austriaci, croati, sloveni, polacchi cercarono disordinatamente la via di casa.

Il 3 novembre 1918 fu firmato l'**armistizio fra Austria e Italia**, e la disfatta militare accelerò il crollo della monarchia austro-ungarica. L'imperatore Carlo d'Asburgo (salito al trono nel 1916, dopo la morte di Francesco Giuseppe) fu costretto ad abdicare e un'assemblea nazionale proclamò la nascita della **repubblica austriaca**.

In Germania gli ammutinamenti e i tumulti popolari costrinsero l'imperatore Guglielmo II ad abdicare. Il 9 novembre fu proclamata la **repubblica tedesca**. Il primo atto del nuovo governo, guidato da un cancelliere socialista, fu, l'11 novembre, la firma di un armistizio fra la Germania e le forze dell'Intesa. Anche l'impero ottomano, dopo la sconfitta, si dissolse definitivamente e nacque la **repubblica turca**.

ORGANIZZO I CONCETTI

▶ **Completa la tabella con le fasi finali della guerra.**

1917	▪ la Germania scatena una .... ▪ gli Stati Uniti intervengono a fianco dell' .... ▪ in Russia scoppia la .... ▪ disfatta di Caporetto
1918	▪ la .... arretra sul fronte occidentale ▪ gli Italiani vincono a .... ▪ 3 novembre: armistizio tra Italia e .... ▪ viene proclamata la repubblica in ...., ... e Turchia. ▪ 11 novembre: armistizio tra la .... e le forze dell'Intesa

Fonti

Due prigionieri di guerra italiani scrivono a casa

Durante la guerra circa 600 000 soldati italiani furono fatti prigionieri dagli Austro-tedeschi (la metà durante la ritirata di Caporetto). Circa 100 000 morirono in prigionia (una percentuale molto più alta di tutti gli altri eserciti), soprattutto per la tubercolosi e per fame. Cibo e igiene erano scarsi, ma l'alta mortalità fu dovuta anche al comportamento dei comandi italiani, che spinsero il governo a non mandare rifornimenti ai prigionieri in Austria e Germania. Le autorità, infatti, erano convinte che molti di loro fossero disertori e che si fossero lasciati catturare per evitare di essere mandati all'assalto: ma la grande maggioranza non aveva questa colpa. Mentre i governi di Francia e Inghilterra mandarono aiuti ai loro compatrioti prigionieri, gli Italiani furono dunque lasciati privi di assistenza e, dopo la fine della guerra, quelli che ritornarono furono a lungo guardati con sospetto.

Da Salisburgo (Austria) a Guardea (Terni)
29 ottobre 1916

« Cara Mamma [...] ho ricevuto una lettera dalla sorella che diceva che io ero disertore. Non ci mancherebbe altro dopo avere fatto il mio dovere. Io sono stato comandato di servizio di pattuglia con il tenente e sergente, due caporali e dieci soldati e siamo andati dentro il castello di Plezzo [sull'Isonzo] e siamo stati circondati dai soldati austriaci, e poi hanno incendiato questo castello con l'artiglieria. Dentro non si poteva più resistere dal grande fuoco, o morire abbruciati o prigionieri. Eseguiti tutti i comandi del tenente, fatto modo e possibile per ritirarsi sulla nostra posizione, ma non siamo più potuti scappare, credo che abbiamo fatto il nostro dovere. »

Da Mauthausen (Austria) ad Alberobello (Bari)
16 febbraio 1918

« Ti hanno levato il sussidio. Sono grandi vigliacchi perché io quando fui fatto prigioniero fu colpa del mio tenente e non è colpa mia, e poi fummo fatti prigionieri in 32 soldati e caporali e due sottotenenti come fanno a dire che io sono disertore? »

LAVORO SULLE FONTI

1. Rispondi alle domande.
   a. Perché gli autori delle lettere si trovavano in Austria? Quali erano le loro regioni di provenienza?
   b. Le loro lettere furono scritte prima o dopo il disastro di Caporetto?
   c. I soldati cercano di difendersi e giustificare il loro comportamento: di che cosa erano accusati?

COLLOCO GLI EVENTI NEL TEMPO

1910 — 1920

- **1912-1913** guerre balcaniche
- **28 giugno 1914** attentato a Sarajevo
- **luglio-ottobre 1914** dichiarazioni di guerra. Inizia la prima guerra mondiale
- **24 maggio 1915** l'Italia entra in guerra contro l'Austria
- **1916** battaglie di Verdun e della Somme; «spedizione punitiva» austriaca contro l'Italia
- **aprile 1917** gli Stati Uniti intervengono nel conflitto
- **ottobre 1917** ritirata di Caporetto
- **novembre 1918** resa degli imperi centrali

5. La rivoluzione bolscevica in Russia

Scoppia la «rivoluzione di febbraio»

Nel 1917, l'anno peggiore per tutti i Paesi coinvolti nella prima guerra mondiale, la Russia si trovò in una situazione insostenibile: oltre due milioni di soldati erano morti, l'esercito era in fuga e i Tedeschi occupavano una gran parte del territorio.

A Pietrogrado (l'ex San Pietroburgo), nel **febbraio**, scoppiarono rivolte spontanee, e le truppe inviate a sedare i tumulti si schierarono dalla parte degli insorti. Rendendosi conto dell'ostilità della maggior parte della popolazione, **lo zar Nicola II abdicò**. Con lui finì la monarchia dei Romanov, che regnava da più di tre secoli.

Dopo l'abdicazione dello zar, il potere fu diviso fra un **governo provvisorio** che, contrariamente alle speranze della popolazione, decise di continuare la guerra, e i **soviet** (in russo «consigli»), che contemporaneamente si andavano formando in tutta la Russia.

I soviet

I soviet erano consigli di delegati eletti direttamente sui luoghi di lavoro: nelle fabbriche («soviet degli operai»), nei reparti militari («soviet dei soldati») e nei villaggi («soviet dei contadini»). I soviet difendevano i diritti dei lavoratori e dirigevano le lotte politiche per cambiare la società russa.

All'interno dei soviet prevalevano i socialisti, che erano divisi in due opposte fazioni. Mentre i **menscevichi** (da una parola che in russo significa «di minoranza») miravano a realizzare graduali riforme della società e dello Stato, i **bolscevichi** («di maggioranza») erano convinti della necessità di una rivoluzione che portasse i proletari al potere. I bolscevichi volevano che si ponesse immediatamente fine alla guerra, che il potere passasse nelle mani dei soviet e che la terra fosse distribuita ai contadini.

Scoppia la «rivoluzione di ottobre»

La guida del movimento rivoluzionario fu assunta, nel marzo 1917, da Vladimir Il'ic Ul'janov, detto **Lenin**, tornato in Russia dopo anni di esilio. Egli lanciò la parola d'ordine «Tutto il potere ai soviet!».

I bolscevichi diedero un'organizzazione militare al partito e prepararono un'insurrezione armata. Nella notte fra il 24 e il 25 ottobre (6-7 novembre, secondo il calendario in vigore nell'Europa occidentale) a Pietrogrado occuparono il Palazzo d'Inverno, sede del governo, le centrali telefoniche, le stazioni ferroviarie e le banche. I soldati del governo provvisorio non opposero resistenza e l'insurrezione (detta **rivoluzione di ottobre** o **rivoluzione bolscevica**) avvenne quasi senza spargimento di sangue.

Fu immediatamente costituito un nuovo governo, il Consiglio dei Commissari del popolo, presieduto da Lenin e formato solo da bolscevichi.

Lenin incita alla rivoluzione in una sala del Palazzo d'Inverno di Pietrogrado.
Collezione privata.

L'assalto al Palazzo d'Inverno il 25 ottobre 1917, in un dipinto celebrativo.
Foto Bridgeman Images.

I provvedimenti del governo rivoluzionario

Uno dei primi atti del nuovo governo fu l'**abolizione della grande proprietà fondiaria**. Tutte le terre appartenenti ai grandi proprietari, allo Stato e alla Chiesa passarono ai soviet dei contadini. Così i bolscevichi esaudirono un secolare desiderio dei contadini russi: possedere la terra che lavoravano.

Nel marzo 1918 il governo bolscevico firmò una **pace separata** con gli imperi centrali (pace di **Brest-Litovsk**). Il prezzo pagato fu alto. La Russia perse infatti la Finlandia, l'Ucraina, la Polonia e i Paesi baltici (Estonia, Lettonia e Lituania), che poco dopo divennero indipendenti. In quello stesso anno fu proclamata una nuova Costituzione, che attribuiva il potere ai soviet degli operai, dei contadini e dei soldati.

ORGANIZZO I CONCETTI

► **Completa la cronologia.**

1917 **: rivoluzione di febbraio**
- rivolte a Pietrogrado
- lo zar Nicola II abdicò
- si forma un governo provvisorio
- si formano i soviet

24-25 ott **: rivoluzione di ottobre**
- i bolscevichi guidati da Lenin prendono il potere
- nasce un nuovo governo formato solo da bolscevichi

Marzo 1917
- la Russia esce dalla prima guerra mondiale con la pace di Brest - Litovsk

La Russia dopo la pace di Brest-Litovsk.

- Confine dell'impero russo nel 1914
- Territori dell'impero russo perduti dalla Russia dei soviet
- Triplice Intesa e alleati
- Imperi centrali e alleati
- Stati neutrali

I bolscevichi instaurano un regime dittatoriale

Il potere era saldamente in mano al partito bolscevico, che nel 1918 aveva cambiato il suo nome in quello di **partito comunista**. Esso si proponeva di far trionfare in Russia il socialismo, seguendo le idee marxiste della lotta di classe. Negli anni 1918-1919 gli uomini di partito cercarono di rafforzare il proprio potere imponendo un **regime dittatoriale**: reintrodussero la pena di morte (che era stata abolita nel 1917), perseguitarono gli oppositori della rivoluzione e misero fuori legge tutti gli altri partiti.

Per diffondere la rivoluzione, nel 1919 fu istituita la **Terza Internazionale**, o Internazionale Comunista (il «Comintern»), che si contrappose ai partiti socialdemocratici e riformisti. Rapidamente in tutta Europa si formarono dei partiti comunisti, ai quali aderirono molti socialisti e socialdemocratici favorevoli al cambiamento rivoluzionario della società.

La guerra civile e il comunismo di guerra

La situazione in Russia era gravissima. Le fabbriche erano ferme, la rete ferroviaria fuori uso, milioni di Russi pativano la fame. Inoltre, i sostenitori del vecchio regime (le Guardie bianche) scatenarono la guerra civile. A essi si affiancarono anche corpi militari inglesi, francesi e giapponesi: i loro governi, infatti, volevano evitare che la rivoluzione si propagasse in altri Paesi.

Contro le Guardie bianche il governo comunista organizzò l'**Armata rossa**, un esercito efficiente e disciplinato, fondato e guidato dal dirigente bolscevico Lev Trockij.

Per rifornire l'Armata rossa e alimentare le città, il governo impose una serie di durissime misure, denominate «**comunismo di guerra**». Grano e merci vennero requisiti, anche con la violenza: i contadini allora reagirono producendo solo ciò che serviva alla propria sopravvivenza. La produzione agricola e quella industriale crollarono; la Russia precipitò in una gravissima carestia. Nelle campagne la fame e le repressioni dei bolscevichi provocarono milioni di morti.

Manifesto di propaganda del 1921, intitolato «State in guardia!»: Trockij, capo dell'Armata rossa, giganteggia contro i nemici della nuova Russia.
Foto The Art Archive/Alamy.

COLLOCO GLI EVENTI NEL TEMPO

- **1912-1913** guerre balcaniche
- **28 giugno 1914** attentato a Sarajevo
- **luglio-ottobre 1914** dichiarazioni di guerra. Inizia la prima guerra mondiale
- **24 maggio 1915** l'Italia entra in guerra contro l'Austria
- **1916** battaglie di Verdun e della Somme; «spedizione punitiva» austriaca contro l'Italia
- **1917** gli Stati Uniti intervengono nel conflitto
- **1917** rivoluzioni di febbraio e di ottobre in Russia
- **ottobre 1917** ritirata di Caporetto
- **novembre 1918** resa degli imperi centrali
- **1918-1921** guerra civile in Russia
- **1922** nasce l'Unione Sovietica

1910 — 1920

Trionfa la rivoluzione comunista e nasce l'URSS

L'Armata rossa riuscì a sconfiggere l'esercito controrivoluzionario, e la **guerra civile (1918-1921)** ebbe fine. Nel 1921, per attenuare il malcontento dei coltivatori danneggiati dal comunismo di guerra, il governo di Lenin varò una serie di provvedimenti, detti **Nuova politica economica** (NEP). Le confische cessarono, la produzione agricola a poco a poco aumentò, i contadini poterono vendere i loro prodotti e nelle campagne si formò di nuovo un ceto di coltivatori benestanti (i *kulaki*).

Nel **1922** fu proclamata la nascita di un nuovo Stato, l'**Unione delle Repubbliche Socialiste Sovietiche** (detto anche URSS o Unione Sovietica), una federazione con capitale **Mosca**, che dal 1918 aveva sostituito l'antica capitale degli zar, Pietrogrado (che nel 1924 fu ribattezzata Leningrado).

RICOSTRUISCO LA MAPPA DEL CAPITOLO

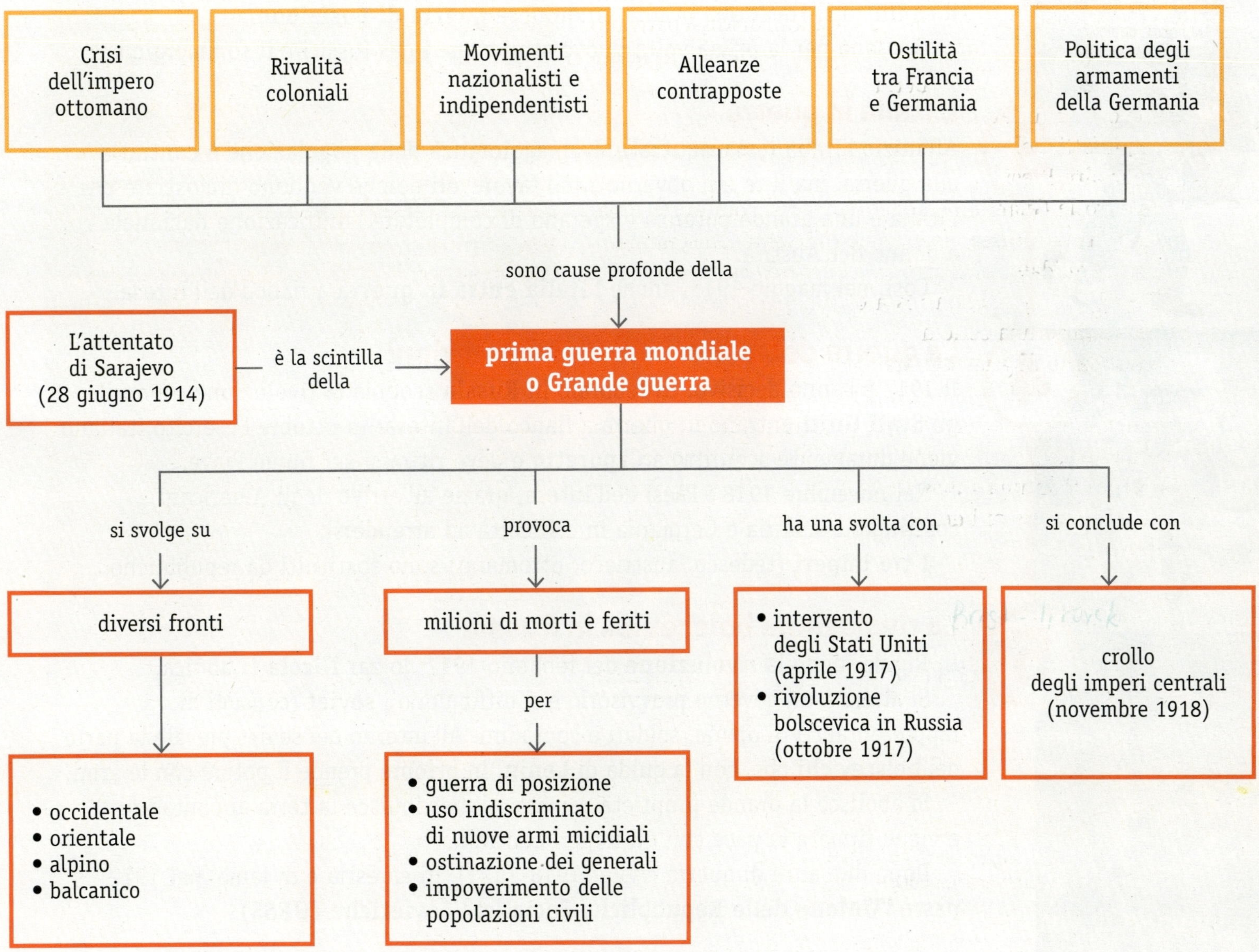

Sintesi

RICOSTRUISCO LE INFORMAZIONI

1 Due antichi imperi in difficoltà

Nell'impero austro-ungarico, governato da Francesco Giuseppe, le **diverse nazionalità** cercano di ottenere l'**autonomia** e, in qualche caso, l'**indipendenza**.

L'impero ottomano ha perso molti territori e subisce l'influenza economica occidentale. Nel 1908 un colpo di Stato porta al potere il partito nazionalista dei «**Giovani Turchi**», che vuole **modernizzare l'impero**.

2 Una nuova guerra in Europa

Le grandi potenze europee hanno formato due alleanze: la **Triplice Alleanza** (Germania, Austria, Italia) e l'**Intesa** (Gran Bretagna, Francia, Russia).

Il 28 giugno 1914 a **Sarajevo**, in Bosnia, viene ucciso l'erede al trono austriaco: scoppia una guerra che si estende rapidamente a tutta l'Europa.

La Germania aggredisce la Francia attraverso il Belgio neutrale, ma presto il conflitto si trasforma in una sanguinosa **guerra di posizione**.

Si usano per la prima volta nuove armi come i gas tossici e il sommergibile.

3 L'Italia in guerra

All'inizio l'Italia resta **neutrale**. La maggioranza della popolazione è contraria alla guerra, ma il re e il governo sono favorevoli poiché vogliono dimostrare che l'Italia è una grande potenza e sperano di completare l'unificazione nazionale a danno dell'Austria.

Così, nel maggio 1915, anche **l'Italia entra in guerra** a fianco dell'Intesa.

4 La guerra dei militari e delle popolazioni

Il 1917 è l'anno decisivo. In febbraio in **Russia** scoppia la rivoluzione; in aprile gli **Stati Uniti** entrano in guerra a fianco dell'Intesa; in ottobre l'esercito italiano viene duramente sconfitto a **Caporetto** e deve ritirarsi sul fiume Piave.

Nel novembre 1918 i Paesi dell'Intesa, grazie all'arrivo degli Americani, costringono Austria e Germania in difficoltà ad arrendersi.

I tre imperi (tedesco, austriaco, ottomano) sono sostituiti da repubbliche.

5 La rivoluzione bolscevica in Russia

In Russia, dopo la **rivoluzione** del febbraio 1917, lo zar **Nicola II** abdica.

Si afferma un governo provvisorio e si diffondono i **soviet** (consigli di rappresentanti) di operai, soldati e contadini. All'interno dei soviet prevale la parte dei **bolscevichi** che, con la guida di **Lenin**, in ottobre prende il potere con le armi.

Si abolisce la grande proprietà privata, si distribuisce la terra ai contadini e viene firmata la pace con gli imperi centrali.

Dopo due anni di guerra civile (1918-1921), di carestia e di fame, nel 1922 nasce l'**Unione delle Repubbliche Socialiste Sovietiche (URSS)**.

Esercizi

COSTRUISCO LE MIE COMPETENZE

VERIFICO LE CONOSCENZE

Paragrafo 1

1 Completa il testo con le parole mancanti.

L'impero asburgico era organizzato come una doppia .... , austriaca e .... Ne facevano parte molti popoli che aspiravano all' .... o all'indipendenza. I punti di forza dell'impero erano la fedeltà all' .... , una buona .... dello Stato e l'appoggio della ....
Nell'Ottocento l'impero .... aveva perso territori sia in Europa sia nell' .... del nord. L'autorità del .... era messa in discussione e nel 1908 un colpo di Stato militare portò al potere i .... , che volevano modernizzare lo Stato e far prevalere l'elemento turco.
Nella penisola .... la Serbia, appoggiata dall'impero .... , voleva riunificare tutti gli Slavi del Sud.

VERIFICO LE CONOSCENZE

Paragrafo 2

2 Completa il testo con le parole mancanti.

Nel 1914 esistono rivalità e tensioni fra gli Stati europei. La Francia, ad esempio, pretende dalla .... la restituzione dell'Alsazia e della .... ; l'Italia vuole dall'Austria il .... e la .... ; l'Inghilterra teme il riarmo della .... e intende mantenere la supremazia ....
Il nazionalismo spinge le potenze ad armarsi e i due principali sistemi di alleanze – la .... (nata nel 1882) e la .... (creata nel 1907) – mettono le potenze europee le une contro le altre. In questa situazione l'assassinio dell'erede al trono d'Austria a .... nel .... del .... scatena la guerra.

LAVORO SULLE FONTI

Paragrafi 1 e 2

3 Osserva l'immagine, leggi l'introduzione che la accompagna, poi rispondi alle domande.

L'impero ottomano è raffigurato in questa vignetta come un regime sanguinario ma dagli scarsi mezzi (il sultano è trasportato da un somaro). I rappresentanti degli Stati europei sono pronti ad approfittare della sua debolezza. A sinistra sono raffigurati i governanti di Germania, Austria e Italia; a destra quelli di Russia, Francia e Inghilterra.

a. Quali territori furono strappati all'impero ottomano nel XIX secolo e all'inizio del Novecento? Ricordi quali furono le conquiste italiane?

b. A quali sistemi di alleanze appartengono i due gruppi di Stati della vignetta?

Esercizi

STABILISCO COLLEGAMENTI E RELAZIONI
Paragrafo 2

4 **Durante la prima guerra mondiale la posizione geografica dei Paesi in conflitto dava loro vantaggi e svantaggi: quali? Osserva la carta di p. 112 e metti le crocette.**

	Imperi centrali	Paesi dell'Intesa
1. Erano accerchiati e dovevano combattere su più fronti.		
2. Potevano concentrare le forze su un fronte solo.		
3. Per la discontinuità del territorio erano svantaggiati nello scambio di comunicazioni.		
4. Erano facilitati nelle operazioni di rifornimento e negli spostamenti interni.		

VERIFICO LE CONOSCENZE
Paragrafo 3

5 **Completa il testo con le parole mancanti.**

Quando scoppiò la prima guerra mondiale, l'Italia proclamò la propria ...., pur facendo parte della Triplice .... La maggior parte della popolazione era contraria alla guerra; erano contrari i .... riformisti, i cattolici e molti .... come Giolitti. Molti però erano favorevoli a entrare in guerra contro l' .... : erano i socialisti ...., i nazionalisti e gli ...., che volevano completare l'unità nazionale con Trento e ....
L'Italia entrò in guerra il 24 .... del .... a fianco dell' .... : in caso di vittoria l'Italia avrebbe ottenuto, oltre a Trento e Trieste, anche l' ...., l'Istria e parte della Dalmazia.

LAVORO SULLE FONTI
Paragrafo 3

6 **Osserva l'immagine, leggi l'introduzione che la accompagna, poi rispondi alle domande.**

La vignetta rappresenta l'Italia (la donna al centro) corteggiata dalle potenze della Triplice Alleanza (a sinistra) e dell'Intesa (a destra) perché entri in guerra schierandosi dalla loro parte.

a. Da quali potenze era formata la Triplice Alleanza? E l'Intesa?

b. Quale fu la scelta dell'Italia? Perché il governo italiano non si sentì obbligato a intervenire a fianco degli imperi centrali?

c. Quali territori furono promessi all'Italia dalle potenze dell'Intesa, in caso di vittoria?

Akg Images.

Imparo a imparare

RICONOSCO IL MESSAGGIO PROPAGANDISTICO DI UN'IMMAGINE Intero capitolo

Le immagini di propaganda intendono trasmettere un messaggio ben evidente, con il quale tante persone possano essere d'accordo, allo scopo di favorire un certo comportamento o il consenso verso una posizione politica. Per essere convincenti fanno uso di elementi che sono ben noti al pubblico e che possono suscitare un'emozione immediata. Spesso fanno ricorso a pregiudizi e a convinzioni irrazionali, cioè non basate sul ragionamento, ma sulle paure e sulle idee comuni più diffuse. Molti manifesti della prima guerra mondiale, che attribuiscono al nemico le azioni più disumane, si basano su un meccanismo di questo genere, anche quando l'accusa ha qualche fondamento di realtà.
La propaganda, fortunatamente, non ha sempre per argomento la guerra; si va dalla diffusione di programmi politici alla promozione di prodotti e stili di vita (anche la pubblicità è una forma di propaganda).
Per analizzare un manifesto di propaganda occorre conoscere lo sfondo storico nel quale s'inserisce, per capire bene sia il messaggio scritto (il «motto») che l'accompagna, sia la scelta delle immagini che ne costituiscono il contenuto.

7 **Analizza questa cartolina dell'inizio del Novecento rispondendo alle domande.**

a. C'è un titolo? Qual è? Comprendi il significato di tutte le parole? In particolare, che cosa significa «Italia irredenta»?

b. Le due donne piangenti rappresentano Trento e Trieste. Esse piangono perché…
- [x] sono nelle mani dello straniero.
- [ ] sono impoverite dalla guerra.

c. Nota che le terre irredente sono di colore rosso. Di che colore è l'Italia? Come spieghi la scelta dei colori?
I territori in rosso nel 1914 appartenevano…
- [ ] all'Austria.
- [x] alla Iugoslavia.

d. Sulla destra marciano soldati appartenenti a tanti corpi militari: ti sembra un invito a conquistare le terre irredente anche con la guerra?

e. Chi sono i quattro personaggi in alto a destra? Scrivi il loro nome sui puntini.
(Per aiutarti abbiamo scritto un episodio del Risorgimento di cui furono protagonisti.)
- .... Spedizione dei Mille
- .... Fondazione della Giovine Italia
- .... Proclamazione del Regno d'Italia
- .... Incontro di Plombières

f. Indica se la seguente affermazione ti sembra vera o falsa.
Il messaggio politico di questa cartolina è che bisogna annettere all'Italia le «terre irredente» per completare il cammino del Risorgimento. [x] V [ ] F

Esercizi

VERIFICO LE CONOSCENZE — Paragrafo 4

8 Completa il testo con le parole mancanti.

Nel 1916 i Tedeschi sferrano sul fronte occidentale una violenta offensiva cui i Francesi reagiscono con una .... , ma le linee del fronte restano immutate.
Sul fronte italiano viene fermata, con gravi perdite, la «...».
La guerra coinvolge anche le popolazioni .... ; per convincere i popoli a lottare fino in fondo, tutti gli Stati fanno uso della .... , ma al fronte molti soldati si ....
Il 1917 è un anno decisivo: in aprile gli .... entrano in guerra a fianco dell' .... , mentre la Russia (dove scoppia una ....) esce dal conflitto. Nello stesso anno l'Italia subisce la sconfitta di ....
Nel 1918 però i .... sono battuti dalle truppe anglo-franco-americane e l'Italia sconfigge l'Austria a ....
In Germania e Austria viene proclamata la ....

PRODUCO UN TESTO — PARAGRAFO 4

9 Il personaggio che punta il dito, in questo manifesto, rappresenta gli Stati Uniti e ordina: «Voglio TE per l'esercito americano». Scrivi un breve testo di commento rispondendo alle domande.

a. Il manifesto si rivolge a ciascun giovane americano: per chiedere cosa? a quale scopo?
b. Gli Stati Uniti, prima di entrare in guerra, erano neutrali?
c. Perché gli Stati Uniti entrarono in guerra? Quando e a fianco di chi? Quali furono le conseguenze?

COMPLETO UNA TABELLA CRONOLOGICA — Paragrafi 2, 3 e 4

10 Completa la tabella mettendo in ordine cronologico i fatti che elenchiamo alla rinfusa. Per ciascuno, scrivi nella seconda colonna l'anno (o il mese e l'anno) in cui avvenne.

a. Ritirata italiana dopo Caporetto
b. Battaglia della Marna
c. L'Austria dichiara guerra alla Serbia
d. Intervento degli Stati Uniti
e. L'Italia entra in guerra
f. Battaglie di Verdun e della Somme
g. Pace di Brest-Litovsk
h. Battaglia di Vittorio Veneto

Avvenimento	Anno (o mese e anno)

LAVORO CON LE MAPPE — Paragrafo 5

11 **Completa la mappa con le parole mancanti, per riassumere le vicende della rivoluzione russa.**

rivoluzione .... 1917 →	rivoluzione .... 1917 →	guerra .... e vittoria dell'Armata .... →	nel 1922 nasce l' ....
↓ prevalgono i	↓ pace di .... ; la Russia esce dalla guerra	↓ requisizione di .... ; Lenin introduce la	

VERIFICO LE CONOSCENZE — Paragrafo 5

12 **Osserva la carta a pagina 123, poi rispondi alle domande.**

a. A quale Stato si riferisce la cartina? In quale momento storico?
b. Con quale trattato quello Stato pose fine al conflitto?
c. A fianco di quali potenze stava combattendo?
d. Perché uscì dalla guerra? Quali territori dovette cedere?

COMPLETO UNA TABELLA CRONOLOGICA — Paragrafo 5

13 **In questa tabella sono elencati alla rinfusa avvenimenti legati alla rivoluzione russa. Scrivi la data di ciascuno nella seconda colonna. Numera gli avvenimenti in ordine cronologico nella terza colonna.**

Avvenimenti	Data	Ordine cronologico
a. Nuova politica economica (NEP)		
b. Rivoluzione di febbraio		
c. Nascita dell'URSS		
d. Rivoluzione d'ottobre		
e. Pace di Brest-Litovsk		

USO LE PAROLE DELLA STORIA — Intero capitolo

14 **Scrivi brevemente il significato delle seguenti parole.**

Irredentisti: ....
Fronte: ....
Trincea: ....
Soviet: ....
Armistizio: ....

Il capitolo a colpo d'occhio

QUANDO

1. In quali date si collocano questi eventi? SCRIVI sulla linea del tempo la lettera corrispondente. ATTENZIONE: manca una data. AGGIUNGILA aiutandoti con la linea del tempo.

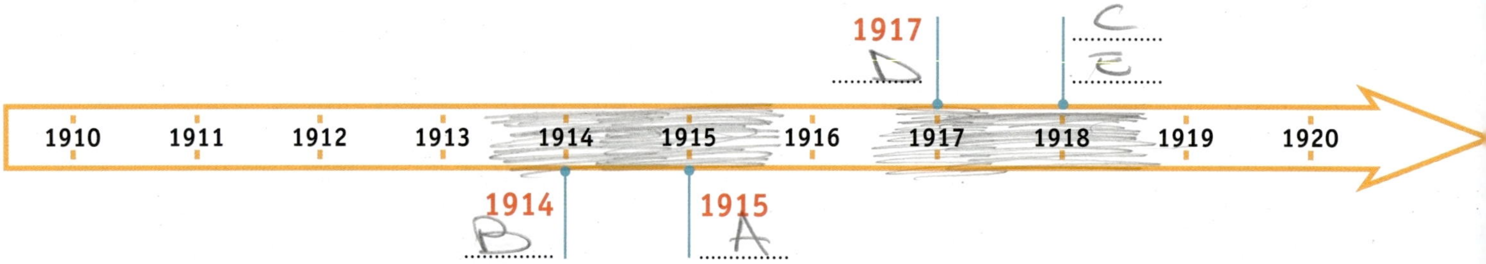

L'Italia entra in guerra

Definitiva sconfitta degli imperi centrali

Attentato a Sarajevo

Rivoluzione in Russia

DOVE

2. COMPLETA la didascalia della carta.

Dopo i primi due anni di guerra gli imperi .... (cioè l'impero germanico e l'impero ....) occupano vasti territori.
Sul fronte occidentale i Tedeschi invadono il .... e parte della ....; sul fronte .... i tedeschi invadono parte della Polonia.
Gli Austro-ungarici, invece, si sono spinti in .... e in Serbia.
L'impero .... è alleato con gli imperi centrali.

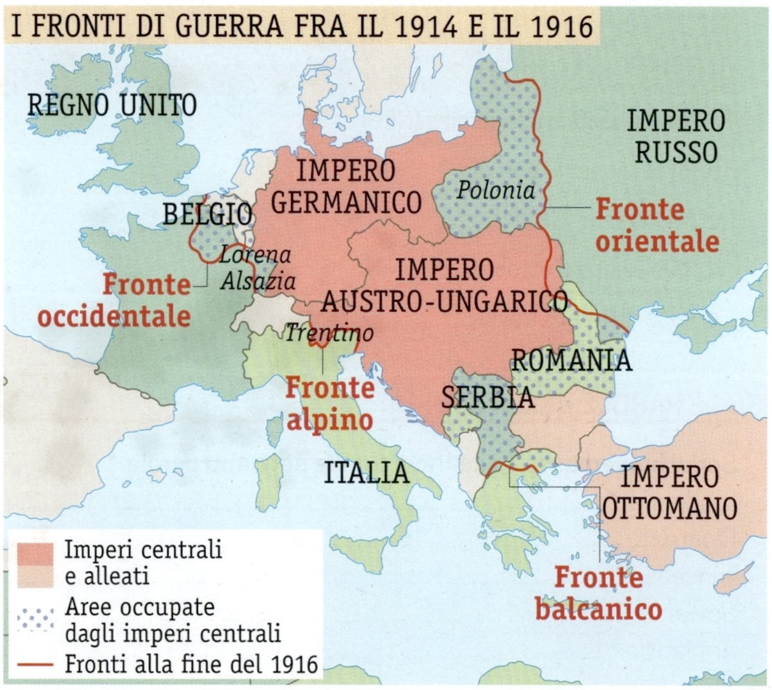

LE PAROLE DA RICORDARE

3. Che cosa significa...? METTI LA CROCETTA sulla definizione giusta.

Guerra di posizione
- ☐ centro di comando
- ☒ guerra condotta con rapide avanzate
- ☐ guerra basata sulla difesa delle posizioni raggiunte

Triplice alleanza
- ☐ alleanza tra impero germanico, impero austro-ungarico e Italia
- ☐ trattato difensivo fra Gran Bretagna, Francia e impero russo
- ☒ alleanza dell'impero ottomano con gli imperi centrali

Interventisti
- ☒ coloro che vogliono che il loro Paese resti fuori dalla guerra
- ☐ coloro che vogliono arruolarsi nell'esercito
- ☐ coloro che vogliono che il loro Paese prenda parte alla guerra

LA MAPPA DEI CONCETTI

4. COMPLETA la mappa.

La prima guerra mondiale
o
la grande guerra

si svolge su → diversi fronti:
- occidentale
- oriente
- oceano
- balcanico

provoca → milioni di morti e feriti

si conclude con → la sconfitta degli Italiani

Capitolo

6 Il dopoguerra senza pace

CIAK si impara!

GUARDA! IL VIDEO

MI ORIENTO NEL CAPITOLO

dal 1918 → al 1932

1

La **Grande guerra** lascia dietro di sé milioni di morti. Le campagne sono devastate, molte città distrutte, i **soldati** che tornano dal fronte **non trovano lavoro**.

2

I **trattati di pace** impongono **condizioni durissime alla Germania**. Nasce la **Società delle Nazioni**, con lo scopo di evitare guerre future.

3

In Europa si diffonde un'ondata di razzismo contro gli **Ebrei**, che **emigrano** numerosi verso la **Palestina.** Qui la convivenza con gli **Arabi** diventa sempre più difficile.

4

Gli **Stati Uniti** sono ormai la più grande potenza mondiale. Negli anni Trenta si apre però una **grave crisi economica** che si risolve grazie ai provvedimenti del presidente **Roosevelt**.

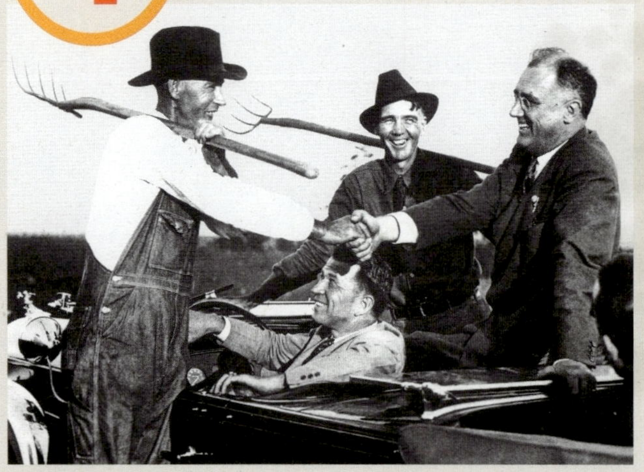

1. L'eredità della guerra

Una terribile epidemia

La Grande guerra portò alla morte circa nove milioni di soldati [→ tabella]. Questo bilancio fu aggravato da una spaventosa epidemia – una forma di influenza chiamata «**spagnola**» perché per la prima volta ne parlarono i giornali spagnoli – che fra il **1918** e il **1919** uccise milioni di persone, soldati e civili indeboliti da lunghi anni di privazioni. Gli effetti dell'epidemia furono particolarmente drammatici in Europa, dove il contagio era favorito dall'affollamento dei campi profughi e degli ospedali.

I campi profughi e i campi di concentramento

Nelle diverse fasi del conflitto, i civili furono allontanati dalla zona del fronte e dislocati in luoghi più sicuri. Dove possibile furono ospitati da altre comunità o da parenti, ma in molti casi passarono mesi o anni in villaggi di baracche e in **campi profughi**. Moltissime persone vissero questa esperienza di sradicamento dai luoghi della propria vita.

Anche i **campi di concentramento**, delimitati da filo spinato, dove furono trasportati e ammassati milioni di **prigionieri di guerra**, divennero una triste realtà, destinata a caratterizzare la storia di tutto il Novecento.

Deportazioni e massacri

Alcune popolazioni furono costrette ad abbandonare le loro terre allo scoppio della guerra per motivi politici. Erano minoranze etniche di confine, che si temeva potessero favorire il nemico e per questo furono deportate. Fu questo il caso dei circa 300 000 Tedeschi che vivevano nelle regioni del Baltico (appartenenti all'impero russo), che vennero trasferiti forzatamente nella Russia orientale.

Il più tragico caso di **deportazione** ebbe luogo nell'impero ottomano a danno degli **Armeni**, una minoranza di religione cristiana che viveva nella parte orientale della Turchia, ai confini con l'impero russo. Gli Armeni erano da sempre discriminati, non godevano di alcuna autonomia e più volte erano stati oggetto di persecuzioni e massacri sia da parte delle forze di polizia sia da parte dei Curdi, una popolazione musulmana tradizionalmente ostile nei loro confronti.

Allo scoppio della prima guerra mondiale l'intera comunità armena – anche a seguito di alcuni tentativi d'insurrezione guidati da organizzazioni clandestine – fu sospettata di tradimento in favore dei nemici russi, che erano anch'essi cristiani ortodossi. Nei confronti degli Armeni il governo guidato dai Giovani Turchi organizzò, **fra il 1915 e il 1916**, una deportazione forzata nel deserto siriano e verso la Mesopotamia che si trasformò in un massacro: i morti, per lo sfinimento e per le violenze subite lungo il percorso, furono forse un milione. Fu questo **il primo sterminio di un intero popolo** (**genocidio**) organizzato da uno Stato nel Novecento.

Percorso di geostoria

Le forze della natura e la storia
p. 350

I caduti nella Grande guerra

Germania	1 773 000
Russia	1 700 000
Francia (e colonie)	1 357 000
Austria-Ungheria	1 200 000
Gran Bretagna (e colonie)	910 000
Italia	650 000
Impero ottomano	325 000
Stati Uniti	126 000
Bulgaria	87 000
Altri Stati (Romania, Serbia, Belgio, Grecia, Portogallo, Montenegro)	408 000
Totale	**8 536 000**

COLLEGO CAUSE ED EFFETTI

▶ **PERCHÉ** gli Armeni sono perseguitati? Cerca la risposta nel testo.

Dov'è l'Armenia?

Inflazione, disoccupazione e rancori

La devastazione prodotta dalla guerra fu enorme. Molte città erano distrutte, le campagne dove si era combattuto erano abbandonate e improduttive.

Tutti gli Stati avevano speso al di là delle proprie risorse, e nel dopoguerra furono colpiti da una **forte inflazione**, che alzò il costo della vita.

Molte industrie furono costrette a chiudere o a licenziare dipendenti. La **disoccupazione** aumentò in tutta l'Europa, proprio nel momento in cui tornavano dal fronte milioni di **reduci***: impiegati, operai e contadini ai quali erano stati promessi lavoro e terra.

Il dramma dei reduci in un manifesto inglese che dice: «Ieri in trincea, oggi disoccupati».

La pace non facilitò la riconciliazione fra i popoli. Molti, fra i vincitori, si sentirono autorizzati dalla vittoria ad avanzare nuove pretese e a compiere nuovi atti di prepotenza. Altrettanti, fra i vinti, si considerarono vittime di un'ingiustizia e, interpretando la sconfitta come effetto di tradimenti, si diedero alla caccia dei colpevoli.

* **Reduce**
Con questa parola si indica chi fa ritorno dalla guerra oppure dalla prigionia.

"se partecipi la guerra in cambio avrai la terra e il lavoro"

L'assuefazione alla violenza

Le condizioni disumane della trincea e l'esperienza continua di violenza e morte lasciarono tracce indelebili nel corpo e nella mente dei combattenti. La propaganda di guerra aveva abituato a considerare il nemico come un mostro da odiare e milioni di giovani avevano dovuto abituarsi a uccidere. Nel dopoguerra la **vita politica** (soprattutto negli Stati sconfitti, ma anche in alcuni fra i vincitori, come l'Italia) risentì di questo **clima di violenza e odio**.

COLLOCO GLI EVENTI NEL TEMPO

1915-1916 massacro degli Armeni

1918 epidemia di «spagnola»

1910 — 1920 — 1930

Patrimonio della cultura

La celebrazione dei caduti

L'esperienza della guerra fu traumatica, ma ben presto nel ricordo di molti si trasformò nella convinzione di avere partecipato a un evento storico unico, di avere combattuto per la causa della civiltà, di essersi purificati attraverso le sofferenze. Tutti gli Stati si adoperarono per far sì che le madri fossero orgogliose del sangue versato dai loro figli per la patria, che gli orfani ricordassero sempre il sacrificio dei padri. Questa elaborazione di un lutto così straordinario avvenne attraverso le cerimonie religiose, la costruzione di lapidi e di monumenti ai caduti, la realizzazione d'imponenti sacrari nei quali riposano i resti di migliaia di soldati.

Monumento ai caduti di Correggio (Reggio Emilia), opera di Leonardo Bistolfi. Vi sono riportati i nomi di tutti i concittadini morti in guerra.
Foto L. Marisaldi.

Qui accanto, **il trasporto dei resti dei caduti nell'Ossario di Douaumont**, presso Verdun in Francia, nel 1927.
Foto L'illustration/Corbis/Sygma.

In basso a sinistra, **il sacrario dei caduti sul Monte Grappa** (Vicenza). Inaugurato nel 1935, raccoglie i resti di 23 000 soldati italiani e austro-ungarici.

Memoriale di guerra nella cattedrale di Güstrow, in Germania. Con questa figura sospesa, lo scultore Ernst Barlach ha voluto rendere l'idea della precarietà della vita umana.
Foto Alamy.

2. I trattati di pace e i nuovi confini

È difficile organizzare una pace durevole

Nel gennaio **1919** si aprì a Parigi la **conferenza per la pace**, alla quale parteciparono **soltanto gli Stati vincitori**. I lavori della conferenza furono dominati dal presidente americano Thomas Woodrow Wilson e dai capi di governo inglese, David Lloyd George, e francese, Georges Clemenceau.

Gli **obiettivi** dei diversi Stati erano **contrastanti**. Francia e Inghilterra volevano imporre ai vinti una punizione esemplare e ricavare dalla pace il maggior vantaggio territoriale, militare ed economico possibile. Il presidente americano, invece, voleva evitare guerre future. Perciò propose di tracciare i confini degli Stati in modo che comprendessero solo popoli della stessa nazionalità. In caso di contrasto, le popolazioni avrebbero dovuto decidere da sé il proprio destino politico.

oggi ONU

Nasce la Società delle Nazioni

Dopo molte discussioni fu istituita la Società delle Nazioni: un **organismo sovranazionale**, con sede a Ginevra, in Svizzera, che aveva lo scopo di regolare i rapporti fra gli Stati e di evitare future guerre.

Purtroppo, la Società delle Nazioni **nacque debole**. Non ne fecero parte, infatti, né la Germania sconfitta, né la Russia rivoluzionaria. Inoltre, negli Stati Uniti alle elezioni presidenziali del 1920 **il partito di Wilson fu sconfitto** e salì al potere il partito repubblicano, che adottò una politica di **isolazionismo**. Prevalse cioè la tendenza a evitare ogni coinvolgimento nella politica europea. Di conseguenza, gli Stati Uniti rifiutarono di entrare a far parte della Società delle Nazioni; questa, senza Stati Uniti, Germania e Russia, ebbe un potere limitato e non fu veramente un'organizzazione «mondiale».

Le dure condizioni imposte alla Germania

Con il **trattato di Versailles** (giugno 1919) i vincitori imposero ai Tedeschi sconfitti condizioni durissime. La Germania dovette cedere **alla Francia l'Alsazia e la Lorena** e abbandonare i territori polacchi che erano sotto il suo dominio. La **Polonia** divenne uno Stato indipendente. **Danzica**, tolta ai Tedeschi, fu dichiarata «città libera», e un corridoio di territorio polacco separò la Prussia orientale dal resto della Germania. Le **colonie tedesche** furono divise fra Inghilterra, Francia e Giappone. Il governo tedesco dovette anche impegnarsi a **risarcire i danni** provocati dal conflitto e a **ridurre** al minimo **le forze armate**.

ORGANIZZO I CONCETTI

► **Quali sono gli obiettivi degli Stati che partecipano alla conferenza di Parigi?**

Francia e Inghilterra	▪ Imporre ai vinti una punizione .... ▪ Ricavare dalla pace vantaggi territoriali ......, militari ed economici ......
Stati Uniti	▪ Tracciare i confini degli Stati in modo che comprendano i popoli della stessa nazionalità ...... ▪ Evitare contrasti ......

La Germania è oppressa dalle condizioni della pace. Litografia tedesca del 1931.
Collezione privata. Foto Archivi Charmet/ Bridgeman Images.

L'impero austro-ungarico viene smembrato

Condizioni altrettanto dure furono imposte con i **trattati di Saint-Germain** (settembre 1919) all'**Austria** e del **Trianon** (giugno 1920) all'**Ungheria**. Durante la guerra le potenze dell'Intesa avevano incoraggiato, facendo molte promesse, le rivendicazioni delle nazionalità che facevano parte dell'impero austro-ungarico. A guerra finita, i vincitori alleati stabilirono dunque la nascita di Stati del tutto nuovi o cambiarono i confini degli Stati esistenti.

Negli antichi territori dell'impero asburgico si formarono **tre nuovi Stati**: l'**Austria**, la **Cecoslovacchia** e l'**Ungheria**. La Slovenia, la Croazia e la Bosnia-Erzegovina andarono a ingrandire la Serbia e con questa costituirono il **regno di Iugoslavia**, al quale furono annessi gran parte della Macedonia e il principato del Montenegro. Separata dall'impero ottomano, l'Albania fu confermata un regno indipendente. Il Trentino, il Tirolo meridionale (o Alto Adige), Trieste e l'Istria passarono all'**Italia**; la Transilvania alla Romania. La nuova **Polonia** fu costituita con terre già austriache, tedesche e russe; i Paesi baltici, sottratti alla Russia, formarono le repubbliche di **Estonia**, **Lettonia** e **Lituania**. Anche la **Finlandia** divenne una repubblica indipendente.

LAVORO CON LA CARTA

Confronta la carta con quella a p. 109, che mostra i confini nel 1914 e i punti di frizione fra gli Stati, poi rispondi.

a. Come sono cambiati i confini nelle regioni contese?

b. Quali nuovi Stati sono nati dagli imperi crollati?

L'Europa nel 1923.

GUARDA! LA CARTA ANIMATA

ORGANIZZO I CONCETTI

Problemi del dopoguerra

- ricerca di una pace durevole
  - per questo nasce la → Società delle Nazioni
    - che rimane debole per → esclusione dell'Unione Sovietica e della Germania; isolazionismo degli Stati Uniti
- condizioni di pace punitive imposte alla Germania
  - cioè → cessioni territoriali, disarmo, pagamento dei danni di guerra
- smembramento dell'impero austro-ungarico
  - ma non si superano le → divisioni etniche interne agli Stati

Il problema delle nazionalità resta aperto

All'interno dei nuovi Stati-nazione continuarono a vivere assieme persone di nazionalità diversa. La popolazione della **Cecoslovacchia**, per esempio, fu costituita, oltre che dai Cechi e dagli Slovacchi, anche da forti minoranze tedesche e ungheresi. Minoranze tedesche (in Alto Adige) e slave (Sloveni della Venezia Giulia e Croati dell'Istria) furono comprese entro i nuovi confini dell'**Italia**. In **Romania** la regione della Transilvania continuò a essere abitata anche da Ungheresi. Nei Balcani la **Iugoslavia** fu in realtà uno Stato serbo, dove Croati, Sloveni, Bosniaci, Macedoni e Albanesi erano forti minoranze nazionali. Così la sistemazione dell'Europa stabilita dai trattati non impedì che scoppiassero conflitti etnici e religiosi.

L'Irlanda verso l'indipendenza

I problemi derivanti dalla presenza di minoranze etniche non risparmiarono neppure i più antichi Stati-nazione, come il Regno Unito di Gran Bretagna e Irlanda. L'Irlanda cattolica, infatti, assoggettata dall'Inghilterra protestante fin dalla metà del XVII secolo, aveva più volte reagito alla dominazione inglese con rivolte violente, sempre duramente represse.

Dopo lo scoppio della prima guerra mondiale, le insurrezioni si erano intensificate. Il giorno di **Pasqua del 1916**, mentre infuriava il conflitto, i nazionalisti irlandesi sollevarono la popolazione di Dublino contro gli Inglesi. La **rivolta**, detta «Pasqua di sangue», fallì. In Irlanda e nella stessa Inghilterra seguirono due anni di guerriglia e di attentati terroristici compiuti dall'**IRA** (*Irish Republican Army*, Esercito repubblicano irlandese), l'ala militare del partito nazionalista. Infine, nel **1922**, il primo ministro inglese Lloyd George, contro l'opposizione dei conservatori, riuscì a far approvare dal parlamento una legge che riconosceva l'esistenza dello **Stato libero d'Irlanda**. Il nuovo Stato comprendeva tutta l'isola, meno l'Ulster, la regione del nord-est che ancora oggi appartiene alla Gran Bretagna.

L'**indipendenza** concessa **non era completa**: l'Irlanda restava all'interno dell'impero britannico, ed era soggetta alla monarchia inglese. Il Paese divenne del tutto indipendente nel 1949, dopo la seconda guerra mondiale.

Membri dell'IRA in una fotografia scattata nel 1920.

Nasce la repubblica di Turchia

Con il **trattato di Sèvres** (agosto 1920) anche l'impero ottomano fu smembrato. La sovranità del sultano fu limitata alla sola città di Istanbul e a una parte della penisola anatolica, dove i vincitori alleati (Francesi, Inglesi, Greci e Italiani) stabilirono guarnigioni militari.

I nazionalisti turchi si ribellarono sotto la guida del capo militare Mustafa Kemal Pascià, chiamato poi **Atatürk**, cioè «padre turco». La rivolta portò, nel **1923**, alla proclamazione della **repubblica turca**. La comunità internazionale riconobbe il nuovo Stato, la **Turchia**, di cui Atatürk fu presidente fino al 1938. Gli eserciti stranieri lasciarono il Paese.

In conseguenza di un **trattato greco-turco**, circa due milioni di Greci che vivevano in Turchia furono costretti a rientrare in Grecia. In condizioni di disagio non diverse, circa mezzo milione di Turchi di religione musulmana residenti in Grecia dovettero tornare in Turchia.

Sul territorio della giovane repubblica turca viveva anche la popolazione dei **Curdi**, che da tempo chiedeva autonomia e indipendenza. La regione curda (il **Kurdistan**) si estende fra l'est dell'Anatolia e l'altopiano iranico. Benché i trattati di pace prevedessero la nascita di uno Stato curdo, la terra dei Curdi fu divisa fra la Turchia, l'Iran e l'Iraq. I tentativi indipendentisti da allora furono sempre repressi duramente e la «questione curda» è tuttora irrisolta.

Dov'è il Kurdistan?

La Turchia diventa uno Stato laico e moderno

Atatürk intendeva modernizzare la Turchia ispirandosi ai Paesi europei. La **capitale** fu trasferita ad **Ankara**, al centro dell'altopiano anatolico.

La Turchia divenne uno **Stato** laico e l'islam divenne una fede privata come le altre. Le leggi, le istituzioni, i tribunali e le scuole islamiche cedettero il loro posto a codici, leggi, istituzioni e scuole dello Stato.

La Turchia, diventata nazione, si diede la sua lingua: il **turco** sostituì l'arabo e divenne lingua nazionale. Nella scrittura i caratteri arabi furono sostituiti da quelli latini.

Con le riforme di Atatürk le donne turche andarono a scuola, ebbero il diritto di votare e di essere eleggibili nelle cariche pubbliche; ebbero accesso, per legge, a tutti i mestieri degli uomini, anche se, nella realtà dei rapporti quotidiani, continuarono a scontrarsi con vecchi pregiudizi.

Atatürk presenta il nuovo alfabeto latino. Foto colorata del 1928.
Foto Mary Evans Picture Library/Archivi Alinari.

Fonti

Le proposte di Wilson per un futuro di pace

Nel gennaio 1918, mentre era ancora in corso la prima guerra mondiale, il presidente americano Thomas Woodrow Wilson espose, con un discorso articolato in quattordici punti, le sue idee per dare al mondo una sistemazione politica stabile ed evitare guerre future. Anche se restò in gran parte inapplicato, questo documento è molto importante, perché introduce il concetto di autodeterminazione dei popoli, che guidò nei decenni successivi le lotte per l'indipendenza di tante colonie in varie parti del mondo.

« Noi siamo entrati in questa guerra a causa delle violazioni del diritto che ci riguardano direttamente e rendono impossibile la vita del nostro popolo a meno che non siano riparate e il mondo sia assicurato per sempre che non si ripeteranno. [...] Perciò il programma della pace del mondo è il nostro stesso programma, e questo programma secondo noi è il seguente.
1. Pubblici trattati di pace [...].
2. Libertà assoluta di navigazione sui mari [...].
3. Soppressione, nei limiti del possibile, di tutte le barriere economiche e stabilimento di condizioni commerciali uguali per tutte le nazioni [...].
4. [Riduzione e controllo degli armamenti]
5. Composizione libera, in uno spirito largo e imparziale, di tutte le rivendicazioni coloniali, fondata sul rigoroso rispetto del principio che, nel regolare tutte le questioni di sovranità, gli interessi delle popolazioni interessate dovranno avere egual peso delle domande eque del governo [...].
6. Regolamento di tutte le questioni concernenti la Russia, in modo da [...] fornire alla Russia l'occasione opportuna di fissare, senza ostacoli né imbarazzi, in piena indipendenza, il suo sviluppo politico e nazionale.
7-8. [Punti riguardanti il Belgio neutrale e i confini della Francia]
9. Una rettifica delle frontiere italiane dovrà essere effettuata secondo le linee di nazionalità chiaramente riconoscibili.
10-13. [Punti riguardanti i popoli dell'impero austro-ungarico e altri Stati]
14. Una Società generale delle nazioni dovrebbe essere formata in virtù di convenzioni formali aventi per oggetto di fornire garanzie reciproche di indipendenza politica e territoriale ai piccoli come ai grandi stati. »

(Da A. Gibelli, *La prima guerra mondiale*, Loescher, Torino, 1973.)

LAVORO SULLE FONTI

1. Rispondi alle domande.
   a. Quando fu prodotto questo documento, gli Stati Uniti erano già intervenuti nella guerra?
   b. A quali «violazioni del diritto», secondo te, Wilson fa riferimento?
   c. Quali furono i trattati che conclusero la conferenza di pace?
   d. Si può dire che il punto 5 mostra un'attenzione nuova alle esigenze delle colonie? In che senso?
   e. La definizione dei confini italiani fu corrispondente alle richieste del punto 9? Perché?
   f. Che cosa stava accadendo in Russia quando fu scritto il punto 6?
2. Spiega se il punto 14 fu effettivamente realizzato e quale fu la reale consistenza della Società delle Nazioni.

COLLOCO GLI EVENTI NEL TEMPO

3. Medio Oriente e Palestina: le origini del contrasto fra Arabi ed Ebrei

Il nazionalismo arabo

Nelle altre regioni del Medio Oriente appartenute all'impero ottomano furono costituiti gli Stati della **Siria** e del **Libano**, non pienamente indipendenti, ma affidati, con il titolo di **mandati***, alla protezione della Francia, e quelli di **Palestina**, **Transgiordania** e **Iraq**, mandati della Gran Bretagna.

Nei nuovi Stati si formarono presto dei **partiti nazionalisti** arabi che aspiravano a liberarsi dal dominio straniero e a modernizzare la società, creando Stati laici sull'esempio della nuova Turchia. La maggioranza dei musulmani, però, pensava che la legge islamica (la *shari'a*) dovesse restare il fondamento della società e dello Stato. Per difendere queste idee anche con le armi nacquero i primi gruppi militanti islamici, fra i quali il più importante fu quello dei **Fratelli musulmani**, costituitosi in Egitto intorno agli anni Trenta.

In Palestina le aspirazioni dei nazionalisti arabi si scontrarono con quelle dei numerosi immigrati ebrei, che speravano di creare in quel territorio un nuovo Stato ebraico dopo l'**antico regno d'Israele**.

* **Mandato**
Istituto della Società delle Nazioni, oggi non più esistente, con il quale popoli considerati incapaci di autogovernarsi erano affidati alla tutela e all'amministrazione di altri Stati.

Lo smembramento dell'impero ottomano.

ORGANIZZO I CONCETTI

smembramento dell'impero ottomano
- nascita della Turchia laica
- conflitti in Palestina fra Arabi ed Ebrei

Gli Ebrei fuggono dalla Russia

Gli Ebrei immigrati provenivano dai vari Paesi d'Europa, in cui si stava diffondendo una **nuova ondata di antisemitismo**. Molti erano giunti dalla Russia, dove alla fine dell'Ottocento si erano scatenati sulle comunità ebraiche violenti *pogrom*, sanguinosi attacchi e saccheggi contro i villaggi e i quartieri delle città abitati da Ebrei. I *pogrom* si svolgevano con il consenso tacito della polizia. Spesso, anzi, era la stessa polizia segreta zarista a istigare la popolazione, diffondendo falsi documenti e calunnie, che accusavano gli Ebrei di complottare per impadronirsi del dominio del mondo. Il susseguirsi delle persecuzioni provocò una **grande fuga**: più di due milioni di Ebrei lasciarono la Russia e l'Europa orientale nei primi anni del Novecento.

Nasce in occidente un antisemitismo razzista

Anche in Francia si verificarono episodi di razzismo. Il più grave avvenne nel 1894, quando un ufficiale ebreo, **Alfred Dreyfus**, fu accusato ingiustamente di avere venduto segreti militari ai Tedeschi. Dopo essere stato condannato, fu degradato e deportato in un terribile penitenziario del Mar dei Caraibi. Il tradimento era stato commesso da un suo superiore, che tuttavia per dodici anni (fino al 1906, quando Dreyfus fu completamente riabilitato e reintegrato nel grado) fu protetto dalle autorità militari, le quali cancellarono tutti i possibili indizi contro di lui.

Il movimento sionista vuole il ritorno degli Ebrei in Palestina

La violenza antiebraica in Francia e in Russia spinse **Theodor Herzl**, un giornalista ebreo austriaco, a lottare perché gli Ebrei, da quasi due millenni dispersi per il mondo, riavessero un loro Stato. Egli espose le sue idee in un libro intitolato *Lo Stato ebraico*, pubblicato nel 1896.

Per Herzl, il futuro Stato ebraico poteva essere stabilito in una qualsiasi regione del mondo. Ma per gli Ebrei la patria a cui aspiravano era la Palestina, la Terra Promessa da Dio nella Bibbia. Nacque allora un movimento politico che si proponeva il ritorno in Palestina del popolo ebraico. Si chiamò **sionismo**, da *Sion*, una collina di Gerusalemme, che nella Bibbia è un sinonimo della città santa.

Theodor Herzl guarda il popolo ebraico salire, carico di bagagli, verso la città promessa di Gerusalemme. Cartolina sionista di inizio Novecento.

La Palestina: una terra per due nazioni

In Palestina diventò sempre più difficile la convivenza fra gli Ebrei, che continuavano ad affluire dall'Europa, e gli Arabi palestinesi. Costoro si ritenevano derubati della loro terra, che gli Ebrei acquistavano dai proprietari arabi.

Sulla stessa terra si appuntavano le aspirazioni contrarie di entrambi i popoli: la Palestina era per gli uni e per gli altri la **patria**, il territorio sul quale speravano di fondare la loro nazione. Gli Inglesi, che presidiavano la regione, non riuscivano più a governare né a tenere sotto controllo un'ostilità che si manifestava con atti di terrorismo via via più frequenti e sanguinosi.

COLLEGO CAUSE ED EFFETTI

► **PERCHÉ due milioni di Ebrei migrano dall'Europa in Palestina? Scegli le risposte giuste.**

- ☐ Fuggono dai *pogrom* e dalle manifestazioni di razzismo antisemita.
- ☐ Seguono l'invito del governo inglese a ripopolare la regione.
- ☐ Sperano di creare un nuovo Stato ebraico.

COLLOCO GLI EVENTI NEL TEMPO

1910 — 1920 — 1930

- **1915-1916** massacro degli Armeni
- **1918** epidemia di «spagnola»
- **1919-1920** trattati di pace, nuovi confini in Europa
- **1919** Società delle Nazioni
- **1920** mandati francesi e inglesi in Medio Oriente
- **1922** Stato libero d'Irlanda
- **1923** proclamazione della repubblica turca

4. Benessere e crisi negli Stati Uniti

Gli Stati Uniti sono la nuova potenza mondiale

Nel dopoguerra i Paesi di lunga tradizione democratica, come l'Inghilterra e la Francia, riuscirono a evitare rivoluzioni e disordini gravi. L'Inghilterra, in particolare, aveva anche subìto minori danni dalla guerra, e la sua economia si riprese in fretta. Ma ormai l'Europa era stata superata in prosperità e potenza dagli Stati Uniti.

Gli Stati Uniti erano un Paese ricco, con istituzioni democratiche e con un'industria e un'agricoltura fiorenti. I prestiti americani alle nazioni in guerra e l'intervento militare avevano reso possibile la vittoria dell'Intesa; inoltre l'esercito americano aveva subìto perdite limitate. Durante il conflitto le **esportazioni** americane **erano aumentate** perché molti Paesi dell'America Latina e dell'Asia, non potendo commerciare liberamente con l'Europa in guerra, avevano intensificato i loro scambi con gli Stati Uniti. Anche il **mercato interno** era in **forte ripresa** perché il buon andamento dell'economia aveva diffuso nel Paese un generale benessere e la **domanda di beni di consumo** da parte della popolazione era in continua crescita.

Un benessere che sembra alla portata di tutti

Negli anni Venti iniziò per gli Stati Uniti un'epoca che sembrava felice e ricca. Si diffusero l'automobile, il telefono, grandi macchine per l'agricoltura. **Hollywood** divenne la capitale del cinema mondiale; la musica dei neri americani, il **jazz**, cominciò a diffondersi in tutto il mondo grazie all'industria discografica in piena espansione.

I ricchi vivevano nello sfarzo; tutti però, anche gli appartenenti alla classe media, pensavano di potersi costruire un futuro fortunato. Molti cercavano di sfruttare la situazione favorevole per arricchirsi con compravendite in **Borsa** e acquistavano (magari facendo debiti) beni di consumo di ogni genere. Le banche concedevano facilmente prestiti ai loro clienti e la ricchezza sembrava alla portata di tutte le persone dotate d'iniziativa e di coraggio.

Questa epoca di allegra spensieratezza durò circa un decennio, **fra il 1918 e il 1928**, e fu chiamata «**l'età del jazz**».

ORGANIZZO I CONCETTI

▶ **Completa la tabella.**

L'economia statunitense durante la prima guerra mondiale
▪ .... e .... fiorenti ▪ .... concessi alle nazioni in guerra ▪ perdite subite limitate ▪ aumento delle ....
L'economia statunitense dopo la prima guerra mondiale
▪ mercato .... in forte ripresa ▪ .... della domanda di beni di ....

Un'orchestra jazz nel 1923. Al centro in alto il famoso trombettista Louis Armstrong.
Foto S. Bianchetti/Corbis.

I limiti all'immigrazione e il proibizionismo

Nel 1920 fu eletto alla presidenza il repubblicano Warren Harding. I repubblicani approvarono leggi per **limitare l'immigrazione** e imposero **alti dazi** sulle merci importate. La paura del comunismo e la pressione dei potenti gruppi industriali provocarono un atteggiamento di rifiuto nei confronti delle richieste della classe operaia.

Vennero anche introdotte leggi che proibivano di fabbricare e commerciare alcolici. In conseguenza delle **leggi proibizioniste** si sviluppò un attivissimo contrabbando e le città americane divennero preda della delinquenza organizzata e della corruzione. [→ I protagonisti: I gangster e Al Capone p. 149]

Gli anni della grande crisi economica

Verso la fine degli anni Venti, però, la crescita dell'economia americana finì bruscamente, con gravi conseguenze su tutto il mondo occidentale.

Per prima entrò in crisi l'**agricoltura**. Con la ripresa della produzione agricola in Europa, dopo la guerra, la richiesta di prodotti americani diminuì. I contadini americani dovettero ridurre i prezzi e il loro tenore di vita si abbassò di colpo. Soprattutto non furono più in grado di pagare i prodotti dell'industria e i debiti che avevano contratto con le banche.

Le industrie furono colpite da una **crisi di sovrapproduzione**. Enormi quantità di beni restarono invendute, perché era diminuito il potere di acquisto delle famiglie. Si abbassarono i prezzi e calò il valore dei prodotti industriali. Fu una caduta di grandi proporzioni, che portò al fallimento un gran numero di imprese e di banche e impaurì tutti coloro che avevano investito i loro risparmi in Borsa, comperando azioni. Essi cercarono affannosamente di vendere le azioni che possedevano.

Il crollo della Borsa di New York

Quando troppe persone cercano di vendere azioni in fretta, il valore delle azioni precipita. È ciò che avvenne il **24 ottobre 1929** alla **Borsa di New York**. Il valore delle azioni scese a un decimo delle quotazioni del giorno precedente: patrimoni enormi furono annientati da un giorno all'altro. Fu la rovina per milioni di risparmiatori; per le banche che, comperando azioni, avevano finanziato le imprese; per le industrie che, prive di capitali, furono costrette a chiudere.

ORGANIZZO I CONCETTI

Ripresa dell'agricoltura europea
↓
calo delle esportazioni di cereali americani
↓
impoverimento degli agricoltori
↓
crisi agricola
↓
prodotti industriali invenduti
↓
calo dei profitti e fallimento di industrie
↓
crisi industriale
↓
vendita frenetica di azioni
↓
calo del valore delle azioni
↓
crollo della borsa

Una folla di disoccupati in fila davanti all'Ufficio statale del lavoro di New York nel 1933.
Foto AP.

Le città americane si riempirono di gente affamata e disperata, che si accalcava davanti ai centri di assistenza pubblica. Nelle campagne i prodotti furono lasciati marcire, perché il loro trasporto sarebbe costato di più di quanto si poteva ricavare dalla vendita. **La crisi del 1929**, a cui seguì un periodo molto duro denominato **Grande Depressione**, fece crollare la fiducia in un progresso illimitato che aveva caratterizzato tutto il decennio precedente.

Inizia un nuovo corso economico: il *New Deal*

Il disastro del 1929 fu dovuto anche al fatto che le forze economiche erano state lasciate agire senza regole e la **speculazione*** privata aveva potuto scatenarsi liberamente. Migliaia di imprese avevano costruito la propria fortuna violando le leggi.

Di questo era convinto il democratico **Franklin Delano Roosevelt**, che fu eletto presidente nel **1932**. Consigliato da valenti economisti, Roosevelt puntò sull'intervento dello Stato nell'economia. Compiti dello Stato furono: porre degli obiettivi allo sviluppo economico; controllare che le leggi fossero rispettate; proteggere le classi sociali più deboli.

Il piano di ripresa economica (il *New Deal*, il «nuovo corso») fu realizzato tramite vari provvedimenti. Furono aumentati i salari degli operai e ridotte le ore lavorative; fu avviato un programma grandioso di lavori pubblici, che ridussero la disoccupazione e dotarono il Paese di nuove **infrastrutture** (strade, ponti, dighe, centrali idroelettriche); fu introdotto il controllo statale sulla Borsa e sul sistema bancario; furono fissati prezzi minimi per i prodotti agricoli. Il *New Deal* in pochi anni risollevò l'economia degli Stati Uniti.

* **Speculazione**
È l'insieme di operazioni commerciali o finanziarie compiute, spesso con pochi scrupoli, allo scopo di conseguire forti e rapidi guadagni, prevedendo e influenzando l'andamento dei mercati.

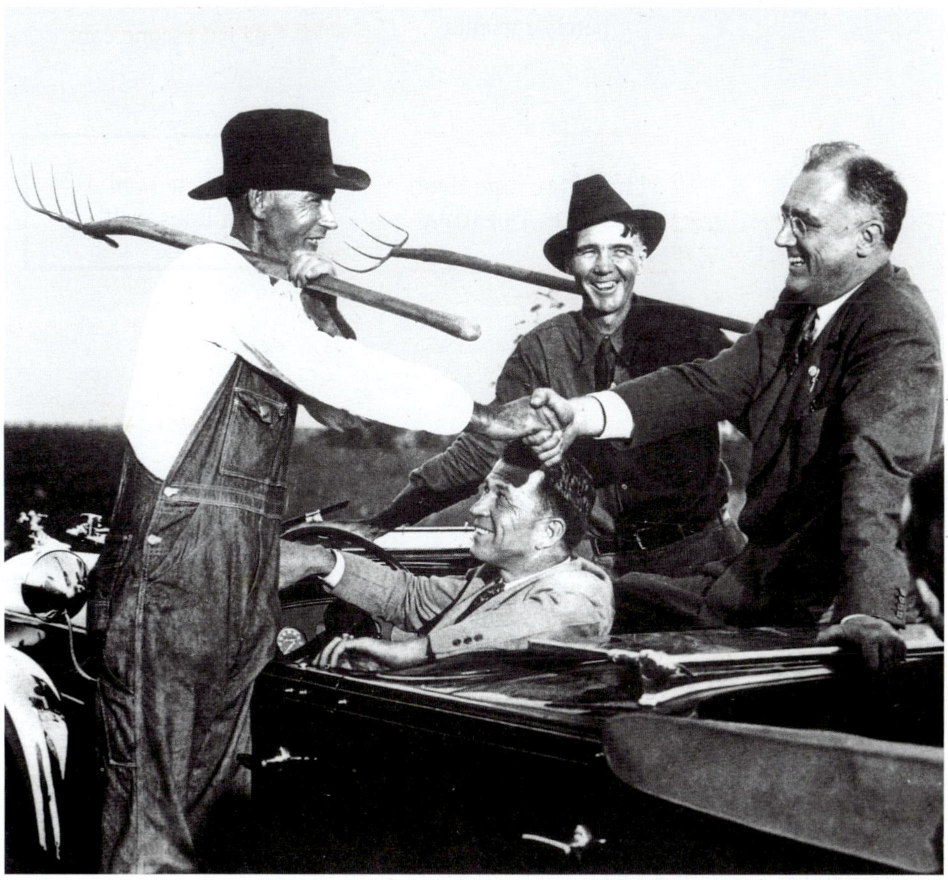

Franklin D. Roosevelt durante la campagna elettorale del 1932. La sua politica attenta alle speranze della gente contribuì al suo successo elettorale.
Foto H. William Tetlow/Getty Images.

RICOSTRUISCO LA MAPPA DEL CAPITOLO

I trattati di pace
↓ impongono
pesanti sanzioni alla Germania
↓ e
la creazione di nuovi Stati in Europa
↓ alcuni dei quali caratterizzati da
minoranze etniche

La Società delle Nazioni
↓ è istituita per
risolvere le contese internazionali
↓ ma
è debole per l'assenza di Germania, Unione Sovietica e Stati Uniti

Dall'impero ottomano
↓ nascono
la repubblica turca, uno Stato moderno e laico
↓ e
nuovi Stati in Medio Oriente, affidati al governo di Francia e Gran Bretagna
↓ perciò aumenta
l'immigrazione degli Ebrei in Palestina

Gli Stati Uniti
↓ sono
ricchi e potenti
↓ ma devono affrontare
crisi del 1929
↓ seguita dalla
Grande Depressione
↓ da cui escono con
il *New Deal* di Roosevelt

COLLOCO GLI EVENTI NEL TEMPO

- **1915-1916** massacro degli Armeni
- **1918** epidemia di «spagnola»
- **1918-1928** «età del jazz» negli Stati Uniti
- **1919-1920** trattati di pace, nuovi confini in Europa
- **1919** Società delle Nazioni
- **1920** mandati francesi e inglesi in Medio Oriente
- **1922** Stato libero d'Irlanda
- **1923** proclamazione della repubblica turca
- **1929** crollo della Borsa di New York
- **1932** inizio del *New Deal*

1910 — 1920 — 1930

I protagonisti

I gangster e Al Capone

Negli anni 1919 e 1920 **leggi federali proibizioniste** vietarono la distillazione e la vendita di alcolici: l'alcolismo, infatti, poneva gravi problemi sociali e favoriva la criminalità.

Le proibizioni, però, si rivelarono assai difficili da applicare, anche perché gran parte degli Americani, soprattutto nelle città, le consideravano una limitazione inaccettabile della libertà. Nacquero migliaia di distillerie clandestine e i contrabbandieri fecero affari d'oro, portando negli Stati Uniti clandestinamente liquori dalle Antille e dalle Bahamas. Nelle città si moltiplicarono i bar e i night club, nei quali, contro la legge, si vendevano alcolici e si giocava d'azzardo.

Ben presto il crimine organizzato prese il controllo di questo mercato illegale vastissimo: le bande (*gangs*, da cui *gangster*) allestirono distillerie, organizzarono il contrabbando e crearono vaste reti di distribuzione. Erano veri e propri eserciti privati, che si combattevano duramente per spartirsi le zone di influenza nelle varie città e farsi pagare la «protezione» dai proprietari dei locali. Nelle principali città americane (New York, Kansas City, Detroit e soprattutto **Chicago**) i gangster controllavano anche il gioco d'azzardo, la prostituzione e lo spaccio di droga.

Il più famoso dei gangster fu **Al Capone**, un americano di origine italiana, nato nel 1899. A Chicago, fin dal 1925, Al Capone prese il controllo del racket (cioè degli affari illegali) in buona parte della città. Aveva un esercito privato di 700 uomini e con decisione si sbarazzò in pochi anni delle *gangs* rivali: in questi scontri fra bande criminali morirono a Chicago, in quel periodo, circa 400 persone all'anno. Verso il 1930 Al Capone controllava i diecimila locali di spaccio clandestino della città e l'intera rete del contrabbando, dal Canada alla Florida. Con la corruzione e le minacce teneva in pugno l'amministrazione cittadina e la polizia. La sua carriera finì quando una squadra dell'FBI, composta da un gruppo di agenti incorruttibili, riuscì a farlo arrestare nel 1931 e una giuria lo condannò per evasione fiscale. Al Capone fu rinchiuso nel penitenziario di Alcatraz (a San Francisco) fino al 1939; dopo il rilascio visse a Miami, gravemente malato, fino al 1947.

Fu ben presto evidente che le leggi proibizioniste non avevano raggiunto gli obiettivi per cui erano state emanate. Nacque un forte movimento di opinione per abrogarle. Negli anni della grande crisi si capì che rendendo legale la produzione di alcolici si sarebbero creati posti di lavoro, si sarebbe favorita la coltivazione di cereali adatti alla distillazione e, in più, grazie alle imposte sugli alcolici, sarebbero aumentate le entrate fiscali. Nel 1933, infine, le leggi proibizioniste furono abrogate.

Una foto segnaletica di Al Capone scattata dalla polizia di Chicago nel 1930.

Spacciatori clandestini di liquori, un quadro del 1927 di Thomas Benton.
Salem, Museum of American Art.

Sintesi

RICOSTRUISCO LE INFORMAZIONI

1 L'eredità della guerra

Già nell'ultimo anno della Grande guerra si scatena un'epidemia d'influenza, **la «spagnola»**, che uccide milioni di persone.

Durante il conflitto si allestiscono immensi campi profughi e campi di concentramento per prigionieri, e per la prima volta nel Novecento avviene la **deportazione** in massa e lo **sterminio** di un popolo, quello degli **Armeni**.

Dopo la guerra, la **crisi economica** e la **disoccupazione** colpiscono per molto tempo tutti i Paesi europei, vinti e vincitori.

2 I trattati di pace e i nuovi confini

Nel 1919, alla conferenza di pace a Parigi, gli Stati vincitori impongono condizioni durissime alla **Germania** che viene disarmata, privata di alcuni territori e costretta a pagamenti enormi.

L'**impero austro-ungarico** viene smembrato: sul suo territorio si formano diversi **Stati** in cui le **minoranze etniche** puntano a ottenere l'indipendenza.

L'**Italia** riesce a ottenere dall'Austria il Trentino, l'Alto Adige, Trieste e l'Istria.

Nasce la **Società delle Nazioni**, con il compito di risolvere pacificamente le controversie fra gli Stati.

In **Turchia** una repubblica sostituisce l'impero ottomano crollato. Alla guida del Paese c'è il generale **Atatürk**, che intende modernizzare lo Stato.

3 Medio Oriente e Palestina: le origini del contrasto fra Arabi ed Ebrei

I territori del **Medio Oriente** che avevano fatto parte dell'impero ottomano non ottengono l'indipendenza, ma finiscono sotto il controllo di Francia e Inghilterra.

In tutta Europa, da tempo, si sta diffondendo l'ostilità (**antisemitismo**) verso gli Ebrei, che in Russia sono spesso perseguitati. Fra Otto e Novecento si costituisce un movimento politico, il **sionismo**, che ha come obiettivo il ritorno degli Ebrei in Palestina e la fondazione di uno **Stato ebraico**.

Tra gli Ebrei, che arrivano in Palestina, e gli Arabi, che da secoli abitano quella regione, la convivenza diventa sempre più difficile e si trasforma in **ostilità**.

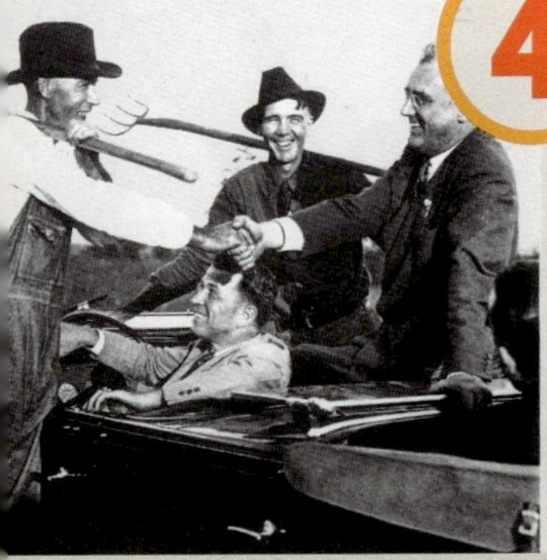

4 Benessere e crisi negli Stati Uniti

Nei primi anni del dopoguerra gli **Stati Uniti** attraversano un periodo di benessere economico. Tuttavia, mentre i guadagni delle industrie crescono, i salari salgono poco e anche la produzione agricola è in difficoltà.

Si apre ben presto una gravissima **crisi economica e finanziaria** che, con il **crollo della Borsa** di New York e la chiusura di banche e industrie, causa la rovina di milioni di cittadini. Solo i provvedimenti decisi dal presidente **Franklin D. Roosevelt** riescono a risollevare l'economia del paese (***New Deal***).

Esercizi

COSTRUISCO LE MIE COMPETENZE

USO LE PAROLE DELLA STORIA — Paragrafo 1

1 Usa le parole dell'elenco per scrivere quattro brevi frasi.

epidemia ▪ campi profughi ▪ deportazione ▪ reduci

INTERPRETO UN GRAFICO — Paragrafo 1

2 Osserva il grafico, leggi il testo che lo accompagna, poi rispondi alle domande.

Nel primo dopoguerra l'inflazione colpì duramente l'economia in Europa e in America. Il grafico mostra di quanto aumentò l'inflazione fra il 1910 e il 1920. In Gran Bretagna, per esempio, il tasso d'inflazione fu del 350%: vuol dire che un bene di consumo che nel 1910 costava 100, dieci anni dopo costava 350, tre volte e mezzo di più.

a. L'inflazione colpì solo i Paesi sconfitti nella guerra, o anche i vincitori?

b. Quale fu il Paese meno colpito? Quale il più colpito? Come puoi spiegare questa differenza?

c. Fra i Paesi vincitori della guerra, quale fu il più colpito dall'inflazione?

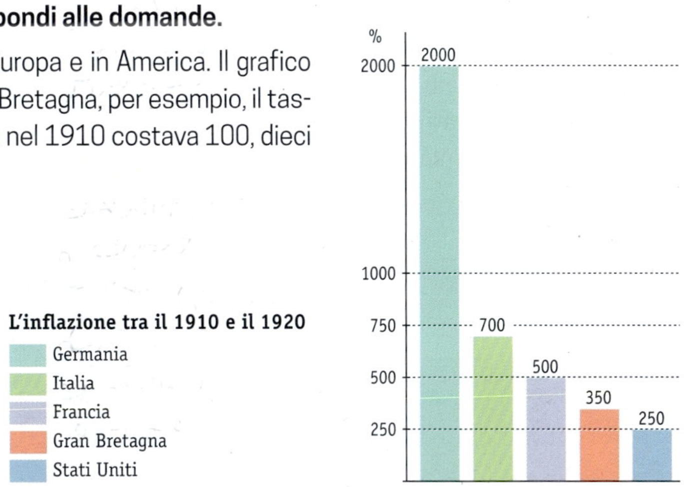

LAVORO SULLE FONTI — Paragrafo 2

3 Leggi il documento e l'introduzione che lo accompagna, poi rispondi alle domande.

Questo brano è tratto da un saggio che l'economista John Maynard Keynes scrisse nel 1919, intitolato *Le conseguenze economiche della pace*.

> « Il trattato di Versailles non comprende alcuna clausola [cioè alcuna norma] che miri alla rinascita economica dell'Europa, nulla che possa trasformare in buoni vicini gli imperi centrali disfatti, nulla che chiami a nuova vita la Russia; esso non favorisce neppure, in alcun modo, una stretta solidarietà economica fra gli stessi alleati. A Parigi non si riuscì a formulare alcun programma per il risanamento delle finanze disordinate della Francia e dell'Italia. »

a. Vero o falso? Rispondi mettendo le crocette.

1. Keynes giudicò negativamente il trattato di Versailles. V F
2. I vincitori cercarono di stabilire rapporti pacifici con gli sconfitti. V F
3. L'Italia e la Francia avevano difficoltà finanziarie. V F
4. Il trattato rafforzò l'unione e la solidarietà fra i vincitori. V F
5. La Russia fu aiutata a superare i suoi problemi. V F
6. Keynes scrisse questo saggio alcuni anni dopo il trattato di Versailles. V F

b. Spiega che cosa Keynes riteneva indispensabile per il futuro dell'Europa.

Esercizi

COMPLETO UNA CARTA STORICA — Paragrafo 2

4 **Completa la carta dell'Europa dopo la prima guerra mondiale seguendo le istruzioni.**

1. Scrivi in legenda i nomi degli Stati che sulla carta sono indicati con un numero.
2. Colora con una tinta a tua scelta gli Stati che prima della guerra non esistevano.

1	
2	
3	
4	
5	
6	
7	
8	
9	
10	
11	
12	
13	
14	
15	
16	

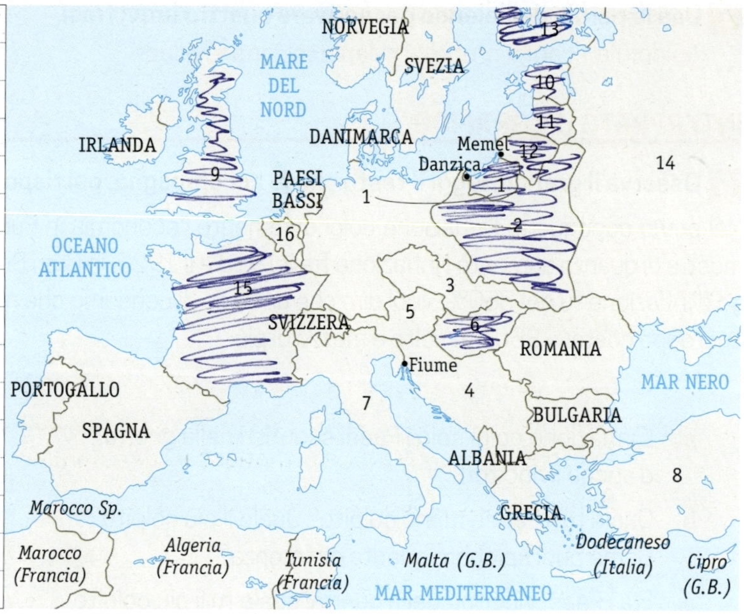

VERIFICO LE CONOSCENZE — Paragrafo 2

5 **Vero o falso? Rispondi mettendo le crocette.**

a. L'impero ottomano uscì vittorioso dalla prima guerra mondiale. V F
b. Una rivolta di nazionalisti turchi abolì il sultanato. V F
c. Fu proclamata la repubblica turca. V F
d. La repubblica turca comprendeva tutti i territori che erano appartenuti all'impero. V F
e. La capitale della repubblica fu Istanbul. V F
f. Kemal Atatürk volle fare della repubblica uno Stato laico e moderno. V F
g. Il turco sostituì l'arabo come lingua nazionale. V F

VERIFICO LE CONOSCENZE — Paragrafi 2 e 3

6 **Completa il brano con le parole adatte.**

La Società delle Nazioni era un .... che aveva lo scopo di regolare le .... fra gli .... Non fecero parte della Società delle Nazioni la ...., che era stata sconfitta, la .... appena uscita dalla rivoluzione e gli ...., che non vollero farne parte. Alla Germania furono imposte dure condizioni di pace: essa doveva cedere ...., ridurre le forze armate e pagare un enorme .... L'impero austro-ungarico dovette .... dei territori, come Trento, Trieste e l'................ all'................ . Inoltre, dalla divisione dell'impero si formarono tre nuovi Stati: l'................, la .... e l'................ . L'impero ottomano si dissolse e nacque la ....

VERIFICO LE CONOSCENZE

Paragrafo 3

7 **Traccia una carta d'identità del sionismo, completando la tabella.**

Che cos'era	Era la carta di nascita.	**Perché si chiamava così**	Perchē non ha senso la vita.
Che cosa si proponeva	La vita della città non ha senso.	**Chi ne fu il fondatore**	Il fondatore era la crisi economica.

STABILISCO RELAZIONI E COLLEGAMENTI

Paragrafo 4

8 **L'andamento dell'economia americana può essere schematizzato nei momenti che seguono, che elenchiamo in disordine. Mettili in ordine di successione, numerandoli progressivamente.**

- 3 ☐ Calo della domanda di prodotti americani all'estero.
- 4 ☐ Aumento della produzione industriale.
- 1 ☐ Avvio del *New Deal*.
- 2 ☐ Crollo della Borsa di New York.
- 5 ☐ Crisi delle esportazioni, disoccupazione.

LAVORO SULLE FONTI

Paragrafo 4

9 **Osserva l'immagine, leggi l'introduzione che la accompagna, poi rispondi alle domande.**
Questa fotografia fu scattata da una celebre fotografa americana, Margaret Bourke-White, nel 1937. Sullo sfondo c'è un cartello che dice «Non c'è modo di vita migliore di quello americano».

a. Perché queste persone sono in fila? (osserva gli oggetti che tengono in mano). Hanno l'aria preoccupata o serena? Come puoi spiegare il loro atteggiamento?

b. A quale periodo della storia americana fa riferimento questa foto? Che cosa racconta l'immagine?

Il capitolo a colpo d'occhio

QUANDO

1. In quali anni si svolgono questi eventi? SCRIVI le date sui puntini e poi COLLOCALE sulla linea del tempo.

Foto Getty Images.

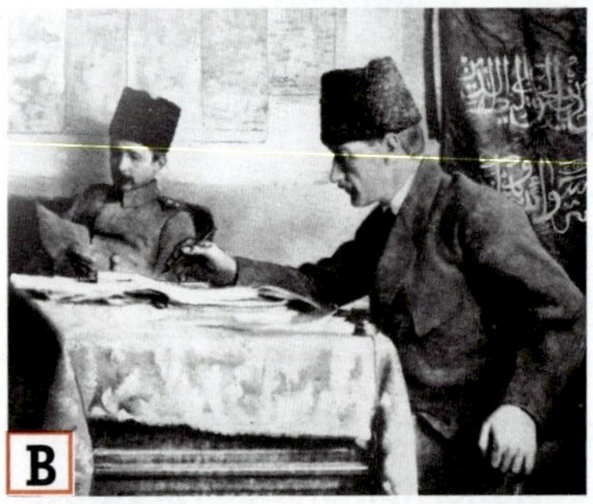

Foto Alamy.

A. Vita........ Trattati di pace e nuovi confini in Europa

B. Lavora........ Kemal Ataturk proclama la repubblica di Turchia

C. Nazion........ Crollo della Borsa di New York

1910 — 1915 — 1920 — 1925 — 1930

DOVE

2. CONFRONTA la carta con quella a p. 132 e COMPLETA la didascalia.

Le carte mostrano la differente situazione politica nel 1914 e nel Estonia........ . Si può notare che per effetto dei trattati di pace l'impero Lituania........ e quello austro-ungarico si sono dissolti e al loro posto sono nati nuovi Stati:

- i territori tolti alla Germania a est sono passati al nuovo Stato di Polonia........ ;
- dall'impero austro-ungarico sono nate l'Austria, la Grecoslovacchia........ e l'ungheria........ ;
- i Paesi baltici tolti alla Russia formano tre nuovi Stati indipendenti: Estonia, Romania........ , Austria........ .

L'EUROPA CENTRO-ORIENTALE NEL 1923

LE PAROLE DA RICORDARE

3. Come si chiama? METTI LA CROCETTA sulla parola o sulla locuzione giusta.

a. Istituzione fondata nel 1919 per risolvere le contese fra gli Stati.

☒ *New Deal* ☐ Società delle Nazioni ☐ Conferenza di Parigi

b. Stato in cui le leggi sono fatte da organismi civili e non religiosi.

☐ Stato indipendente ☐ Stato laico ☒ Repubblica

c. Movimento politico che voleva costruire uno Stato ebraico in Palestina.

☐ antisemitismo ☒ nazionalismo ☐ sionismo

LA MAPPA DEI CONCETTI

4. COMPLETA la mappa.

Dopo la prima guerra mondiale

- vengono firmati → trattati di Libia
  - che impongono → pesanti sanzioni alla vita di santa
  - che costituiscono → nuovi Stati in guerra
- si istituisce → la Società delle Crisi
  - per risolvere → contrasti internazionali
- si smembra → l'impero ottomano
  - nasce → la repubblica turca
  - ci sono → conflitti in Palestina fra Arabi ed Europei
- gli Stati in conflitto
  - sono → ricchi e potenti
    - ma devono affrontare → crisi economica
    - ma devono affrontare → Grande guerra

Capitolo

7 Il fascismo in Italia

CIAK si impara!

GUARDA! IL VIDEO

MI ORIENTO NEL CAPITOLO dal 1919 → al 1938

1

Nel dopoguerra in Italia **contadini** e **operai** lottano per ottenere terre e migliori condizioni di lavoro. Questo periodo di crisi sociale e proteste è chiamato **«biennio rosso»**.

2

Il **partito fascista** va al potere con l'appoggio di industriali e grandi proprietari terrieri e grazie alla violenza delle sue bande armate. **Mussolini** dà vita a una **dittatura** e perseguita gli oppositori.

3

Il regime fascista **controlla** ogni aspetto della vita quotidiana: dall'**informazione** al tempo libero fino all'**educazione dei giovani**, cresciuti come **piccoli soldati**.

4

Il fascismo attua provvedimenti come la **«battaglia del grano»**, per rendere l'Italia **autonoma** dalle importazioni di prodotti e materie prime da altri Paesi.

5

Il regime diventa sempre più **aggressivo**: decide di **conquistare l'Etiopia** per costruire un **impero coloniale**; discrimina gli **Ebrei**; diffonde idee sulla **presunta superiorità della razza italiana**.

1. La crisi del dopoguerra

La guerra ha aggravato i problemi sociali

Come nel resto d'Europa, anche in Italia la guerra rese più acuti i problemi economici e sociali. Occorreva riconvertire la produzione industriale a scopi pacifici e dare lavoro alle masse di **reduci** (gli ex combattenti) che ritornavano dal fronte. Fra questi erano numerosi i giovani borghesi, che avevano combattuto come ufficiali e aspiravano a mantenere anche in tempo di pace una posizione di prestigio.

Gli **operai**, soprattutto nelle industrie del Nord, chiedevano la riduzione della giornata lavorativa a otto ore e migliori salari per far fronte all'inflazione. Molti di loro pensavano che si dovesse «fare come in Russia», cioè che la direzione delle imprese industriali dovesse essere presa da consigli operai.

I **contadini meridionali**, che avevano dato il maggior contributo all'esercito, speravano in una riforma agraria che assegnasse loro in proprietà parte delle terre che lavoravano.

Le **donne** avevano lavorato nelle fabbriche o negli ospedali e aspiravano a vedere riconosciuta la loro importanza nella società.

Manifestazione di reduci nel dopoguerra in una tavola della «Domenica del Corriere». I cartelli denunciano le difficoltà che gli ex combattenti trovano a reinserirsi nella vita civile.

Il mito della «vittoria mutilata»

I trattati di pace attribuirono all'Italia il Trentino con l'Alto Adige fino allo spartiacque alpino e Trieste con la Venezia Giulia e la penisola d'Istria. Furono respinte, invece, le pretese italiane sulla Dalmazia e sulla città di **Fiume** (in croato Rijeka), ai confini orientali dell'Istria. La città era abitata prevalentemente da Italiani, mentre nell'entroterra erano in maggioranza gli Slavi.

GUARDA! LA CARTA ANIMATA

I confini italiani dopo la prima guerra mondiale.

- L'Italia all'inizio del 1915
- Trentino e Alto Adige annessi nel 1919
- Territori assegnati all'Italia nel 1920
- Stato libero di Fiume, annesso nel 1924

I nazionalisti, con polemici articoli sui giornali e manifestazioni nelle piazze, accusavano di debolezza il governo e definivano quella italiana una «**vittoria mutilata**», che non ripagava il sangue italiano sparso durante la guerra [→ I protagonisti: Gabriele d'Annunzio e l'occupazione di Fiume, p. 160].

Don Luigi Sturzo nel 1919; con l'appello *A tutti gli uomini liberi e forti* fondò il partito popolare italiano, con sedi su tutto il territorio nazionale.
Foto A. Bruni/Archivio RCS.

Vengono fondati nuovi partiti

Il **1919** fu un anno denso di avvenimenti nella politica italiana. In gennaio, la fondazione del **partito popolare** segnò l'inizio di un impegno diretto dei cattolici nella vita politica italiana. Il partito era guidato da uno studioso di problemi del Sud, il sacerdote **Luigi Sturzo**.

Il partito popolare era diffuso principalmente nelle campagne ed era apertamente rivale del partito socialista, forte nelle città e nelle regioni industriali. Questi due partiti si contendevano la guida delle masse popolari e la loro organizzazione.

Alle elezioni che si tennero verso la fine del 1919, sia i socialisti sia i cattolici ottennero un buon risultato e divenne impossibile formare un governo senza l'appoggio degli uni o degli altri. Ma entrambi i partiti erano divisi al loro interno e la loro azione politica fu debole e incerta.

Nello stesso 1919, in marzo, **Benito Mussolini** fondò un movimento accesamente nazionalista, i **Fasci di combattimento**. Ben presto, come vedremo, esso divenne protagonista della politica italiana.

Contadini e operai in lotta nel «biennio rosso»

Gli anni **1919-1920** furono segnati da grandi agitazioni popolari, tanto da essere definiti **«biennio rosso»**.

Operai armati durante il «biennio rosso» a Torino. L'occupazione delle fabbriche e delle terre da parte di operai e contadini non era solo una fase della lotta di classe, ma voleva essere anche il primo passo verso la rivoluzione.

Tessera dei Fasci di combattimento del 1921. Un'aquila porta in volo un fascio littorio, la scure fasciata di verghe che nell'antica Roma simboleggiava il potere dei magistrati.
Milano, Fondo Simone Magnolini.

Nell'agosto 1919, masse di contadini **occuparono terre** nella campagna romana e nel meridione. Erano organizzate da Leghe rosse socialiste, Leghe bianche popolari e associazioni di reduci di guerra.

Nelle grandi industrie del nord (come la FIAT di Torino e l'Ansaldo di Genova) vi furono ondate di **scioperi** quasi senza interruzione. Impauriti, gli industriali reagirono nell'agosto 1920 con la **serrata**, cioè chiudendo le fabbriche. Gli operai risposero con l'**occupazione delle fabbriche** e, con questa forma estrema di protesta, ottennero aumenti salariali e la riduzione dell'orario lavorativo a otto ore giornaliere.

Nasce il partito comunista d'Italia

L'esito delle battaglie operaie scontentò quella parte di socialisti che avevano sperato che l'occupazione delle fabbriche segnasse l'inizio della rivoluzione. Così, nel gennaio **1921**, un gruppo della sinistra socialista, guidato da Antonio Gramsci e Amadeo Bordiga, fondò il **partito comunista d'Italia**, che aderì alla Terza Internazionale.

I comunisti accusavano i dirigenti socialisti di limitarsi a mobilitare i lavoratori con vaghe promesse di rivoluzione. Il loro obiettivo era, al contrario, organizzare un vero partito rivoluzionario, prendendo come modello il partito bolscevico di Lenin e Trockij.

Una situazione difficilmente governabile

I liberali al governo erano in difficoltà e come stretti fra due fuochi. Da un lato c'erano le forti pressioni dei ceti conservatori, che volevano la fine delle agitazioni sociali e il ritorno all'ordine e alla legalità; dall'altro c'erano i partiti e i movimenti di massa, che lottavano per ottenere grandi cambiamenti sociali e politici. Abituati a risolvere i problemi con le battaglie parlamentari, i liberali non riuscivano a far cessare il susseguirsi degli scioperi e delle manifestazioni di piazza.

ORGANIZZO I CONCETTI

► **Completa la tabella.**

I partiti politici italiani nel dopoguerra	
1919	Nasce il partito popolare, di ispirazione cristiana, fondato da Luigi Sturzo. Vuole raccogliere i voti dei ...., che iniziano a partecipare alla vita politica italiana.
1919	Nascono i Fasci di combattimento, un movimento nazionalista fondato da Benito Mussolini.
1921	Da una scissione del partito socialista nasce il partito Comunista d'Italia, che si ispira alle idee di Lenin e Trockij. Viene fondato da Antonio Gramsci e Amadeo Bordiga.

COLLOCO GLI EVENTI NEL TEMPO

I protagonisti

Gabriele d'Annunzio e l'occupazione di Fiume

Gabriele d'Annunzio (1863-1938) è stato un celebre poeta, romanziere e drammaturgo. Ebbe un ruolo di primo piano nelle manifestazioni interventiste e nella guerra combatté come aviatore, ricevendo numerosi riconoscimenti per il suo valore. Dopo la guerra fu in primo piano fra coloro che protestavano per la «vittoria mutilata».

Nel **settembre 1919** d'Annunzio si mise al comando di un gruppo di volontari e occupò **Fiume**, dichiarandola **annessa all'Italia** e istituendo un governo provvisorio. Era un clamoroso atto di ribellione contro il governo e il parlamento, che rischiava di aggravare la tensione fra Italia e Iugoslavia. Il governo italiano scelse di risolvere la questione con la diplomazia. Così, nel novembre 1920, Giovanni Giolitti (che di nuovo era presidente del Consiglio) firmò con le autorità iugoslave il trattato di Rapallo, che faceva della città di Fiume uno **Stato libero e indipendente**. Reparti regolari dell'esercito italiano costrinsero D'Annunzio e i suoi a lasciare la città.

L'impresa di Fiume fallì, ma mostrò tutta la debolezza dello Stato italiano, tenuto in scacco per più di un anno da una banda di rivoltosi guidati da un capo capace di entusiasmare le folle. La vita di Fiume come Stato libero durò poco. La situazione economica della città divenne presto insostenibile e i suoi governanti chiesero l'**annessione all'Italia**, che avvenne nel 1924. Dopo l'esperienza di Fiume, d'Annunzio si ritirò a Gardone (sul lago di Garda), in una villa che fu ribattezzata «Il Vittoriale degli italiani»: una casa-museo in cui il poeta passò il resto della vita.

Gabriele d'Annunzio a Fiume nel 1920.
Foto Archivi Alinari.

Manifesto di propaganda del 1920 a favore dell'annessione di Fiume.
Milano, Raccolta delle stampe Achille Bertarelli.

2. Il fascismo prende il potere

Mussolini e il partito fascista

Nel clima di scontro sociale del dopoguerra si affermò il movimento politico nazionalista del **fascismo**. Fondato nel 1919, due anni dopo il movimento dei Fasci di combattimento si trasformò in partito, **il partito fascista**. Il nome derivava dall'emblema del partito: il **fascio littorio***, che nell'antica Roma indicava il potere di comando dei più alti magistrati.

Il capo del partito fascista, **Benito Mussolini**, era un uomo politico spregiudicato e ambizioso che, come abbiamo visto, era stato cacciato dal partito socialista per la sua campagna a favore della guerra [→ cap. 5 par. 3]. Chiamato alle armi, raggiunse il grado di caporale ed esaltò l'esperienza di guerra in un diario dal fronte che scrisse per il suo giornale. Per i suoi seguaci egli era il **duce** (da una parola latina che significa «capo, guida»).

Il programma del partito era piuttosto vago, ma prometteva di far tornare l'ordine in Italia e dichiarava di proporsi, al di sopra di ogni altro fine, il **bene della patria**. I fascisti erano ostili ai partiti borghesi rappresentati in parlamento, che sembravano incapaci di modernizzare il Paese, ai socialisti, che consideravano anti-italiani, e ai comunisti, accusati di voler stravolgere l'ordine sociale con la rivoluzione.

*** Fascio littorio**
Nell'antica Roma i fasci erano costituiti da verghe d'olmo o di betulla legate insieme, in mezzo alle quali era posta una scure. Erano portati dai littori, che avevano il compito di far sgomberare la strada al passaggio del magistrato e di controllare che a lui venissero tributati gli onori previsti.

L'appoggio al fascismo

Mussolini era dotato di grande energia e sapeva fare discorsi emozionanti e convincenti. Molti **ex combattenti** aderirono al fascismo perché valorizzava la loro esperienza di guerra.

Il partito fascista organizzò **bande armate** (dette «squadre d'azione») per spedizioni punitive contro le Camere del Lavoro e contro le sedi dei partiti di sinistra e dei loro giornali. Molti industriali, che temevano una rivoluzione comunista, e molti grandi proprietari terrieri della pianura padana, impauriti dalle occupazioni di terre, finanziarono lo squadrismo fascista.

Anche uomini politici liberali, come per esempio Giolitti, s'illusero di potersi servire del fascismo per riportare l'ordine nel Paese e salvare lo Stato. Poiché la polizia e i carabinieri non intervenivano, le imprese delle squadre d'azione diventarono sempre più violente e sfrenate.

Uno squadrista, armato di bastone, calpesta la bandiera rossa. Cartolina di propaganda del pittore Marcello Dudovich che esorta alla distruzione del bolscevismo, 1922.
Foto A. Jemolo/Scala, Firenze.

ORGANIZZO I CONCETTI

Il partito fascista

Simbolo: fascio littorio
Capo: duce
Programma:
- promuovere il bene dell'Italia
- riportare ordine nel Paese

Era ostile a:
- partiti borghesi, perché ritenuti incapaci di modernizzare il paese
- socialisti, perché considerati anti-italiani
- comunisti perché sono accusati di voler stravolgere l'ordine sociale con la rivoluzione

Tra soprusi e violenze il fascismo prende il potere

Il partito fascista nel 1921 partecipò alle elezioni e ottenne una rappresentanza in parlamento. Ma Mussolini non intendeva giungere al potere con le vie parlamentari, anche se alcuni cominciavano a vedere nel suo partito un utile alleato contro l'avanzare della sinistra.

Nell'ottobre **1922** Mussolini approfittò di un momento di crisi politica per preparare un colpo di Stato. I capi fascisti organizzarono una **marcia su Roma** per costringere il governo, presieduto da Luigi Facta, alle dimissioni.

Da ogni parte d'Italia squadre di fascisti armati in **camicia nera** (la loro divisa) si diressero minacciosamente verso Roma, mentre Mussolini rimase prudentemente a Milano. Il re non ritenne opportuno mandare l'esercito contro i ribelli e, dopo le dimissioni di Facta, nominò **Mussolini capo del governo**.

Mussolini dopo la marcia su Roma circondato dai capi fascisti in camicia nera, ottobre 1922.
Foto Bettmann/Corbis.

ORGANIZZO I CONCETTI

► **Completa la mappa.**

Elezioni del 1921
↓
il partito fascista entra in ....parlamento........
con i voti di
↓
molti ex ....combattenti......, molti ....industriali........, molti ....proprietari........ terrieri

....marcia.... **su** ....Roma....
del 1922
↓
Mussolini è nominato ....capo del governo....
da
↓
re Vittorio Emanuele III

Il potere fascista si rafforza

Il primo governo fascista comprese anche esponenti di altri partiti, ma ben presto Mussolini instaurò una **dittatura personale e di partito**.

Nelle elezioni del **1924**, che si svolsero tra soprusi e violenze, la lista fascista ottenne la maggioranza. Il deputato socialista **Giacomo Matteotti**, che aveva denunciato in parlamento le illegalità elettorali, fu assassinato da sicari del duce [→ Fonti p. 164]. Questo delitto suscitò sdegno in tutto il Paese.

I deputati dell'opposizione per protesta abbandonarono il parlamento, ma questa **secessione***, detta **dell'Aventino**, ebbe vita breve. I deputati dell'Aventino erano fra loro divisi e non riuscirono a organizzare un'azione comune contro il fascismo. Il re Vittorio Emanuele III, che avrebbe potuto sciogliere il parlamento, rifiutò di prendere posizione e con il suo silenzio appoggiò il governo e i metodi violenti di lotta politica.

* **Secessione**
Significa «separazione, ritiro». La protesta dei deputati antifascisti nel 1924 fu paragonata a una famosa secessione della plebe romana: nel 494 a.C. i plebei romani, in lotta contro i patrizi, si organizzarono in comunità autonoma sul colle Aventino e ottennero che venisse istituita la carica dei tribuni della plebe.

Le leggi speciali e la repressione degli oppositori

Nel biennio **1925-1926** furono promulgate alcune **leggi** dette **«fascistissime»**, che diedero tutto il potere a Mussolini e crearono uno Stato poliziesco. Furono **sciolti** tutti i **partiti** e le **associazioni sindacali** non fasciste, fu **soppressa la libertà di stampa**, di parola, di associazione.

Per reprimere gli oppositori fu istituito il **confino**, cioè il soggiorno obbligato in paesi isolati sotto controllo della polizia. Fu ripristinata la **pena di morte** e venne istituito un **tribunale speciale** per giudicare i «delitti contro lo Stato», cioè per processare gli oppositori del fascismo.

I dirigenti e i militanti dei partiti antifascisti furono perseguitati con ogni mezzo. Alcuni furono incarcerati, come il deputato del partito popolare Alcide De Gasperi e il segretario del partito comunista Antonio Gramsci (che morì in prigione nel 1937). Altri furono aggrediti e morirono per le percosse subite, come i liberali Giovanni Amendola e Piero Gobetti. Altri ancora andarono in esilio all'estero, dove continuarono la lotta antifascista e, in alcuni casi, furono raggiunti dai sicari del regime (fu questo il caso, nel 1937, dei liberali Carlo e Nello Rosselli).

Un gruppo di antifascisti in Corsica nel 1926. Il primo da destra è Ferruccio Parri, che diventerà uno dei capi della Resistenza e il primo presidente del Consiglio del dopoguerra; accanto a lui, Sandro Pertini, dal 1978 al 1985 presidente della Repubblica italiana. L'uomo al centro è Carlo Rosselli.

COLLOCO GLI EVENTI NEL TEMPO

Fonti

Giacomo Matteotti denuncia le violenze fasciste

Il deputato socialista Giacomo Matteotti, il 30 maggio 1924, denunciò in un discorso al parlamento una serie di violenze e di soprusi commessi dai fascisti durante la campagna elettorale e nel corso delle votazioni del 1924 che, come sappiamo, diedero al fascismo un'ampia maggioranza. Ecco qualche passo del suo intervento.

« Nella valle del Po, in Toscana e in altre regioni [...] i fascisti consegnavano agli elettori un bollettino contenente tre numeri o tre nomi, variamente alternati [cioè disposti diversamente in modo da formare varie combinazioni], in maniera che tutti gli elettori di ciascuna sezione, uno per uno, potessero essere controllati e riconosciuti personalmente nel loro voto... [Ciò] diede modo al partito dominante di controllare personalmente ciascun elettore e di applicare il giorno seguente ai ribelli la sanzione [punizione] col boicottaggio [esclusione] dal lavoro e con le percosse... Coloro che ebbero la ventura di votare, ebbero dentro le cabine, in moltissimi comuni, specialmente della campagna, la visita di quelli che erano incaricati di controllare i voti. Se la Giunta delle elezioni volesse verificare i cumuli di schede che sono state votate, potrebbe trovare che molti voti di preferenza sono stati scritti sulle schede tutti dalla stessa mano, così come altri voti di lista furono cancellati o addirittura letti al contrario... »

(Da *Atti del Parlamento. Raccolta di relazioni e di interventi di deputati e senatori.*)

LAVORO SULLE FONTI

1. Descrivi le caratteristiche del documento. Da dove è tratto? Quando fu prodotto? Chi ne è l'autore?
2. Sottolinea nel documento le varie illegalità che vi sono denunciate, poi spiega: a che scopo venivano commesse? Come venivano puniti i disobbedienti? A quale scopo l'autore pronunciò questo discorso?

Giacomo Matteotti e i suoi compagni di partito a Roma nel 1922. Da questa fotografia fu tratta l'immagine per la copertina di una rivista pubblicata in Argentina nel primo anniversario dell'uccisione del deputato socialista.

Foto Archivio Bruni/DeAgostini/Archivi Alinari. Ferrara, Museo del Risorgimento e della Resistenza.

3. Le istituzioni del regime fascista

Il fascismo cambia le istituzioni dello Stato

Per «fascistizzare» lo Stato Mussolini si propose di privare il parlamento di ogni potere di controllo sull'attività del governo, e sostituì o affiancò le istituzioni dello Stato con nuove istituzioni fasciste. Con una modifica allo Statuto, si stabilì che il governo era responsabile dei suoi atti di fronte al re. Soltanto il re poteva costringerlo alle dimissioni, mentre nello Stato democratico questo potere spetta al parlamento.

Sulle questioni più importanti il capo del governo non si consultava più con il parlamento, ma con il **Gran Consiglio del Fascismo**, composto da dirigenti del partito nominati direttamente da Mussolini.

Le squadre d'azione fasciste furono trasformate in un nuovo corpo di polizia, la **Milizia Volontaria per la Sicurezza Nazionale**. Della milizia facevano parte i Battaglioni Camicie Nere, reparti militari che si affiancavano all'esercito regolare. Mussolini era consapevole che molti ufficiali dell'esercito erano fedeli alla monarchia più che al fascismo, e decise di organizzare in questo modo una specie di esercito fascista.

Il partito fascista prese il controllo anche delle amministrazioni locali. I sindaci, che in precedenza erano eletti dal popolo, furono sostituiti da **podestà*** nominati dal governo.

ORGANIZZO I CONCETTI

► **Completa l'elenco.**

Durante il periodo fascista, il parlamento:

- non può controllare l' ...attività... del ...governo... ;
- non può chiedere le ...istituzioni... del governo;
- non viene ...consultato... dal capo del governo, che prende le decisioni più importanti insieme al ...Gran Consiglio... del Fascismo.

* **Podestà**
Nel Medioevo, era il magistrato forestiero che guidava per un periodo determinato (dai sei mesi ai due anni) le istituzioni comunali di una città.

L'informazione è controllata dal regime

Il governo fascista emanò subito **leggi che soppressero la libertà di stampa**. La censura e il divieto di pubblicazione furono usati abitualmente per far tacere le voci di critica. Fu istituita un'agenzia di stampa, controllata dal partito, che sceglieva le informazioni e comunicava ai giornali e alla radio solo quelle consentite. Il **ministero della cultura popolare** impartiva istruzioni sul rilievo maggiore o minore da dare alle notizie. Naturalmente le notizie sgradevoli per il regime erano taciute o minimizzate. Si mise al servizio del fascismo anche una buona parte degli editori, dei proprietari di giornali, dei giornalisti, degli uomini di cultura e degli scrittori.

Molti italiani considerarono il fascismo un male che era necessario accettare. La mancanza di libertà sembrò un prezzo che era giusto pagare per avere un'Italia ordinata, senza scioperi né agitazioni popolari, senza minacce di rivoluzione.

Il duce tiene un discorso dal balcone di Palazzo Venezia (allora sede del governo) a Roma. A queste manifestazioni partecipava sempre una gran folla, giunta spesso con viaggi organizzati dal partito fascista.
Roma, Istituto Luce.

Il fascismo cerca il consenso degli italiani

Il fascismo si era imposto con la violenza e aveva avuto l'appoggio delle più alte istituzioni dello Stato e di potenti forze economiche. Ma Mussolini comprese ben presto che, per rendere durevole il suo regime, avrebbe dovuto ottenere il **consenso**, cioè l'approvazione, se non di tutti, almeno di una buona parte degli Italiani. Occorreva che la gente avesse un'assoluta fiducia in lui e credesse nella sua personale superiorità. Egli doveva mostrare pubblicamente di possedere le qualità dell'«uomo nuovo» fascista: la forza, l'arroganza, l'astuzia, l'audacia temeraria, la prestanza fisica.

Un'intensa **propaganda**, fatta con i più moderni mezzi di comunicazione (radio, giornali, cinema, manifesti), esaltò il fascismo, il duce e l'ordine instaurato dal regime.

L'immagine e le parole del duce riempivano i manifesti in ogni angolo delle strade; la radio e i cinegiornali ripetevano i suoi accesi discorsi e mostravano i suoi gesti forti e decisi. L'anno della presa del potere, il 1922, fu considerato come l'inizio di una **nuova era*** e si cominciarono a contare gli anni dell'era fascista. Questa era, come vedremo nei prossimi paragrafi, durò circa vent'anni, un periodo che gli storici definiscono il **ventennio fascista**.

* **Era**
Il termine indica un'epoca, un periodo di tempo caratterizzato da un evento iniziale così importante da essere usato per contare gli anni. Nel ventennio, i numeri dell'era fascista erano scritti in cifre romane.

La cerimonia di inaugurazione di Cinecittà a Roma nel 1937. Lo slogan che si legge sullo sfondo (sotto l'immagine di Mussolini cineoperatore) mostra l'importanza che il fascismo diede al cinema.
Roma, Istituto Luce.

Un esemplare di Radio Balilla. Un ricevitore a basso costo promosso dal ministero della comunicazione durante il fascismo con l'intento di sfruttare al massimo la radio come strumento di propaganda politica.
Milano, Museo della scienza e della tecnica.

Un regime totalitario

Gli antifascisti italiani usarono l'aggettivo «totalitario» per definire il governo dittatoriale di Mussolini. Infatti il regime fascista non si limitava a mantenere il **controllo assoluto della vita pubblica** e politica, come fanno tutte le dittature. Esso interveniva su tutti gli aspetti della vita, **anche quella privata**, per imporre agli Italiani l'ideologia fascista, cioè le idee, i valori e i comportamenti del gruppo dominante. Per questo il regime impose regole alla vita familiare, all'uso del tempo libero, all'educazione e alla cultura.

Il totalitarismo non caratterizzò soltanto la dittatura fascista italiana. Gli storici usano questa parola per indicare altre dittature del XX secolo, come lo stalinismo, il nazismo, i regimi comunisti cinese e dell'Est europeo (ne parleremo nei prossimi capitoli).

Le minoranze etniche sono penalizzate

Nei territori annessi all'Italia dopo la guerra vivevano consistenti minoranze etniche e linguistiche. L'Alto Adige era abitato da cittadini prevalentemente di lingua tedesca, in Venezia Giulia c'era una forte presenza di sloveni, in Istria la maggioranza della popolazione dei paesi e delle campagne era di nazionalità croata.

La politica del regime fu di **italianizzare** quelle regioni. Negli uffici pubblici fu **imposto l'uso della lingua italiana** (anche molti nomi geografici furono resi in italiano). Nelle scuole elementari l'insegnamento avveniva in italiano e fu proibito l'uso della lingua madre. Anche le associazioni culturali tedesche e slave furono strettamente controllate o addirittura proibite.

Le tradizioni e la lingua di origine vennero tenute in vita con l'insegnamento in famiglia o in scuole clandestine.

La copertina del testo unico per la seconda classe elementare è illustrata con un balilla che già nel suo ruolo di piccolo soldato scrive sul muro "Vincere!".

Anche la scuola diventa fascista

Il regime pose sotto stretto controllo l'insegnamento scolastico. Nella scuola elementare fu introdotto il **libro di testo unico**, il cui contenuto era accuratamente controllato dalle commissioni del governo. In questa maniera i giovani **si abituavano a pensare** nel modo che il regime desiderava: ammiravano il duce, pensavano che l'Italia fascista fosse l'erede dell'antica Roma, desideravano la grandezza anche militare del loro Paese.

Dal 1932 tutti i dipendenti pubblici, e quindi anche gli insegnanti, dai maestri elementari ai professori universitari, furono obbligati a iscriversi al partito fascista e a giurare fedeltà al regime. Solo pochi rifiutarono, con grave danno della loro carriera e rischi per la loro stessa persona.

L'educazione dei giovani

I giovani furono oggetto di attenzioni particolari da parte del regime. Secondo gli ideali fascisti, l'attività sportiva e l'istruzione dovevano formare una **gioventù forte e guerriera**, degna erede dell'antico impero romano, al quale Mussolini diceva di ispirarsi. Così, accanto allo studio, i giovani dovevano partecipare ad attività che li preparavano alla vita militare.

Le ragazze ricevevano anch'esse un addestramento sportivo, ma si esercitavano anche nelle mansioni alle quali, secondo il fascismo, erano destinate: di attente organizzatrici della casa e madri di famiglia. Tutti i bambini e gli adolescenti italiani furono inseriti in un'organizzazione chiamata **Opera Nazionale Balilla** (ONB). L'iscrizione all'Opera Nazionale Balilla era volontaria, ma diventava di fatto obbligatoria, perché per un bambino era impossibile resistere alle pressioni di tutte le autorità adulte, scolastiche, fasciste e anche familiari. [→ Vita quotidiana, p. 170]

Una squadra di balilla durante un addestramento militare: i ragazzi indossano maschere antigas e imbracciano fucili in miniatura.
Foto Bettmann/Getty Images.

Il concordato con la Chiesa cattolica

Mussolini esaltò come un grande successo della politica estera fascista l'aver posto fine alla «**questione romana**», che opponeva la Chiesa allo Stato italiano dai tempi della conquista di Roma nel 1870. Dopo lunghe trattative, l'11 febbraio **1929**, nel palazzo del Laterano a Roma, furono firmati i **Patti Lateranensi**. Con essi il pontefice riconosceva Roma come capitale del regno d'Italia e in cambio l'Italia cedeva alla Chiesa un piccolo territorio intorno alla basilica di San Pietro, facendone un vero e proprio Stato sovrano: la Città del Vaticano (dal nome del colle sul quale si estendeva).

Un insieme di norme – il **Concordato** – regolò i rapporti fra lo Stato italiano e la Città del Vaticano. Fin dal tempo di Cavour, lo Stato e la Chiesa erano stati concepiti come due poteri separati e indipendenti, che operavano in ambiti diversi: lo Stato nella società civile, la Chiesa in campo religioso.

Con i Patti Lateranensi il potere civile e quello religioso furono nuovamente associati. Lo Stato italiano riconobbe che la religione cattolica apostolica romana era la sola religione dello Stato; che il matrimonio religioso aveva validità anche civile; introdusse nelle scuole l'insegnamento della dottrina cattolica. Dal canto suo la Chiesa accettò di nominare solo dei vescovi che avessero il gradimento politico del governo italiano e li impegnò a giurare fedeltà allo Stato.

Questo accordo regolò i rapporti fra Chiesa e Stato italiano per molto tempo anche dopo la fine del fascismo: venne modificato solo nel 1984.

ORGANIZZO I CONCETTI

► **Completa l'elenco.**

Con i Patti Lateranensi

- nasce un nuovo Stato, la ....
- i rapporti fra Stato italiano e ...., interrotti nel ...., vengono ricuciti
- in Italia, il potere .... e quello .... vengono nuovamente associati

ORGANIZZO I CONCETTI

Consenso dato dagli Italiani al fascismo

1. Ossessiva presenza quotidiana del regime:
   - propaganda e mass media
   - scuola
   - organizzazione della gioventù
2. Orgoglio nazionalistico:
   - vittoria mutilata
   - conquiste coloniali
3. Difesa dell'ordine sociale:
   - accordo con la monarchia
   - concordato con la Chiesa
   - repressione di partiti e sindacati
4. Politica «spettacolo»:
   - grandi adunate
   - spettacoli sportivi
5. Interventi in ambito sociale:
   - Opera Nazionale Dopolavoro
   - aiuti alle famiglie numerose
6. «Culto del duce»:
   - immagini
   - frasi celebri sui muri
   - dialoghi diretti con la folla
7. Tradizioni inventate:
   - il fascismo erede di Roma

Vita quotidiana

La riforma fascista della scuola

Nel **1923** il ministro della pubblica istruzione Giovanni Gentile attuò un'importante riforma del sistema scolastico, che Mussolini chiamò «la più fascista di tutte le riforme».

L'**obbligo scolastico** fu innalzato fino a quattordici anni di età, ma non venne creata una scuola media uguale per tutti: il percorso dipendeva dal tipo di istituto che si voleva frequentare in seguito. Anche nelle scuole superiori la riforma stabiliva una **gerarchia d'importanza fra i diversi corsi** di studio.

Il ginnasio liceo (due anni di ginnasio superiore e tre di liceo classico) era considerato la scuola per le future classi dirigenti: era l'unica che dava accesso a tutte le facoltà universitarie. Per gli studenti che proseguivano gli studi c'erano anche il liceo scientifico, l'istituto magistrale e l'istituto tecnico. Con il liceo scientifico si poteva accedere all'università, ma solo alle facoltà scientifiche, con il magistrale alla sola facoltà di magistero. L'istituto tecnico non permetteva l'iscrizione all'università.

Chi era più povero, perlopiù figlio di operai o contadini, poteva frequentare dopo la scuola elementare per tre anni la scuola di avviamento professionale.

Una scuola elementare di Alessandria negli anni Trenta del Novecento. Sulla parete, insieme al crocefisso, ci sono le foto di Mussolini e del re Vittorio Emanuele III. Sulla lavagna è scritta una frase attribuita a Mussolini: «Voi o fanciulli dovete essere i fedeli custodi per tutta la vita della eroica civiltà che l'Italia sta creando col lavoro, con la disciplina e con la concordia».
Roma, Istituto Luce.

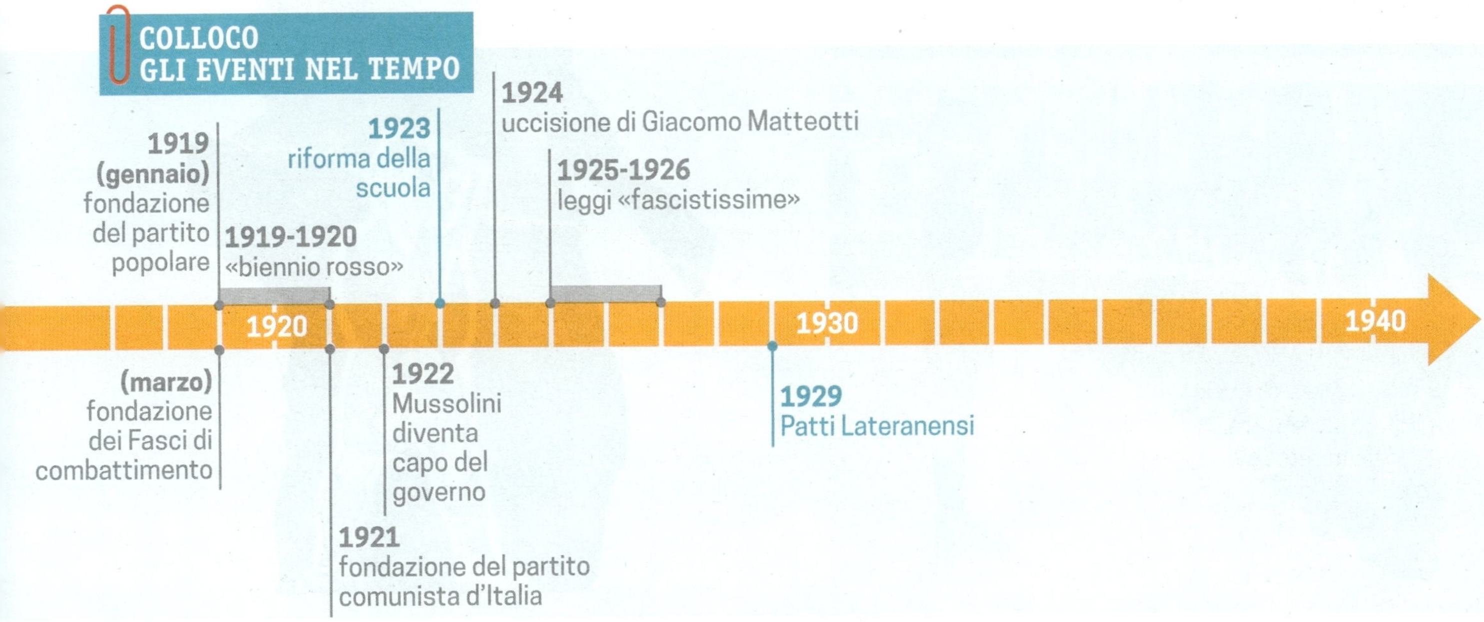

Vita quotidiana

I balilla e le organizzazioni giovanili del fascismo

«Balilla» era il soprannome di Giovan Battista Perasso, un ragazzino (non si sa se esistito veramente) a cui la tradizione popolare attribuisce il merito di aver iniziato la rivolta di Genova contro i soldati austriaci nel 1746. Questo mito rivoluzionario e patriottico piaceva molto a Mussolini, che scelse il nome di Opera Nazionale Balilla per l'istituzione di tipo militare destinata a «**riorganizzare la gioventù** dal punto di vista morale e fisico».

I giovani erano inquadrati secondo l'età: c'erano i «balilla» (cioè i ragazzi tra gli 8 e gli 11 anni), i «moschettieri» (12-13 anni), gli «avanguardisti» (14-15 anni) e gli «avanguardisti moschettieri» (16-17 anni). Le femmine erano divise in «piccole italiane» (8-14 anni) e «giovani italiane» (15-17 anni). Maschi e femmine tra i 6 e gli 8 anni erano chiamati «figli» e «figlie della lupa» (quella che allattò i gemelli Romolo e Remo, secondo l'antico mito romano caro al fascismo).

Le **attività** dei giovani inquadrati nell'Opera Nazionale Balilla erano di tipo **ginnico-sportivo**: esercizi in palestra, oppure movimenti ritmici collettivi eseguiti negli stadi in occasione di spettacoli pubblici, come quello del 21 aprile, la festa del «natale di Roma». Un'altra attività era l'addestramento premilitare dei giovani, con fucili di tipo antiquato, sfilate e manovre. Durante le marce o le sfilate si cantavano gli inni del regime.

A sinistra in alto, **"Giovani italiane"** si allenano all'aria aperta.

A sinistra in basso, **uno schieramento di «figli della lupa».**
Foto Archivio Bruni/Archivi Alinari.

Il piccolo balilla da grande diventerà un soldato: questo è il messaggio del manifesto.
Milano, Raccolta delle stampe Achille Bertarelli.

4. La politica economica del fascismo

Il fascismo tenta di modernizzare l'Italia

Secondo Mussolini era necessario completare il processo di modernizzazione dell'industria italiana che era iniziato durante l'età giolittiana. Occorreva meccanizzare l'agricoltura per produrre di più, dotare il Paese di migliori infrastrutture (strade, porti, ferrovie) e rendere più moderni i mezzi e gli armamenti dell'esercito, della marina e dell'aviazione.

Un obiettivo del fascismo fu anche di **ridurre la dipendenza dalle importazioni** e favorire le merci di produzione italiana. Perciò impose forti dazi sulle merci d'importazione e finanziò le grandi industrie italiane.

Il regime avviò anche **importanti lavori pubblici**: iniziò la costruzione della rete autostradale, realizzò imponenti lavori di bonifica, costruì nuove città. Nel sud combatté la mafia, ma fece poco per ridurre il latifondo.

Il processo di modernizzazione ebbe qualche successo, soprattutto nel nord del Paese: il tenore di vita della popolazione migliorò e fu arginata la disoccupazione in un periodo di crisi economica mondiale.

La «battaglia del grano»

La politica agraria del regime fascista fu contrassegnata, a partire dal **1925**, da due iniziative di grande effetto propagandistico, che Mussolini, usando il linguaggio militare, chiamò «campagne» e «battaglie»: la «battaglia del grano» e la campagna per la «bonifica integrale». L'obiettivo proclamato della battaglia del grano era la **conquista dell'autosufficienza alimentare**, mediante l'ampliamento delle superfici coltivate a frumento: l'Italia non doveva più importare grano. La produzione di frumento aumentò, perché furono messi a coltura, specialmente nel sud, terreni che in precedenza erano abbandonati. Furono anche migliorate le tecniche della coltivazione, con l'introduzione di macchine agricole e l'uso di fertilizzanti chimici.

ORGANIZZO I CONCETTI

► **Completa l'elenco.**

La modernizzazione dell'Italia

Per ridurre la dipendenza dalle importazioni, il fascismo:
- finanzia le ....
- costruisce strade e ....

Per raggiungere l'autosufficienza alimentare, il fascismo:
- bonifica molte terre
- amplia le coltivazioni di ....
- incrementa l'uso di .... e ....

Mussolini fra i contadini della campagna romana durante il raccolto del 1933, nella cosiddetta "battaglia del grano".
Foto Armando Bruni/Rcs Periodici.

La bonifica delle regioni paludose

Molte terre furono bonificate, cioè prosciugate dalle paludi, che ospitavano un tipo di zanzara portatrice della malaria. A sud di Roma, nelle **paludi pontine**, si trasferirono migliaia di braccianti disoccupati e di contadini senza terra, non solo dal Lazio, ma anche dal Veneto e dalla Romagna, per bonificare e poi per coltivare i fondi che erano stati loro assegnati. Sorsero nuove città, come Sabaudia, Aprilia, Pomezia e Littoria (l'attuale Latina).

La bonifica pontina fu un successo del regime, ma dopo lo slancio iniziale le campagne di bonifica furono rallentate dalla riduzione dei finanziamenti.

Operai impegnati nella bonifica delle paludi pontine festeggiano l'arrivo di Mussolini, 1933.
Foto Luce/Archivi Alinari.

L'Agro pontino.

Il corporativismo

Il fascismo impose per legge l'orario di lavoro di otto ore. L'eliminazione dei partiti e dei sindacati, però, lasciava i lavoratori senza tutela. Così, nel **1927** al posto dei sindacati vennero istituite le **corporazioni**, organizzazioni statali delle quali facevano parte sia i datori di lavoro sia i lavoratori. Il compito delle corporazioni era di risolvere di comune accordo gli eventuali conflitti. Per i datori di lavoro l'organizzazione corporativa era vantaggiosa, grazie ai rapporti che intrattenevano col governo; gli operai, invece, erano indeboliti, perché non potevano ricorrere allo sciopero.

Cittadinanza e Costituzione
Dalla scuola al lavoro
p. 242

5. L'impero fascista

La Libia viene «pacificata»

Le colonie italiane – l'Eritrea, la Somalia e la Libia – quando il fascismo prese il potere si erano già rivelate povere di risorse, poco più che un insieme di deserti e di steppe.

La Libia poi era in una condizione particolarmente pericolosa. Qui, dopo la conquista nel 1911, gli Italiani dovettero combattere contro una tenace **guerriglia**, che divenne più forte durante la guerra mondiale, quando le forze dell'esercito erano impegnate in Europa. I ribelli libici erano sostenuti dal fervore religioso di alcuni loro capi e dal patriottismo arabo. Per risposta, le truppe d'occupazione, comandate dal generale Rodolfo Graziani, **fecero ricorso a mezzi spietati**, come la deportazione di popolazioni e l'esecuzione dei ribelli. In questo modo il regime poté sostenere, nel 1931, che la Libia era ormai «pacificata».

Mussolini a Tripoli passa in rassegna nel 1926 le truppe schierate davanti al Palazzo del Governatorato, all'epoca ancora in costruzione.
Foto Mondadori Portfolio.

Copertina di una rivista fascista: l'impero si costruisce con l'addestramento alla guerra, con una potente flotta e una moderna aviazione. Il numero XIII indica l'anno dell'era fascista, iniziata nel 1922 con la presa del potere da parte di Mussolini.
Milano, Raccolta delle stampe Achille Bertarelli.

L'Italia fascista aspira a possedere un impero

Gli Italiani erano in maggioranza contrari a nuove avventure africane. Chi cercava lavoro non andava in Somalia o in Eritrea, ma preferibilmente nelle Americhe, dove erano già emigrati, dall'unità d'Italia in poi, almeno dieci milioni di Italiani.

Ma il regime, con un'intensa propaganda affidata alla radio, alla stampa, al cinema e alla scuola, s'impegnò a convincere l'opinione pubblica che era necessario creare un **impero coloniale**, per assicurare lo sviluppo economico del Paese ed eliminare povertà e disoccupazione.

La conquista dell'Etiopia

Per costruire un impero, il regime decise di conquistare l'Etiopia, un Paese ricco di risorse naturali e di terre fertili, che confinava con le colonie italiane dell'Africa orientale e che a fine Ottocento aveva già respinto l'attacco italiano [→ cap. 4 par. 3]. Era una sfida al mondo intero, perché l'Etiopia era uno **Stato indipendente**, membro della Società delle Nazioni.

Prendendo a pretesto alcuni incidenti avvenuti alla frontiera con la Somalia, nell'ottobre **1935** l'Italia dichiarò guerra all'Etiopia. La campagna, condotta con largo uso di gas tossici e di bombardamenti aerei sui villaggi, si concluse rapidamente con la sconfitta dell'esercito etiope. Le truppe italiane, condotte dal generale Pietro Badoglio, entrarono nella capitale **Addis Abeba** cacciando l'imperatore Hailé Selassié.

Il **9 maggio 1936** Mussolini poté annunciare la fondazione dell'impero: il re Vittorio Emanuele III assunse il titolo di **imperatore d'Etiopia**.

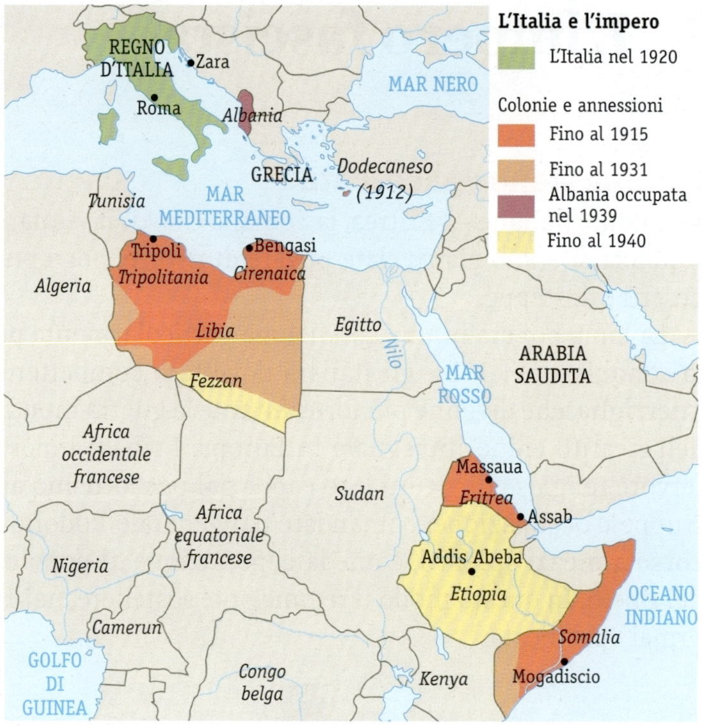

Le tappe della formazione dell'impero.

La Società delle Nazioni impone sanzioni all'Italia

La Società delle Nazioni condannò l'aggressione, ma nessuno decise di intervenire militarmente contro l'Italia. Furono imposte **sanzioni economiche**, vietando agli Stati membri di commerciare con l'Italia. Ma queste ebbero effetti limitati, perché dell'organizzazione internazionale non facevano parte gli Stati Uniti, la Germania, il Giappone e la Russia.

Di fronte alle sanzioni che colpivano l'economia italiana, la propaganda del regime riuscì a presentare Mussolini come un eroe che sfidava il mondo per la grandezza della patria.

Allo scopo di rispondere alle sanzioni, fu intensificata la produzione agricola e industriale per raggiungere l'**autarchia**, cioè l'autosufficienza in campo economico. Furono stretti legami con la Germania, che prese il posto dell'Inghilterra nel fornire al nostro Paese materie prime indispensabili, come il carbone. I legami con la Germania divennero in seguito sempre più forti, fino a trasformarsi in un'alleanza militare [→ cap. 8 par. 4].

COLLEGO CAUSE ED EFFETTI

► **PERCHÉ** le sanzioni economiche rafforzano i legami fra Italia e Germania? Cerca la risposta nel testo.

Le leggi razziali

In Germania (come vedremo nel capitolo seguente) era salito al potere il regime nazista di Hitler, che fin dal 1935 adottò leggi che discriminavano e perseguitavano gli Ebrei.

Gli Ebrei italiani erano poco numerosi, meno di 40.000, ben integrati da molto tempo nelle professioni e nella vita civile. Molti di loro erano ex combattenti e molti avevano aderito al fascismo. Ma l'avvicinamento alla Germania ebbe anche l'effetto di rafforzare una tendenza antiebraica presente nel movimento fascista e in alcuni suoi capi.

Anno 63 - N. 268 - Italia Impero Colonie cent. 30 Milano — Venerdì, 11 Novembre 1938 — Anno XVII EDIZIONE DEL POMERIGGIO

CORRIERE DELLA SERA

Le leggi per la difesa della razza
approvate dal Consiglio dei ministri

I matrimoni misti sono proibiti - La definizione di «ebreo», le discriminazioni e l'annotazione allo Stato Civile - L'esclusione dagli impieghi statali, parastatali e di interesse pubblico - Le norme concernenti le scuole elementari e medie e gli insegnanti

«La difesa della razza»: questa rivista quindicinale, uscita dal 1938 al 1943, si proponeva, con resoconti privi di ogni valore scientifico, di dimostrare la superiorità della razza ariana sulle altre.

L'approvazione delle leggi razziali nel novembre 1938 annunciata dal «Corriere della sera».

Il partito fascista cominciò a favorire la pubblicazione e la diffusione di libri che esaltavano la superiorità della «razza italiana», sostenendo, erroneamente, che il sangue italiano non dovesse essere contaminato da mescolanze con quello di altre razze. Una rivista violentemente antisemita, «La difesa della razza», fu finanziata dal regime e diffusa perfino nelle scuole.

La campagna contro gli Ebrei, che fu diretta dallo stesso Mussolini, culminò tra il settembre e il novembre **1938** in una serie di provvedimenti che colpirono duramente la comunità ebraica, le **leggi razziali**.

Gli Ebrei furono esclusi dalle scuole statali e dalle università, come studenti e come insegnanti; fu loro proibito di prestare servizio nell'esercito, di sposarsi con cittadini **ariani***, di lavorare in enti pubblici, di esercitare la professione di giornalista, di avere domestici ariani ecc. Oltre al divieto di essere iscritti al partito fascista, fu proibito di far parte di associazioni culturali, professionali, sportive assieme a non-Ebrei, di frequentare biblioteche pubbliche, perfino di inserire il loro nome negli elenchi telefonici.

Migliaia di Ebrei nel giro di pochi mesi furono privati della nazionalità italiana e del lavoro, costretti a nascondere la loro identità o a emigrare, oppure ad arrangiarsi e adattarsi a svolgere mestieri umilianti per sopravvivere.

La separazione delle razze fu praticata con rigore anche nell'Africa orientale italiana, dove gli indigeni furono pesantemente discriminati.

* **Ariano**
Appartenente alla supposta razza di una popolazione, gli Arii, che in età preistorica avrebbe diffuso in Europa e in India la propria lingua, detta indoeuropea o arioeuropea.

COLLOCO GLI EVENTI NEL TEMPO

RICOSTRUISCO LA MAPPA DEL CAPITOLO

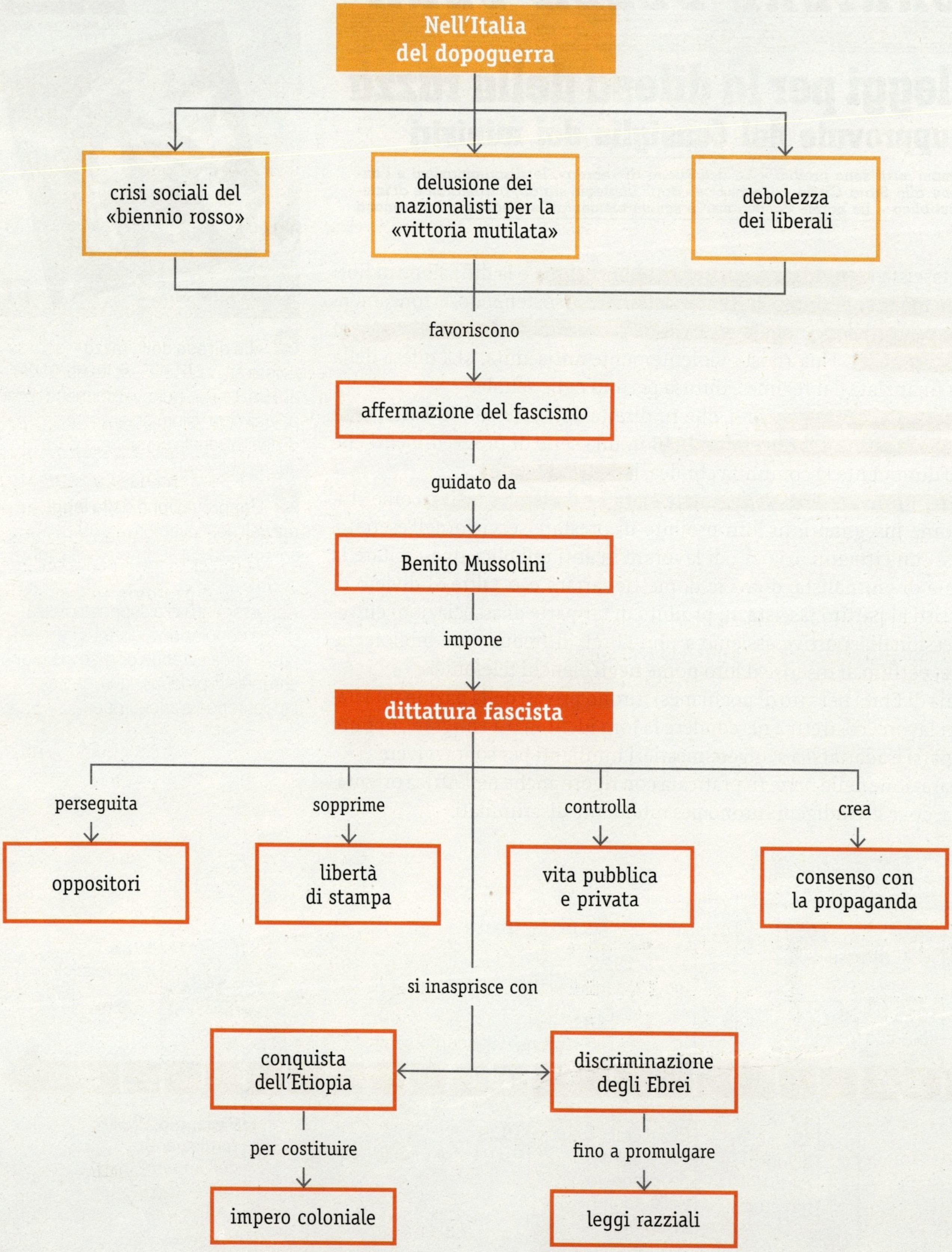

Geostoria

Il Corno d'Africa

La carta a sinistra in basso è tratta dall'*Enciclopedia Labor del ragazzo italiano* del 1939. Come si vede l'Etiopia, conquistata nel 1936, l'Eritrea e la Somalia costituivano, insieme, l'**Africa Orientale Italiana**. Questa confinava con i territori dell'impero britannico, fra il Sudan e il Kenia. Solo pochi anni più tardi, durante la seconda guerra mondiale, l'impero italiano cessò di esistere; l'Etiopia ritornò indipendente sotto lo stesso sovrano di prima della conquista, Hailé Selassié, e anche la Somalia, dopo un breve periodo di protettorato italiano, ottenne l'indipendenza. L'Eritrea, che gli italiani avevano ridotto a provincia dell'Etiopia, rimase federata all'Etiopia e solo nel 1993, dopo una lunga lotta, divenne a sua volta indipendente.

Etiopia, Somalia ed Eritrea fanno parte del «Corno d'Africa», una penisola triangolare che chiude a sud il Mar Rosso e lo divide dall'Oceano Indiano. È una **regione prevalentemente montuosa**, costituita dall'acrocoro etiopico che raggiunge i 4000 m di altitudine; solo nella costa meridionale c'è una vasta pianura. Nelle montagne etiopiche ha origine uno dei rami sorgentiferi del Nilo e in Etiopia sono stati trovati alcuni fra i più antichi fossili di ominidi (gli antenati dell'uomo).

Il Corno d'Africa è una regione di **antichissime civiltà**, che ebbero contatti con l'Egitto dei faraoni, con l'antico Yemen e con l'impero romano. Dall'Egitto si diffuse in Etiopia una versione del cristianesimo (il cristianesimo copto), che è tuttora praticato dalla maggior parte della popolazione.

È una regione molto povera, dove si pratica un'agricoltura tradizionale. Vi convivono molte tribù di etnie differenti e la società è basata su un'organizzazione politica di tipo feudale, soprattutto in Somalia, dove negli ultimi decenni le strutture dello Stato sono crollate per le lotte fra milizie armate e bande di guerriglieri. Negli anni recenti il Corno d'Africa è stato devastato anche da **guerre fra Stati**: Etiopia e Somalia hanno combattuto fra il 1998 e il 2000 per il controllo di una regione di confine e per analogo motivo c'è stata una lunga guerra fra Etiopia ed Eritrea. Da quest'ultimo paese giungono in Europa molti emigranti e profughi in fuga dalla miseria e dalla violenza.

Il Corno d'Africa nel 1939 e oggi.

Sintesi

RICOSTRUISCO LE INFORMAZIONI

1 La crisi del dopoguerra

Il primo dopoguerra, in Italia, è un periodo di crisi sociale: i soldati tornati dalla guerra hanno difficoltà a reinserirsi nella vita civile. Scoppiano **aspre lotte operaie e contadine**, che portano all'occupazione di fabbriche e terre. Ciò avviene soprattutto negli anni 1919-1920, il cosiddetto «**biennio rosso**».

I governi liberali sono deboli e incerti: il partito socialista si divide e nel 1921 nasce il partito comunista. Nello stesso periodo nascono anche i Fasci di combattimento e il partito popolare.

2 Il fascismo prende il potere

Il **partito fascista**, fondato da Benito Mussolini, ottiene il potere con la violenza. Lo appoggiano anche industriali e grandi proprietari terrieri, che temono gli scontri sociali in atto.

Dopo la **marcia su Roma** dell'ottobre 1922, Mussolini riceve dal re l'incarico di guidare il governo. In pochi anni il potere del partito si trasforma in un regime dittatoriale che mette a tacere le opposizioni.

3 Le istituzioni del regime fascista

Il fascismo modifica le istituzioni dello Stato: il parlamento non ha più alcun potere di controllo sul governo. Per affiancare Mussolini si forma il **Gran Consiglio del Fascismo**, mentre una milizia fascista affianca l'esercito regolare.

Il regime elimina la libertà di stampa e controlla i mezzi di comunicazione, usandoli come strumento di propaganda. La scuola diventa fascista e la vita dei giovani viene inquadrata in organizzazioni simili a un esercito.

Nel 1929 il governo fascista firma con la Chiesa cattolica i **Patti Lateranensi**, che fanno del cattolicesimo la sola religione dello Stato.

4 La politica economica del fascismo

In economia, il regime cerca di modernizzare la produzione industriale e promuove importanti lavori pubblici, come la **bonifica** di vaste zone paludose. Si avvia la «**battaglia del grano**» con l'obiettivo di rendere l'Italia autonoma dal punto di vista alimentare.

5 L'impero fascista

Per rendere l'Italia uno Stato potente a livello internazionale, tra il 1935 e il 1936 avviene la **conquista dell'Etiopia**, uno Stato indipendente che fa parte della Società delle Nazioni. Contro l'Italia vengono perciò decise sanzioni economiche, in seguito alle quali il regime fascista si avvicina alla Germania nazista.

Nel 1938 l'avvicinamento alla Germania porta anche all'emanazione delle **leggi razziali**, che escludono gli Ebrei dalla società.

Esercizi

COSTRUISCO LE MIE COMPETENZE

VERIFICO LE CONOSCENZE

Paragrafo 1

1 Scegli, per ciascuna domanda, la risposta giusta.

a. I due anni dal 1919 al 1920 vennero chiamati «biennio rosso» perché:
- ☐ furono anni di governo socialista.
- ☐ furono anni di guerra civile.
- ☐ furono un periodo di rivolte contadine e operaie.

b. In Italia si parlava di «vittoria mutilata». Questa espressione:
- ☐ era usata dai socialisti e significava che la guerra era stata sanguinosa.
- ☐ era usata dai nazionalisti e significava che la vittoria era stata incompleta.
- ☐ era usata dai liberali e significava che la guerra era stata distruttiva.

c. Il partito socialista era diviso. Da una scissione nel 1921 nacque:
- ☐ il partito popolare.
- ☐ il partito comunista d'Italia.
- ☐ il partito fascista.

ORGANIZZO LE INFORMAZIONI

Paragrafo 1

2 Rileggi sul testo le informazioni sul primo dopoguerra e compila sul tuo quaderno una tabella come questa, che illustri, in sintesi, la situazione politica e sociale di quel periodo in Italia.

L'Italia del primo dopoguerra (1918-1922)			
Malcontento e delusioni	Scioperi e occupazioni	Nuove forze politiche	Prime mosse del fascismo

INTERPRETO DATI E INFORMAZIONI

Paragrafo 1

3 Osserva la tabella dei prezzi negli anni 1913-1920, poi rispondi alle domande.

Anno	Alimentari	Abbigliamento
1913	100,0	100,0
1914	96,2	111,1
1915	105,6	118,7
1916	154,6	191,9
1917	221,9	355,5
1918	284,9	500,7
1919	326,6	594,4
1920	443,4	671,3

a. Di quante volte aumentò il prezzo dei generi alimentari in otto anni? E quello dell'abbigliamento?

b. Come si chiama il fenomeno economico per cui i prezzi aumentano e diminuisce il potere d'acquisto del denaro?
- ☐ Crisi.
- ☐ Depressione.
- ☐ Inflazione.

Esercizi

VERIFICO LE CONOSCENZE Paragrafo 2

4 Completa il brano con le parole o le espressioni mancanti.

Nell'ottobre del .... Mussolini approfittò di un momento di crisi politica: organizzò una .... di fascisti su Roma per costringere il governo alle dimissioni e prendere il ....
Il re non ritenne opportuno stroncare la rivolta con la forza, temendo che scoppiasse una guerra .... Così fece una scelta carica di conseguenze: nominò Mussolini ....
Rapidamente Mussolini instaurò una .... personale e del partito.
I partiti dell'opposizione furono messi fuori .... , fu soppressa la .... di stampa e fu istituito un .... speciale per giudicare i delitti contro lo ....

RIORGANIZZO DATI E CONCETTI Paragrafo 2

5 Osserva i grafici che mostrano la composizione del parlamento italiano dopo le elezioni rispettivamente del 1921 e del 1924, poi rispondi alle domande.

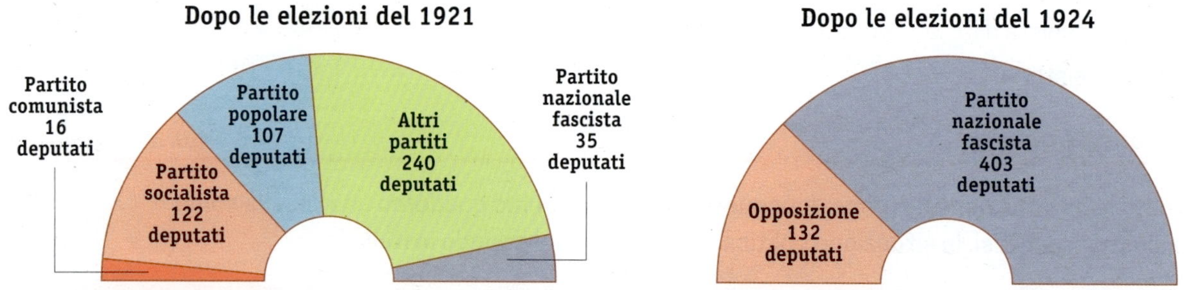

a. Quale partito risulta enormemente aumentato dopo la seconda consultazione elettorale?
b. Puoi spiegare il perché di questa crescita?
c. Collega questi grafici con la vicenda di Giacomo Matteotti in un testo di circa dieci righe.

VERIFICO LE CONOSCENZE Paragrafo 2

6 Completa il brano con le parole dell'elenco.

radio ▪ maggioranza ▪ cinema ▪ parole ▪ sfilate ▪ associazioni ▪ minoranza ▪ propaganda

Il fascismo, inizialmente espressione di una .... , voleva conquistare il consenso della .... della popolazione. Per raggiungere questo obiettivo cercò di essere presente in tanti momenti della vita degli Italiani, soprattutto attraverso la .... esercitata nei giornali, alla .... , al .... , nelle grandi adunate popolari. Manifesti e .... d'ordine di Mussolini erano esposti dappertutto.
I giovani vennero inquadrati nelle .... giovanili del regime, che organizzavano giochi sportivi, raduni e .... , durante le quali si inneggiava a Mussolini.

USO LE PAROLE DELLA STORIA Paragrafo 3

7 Completa le seguenti affermazioni relative al regime fascista.

a. Mussolini sostituì le istituzioni dello Stato con nuove ....
b. Per le decisioni più importanti Mussolini si consultava con il ....
c. L'esercito regolare fu affiancato dai ....
d. Nelle amministrazioni locali i sindaci furono sostituiti da ....

e. I mezzi d'informazione furono controllati dal regime attraverso la ....
f. Nella scuola elementare fu introdotto il ....
g. Nella riforma della scuola attuata da Gentile fu privilegiato il ....

LAVORO SULLE FONTI
Paragrafo 3

8 Leggi queste istruzioni impartite dal regime fascista a un quotidiano, poi completa la tabella.

a. «Dire che il Duce è stato chiamato dieci volte al balcone» (19 maggio 1939)
b. «Il discorso deve essere dato in apertura, in prima pagina, naturalmente su tutte le colonne» (2 dicembre 1942)
c. «Notare come il Duce non fosse affatto stanco dopo quattro ore di trebbiatura» (4 luglio 1938)
d. «Ignorare completamente tutto quanto si riferisce all'inchiesta per l'uccisione dei fratelli Rosselli» (antifascisti, esuli in Francia, furono assassinati su ordine dei servizi segreti italiani) (15 gennaio 1939)
e. «Non toccare l'argomento delle code davanti i negozi» (13 dicembre 1940)
f. «I libri d'autori israeliti (ebrei) non debbono essere recensiti (commentati)» (20 maggio 1938)

In base a quello che hai letto, quali tipi di notizie dovevano essere diffuse? Quali tralasciate? Indicalo, mettendo le crocette.

Notizie che...	Da pubblicare	Da ignorare
mettono in rilievo l'entusiasmo della folla per il duce		
informano sui disagi della popolazione		
riguardano la produzione artistica o scientifica di Ebrei		
esaltano la forza fisica del duce		
riportano le parole stesse del duce		
informano sull'azione degli antifascisti		

LAVORO SULLE FONTI
Paragrafo 3

9 La figura mostra un gruppo di militi fascisti nel quadro di un pittore dell'epoca. Osservala, confrontala con le immagini del duce che trovi nel capitolo, poi rispondi alle domande.

a. A chi somiglia il personaggio in primo piano?
b. Come sono vestiti i fascisti del quadro?
c. Perché sono tutti uguali?
d. Hanno un aspetto rassicurante o aggressivo? Contro chi intendono combattere?
e. Quale messaggio trasmette il dipinto?

Esercizi

LAVORO SULLE FONTI — Paragrafo 3

10 Leggi il documento e l'introduzione che lo accompagna, poi rispondi alle domande.

Questo brano è tratto dal *Libro fascista del Balilla* in uso nelle scuole nel 1934.

> « Lo stato democratico che governava l'Italia era, caro Balilla, lo stato del disordine e dell'anarchia, in cui ogni cittadino, dimenticando i doveri, reclamava solo diritti e pretendeva dai governanti privilegi, a danno degli altri. Nello stato democratico solo alcuni partiti avevano il comando, sicché, invece di essere lo Stato il dominatore dei partiti, era il loro schiavo, mentre oggi vi è un solo partito, quello di tutti gli Italiani, che si chiama Fascismo. C'era poi il Parlamento, formato dalla Camera dei Deputati e dei Senatori, che era diverso da quello di oggi e rappresentava un'altra piaga per la nazione, perché, a forza di lunghi discorsi, di litigi e di chiacchiere, impediva al governo di fare le leggi buone. Adesso invece le leggi le fa in maniera sbrigativa direttamente il Governo, cioè il Consiglio dei Ministri e il Gran Consiglio del Fascismo, senza bisogno del Parlamento, che ne viene informato da ultimo a cose fatte. »

a. Spiega che cosa significano le espressioni o le parole che trovi sottolineate.
b. Perché lo Stato democratico è definito «stato del disordine e dell'anarchia»?
c. Perché, secondo te, venivano date ai bambini letture come questa?
d. A quale fascia d'età è rivolto il libro?

LAVORO SULLE FONTI — Paragrafo 3

11 Ti proponiamo il testo di un problema di matematica tratto da un quaderno di terza elementare del 1937. Leggilo e rispondi alle domande.

> « 4 comunisti, perché hanno poca voglia di lavorare, guadagnano al giorno lire 8 e 4 fascisti guadagnano lire 15 al giorno. Quanto guadagnano di più i fascisti in 20 giorni? »

a. Nel testo dell'esercizio è presente un giudizio negativo: nei confronti di chi? Quali parole lo esprimono?
b. Quale caratteristica dei lavoratori fascisti viene data per scontata senza dirlo esplicitamente?
c. Perché, secondo te, venivano dati ai bambini esercizi di questo tipo ?

VERIFICO LE CONOSCENZE — Paragrafi 4 e 5

12 Completa il brano con le parole adatte.

La politica agraria del fascismo fu caratterizzata dalla « .... », il cui scopo era raggiungere l' .... alimentare. Con la campagna per la « .... integrale» furono bonificate zone .... infestate dalla malaria.
Il regime fascista pose fine alla questione romana firmando con la Chiesa i Patti .... (1929).
Nel 1936 l'Italia fascista conquistò l' .... e proclamò l'impero; nel 1938 emanò le leggi razziali contro gli ....

STABILISCO COLLEGAMENTI — Paragrafi 4 e 5

13 Spiega perché:

a. alcuni interventi nell'economia furono chiamati "campagna" e "battaglia";
b. il regime voleva creare un impero coloniale;
c. il regime decise di fare una politica anti-ebraica.

LAVORO SULLE FONTI — Paragrafo 5

14 Osserva l'immagine, leggi la didascalia che la accompagna, poi rispondi alle domande.

a. Perché i bambini italiani vestono una divisa?
b. Il piccolo indigeno ti sembra contento di collaborare?
c. Gli italiani lo considerano pari a loro?
d. A quale avvenimento si riferisce l'immagine?

In questa cartolina, balilla e piccole italiane dipingono la carta dell'Etiopia con i colori della bandiera italiana.

Imparo a imparare — AFFRONTO LA PROVA ORALE DELL'ESAME DI STATO — Intero capitolo

La prova orale dell'esame di Stato che affronterai fra pochi mesi consiste in un colloquio interdisciplinare su un argomento approfondito nel corso dell'anno scolastico.
Per cominciare questo lavoro, seleziona un tema di tuo interesse seguendo alcune regole:
1. delimita l'argomento della ricerca, per evitare temi troppo vasti;
2. seleziona la documentazione più adatta;
3. trova e approfondisci alcuni collegamenti con la letteratura, la storia dell'arte o la scienza.

15 Il periodo fascista si presta a un lavoro di questo tipo. Immagina di scegliere questo tema e rispondi ad alcune domande per verificare se hai applicato bene le tre regole appena esposte.

a. Per rispettare la regola 1 può essere una buona idea intitolare la ricerca:
- ☐ «Il fascismo»
- ☐ «La scuola nel periodo fascista»

b. Per rispettare la regola 2 puoi documentarti usando (seleziona le risposte esatte):
- ☐ raccolte fotografiche.
- ☐ Internet.
- ☐ memorie di guerra.
- ☐ monumenti.
- ☐ enciclopedie.
- ☐ interviste a persone anziane.
- ☐ antologie scolastiche dei tuoi genitori.

c. Per rispettare la regola 3, puoi stabilire collegamenti con alcune discipline. Prova a fare qualche esempio.

Il capitolo a colpo d'occhio

QUANDO

1. In quali date si collocano questi eventi? SCRIVI sulla linea del tempo la lettera corrispondente.

.... Conquista dell'Etiopia. Nasce l'impero fascista

.... Approvazione delle leggi razziali

.... Marcia su Roma. Mussolini diventa capo del governo

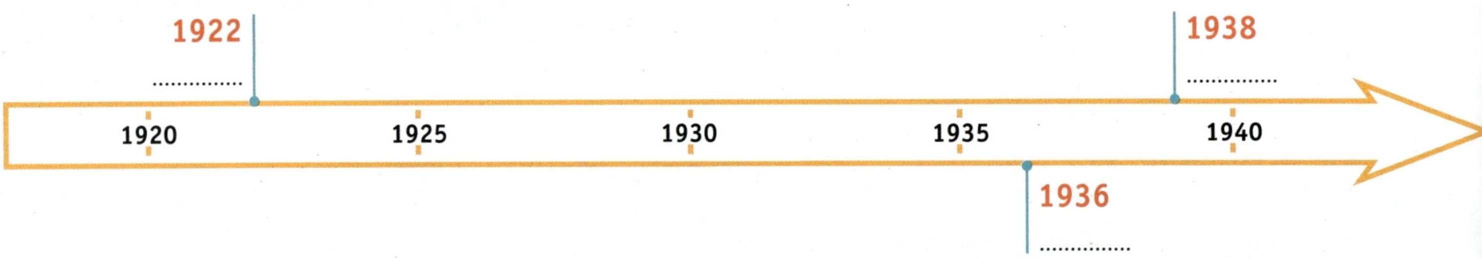

DOVE

2. OSSERVA la carta e COMPLETA la didascalia.

Fin dall'Ottocento l'Eritrea e la .... sono colonie italiane.
Con la guerra contro l'impero ottomano del 1911-1912 l'Italia conquista la ....
L'espansione in Libia prosegue fino al .... , quando sono occupate alcune regioni dell'interno.
Infine, nel .... , dopo la vittoria sull'ultimo grande Stato africano indipendente, l' .... , Mussolini proclama la fondazione dell' ....

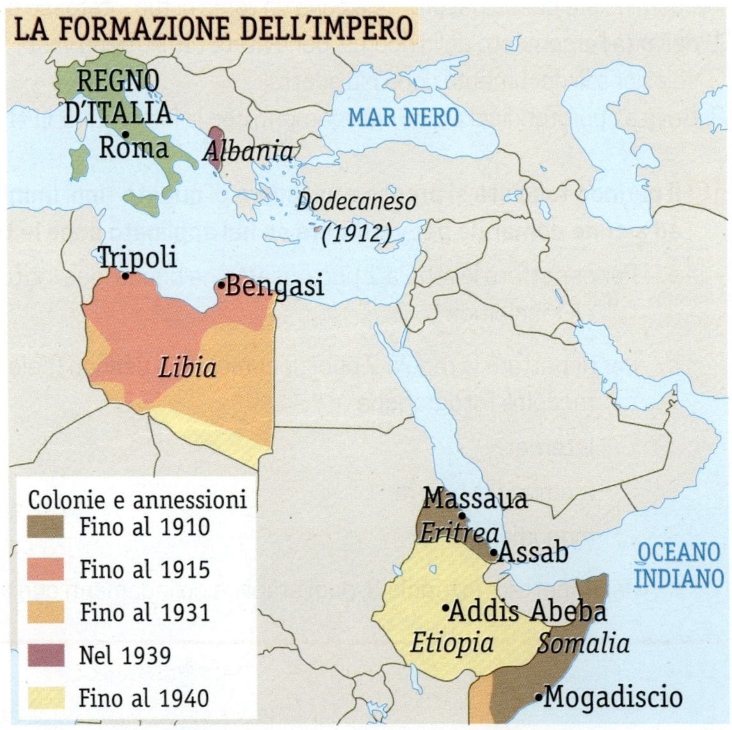

LE PAROLE DA RICORDARE

3. Che cosa significa...? METTI LA CROCETTA sulla definizione giusta.

Biennio rosso
- ☐ prima fase della rivoluzione russa (1917-1918)
- ☐ periodo dell'occupazione italiana di Fiume (1919-1920)
- ☐ periodo di agitazioni sociali in Italia (1919-1920)

Regime totalitario
- ☐ monarchia assoluta
- ☐ dittatura che impone i propri valori nella vita pubblica e nella vita privata
- ☐ dittatura militare

Leggi razziali
- ☐ leggi che emarginano gli Ebrei dalla vita politica e civile
- ☐ leggi che sopprimono la libertà di stampa
- ☐ leggi che vogliono migliorare l'economia italiana

LA MAPPA DEI CONCETTI

4. COMPLETA la mappa.

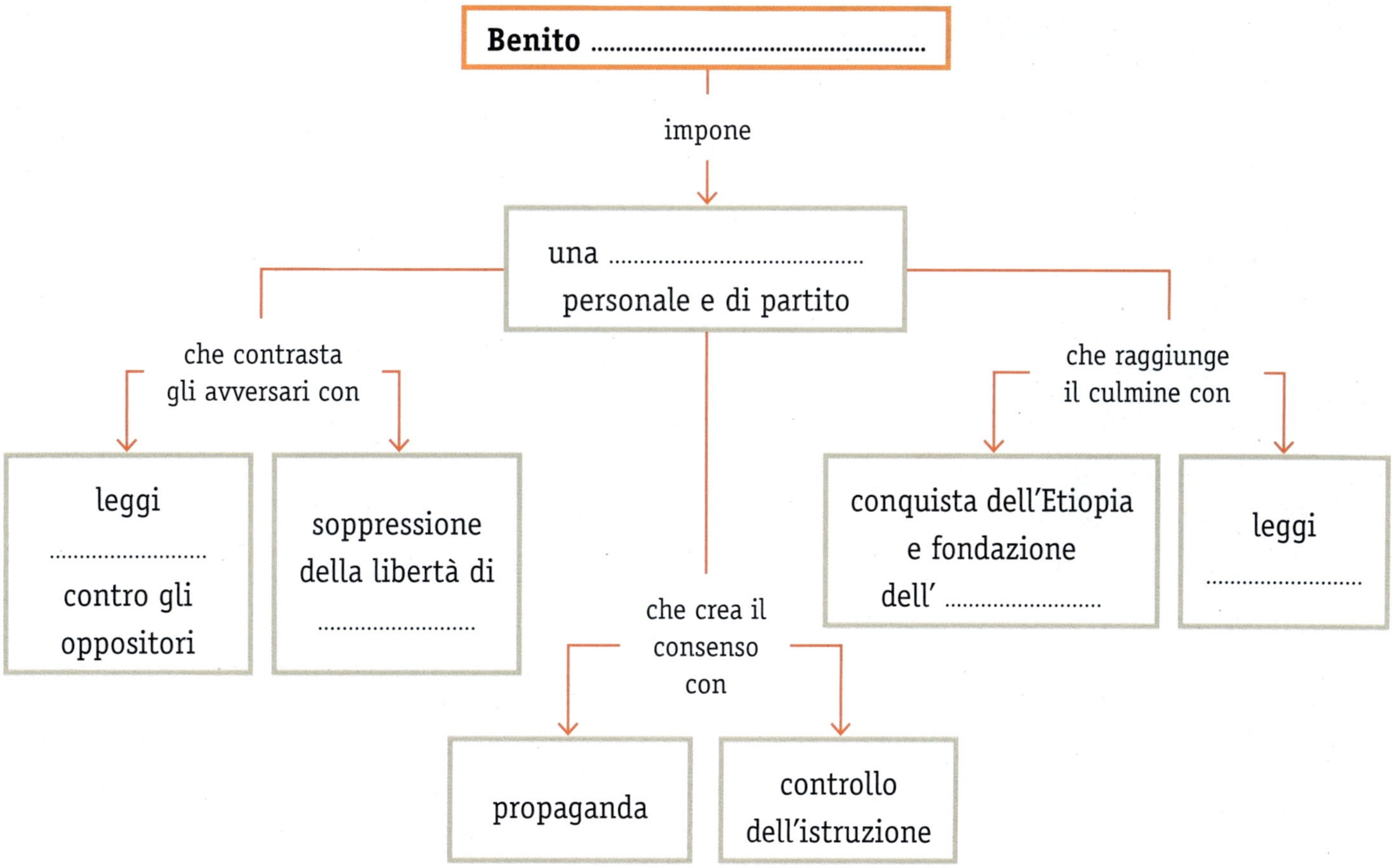

CIAK si impara!

GUARDA! IL VIDEO

Capitolo 8 Lo stalinismo e il nazismo

MI ORIENTO NEL CAPITOLO dal 1919 → al 1939

1

In **Russia** prende il potere **Stalin**, che impone un'**industrializzazione forzata** per trasformare il Paese in una grande potenza. Il regime è una violenta dittatura.

2

In Germania la **repubblica di Weimar**, formatasi dopo la prima guerra mondiale, è in crisi. Promettendo un governo forte, il **partito nazionalsocialista** di **Hitler** conquista il potere.

3

Hitler instaura una **dittatura**: elimina l'opposizione con la forza; controlla ogni aspetto della vita quotidiana dei cittadini. Diffonde idee sulla **presunta superiorità** della razza tedesca e **perseguita gli Ebrei**.

4

In **Spagna**, dopo una sanguinosa **guerra civile**, si afferma una dittatura. Intanto Hitler, conquistata l'Austria, stringe un'**alleanza con Italia** **e Giappone** e un patto di non aggressione con l'URSS.

1. La dittatura di Stalin nell'URSS

La successione a Lenin: Stalin contro Trockij

Lenin, il capo della rivoluzione bolscevica da cui era nata l'URSS [→ cap. 5 par. 5], **morì nel 1924**. Si scatenò allora una spietata lotta per la successione tra **Iosif Stalin**, segretario del partito comunista, e **Lev Trockij**, fondatore dell'Armata Rossa.

Il contrasto fra i due era ideologico, oltre che politico. Trockij riteneva che la rivoluzione russa, per poter sopravvivere, dovesse essere estesa anche agli altri Paesi del mondo (teoria della «rivoluzione permanente»). Stalin, invece, era convinto che per il momento si dovesse rafforzare la rivoluzione nella sola Russia, creandovi un potente Stato socialista (teoria del «socialismo in un solo Paese»).

Nel comitato centrale del partito la linea politica di Stalin ebbe la meglio. Trockij, espulso dall'URSS, fu assassinato in Messico nel 1940 da un killer mandato da Stalin. Nel **1927** Stalin aveva ormai il controllo dello Stato.

Lenin e Stalin in una foto del 1922.

Il programma di Stalin

Di fronte all'ostilità dei Paesi stranieri verso il regime comunista, Stalin si convinse che prima o poi l'URSS avrebbe dovuto affrontare una guerra. Decise dunque di imporre al Paese un programma di **industrializzazione forzata**, per far crescere la produzione industriale e rafforzare l'apparato militare.

Gli strumenti per realizzare questo progetto furono i **piani quinquennali**, che dopo il **1928** sostituirono la NEP [→ cap. 5 par. 5].

L'industrializzazione dell'Unione Sovietica.

L'iniziativa privata fu abolita e tutta la **vita economica** fu organizzata, diretta e **controllata dallo Stato**, che era l'unico proprietario dei mezzi di produzione: la terra, le foreste, le miniere, le banche, le fabbriche. Lo Stato programmava, di cinque anni in cinque anni, che cosa l'agricoltura e l'industria dovevano produrre, che cosa poteva essere venduto e comperato e a che prezzo. I primi piani quinquennali si concentrarono sullo sviluppo dell'industria pesante e sulle grandi infrastrutture: impianti siderurgici, fabbriche di armamenti, raffinerie di petrolio, ferrovie, dighe e canali.

L'industrializzazione ebbe altissimi costi umani. Gli operai furono sottoposti a una **disciplina di tipo militare**, con ritmi di lavoro massacranti, bassi salari e divieto di sciopero e addirittura di spostamento. Venne introdotto un sistema per incentivare la **produttività** e differenziare i salari, il **lavoro a cottimo**, nel quale una gran parte del compenso dipendeva dalla quantità prodotta.

A metà degli anni Trenta l'Unione Sovietica era ormai una grande potenza industriale. Questo però non migliorò le condizioni di vita della popolazione, che anzi andarono peggiorando. Venne infatti trascurata la produzione dei beni di consumo, come vestiti, case, automobili.

Per rendere possibile l'industrializzazione occorreva, nei piani di Stalin, che tutta la produzione agricola fosse destinata ai rifornimenti alimentari a basso prezzo agli operai e agli abitanti delle città.

Ma l'agricoltura in URSS era povera e arretrata, e verso la fine degli anni Venti una serie di cattivi raccolti provocò una grave crisi nei rifornimenti alle città. Per risolvere questi problemi Stalin impose nel 1929 la **collettivizzazione delle terre**. I contadini furono obbligati a entrare in fattorie collettive (i *kolchoz*) poste sotto il controllo dello Stato e del partito.

Il complesso siderurgico di Magnitogorsk, negli Urali, 1930. Impianti giganteschi come questo furono costruiti a centinaia in pochi anni grazie al lavoro degli operai sovietici, che la propaganda staliniana esaltava come eroi.
Foto ITAR-TASS/Alamy.

Le conseguenze dei piani quinquennali sulla popolazione

I provvedimenti di Stalin suscitarono una forte opposizione: piuttosto che consegnarli alle aziende collettive, moltissimi agricoltori preferirono distruggere i raccolti e macellare il bestiame.

Il regime rispose con **requisizioni e deportazioni di massa**. Fu una vera guerra civile contro i contadini, che durò molti anni e provocò terribili carestie. Milioni di contadini furono costretti al lavoro forzato, in Siberia o nell'Asia centrale, oppure sterminati.

I risultati di questa collettivizzazione furono **esaltati dalla propaganda** del regime come grandi successi; in realtà la produzione agricola nel 1939 raggiunse i livelli del 1913, cioè di prima della rivoluzione.

La produzione dei beni di consumo rimase a lungo troppo bassa per le esigenze della popolazione. Fino al 1935 tutte le merci di uso comune furono **razionate** (cioè distribuite in quantità programmate e limitate).

Lo sviluppo dell'industria provocò una consistente **migrazione dalle campagne** alle città, dove, per la **scarsità di alloggi**, divenne normale che in un solo appartamento convivessero più famiglie.

ORGANIZZO I CONCETTI

Dal 1928 in Unione Sovietica...	
L'iniziativa privata	è abolita
I mezzi di produzione	sono dello Stato
La produzione agricola e quella industriale	sono controllate dallo Stato
Le attività economiche	devono rispettare i piani quinquennali
I prezzi dei prodotti	sono fissati dallo Stato

Particolari privilegi erano riservati a chi faceva **carriera nel partito** comunista, nei servizi segreti o nella polizia. Queste persone potevano fare acquisti in negozi ben forniti, consumare in mense speciali pranzi sostanziosi, avere una bella casa. Nacque un **ceto di potenti funzionari** (la *nomenklatura*), che spesso erano corrotti e vendevano i loro favori e la loro protezione.

Gli anni del grande terrore

I successi dell'industrializzazione rafforzarono il regime sovietico e il potere personale di Stalin, divenuto ormai il padrone assoluto della Russia. In pochi anni, esercitando il potere con spietatezza, egli si liberò di tutti gli oppositori. Egli promosse un vero e proprio **culto della sua persona**: la propaganda lo presentò alla venerazione popolare nelle vesti di un padre benevolo e onnipotente. La sua dittatura (stalinismo) si basò sull'uso sistematico della **violenza** per reprimere ogni forma di dissenso. La polizia segreta era onnipresente e seminava il **terrore**. Centinaia di migliaia di persone, di tutte le classi sociali, furono processate, deportate, condannate al lavoro forzato, uccise.

Stalin al lavoro in una fotografia di propaganda del 1940 circa.

Vita quotidiana

L'organizzazione dei *kolchoz*

Ciascuna fattoria collettiva, o *kolchoz*, raggruppava da 60 a 200 famiglie e aveva a disposizione una superficie di terreno coltivabile da 500 a 3200 ettari. I kolchosiani avevano diritto a un'abitazione e al possesso di un piccolo orto e di animali da cortile per uso personale e ricevevano un compenso in base al lavoro svolto sulle terre comuni. Lo Stato fissava la parte di raccolto da prelevare per rifornire i mercati delle città e il relativo prezzo: il prelievo poteva raggiungere anche il 50% della produzione. Anche le macchine agricole erano di proprietà dello Stato ed erano affittate ai *kolchoz* a pagamento (in denaro o in natura). Quello che i contadini producevano nei loro orti e che non serviva alla sopravvivenza della famiglia poteva essere venduto (a prezzo fissato dallo Stato) solo nel mercato del *kolchoz*. Tutto dunque, nella produzione agricola e nella commercializzazione, era sottoposto al controllo statale.

In pochi anni molti milioni di contadini dovettero abbandonare le loro case e trasferirsi nelle fattorie collettive.

Sfilata di contadini sui trattori statali di un *kolchoz*. Fotografia di propaganda del 1930 circa.
Foto Scheufer/Corbis.

ORGANIZZO I CONCETTI

industrializzazione forzata	collettivizzazione forzata delle terre	eliminazione fisica degli oppositori	controllo totale del partito	controllo dei mezzi di comunicazione di massa
↓	↓	↓	↓	↓
disciplina ferrea per i lavoratori	deportazione di contadini	processi, deportazioni, assassinii	su economia, politica, vita sociale, cultura	culto della personalità

Lo stalinismo e l'«arcipelago Gulag»

Nell'età dello stalinismo (**dalla fine degli anni Venti fino alla morte del dittatore nel 1953**) il partito comunista, che si identificava con lo Stato, giunse a controllare, attraverso le sue numerose organizzazioni (giovanili, culturali, sindacali, economiche), tutti gli aspetti della vita del Paese.

Su tutto il territorio dell'URSS si moltiplicarono i **campi di lavoro forzato**. Qui i detenuti erano costretti a lavorare fino all'esaurimento delle forze, per estrarre minerali, abbattere alberi, scavare canali nel suolo indurito dal ghiaccio, costruire linee ferroviarie. L'insieme di questi campi di concentramento fu chiamato «**arcipelago Gulag**» dallo scrittore Aleksandr Solženicyn, che sopravvisse alla prigionia e la descrisse nei suoi libri. *Gulag* era la sigla dell'amministrazione poliziesca dalla quale i campi dipendevano. Dal 1930 al 1938, i deportati nei Gulag passarono da 600 000 a circa 9 milioni.

Prigionieri in un Gulag costretti a spaccare le pietre, 1931. Con il loro lavoro venne costruito il canale artificiale che tuttora unisce il Mar Bianco con il Mar Baltico.
Mosca, Memorial Collection.

COLLOCO GLI EVENTI NEL TEMPO

- **1924** morte di Lenin
- **1927-1953** dittatura di Stalin in URSS
- **1928** primo piano quinquennale

1920 — 1930 — 1940

2. Da Weimar a Hitler

La Germania dall'impero alla repubblica

In Germania, l'abdicazione del *Kaiser* Guglielmo II nel 1918 [→ cap. 5 par. 4] e la proclamazione della repubblica posero fine al Secondo Reich, l'impero tedesco nato nel 1871. La nuova repubblica fu comunemente chiamata **repubblica di Weimar** dal nome della città della Turingia nella quale fu approvata, nel **1919**, la sua Costituzione. Nacque come una repubblica democratica, con i deputati al parlamento e lo stesso presidente eletti a suffragio universale.

I primi governi repubblicani dovettero affrontare una **situazione politica instabile**, con tentativi d'insurrezione, sia comunisti sia nazionalisti.

Nel 1919 ci fu a Berlino una **sommossa comunista**. Operai armati occuparono sedi di giornali e presidiarono gli uffici del parlamento e del municipio. La rivolta fu rapidamente soffocata nel sangue.

Nel 1923 furono i **nazionalisti** a tentare con un colpo di Stato (*putsch*, in tedesco) d'impadronirsi di Monaco e della Baviera. Il ***putsch* di Monaco**, che fallì subito, fu organizzato da un partito nato da poco, il **partito nazionalsocialista**, e guidato da un uomo politico fino allora quasi sconosciuto, **Adolf Hitler**.

Nel periodo peggiore dell'inflazione vennero emesse banconote con tagli elevatissimi, come questi tre esemplari da 1000 e 2000 miliardi e da 50 milioni di marchi.
Collezione privata.

La repubblica ha gravi problemi finanziari

La situazione economica era disastrosa e la disoccupazione era altissima, anche per l'impossibilità di dare lavoro a milioni di reduci. La repubblica aveva enormi **problemi finanziari** da affrontare: ai debiti di guerra si aggiungevano le cifre astronomiche che la Germania, in base ai trattati di pace, era condannata a pagare ai vincitori come **risarcimento dei danni di guerra**, dei quali era considerata «moralmente responsabile».

Nel **1922** il valore del **marco** (la moneta nazionale) crollò e i prezzi di tutte le merci salirono alle stelle. Basta pensare che nel 1923 quattro miliardi di marchi non valevano un dollaro, occorrevano milioni di marchi per comprare il pane quotidiano. In pochi giorni caddero in estrema povertà tutti coloro che vivevano di salario, di stipendio o di pensione: questi redditi non riuscivano a tener dietro all'aumento vertiginoso dei prezzi. Assieme agli operai fu travolta dall'**inflazione** anche una gran parte dei ceti medi.

La grande città: questo quadro realizzato fra il 1927 e il 1928 dal pittore tedesco Otto Dix esprime una forte critica alle disuguaglianze sociali nella repubblica di Weimar. Mentre mutilati e invalidi sono ridotti in miseria e chiedono l'elemosina (pannelli laterali), i borghesi arricchiti passano il tempo in costose feste (pannello centrale).
Stoccarda, Galleria di Stato.

La crisi della democrazia tedesca

Il governo tedesco, oltre che con i problemi economici, doveva fare i conti anche con l'opposizione dei grandi proprietari terrieri, dei gradi più alti dell'esercito e dell'amministrazione statale, del capitalismo industriale e finanziario e di buona parte della piccola borghesia commerciale e impiegatizia. Tutte queste forze sociali erano molto potenti e apertamente ostili alle idee democratiche di uguaglianza e libertà e alle iniziative di protezione sociale dei ceti più deboli, alle quali si ispirava la Costituzione di Weimar.

Un segnale evidente dei sentimenti antidemocratici ormai prevalenti nel popolo tedesco fu l'elezione a presidente della repubblica, nel **1925**, del candidato delle destre: il maresciallo **Paul von Hindenburg**, vincitore contro i Russi nelle battaglie di Tannenberg e dei Laghi Masuri durante la prima guerra mondiale.

Hitler conquista il potere

Dell'impopolarità dei governi repubblicani approfittarono soprattutto il partito nazionalsocialista e il suo *Führer* («duce, capo»), Adolf Hitler.

Hitler attribuiva la sconfitta tedesca a un tradimento di Ebrei e comunisti: **prometteva un governo forte**, che avrebbe ristabilito l'ordine e dato lavoro a tutti, innalzando di nuovo la Germania alla posizione di predominio europeo che le spettava. Il *Führer* predicava l'odio contro i democratici, gli Ebrei e i comunisti, accusati di tenebrosi delitti e di perfidi complotti contro la patria. La semplicità elementare delle sue idee offriva ai Tedeschi avviliti, inquieti, scontenti della vita e della società, dei «cattivi» da incolpare di tutti i mali che li affliggevano. Per questi motivi confluirono sul partito nazista milioni di voti.

Il successo nazista fu dovuto anche a un'aggressiva propaganda e alla **violenza squadrista** delle **camicie brune**, i gruppi paramilitari del partito, che intimidivano gli avversari con la violenza.

Ma per la salita al potere di Hitler fu determinante soprattutto l'alleanza stretta fra il vecchio ceto di governo, impaurito dalla democrazia, e il movimento di massa nazionalsocialista. All'inizio del **1933** il presidente Hindenburg nominò **Hitler cancelliere**.

Hitler cancelliere in un poster celebrativo del 1933. Lo slogan dice: «Nel momento di maggior bisogno Hindenburg ha scelto Hitler come cancelliere».
Collezione privata.

L'antisemitismo di Hitler

incolpa gli ebrei e i comunisti per il motivo il quale hanno perso nella WWI e la Germania era nella crisi economica

Hitler aveva esposto le sue idee fin dal 1924, nel libro *La mia battaglia*. Secondo Hitler, vi sono popoli dominatori e popoli destinati a essere schiavi. Il popolo tedesco appartiene a una razza dominatrice, quella «ariana»; ma nel tempo è decaduto perché si è mescolato con razze inferiori, come quella ebraica, e la sua volontà di grandezza è stata sostituita da ideologie proprie dei popoli inferiori, come il liberalismo, la democrazia, il comunismo. Per purificare la razza, secondo Hitler, occorre eliminare gli individui deboli della società e proibire i matrimoni misti fra Tedeschi e neri e fra Tedeschi ed Ebrei. Questi ultimi rappresentano, nella concezione di Hitler, il principio del male, e devono essere sacrificati. Una volta giunto al potere, Hitler attuò tutti i provvedimenti anticipati nel libro.

COLLEGO CAUSE ED EFFETTI

Hitler riesce a conquistare il potere PERCHÉ:

- promette un **governo forte**
- fa sperare nel ritorno di una **Germania ricca**
- identifica negli Ebrei e nei comunisti la **causa dei mali** della Germania
- usa la **propaganda** e la violenza
- è appoggiato dal **vecchio ceto** di governo

I protagonisti

I capi e le masse

Nei periodi di crisi, quando i popoli si sentono particolarmente disorientati, scontenti, timorosi del futuro, può facilmente emergere un capo che appare, agli occhi delle masse, come dotato di qualità eccezionali e di un potere superiore (il carisma).

Prima di tutto un **capo carismatico** sa trascinare le folle con la forza della sua oratoria, sa suscitare in loro passioni ed emozioni elementari, come l'odio, l'amore, la speranza, sa imprimere alle sue opinioni il carattere di verità assolute. A volte il capo presenta se stesso come investito di una missione superiore da compiere. Nel capo le folle vedono qualcuno che dà voce ai loro desideri, che può risolvere i loro problemi e si affidano a lui perché decida al posto loro. Alcuni gli esprimono la loro riconoscenza con l'**esaltazione**, l'**adorazione fanatica**, con l'**obbedienza incondizionata**.

Fenomeni come questi stanno alla base di tutti i fascismi. Mussolini e Hitler, ad esempio, seppero ben costruire la loro figura di capi carismatici. Hitler, in particolare, volle scorgere anche nei fatti più comuni della sua vita (come la nascita, o una malattia) dei segni di una missione che secondo lui era chiamato a compiere. Si convinse, per esempio, che il fatto di essere nato in un Paese austriaco, ai confini con la Baviera tedesca, fosse un presagio dell'annessione dell'Austria alla Germania, che egli realizzò nel 1938; interpretò la guarigione da una momentanea cecità che l'aveva colpito in guerra come un «miracolo», che confermava in lui la certezza di essere destinato a salvare la Germania dalla rovina.

Charlie Chaplin in un film del 1939, *Il grande dittatore*, fece una intelligente parodia di Hitler e del suo desiderio di dominare il mondo.

Il fenomeno del capo politico a cui l'opinione popolare attribuisce autorevolezza e capacità superiori, al punto da affidarsi a lui in modo totale e acritico, può sempre ripetersi. Anzi, più la crisi (sociale, economica, di valori) è profonda, più gravi sono i problemi in cui ci si dibatte, più è facile che un personaggio dotato di una forte personalità riesca a infiammare e a soggiogare le folle.

Tanto più per questo è necessario che ciascuno di noi, prima di fare scelte politiche, faccia uso del proprio spirito critico e delle proprie capacità di riflessione. La storia del fascismo e del nazismo ci ha insegnato che è pericoloso lasciare che dei capi carismatici decidano al posto nostro.

Naturalmente esistono anche capi carismatici positivi (il termine «carisma» in origine indica proprio la grazia ricevuta da Dio per il bene di tutti). Come esempio di **capi carismatici positivi** possiamo citare Gandhi, che portò l'India all'indipendenza usando il metodo della non violenza, o Martin Luther King che lottò – anch'egli senz'armi – per la parità dei neri d'America.

COLLOCO GLI EVENTI NEL TEMPO

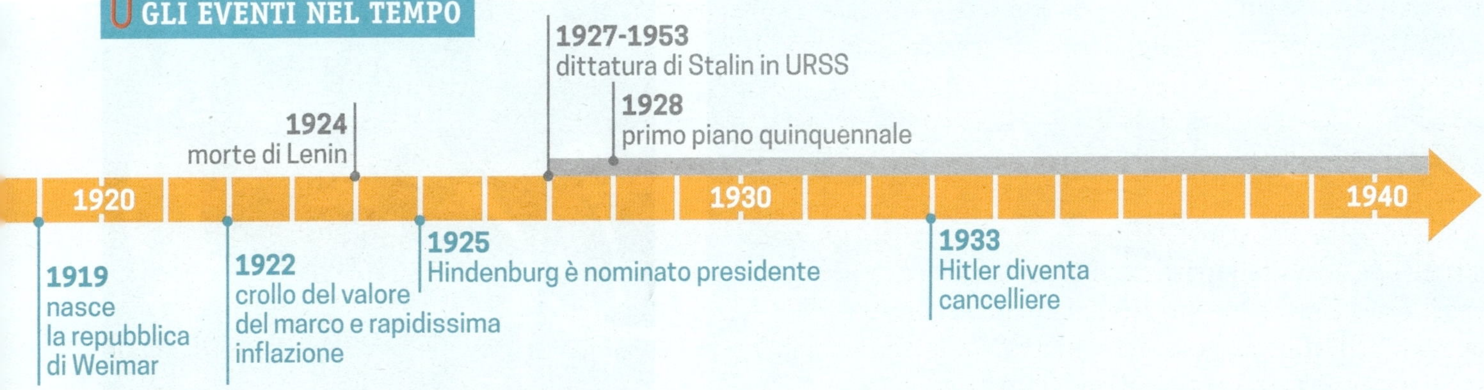

3. Il Terzo Reich e il nazismo

La dittatura di Hitler

Pochi giorni dopo la nomina di Hitler a cancelliere, un incendio (organizzato dai nazisti) distrusse la sede del parlamento tedesco. Hitler attribuì la colpa ai partiti di sinistra e scatenò una repressione violenta contro i loro capi e i loro militanti. La **Costituzione tedesca** venne **sospesa** e fu ripristinata la pena di morte. Le libertà di stampa e di associazione furono soppresse e alla polizia furono assegnati poteri straordinari. Nel marzo 1933 si tennero per l'ultima volta le elezioni: il partito nazista ebbe più della metà dei voti. Subito dopo i partiti di opposizione furono soppressi e messi fuori legge: la repubblica di Weimar era finita e la Germania era ormai una **dittatura**. Dopo la morte di Hindenburg, nel 1934, **Hitler** divenne **capo dello Stato** e comandante supremo dell'esercito, e diede alla Germania nazista il nome di **Terzo Reich**, cioè «terzo impero»: veniva infatti dopo il primo, il Sacro romano impero germanico (durato dal X secolo al 1806), e dopo il secondo, quello fondato da Bismarck nel 1871, che era crollato nel 1918.

ORGANIZZO I CONCETTI

► **Completa le frasi.**

Nel 1933	▪ Hitler diventa .... ▪ il .... tedesco brucia in un incendio ▪ la .... tedesca è sospesa ▪ si reintroduce la pena di .... ▪ la Germania diventa una ....
Nel 1934	▪ Hitler diventa .... dello Stato e comandante supremo dell' .... del Terzo Reich

La Germania e la conquista di uno «spazio vitale»

Primo obiettivo della politica estera del Terzo Reich era l'**annessione** di tutte le comunità di cultura e lingua tedesca che si trovavano negli Stati europei confinanti con la Germania. Ciò significava occupare l'Austria e ampie regioni della Cecoslovacchia e della Polonia. Con l'aiuto tedesco in questi Paesi nacquero e si organizzarono dei movimenti filonazisti.

L'obiettivo finale era la conquista da parte della razza dominante di uno «**spazio vitale**», mediante un'espansione a est, in territorio polacco e russo. I popoli slavi che vi abitavano erano considerati inferiori alla razza ariana; nella visione di Hitler avrebbero continuato a fare i contadini, ma per nutrire i loro signori, i guerrieri tedeschi.

Un grandioso raduno di nazisti a Norimberga nel 1934.
Foto Hulton Archive/Imagno/Getty Images.

L'espressione decisa di Hitler mentre parla alla folla.

Un solo Stato, un solo popolo, un solo capo

Giunto al potere, Hitler si dedicò alla realizzazione del programma politico che aveva preannunciato nei suoi scritti. Nel Terzo Reich la volontà del *Führer* divenne la fonte della legge. Hitler era il **capo indiscusso**: le istituzioni fondamentali dello Stato (l'esercito, la magistratura, la burocrazia) obbedivano ai suoi ordini.

Servendosi delle sue squadre di protezione (le *Schutzstaffeln*, le **SS**, dalle uniformi nere, simili a quelle dei fascisti) e della ***Gestapo***, la polizia segreta di Stato, eliminò ogni opposizione. Gli avversari politici, democratici, comunisti, socialisti, dichiarati tutti «nemici dello Stato», finirono imprigionati, assassinati o relegati nei campi di concentramento (in tedesco, *Lager*).

Oltre a dominare la vita politica, Hitler voleva che ogni aspetto della vita privata fosse governato dal nazismo: lo Stato hitleriano fu un **regime totalitario**.

I cittadini tedeschi furono controllati attraverso una fitta rete di organizzazioni che si occupavano di ogni aspetto della vita quotidiana. Tutte le associazioni (sportive, culturali, del tempo libero) furono riorganizzate secondo i princìpi nazisti.

Il regime pose particolare attenzione ai giovani, che furono inquadrati nelle organizzazioni paramilitari della **Gioventù hitleriana**: secondo Hitler, la gioventù tedesca, spietata e razzialmente perfetta, doveva «spaventare il mondo».

Manifesto della Gioventù hitleriana: i giovani nazisti mettono in fuga, come se fossero insetti, i membri delle organizzazioni giovanili proibite dal regime, come i boy-scout e i gruppi parrocchiali.

Il riarmo della Germania

Mentre la propaganda ossessionante, le dimostrazioni di forza, il terrore divenuto norma di governo imprimevano nel popolo le idee naziste, Hitler preparò la **rivincita** dalla sconfitta e insieme pose **fine alla crisi economica**, attuando un vasto piano di riarmo e di costruzione di infrastrutture, come autostrade e ferrovie, indispensabili anche a scopi bellici.

La disoccupazione scomparve, perché i giovani venivano arruolati nelle forze armate e nelle SS. Le industrie ebbero lavoro, impegnate com'erano a

Adolf Hitler dà il primo colpo di vanga per la costruzione dell'autostrada del Reich, a Francoforte, il 23 settembre 1933.

fabbricare armi a ritmo intenso. Il consenso della popolazione verso il regime crebbe: la Germania tornava a essere una nazione disciplinata, rispettata e temuta, e molti sottovalutavano il pericolo.

I Paesi vincitori della prima guerra mondiale vedevano con preoccupazione il riarmo della Germania; ma non reagirono, per il timore di una nuova guerra.

La vetrina infranta del negozio di un ebreo, all'indomani della «notte dei cristalli».
Foto AGK.

Inizia la persecuzione degli Ebrei

Frattanto le istituzioni del partito nazista e dello Stato tedesco si dedicavano sistematicamente alla **persecuzione degli Ebrei**, a cominciare dalle **leggi di Norimberga** del settembre **1935**, che discriminavano gli Ebrei e li separavano dagli altri cittadini tedeschi. Proibiti i matrimoni misti, essi furono cacciati dalle forze armate e dagli impieghi pubblici [→ Fonti: Leggi contro gli Ebrei p. 197]. Poi furono espropriati dei loro beni e fatti oggetto di umiliazioni e di violenze di ogni genere. Il culmine di questa persecuzione ebbe luogo il 9 novembre 1938, quando fu scatenato un *pogrom* contro gli Ebrei: fu chiamata la «**notte dei cristalli**», perché i negozi degli Ebrei vennero devastati dalle bande naziste e le loro vetrine infrante.

Queste prevaricazioni erano solo le **prime tappe di un processo inarrestabile**, destinato a concludersi, di lì a pochi anni, con la concentrazione degli Ebrei d'Europa nei ghetti e, infine, con il loro annientamento nei campi di sterminio. Solo poche persone si rendevano conto di quanto stava accadendo; ma ormai quasi nessuno dei Tedeschi osava opporsi al nazismo o criticare il *Führer*. Farlo significava, per chiunque, esporre a morte certa se stesso e i propri familiari. In realtà, la maggioranza dei Tedeschi seguì Hitler, soggiogata dalla sua personalità e abbagliata da sogni di grandezza, anche quando fu evidente che il nazismo avrebbe portato la Germania a una nuova guerra.

ORGANIZZO I CONCETTI

I totalitarismi		
Germania nazista	**Italia fascista**	**URSS sotto Stalin**
partito unico, ideologia unica		
propaganda, creazione del consenso, culto del capo, cerimonie spettacolari		
antisemitismo e intolleranza verso le minoranze		
riarmo e grandi infrastrutture	bonifiche e tentativi di autarchia	industrializzazione forzata
polizia segreta, eliminazione dell'opposizione, militarizzazione		
campi di concentramento e di sterminio	confino per gli oppositori	Gulag

Fonti

Leggi contro gli Ebrei

Il 15 settembre 1935 il regime nazista promulgò una serie di leggi di cui riportiamo alcuni articoli. Leggi il testo, poi rispondi alle domande.

Legge per la cittadinanza tedesca del Reich

« art. 2. Cittadino del Reich è soltanto l'appartenente allo Stato di sangue tedesco [...]. »

Legge per la protezione del sangue e dell'onore tedeschi

« art. 1. Sono proibiti i matrimoni tra ebrei e cittadini dello Stato di sangue tedesco. I matrimoni già celebrati sono nulli [...].
art. 2. Sono proibiti rapporti extramatrimoniali tra ebrei e cittadini dello Stato di sangue tedesco.
art. 3. Gli ebrei non potranno assumere al loro servizio come domestiche cittadine di sangue tedesco sotto i 45 anni. [...]
art. 5. Chi contravviene al divieto di cui all'articolo 1 viene punito con il carcere duro.
Chi contravviene alle norme di cui all'articolo 2 viene punito con l'arresto o con il carcere duro.
Chi contravviene alle norme di cui all'articolo 3 viene punito con la prigione sino ad un anno e con una multa. »

Un giovane ebreo e una ragazza ariana, accusati di avere avuto una relazione amorosa, sono umiliati in pubblico dai nazisti.

LAVORO SULLE FONTI

1. Gli Ebrei sono considerati cittadini tedeschi?
2. Che cosa occorre per essere cittadini tedeschi a pieno titolo?
3. Che cosa vietano gli articoli 1, 2, 3 della seconda legge?
4. Qual è la sorte dei matrimoni tra Ebrei e cittadini tedeschi già celebrati?
5. Quale dei tre comportamenti vietati nella seconda legge è considerato il più grave?
6. Quale obiettivo si propongono le due leggi?

COLLOCO GLI EVENTI NEL TEMPO

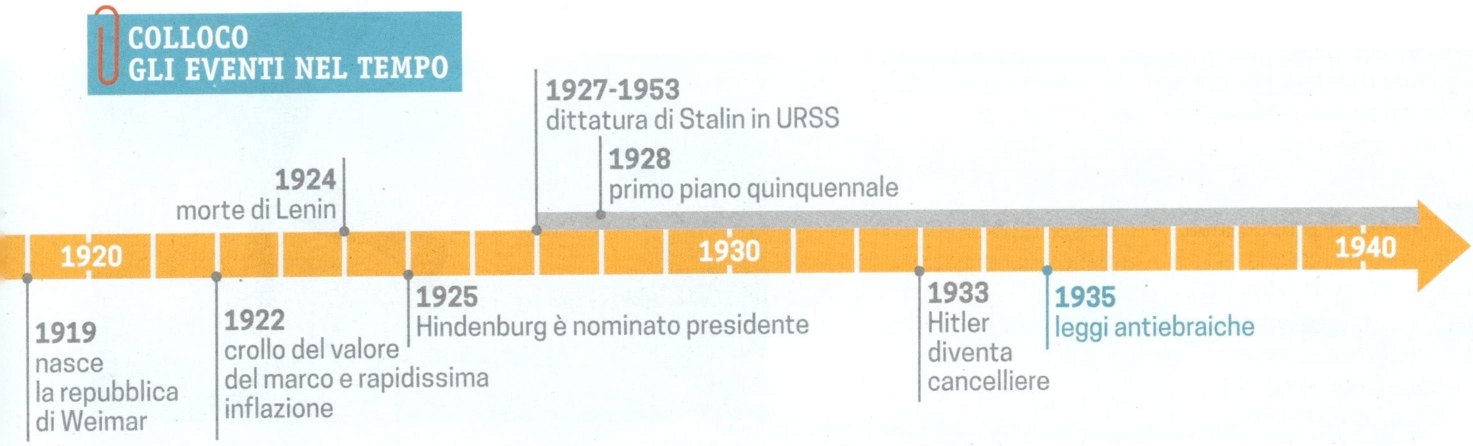

I protagonisti

La propaganda nazista e le Olimpiadi

Hitler eliminò le propaganda contro gli ebrei per "nascondere" il nazismo che fu per loro un evento molto importante sul fatto che hanno vinto nei giochi olimpici

Nel 1936 le Olimpiadi si svolsero a Berlino. Il Comitato olimpico aveva assegnato alla Germania quell'edizione dei Giochi prima che il nazismo prendesse il potere: era un segno che le ferite della guerra cominciavano a rimarginarsi e che la Germania era ormai riammessa a pieno titolo nella comunità internazionale.

Il regime nazista fu molto abile nell'approfittare di questa straordinaria «vetrina» internazionale per mettere in mostra gli aspetti positivi e trionfanti del nazismo. Su richiesta del comitato olimpico fu anche abbandonata per qualche tempo la propaganda antiebraica.

Molti paesi che parteciparono nelle Olimpiadi non vollero giocare perché c'erano dei disagi dopo la WW I

Il vero trionfatore delle Olimpiadi fu l'atleta nero statunitense Jesse Owens, che vinse le gare di velocità (corsa dei 100 e 200 metri, staffetta 4×100) e il salto in lungo. Per i nazisti le vittorie del nero Owens furono un vero smacco «razziale».

La cerimonia inaugurale delle Olimpiadi in una illustrazione di propaganda del 1936. Per ospitare le gare di atletica fu costruito il più grande stadio del mondo. Mentre il dirigibile Hindenburg trascinava in volo una grande bandiera olimpica, un coro di tremila ragazzi cantò l'inno nazionale tedesco e quello nazista.
Foto Print Collector/Alamy.

Cinema di propaganda. Una famosa regista tedesca, Leni Riefenstahl, ebbe a disposizione mezzi illimitati per girare *Olympia*, un documentario sui giochi del 1936. Le sue immagini, ispirate alle forme classiche dell'arte greca, esaltarono la bellezza degli atleti e la grandiosità dell'organizzazione.

4. Una nuova guerra si avvicina

Regimi autoritari e democrazie

Negli anni Venti e Trenta crebbe in tutta Europa il successo dei movimenti di estrema destra, ostili alla democrazia. Negli Stati in cui la tradizione democratica era debole questi movimenti presero il potere.

In qualche caso si trattò di **governi autoritari e militaristi**: così accadde in Polonia, in Grecia e in Iugoslavia.

In Portogallo, in Ungheria e in Romania nacquero invece delle **dittature** che s'ispiravano direttamente ai regimi fascista e nazista.

Nei Paesi con una solida **tradizione democratica**, come la Francia, l'Inghilterra e i Paesi scandinavi, i movimenti fascisti restarono sempre minoritari. Anzi, in Francia una coalizione di socialisti e comunisti (il **Fronte popolare**) riuscì ad andare al governo, ma solo per breve tempo, alla metà degli anni Trenta.

I regimi politici in Europa negli anni Trenta.

GUARDA! LA CARTA ANIMATA

La Società delle Nazioni si indebolisce

Nel 1933, subito dopo il suo avvento al potere, Hitler fece **uscire la Germania dalla Società delle Nazioni** (vi era stata ammessa nel 1926). Il *Führer* non voleva infatti che ci fossero impegni internazionali a intralciare la sua politica di riarmo e di preparazione alla guerra.

Nello stesso anno il **Giappone**, condannato dalla Società delle Nazioni per aver occupato militarmente la **Manciuria** in territorio cinese, reagì alla condanna uscendo anch'esso dall'organizzazione internazionale.

La Società delle Nazioni, già nata debole, continuava a perdere autorità. Il colpo più grave contro l'organizzazione venne dalla guerra che l'Italia fascista scatenò nel 1935 contro l'Etiopia [→ cap. 7 par. 5].

Dov'è la Manciuria?

Scoppia la guerra civile in Spagna

La Spagna era un Paese molto povero e prevalentemente agricolo. L'industria era sviluppata solo in alcune regioni, come la Catalogna. Nelle zone industriali erano forti, ma in contrasto fra loro, i movimenti politici e sindacali che s'ispiravano al comunismo e all'anarchia; nelle campagne c'erano tensioni fortissime fra i braccianti e i latifondisti.

Il Paese aveva una radicata tradizione cattolica: la Chiesa era molto influente e disponeva di vastissime proprietà terriere e immobiliari, ma questo aveva originato anche una tendenza anticlericale, che si faceva sempre più violenta.

Nel 1931 in Spagna fu cacciata la monarchia (che si era dimostrata incapace di risolvere la grave crisi del Paese) e fu istituita la repubblica. Nelle elezioni del **1936** prevalse, anche qui come in Francia, un **Fronte popolare**, che comprendeva repubblicani, socialisti e comunisti.

Le forze politiche conservatrici non si rassegnarono alla sconfitta e i militari, sotto il comando del generale **Francisco Franco**, scatenarono un'insurrezione.

Cominciò così una lunga **guerra civile** che durò fino al **1939**. La Germania e l'Italia intervennero in appoggio dei **falangisti*** di Franco con armi, volontari e anche truppe regolari. A combattere con i repubblicani accorsero volontari antifascisti da tutto il mondo. Ma le grandi democrazie europee, Francia e Inghilterra, nonostante le speranze e le attese, non intervennero. Così, nel marzo 1939 Franco completò l'occupazione della Spagna e instaurò una dittatura di tipo fascista. Rimase al potere fino alla morte, nel 1975. Solo allora in Spagna tornò la democrazia.

Nella guerra di Spagna molti democratici videro il primo atto della guerra che si doveva condurre contro il fascismo; i conservatori la interpretarono, invece, come una vittoria contro il dilagare del comunismo.

*** Falangisti**
La Falange era un movimento di destra fondato in Spagna nel 1933, che si ispirava al fascismo e al nazismo. Franco diede lo stesso nome alla coalizione di movimenti che lo appoggiarono nella guerra civile.

Due manifesti di propaganda della guerra civile spagnola. Nel primo, repubblicano, lo slogan ricorda la data della prima vittoria contro i franchisti. Il secondo, franchista, interpreta la guerra civile in corso come una crociata.
Foto Archivio Federazione Anarchica Spagnola.

Un repubblicano spagnolo colpito a morte. Questa fotografia, scattata dal reporter Robert Capa nel 1936, è divenuta l'immagine simbolo della guerra civile spagnola.
Foto R. Capa/Magnum.

Hitler annette l'Austria

Dall'inizio della guerra di Spagna in poi, i passi sulla via di una nuova guerra divennero sempre più rapidi. Già nell'ottobre 1936 l'Italia e la Germania firmarono un'alleanza, chiamata **Asse Roma-Berlino**.

In un primo tempo Hitler mirò ad annettere territori dove si trovavano forti minoranze tedesche. Così, nel marzo **1938** l'**Austria** fu occupata dalle truppe naziste (nel Paese esisteva un forte movimento nazista, che favorì l'annessione). A quel punto il Reich tedesco confinava, sul Brennero, con il regno d'Italia: Hitler si premurò di rassicurare Mussolini che non intendeva mettere in discussione quel confine.

Gli Stati democratici, Francia e Inghilterra, si mostrarono incapaci di prevenire le mosse di Hitler, e indecisi nelle reazioni. A lungo anzi si illusero che, cedendo ad alcune richieste del dittatore tedesco, si potesse raggiungere una pace più stabile. La loro speranza era anche che la Germania costituisse un argine al dilagare del comunismo russo in occidente. Tutti questi calcoli si rivelarono errati.

Hitler capo dell'esercito in un dipinto di Conrad Hommel del 1940. Monaco, Haus der Kunst.

Le democrazie europee cedono alle pretese di Hitler

Nel 1938, Hitler intimò alla **Cecoslovacchia** di consegnare alla Germania la regione dei **Sudeti**, dove viveva una forte minoranza tedesca e dove si trovavano le maggiori industrie del Paese.

Alla **conferenza di Monaco**, in quell'anno, il primo ministro inglese e quello francese si incontrarono con Hitler e Mussolini per trattare la questione dei Sudeti e cedettero alle richieste del dittatore tedesco. Hitler, sicuro che Francia e Inghilterra non si sarebbero mosse in difesa del piccolo Stato, l'anno dopo invase la Cecoslovacchia, annettendo al Reich la Boemia e la Moravia.

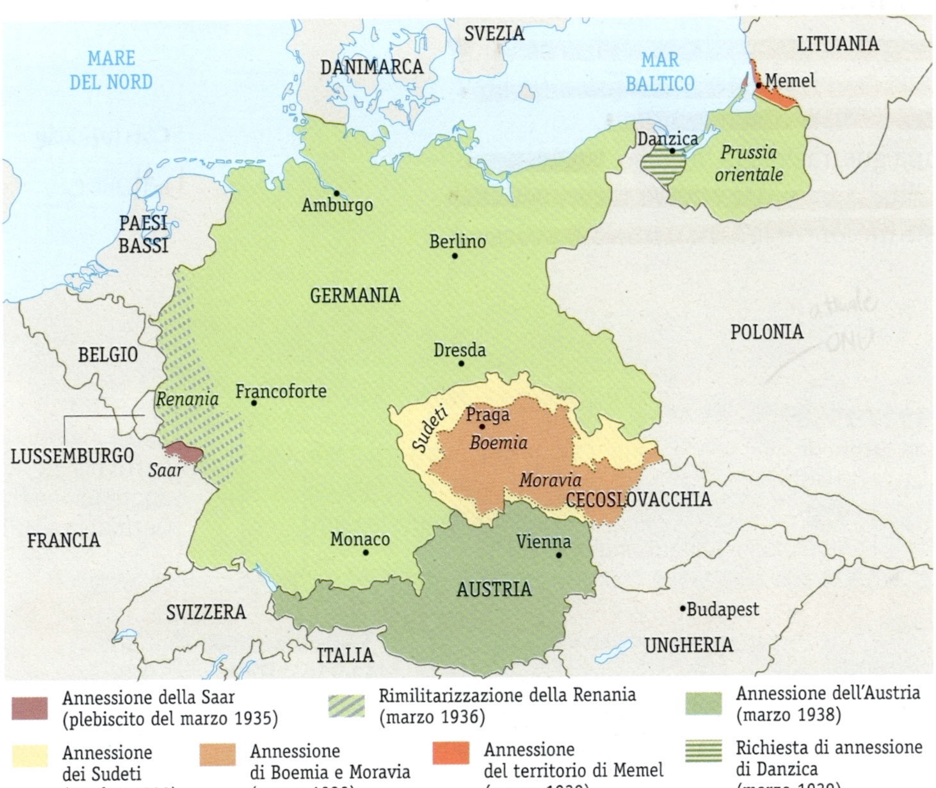

ORGANIZZO I CONCETTI

► **Completa la mappa.**

Nel ...1936... Hitler occupa e ...occupa... l'Austria

poi

reclama il possesso dei ...territori con minoranze tedesche...

ma per evitare guerre

...Francia... e ...Inghilterra... non difendono i diritti della Cecoslovacchia

quindi

nel ...1938... Hitler invade tutta la Cecoslovacchia

L'espan

Nell'aprile 1939 l'esercito italiano invase l'**Albania**, un poverissimo Paese su cui l'Italia esercitava da molti anni una specie di protettorato. Vittorio Emanuele III divenne anche **re d'Albania** e il regime fascista poté sfruttare propagandisticamente un altro facile successo. Nel maggio 1939 l'Italia e la Germania strinsero il **Patto d'acciaio**, un'alleanza militare che impegnava i due Stati a sostenersi reciprocamente in caso di guerra.

Hitler e Mussolini si stringono la mano in occasione di un incontro.
Foto Archivio Bruni/Archivi Alinari.

Hitler e Stalin stringono un patto di non aggressione

La conferenza di Monaco, che doveva rappresentare un punto fermo per la pace, fu invece un passo decisivo sulla via alla guerra. La Germania era di nuovo lo Stato più potente d'Europa; le piccole nazioni ormai non potevano più avere fiducia nella protezione della Francia e dell'Inghilterra. Ma anche un grande Stato come l'Unione Sovietica traeva da queste vicende un'amara conclusione: tutte le altre potenze europee si erano alleate ai suoi danni. A Stalin sembrò chiaro che, abbandonando la Cecoslovacchia ai Tedeschi, Francia e Inghilterra avevano dato via libera a Hitler contro la Russia.

D'altra parte, in Estremo Oriente una guerra era già in corso. Il **Giappone**, che aveva firmato con la Germania e l'Italia un **patto contro il comunismo internazionale**, nel **1937** riprese le ostilità contro la Cina e iniziò l'invasione di quell'immenso territorio.

COLLOCO GLI EVENTI NEL TEMPO

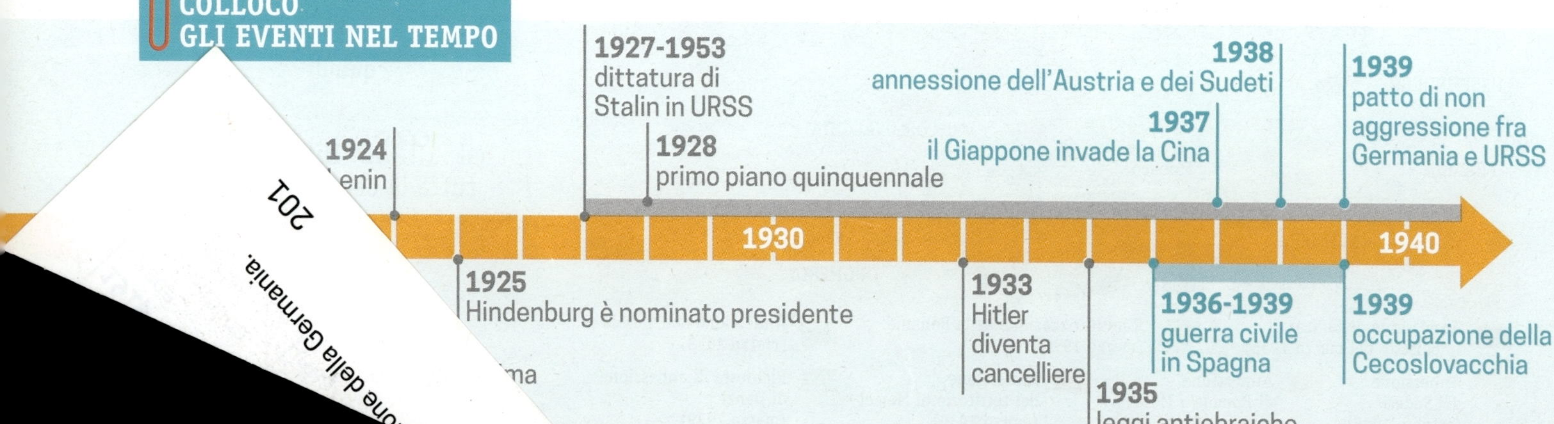

L'URSS si sentì non solo isolata, ma circondata da nemici: ai suoi confini c'erano ora, minacciosi e potenti, la Germania a occidente e il Giappone a oriente. Da questa situazione Stalin uscì in modo inaspettato. Il 23 agosto **1939** i ministri degli esteri di Germania e Unione Sovietica firmarono un **patto di non aggressione**. Con questo i due Stati s'impegnavano sia a non aggredirsi l'un l'altro, sia a non dare appoggio ad altri aggressori.

A questo punto la Germania si sentì sicura di poter correggere a proprio vantaggio i confini con la Polonia e di poter rioccupare Danzica, che era stata dichiarata «città libera» e si trovava in territorio polacco. Hitler era certo che anche in questo caso la Francia e l'Inghilterra non sarebbero intervenute, né tanto meno, in base al patto, sarebbe intervenuta l'Unione Sovietica.

«Quanto durerà la luna di miele?», dice una caricatura sul patto di non aggressione fra URSS e Germania. Hitler e Stalin sono raffigurati come due sposi. Sulla torta nuziale spiccano i simboli dei due regimi.
Disegno di Clifford Berryman.

RICOSTRUISCO LA MAPPA DEL CAPITOLO

- **In URSS dopo la morte di Lenin** → prende il potere → **Iosif Stalin**
  - che impone → una sanguinaria dittatura
  - che ordina → • industrializzazione forzata • collettivizzazione delle terre
  - che firma → un patto di non aggressione con il Terzo Reich

- **In Germania la repubblica di Weimar** → è → democratica ma debole → a causa di → • inflazione • disoccupazione • lotte sociali
  - allora prende il potere → **Adolf Hitler capo del nazismo**
  - che fonda → il Terzo Reich
  - e avvia → la persecuzione degli Ebrei; l'annessione dei territori di lingua tedesca

Sintesi

RICOSTRUISCO LE INFORMAZIONI

1 La dittatura di Stalin nell'URSS

In Unione Sovietica, dopo la morte di Lenin prende il potere **Iosif Stalin**, segretario del partito comunista. Stalin vuole trasformare rapidamente il Paese in una **grande potenza industriale**. Il suo programma punta sulla grande industria, mentre viene sacrificata la produzione di beni di consumo.

Nelle campagne i contadini sono obbligati a entrare in fattorie controllate dallo Stato (i ***kolchoz***). La produzione agricola crolla e si verificano gravi carestie.

Stalin governa con il terrore mandando milioni di oppositori in campi di lavoro forzato (**Gulag**).

2 Da Weimar a Hitler

La Germania dopo la Grande guerra diventa una repubblica (**repubblica di Weimar**). I suoi governi però sono deboli e permettono ad **Adolf Hitler**, capo del partito nazionalsocialista (o **nazista**), di prendere il potere.

Hitler, chiamato anche ***Führer*** (capo), diffonde l'odio contro i democratici, i comunisti e soprattutto contro gli Ebrei. Secondo l'ideologia razzista del ***Führer***, l'**antisemitismo**, il popolo tedesco appartiene a una **razza superiore**.

Hitler intende anche unificare sotto la Germania tutte le comunità tedesche che si trovano negli Stati europei confinanti.

3 Il Terzo Reich e il nazismo

Nel 1933 **Hitler**, grazie anche all'azione violenta delle sue bande, è nominato **cancelliere**. Ben presto dà vita a una feroce **dittatura**, che reprime ogni opposizione per mezzo della polizia segreta di Stato (la *Gestapo*) e delle milizie armate del partito (le SS).

Hitler dà nuova spinta all'**industria**, alla produzione di **armamenti** e ai lavori pubblici. La disoccupazione diminuisce e l'economia migliora.

Hitler avvia una sistematica **persecuzione degli Ebrei** tedeschi, escludendoli dagli uffici pubblici, derubandoli dei loro beni e autorizzando ben presto atti sempre più violenti nei loro confronti.

4 Una nuova guerra si avvicina

Negli anni Trenta in molti Stati si affermano regimi autoritari.

Nel 1936, in **Spagna**, il Fronte popolare formato da repubblicani, socialisti e comunisti vince le elezioni. Allora i conservatori appoggiano il generale **Francisco Franco**, che dà inizio a una sanguinosa **guerra civile**. Dopo tre anni Franco conquista il potere e instaura una dittatura.

Sempre nel 1936, la Germania si allea con l'Italia fascista nell'**Asse Roma-Berlino**. Tra il 1938 e il 1939 Hitler annette l'Austria al Reich, occupa la Cecoslovacchia e infine firma un **patto di non aggressione** con Stalin.

Esercizi

COSTRUISCO LE MIE COMPETENZE

VERIFICO LE CONOSCENZE
Paragrafo 1

1 Completa il brano con le parole adatte.

Nell'Unione Sovietica, dopo la morte di ...Lenin... il partito si divide fra i sostenitori di Iosif ...Stalin... (che vuol rafforzare il socialismo in ...altri Paesi del Mondo...) e quelli di ...Trockij... , che vuole diffondere la rivoluzione all'estero. Prevale ...Stalin... che avvia una feroce ...dittatura... e imprigiona ed elimina gli oppositori. Inoltre impone al Paese un' ...industria... forzata attraverso i ...piani... quinquennali. Nelle campagne viene imposta la .... delle .... ; questa suscita l'ostilità dei contadini, che a milioni sono deportati in campi di lavoro (detti ...Gulag...) e sterminati.

USO LE PAROLE DELLA STORIA
Paragrafo 1

2 Scrivi una frase con ciascuna delle seguenti parole, relative alla dittatura di Stalin.

a. Collettivizzazione ....
b. Nomenklatura ....
c. «Arcipelago Gulag» ....

Imparo a imparare
RICONOSCO L'USO POLITICO DI UNA FOTOGRAFIA
Paragrafo 1

La fotografia fornisce una grande quantità di materiale documentario agli storici: ma, come per le altre fonti storiche, anche nel caso delle fonti fotografiche occorre controllare che rappresentino la verità. Le fotografie, infatti, possono essere ritoccate e manipolate molto facilmente in modo da falsare l'effetto visivo.
Le due immagini qui sotto dimostrano come la tecnica fotografica possa essere utilizzata al servizio dei potenti: in questo caso, del dittatore Stalin. Quella a sinistra mostra Lenin che parla alla folla nel 1920; sul palco con lui sono presenti anche altri due protagonisti della rivoluzione d'ottobre, Trockij e Kamenev. Negli anni Trenta la fotografia continuò a circolare, ma con aspetto diverso (immagine a destra): Trockij e Kamenev, ormai caduti in disgrazia, erano stati cancellati. Stalin infatti, giunto al potere, non si limitò a eliminare fisicamente i rivali ma, falsando la realtà e la storia, fece sparire dalle fotografie anche le loro immagini.

3 Commenta le foto rispondendo alle domande.

a. A quali epoche diverse risalgono le due fotografie? Quali differenze esistono fra esse?
b. Nell'immagine a sinistra, quale idea suggerisce la presenza di Trockij e Kamenev sul palco del comizio di Lenin?
c. Perché Stalin, divenuto dittatore, si preoccupa di farli scomparire dalla fotografia?

Esercizi

VERIFICO LE CONOSCENZE — Paragrafo 2

4 Completa il brano con le parole adatte.

Dopo la .... nella prima guerra mondiale, l'impero tedesco crollò e nacque la repubblica di .... Era un regime .... , con un parlamento eletto dai cittadini. Il governo repubblicano aveva molti oppositori: da un lato i .... , che nel 1919 tentarono un'insurrezione a Berlino; dall'altro gli alti gradi dell' .... , i grandi industriali e i .... , che avrebbero voluto un governo autoritario.
Per pagare i .... di guerra la Germania si trovò in una situazione economica difficilissima: l' .... raggiunse livelli altissimi, la moneta tedesca (il ....) crollò e i Tedeschi furono colpiti dalla miseria e dalla .... (cioè dalla mancanza di lavoro).
In questo clima si fece strada un nuovo partito, il partito .... , che voleva trasformare di nuovo la Germania in un Paese potente e credeva nella .... della "razza tedesca".

LAVORO SULLE FONTI — Paragrafo 2

5 Osserva l'immagine, leggi l'introduzione che la accompagna, poi rispondi alle domande.

In questa fotografia, alcuni bambini tedeschi costruiscono aquiloni usando pacchetti di banconote.

a. Questa fotografia è stata scattata:
☐ all'inizio degli anni Venti. / ☐ alla fine degli anni Trenta.

b. In che valuta sono espresse le banconote?

c. Come si spiega che i bambini usino le banconote come giocattolo?

STABILISCO COLLEGAMENTI E RELAZIONI — Paragrafo 2

6 Rispondi alle domande per descrivere il razzismo nazista.

a. Quali erano le idee di Hitler sulle razze umane?

b. A quale razza apparteneva il popolo tedesco?

c. Quali colpe ne avevano causato la decadenza?

d. Quali provvedimenti si dovevano prendere per purificare di nuovo la razza tedesca?

e. In quale libro Hitler espose le sue idee, molto tempo prima di prendere il potere?

VERIFICO LE CONOSCENZE — Paragrafi 2 e 3

7 Completa il brano con le parole adatte.

Divenuto .... nel 1933, Hitler instaura una brutale .... eliminando tutte le opposizioni con l'aiuto delle SS e della .... , la polizia .... Secondo Hitler, il popolo tedesco appartiene alla superiore razza .... , ma esistono anche razze inferiori, come quella degli .... In vista di una futura guerra, Hitler inizia un massiccio .... della Germania e avvia una sistematica .... contro gli Ebrei.

LAVORO SULLE FONTI

Paragrafo 3

8 Osserva l'immagine, leggi l'introduzione che la accompagna, poi completa la didascalia scegliendo le parole adatte.

L'immagine mostra un manifesto antisemita del 1937, intitolato «L'eterno Ebreo».
Osserva bene gli oggetti che il personaggio tiene in mano e sotto il braccio.

L'Ebreo rappresentato ☑ offre monete d'oro / ☐ chiede l'elemosina e vuole impietosire, ma la ☐ frusta / ☑ falce che ha in mano è segno di violenza.
Inoltre il simbolo della ☐ frusta / ☑ falce e martello sulla Germania indica che l'ebreo vorrebbe una Germania ☐ contadina / ☑ comunista.
Il manifesto, insomma, presenta l'ebreo come un individuo ☑ infido / ☐ povero e violento.

LAVORO SULLE FONTI

Paragrafo 3

9 Osserva l'immagine, leggi l'introduzione che la accompagna, poi rispondi alle domande.

Su questo manifesto c'è scritto: «La gioventù è al servizio del Führer. Tutti i ragazzi di dieci anni nella Gioventù hitleriana».

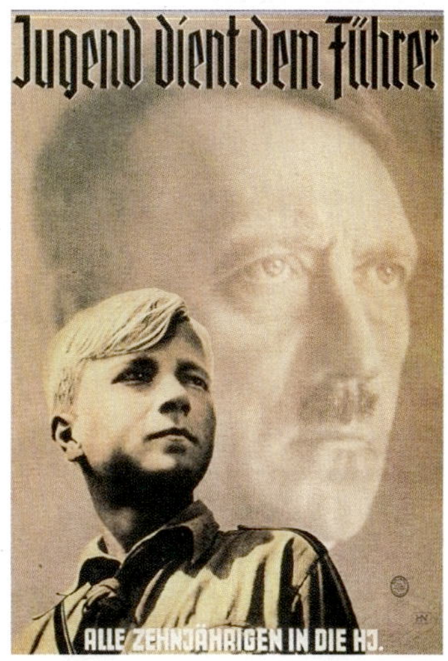

a. Il ragazzo, dallo sguardo altero e duro, si identifica con un personaggio: di chi si tratta?
b. Che cosa si aspetta Hitler dalla gioventù tedesca?
c. Come erano inquadrati i coetanei italiani nello stesso periodo?

VERIFICO LE CONOSCENZE

Paragrafo 4

10 Attribuisci una data ai seguenti avvenimenti, poi collocali su una linea del tempo come quella che trovi qui sotto.

.... firma dell'alleanza chiamata Asse Roma-Berlino
.... l'Italia invade l'Albania
.... il Giappone aggredisce la Cina
.... patto di non aggressione fra Hitler e Stalin
.... invasione della Cecoslovacchia
.... inizio della guerra civile spagnola

1936 — 1937 — 1938 — 1939

1938: conferenza di Monaco

Il capitolo a colpo d'occhio

QUANDO

1. In quali anni si svolgono questi eventi? SCRIVI le date sui puntini e poi COLLOCALI sulla linea del tempo.

Foto Corbis.

.... Hitler diventa cancelliere in Germania

.... Patto di non aggressione tra Germania e Unione Sovietica

.... Inizia la dittatura di Stalin in Urss

1920 — 1925 — 1930 — 1935 — 1940

DOVE

2. COMPLETA la legenda. SCEGLI le parole dall'elenco che segue (ATTENZIONE alla parola in più).

Dittature • monarchie costituzionali • democrazie liberali

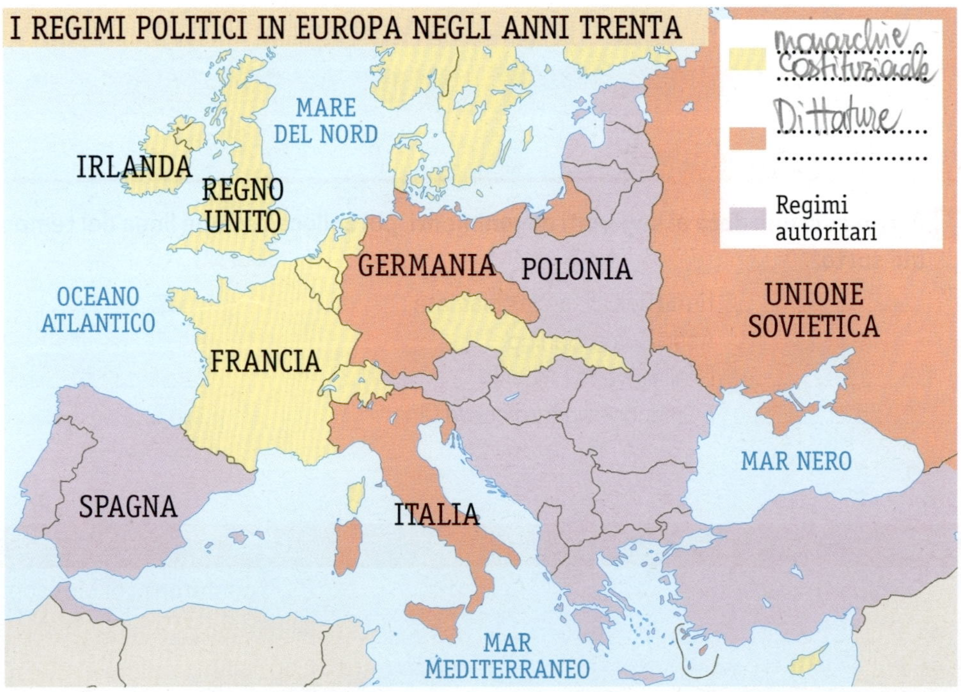

LE PAROLE DA RICORDARE

3. Come si chiama? METTI LA CROCETTA sulla parola o sulla locuzione giusta.

a. La repubblica tedesca negli anni Venti

☐ repubblica di Weimar ☒ Terzo Reich ☐ *Gestapo*

b. Titolo attribuito al capo del nazismo

☐ Gulag ☐ duce ☒ *Führer*

c. Ideologia razzista che sta alla base dei programmi di Hitler

☐ darwinismo sociale ☒ antisemitismo ☐ *Lager*

LA MAPPA DEI CONCETTI

4. COMPLETA la mappa.

Germania nazista ....

Italia fascista

Russia .... **sotto Stalin**

hanno in comune

- creazione del consenso ed eliminazione dell' ....
  - tramite
  - unico partito, unica ideologia e culto del ....
- militarizzazione e polizia .... che spia i cittadini
- persecuzione delle minoranze
  - si manifesta anche
  - con leggi razziali in Italia, con persecuzione e violenza in ....

CIAK si impara!

GUARDA! IL VIDEO

Capitolo 9 La seconda guerra mondiale

MI ORIENTO NEL CAPITOLO dal 1939 → al 1946

1

Nel **1939** le truppe naziste occupano la **Polonia**, causando lo scoppio di un nuovo conflitto. Quando **Hitler attacca la Francia**, **Mussolini** si schiera al suo fianco.

2

La Germania domina su gran parte dell'Europa. Gli **Ebrei** muoiono a milioni nei **campi di sterminio**. Nel **1941**, l'attacco del Giappone a **Pearl Harbor** provoca l'entrata in guerra degli **Stati Uniti.**

3

Nel **1943** gli **Alleati sbarcano in Sicilia**. Mussolini è arrestato e il nuovo governo firma l'**armistizio**. I Tedeschi **occupano l'Italia** e liberano Mussolini: nasce la **repubblica di Salò**.

4

In Italia i **partigiani** combattono una sanguinosa guerra di **resistenza** contro i Tedeschi e i fascisti.

5

Gli Alleati occupano l'Italia, accerchiano la Germania e la costringono alla **resa**. La guerra prosegue solo in Giappone, finché nell'**agosto 1945** gli **Stati Uniti** sganciano due **bombe atomiche** su Hiroshima e Nagasaki e il Giappone chiede la pace.

1) mire espansionistiche di Hitler
2) occupo la Polonia perché c'era una percentuale alta degli Ebrei (4 000 000 ed erano già presenti dei

1. Una nuova guerra lampo

La Germania aggredisce la Polonia

Il **1° settembre 1939** le **truppe tedesche** entrarono **in territorio polacco**. L'accordo con Stalin dava sicurezza a Hitler sul fronte orientale; ma questa volta **la Francia e l'Inghilterra** reagirono e **dichiararono guerra** alla Germania. Mussolini, sapendo che l'esercito e l'industria italiana erano impreparati, dichiarò che l'Italia, per il momento, non entrava in guerra.

I Tedeschi entrarono rapidamente in profondità nel territorio polacco grazie a una tattica nuova di **guerra lampo***, basata sull'uso integrato dei mezzi corazzati e dell'aviazione. In poche settimane i nazisti giunsero a Varsavia dopo avere occupato la parte occidentale del Paese. Con il consenso dei nazisti, Stalin invase la parte orientale della Polonia. In seguito, i Sovietici invasero anche le repubbliche baltiche di Estonia, Lettonia e Lituania, la cui indipendenza era durata solo una ventina d'anni.

* **Guerra lampo**
Questa tattica di battaglia consisteva nello sfondare le linee nemiche con una concentrazione di veloci e potenti carri armati, che, appoggiati dall'aviazione, penetravano in profondità nel territorio nemico, impedendo alle truppe avversarie di riorganizzarsi.

La guerra nel 1939-1940.

- La Germania nel 1939
- Attacchi delle forze dell'Asse
- Occupazione della Polonia orientale da parte dell'URSS

- posizione geografica
- stato debole

La Francia è sconfitta e l'Italia entra in guerra

Sul fronte occidentale, la Francia era protetta da un imponente sistema di fortificazioni di confine (la *Linea Maginot*). Ma i piani di guerra di Hitler colsero di sorpresa gli avversari.

Nell'aprile del 1940, le truppe tedesche **invasero la Danimarca e la Norvegia** assicurandosi il controllo del Mar Baltico. Nel maggio dello stesso anno **Hitler attaccò la Francia** invadendo l'Olanda, il Belgio e il Lussemburgo, Paesi neutrali. Era una mossa che i Tedeschi avevano attuato già nella prima guerra mondiale, ma che anche questa volta colse impreparati gli avversari.

Quando le operazioni stavano per concludersi **Mussolini** dichiarò **guerra alla Francia** ormai sconfitta (10 **giugno 1940**): il duce credeva di trarre profitto da una guerra rapida e già vinta in partenza.

Mussolini annuncia l'intervento nella guerra; disegno di Achille Beltrame sulla copertina della «Domenica del Corriere».

La **Francia** fu **divisa in due parti**: la parte settentrionale sotto l'occupazione nazista, quella meridionale sotto un governo **collaborazionista**, cioè disposto a collaborare con gli invasori, che pose la capitale a Vichy, nella Francia centrale. Immediatamente nacquero organizzazioni di lotta clandestina, che trovarono un importante punto di riferimento nel generale **Charles de Gaulle**; questi, rifugiatosi a Londra, in quotidiane trasmissioni radiofoniche incitava i Francesi alla resistenza.

Hitler a Parigi nel giugno 1940. Sullo sfondo, la torre Eiffel.
Foto H. Hoffmann/BPK, Berlino/RMN.

Fallisce il tentativo di invadere l'Inghilterra

La sconfitta della Francia aveva lasciato di fronte a Hitler la sola Inghilterra. Il 10 luglio 1940 l'aviazione tedesca diede inizio alla **battaglia d'Inghilterra**, nel tentativo di preparare l'invasione dell'isola. Oltre alle installazioni militari, anche Londra e altre città inglesi furono sottoposte a pesantissimi bombardamenti. Ma il nuovo capo del governo inglese, **Winston Churchill**, seppe raccogliere tutte le forze morali e materiali del Paese per resistere.

Grazie a un nuovo strumento che gli Inglesi sperimentarono per primi, il **radar***, l'aviazione inglese fu messa in grado di intercettare e attaccare i bombardieri tedeschi prima che potessero raggiungere gli obiettivi. Così la Germania non riuscì a conquistare il dominio dei cieli e l'esercito tedesco, protetto dall'aviazione in modo insufficiente, non poté attraversare la Manica per invadere l'Inghilterra.

Il fallimento del piano d'invasione fu la prima battuta d'arresto per Hitler. Tuttavia, nel settembre 1940, le forze dell'Asse (Germania e Italia), ancora fiduciose nella vittoria, firmarono con il Giappone un **Patto tripartito**, con cui i tre Paesi si suddividevano il controllo del mondo. In base a questo patto, alla Germania spettava il dominio dell'Europa continentale, all'Italia del Mediterraneo, al Giappone dell'Asia.

* **Radar**
Sigla che indica un rilevatore e misuratore di distanze mediante radioonde. Questo dispositivo emette onde elettromagnetiche che vengono fatte rimbalzare indietro dagli oggetti intercettati. In questo modo è possibile calcolare la distanza e visualizzare su uno schermo la direzione di un aereo o di una nave.

La città inglese di Coventry distrutta dai bombardamenti aerei tedeschi del novembre 1940.
Foto G.H.Hales/Fox Photos/Getty Images.

Il Mediterraneo resta sotto il dominio inglese

Per affermare la supremazia italiana nel Mediterraneo, Mussolini ordinò, il 28 ottobre 1940, l'**invasione della Grecia**. L'esercito italiano fu però bloccato dai Greci e ricacciato indietro. Anche la reazione inglese fu immediata e la principale base navale italiana, Taranto, subì pesanti bombardamenti.

Per risolvere la situazione, l'esercito nazista occupò nell'aprile 1941 la **Iugoslavia** e la Grecia. In questi Paesi ebbe inizio un tenace movimento di resistenza partigiana: gli Iugoslavi, guidati dal maresciallo Josip Broz, detto **Tito**, organizzarono un vero e proprio esercito che ingaggiò con gli invasori anche battaglie in campo aperto.

Il **Mediterraneo** rimase sempre **sotto il controllo della flotta inglese**. Sul fronte del **Nordafrica**, gli scontri durarono fino al maggio del 1943 con vicende alterne; alla fine, dopo durissime battaglie di mezzi corazzati nel deserto (**Tobruk**, **El Alamein**), gli Inglesi riuscirono a occupare la Libia. A quella data tutta l'Africa settentrionale era saldamente nelle loro mani.

Dove sono Tobruk ed El Alamein?

I fronti della guerra nel 1940-1941.

GUARDA! LA CARTA ANIMATA

L'invasione dell'Unione Sovietica viene bloccata

A metà del 1941 la Germania nazista occupava gran parte dell'Europa. Per assicurarsi sufficienti rifornimenti, Hitler aveva bisogno anche del grano delle pianure russe e delle risorse petrolifere del Caucaso. Perciò, confidando nella sorpresa, nel **giugno 1941** Hitler diede il via all'**invasione dell'URSS** (l'«operazione Barbarossa»), nella speranza di costringere Stalin alla resa prima dell'inverno.

Anziché resistere in campo aperto, i Sovietici si ritirarono, attaccando gli invasori soltanto con azioni di guerriglia. Le armate naziste, affiancate da reparti italiani, ungheresi, rumeni e finlandesi, penetrarono in profondità nel territorio russo, ma a prezzo di gravi perdite. Leningrado (così si chiamava, dopo la rivoluzione, San Pietroburgo, che oggi ha ripreso il suo antico nome) resistette eroicamente a un lungo assedio. La stessa Mosca era minacciata.

Stalin ordinò allora un'operazione senza precedenti: fece smantellare un migliaio di grandi complessi industriali per ricostruirli al di là dei monti Urali, in zona sicura. Con uno sforzo immenso, la produzione di armamenti dell'URSS superò ben presto quella tedesca. Nel dicembre 1941 ebbe inizio la **controffensiva**: nella grande battaglia di Mosca i Tedeschi furono costretti alla ritirata.

COLLEGO CAUSE ED EFFETTI

▶ **PERCHÉ Stalin ordina all'esercito di arretrare? Scegli la risposta giusta.**

- ☐ Perché riconosce la superiorità dell'esercito nazista.
- ☐ Per avere il tempo di far smontare e trasferire i complessi industriali al di là degli Urali.
- ☐ Perché aveva bisogno di soldati sul fronte orientale.

ORGANIZZO I CONCETTI

▶ **Completa la tabella.**

Le prime fasi della guerra	
Settembre 1939	Le truppe naziste invadono la ....Polonia....
Aprile 1940	Con l'invasione della .... e della .... , Hitler si assicura il controllo del Baltico
Maggio 1940	I Tedeschi invadono Olanda, ... , ... e attaccano la ....
Giugno 1940	Mussolini dichiara guerra alla ....
Luglio 1940	L'aviazione tedesca dà inizio alla ....
Settembre 1940	Germania, Italia e Giappone firmano il ....
Ottobre 1940	Mussolini ordina l'invasione della ....
Giugno 1941	Scatta l'operazione .... in Unione Sovietica.
Dicembre 1941	Battaglia di .... : i nazisti sono costretti a ritirarsi.

Truppe sovietiche si preparano all'offensiva contro i Tedeschi fuori dalla città di Mosca, inverno 1941.

COLLOCO GLI EVENTI NEL TEMPO

1939 – 1940 – 1941 – 1942 – 1943 – 1944 – 1945 – 1946

1° settembre 1939 i Tedeschi invadono la Polonia

giugno 1940 occupazione nazista della Francia; l'Italia in guerra

giugno 1941 inizio dell'invasione nazista dell'URSS

2. Gli aggressori verso la disfatta

La guerra lampo fallisce

Con la battuta d'arresto in Russia, le truppe nazifasciste erano ormai bloccate su tutti i fronti. La strategia della guerra lampo, che avrebbe dovuto rendere possibile una rapida conclusione del conflitto, era fallita. La Germania, nonostante le risorse di cui si era impossessata con le conquiste, non aveva uomini e mezzi sufficienti a sostenere un conflitto di lunga durata; l'Italia era debole militarmente e disponeva di scarse materie prime.

Invece la Gran Bretagna e l'URSS, alleate contro l'Asse, avevano un numero assai maggiore di uomini (basti pensare alla vastità dell'impero inglese) e illimitate risorse economiche, perché potevano contare sull'appoggio degli Stati Uniti. Inoltre, Stalin aveva saputo organizzare una macchina bellica formidabile.

Il dominio nazista sull'Europa

Nel 1942, tuttavia, la Germania nazista dominava ancora su gran parte dell'Europa e controllava una popolazione di 250 milioni di persone.

I Paesi occupati e tutte le loro risorse economiche e umane furono sottoposti a uno sfruttamento micidiale: le industrie dovevano lavorare per la macchina da guerra tedesca, i raccolti agricoli servivano per alimentare la popolazione tedesca.

Il sistema nazista di oppressione e sfruttamento fu implacabile e **i più elementari diritti umani furono negati**. Per sostituire gli operai tedeschi mandati al fronte, milioni di persone furono deportate e costrette ai lavori forzati in Germania. Moltissimi morirono per la fatica e i maltrattamenti. Per assicurare rifornimenti alla Germania, le regioni agricole della Polonia furono occupate da contadini tedeschi. Così a Berlino e nelle grandi città tedesche, nonostante i bombardamenti, i rifornimenti affluivano regolarmente.

Lo sterminio degli Ebrei

Hitler vedeva a portata di mano uno dei suoi obiettivi più ambiziosi: la distruzione degli Ebrei e di altre minoranze che l'ideologia nazista riteneva indegne di vivere, come gli zingari.

Nell'Europa occupata, la barbarie nazista raggiunse il culmine con lo sterminio metodico e organizzato del popolo ebraico. Le SS e la Gestapo, con l'appoggio dei governi collaborazionisti, rastrellarono uomini, donne e bambini ebrei per deportarli nei **campi di lavoro e di sterminio**, costruiti in Germania, Austria, Polonia. Dopo viaggi allucinanti su carri bestiame, gli adulti validi erano costretti ai lavori forzati per le industrie tedesche; moltissimi morirono di stenti. Gran parte delle donne, bambini, vecchi e malati venivano subito mandati a morire in **camere a gas**. Di intere famiglie si perse ogni traccia.

Prigionieri del campo di concentramento di Sachsenhausen, in Germania, intenti al loro duro lavoro.
Foto AKG Images.

Quando le difficoltà della guerra aumentarono, nel 1942 i nazisti avviarono il programma, predisposto da tempo, di eliminazione totale della popolazione ebraica: parlavano di «**soluzione finale**» del problema ebraico. Circa sei milioni di Ebrei furono trucidati in questa operazione disumana, che ha lasciato tracce profonde nella coscienza europea. Per indicare questo **genocidio*** si è affermato il termine ebraico **Shoah**, che significa «catastrofe, disastro».

* **Genocidio**
Distruzione in massa di gruppi etnici o religiosi e di intere popolazioni.

L'orrore dei campi di concentramento e di sterminio

Al tempo della prima guerra mondiale erano stati allestiti grandi villaggi di baracche per raccogliere masse enormi di prigionieri. In questi **campi di prigionia** le condizioni potevano essere difficilissime, ma i diritti delle persone generalmente non erano negati, ed esponenti della Croce Rossa e dei governi erano autorizzati a visitarli.

Nella realtà nazista, invece, i **campi di concentramento** divennero cupi spazi di reclusione nei quali migliaia di «**internati**» conducevano un'esistenza spaventosa: si trattava in primo luogo di Ebrei, ma anche di zingari, di avversari politici dei nazisti, di prigionieri di guerra (soprattutto slavi), di omosessuali e infine di delinquenti comuni, ladri e assassini usciti dalle carceri tedesche.

Costretti a lavori durissimi nelle officine, nelle miniere, nelle strade e nei cantieri, malvestiti e malnutriti, la maggior parte degli internati moriva per gli stenti e le percosse dei loro sorveglianti.

Quando Hitler decise di sterminare gli Ebrei, alcuni campi di concentramento si trasformarono in **campi di sterminio**. I prigionieri che erano troppo deboli per lavorare venivano soppressi nelle camere a gas e i loro cadaveri bruciati nei forni crematori. La stessa sorte subivano, al loro arrivo nei campi di sterminio, bambini, vecchi, malati e la maggior parte delle donne.

Le località in cui si trovavano i campi di concentramento e di sterminio sono diventate tristemente famose: Buchenwald e Dachau in Germania, Mauthausen in Austria, Auschwitz, Treblinka e Sobibór in Polonia sono quelli più noti, giacché in tutta l'Europa da loro occupata i Tedeschi lasciarono come traccia del loro passaggio centinaia di campi di concentramento.

ORGANIZZO I CONCETTI

▶ **Completa la tabella.**

Campi di prigionia (prima guerra mondiale)	Campi di concentramento (seconda guerra mondiale)
Raccolgono i prigionieri di	Oltre ai prigionieri di guerra, ci sono ....
Condizioni di vita difficilissime	I prigionieri sono costretti a .... durissimi
Si rispettano (in genere) i .... delle persone. Croce Rossa ed esponenti dei governi possono visitarli	I prigionieri sono malvestiti e .... Molti muoiono per gli .... e le percosse dei sorveglianti. Diventano «campi di .... »

I campi di concentramento e di sterminio nazisti.

● Campi di concentramento
● Campi di sterminio
(confini precedenti alla guerra)

Shoah - etimologia ebraica
Olocausto

I protagonisti

L'esperienza dei sopravvissuti

Tra i sopravvissuti alla Shoah, molti hanno scritto libri per raccontare la vita nei campi di sterminio, gli «inferni organizzati dall'uomo». Uno dei più famosi è *Se questo è un uomo*, del torinese Primo Levi, scampato ad Auschwitz. Ecco come Primo Levi racconta il suo arrivo nel campo.

La stella gialla a sei punte che gli Ebrei dovevano portare cucita sui vestiti.
Sachsenhausen, Museo del Campo di Concentramento. Foto Prisma/Alamy.

> « In meno di dieci minuti tutti noi uomini validi fummo radunati in un gruppo. Quello che accadde degli altri, delle donne, dei bambini, dei vecchi, noi non potemmo stabilire allora, né dopo: la notte li inghiottì, puramente e semplicemente. Oggi però sappiamo che in quella scelta... di ognuno di noi era stato giudicato se potesse o no lavorare utilmente per il Reich; sappiamo che nei campi ... di Buna-Monowitz e Birkenau [sono le dipendenze del campo maggiore di Auschwitz, dove i detenuti erano costretti al lavoro forzato] non entrarono, del nostro convoglio, che novantasei uomini e ventinove donne, e che di tutti gli altri, in numero di più di cinquecento, non uno era vivo due giorni più tardi. »

Il ricordo più amaro e doloroso, nelle parole di questi testimoni, riguarda lo stato di degradazione e di avvilimento raggiunto dagli internati. La fame, la persecuzione, il terrore delle percosse e della morte annientavano i sentimenti e le passioni, gli affetti e i pensieri, che sono la ricchezza più vera degli esseri umani: unico, ossessionante, restava il desiderio di sopravvivere. Scompariva ogni senso di dignità e di giustizia, giacché essere coraggiosi e reagire ai soprusi voleva dire soltanto essere destinati a una morte bestiale. Svaniva perfino il ricordo delle persone care, che si erano lasciate in un altro mondo felice, così diverso da quello in cui il deportato viveva.

Bambini dietro al filo spinato nel campo di concentramento nazista di Auschwitz, nel sud della Polonia.
Foto Hulton Deutsch Archive.

«Il lavoro rende liberi»: questa scritta beffarda era posta all'ingresso del campo di sterminio di Auschwitz.

Gli Stati Uniti entrano in guerra

Il 7 **dicembre 1941**, sul fronte dell'Oceano Pacifico, avvenne l'episodio che rese la guerra davvero «mondiale». Il Giappone aggredì senza preavviso la flotta americana nella base di **Pearl Harbor**, nelle isole Hawaii; l'aggressione provocò l'ingresso in guerra degli Stati Uniti contro il Giappone e contro le potenze dell'Asse (Italia e Germania) sue alleate.

Sulle prime i Giapponesi riuscirono ad approfittare della sorpresa e si espansero nel Pacifico meridionale occupando le Filippine, l'Indonesia, la Malesia, e giungendo a minacciare l'India e l'Australia. Le popolazioni sconfitte furono costrette al lavoro forzato; nei campi di concentramento i prigionieri furono trattati con ferocia. Tuttavia già nel maggio 1942, con la grande **battaglia aeronavale*** del Mar dei Coralli, l'avanzata giapponese venne bloccata.

Dal 1943 gli Americani riportarono numerose vittorie e iniziarono la riconquista delle isole del Pacifico.

COLLEGO CAUSE ED EFFETTI

► **PERCHÉ** gli Stati Uniti entrano in guerra? Cerca la risposta nel testo.

* **Battaglia aeronavale**
È quella che viene combattuta da flotte delle quali fanno parte le portaerei. Da queste decollano i cacciabombardieri che ingaggiano battaglie aeree e mirano ad affondare le unità navali nemiche.

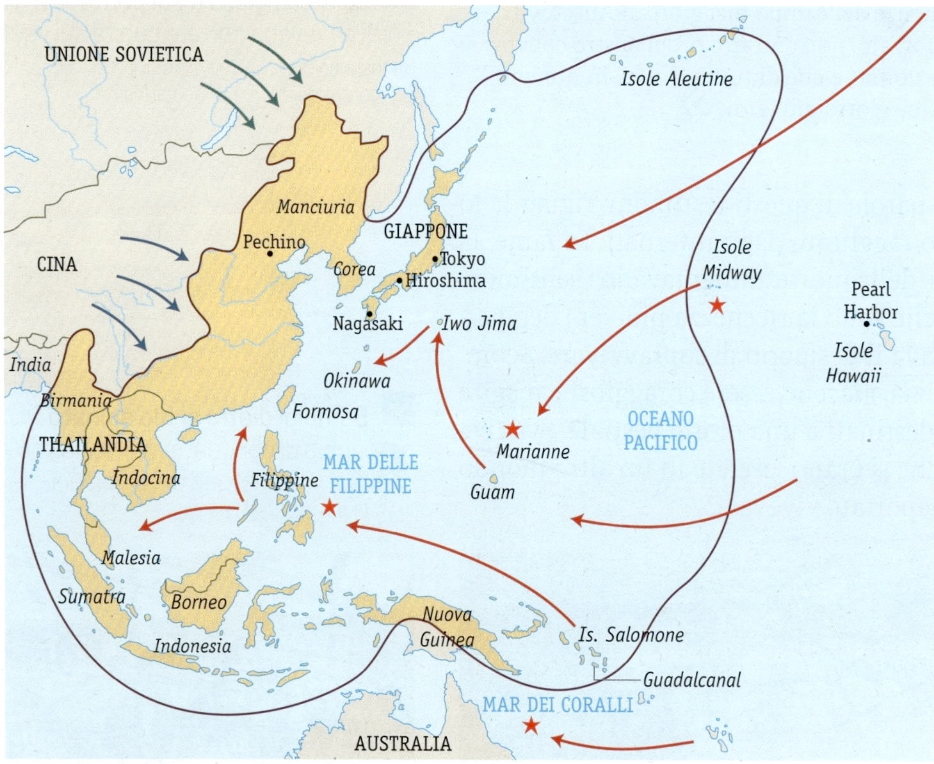

La guerra nell'Oceano Pacifico.

- Massima espansione giapponese nel Pacifico
- Riconquiste alleate
- Interventi russi
- Interventi cinesi
- Battaglie aeronavali

Una portaerei statunitense viene colpita e affondata durante la battaglia del Mar dei Coralli nel maggio 1942.
Pensacola, National Naval Aviation Museum.

La disfatta dell'Asse sul fronte russo

Sul fronte russo, nell'estate del **1942** le armate dell'Asse ripresero l'iniziativa, puntando a sud, verso il Caucaso, ma l'avanzata fu bloccata nella città industriale di **Stalingrado** (oggi Volgograd). La città seppe resistere a un assedio durato sei mesi, con durissimi combattimenti strada per strada. Con l'arrivo dell'inverno ebbe inizio la controffensiva: l'esercito russo accerchiò e costrinse alla resa l'armata tedesca di 400 000 soldati che assediava la città. Le forze dell'Asse iniziarono una precipitosa ritirata, con gravissime perdite. Anche l'armata italiana che era schierata sul fiume Don, abbandonata dagli alleati tedeschi, fu decimata; fra caduti e prigionieri, le perdite totali ammontarono a 95 000 uomini.

Il fallimento dell'assalto all'URSS aumentò il prestigio dell'Armata Rossa e rese chiaro che la sconfitta dell'Asse anche sugli altri fronti era solo questione di tempo.

Dov'è Stalingrado?

Le rovine di Stalingrado dopo la lunga battaglia con le truppe tedesche, 1943.

Foto Hulton Archive/Laski Diffusion/Getty Images.

COLLOCO GLI EVENTI NEL TEMPO

1939 – 1940 – 1941 – 1942 – 1943 – 1944 – 1945 – 1946

1° settembre 1939 i Tedeschi invadono la Polonia

giugno 1940 occupazione nazista della Francia; l'Italia in guerra

giugno 1941 inizio dell'invasione nazista dell'URSS

dicembre 1941 gli Stati Uniti entrano in guerra

1942 avvio della «soluzione finale»

inverno 1942-1943 battaglia di Stalingrado e ritirata di Russia

3. La guerra in Italia

Lo sbarco degli Alleati e la caduta del fascismo

Dopo aver conquistato il controllo del Nordafrica, gli **Alleati** iniziarono l'offensiva contro l'Asse nel suo punto più debole, l'Italia.

Il **9 luglio 1943** truppe inglesi e americane **sbarcarono in Sicilia**, fra Gela e Siracusa, e occuparono rapidamente le principali città. Poi passarono in Calabria e cominciarono a risalire, combattendo, la penisola. Il Paese non aveva più risorse e il consenso verso il regime, ora che la guerra volgeva al peggio, si sgretolava: i discorsi pieni di vuote minacce di Mussolini e dei capi fascisti non riuscivano più a mascherare la gravità della sconfitta.

Vittorio Emanuele III, gli alti comandi militari e molti gerarchi fascisti si resero conto che qualsiasi trattativa di pace con gli Alleati era impossibile finché Mussolini guidava il governo. Il **25 luglio 1943** il Gran Consiglio del Fascismo votò un ordine del giorno che, con un atto di sfiducia verso il duce, invitava la monarchia ad assumere tutti i poteri. Il re fece arrestare Mussolini e affidò il governo all'anziano generale **Pietro Badoglio**.

Luglio-agosto 1943: gli Alleati liberano la Sicilia. Un contadino siciliano mostra a un giovane soldato americano la via seguita dalle truppe tedesche nella loro ritirata verso Messina.
Foto R. Capa/Magnum Photos.

L'armistizio con gli Alleati e l'8 settembre

Il governo Badoglio avviò trattative con gli Anglo-americani per giungere a un armistizio e risparmiare ulteriori distruzioni all'Italia. Le trattative si svolsero all'insaputa dei Tedeschi, per timore di ritorsioni: nella penisola, infatti, erano già presenti molte truppe tedesche, e molte altre avevano varcato il Brennero nei giorni successivi alla caduta di Mussolini.

L'armistizio fu reso noto **l'8 settembre 1943** e in Italia si diffuse la speranza che la guerra fosse finita. Non era così.

Fonti

Il messaggio di Badoglio

Il breve comunicato con l'annuncio dell'armistizio fu letto alla radio alle ore 19.30 dell'8 settembre 1943 dal maresciallo Badoglio, capo del governo italiano dopo la caduta del fascismo. Il messaggio fu ripetuto continuamente nelle ore successive e riportato l'indomani dai quotidiani.

> « Il governo italiano, riconosciuta l'impossibilità di continuare l'impari lotta contro la soverchiante potenza avversaria, nell'intento di risparmiare ulteriori e più gravi sciagure alla nazione, ha chiesto un armistizio al generale Eisenhower, comandante in capo delle Forze alleate anglo-americane.
> La richiesta è stata accolta. Conseguentemente, ogni atto di ostilità contro le forze anglo-americane deve cessare da parte delle forze italiane in ogni luogo. Esse, però, reagiranno ad eventuali attacchi da qualsiasi altra provenienza ».

LAVORO SULLE FONTI

1. Descrivi il contenuto del documento rispondendo alle domande.
   a. Chi ha preso l'iniziativa di chiedere l'armistizio? A quale scopo?
   b. Vengono date istruzioni chiare ai soldati su come comportarsi in caso di attacco?
   c. Scrivi quali sono le truppe contro cui non si deve più combattere. Da quali forze, secondo te, possono venire eventuali attacchi?

Il re, il governo e le più alte gerarchie militari abbandonarono Roma e fuggirono a Brindisi, dove si misero sotto la protezione degli Anglo-americani. L'esercito italiano fu lasciato completamente privo di ordini e di direttive sicure e anche le autorità civili non sapevano che fare.

I Tedeschi invece reagirono prontamente con l'occupazione militare dell'Italia. Incominciarono a impadronirsi delle caserme, a schiacciare le sparse opposizioni, a massacrare gli ufficiali e i soldati italiani che reagivano (come avvenne nell'isola greca di **Cefalonia**), e a deportare in Germania quelli che consegnavano le armi.

Vi furono, specialmente nei Balcani, episodi di resistenza militare delle forze armate italiane ai Tedeschi. Ma la maggior parte dei soldati e degli ufficiali, in assenza di ordini, si smobilitò da sé: si nascosero, si travestirono in abiti civili, tornarono alle loro case. Altri – ufficiali e soldati – in fuga dalle caserme, andarono in montagna e si unirono alle formazioni partigiane già esistenti o ne formarono delle nuove, dimostrandosi ben presto, per le loro competenze professionali, di grande utilità anche per la guerra partigiana.

ORGANIZZO I CONCETTI

► **Completa la cronologia.**
Il 1943 in Italia

- 9 luglio: gli Alleati ....
- 25 luglio: Mussolini viene .... e il governo è affidato a ....
- 8 settembre: viene reso noto ....

L'Italia è divisa in due

Nei giorni successivi all'armistizio, un reparto tedesco liberò Mussolini dalla prigione sul Gran Sasso in cui era rinchiuso e lo trasportò in Germania. Di là egli proclamò la nascita di un nuovo Stato fascista, la **Repubblica Sociale Italiana**, detta repubblica di Salò dal nome del paese sul lago di Garda dove ebbe sede il suo governo.

L'Italia fu così divisa in due: nel meridione c'era il **regno del Sud** di Vittorio Emanuele III, sotto la protezione degli Anglo-americani; nel nord, la **repubblica di Salò**, sul territorio occupato dai Tedeschi.

Nella parte d'Italia sotto l'occupazione nazista, spesso con la collaborazione delle autorità della Repubblica Sociale, migliaia di Ebrei furono catturati e avviati ai campi di concentramento e di sterminio.

Le operazioni sul fronte italiano (luglio 1943-dicembre 1944).

- → Sbarchi alleati
- ······ Linee difensive tedesche
- ★ Maggiori rappresaglie tedesche
- ■ Nuclei partigiani

Gli Alleati risalgono lentamente l'Italia

Mentre al nord i partigiani organizzavano la resistenza, lungo la penisola si fronteggiavano i due eserciti nemici: quello tedesco e quello alleato.

Nell'ottobre 1943 gli Alleati occuparono Napoli, da cui un'insurrezione popolare aveva già cacciato i Tedeschi. Agli inizi dell'estate del 1944, dopo massicci bombardamenti, sfondarono la linea difensiva tedesca che aveva il suo centro a **Montecassino**; il 4 giugno liberarono **Roma**; il 4 agosto **Firenze**.

Dopo la liberazione della Toscana il fronte si fermò nuovamente sulla linea che correva, lungo l'Appennino tosco-emiliano, fra La Spezia e Rimini. Su questa, che fu chiamata **Linea Gotica**, il fronte si arrestò fino alla primavera del 1945. La liberazione completa dell'Italia avvenne solo quando la Germania nazista fu sconfitta anche nel resto d'Europa.

4. L'Italia occupata: Resistenza, guerra civile, liberazione

L'occupazione tedesca e la repubblica di Salò

I nazisti imposero all'Italia un durissimo regime di occupazione con il quale le strutture di Salò collaborarono attivamente. Moltissimi lavoratori furono **deportati in Germania** e costretti a lavorare per la guerra tedesca, così come i soldati italiani fatti prigionieri.

Furono molti i fascisti che aderirono attivamente alla repubblica di Salò. La maggior parte di loro erano giovani. Avevano ricevuto un'**educazione fascista** che li portava a interpretare l'armistizio dell'8 settembre come un atto di viltà e un tradimento verso l'alleato tedesco. Molti speravano che con la Repubblica Sociale si potesse tornare al fascismo delle origini, con i suoi propositi di giustizia sociale.

I fascisti di Salò avrebbero voluto combattere contro gli Inglesi e gli Americani, ma furono utilizzati soprattutto in **lavori che li umiliavano**: scavare trincee per i Tedeschi, requisire bestiame e viveri ai contadini, soprattutto fare la guerra agli altri Italiani, ai partigiani.

Si organizza la resistenza partigiana

Nei mesi successivi all'armistizio, alla guerra patriottica dei soldati e degli ufficiali che rifiutarono di arrendersi ai Tedeschi si accompagnò una **guerra civile**, di **Italiani contro Italiani**.

Da una parte stavano i fascisti, dall'altra coloro che rifiutavano qualsiasi forma di collaborazione con loro e con i Tedeschi: soldati che si sottraevano all'arruolamento nell'esercito della Repubblica Sociale; militanti di partiti antifascisti che rientravano dall'esilio; giovani che facevano la scelta, morale e politica, di prendere le armi contro la dittatura. Furono questi i **primi nuclei di resistenza partigiana**.

Un battaglione di partigiani armati in Piemonte, nel 1944.
Foto Archivio Serafino.

ORGANIZZO I CONCETTI

I giovani fascisti → che aderiscono alla → Repubblica Sociale → sono alleati dei → Tedeschi → che li usano per → lavori umilianti → e deportano → molti Italiani in Germania

COLLEGO CAUSE ED EFFETTI

▸ **PERCHÉ durante l'occupazione nazista in Italia si combatte una «guerra civile»?**

Perché si fronteggiano due gruppi di .... :
- i ...., che si considerano alleati dei Tedeschi
- i ...., che prendono le armi contro il nazifascismo

Risiera di San Sabba

Fossoli

La guerra partigiana

Nascosti fra le montagne, i partigiani organizzavano azioni di guerriglia e di sabotaggio, spesso favoriti dall'appoggio della popolazione. Fascisti e Tedeschi cercavano di mantenere il controllo del territorio con metodici **rastrellamenti***.

I partigiani erano considerati banditi. Se catturati, venivano torturati e impiccati; i villaggi che li ospitavano venivano, per **rappresaglia***, dati alle fiamme, i loro abitanti erano massacrati, compresi i vecchi, le donne, i bambini. Massacri indiscriminati avvennero, per esempio, a Sant'Anna di Stazzema, in Toscana; a Boves, in provincia di Cuneo; a Monte Sole-Marzabotto, in provincia di Bologna.

La lotta partigiana durò quasi due anni. Alcune zone – in Lunigiana, nel Modenese, nella val d'Ossola, nelle Langhe, nella Carnia – furono temporaneamente controllate dai partigiani: qui sorsero spontaneamente, con il favore delle popolazioni, «città libere» e «repubbliche», dove rivissero le istituzioni democratiche (comuni, partiti, libera stampa) che il fascismo aveva soppresso [→ Vita quotidiana: Una resistenza civile].

* **Rastrellamento**
Ricerca sistematica, da parte di forze dell'esercito o della polizia, di persone (ricercati o ribelli) o di armi nascoste in una determinata zona.

* **Rappresaglia**
Reazione violenta compiuta per vendetta, per ritorsione.

Vita quotidiana

Una resistenza civile

Ai soldati sbandati e fuggiaschi dopo l'8 settembre la popolazione offrì spontaneamente aiuto. Fu uno **slancio di solidarietà** al quale parteciparono uomini e donne di tutti i ceti e di tutte le professioni.

I macchinisti delle ferrovie rallentavano la corsa dei treni o facevano delle fermate impreviste, per permettere ai soldati di scendere e di scappare, prima delle stazioni dove i Tedeschi si erano appostati. Oppure facevano trovare nei vagoni seghe e martelli, che potevano servire da strumenti di evasione. I contadini ospitavano i soldati americani e inglesi fuggiti dai campi di prigionia e li camuffavano da braccianti, per sottrarli ai rastrellamenti dei Tedeschi e alla cattura. Erano mossi – scrive un giornale del tempo, «L'Italia libera», il giornale del Partito d'Azione – «da un sentimento confuso... che era insieme commossa pietà per tutti questi figli di mamma senza casa e in pericolo, e solidarietà per questi uomini di altri paesi, in massima parte contadini come loro».

In questa operazione di salvataggio di migliaia di soldati allo sbando e a rischio di cattura, **le donne** furono al primo posto. Facevano raccolta di vestiti usati, li cucivano loro stesse, per travestire da borghesi i fuggitivi; recitavano la parte delle madri affrante per la partenza dei figli, accompagnavano alla stazione e facevano salire sui treni che li riportavano a casa, sotto gli sguardi diffidenti dei poliziotti e dei Tedeschi, tanti giovani impauriti e spaesati.

Questi moti spontanei di solidarietà furono manifestazioni della resistenza civile di una parte della popolazione italiana, che in forme non organizzate e senza armi si oppose all'occupazione tedesca.

Una ragazza fa il bucato nella sede di un distaccamento dei partigiani presso Ravenna.

L'organizzazione delle forze partigiane

Durante l'inverno **1944-1945** gli Alleati rimasero bloccati sulla Linea Gotica, e ridussero gli aiuti ai gruppi partigiani, che dovettero affrontare un momento di crisi. Fu modificata allora l'organizzazione, e i gruppi dispersi di combattenti furono trasformati in un vero e proprio esercito: il Corpo dei Volontari della Libertà. La direzione politica e militare fu affidata a **Comitati di Liberazione Nazionale**.

Nella Resistenza militavano gruppi partigiani diversi per formazione e obiettivi politici. Per le squadre «badogliane» (monarchiche) la cacciata dei Tedeschi dall'Italia era il fine ultimo della lotta. Ma per le brigate «Garibaldi» (comuniste), «Matteotti» (socialiste), «Giustizia e Libertà» (legate al partito d'azione) e «Fiamme verdi» (cattoliche) la liberazione del territorio nazionale era solo il primo atto di un cambiamento politico radicale che doveva fare dell'Italia una nazione democratica.

La liberazione di Genova il 25 aprile 1945. I partigiani sfilano nelle vie della città.

La liberazione dell'Italia settentrionale

La liberazione dell'Italia avvenne nella primavera del **1945**. Allora gli Alleati sfondarono la Linea Gotica e dilagarono nella pianura padana: fu questo il momento scelto per l'insurrezione generale, che divampò nelle città del nord pochi giorni prima che gli Alleati vi entrassero.

Il 25 aprile (data in cui ancora oggi si celebra la **liberazione dal nazifascismo**) i partigiani liberarono Milano, Torino e Genova. Quattro giorni dopo i Tedeschi trattarono la resa in Italia. Il 28 dello stesso mese **Mussolini**, catturato mentre cercava di fuggire in Svizzera, venne fucilato dai partigiani su ordine del Comitato di Liberazione Alta Italia.

COLLOCO GLI EVENTI NEL TEMPO

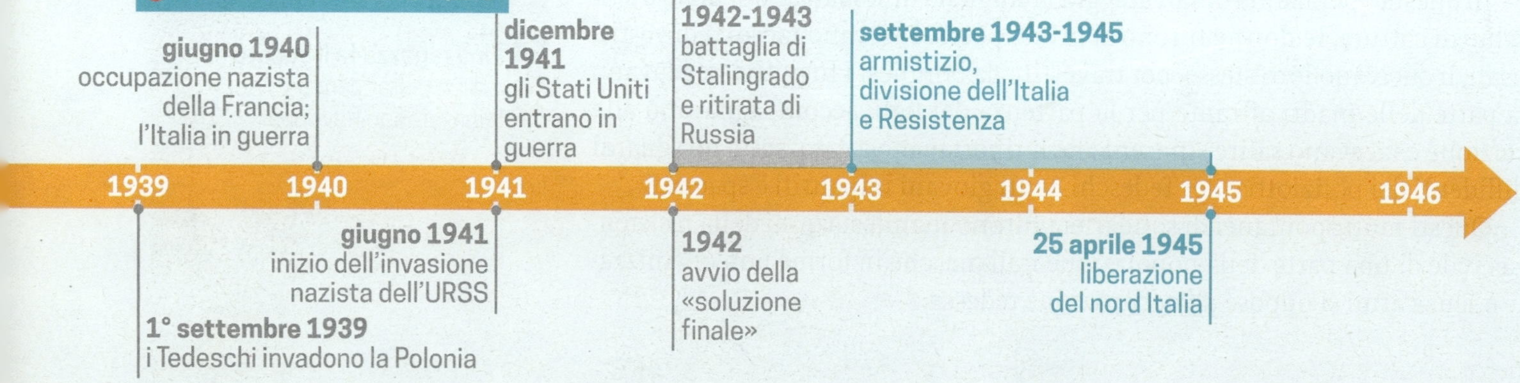

5. La fine della guerra

La tenaglia degli Alleati si stringe sulla Germania

Con l'apertura del nuovo fronte in Francia, da tempo richiesta da Stalin, ebbe inizio l'attacco decisivo alla Germania nazista in Europa. Il **6 giugno 1944** gli **Alleati sbarcarono in Normandia** con un grande esercito e un'enorme quantità di mezzi corazzati, e rapidamente avanzarono verso Parigi. Nell'autunno raggiunsero il Reno, dove i Tedeschi tentarono un'ultima difesa. A oriente i Russi presero Varsavia (agosto 1944) e proseguirono l'avanzata verso Berlino e Vienna.

Nel febbraio 1945, certi ormai della vittoria finale, Stalin, Churchill e Roosevelt si incontrarono a **Jalta**, in Crimea, per decidere le sorti del mondo dopo la guerra. Si stabilì che la Germania venisse disarmata e divisa tra i vincitori e che i popoli sottratti al dominio nazista fossero liberi di scegliere il proprio futuro. Tuttavia l'Europa orientale restò sottoposta all'influenza russa e l'Europa occidentale (più l'Austria e la Grecia) a quella anglo-americana.

ORGANIZZO I CONCETTI

Le ultime tappe della guerra in Europa

- Gli Alleati sbarcano in Normandia.
- I Russi liberano Varsavia.
- I capi dei governi alleati si riuniscono a Jalta.
- Le città tedesche vengono bombardate.
- Gli Alleati avanzano verso Berlino.
- Hitler si suicida e la Germania si arrende.

Il crollo della Germania nazista

L'avanzata finale degli Alleati verso Berlino fu rapida; ciascun esercito intendeva conquistare la maggior parte possibile di territorio tedesco, per essere avvantaggiato nelle trattative di pace. L'aviazione anglo-americana, ormai senza ostacoli, sferrò bombardamenti micidiali sulle città tedesche: in un solo giorno, nel febbraio 1945, **Dresda** fu rasa al suolo e si contarono forse 100 000 morti.

Nel marzo, truppe americane e russe s'incontrarono sul fiume **Elba**; a fine aprile gli Alleati giunsero al Brennero. Ma furono le truppe russe a conquistare Vienna e a entrare per prime a Berlino. Qui, dopo un'estrema disperata difesa, Hitler si uccise e l'**8 maggio 1945** il comando tedesco dichiarò la resa.

Lo sbarco delle truppe alleate in Normandia il 6 giugno 1944. Il giorno dello sbarco è anche noto come *D-day*.
Foto United States Coast Guard Collection.

Dresda distrutta dai bombardamenti degli Alleati.
Berlino, Deutsches Historisches Museum.

La fine della guerra al confine orientale dell'Italia

Trieste e l'Istria furono occupate, nelle fasi finali della guerra, dalle **forze partigiane comuniste** del maresciallo Tito, che avevano ormai liberato la Iugoslavia. Un Paese in cui la guerra partigiana era stata anche una guerra civile, che i comunisti di Tito avevano combattuto contro gli Iugoslavi che collaboravano con gli occupanti italiani e tedeschi.

Dopo l'armistizio dell'8 settembre 1943 l'esercito partigiano iugoslavo prese il controllo dell'Istria e dei territori di Gorizia e di Trieste (solo le città rimasero in mano tedesca). Esplosero allora un po' dappertutto ondate di violenza contro gli Italiani rimasti in questa regione, che furono considerati tutti fascisti, senza distinzione. Si susseguirono saccheggi, vendette personali, esecuzioni sommarie. I cadaveri delle vittime – qualche volta a centinaia – erano gettati sul fondo delle **foibe**, cavità del suolo a forma d'imbuto caratteristiche del terreno carsico.

Un'altra ondata di violenze contro militari e civili italiani ebbe luogo nelle settimane in cui Trieste, nel maggio 1945, rimase in mano alle truppe di Tito che l'avevano occupata, finché gli Alleati ne presero possesso.

Dov'è l'Istria?

La resa del Giappone

Sul fronte del Pacifico, dopo le grandi vittorie aeronavali delle Midway (nell'arcipelago delle Hawaii), delle Filippine e delle Marianne, le truppe americane si avvicinavano ormai al territorio giapponese. Ma la resistenza tenace e disperata dei Giapponesi (che usarono anche **kamikaze**, piloti suicidi che guidavano aerei carichi di esplosivo contro le navi nemiche) infliggeva gravi perdite agli Americani.

Quando la guerra in Europa era ormai finita, il nuovo presidente degli Stati Uniti, Harry Truman, prese la decisione di usare contro il Giappone un'arma da poco messa a punto, la **bomba atomica**. Il **6 agosto 1945** la prima bomba atomica, sganciata sulla città di **Hiroshima**, provocò la morte immediata di 90 000 persone, a cui seguirono nei giorni successivi altre migliaia di morti a causa delle radiazioni. Tre giorni dopo un'altra bomba fu sganciata sulla città di **Nagasaki**, dove morirono oltre 50 000 persone. Infine, anche l'URSS dichiarò guerra al Giappone, che firmò la resa il 2 settembre 1945.

COLLEGO CAUSE ED EFFETTI

Gli Stati Uniti lanciano le bombe atomiche sul Giappone
PERCHÉ:
- stanno subendo fortissime perdite
- il Giappone è l'ultimo fronte ancora aperto, che impedisce la fine della guerra

Il desolato panorama di Hiroshima dopo l'esplosione della bomba atomica, in una foto del 7 settembre 1945.
Foto S. Troutman/Bettmann/Corbis.

Scienza e tecnica

Al servizio della guerra

Nell'ultimo anno di guerra furono sperimentate da entrambi gli schieramenti nuove «armi segrete», con cui si riteneva di poter dare una svolta al conflitto.

Dopo la battaglia di Normandia, i Tedeschi rovesciarono sull'Inghilterra migliaia di **missili** detti **V2**. Si trattava di un'arma terribile perché, per le sue caratteristiche di volo, poteva sfuggire all'individuazione dei radar. Ma cominciò a essere impiegata solo dal settembre 1944, quando ormai era in atto l'attacco decisivo degli Alleati alla Germania. Tuttavia le V2 aprirono la strada all'era dei missili. Dopo la guerra gli Americani trasferirono in USA l'inventore della V2, lo scienziato **Wernher von Braun**, che divenne poi direttore della NASA, l'ente spaziale americano.

L'arma decisiva, simbolo della tecnologia di questa guerra, fu la **bomba atomica**. Alla sua realizzazione lavorò, in America, un gruppo di scienziati che proseguirono gli esperimenti di fisica nucleare del periodo prebellico: tra essi l'italiano Enrico Fermi, che aveva lasciato l'Italia nel 1939 e a Chicago era riuscito a realizzare la prima reazione nucleare controllata. Quando gli Stati Uniti entrarono in guerra, tutta la ricerca venne accelerata ed enormi mezzi finanziari furono messi a disposizione degli scienziati che, a **Los Alamos**, lavoravano in segreto alla costruzione della bomba. Il primo ordigno sperimentale fu fatto esplodere il 16 luglio 1945 nel deserto. Poche settimane dopo, due bombe atomiche furono sganciate su Hiroshima e Nagasaki.

Il lancio di un missile tedesco V2.
Foto Hulton Archive/Getty Images.

Una bomba atomica simile a quella sganciata a Nagasaki.
Foto Corbis.

I trattati di pace tracciano nuovi confini

Fra il luglio e l'ottobre 1946 si tenne a Parigi la **conferenza di pace** che decise la nuova sistemazione politica dell'Europa.

Già nel luglio 1945, in un incontro avvenuto a Potsdam, le potenze alleate avevano confermato la decisione presa a Jalta di dividere in due zone d'influenza il continente europeo. L'**Europa orientale**, liberata dalle armate sovietiche, restò sotto il controllo dell'**URSS**, mentre l'**Europa occidentale**, liberata dagli eserciti alleati, fu posta sotto l'influenza degli **USA**.

Il problema principale fu la sorte della Germania. Gli Alleati avevano concordato di dividere il territorio della Germania e dell'Austria in quattro zone di occupazione: americana, francese, inglese e russa. Nel 1949 le zone della Germania controllate da Stati Uniti, Francia e Regno Unito vennero unificate nella **Repubblica Federale Tedesca** (RFT), mentre la zona occupata dall'URSS diede origine alla **Repubblica Democratica Tedesca** (RDT), in cui fu instaurato un regime comunista. La città di Berlino si trovava nella Repubblica Democratica, ma la sua parte occidentale entrò a far parte della Repubblica Federale.

La Germania non perse soltanto tutti i territori che aveva conquistato, ma cedette alla Polonia una sua antica regione, la Prussia orientale. La Polonia, a sua volta, dovette cedere all'URSS parte delle sue regioni orientali. Restarono all'URSS anche gli Stati baltici di Estonia, Lettonia e Lituania.

L'Austria restò occupata fino al 1955. Divenne allora nuovamente una repubblica indipendente, ma fu obbligata da trattati internazionali alla neutralità.

L'Italia, grazie al movimento di Resistenza che aveva contribuito alla liberazione, non fu trattata come un Paese sconfitto, ma dovette rinunciare all'Istria e alle colonie. Alla Francia furono cedute piccole zone di confine. Una parte della Venezia Giulia passò alla Iugoslavia; la città di Trieste fu dichiarata «territorio libero» e solo nel 1954 tornò all'Italia [→ cap. 10 par. 1].

ORGANIZZO I CONCETTI

► **Completa la tabella.**

I nuovi confini dell'Europa	
Germania	È divisa in due Stati: a est la RDT, controllata dall' .... ; a ovest la RFT, controllata da USA, ... e ....
Polonia	Ottiene dalla Germania la ....
URSS	Ottiene alcune regioni orientali della .... e si riprende gli Stati baltici: .... , ... e ....
Italia	Perde l'Istria, le .... , alcuni territori al confine con la Francia, parte della ....
Austria	Resta occupata fino al ....

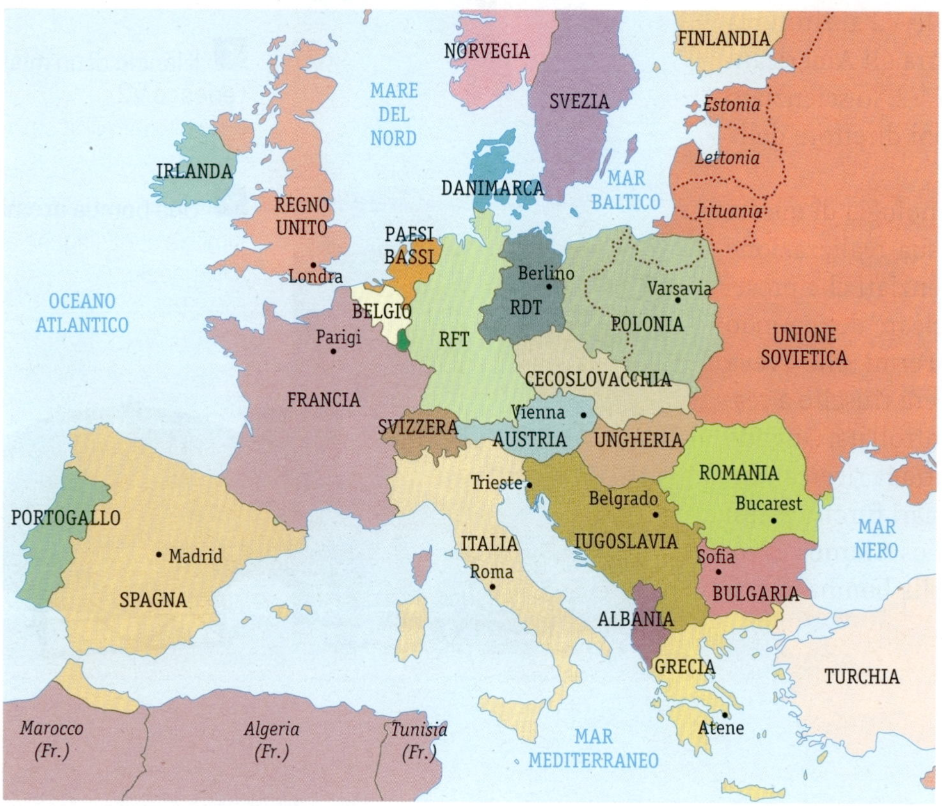

L'Europa dopo la seconda guerra mondiale.

.... Confini della Germania e dei Paesi baltici nel 1936

COLLOCO GLI EVENTI NEL TEMPO

1° settembre 1939 i Tedeschi invadono la Polonia

giugno 1940 occupazione nazista della Francia; l'Italia in guerra

giugno 1941 inizio dell'invasione nazista dell'URSS

dicembre 1941 gli Stati Uniti entrano in guerra

1942 avvio della «soluzione finale»

inverno 1942-1943 battaglia di Stalingrado e ritirata di Russia

settembre 1943-1945 armistizio, divisione dell'Italia e Resistenza

giugno 1944 sbarco alleato in Normandia

25 aprile 1945 liberazione del nord Italia

maggio 1945 resa della Germania

agosto 1945 bombe atomiche sul Giappone

luglio-ottobre 1946 conferenza di pace a Parigi

1939 – 1940 – 1941 – 1942 – 1943 – 1944 – 1945 – 1946

Caratteristiche della seconda guerra mondiale

La seconda guerra mondiale era collegata, nelle sue cause profonde, alla prima, ma si rivelò diversa da quella in molti aspetti e nelle conseguenze.

Fu una guerra condotta non solo contro gli eserciti, ma anche **contro i civili**. In ogni tempo i civili hanno sofferto nelle guerre; ma le persecuzioni dei nazisti contro le popolazioni, e la distruzione di vite nei grandi bombardamenti sulla Germania e sul Giappone rappresentarono una novità paurosa.

Il **genocidio deliberato dai nazisti** contro gli Ebrei e i popoli considerati inferiori è un delitto che ha lasciato una traccia incancellabile nella cultura contemporanea.

La capacità distruttiva delle armi fece temere che una nuova guerra avrebbe potuto distruggere l'umanità.

Il mondo si scoprì diviso: da un lato c'erano le democrazie liberali e l'economia capitalista; dall'altro il sistema politico comunista e l'economia pianificata.

Divenne chiaro che era necessario **creare un organismo internazionale** che rappresentasse tutti gli Stati per impedire futuri scontri. Questo organismo, che avrebbe sostituito la vecchia Società delle Nazioni, doveva essere dotato di poteri tali da svolgere davvero un ruolo per risolvere i conflitti. Nacque così, nel **giugno 1945**, l'**Organizzazione delle Nazioni Unite** (ONU).

RICOSTRUISCO LA MAPPA DEL CAPITOLO

1 La Germania nazista

mette in atto → 2 l'invasione della Polonia → e → 3 l'occupazione della Francia → ottenendo → 4 il dominio nazista su gran parte dell'Europa → che incoraggia → 5 l'entrata in guerra dell'Italia fascista

poi fallisce → 6 l'offensiva contro il Regno Unito → e → 7 l'invasione dell'URSS → ma si accanisce con → 8 campi di concentramento e deportazione degli Ebrei

infine subisce → 10 la controffensiva dell'URSS → e → 11 l'invasione degli Alleati → che portano alla → 12 distruzione della Germania nazista → e alla → 13 liberazione dell'Italia dal nazifascismo

5 l'entrata in guerra dell'Italia fascista → che subisce → 9 l'attacco degli Alleati → che porta alla → 13 liberazione dell'Italia dal nazifascismo

Sintesi

RICOSTRUISCO LE INFORMAZIONI

1 Una nuova guerra lampo

Il **1° settembre 1939** la Germania invade la **Polonia**: scoppia la seconda guerra mondiale.

Hitler occupa la **Francia**. Nel 1940 l'**Italia** e il **Giappone** entrano in guerra a fianco dei nazisti.

L'**Inghilterra** riesce a respingere un tentativo di invasione da parte dei Tedeschi e con la sua flotta mantiene il controllo del Mediterraneo.

Nel 1941 Hitler attacca l'**URSS**, ma la resistenza sovietica blocca gli invasori.

2 Gli aggressori verso la disfatta

Il progetto di **guerra lampo** di Hitler fallisce, ma buona parte dell'Europa è sotto il controllo tedesco.

I nazisti organizzano la **distruzione del popolo ebraico**: milioni di Ebrei vengono deportati nei **campi di sterminio** insieme a zingari e oppositori.

Alla fine del 1941, il Giappone attacca gli **Stati Uniti**, che entrano in guerra.

I Sovietici costringono le truppe nazifasciste a una sanguinosa ritirata.

3 La guerra in Italia

Nel luglio 1943 gli Anglo-americani sbarcano in Sicilia. Il regime fascista crolla, Mussolini è arrestato e il re nomina capo del governo il generale **Badoglio**, che firma un **armistizio** con gli Alleati (8 settembre 1943).

I Tedeschi occupano l'Italia e mettono Mussolini a capo di una repubblica fascista, la **Repubblica Sociale Italiana** di Salò.

Gli Anglo-americani iniziano a risalire la penisola, ma sono bloccati lungo la **Linea Gotica**.

4 L'Italia occupata: Resistenza, guerra civile, liberazione

Come in tutti i Paesi occupati dai Tedeschi, in Italia si organizza un movimento di **resistenza partigiana**.

Nella **primavera del 1945** gli Alleati arrivano nella pianura padana e i partigiani liberano Milano, Torino e Genova. **Mussolini** viene catturato e fucilato.

5 La fine della guerra

Dopo lo **sbarco in Normandia** (giugno 1944) gli Alleati liberano la Francia e invadono la Germania da ovest, mentre i Sovietici avanzano da est. Hitler si uccide e la **Germania si arrende**.

La guerra continua nel Pacifico. Gli USA sganciano **due bombe atomiche** sulle città di Hiroshima e Nagasaki, costringendo il Giappone alla resa.

Le potenze vincitrici si dividono il controllo dell'Europa: all'URSS va la parte orientale, agli USA quella occidentale. La Germania è divisa in due Stati.

Esercizi

COSTRUISCO LE MIE COMPETENZE

VERIFICO LE CONOSCENZE — Paragrafo 1

1 Completa il testo con le parole adatte.

Il primo settembre 1939 le truppe tedesche penetrano in territorio ………………………… ;
Francia e ………………………… dichiarano guerra alla Germania: inizia la ………………………… .
Nel 1940 la Germania occupa la ………………………… dopo aver invaso Olanda, Belgio e Lussemburgo, Paesi neutrali. Nello stesso anno Mussolini entra in guerra a fianco della ………………………… .
In luglio i Tedeschi tentano di invadere l' ………………………… , ma il tentativo fallisce.
L'Italia aggredisce la …………………………, ma in suo aiuto devono accorrere i Tedeschi.
Il controllo del Mediterraneo resta agli Inglesi, che occupano anche le ………………………… in Africa.

STABILISCO COLLEGAMENTI E RELAZIONI — Paragrafo 1

2 Questi francobolli furono emessi, uno in Italia, l'altro in Germania, nei primi mesi del 1941. In entrambi compare la stessa scritta: «due popoli, una guerra». Scrivi un breve commento, rispondendo alle domande.

a. Chi sono i due personaggi rappresentati?
b. Perché sono raffigurati insieme nei due francobolli?
c. Quando furono emessi i francobolli l'Italia era già entrata in guerra?
d. Qual era la situazione del conflitto in quel periodo?

Foto 123RF.

LAVORO SULLE FONTI — Paragrafo 1

3 Osserva il manifesto delle quattro grandi potenze che si allearono per combattere il nazismo nella seconda guerra mondiale, e rispondi alle domande.

a. Quali sono? Da cosa le riconosci?
b. Fra esse c'è l'Unione Sovietica, che nel 1939 aveva stipulato un patto con la Germania: quale?
c. Perché allora in questo manifesto compare anche l'URSS?
d. Con quale simbolo è rappresentato il nazismo?
e. Qual è il destino del nazismo, secondo il manifesto?

VERIFICO LE CONOSCENZE — Paragrafo 1

4 Rispondi alle domande.

a. Contro quali Stati la guerra lampo riuscì? Dove fallì invece?
b. Per quali motivi Hitler decise di aggredire l'Unione Sovietica?
c. Quali furono le prime sconfitte del nazismo nella guerra?
d. Quando l'avanzata tedesca fu bloccata, quale parte dell'Europa era in mano ai nazisti?

Esercizi

STABILISCO COLLEGAMENTI E RELAZIONI — Paragrafi 1 e 2

5 Spiega perché si verificarono gli avvenimenti elencati.

a. Hitler nel 1939 si sentiva al sicuro da attacchi russi sul fronte orientale.
b. Mussolini entrò in guerra pur sapendo che l'Italia era impreparata al conflitto.
c. Il piano tedesco d'invasione dell'Inghilterra fallì.
d. Le condizioni di vita dei Tedeschi restarono a lungo abbastanza buone, nonostante la guerra.
e. Gli Stati Uniti entrarono in guerra.

VERIFICO LE CONOSCENZE — Paragrafi 3 e 4

6 Completa il testo con le parole adatte.

Gli Anglo-americani sbarcano in .... nel luglio 1943; nello stesso mese il .... invita il re ad assumere i pieni poteri. Mussolini viene arrestato ma i Tedeschi lo .... Con gli Alleati il nuovo governo firma un .... reso pubblico l'8 settembre 1943. Nell'Italia del nord, controllata dai Tedeschi, Mussolini proclama la .... (o repubblica di Salò).
Dopo l'8 settembre ha inizio la .... , cioè la lotta partigiana contro i Tedeschi, che è anche guerra .... fra Italiani fascisti e Italiani antifascisti.

LAVORO SULLE FONTI — Paragrafo 3

7 Osserva l'immagine, leggi l'introduzione che la accompagna, poi rispondi alle domande.

Questa vignetta fu pubblicata sulla rivista satirica «Bertoldo» il 16 luglio 1943.

a. Che cosa chiede la bambina al padre mentre studia geografia?
b. Che cosa risponde il padre?
c. Come è vestito il padre? Perché?
d. Che cos'era accaduto in Sicilia pochi giorni prima del 16 luglio 1943? (E quando, per la precisione?)
e. Che cosa accadde nove giorni dopo la pubblicazione della vignetta, a Roma?
f. Perché la Sicilia viene paragonata al Piave? (Ricorda il significato del Piave nell'ultima parte della prima guerra mondiale.)
g. Perché la vignetta s'intitola «Ieri e oggi»? Secondo te, l'autore della vignetta ha intuito che cosa accadrà di lì a poco o spera che l'esercito italiano possa respingere l'invasore?

IERI E OGGI

— Papà, dov'è il Piave?
— In Sicilia.
(Bertoldo, 16 luglio 1943).

VERIFICO LE CONOSCENZE
Paragrafo 4

8 Rispondi alle domande.

a. Da chi erano formati i primi nuclei di resistenza partigiana? Quali azioni compivano?
b. Qual era la sorte dei partigiani catturati? E quella dei villaggi che li ospitavano? Riporta degli esempi.
c. In che data si celebra in Italia la liberazione del Paese dal nazifascismo?

LAVORO SULLE FONTI
Paragrafo 4

9 Leggi il documento e l'introduzione che lo accompagna, poi rispondi alle domande.

Contro il movimento partigiano (chiamato dai nazisti «banditismo») il comandante delle truppe tedesche che occupavano l'Italia, Albert Kesselring, ordinò una dura rappresaglia. Riportiamo alcune disposizioni emanate il 4 agosto 1944.

> « Contro ogni atto di violenza devono essere prese immediatamente adeguate contromisure. Nelle regioni in cui le bande sono numerose una parte della locale popolazione maschile deve essere arrestata e in caso di violenza fucilata. Se da qualche paese si spara contro soldati tedeschi, il paese deve essere bruciato. Gli attentatori e i capibanda devono essere impiccati pubblicamente. Per gli atti di sabotaggio a cavi e contro pneumatici devono essere considerati responsabili i villaggi vicini. »

a. Descrivi le caratteristiche del documento: di che documento si tratta? Da chi è emanato, in che data, e a chi è rivolto?
b. Elenca su due colonne le azioni e le situazioni condannate e le contromisure corrispondenti.
c. Spiega qual era la situazione politica dell'Italia all'epoca in cui fu emanato il documento.
d. Spiega perché il movimento partigiano è definito «banditismo».

USO LE PAROLE DELLA STORIA
Intero capitolo

10 Accanto a ogni parola scrivi la lettera che precede la definizione corrispondente.

Patto tripartito: ....
Soluzione finale: ....
Collaborazionista: ....
Guerra lampo: ....

a. Guerra che conduce a un fulmineo successo.
b. Persona o governo disposto a collaborare con gli invasori.
c. Accordo stipulato tra Germania, Italia e Giappone.
d. Eliminazione totale della popolazione ebraica programmato dai nazisti.

Esercizi

VERIFICO LE CONOSCENZE — Intero capitolo

11 Assegna una data ai seguenti avvenimenti, elencati in disordine.

.... inizio della battaglia di Stalingrado
.... inizio dell'«operazione Barbarossa»
.... liberazione dell'Italia del nord
.... sbarco degli Alleati in Italia
.... armistizio fra Italia e Alleati
.... attacco del Giappone agli USA
.... sbarco alleato in Normandia
.... bombardamento atomico di Hiroshima
.... l'Italia entra in guerra
.... fine della guerra in Europa

VERIFICO LE CONOSCENZE — Paragrafo 5

12 Vero o falso? Rispondi mettendo le crocette.

a. Il 6 giugno 1944 gli Alleati sbarcarono in Bretagna. V F
b. Dopo il *D-Day*, gli Alleati raggiunsero velocemente Parigi. V F
c. I Tedeschi tentarono un'ultima difesa sul fiume Reno. V F
d. A est, le truppe sovietiche occuparono Varsavia nell'agosto del 1944. V F
e. All'inizio del 1945, Roosevelt, Churchill e Stalin erano certi della vittoria. V F
f. La conferenza di Jalta si svolse a guerra finita. V F
g. Nel marzo 1945, gli Americani e i Russi si incontrarono sul fiume Reno. V F
h. A fine aprile del 1945, gli Alleati avevano liberato tutta l'Italia. V F
i. Berlino fu occupata da truppe americane. V F
j. Hitler fu catturato da truppe sovietiche. V F

LAVORO SULLE FONTI — Paragrafo 5

13 Osserva l'immagine e completa la sua didascalia scegliendo le risposte corrette.

Questa fotografia venne scattata a New York il 10 agosto 1945: erano trascorsi ☐ due/ ☐ quattro giorni dal bombardamento atomico americano a ☐ Nagasaki / ☐ Hiroshima e un giorno solo dal bombardamento di ☐ Nagasaki / ☐ Hiroshima. L'immagine mostra alcuni militari americani che, insieme alla folla cittadina, leggono l'edizione straordinaria di un quotidiano. Tutti appaiono felici perché il titolo afferma che i giapponesi sono pronti ☐ alla resa / ☐ all'attacco purché il loro imperatore conservi le proprie prerogative. Dopo la resa della Germania, avvenuta il 9 ☐ aprile / ☐ maggio, la guerra era proseguita solo in Asia, dove si concluse il 2 ☐ settembre / ☐ ottobre 1945.

SCOPRO I CAMBIAMENTI NELLO SPAZIO E NEL TEMPO

Paragrafo 5

14 **Confronta le due cartine, poi rispondi alle domande.**

L'Europa dopo la Grande guerra.

L'Europa dopo la seconda guerra mondiale.

Confini della Germania e dei Paesi baltici nel 1936

a. Gli Stati baltici (Estonia, Lettonia, Lituania) sono ancora indipendenti dopo la seconda guerra mondiale? A chi appartengono ora?

b. La Prussia orientale fa ancora parte della Germania? Fra quali Paesi è stata divisa?

c. L'URSS ha allargato i suoi confini? A spese di chi?

d. La Germania ha allargato o ridotto i suoi confini? Come si chiamano gli Stati in cui è divisa? Dove si trova la città di Berlino, la cui parte occidentale appartiene alla RFT?

e. La città di Trieste, conquistata con la prima guerra mondiale, è ancora italiana?

Il capitolo a colpo d'occhio

QUANDO

1. In quali anni si svolgono questi eventi? SCRIVI le date sui puntini, poi COLLOCALE sulla linea del tempo.

LA STAMPA

IL DUCE HA PARLATO

La dichiarazione di guerra all'Inghilterra e alla Francia

"Scendiamo in campo contro le democrazie plutocratiche e reazionarie dell'occidente" Svizzera, Jugoslavia, Grecia, Turchia, Egitto, per quanto dipende da noi, non saranno coinvolti nel conflitto - "La parola d'ordine è una sola: vincere. E vinceremo"

Foto G. Rodger/The Life Picture/Getty Images.

.... Sconfitta definitiva della Germania e del Giappone

.... L'Italia entra in guerra, a circa un anno dall'inizio del conflitto

.... Gli Alleati avanzano nell'Italia occupata dai Tedeschi

1939 — 1940 — 1941 — 1942 — 1943 — 1944 — 1945 — 1946

DOVE

2. COMPLETA la didascalia. AIUTATI con la carta e con quello che hai studiato nel capitolo.

a) Alla fine della guerra, la Germania viene divisa in due parti: la Repubblica Federale Tedesca (cioè la ....) e la .... (cioè la RDT). Anche la città di .... , che si trova nella Repubblica Democratica, viene divisa: la sua parte occidentale viene annessa alla Repubblica ....

b) La Germania è costretta a cedere alla .... la Prussia orientale. La Polonia, invece, è costretta a cedere all'URSS parte delle sue regioni orientali. All'URSS restano anche gli Stati baltici di Estonia, ... e ....

L'EUROPA CENTRO-ORIENTALE DOPO LA GUERRA

LE PAROLE DA RICORDARE

3. Che cosa significa...? METTI LA CROCETTA sulla definizione giusta.

a. Guerra lampo
- ☐ guerra che si risolve in una rapida sconfitta
- ☐ guerra basata sulla rapida avanzata con l'uso dell'aviazione e dei carri armati
- ☐ guerra basata sui bombardamenti a tappeto delle città industriali

b. Soluzione finale
- ☐ progetto di genocidio degli Ebrei in Europa
- ☐ conclusione della guerra
- ☐ ultime fasi di una guerra civile

c. Resistenza
- ☐ linea di difesa potentemente armata
- ☐ rifiuto di arruolarsi nell'esercito
- ☐ attività di partigiani armati e di parte della società civile contro il nazifascismo

LA MAPPA DEI CONCETTI

4. COMPLETA la mappa.

La seconda guerra mondiale

inizia con	prosegue con	si conclude con
invasione tedesca della	dominio .... su gran parte dell'Europa	controffensiva sovietica e invasione degli Alleati
a cui segue	ma falliscono	che portano a
occupazione della	offensiva contro l'Inghilterra e invasione dell'	distruzione della .... nazista
e continua con	di conseguenza inizia	e
entrata in guerra dell'	l'attacco degli Anglo-americani (gli ....) in Italia	liberazione dell'Italia dal ....

Sei pronto per la verifica?

ZTE ONLINE

IN 1 ORA

Punteggio massimo: 100 punti   Sufficienza: 60 punti

1. COLLOCARE NEL TEMPO

A quali avvenimenti corrispondono le date scritte sulla linea del tempo? Sotto ciascuna data scrivi la lettera che precede l'avvenimento corrispondente.

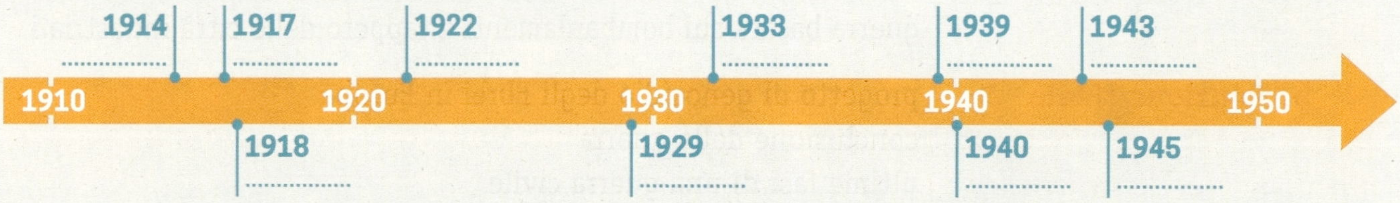

a. Inizio della seconda guerra mondiale

b. Bomba atomica su Hiroshima e fine della seconda guerra mondiale

c. Caduta del fascismo

d. Inizio della prima guerra mondiale

e. Rivoluzione d'ottobre in Russia

f. Hitler cancelliere, il nazismo al potere

g. Marcia su Roma, il fascismo al potere

h. Crollo della Borsa a New York

i. L'Italia fascista entra in guerra

j. Fine della prima guerra mondiale

3 punti per ogni risposta esatta – Punti: ..../30

2. VERIFICARE LE CONOSCENZE

Completa il testo con le parole mancanti.

Il primo dopoguerra è molto duro per tutti i Paesi, vinti e .... a eccezione degli .... I Paesi vincitori sono esauriti dallo sforzo bellico. La Russia, dopo la rivoluzione d'.. (1917), è sconvolta da una guerra .... che si conclude con la nascita dell'.. , dove l'economia è diretta dallo stato, tutto il potere è in mano al partito .... e si instaura una .... che raggiunge con .... le forme più brutali.

In Italia sono diffuse disoccupazione e inflazione, agitazioni e scioperi sono frequenti. Promettendo di ristabilire l'.. nel Paese, l'ex socialista .... fonda il partito .... , conquista il potere servendosi sia della violenza sia delle istituzioni esistenti e impone al Paese una .... i cui strumenti sono: il partito unico, la censura, la milizia fascista, la propaganda ossessiva, la persecuzione degli avversari.

In Germania si afferma il nuovo partito .... (nazista), guidato da .... Questi, divenuto .... nel 1933, instaura una feroce dittatura eliminando le opposizioni con l'aiuto delle SS e della .... segreta (Gestapo). Vengono diffuse idee razziste, in particolare contro gli .... , che sono perseguitati e uccisi.

2 punti per ogni risposta esatta – Punti: ..../ 34

3. ORIENTARSI NELLO SPAZIO

Questa carta muta illustra la situazione dopo la prima guerra mondiale. Scrivi il nome dei cinque nuovi Stati che nacquero nell'Europa centro-orientale e nei Balcani dallo smembramento dell'impero asburgico e dell'impero ottomano.

3 punti per ogni risposta esatta – Punti: ..../15

4. USARE LE PAROLE DELLA STORIA

Scrivi le parole che corrispondono alle definizioni.

a. Regime politico guidato da un capo e da un solo partito: ....

b. Cessazione concordata delle operazioni di guerra: ....

c. Distruzione di un intero popolo attuata da uno Stato: ....

3 punti per ogni risposta esatta – Punti: ..../9

5. LAVORARE SULLE FONTI

Il 22 maggio 1939 la Germania nazista e l'Italia fascista sottoscrissero il Patto d'acciaio. Ne riportiamo alcuni articoli. Leggi con attenzione, poi rispondi alle domande.

« Art. 1. Le parti contraenti (cioè la Germania e l'Italia) si manterranno permanentemente in contatto allo scopo d'intendersi su tutte le questioni relative ai loro interessi comuni e alla situazione generale europea. [...]
Art. 3. Se malgrado i desideri e le speranze delle parti contraenti dovesse accadere che una di esse venisse ad essere impegnata in complicazioni belliche con un'altra o altre potenze, l'altra parte contraente si porrà immediatamente come alleato al suo fianco e la sosterrà con tutte le sue forze militari, per terra per mare e per l'aria. »

a. Quando venne firmato questo patto, Hitler aveva già invaso la Polonia?

....

b. Che cosa fece Mussolini quando Hitler invase la Polonia?

....

c. In quale occasione il Duce decise di mettere in pratica il patto con Hitler?

....

4 punti per ogni risposta esatta – Punti: ..../12

6. STABILIRE COLLEGAMENTI E RELAZIONI

Spiega con una frase perché Hitler, quando invase la Polonia, era sicuro che l'Unione Sovietica non sarebbe intervenuta.

[extra punteggio] 4 punti per la risposta esatta

Compito di realtà

VERIFICO LE MIE COMPETENZE

In classe, ottant'anni fa

L'IDEA

Le riforme attuate dal regime fascista trasformarono profondamente sia l'organizzazione politica ed economica dello Stato, sia la vita quotidiana dei cittadini italiani.
Restringiamo il discorso all'ambiente pubblico che conoscete meglio, cioè la scuola. Provate a ricostruire come sarebbe stata una vostra giornata scolastica se si fosse svolta ottant'anni fa.
Poi, sotto la guida dell'insegnante, avviate una discussione sul rapporto tra scuola e libertà.

CHE COSA DEVI FARE

Lavorando in piccoli gruppi, tu e i tuoi compagni procederete seguendo le istruzioni di questa scaletta.

1. Usando come fonti il libro di storia e Internet, documentatevi sull'organizzazione scolastica durante il ventennio fascista. Ecco alcuni spunti di ricerca:
   - la composizione delle classi;
   - l'arredamento e gli strumenti didattici a disposizione in aula;
   - le materie studiate dai vostri coetanei, maschi e femmine;
   - le caratteristiche dei libri di testo.

   A ciascun gruppo, poi, l'insegnante assegnerà il compito di approfondire un unico tema.
2. Preparate un cartellone che riassuma la differenza fra la vostra esperienza scolastica e quella di un vostro coetaneo vissuto ottant'anni fa in relazione al tema assegnato al vostro gruppo.
3. Presentate il vostro elaborato ai compagni di classe.
4. Avviate una discussione, guidata dall'insegnante, sul tema "scuola e libertà". Ogni studente esprimerà e condividerà le proprie riflessioni.

INDICAZIONI DI LAVORO

Tempo a disposizione e discipline coinvolte

1 ora a scuola e 2 ore a casa per la prima fase (Storia)
1 ora a scuola e 1 ora a casa per la seconda fase (Storia + Italiano)
2 ore a scuola per la presentazione degli elaborati e la discussione di gruppo (Storia + Italiano)

Materiali e strumenti utilizzabili

Libro di testo di storia
Internet
Cartoncino, pennarelli, materiali di cancelleria

History Highlights

CLIL

A World War I propaganda poster

1. Warm up

Match each word or expression with its Italian equivalent.

to join the army	lo sforzo bellico
duty	truppe
war effort	arruolarsi
to deliver	infermiere
troops	dovere
nurses	consegnare

2. Read and check your comprehension

Look at the picture and complete the captions. Fill in the text with the English words from exercise 1. Then listen and check.

During World War One, propaganda was very important. It was used to persuade men to join the .... , to encourage morale, and to convince the population that working together was a .... This British poster shows how different sections of society can contribute to the ....

Two British soldiers fight at the front.

A boy scout .... messages for the British ....

Women help their country serving as .... or working in munition factories.

A man works harder than usual.

But another man, shown with his hands in his pockets, is not yet involved: maybe he is trying to avoid the military service.

3. Historians at work

Look at the the picture above and tick the correct answer.

a. The poster slogan is a question addressed to
- ☐ British men who are not yet in the army.
- ☐ every British citizen.

b. What is the message conveyed by this poster?
- ☐ British boys must join the army.
- ☐ British women must join the army.
- ☐ Everyone must do his or her part to help win the war.

CITTADINANZA e COSTITUZIONE

Dalla scuola al lavoro

Ieri e oggi

Come si è visto nei capitoli precedenti, il mondo del lavoro e della scuola hanno subìto nella prima metà del Novecento importanti cambiamenti. Per l'Italia, in particolare, vanno ricordate le riforme di Giolitti per lo Stato sociale [→ cap. 4 par. 1] e gli interventi del regime fascista, che irreggimentò i lavoratori eliminando i diritti sindacali e attuò una profonda riforma della scuola, che obbligava a scegliere molto presto se proseguire gli studi o entrare nel mondo del lavoro appena finito l'obbligo scolastico.

Scelte e orientamento

Non è sempre facile fare le proprie scelte nella vita, soprattutto quando sono in gioco i propri sogni, le proprie speranze. Scegliere qualcosa significa sempre rinunciare a qualcos'altro, e spesso le rinunce sono faticose.

Scegliere cosa fare "da grandi" è una decisione importante e difficile, specie per un ragazzo o una ragazza di tredici-quattordici anni, le cui esperienze di vita sono scarse e quelle di lavoro praticamente inesistenti.

La prima decisione da prendere riguarda il tipo di scuola da frequentare dopo la scuola media. Per scegliere in maniera consapevole è importante basarsi su alcuni semplici principi.

Innanzitutto bisogna saper **valutare le proprie capacità**: cercare di capire dove si è bravi, quali sono le proprie competenze e attitudini. Non solo; è importante anche **analizzare attentamente il proprio metodo di studio** e il modo in cui ci si comporta da studenti.

Ci si deve chiedere: «Consegno sempre i lavori scolastici entro le scadenze previste? Porto a termine i lavori da eseguire o il più delle volte li lascio a metà? Sono ordinato e preciso? Ho cura del materiale scolastico? Al di là del fatto che una materia mi piaccia di più o di meno, riesco a non trascurare nessun argomento?». A seconda delle risposte, sarà possibile capire se si è in grado di affrontare più o meno brillantemente una scuola impegnativa.

In secondo luogo bisogna considerare **i desideri e le ambizioni personali**, insieme ai **consigli dei genitori e degli insegnanti** e occorre tenere conto delle prospettive di inserimento nel mondo del lavoro.

Le visite agli Istituti superiori negli «*open day*» o i laboratori di «assaggio» da questi organizzati, gli incontri con insegnanti e alunni delle scuole superiori, la consultazione degli opuscoli informativi che illustrano le caratteristiche di queste scuole, altre attività e sperimentazioni legate alla realtà locale aiuteranno ulteriormente nella scelta.

Esistono poi appositi centri di informazione e di orientamento che hanno nomi diversi nelle varie città: questi centri forniscono informazioni sull'esistenza di corsi (scolastici e di formazione professionale), concorsi, borse di studio, aiutano gli incerti ad individuare inclinazioni ed attitudini, possono aiutare a correggere un percorso scolastico scelto poco consapevolmente, possono offrire informazioni a ragazzi/e che abbiano abbandonato la scuola prima del tempo.

Indirizzi di scuola secondaria superiore

Ecco un elenco delle scuole secondarie superiori attualmente attivate in Italia.

- **Licei**. Cinque anni divisi in due periodi biennali e un quinto anno. Classico, Scientifico (Scientifico scienze applicate), Scienze umane (Scienze umane economico-sociale), Artistico, Linguistico, Musicale e coreutico.

- **Istituti tecnici**. Cinque anni divisi in due periodi biennali e un quinto anno. Economico (Amministrazione, Marketing e finanza, Turismo), Tecnologico (Meccanica, Meccanica e energia, Trasporti e logistica, Elettronica ed elettrotecnica, Informatica e telecomunicazioni, Chimica, Materiali e biotecnologie, Sistema moda, Agraria, Agroalimentare, Agroindustria, Costruzioni, Ambiente e territorio).
- **Istituti professionali**. Cinque anni divisi in due periodi biennali e un quinto anno. Servizi (per l'Agricoltura e lo sviluppo rurale, Sociosanitario: ottico, odontotecnico, Enogastronomia e ospitalità alberghiera, Commerciale). Industria e artigianato (Manutenzione e assistenza tecnica, Produzioni industriali e artigianali, Industria, Artigianato).

Alcuni consigli pratici per la scelta dell'istituto superiore

1. Vai a **vedere di persona** la scuola che vorresti frequentare. Tutte le scuole hanno un *open day*, un giorno in cui sono aperte alle visite per farsi conoscere.
2. Procurati il **quadro orario** di tutti gli anni del tipo di scuola che ti interessa e controlla le ore settimanali di ciascuna materia. È importante per valutare l'impegno che ti richiederà lo studio.
3. Non scegliere la scuola perché ci vanno gli amici. Il passaggio alla scuola secondaria di secondo grado è impegnativo: poterlo fare insieme a un amico dà certo più sicurezza, ma la scuola va scelta guardando a chi sei e non alle tue amicizie.
4. Non confondere la passione con l'**attitudine**. Per esempio, passare molte ore al computer non vuol dire automaticamente amare l'informatica. Se sei appassionato di siti Internet, di giochi in 3D e di social network ma non di programmazione, potrebbe essere meglio non scegliere una scuola d'informatica.
5. Nella scelta conta anche uno sguardo al futuro: vuoi frequentare l'università? Vuoi andare a lavorare il più presto possibile? Hai già in mente il settore in cui vorresti trovare impiego? La scelta della scuola superiore passa anche attraverso queste domande.

CONOSCO LA REALTÀ SOCIALE

Questo è l'orario del Liceo Classico. Procurati l'orario della scuola che vorresti frequentare, realizza uno specchietto sul quaderno e scrivi quali sono, secondo il tuo punto di vista, le materie in cui avrai più difficoltà e perché, e quelle in cui avrai meno difficoltà. L'orario delle scuole si trova facilmente su Internet o richiedendolo alla segreteria della scuola che ti interessa.

Foto Elnur/Shutterstock.

	Primo biennio		Secondo biennio		Quinto anno
Materia	**I**	**II**	**III**	**IV**	**V**
Lingua e letteratura italiana	4	4	4	4	4
Lingua e cultura latina	5	5	4	4	4
Lingua e cultura greca	4	4	3	3	3
Lingua e letteratura straniera	3	3	3	3	3
Storia e geografia	3	3			
Storia			3	3	3
Filosofia			3	3	3
Scienze naturali (biologia, chimica, scienze della Terra)	2	2	2	2	2
Matematica	3	3	2	2	2
Fisica			2	2	2
Storia dell'arte			2	2	2
Educazione fisica	2	2	2	2	2
Religione	1	1	1	1	1

Il lavoro, scuola di vita

Il ciclo d'istruzione obbliga i ragazzi ad andare a scuola fino ai 16 anni. Lo sguardo dello studente, alla fine della scuola secondaria di primo grado, è quindi, per forza di cose, rivolto al tipo di scuola che frequenterà, piuttosto che al tipo di lavoro che vorrebbe svolgere appena finito di studiare. Un breve approfondimento sul mondo del lavoro è però utile, a questa età, per capire meglio il mondo in cui si vive e sapere anche che cosa ci aspetta una volta terminati gli studi.

Di sicuro essere bravi studenti aiuterà a essere buoni lavoratori. Ogni lavoro va imparato sia a livello teorico, sia a livello pratico. È necessaria tanta applicazione perché solo lavorando, e per tanto tempo, si riesce a diventare dei professionisti e a far proprio un mestiere.

Il lavoro oggi in Italia

Le innovazioni tecnologiche hanno inciso profondamente sui modi di produrre e sull'occupazione. Sempre di più occorre alta **qualità dell'istruzione** e dell'orientamento scolastico.

L'offerta di lavoro si è spostata verso il settore terziario. L'agricoltura occupa una ridotta percentuale di lavoratori e da qualche tempo anche l'attività industriale crea meno posti di lavoro. Questo effetto è dovuto in parte a nuove tecnologie che permettono di sostituire il lavoro manuale, in parte al ridimensionamento o alla crisi di molte aziende che si sono trovate impreparate davanti ai cambiamenti. Ma è anche la conseguenza delle numerose **delocalizzazioni*** attuate negli anni.

Al lavoratore si richiedono sempre maggiore mobilità e flessibilità: contratti a tempo determinato o part-time, disponibilità a cambiare sede di lavoro, a fare straordinari, ad accettare minori protezioni sociali. Gli imprenditori chiedono regole che rendano più facile ridurre il personale in caso di crisi. È aumentata anche la mobilità internazionale; cercano impiego all'estero soprattutto i giovani che vogliono lavorare nella ricerca scientifica.

Sempre di più sono necessari, per entrare nel mondo del lavoro, un curriculum scolastico di qualità, la conoscenza della lingua inglese o di altre lingue, una buona competenza digitale e la disponibilità a spostarsi.

Negli ultimi quindici anni è triplicato il numero di immigrati che lavorano in Italia; essi nella maggioranza dei casi sono andati a coprire settori in cui la disponibilità di manodopera italiana è insufficiente.

* **Delocalizzazione**
È lo spostamento di aziende industriali, in tutto o in parte, da uno Stato a un altro, dove le condizioni per gli imprenditori sono più favorevoli (per minori tasse da pagare, per paghe inferiori della manodopera, per regole burocratiche più favorevoli o altro).

La Costituzione e il lavoro

Secondo il **principio lavorista** che sta alla base della Costituzione italiana, il lavoro è al tempo stesso un diritto e un dovere. Ma nella Repubblica fondata sul lavoro sono troppi i cittadini che un lavoro non lo trovano oppure lo perdono.

Lo Stato è impegnato a intervenire attivamente perché siano realizzate tutte le possibili opportunità di lavoro per i cittadini. Lo fa cercando di incentivare l'economia e gli investimenti delle aziende, intervenendo con leggi per regolare il mercato del lavoro e facilitare l'alternanza scuola-lavoro e l'apprendistato. Infine regola la concessione degli «ammortizzatori sociali», finanziando la cassa integrazione e altre forme di aiuto a lavoratori e aziende in difficoltà.

La sicurezza sul lavoro

La sicurezza sul lavoro è un tema molto importante perché gli incidenti sono frequenti e spesso gravi. È indispensabile rispettare le regole e le leggi che tutelano sia l'azienda sia il singolo lavoratore. Dal 2008 l'Italia ha una legislazione che regolamenta questa materia, il **Testo unico in materia di salute e sicurezza nei luoghi di lavoro**. Le leggi però vanno accompagnate dal comportamento responsabile sia dei datori di lavoro, sia dei lavoratori. Il datore di lavoro deve vigilare sui propri dipendenti, applicare le norme di sicurezza e investire nella formazione dei lavoratori. I lavoratori devono indossare scrupolosamente tutti i sussidi (scarpe, elmetti speciali, imbracature...) contro gli infortuni.

Articoli della Costituzione dedicati al mondo del lavoro

Articolo 1

- L'Italia è una Repubblica democratica fondata sul lavoro. [...]

Porre il lavoro a fondamento dell'intera nazione significa riconoscere al lavoro un valore di crescita, di sviluppo materiale e spirituale dell'individuo e della collettività.

Articolo 4

- La Repubblica riconosce a tutti i cittadini il diritto al lavoro e promuove le condizioni che rendano effettivo questo diritto.
- Ogni cittadino ha il dovere di svolgere, secondo le proprie possibilità e la propria scelta, un'attività o una funzione che concorra al progresso materiale o spirituale della società.

Questo articolo chiarisce che il lavoro è un diritto, perché ogni cittadino deve essere nelle condizioni di procurarsi un reddito per vivere dignitosamente; ma è anche un dovere, perché il lavoratore, svolgendo nel modo migliore possibile il suo compito, contribuisce a migliorare la società in cui vive.

Articolo 36

- Il lavoratore ha diritto a una retribuzione proporzionata alla quantità e qualità del suo lavoro e in ogni caso sufficiente ad assicurare a sé e alla famiglia un'esistenza libera e dignitosa.
- La durata massima della giornata lavorativa è stabilita dalla legge.
- Il lavoratore ha diritto al riposo settimanale e a ferie annuali retribuite, e non può rinunziarvi.

Articolo 37

- La donna lavoratrice ha gli stessi diritti e, a parità di lavoro, le stesse retribuzioni che spettano al lavoratore. Le condizioni di lavoro devono consentire l'adempimento della sua essenziale funzione familiare e assicurare alla madre e al bambino una speciale adeguata protezione.
- La legge stabilisce il limite minimo di età per il lavoro salariato.
- La Repubblica tutela il lavoro dei minori con speciali norme e garantisce ad essi, a parità di lavoro, il diritto alla parità di retribuzione.

Articolo 38

- Ogni cittadino inabile al lavoro e sprovvisto dei mezzi necessari per vivere ha diritto al mantenimento e all'assistenza sociale.
- I lavoratori hanno diritto che siano preveduti ed assicurati mezzi adeguati alle loro esigenze di vita in caso di infortunio, malattia, invalidità e vecchiaia, disoccupazione involontaria. [...]

Articolo 39

- L'organizzazione sindacale è libera. [...]
- I sindacati [...] possono, rappresentati unitariamente in proporzione dei loro iscritti, stipulare contratti collettivi di lavoro con efficacia obbligatoria per tutti gli appartenenti alle categorie alle quali il contratto si riferisce.

Articolo 40

- Il diritto di sciopero si esercita nell'ambito delle leggi che lo regolano.

Foto C. Divizia/Shutterstock.

Vengono chiamati «morti bianche» gli incidenti mortali avvenuti sul posto di lavoro. L'aggettivo *bianco* indica l'assenza di un responsabile che abbia direttamente determinato il decesso. In Italia, negli ultimi anni la situazione è un po' migliorata, grazie all'aumento dei controlli e alle leggi più stringenti.

Il lavoro «nero», invece, è quello irregolare, cioè senza regolare contratto, per cui né il datore di lavoro né il lavoratore corrispondono tasse allo Stato. Oltre a violare la legge, il lavoratore è privo di tutela giuridica, sindacale e di sicurezza per la propria salute.

CONOSCO LA REALTÀ SOCIALE

Scrivi un breve testo rispondendo alle domande.

a. Ti piace l'idea di lavorare?
b. Che cosa ne pensi del lavoro?
c. Quale lavoro vorresti fare? Quale lavoro pensi che non riusciresti mai a fare?
d. Hai mai avuto occasione di fare piccoli lavoretti? Se sì, in quali occasioni? Racconta in cinque righe la tua esperienza.

Prova Invalsi

Leggi il testo e rispondi ai quesiti. Hai a disposizione 60 minuti (compresa la lettura del testo).

La seconda guerra mondiale, più ancora della prima, fu una guerra totale, combattuta senza risparmio di uomini e di mezzi, con il pieno coinvolgimento della popolazione civile.

Le città erano il bersaglio preferito dei bombardamenti aerei, perché erano nodi di traffico o sedi di stabilimenti industriali, e i comandi militari miravano a distruggere le fabbriche, specie quelle di armi, e a sconvolgere la rete di trasporto nemica. A volte però venivano prese di mira le stesse abitazioni civili, per suscitare terrore fra le popolazioni, logorarne le capacità di resistenza, spingerle all'esasperazione.

Gli attacchi aerei erano annunciati da un lungo e ripetuto sibilo di sirene, l'allarme antiaereo, che avvertiva la popolazione del pericolo imminente. Allora, a qualunque momento del giorno o della notte, bisognava abbandonare in fretta case, scuole e uffici, e correre al rifugio più vicino. I rifugi erano luoghi in cui si cercava riparo dai bombardamenti: in genere erano tunnel e gallerie scavati sotto terrapieni, sotterranei di antiche fortezze o, alla peggio, grotte o cantine. Nei rifugi si sostava, fra il rombo delle bombe, finché la sirena non dava il segnale di cessato pericolo, ciascuno con la propria paura e con gli inevitabili disagi derivati dalla promiscuità, cioè dal dover stare insieme, talvolta per parecchie ore o per giorni, con persone spesso sconosciute e diverse per sesso ed età.

Ma anche nei periodi più tranquilli, quando i bombardieri erano lontani, la vita era difficile ogni giorno di più. Scarseggiavano generi di prima necessità, come il pane, il latte, le uova. Il burro era introvabile, e così il sapone o il caffè. Sempre più rare, e costosissime, erano le scarpe e le stoffe.

In Italia e in molti altri paesi fu introdotto il razionamento. A ciascun cittadino spettava per legge soltanto una quantità prestabilita di generi alimentari, diversa secondo l'età (ai bambini toccava più latte, agli adolescenti più pane che agli adulti). Per ricevere la propria razione bisognava presentare una tessera, da cui di volta in volta venivano staccati i bollini. Ma le razioni erano spesso insufficienti (in Italia, dal 1941, le merci razionate coprivano solo la metà dei bisogni), le code davanti ai negozi lunghissime, la denutrizione diffusa. Prosperava invece il mercato nero (o borsa nera), cioè la vendita – proibita ma tollerata a volte dalle stesse autorità – di prodotti a prezzi altissimi, che solo una piccola parte della popolazione poteva permettersi di acquistare.

Ogni tipo di attività doveva svolgersi durante le ore del giorno, perché al tramonto scattava il coprifuoco: era cioè proibito circolare liberamente per le strade, fuorché ad alcune categorie di persone munite di speciale lasciapassare (i medici per esempio).

Di sera inoltre, nell'Italia degli ultimi anni di guerra, bisognava schermare le finestre con tende pesanti o con persiane (oscuramento), perché non filtrasse all'esterno la luce richiamando i bombardieri su possibili obiettivi urbani.

Nella speranza di sfuggire alle privazioni e ai bombardamenti, molti decisero di sfollare, cioè di abbandonare le loro case cittadine, troppo esposte ai pericoli della guerra, cercando scampo nelle campagne. Il ritorno era fissato a guerra finita, con la speranza che la casa nel frattempo non fosse stata svaligiata dai ladri o ridotta in macerie dai bombardamenti.

(S. Paolucci, G. Signorini, *L'ora di storia* – Edizione rossa, Zanichelli, Bologna 2008)

1. Quale fra i seguenti titoli rende meglio il contenuto del testo?

A Il razionamento e il mercato nero

B I civili nella tempesta della guerra

C La vita delle donne durante la guerra

D I civili sotto i bombardamenti

2. A quale guerra o a quali guerre si riferisce la situazione descritta?

A Alle due guerre mondiali.

B Alla prima guerra mondiale.

C Alla seconda guerra mondiale.

D A tutte le guerre del Novecento.

3. Nel testo si definisce una caratteristica che entrambe le guerre mondiali ebbero, ma in un grado diverso. Quale?

A In entrambe si fece uso di aerei da bombardamento.

B Entrambe furono guerre "totali" e coinvolsero i civili.

C In entrambe le guerre furono fatti molti prigionieri.

D Le due guerre durarono a lungo.

4. Che cos'erano i rifugi?

A Luoghi nei quali si trasferivano gli sfollati.

B Luoghi nei quali le donne assistevano i partigiani.

C Luoghi nei quali si cercava riparo dai bombardamenti.

D Luoghi nei quali si scambiavano merci.

5. Il testo ha la seguente funzione:

A far capire che la seconda guerra mondiale fu diversa dalla prima.

B trasmettere un'esperienza diretta dell'autore.

C descrivere la difficile situazione dei civili in guerra.

D spiegare perché molti civili dovettero abbandonare le città.

6. Scrivi alcuni esempi di «generi di prima necessità».

....

7. La proibizione di uscire nelle strade dopo il tramonto si chiama:

A oscuramento.

B razionamento.

C allarme.

D coprifuoco.

8. La frase «la denutrizione era diffusa» significa che:

A c'era poco latte per i bambini.

B si pativa la fame.

C erano molti quelli che acquistavano generi alimentari al mercato nero.

D le tessere per il razionamento erano distribuite a tutte le famiglie.

9. Perché molti cittadini decisero di sfollare?

A Perché in campagna c'era abbondanza di cibo.

B Per cercare scampo dalla paura dei bombardamenti.

C Per non dover sottostare al coprifuoco.

D Per essere vicini ai loro parenti.

Unità **3**

IL MONDO DIVISO DEL DOPOGUERRA

Uno sguardo sul mondo

La riconquista dell'indipendenza fino al 1968

La popolazione mondiale nel 1950

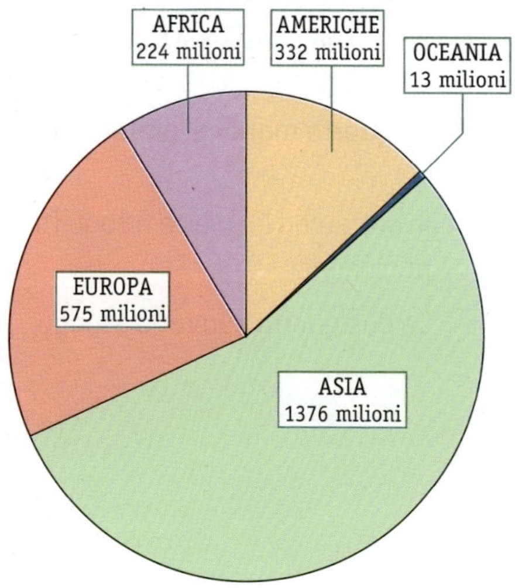

Le cinque città più grandi nel 1950

New York	12 338 000
Tokyo	11 275 000
Londra	8 361 000
Shanghai	6 066 000
Parigi	5 424 000

Comprendo i cambiamenti nello spazio e nel tempo

POLITICA INTERNAZIONALE

GUERRA FREDDA

- ▼ **1945** nasce l'ONU
- **1948** ▼ proclamazione dello Stato di Israele
- ▼ **1949** nasce la NATO
- ▼ **1949** Repubblica popolare cinese
- ▼ **1955** nasce il Patto di Varsavia

DECOLONIZZAZIONE

- ▼ **1947** indipendenza dell'India

ECONOMIA E SOCIETÀ

SVILUPPO ECONOMICO DELL'OCCIDENTE

- ▼ **1953-1963** "miracolo economico" in Italia

1945 — 1950 — 1955

1961 ▼ muro di Berlino

▼ **1962** crisi dei missili di Cuba

▼ **1964-1975** gli USA nella guerra del Vietnam

▼ **1960** molti Stati africani diventano indipendenti

▼ **1964** leggi per l'integrazione dei neri negli USA

▼ **1968** movimenti giovanili

1960 | 1965 | 1970 | 1975

Unità 3

L'inquieta storia delle ultime colonie

La decolonizzazione

La carta delle pagine precedenti mette in evidenza un cambiamento di grande importanza per la storia del mondo d'oggi: la **fine degli imperi coloniali**, cioè la «decolonizzazione». Fu un processo che iniziò nel periodo fra le due guerre, richiese una lunga preparazione e accelerò dopo la seconda guerra mondiale [→ cap. 13]. Nella carta è riportata la **situazione politica nel 1968**, quando restavano ormai poche colonie. Continuavano a esserci però gravi problemi, perché molti degli Stati che nacquero dalla dissoluzione degli imperi coloniali erano deboli economicamente ed ebbero molte difficoltà a raggiungere una condizione stabile. La storia della decolonizzazione e dei nuovi Stati che si formarono è caratterizzata anche da guerre civili, disuguaglianze economiche e sociali, regimi autoritari. Passeremo in rassegna brevemente le principali nazioni che nella carta risultano ancora nella condizione di colonie.

Ultimi residui coloniali in Africa

In Africa, nel 1968, l'**Angola** e il **Mozambico** appartenevano ancora al Portogallo, dove governava un regime dittatoriale che sarebbe crollato pochi anni più tardi: in entrambe le colonie era attivo un movimento di guerriglia indipendentista.

La **Namibia**, ex colonia tedesca, dopo la prima guerra mondiale era stata affidata dalla Società delle Nazioni all'amministrazione del Sudafrica, che v'impose un duro regime di segregazione razziale, l'*apartheid* [→ cap. 13 par. 3]. Il movimento di opposizione (detto SWAPO, Organizzazione del popolo dell'Africa del sud-ovest) fu riconosciuto dall'ONU come legittimo rappresentante del popolo della Namibia, ma solo nel 1990 il Paese divenne indipendente.

Nel continente africano rimaneva anche un residuo del colonialismo spagnolo, il **Sahara Occidentale**. La storia di questa regione è assai complicata. Anche qui era attivo un movimento di guerriglia (il Fronte Polisa-

La liberazione dell'Angola dal colonialismo portoghese. Poster celebrativo del 1976.
Foto Corbis.

Marcia contro l'*apartheid* in Namibia e Sudafrica tenuta a Londra nel 1986.
Foto J. Wiedel Photolibrary/Alamy Stock Photo.

rio), contro la dittatura di Francisco Franco. Nel 1975, dopo la morte di Franco, fu proclamata l'indipendenza dalla Spagna, ma la regione fu subito occupata con la forza dal Marocco, a nord, e dalla Mauritania, a sud. Questa regione, in gran parte desertica, è ricca di risorse minerarie nel sottosuolo: questo spiega l'interesse degli stati vicini. Nel 1979 la Mauritania rinunciò alle sue pretese, e il Marocco ne approfittò per impadronirsi anche della parte meridionale del Paese. Per sfuggire alle violenze, gran parte della popolazione locale fuggì in Algeria. L'annessione marocchina del Sahara Occidentale non è stata mai riconosciuta dall'ONU. Negli anni Ottanta i guerriglieri del Fronte Polisario riconquistarono circa un terzo del Paese. Il Marocco rispose delimitando i territori sotto il suo controllo con una muraglia fortificata, elettrificata e minata lunga 2500 km. La guerra proseguì fino al 1991, anno in cui i Caschi Blu dell'ONU furono inviati a vigilare sullo svolgimento di un referendum per l'autodeterminazione del popolo Saharawi. Fino a oggi, però, il Marocco ha boicottato le trattative di pace, e il referendum non si è ancora svolto.

Membri del Fronte Polisario in una foto della fine degli anni Settanta.
Foto G. Ferrari/Cover/Getty Images; S.D. Cruz/Shutterstock.

In Sudamerica e nell'Oceania

Nell'America meridionale esistevano – nel 1968 – ancora due piccole colonie, la Guyana francese e la Guyana olandese. Quest'ultima divenne indipendente nel 1975 con il nome di **Suriname**, un piccolo Stato la cui lingua ufficiale è l'olandese.

La **Guyana francese** invece restò una colonia fino al 1946, quando fu trasformata in un «dipartimento d'Oltremare»: una provincia amministrativa che fa parte integrante del territorio francese. Attualmente i dipartimenti d'Oltremare francesi sono cinque.

Anche nell'Oceania, come mostra la carta, troviamo un territorio che ancora nel 1968 è soggetto ad altre potenze: la parte orientale della Nuova Guinea. Fino alla prima guerra mondiale era una colonia tedesca, che la Società delle Nazioni assegnò all'amministrazione dell'Australia. Durante la seconda guerra mondiale l'isola venne occupata dai Giapponesi. Nel secondo dopoguerra fu ripristinata l'amministrazione australiana, finché la regione, chiamata **Papua Nuova Guinea**, raggiunse l'indipendenza nel 1975.

Medaglia che celebra l'indipendenza della Papua Nuova Guinea. Vi è ritratto il primo ministro Michael Somare, che fu tra gli artefici della transizione verso l'indipendenza e della costituzione del nuovo Stato nel 1975.
Collezione privata.

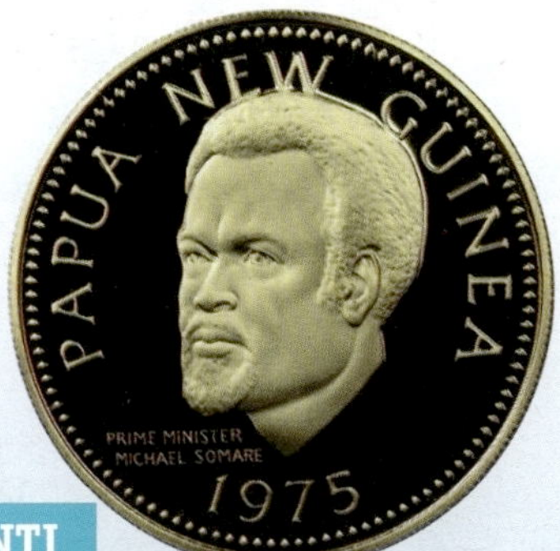

COMPRENDO I CAMBIAMENTI NELLO SPAZIO E NEL TEMPO

1. Osserva la carta delle pagine precedenti e quella a p. 100, leggi la linea del tempo e rispondi alle domande.
   a. Che cos'è la «decolonizzazione»? In quale continente ha avuto i maggiori effetti?
   b. Oltre all'impero inglese, nel 1968 c'erano ancora alcuni residui di altri imperi coloniali: quali?
   c. Il 1960, come vedrai, è stato chiamato «l'anno dell'Africa»: come lo spieghi? (Guarda con attenzione la linea del tempo.)
   d. Quale continente conteneva, nel 1950, circa metà della popolazione mondiale? Lo stesso continente è presente nella classifica delle grandi città: con quali metropoli?
   e. Qual è l'andamento dell'economia occidentale nel periodo trattato dall'unità?

Capitolo

10 La costruzione di un equilibrio bipolare

CIAK si impara!

GUARDA! IL VIDEO

MI ORIENTO NEL CAPITOLO dal 1945 → al 1965

1

Alla fine della guerra, **milioni di persone** in Europa devono **emigrare** dai luoghi dove hanno vissuto e nei quali, a causa del **cambiamento dei confini**, sono ormai considerati stranieri.

2

Benché alleati durante la guerra, **Stati Uniti e Unione Sovietica** rappresentano **due mondi contrapposti**: ben presto cominciano una guerra silenziosa, chiamata **guerra fredda**, per imporre la propria superiorità.

3

Nel 1949 in Cina **Mao Zedong**, capo dei comunisti, proclama la **Repubblica Popolare Cinese**. Avvia subito una **riforma agraria** e distribuisce le **terre ai contadini**. Impone il controllo del partito comunista sull'economia e la società.

4

Nel 1948 in Palestina nasce lo **Stato d'Israele**, con l'opposizione degli **Stati arabi**: scoppiano le prime **guerre** fra i due popoli, e gli Arabi palestinesi cominciano a vivere da **profughi**.

1. La ricerca di un nuovo ordine internazionale

Le dimensioni del conflitto

La seconda guerra mondiale fu una catastrofe sanguinosa e distruttiva più di ogni altra. Si contarono oltre cinquantacinque milioni fra morti e **dispersi***. Per la prima volta nella storia contemporanea, le vittime civili (trenta milioni) superavano quelle militari. Il tributo più alto fu pagato dall'Unione Sovietica, con 20 milioni di morti. Molto più basso fu il numero di caduti degli Stati Uniti (circa 230 mila), che non subirono bombardamenti e devastazioni sul loro territorio.

Nei Paesi che erano stati teatro di guerra, come quelli europei, le città erano ingombre di macerie, le fabbriche erano ferme e un gran numero di persone lottava ogni giorno contro la **fame**, il **freddo**, la **mancanza di alloggio** (i senzatetto erano più di sette milioni nella sola Germania).

Durante il conflitto furono commesse atrocità senza precedenti: il sistematico sterminio degli Ebrei e degli zingari, le rappresaglie contro i civili, i bombardamenti a tappeto delle città e, infine, l'uso distruttivo della bomba atomica.

* **Dispersi**
Sono coloro di cui non si ha più notizia. Moltissimi furono i dispersi polacchi e russi durante le avanzate tedesche e quelli tedeschi e italiani durante le catastrofiche ritirate in Russia. Anche di molte persone perite nei bombardamenti a tappeto (e in quelli atomici) non si trovò più traccia.

Gli spostamenti di popolazione

A tutto questo si aggiunse, in conseguenza dei cambiamenti di confine decisi dai trattati di pace, lo **spostamento forzato** di milioni di persone che abbandonarono i Paesi in cui abitavano, diventati per loro stranieri e ostili. Dovettero spesso affrontare il viaggio in condizioni disastrose dopo avere lasciato dietro di sé tutto ciò che possedevano.

L'esodo più drammatico fu quello di **dieci milioni di Tedeschi** che dovettero lasciare la Prussia orientale, la Polonia e la Cecoslovacchia per rientrare in un Paese pieno di macerie.

Tre milioni di **Polacchi** lasciarono le terre passate all'URSS e si trasferirono entro i nuovi confini della Polonia. Dai Paesi baltici, annessi all'Unione Sovietica, partirono migliaia di Èstoni, Lèttoni, Lituani, diretti perlopiù verso i Paesi scandinavi. Fra gli **Ebrei** d'Europa sopravvissuti alla persecuzione, molti si trasferirono nello **Stato di Israele**, che nacque nel 1948 [→ cap. 10 par. 4].

Circa 300 000 **Italiani** abbandonarono l'Istria – ceduta alla Iugoslavia –, Fiume e le città della Dalmazia e furono collocati in varie località della penisola. A migliaia partirono anche dalle colonie ormai perdute. [→ Protagonisti: L'esodo degli Italiani dall'Istria e dalla Dalmazia p. 254]

Gli spostamenti delle popolazioni in Europa nel secondo dopoguerra.

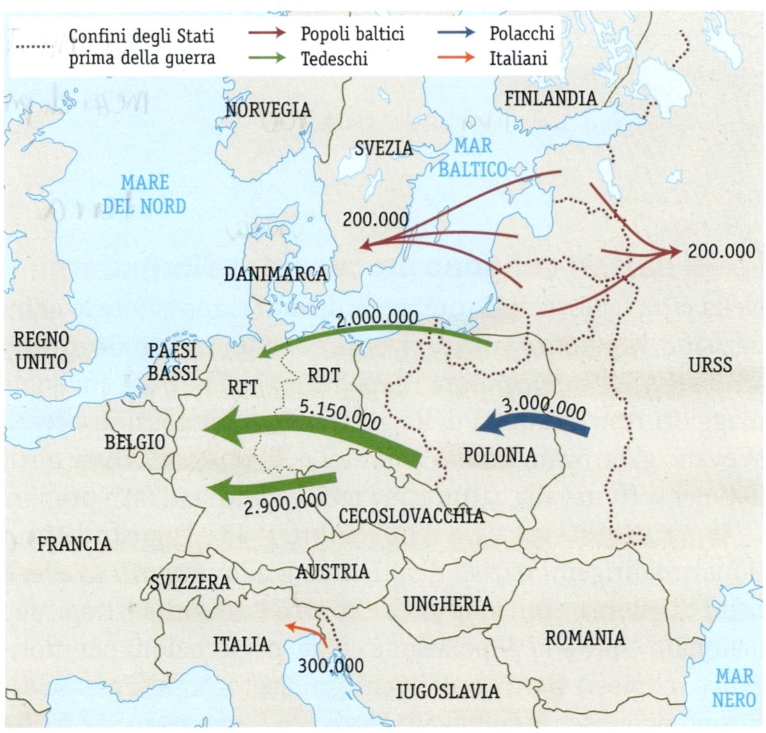

I protagonisti

L'esodo degli Italiani dall'Istria e dalla Dalmazia

Con la costituzione dello Stato socialista in Iugoslavia nel 1945 molti Italiani dell'Istria e della Dalmazia si sentirono in pericolo: vi furono processi e confische di beni che miravano a eliminare il predominio economico degli Italiani, ma che colpirono anche artigiani, commercianti, impiegati e operai. Estrema conseguenza di questo clima di intimidazione e di paura (che si aggiungeva al ricordo del terribile periodo delle foibe) fu l'esodo in massa verso l'Italia degli istriani e dei dàlmati di etnia italiana. Da Pola, in particolare, nel febbraio 1947 partirono precipitosamente trentamila persone, quasi la totalità degli abitanti di origine italiana.

In memoria delle vittime delle foibe e dell'esodo giuliano-dalmata nel 2004 il parlamento italiano ha deliberato di celebrare ogni anno il 10 febbraio una «giornata del ricordo».

Monumento commemorativo nel borgo di Fertilia presso Alghero, in Sardegna. Questo Paese fu fondato nel 1936 per un progetto di bonifica della zona e fu inizialmente popolato da contadini ferraresi. Nel dopoguerra ospitò un gran numero di profughi istriani e dalmati. Proprio a ricordo di quel periodo resta una colonna con il leone di san Marco, protettore delle città venete.
Foto P. Melling/Alamy.

La precipitosa partenza degli Italiani da Pola nel febbraio 1947. Sullo sfondo il piroscafo Toscana che imbarcò in numerosi viaggi più di 13 000 profughi istriani verso l'Italia.

I capi nazisti vengono processati a Norimberga

Nella città tedesca di Norimberga, dove si erano svolte le grandi adunate del nazismo, le potenze vincitrici istituirono un **tribunale militare internazionale** per giudicare e punire i capi del regime nazista, sui quali ricadevano le maggiori responsabilità della guerra. Fra i dirigenti del Terzo Reich, alcuni avevano già trovato rifugio nei Paesi dell'America Latina, altri si erano suicidati per sottrarsi alla cattura, ma molti erano stati fatti prigionieri.

Il processo si svolse **fra il novembre 1945 e l'agosto 1946**, a carico di ventiquattro dirigenti nazisti di altissimo grado, accusati di aver commesso **crimini di guerra, contro la pace e contro l'umanità** (stragi, deportazioni, atti disumani contro la popolazione civile, persecuzioni per motivi politici, razziali o religiosi). Il tribunale avanzò anche l'accusa di **genocidio**. Gli imputati furono riconosciuti colpevoli e dodici di loro furono condannati a morte.

L'eredità del processo di Norimberga

Il processo di Norimberga ha segnato un punto di svolta anche per la storia del diritto.

Innanzitutto, per la prima volta **furono giudicati come delitti** degli atti che in passato venivano giustificati **perché avvenuti in guerra** o compiuti in obbedienza **a ordini superiori**.

In secondo luogo, da allora in poi ciascun uomo, dal semplice soldato al generale, dalla persona comune al capo di Stato e di governo, sarebbe stato **responsabile personalmente** se avesse commesso crimini di questo genere.

Capi nazisti sul banco degli imputati al processo di Norimberga.
Foto Bettmann/Corbis.

Nasce un nuovo organismo internazionale, l'ONU

Mentre la guerra nel Pacifico era ancora in corso, il 26 giugno **1945** a San Francisco negli Stati Uniti fu istituita **l'Organizzazione delle Nazioni Unite** (ONU). Lo scopo principale di questo organismo era di **mantenere la pace e la sicurezza** nel mondo, prendendo il posto della Società delle Nazioni. Per evitare che la nuova organizzazione si rivelasse impotente, si stabilì di dotare l'ONU di una **forza militare**, costituita da reparti dei Paesi aderenti, i «caschi blu», da impiegare in base a decisioni condivise dalla comunità internazionale (le «risoluzioni» dell'ONU).

Alla fondazione dell'ONU – la cui sede nel 1951 venne fissata a New York – parteciparono 49 Paesi (oggi sono 193). Fra i Paesi sconfitti, l'Italia entrò nell'ONU nel 1955, il Giappone nel 1956, la Germania nel 1973.

COLLEGO CAUSE ED EFFETTI

▸ **PERCHÉ il 26 giugno 1945 fu istituito l'ONU? Cerca la risposta nel testo.**

Cittadinanza

L'ONU e i diritti dell'uomo
p. 346

ORGANIZZO I CONCETTI

Conseguenze della guerra

- 55 milioni di morti
- miseria e rovine
- migrazioni forzate di popolazioni
- perdita di centralità dell'Europa

Si affermano due grandi potenze: USA e URSS

Al termine della guerra, l'Europa indebitata non poteva svolgere il ruolo di guida nella politica mondiale, che era stato suo per cinque secoli. Questo compito spettava ormai a USA e URSS, le **superpotenze** che erano state le vere vincitrici della guerra.

Gli **Stati Uniti** avevano sviluppato enormemente la capacità produttiva della loro **industria**, che durante il conflitto aveva lavorato a pieno ritmo per rifornire gli eserciti propri e degli alleati. Il loro territorio non era stato devastato dalla guerra. Gli USA possedevano i due terzi delle riserve d'oro mondiali e la moneta americana, il **dollaro**, s'impose allora come la base degli scambi mondiali. Anche dal punto di vista tecnologico e della **ricerca scientifica** gli Stati Uniti erano all'avanguardia. Nessun altro esercito in quei tempi possedeva la **bomba atomica**.

Anche l'**Unione Sovietica** era una grande potenza. Il suo **esercito di terra** era il più grande del mondo e il contributo dell'Armata rossa alla vittoria sul nazismo era stato decisivo. In tutti i Paesi europei c'erano dei partiti comunisti che guardavano all'URSS di Stalin come a un modello. Tuttavia l'URSS non poteva competere davvero con gli USA né in campo economico, dove partiva arretrata, né in campo militare, dove era ancora priva di armamenti atomici.

Due sistemi politici ed economici contrapposti

Fra i due Paesi esistevano profonde differenze sia in campo politico, sia in campo economico.

Gli USA erano una **democrazia liberale** e la loro **economia** era **capitalista**, basata sulla libera iniziativa delle imprese e sulla libertà di commercio.

L'URSS era uno **Stato totalitario**. Tutto il potere era del partito comunista, che controllava anche ogni aspetto della vita sociale. L'**economia** non era libera, ma **pianificata**: lo Stato possedeva i mezzi di produzione e stabiliva gli obiettivi della produzione industriale.

Durante la guerra, nonostante la diffidenza reciproca, Stati Uniti e Unione Sovietica avevano combattuto insieme. Ben presto, però, i contrasti politici e militari fra le due potenze divennero acuti.

ORGANIZZO I CONCETTI

▶ **Completa la tabella.**

	USA	URSS
Superpotenza	Industriale, economica e militare	economia pianificata
Forma di governo	democrazia liberale	Regime totalitario
Economia	Capitalista: basata sulla libera iniziativa delle imprese e sulla libertà di commercio	comunista: lo Stato possiede i mezzi di produzione e stabilisce gli obiettivi
Potere militare	L'unico esercito al mondo che ha la bomba atomica	Esercito di terra più grande del mondo.

COLLOCO GLI EVENTI NEL TEMPO

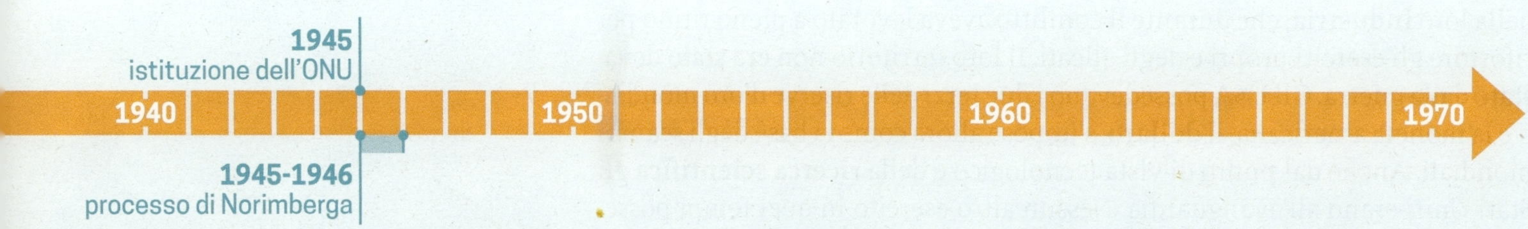

2. Nel mondo diviso inizia la «guerra fredda»

Una barriera di «Stati satellite» intorno all'URSS

Nei territori che erano stati liberati dall'Armata Rossa e che erano sottoposti all'influenza dell'URSS (Germania orientale, Polonia, Cecoslovacchia, Ungheria, Bulgaria e Romania), Stalin impose dei regimi detti «**democrazie popolari**», in cui **il potere fu preso dal partito comunista**. In questo modo creò una barriera di «stati amici» allo scopo di premunirsi contro eventuali attacchi militari.

Ben presto questi Stati divennero «**satelliti**» dell'URSS, cioè completamente dipendenti da essa per l'economia e per la politica interna e internazionale. A essi l'URSS impose la chiusura delle frontiere e l'interruzione di ogni rapporto con i Paesi non comunisti dell'occidente.

In un famoso discorso Churchill, che era stato primo ministro inglese durante la guerra, disse che ormai fra i Paesi dell'est e dell'ovest d'Europa era calata una **cortina** (cioè un sipario) **di ferro** dal Baltico all'Adriatico.

In Iugoslavia invece, dove i comunisti erano giunti al potere senza l'aiuto sovietico, il presidente Tito poté opporsi al pesante controllo di Mosca e riuscì a garantire l'indipendenza del suo Paese.

Il Piano Marshall per la ricostruzione dell'Europa

Gli Stati Uniti temevano che la grande povertà dei Paesi europei creasse instabilità e disordini sociali, offrendo all'Unione Sovietica l'occasione per aggredire militarmente l'Europa occidentale. Decisero quindi di **rafforzare l'economia europea**, in modo da bloccare qualunque tentativo di espansione del comunismo.

Con questo obiettivo, i primi governi americani del dopoguerra misero in atto un **grandioso piano di aiuti economici** per la ricostruzione dell'Europa, detto «**Piano Marshall**» dal nome del generale che lo ideò nel 1947.

Ai Paesi dell'occidente europeo vennero concessi in prestito milioni di dollari per facilitare la ripresa economica, e furono distribuite gratuitamente grandi quantità di beni di consumo. In particolare ne trassero vantaggio la Germania e l'Italia, il cui livello di vita crebbe con rapidità.

Gli aiuti per la ricostruzione fecero crescere l'**influenza politica** degli Stati Uniti sull'Europa occidentale.

L'Europa è divisa in due blocchi contrapposti

Gli USA costituirono nel 1949 un'alleanza militare di difesa, la **NATO** (cioè *North Atlantic Treaty Organization*, Organizzazione del Trattato del Nord Atlantico). Vi aderirono – oltre agli Stati Uniti – il Canada e quasi tutti i Paesi dell'Europa occidentale.

In contrapposizione alla NATO, l'URSS stabilì nel 1955 il **Patto di Varsavia**, un'alleanza militare con i Paesi dell'Europa orientale.

Gli aiuti del Piano Marshall all'Europa in due manifesti di propaganda del 1950 circa.
Collezione privata.

Si formarono così due blocchi opposti di Paesi alleati, il **blocco occidentale** e il **blocco comunista**, controllati rispettivamente dagli USA e dall'URSS.

Gli Stati Uniti si presentavano come campioni di «libertà», l'Unione Sovietica come modello di «uguaglianza». Così il contrasto politico-militare fra le due potenze divenne anche uno **scontro ideologico**, cioè di valori, fra due diversi sistemi economici e politici.

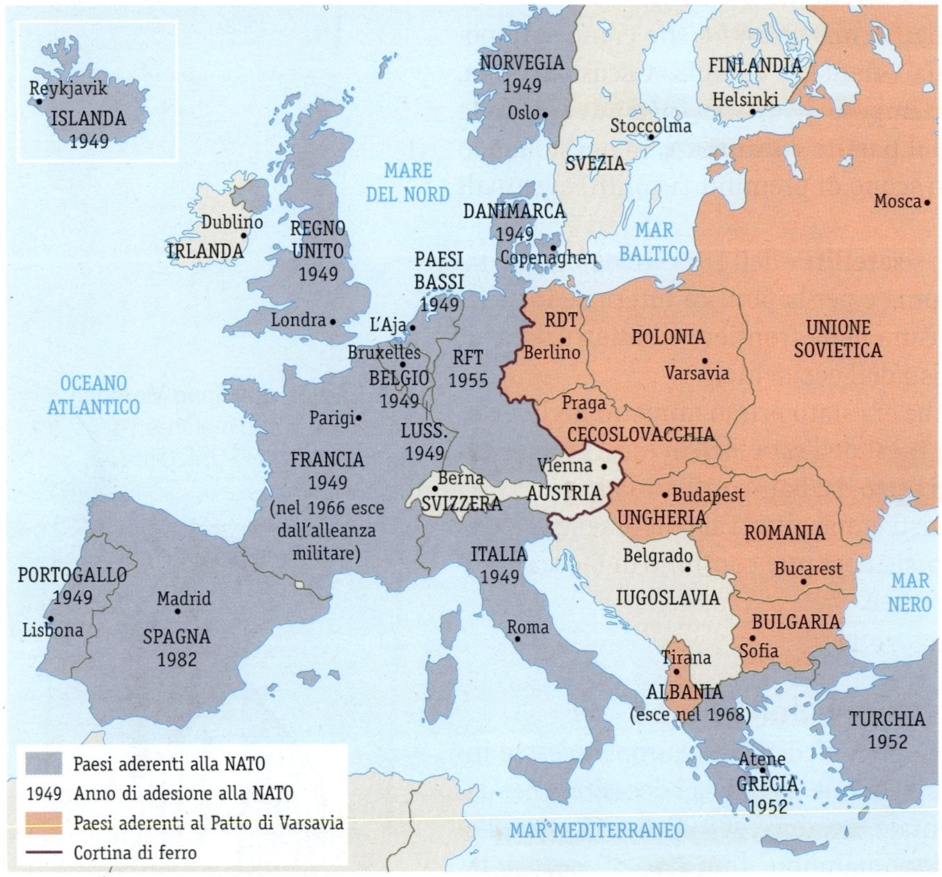

L'Europa divisa tra NATO e Patto di Varsavia.

Inizia la «guerra fredda»

Con la creazione di blocchi contrapposti fra gli Stati Uniti e l'Unione Sovietica si aprì un **lungo periodo di conflitto** che venne chiamato «**guerra fredda**». Fu uno stato di continua tensione che non giunse mai a uno scontro armato diretto fra le due superpotenze, ma si manifestò sotto forma di minacce, insulti, accuse, provocazioni reciproche. Iniziata nel 1945, essa si protrasse per più di quarant'anni, alternando fasi di tensione a periodi in cui l'aggressività fra le superpotenze si attenuava (distensione). La guerra fredda si concluse solo alla fine degli anni Ottanta, con la crisi del blocco comunista.

Durante questo lungo periodo esplosero in molte regioni del mondo **guerre locali** a cui gli Stati Uniti e l'Unione Sovietica parteciparono più o meno direttamente, schierate su fronti opposti.

Oggi sappiamo che lo scontro fra le due superpotenze non si svolse quasi mai alla pari e che, fin dall'inizio, **gli USA ebbero più peso e più forza**. Sappiamo anche che – probabilmente – il mondo non corse mai un vero rischio di guerra, anche se l'opinione pubblica mondiale, indotta a ciò da una violenta propaganda, ritenne più volte imminente lo scoppio di una terza guerra mondiale.

La paura della bomba. Durante la «guerra fredda» il Dipartimento della Protezione Civile statunitense produsse una grande quantità di materiali per informare i cittadini su come difendersi da un eventuale attacco nucleare.
Foto Swim Ink 2/Corbis.

La corsa agli armamenti e la repressione

Nel corso della guerra fredda le due superpotenze fecero a gara nel rinnovare e ingrandire i propri arsenali nello sforzo di assicurarsi una schiacciante superiorità militare sugli avversari. Questa **corsa agli armamenti*** fece aumentare vertiginosamente le spese militari. Nel 1949 anche l'URSS riuscì a dotarsi della **bomba atomica**.

All'interno dell'URSS si aggravò la **repressione contro gli oppositori politici**, che in gran numero furono inviati nei campi di lavoro. Vennero rafforzati i controlli polizieschi sui cittadini, fu impedito ogni contatto con l'occidente e la propaganda esaltò la superiorità del regime socialista.

Anche negli Stati Uniti, Paese democratico, la paura nata con la guerra fredda creò un clima d'intolleranza e di sospetto. Molti, accusati a torto o a ragione di simpatie comuniste, vennero emarginati o privati del lavoro. La **caccia ai comunisti**, o presunti tali, venne definita «**caccia alle streghe***» e durò fino alla metà degli anni Cinquanta.

* **Corsa agli armamenti**
Gara fra le due superpotenze impegnate nello sforzo continuo di riarmarsi, rinnovando e moltiplicando i propri armamenti, convenzionali e nucleari, che vengono usati come minaccia contro l'avversario per dissuaderlo dall'attaccare.

* **Caccia alle streghe**
Questa espressione indica una persecuzione sostenuta da pregiudizi. Fa riferimento alla repressione della stregoneria che si svolse in Europa fra XV e XVII secolo.

La guerra di Corea

Il primo grande scontro militare dell'epoca della guerra fredda avvenne in Corea. Questo Paese, che era stato una colonia giapponese, alla fine del conflitto fu diviso in due parti: la zona nord era governata dai comunisti sostenuti dalla Cina e dall'URSS, la zona sud era sotto un governo nazionalista appoggiato dagli Stati Uniti.

I due governi coreani non accettavano la divisione e nel 1950 l'esercito nordcoreano violò il confine e invase il sud. Gli Stati Uniti intervennero con il sostegno di gran parte dei Paesi dell'ONU, ricacciarono gli aggressori e a loro volta si spinsero nel territorio del nord, fino al confine cinese. L'aiuto delle forze cinesi e sovietiche ai nordcoreani costrinse gli USA a ritirarsi. Alla fine del **1953** venne firmato un armistizio che rendeva definitiva la **divisione fra le due Coree**, che è tuttora in vigore: quello fra i due Stati è considerato **l'ultimo confine della guerra fredda**.

La Corea nel 1953.

GUARDA!
LA CARTA ANIMATA

Il muro di Berlino

Nel 1953 morì Stalin ed ebbe inizio un periodo di attenuazione della guerra fredda, una **distensione** che proseguì per tutti gli anni Sessanta e Settanta, anche se fu interrotta più volte da crisi internazionali: le più gravi furono quelle di Berlino e di Cuba.

La città di **Berlino** si trovava nella Repubblica Democratica Tedesca ed era divisa in settori amministrati dalle potenze vincitrici.

L'amministrazione alleata aveva trasformato Berlino ovest in una città prospera, libera e culturalmente vivace: una «vetrina» dell'occidente democratico. Per porre fine alle fughe sempre più frequenti dal settore orientale verso occidente, nel **1961** il governo comunista della RDT fece costruire un muro: il **muro di Berlino**, che con le sue torrette di guardia, il filo spinato, i posti di blocco e i poliziotti pronti a sparare, divenne **il simbolo più significativo della guerra fredda**.

Il muro di Berlino nel 1961. Nella fotografia, una donna è salita su una sedia per guardare la parte della città al di là del muro.

La rivoluzione cubana e la crisi dei missili

Ancora più seria fu, nel **1962**, la **crisi di Cuba**. In quest'isola del Centroamerica, nel 1959, un giovane rivoluzionario, **Fidel Castro**, aveva rovesciato una dittatura militare sostenuta dagli USA. Il successo della rivoluzione preoccupò gli Stati Uniti, che sul Centroamerica esercitavano la loro supremazia e temevano che i Paesi dell'America Latina vedessero in Cuba un modello da imitare.

Per indebolire il governo di Castro, gli USA appoggiarono un tentativo di sbarco di controrivoluzionari cubani nell'isola (1961). Ma la spedizione fallì, Castro proclamò a Cuba una repubblica socialista e accettò la protezione militare dell'Unione Sovietica. Nel 1962 l'URSS installò nell'isola **basi per missili atomici**: una seria minaccia per i vicini Stati Uniti. Questi reagirono ponendo intorno a Cuba un **blocco navale**, pronti a far fuoco sulle navi sovietiche che si fossero avvicinate. Per qualche giorno il mondo visse nel terrore di una guerra nucleare, ma poi il buon senso prevalse: i Sovietici smantellarono le basi e gli Stati Uniti s'impegnarono a rispettare l'indipendenza cubana.

La crisi di Cuba in una vignetta inglese: il presidente americano John F. Kennedy e quello russo Nikita Chruščëv si sfidano a braccio di ferro, ciascuno seduto su un'arma nucleare.

ORGANIZZO I CONCETTI

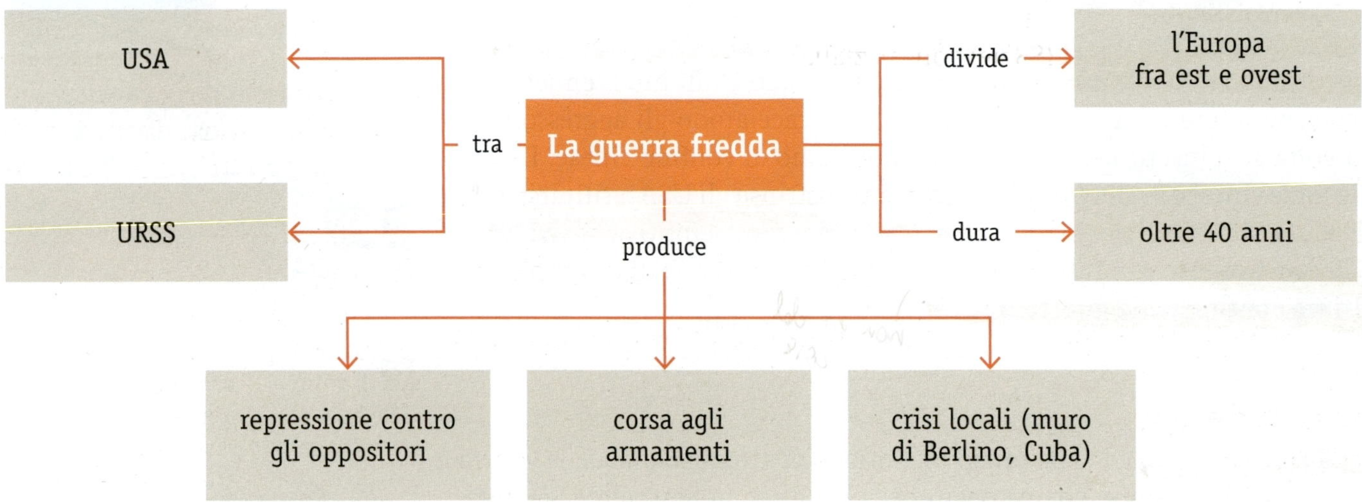

COLLOCO GLI EVENTI NEL TEMPO

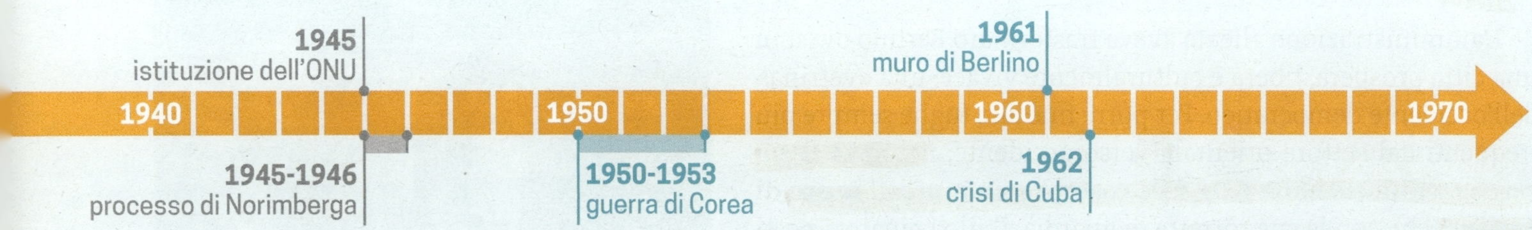

Scienza e tecnica

History Highlights
The Space Race
p. 345

Razzi, astronavi, satelliti

Il 4 ottobre 1957 l'URSS lanciò in orbita intorno alla Terra il primo satellite artificiale, lo ***Sputnik***. Un mese più tardi un altro satellite sovietico portò nello spazio il primo essere vivente: una cagnetta di nome Laika.

Questi lanci davano inizio all'era spaziale, un periodo straordinario ed entusiasmante di esplorazione dei cieli. La conquista dello spazio fu prima di tutto una grandiosa impresa scientifica che rispondeva a scopi di conoscenza e di ricerca, ma contemporaneamente fu anche una dimostrazione di potenza – tecnologica, militare, economica – legata alla guerra fredda e alla rivalità fra USA e URSS.

Una tappa di grande importanza nella conquista dei cieli fu il lancio del primo astronauta, **Jurij Gagarin** – ancora una volta sovietico – che il 12 aprile 1961 compì un'orbita completa intorno alla Terra a bordo della navicella spaziale *Vostok*. Questo successo, come i precedenti, metteva in evidenza la superiorità – temporanea – raggiunta dall'URSS nei voli spaziali. Ma furono gli Stati Uniti, il 21 luglio 1969, a realizzare la più spettacolare ed emozionante delle imprese spaziali: lo **sbarco sulla Luna** di due astronauti (**Neil Armstrong** e **Buzz Aldrin**), che camminarono sul suolo lunare e vi compirono alcuni esperimenti, seguiti in diretta dalle televisioni di tutto il mondo. Da allora sono stati lanciati nello spazio migliaia di satelliti e più di mille astronauti.

Dopo essere stata a lungo terreno di contrapposizione e di sfida, la ricerca spaziale è diventata negli ultimi decenni un esempio di collaborazione internazionale. Sono state messe in orbita stazioni spaziali di grandi dimensioni, attrezzate per la ricerca scientifica e in grado di rimanere nello spazio anche diversi anni. Attualmente è attiva la **Stazione spaziale internazionale**, sulla quale dal 2000 si alternano equipaggi di vari Paesi (anche italiani) per un progetto dedicato alla ricerca scientifica, che riguarda sia studi di biologia, chimica e medicina in ambiente di microgravità, sia studi astronomici e osservazioni meteorologiche.

Satelliti per le telecomunicazioni vengono impiegati per la trasmissione intercontinentale di immagini e di messaggi telefonici. Altri, come **Meteosat**, trasmettono dati sull'atmosfera e permettono di prevedere che tempo farà. Velocissime sonde spaziali, dirette verso i pianeti del sistema solare e anche oltre, continuano l'esplorazione astronomica e scientifica.

A sinistra, **la «passeggiata» lunare del luglio 1969**.
Foto Archivio NASA.

Qui accanto, **Jurij Gagarin a bordo della navicella** *Vostok*, nel 1961.
Foto RIA Novosti.

L'astronauta italiana Samantha Cristoforetti al lavoro nella Stazione spaziale internazionale, dove è rimasta dal novembre 2014 al giugno 2015.
Foto ESA/NASA.

3. Una nuova potenza comunista: la Cina

Nasce la Repubblica Popolare Cinese

Fra i **Paesi vincitori** della seconda guerra mondiale c'era anche la Cina. In questo immenso Paese, che era una repubblica dal 1912 [→ cap. 3 par. 3], verso la fine degli anni Venti scoppiò una guerra civile che contrappose i **nazionalisti**, guidati da **Jiang Jeishi**, ai **comunisti** capeggiati da **Mao Zedong**, che godevano di largo appoggio fra la popolazione contadina miserabile e priva di terra.

Durante il secondo conflitto mondiale, quando la Cina fu invasa dal Giappone, la guerra civile s'interruppe; comunisti e nazionalisti fecero fronte comune contro gli invasori. I comunisti furono i principali animatori della resistenza e a guerra finita erano ormai un partito forte e militarmente ben disciplinato. Jiang Jeishi fu battuto e costretto a rifugiarsi nell'isola di Taiwan, dove fondò la piccola **repubblica della Cina nazionale** sotto la protezione degli USA.

Mao Zedong, che ormai controllava tutto il territorio della Cina continentale, entrò trionfalmente a Pechino alla testa della «armata rossa» (1° ottobre 1949) e proclamò la **Repubblica Popolare Cinese**. Un nuovo grande Stato comunista era nato in Asia.

La Cina e l'Estremo Oriente.

ORGANIZZO I CONCETTI

1912: la Cina diventa una repubblica

ma ↓

scoppia una guerra civile fra nazionalisti e comunisti

che si interrompe ↓

durante l'invasione giapponese della Cina

perché ↓

entrambe le fazioni combattono contro gli invasori

ma ↓

riprende dopo il 1945

e termina ↓

nel 1949, con la vittoria dei comunisti di Mao Zedong

Riforme nella società e nello Stato

Conquistato il potere, Mao avviò nel 1950 la **riforma agraria***. A ogni contadino fu assegnata gratuitamente una piccola porzione di terra da coltivare: ne beneficiarono circa 300 milioni di contadini, che poterono migliorare la loro condizione. La riforma tolse potere al ceto di notabili e di proprietari che fino allora aveva dominato nelle campagne.

Fu stabilita l'**uguaglianza di diritti fra il marito e la moglie**. Per le donne cinesi, fu un primo momento di emancipazione, che pose fine a una condizione millenaria di dipendenza. La stessa legge vietò l'infanticidio, una pratica diffusa nelle famiglie di campagna molto povere, che colpiva soprattutto le neonate.

Anche le istituzioni dello Stato cambiarono. Un'assemblea nazionale eletta a **suffragio universale** preparò una **Costituzione**: il nuovo Stato fu una repubblica presidenziale con un **parlamento**, l'Assemblea popolare nazionale. Mao Zedong fu il primo presidente della repubblica cinese.

* **Riforma agraria**
Redistribuzione del terreno agricolo, che di solito viene tolto ai grandi latifondisti (con o senza risarcimento) e assegnato ai contadini più poveri in piccole proprietà.

Mao Zedong guida un corteo di contadini gioiosi. Il gruppo cammina su un argine che delimita due risaie. È evidentemente un'immagine di propaganda del regime.
Collezione privata. Foto12/UIG/Getty Images.

La dittatura del partito comunista

In realtà il dominio della vita politica, economica e culturale del Paese fu saldamente nelle mani del partito comunista cinese, con i suoi più alti dirigenti – il **segretario** e il **presidente del partito** – e con la gerarchia dei suoi funzionari. Subito dopo la conquista del potere furono le istituzioni del partito ad accentrare su di sé, nelle città e nelle campagne, tutti i compiti di assistenza, di istruzione, di approvvigionamento, di polizia. Dal partito comunista furono poi soprattutto promosse e dirette tutte le grandi trasformazioni della Cina intraprese negli anni successivi.

La Cina di Mao

Nel **1953** fu avviato un primo **piano quinquennale**: l'estrazione del carbone fu intensificata, le miniere si moltiplicarono. Il carbone fu il combustibile che permise lo sviluppo dell'industria (fu chiamato «**grande balzo in avanti**»): dappertutto spuntarono altiforni, cementifici, acciaierie, fabbriche d'armi e di macchine. La Cina si avviò a diventare una potenza industriale.

Poiché i princìpi del comunismo erano contrari alla proprietà privata, anche in Cina (come nell'URSS dell'epoca staliniana) fu avviata la **gestione collettiva delle terre**. Milioni di famiglie contadine furono raggruppate in **comuni del popolo**, cioè aziende agrarie, organizzate quasi militarmente, dirette e controllate da funzionari del partito comunista. Ma questo esperimento non funzionò, perché i contadini, che erano tradizionalmente abituati a svolgere il loro lavoro nelle comunità di villaggio, non accettavano la disciplina e le enormi dimensioni dei nuovi organismi collettivi.

Si succedettero annate di cattivi raccolti, aggravati da siccità e da inondazioni, mentre la popolazione cresceva impetuosamente: nel 1967 la Cina contava 725 milioni di abitanti (oggi sono quasi il doppio). Ne derivò un **disastro di enormi proporzioni**: si parla di venti milioni di persone morte per fame e per malattie in tre anni, tra il 1959 e il 1962.

La «rivoluzione culturale»

Il «grande balzo in avanti» fu il primo degli esperimenti di mobilitazione dell'intera società tentati dai comunisti cinesi al potere, per conseguire obiettivi economici o politici.

Un altro esperimento fu la «rivoluzione culturale», una mobilitazione popolare che Mao promosse **fra il 1965 e il 1969**. Gli obiettivi erano ridestare l'entusiasmo che aveva animato il popolo nei primi anni del potere comunista e indebolire i suoi avversari politici.

Fra le massime (pensieri espressi in forma di verità indiscutibili) del leader troviamo slogan come «Bombardiamo il quartier generale!», che invita ad attaccare chi ha una posizione di potere nelle istituzioni politiche, economiche o culturali; o «Distruggiamo i quattro vecchi!», cioè i pensieri, la cultura, le credenze, le abitudini antiquate. Il movimento delle «guardie rosse», ispirato da Mao e formato da giovani lavoratori e studenti, si assunse il compito di smascherare e di punire i presunti «nemici della rivoluzione». Molte violenze furono compiute e molte furono le vittime. Uomini politici e intellettuali furono processati in pubblico, percossi, costretti a lavori umilianti, imprigionati o uccisi. Tutta la società cinese ne fu sconvolta.

Manifesto propagandistico della rivoluzione culturale: una giovane guardia rossa sventola il *Libretto rosso* che contiene la dottrina di Mao.
Londra, University of Westminster.

COLLOCO GLI EVENTI NEL TEMPO

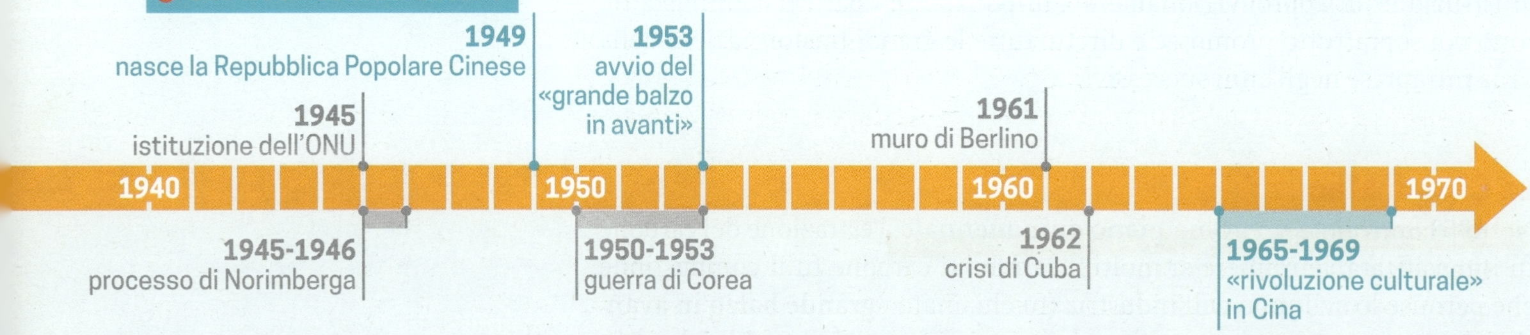

4. Israele e Palestina: una frattura in Medio Oriente

La rivolta anticolonialista dei Palestinesi

Nella Palestina posta sotto mandato inglese, a metà degli anni Trenta abitava circa un milione e mezzo di Arabi. Gli Ebrei erano poco più di quattrocentomila e il loro numero cresceva perché molti si trasferivano là convinti dalla propaganda sionista o in cerca di rifugio dall'antisemitismo che montava in Europa.

Gli **Arabi palestinesi** si sentirono **minacciati** da questa immigrazione: videro negli Ebrei dei nemici che venivano dall'Europa come gli antichi crociati, protetti dall'Inghilterra, una potenza coloniale europea.

In un primo tempo la protesta mantenne toni non violenti, ma presto bande armate di Palestinesi, Giordani, Siriani, Iracheni e Arabi dell'Arabia Saudita organizzarono azioni di guerriglia contro gli Inglesi e gli Ebrei. La ribellione durò tre anni e alla fine fu sconfitta; fu però un momento di forte coesione nazionale, a cui parteciparono tutte le classi sociali, e viene ricordato col nome di «**grande rivolta araba**».

COLLEGO CAUSE ED EFFETTI

▸ **PERCHÉ** gli Arabi palestinesi combattono contro Inglesi ed Ebrei? Cerca la risposta nel testo.

La Lega araba

Nel corso della seconda guerra mondiale e subito dopo la fine del conflitto divennero pienamente **indipendenti** i principali Stati arabi del Medio Oriente: l'Egitto, l'Arabia, l'Iraq, la Siria, il Libano e la Transgiordania. Tutti questi Paesi nel 1945 decisero di unirsi in un'alleanza economica e militare, la **Lega araba**. La Palestina restava invece sotto mandato britannico [→ cap. 6 par. 3].

La lotta per l'indipendenza era stata condotta da **partiti nazionalisti** che si proponevano di trasformare i nuovi Stati in nazioni moderne. Tuttavia l'idea di nazione e il sentimento di **identità nazionale** erano lontani dalla tradizione delle popolazioni arabe, e i singoli Stati arabi erano spesso in contrasto gli uni con gli altri.

Nascita dello Stato d'Israele e prima guerra arabo-israeliana

Alla fine della seconda guerra mondiale molte decine di migliaia di Ebrei, sopravvissuti agli stermini nazisti, sbarcarono sulle coste della Palestina, sfidando l'ostilità degli Arabi e la vigilanza della flotta inglese. La situazione divenne a tal punto pericolosa per la pace che le Nazioni Unite stabilirono, con la **risoluzione 181** del 29 novembre 1947, di **dividere la Palestina in due Stati, uno ebraico (Israele) e l'altro arabo**. La città di Gerusalemme, sacra per gli Ebrei, per gli Arabi musulmani e per i cristiani, sarebbe stata posta sotto il controllo dell'ONU.

Il progetto di spartizione trovò d'accordo gli Stati Uniti, l'Unione Sovietica e gli Ebrei di Israele. Decisamente ostili all'esistenza e al riconoscimento internazionale di uno Stato ebraico in Palestina furono invece gli Stati della Lega araba.

La Palestina nel 1948.

Piano di spartizione dell'ONU:
- Territorio assegnato allo Stato di Israele
- Territorio assegnato allo Stato arabo
- Zona internazionale (Gerusalemme)
- Territorio occupato da Israele nel 1948

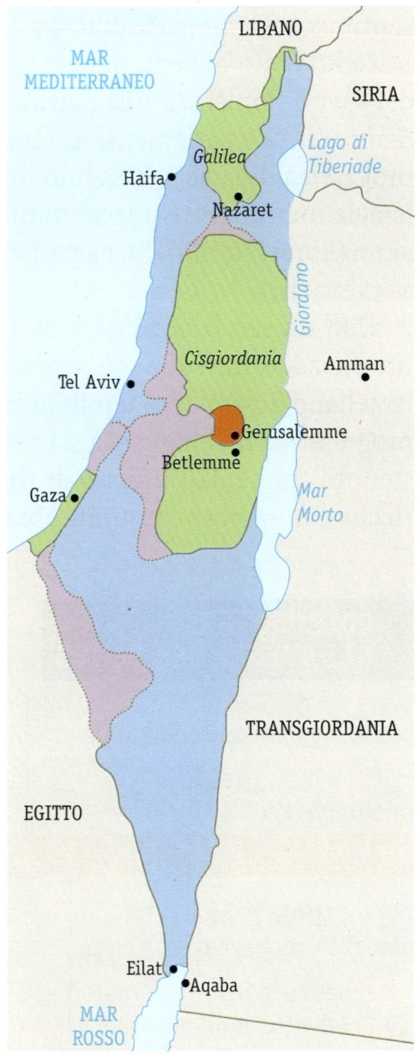

Il 14 maggio **1948** gli Inglesi posero fine al loro mandato e nello stesso giorno gli Ebrei proclamarono la **nascita dello Stato di Israele.**

Nella notte tra il 14 e il 15 maggio le truppe della Lega araba, a cui si unirono subito reparti di volontari palestinesi, penetrarono in Palestina da tutte le frontiere. Fu questa la **prima guerra arabo-israeliana**, che gli Israeliani chiamarono **guerra d'indipendenza**. In essa Israele, grazie alla superiorità della sua organizzazione militare e alla modernità dei suoi armamenti, riportò una rapida vittoria e poté estendersi anche oltre i confini assegnati dalla risoluzione delle Nazioni Unite.

Altri territori palestinesi passarono sotto la sovranità dell'Egitto e della Transgiordania, che dopo il conflitto prese il nome di **Giordania**. In questo modo lo Stato arabo-palestinese ideato dall'ONU si dissolse ancor prima di nascere.

I festeggiamenti per la nascita dello Stato di Israele a Tel Aviv il 14 maggio 1948.
Foto R. Capa/Magnum.

Israele si consolida, i Palestinesi cominciano a vivere da profughi

La conseguenza più drammatica della guerra fu la fuga dalle loro case e dai loro campi di circa 700 000 Arabi palestinesi. Nei campi profughi dei Paesi confinanti essi furono costretti a vivere in condizioni di estremo disagio. Le sofferenze patite assieme, tuttavia, rafforzarono in loro la convinzione e il sentimento di far parte di una stessa nazione.

Nello Stato appena nato gli Ebrei della Palestina videro la realizzazione del sogno sionista di una patria. Lo Stato di Israele nacque come repubblica democratica e parlamentare, fondata sul suffragio universale. La **crescita demografica** di Israele fu subito imponente: tra il 1948 e il 1968 affluirono in Israele un milione e duecentomila immigrati, provenienti in parte dai Paesi arabi (Ebrei sefarditi), in parte dai Paesi dell'Europa centrale e orientale (Ebrei ashkenaziti).

Con un servizio militare di lunga durata, i giovani – uomini e donne – furono addestrati alle più moderne tecniche di difesa e di offesa e l'**esercito** israeliano divenne un temibile strumento di guerra. L'**economia** fece rapidi progressi sia nell'industria sia nell'agricoltura. Lo sviluppo economico fu sostenuto anche dall'afflusso di **finanziamenti** provenienti soprattutto dalle ricche e numerose comunità ebraiche degli Stati Uniti.

COLLOCO GLI EVENTI NEL TEMPO

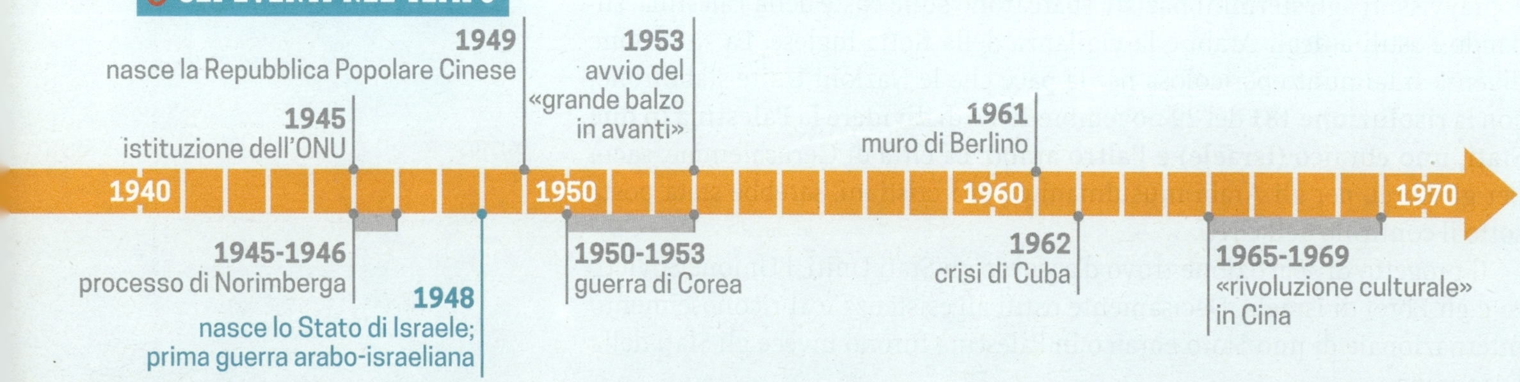

Fonti

La nascita dello Stato di Israele

Riportiamo un brano della Dichiarazione d'indipendenza del 14 maggio 1948, che mostra le motivazioni di quell'atto e le aspettative dei governanti del nuovo Stato.

> « La terra d'Israele fu il luogo di nascita del popolo ebraico. Qui si formò la sua identità spirituale, religiosa, politica. Qui [...] creò valori culturali di portata nazionale e universale e diede al mondo l'eterno Libro dei Libri. Esiliato dalla propria terra, il popolo le rimase fedele attraverso tutte le dispersioni e non cessò mai di pregare e di sperare di farvi ritorno. Le ultime generazioni hanno proclamato il diritto del popolo ebraico a rinascere come nazione nella propria terra e vi sono ritornate in massa. [...] La catastrofe che si è recentemente abbattuta sul popolo ebraico, il massacro di milioni di ebrei in Europa, ha fornito un'altra dimostrazione della necessità di risolvere il problema del popolo ebraico privo di patria, ricostituendo in Terra di Israele lo Stato ebraico. [...]
> Il 29 novembre 1947 l'Assemblea generale delle Nazioni Unite ha approvato una risoluzione che stabilisce la costituzione di uno Stato ebraico in Terra d'Israele. [...] Perciò noi rappresentanti della Comunità ebraica in Terra d'Israele, in virtù del nostro diritto storico e naturale e della risoluzione dell'Assemblea generale delle Nazioni Unite, dichiariamo la fondazione di uno Stato ebraico in Terra d'Israele, che avrà il nome di Stato di Israele. »

LAVORO SULLE FONTI

1. Sottolinea la parte del testo in cui si proclama la fondazione dello Stato di Israele.
2. Il documento elenca una serie di eventi da cui gli Ebrei derivano il loro diritto storico e naturale di fondare lo Stato di Israele: sottolineali nel testo, poi spiegali con parole tue.
3. Prova a spiegare:
   a. qual è il nome con cui comunemente chiamiamo il Libro dei Libri;
   b. a quale movimento storico si riferisce l'espressione «le ultime generazioni… sono ritornate in massa»;
   c. a quale tragico evento allude l'espressione «la catastrofe che si è abbattuta sul popolo ebraico».

RICOSTRUISCO LA MAPPA DEL CAPITOLO

NEL SECONDO DOPOGUERRA

- avvengono → **spostamenti di popolazioni in Europa**
  - aumenta anche → emigrazione ebraica in Palestina
  - l'ONU delibera la → nascita dello Stato di Israele
- si affermano → **due superpotenze: USA e URSS**
  - che danno inizio alla → guerra fredda
  - caratterizzata da →
    - opposte alleanze
    - corsa agli armamenti
    - momenti di crisi e di distensione
- nasce la → **Repubblica Popolare Cinese**
  - che è un nuovo → regime comunista
  - in cui falliscono i → tentativi di riforma economica

Sintesi

RICOSTRUISCO LE INFORMAZIONI

1 La ricerca di un nuovo ordine internazionale

La seconda guerra mondiale ha provocato **milioni di morti**, di cui più della metà **civili**, e distrutto molte città.

I **nuovi confini** degli Stati decisi dopo il conflitto causano lo **spostamento** di milioni di persone: i Tedeschi devono lasciare l'Europa orientale, i Polacchi abbandonano le terre che sono passate all'URSS e migliaia di Italiani sono costretti a lasciare l'Istria, che passa alla Iugoslavia.

Nasce l'**Organizzazione delle Nazioni Unite** (ONU), con lo scopo di mantenere la pace e la sicurezza.

USA e URSS, veri vincitori della guerra, si affermano come **superpotenze**.

Fra i due Paesi esistono **grandi differenze**: gli USA sono uno Stato democratico con un'economia capitalista, l'URSS è un regime totalitario con un'economia guidata dallo Stato.

2 Nel mondo diviso inizia la «guerra fredda»

Intorno alle due superpotenze si organizzano due alleanze militari contrapposte, la **NATO** e il **Patto di Varsavia.**

La tensione fra USA e URSS causa l'inizio della «**guerra fredda**», chiamata così perché lo scontro si manifesta sotto forma di minacce e provocazioni e mai con uno scontro diretto.

I peggiori momenti di crisi sono la **guerra di Corea** (1950-1953), la costruzione del **muro di Berlino** (1961) e la **crisi dei missili di Cuba** (1962).

3 Una nuova potenza comunista: la Cina

Nel 1949 **Mao Zedong**, capo dei comunisti, proclama la **Repubblica Popolare Cinese**. Avvia una **riforma agraria**, con la distribuzione di terre ai contadini, e porta avanti anche riforme nella società e nello Stato.

Il potere resta saldamente nelle mani del partito comunista cinese e si avvia il «grande balzo in avanti», cioè lo **sviluppo dell'industria**.

Dalla metà degli anni Sessanta, Mao attua anche la «**rivoluzione culturale**», una mobilitazione popolare per indebolire gli avversari politici.

4 Israele e Palestina: una frattura in Medio Oriente

Dopo la seconda guerra mondiale molti fra gli **Ebrei** sopravvissuti si spostano in **Palestina**. L'ONU, per evitare che gli scontri con gli Arabi aumentino, decide che in Palestina devono nascere **due Stati:** uno ebraico e uno arabo.

Gli Stati della **Lega araba** si oppongono però alla decisione: nel 1948, quando è proclamato lo **Stato di Israele**, scoppia il primo **conflitto arabo-israeliano**, che si conclude rapidamente con la vittoria di Israele. I **Palestinesi** cominciano così a vivere da **profughi**, mentre Israele diventa più forte.

Esercizi

COSTRUISCO LE MIE COMPETENZE

VERIFICO LE CONOSCENZE
Paragrafo 1

1 Completa il brano con le parole adatte.

Dopo la guerra l' .... era povera e debole. Milioni di persone furono costretti, a seguito dei cambiamenti dei .... decisi dai trattati di pace, a lasciare le loro case. Così, dieci milioni di .... dovettero trasferirsi entro i nuovi confini della Germania; tre milioni di .... lasciarono le terre passate all' .... e si trasferirono entro i nuovi confini della Polonia. Nel tentativo di evitare altre guerre venne fondata una nuova associazione di Stati, l' .... (la sigla significa .... delle ....).
Due nuove .... presero la guida dei destini del mondo: gli USA e l'URSS.

COMPONGO UN TESTO
Paragrafo 1

2 Questa fotografia, scattata a Berlino nel 1945, mostra una folla di profughi tedeschi in viaggio. Scrivi un testo di commento rispondendo alle domande. Dovrai fare riferimento anche alla carta di p. 253 e al capitolo 9.

a. Con quale mezzo viaggiano i profughi? Ti sembrano civili o militari? Che cosa portano con sé? Hanno trovato tutti posto nelle carrozze? Prova a definire con un aggettivo il loro stato d'animo (per esempio rassegnato, triste…).
b. Immagina che i profughi provengano dall'estero; quali regioni hanno dovuto abbandonare?
c. In quali condizioni troveranno le città della Germania? Quali eserciti hanno invaso la parte orientale del territorio tedesco? Quali la parte occidentale?
d. Aggiungi qualche considerazione personale, mettendo a confronto questa fotografia con un'immagine di profughi delle guerre del nostro tempo (vista in televisione, su un giornale o su Internet).

LAVORO SULLE FONTI
Paragrafo 2

3 Osserva l'immagine, leggi la didascalia che la accompagna, poi rispondi alle domande.

Questo manifesto tedesco dice: «Via libera al Piano Marshall».

a. Che cos'è il Piano Marshall? Quando fu avviato?
b. Il camion porta le bandiere di molti Stati europei; fra essi la Gran Bretagna, l'Italia, la Germania, la Francia, la Svezia. Perché?
c. Il camion attraversa il confine e la sbarra della frontiera è alzata. Perché? Che cosa rappresentò questo piano per la Germania?

Esercizi

VERIFICO LE CONOSCENZE — Paragrafo 2

4 Segui le istruzioni per costruire una linea del tempo, poi rispondi alle domande.
Disegna una linea del tempo di tredici caselle (una casella per anno) e inserisci le date relative al lancio del primo satellite artificiale, al lancio del primo uomo nello spazio, allo sbarco sulla Luna, scrivendo in rosso i successi sovietici e in blu quelli americani. Aggiungi le date dei principali avvenimenti politico-militari dello stesso periodo.

a. Che collegamento trovi fra l'esplorazione dello spazio e la guerra fredda?
b. Quando la corsa allo spazio iniziò, la NATO e il Patto di Varsavia esistevano già?

STABILISCO COLLEGAMENTI E RELAZIONI — Paragrafo 2

5 Rispondi alle domande.

a. Perché USA e URSS si lanciano nel dopoguerra in una frenetica corsa agli armamenti?
b. Quali furono le conseguenze della guerra fredda sugli oppositori interni in URSS e in USA?
c. Perché le autorità tedesche dell'est fecero costruire il muro di Berlino?
d. Che cosa provocò la grave crisi di Cuba?

LAVORO SULLE FONTI — Paragrafo 2

6 Leggi il documento e l'introduzione che lo accompagna, poi rispondi alle domande.
Riportiamo alcuni passi del discorso che il presidente degli Stati Uniti, John F. Kennedy, pronunciò davanti al muro di Berlino nel 1963. Leggilo con attenzione, poi svolgi le attività proposte.

« Molte persone in questo mondo non vogliono capire – o dicono di non comprendere – qual è la grande differenza fra il mondo libero e democratico e il mondo comunista. Che vengano a Berlino. [...]
La libertà presenta molte difficoltà e la democrazia non è certo perfetta, ma noi non abbiamo mai costruito un muro per chiudervi dentro la nostra gente e impedirle di lasciarci. Io voglio dirvi, a nome dei miei connazionali, che loro sentono il grande vanto di essere stati in grado di dividere con voi, anche nella distanza, diciotto anni di storia. Io non conosco nessuna provincia, nessuna città che sia stata assediata per diciotto anni e che ancora conservi la forza, la speranza, la vitalità e la determinazione di Berlino ovest. [...]
Voi vivete in un'isola fortificata della libertà, ma la vostra vita è parte della vita del mondo intero. [...]
Quando tutti saranno liberi, allora potremo guardare al giorno in cui questa città sarà riunita – e così questo Paese e questo grande continente europeo – in un mondo pacificato e ricco di speranza. Ogni uomo libero, ovunque viva, è un cittadino di Berlino; perciò, come uomo libero, ho l'orgoglio di poter dire al mondo: *Ich bin ein Berliner* ["io sono un berlinese"]. »

a. Descrivi le caratteristiche del documento: di che tipo di documento si tratta (orale, scritto, materiale); quando fu prodotto e da chi; spiega se è un documento privato o ufficiale.
b. Perché Berlino ovest viene definita una città «assediata» da diciotto anni?
c. Perché Berlino ovest viene definita anche «isola fortificata della libertà»?
d. Perché, secondo te, Kennedy conclude il discorso con una frase in lingua tedesca?

VERIFICO LE CONOSCENZE

Paragrafo 3

7 **Scrivi nella tabella le principali riforme volute da Mao Zedong. Poi rispondi alle domande.**

Riforme economiche	Riforme sociali	Riforme politiche

a. Quali effetti ebbero le riforme di Mao sui contadini, sugli antichi proprietari terrieri e sulle donne cinesi?
b. Il nuovo Stato cinese fu davvero una repubblica presidenziale? Chi comandava davvero in Cina?
c. Che cos'erano le «comuni del popolo»?
d. Che cosa fu la «rivoluzione culturale»?

VERIFICO LE CONOSCENZE

Paragrafo 4

8 **Completa il brano scegliendo le parole adatte.**

Secondo ☐ l'opinione / ☐ la risoluzione dell'ONU, la ☐ Cisgiordania / ☐ Palestina avrebbe dovuto essere divisa in due Stati: uno ebraico, che accogliesse anche gli Ebrei che lasciavano l'Europa dopo la seconda guerra mondiale, e uno ☐ arabo / ☐ egiziano.

Il 14 maggio 1948, quando il ☐ colonialismo / ☐ mandato inglese finì, nacque lo Stato di ☐ Gerusalemme / ☐ Israele. I Paesi della ☐ Lega Araba / ☐ Palestina lo attaccarono, ma furono rapidamente sconfitti.

SCOPRO I CAMBIAMENTI NELLO SPAZIO E NEL TEMPO

Paragrafo 4

9 **La carta rappresenta la Palestina nel 1948 e riporta anche il piano di divisione territoriale tra Israeliani e Palestinesi stabilito dall'ONU. Completa la legenda colorando i rettangoli, poi rispondi alle domande.**

a. In quale anno fu proclamato lo Stato di Israele?
b. In che data le truppe arabo-palestinesi entrarono in Palestina?
c. Chi uscì vittorioso dalla prima guerra arabo-israeliana?
d. Israele occupò altre terre, oltre a quelle assegnate dall'ONU agli Israeliani?

La Palestina nel 1948

Piano di spartizione della Palestina (ONU 1947)

☐ Territorio assegnato allo Stato di Israele
☐ Territorio assegnato allo Stato arabo
☐ Zona internazionale (Gerusalemme)

☐ Territorio occupato da Israele nel 1948

Il capitolo a colpo d'occhio

QUANDO

1. In quali anni si svolgono questi eventi? SCRIVI le date nei puntini e COLLOCALE sulla linea del tempo.

.... Costruzione del muro di Berlino

.... Nascita della Repubblica popolare cinese

.... Istituzione dell'ONU

DOVE

2. COMPLETA la legenda. SCRIVI sui puntini:

- **il nome delle due alleanze che hanno diviso l'Europa del dopoguerra;**
- **il nome dato al confine, indicato sulla carta dalla linea rossa.**

LE PAROLE DA RICORDARE

3. Che cosa significa...? METTI LA CROCETTA sulla definizione giusta.

a. Democrazie popolari
- ☐ Stati governati da rappresentanti del popolo
- ☐ Stati annessi dall'URSS nel dopoguerra
- ☐ Stati sottoposti all'influenza dell'URSS, guidati dai partiti comunisti

b. Piano Marshall
- ☐ piano di aiuti economici per ricostruire l'Europa occidentale, lanciato dagli USA
- ☐ piano americano per la riorganizzazione delle finanze europee
- ☐ piano di riarmo della NATO

c. Guerra fredda
- ☐ conflitto in Scandinavia
- ☐ conflitto tra USA e URSS per la supremazia, senza scontri militari diretti
- ☐ guerra tra USA e URSS

LA MAPPA DEI CONCETTI

4. COMPLETA la mappa.

Nel secondo ....

- ci sono → spostamenti di .... in Europa
  - e → molti Ebrei
  - trovano rifugio → in ....
- si accresce → il potere di USA e ....
  - tentano di affermare → la propria supremazia
  - con → la guerra ....
- nasce → un nuovo regime comunista
  - cioè → la Repubblica .... Cinese

Capitolo

11 Gli anni del benessere e della protesta

CIAK si impara!

GUARDA! IL VIDEO

MI ORIENTO NEL CAPITOLO

dal 1946 → al 1975

1

Dopo la guerra, **la popolazione** mondiale **cresce** rapidamente e la domanda di beni e servizi aumenta. L'industria punta su **prodotti in serie**, cioè tutti uguali e a basso costo, per un consumo di massa.

2

Negli Stati Uniti domina la **discriminazione razziale**, soprattutto contro la popolazione nera. **Martin Luther King** guida il movimento per i diritti civili. Nello stesso periodo, gli Stati Uniti intervengono nella **guerra del Vietnam**.

3

Negli anni Sessanta si diffonde un generale **movimento di protesta** che lotta per combattere le disuguaglianze sociali ed economiche. **Papa Giovanni XXIII** cerca di rinnovare la Chiesa cattolica.

4

Gli Stati dell'Europa orientale sotto il controllo dell'URSS cercano in alcuni casi di rendersi indipendenti, come accade in **Ungheria** e in **Cecoslovacchia**. L'URSS soffoca le rivolte con le armi.

1. Cresce l'economia, si afferma lo Stato sociale

Aumenta la speranza di vita

Nel secondo dopoguerra la popolazione mondiale crebbe rapidamente: da circa 2,5 miliardi nel 1950 si passò a 5 miliardi nel 1990. Questo risultato fu dovuto soprattutto al calo della mortalità e a un aumento della speranza di vita, cioè del numero di anni che ciascuno alla nascita può sperare di vivere.

L'allungamento della vita dipendeva soprattutto dai **progressi della medicina**, che ormai era in grado di utilizzare efficaci **vaccini** contro malattie terribili come il tifo, il colera, il tetano, la tubercolosi, e poteva combattere le infezioni batteriche con sulfamidici o con gli ancora più potenti **antibiotici** (farmaci che bloccano la moltiplicazione dei batteri e bloccano le infezioni).

Insetticidi chimici (come il DDT, di cui allora si ignoravano gli effetti dannosi sulla salute) contribuirono a estirpare da vaste regioni del mondo infezioni mortali come la malaria e la febbre gialla, distruggendo gli insetti che le trasmettono [→ Scienza e tecnica: Progressi della medicina p. 277].

COLLEGO CAUSE ED EFFETTI

▶ **Completa con le parole adatte.**

Fra il 1945 e il 1990 la popolazione mondiale ...., **PERCHÉ** cala la .... e aumenta la speranza di ...., grazie ai progressi della ....

Trent'anni di sviluppo economico in occidente

Tutti i Paesi industrializzati, soprattutto quelli a **economia** capitalistica **di mercato***, attraversarono un **periodo di grande crescita economica**, che si manifestò con un rapido aumento del prodotto interno lordo (PIL), cioè della quantità di beni prodotti da uno Stato ogni anno. Lo sviluppo fu così travolgente che gli economisti inventarono, per definirlo, espressioni nuove, come i «**trenta gloriosi**», riferiti ai trent'anni dopo la guerra, oppure «**età del benessere**». Divenne comune anche l'espressione «**boom economico**», per indicare l'energia «esplosiva» di un progresso economico che sembrava inarrestabile. Il boom durò circa trent'anni, fino al 1973, quando quel modello di sviluppo cominciò a entrare in crisi.

* **Economia di mercato**
È l'economia, tipica del capitalismo, che si basa sulla libera concorrenza e sulla «legge della domanda e dell'offerta». Il prezzo di un bene tende ad aumentare se la richiesta è alta rispetto alla quantità prodotta; tende a calare se la produzione supera la richiesta.

Arriva il televisore: questa pubblicità americana del 1952 restituisce il clima di ottimismo legato alla crescita del benessere nei Paesi dell'occidente.

Le condizioni favorevoli allo sviluppo furono:

- un grande **aumento della domanda** di beni di consumo (dovuta all'aumento della popolazione e al miglioramento del tenore di vita),
- la disponibilità di molti **capitali da investire**, dopo che per anni tutte le risorse erano state destinate alla produzione di armi;
- un aumento della produzione industriale favorito da **nuove forme di organizzazione del lavoro**.

Il miglioramento del tenore di vita cominciò subito dopo la guerra negli Stati Uniti; nei Paesi europei ebbe inizio qualche anno più tardi, verso la metà degli anni Cinquanta, quando l'enorme sforzo della ricostruzione cominciò a dare i suoi frutti. Nei Paesi comunisti, che si tennero fuori dall'economia di mercato, l'aumento del PIL ci fu, ma non si tradusse in una maggiore disponibilità di beni per la popolazione.

Si diffonde la produzione industriale in serie

Le premesse per il consumo di massa stavano in un modo di produrre le merci che era stato messo a punto nel periodo fra le due guerre in America: la **catena di montaggio** (o **fordismo**, perché sperimentato dall'industriale Henry Ford nella sua fabbrica di automobili). L'operaio stava fermo al suo posto, mentre il pezzo da lavorare gli passava davanti su una pedana trascinata da una cinghia in movimento, secondo un ritmo accuratamente studiato. Ciascun lavoratore compiva solo poche operazioni nelle quali era specializzato. Dall'insieme delle operazioni usciva il prodotto finito in quantità molto maggiore di quella possibile con un lavoro artigianale.

La suddivisione del lavoro in piccole operazioni e lo studio dei tempi necessari per compierle erano il compito di tecnici specializzati nell'**organizzazione scientifica del lavoro**, detta **taylorismo** dal nome del suo ideatore, l'ingegnere americano Frederick Taylor (1856-1915).

Il vantaggio di questi procedimenti era di avere una **produzione in serie**, cioè prodotti tutti uguali a un prezzo contenuto per un consumo di massa. Grazie a questo sistema, nell'America fra le due guerre si erano diffusi moltissimo l'automobile e altri beni di consumo. Nel dopoguerra la produzione industriale in serie si estese anche in Europa e poté soddisfare i bisogni di masse sempre più grandi di persone.

ORGANIZZO I CONCETTI

La catena di montaggio degli scooter Lambretta, 1965.

Scienza e tecnica

Progressi della medicina

Fin dal 1928 il medico inglese **Alexander Fleming** aveva scoperto la **penicillina**, un potente antibiotico.

Durante la seconda guerra mondiale in Inghilterra iniziò la produzione su larga scala. La penicillina contribuì a ridurre di molto la mortalità fra le truppe anglo-americane e nel dopoguerra la sua diffusione ridusse la pericolosità di malattie come la polmonite e alcune malattie infantili.

Un'altra gravissima malattia, la poliomielite (o paralisi infantile) fu sconfitta grazie a un vaccino messo a punto fra molte difficoltà da **Albert Sabin**, un microbiologo di origine polacca trasferitosi negli Stati Uniti prima della guerra. Il **vaccino antipolio** di Sabin fu inizialmente diffuso, fra il 1959 e il 1961 nei Paesi dell'Europa dell'est e nell'Unione Sovietica; solo più tardi nel mondo occidentale, che fino ad allora aveva preferito un altro prodotto, meno efficace. In Italia l'uso del vaccino di Sabin (una goccia azzurra di liquido su una zolletta di zucchero) fu autorizzato nel 1963 e in pochi anni portò alla sconfitta del virus.

Anche la chirurgia fece progressi molto rapidi soprattutto nel trattamento dei tumori e nei **trapianti di organi**. Le tecniche del trapianto erano ostacolate dai grandi problemi immunologici del rigetto dovuto all'incompatibilità fra donatore e malato. Lentamente la ricerca progredì e agli inizi degli anni Sessanta il trapianto di rene era già abbastanza diffuso. Il primo trapianto di cuore fu praticato nel 1967 dal chirurgo sudafricano **Christiaan Barnard**.

A sinistra, **il batteriologo Alexander Fleming** nel suo laboratorio.

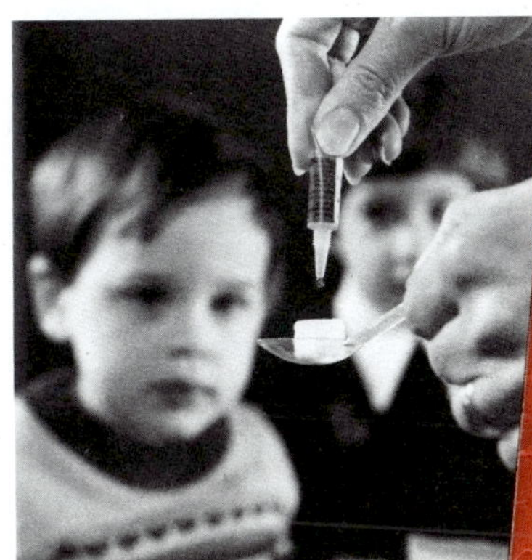

Qui accanto, **il vaccino antipolio di Sabin** somministrato a un bambino. Foto Wellcome Foundation.

A destra, **il chirurgo Christiaan Barnard**, celebrato sulla copertina della rivista americana «Time», 1967.

Gli interventi dello Stato sociale

Quasi tutti i governi occidentali organizzarono interventi dello Stato per fornire assistenza e tutela alle fasce deboli della popolazione, secondo il modello del *Welfare State*, lo «Stato assistenziale» o «Stato sociale». Importanti risorse furono destinate a fornire a tutti, gratuitamente o a basso costo, servizi come la **sanità** e l'**istruzione obbligatoria**. Fu reso obbligatorio il versamento di contributi per ottenere, al termine della vita lavorativa, la **pensione**, e gli Stati si fecero carico di dare una pensione «sociale» a chi non poteva disporre di altre risorse. A queste garanzie di base via via se ne aggiunsero altre: per esempio, il congedo per malattia o per maternità, il sussidio in caso di disoccupazione o di infortunio sul lavoro, facilitazioni per ottenere un alloggio nelle case popolari.

Nasce la società dei consumi

Con il miglioramento dell'economia e le politiche di *welfare* diventarono più numerose le persone che potevano acquistare non solo prodotti di prima necessità (come il cibo e il vestiario), ma anche beni di consumo durevoli come elettrodomestici, automobili, oggetti di arredamento, attrezzi e abbigliamento per lo sport e il tempo libero. La disponibilità di denaro faceva aumentare il numero di coloro che potevano concedersi un viaggio o una vacanza. Beni e servizi che in precedenza erano considerati di lusso diventavano, nei Paesi ricchi, una comodità alla portata di larghe fasce della popolazione.

Stava nascendo la società dei consumi, caratterizzata da masse sempre più numerose di **consumatori**, cioè persone da cui proveniva una domanda crescente di beni e di servizi.

La società dei consumi è un fenomeno che continua anche oggi. Essa si regge su due pilastri fondamentali: la produzione in serie di grandi quantità di merci poco costose e perfettamente identiche l'una all'altra, e la pubblicità che crea i bisogni e spinge agli acquisti.

Un supermercato italiano negli anni Sessanta. La nascita di queste strutture modificò profondamente le abitudini di acquisto delle famiglie italiane.
Foto A. Cozzi/Mondadori.

ORGANIZZO I CONCETTI

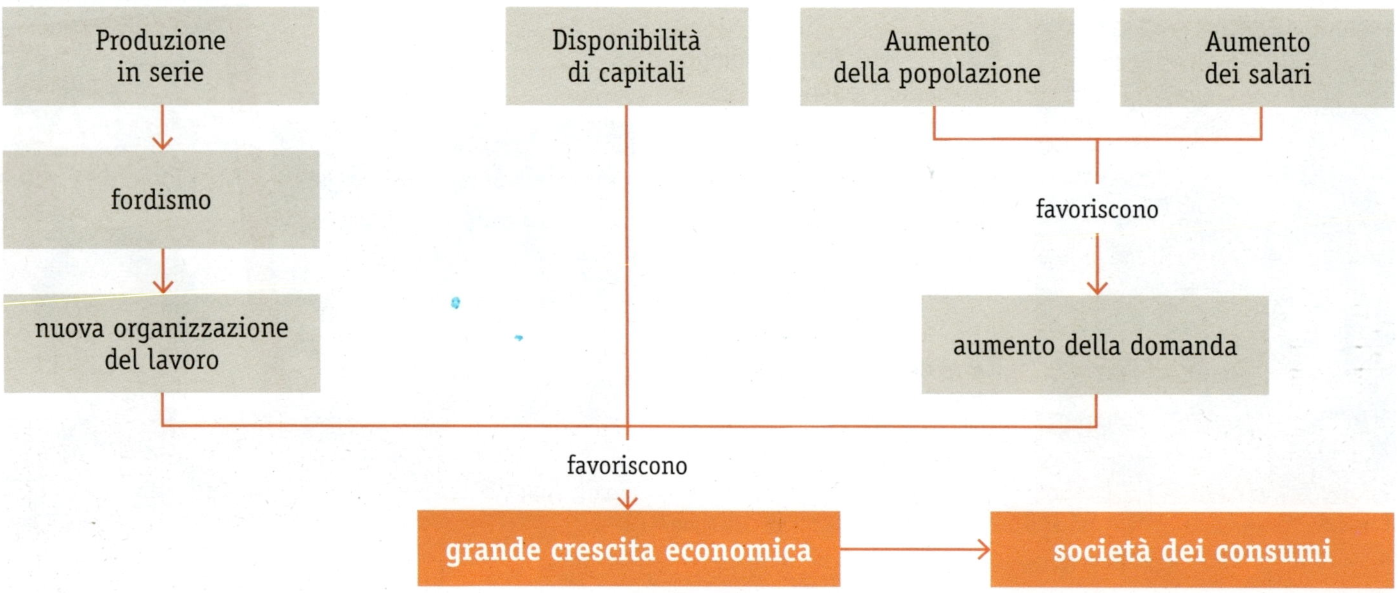

COLLOCO GLI EVENTI NEL TEMPO

2. Potenza e contraddizioni degli Stati Uniti

Si diffonde il modello di vita americano

Negli Stati Uniti, l'unico Paese uscito dalla guerra più forte e più ricco, la popolazione poté godere per prima dei vantaggi offerti dall'età dei consumi. In America già nel 1956 l'81% delle famiglie possedeva un televisore, il 96% aveva il frigorifero, l'89% la lavatrice. Quasi tutti disponevano dell'automobile e ovunque nascevano ***shopping center***, enormi supermercati dove si poteva trovare ogni genere di merce, in concorrenza con i punti di vendita al dettaglio. La pubblicità, il cinema e la televisione contribuivano a diffondere il modello di vita americano, che fu presto imitato in tutti i Paesi capitalisti del mondo.

Povertà e segregazione

Negli Stati Uniti ricchezza e benessere non erano alla portata di tutti: i neri e gli immigrati dall'America centrale e dall'Asia erano più poveri dei bianchi, abitavano spesso in quartieri-ghetto ed erano più colpiti dalla disoccupazione e dalla delinquenza.

La popolazione nera era particolarmente discriminata. Negli Stati segregazionisti del sud (quelli che erano schiavisti al tempo della guerra di secessione) erano in vigore leggi che mantenevano la **segregazione razziale**: i neri non potevano frequentare le stesse scuole dei bianchi, né usare gli stessi mezzi di trasporto o entrare negli stessi locali pubblici.

Anche dove la discriminazione non era sancita dalla legge, i neri erano spesso privati di diritti fondamentali a causa del **pregiudizio razziale***: per esempio, sul lavoro avevano scarse possibilità di carriera.

* **Pregiudizio razziale**
È l'idea, priva di qualsiasi fondamento, che esistano razze superiori e razze inferiori.

La segregazione razziale in due immagini. L'entrata separata per gli Afroamericani in un grande magazzino dell'Alabama nel 1956; lavandini distinti per neri e per bianchi nella Carolina del Nord nel 1950.
Foto Gordon Parks Foundation; foto E. Erwitt.

Nasce il movimento per i diritti civili

Dopo la seconda guerra mondiale, nella quale moltissimi cittadini di colore avevano combattuto nell'esercito americano, i neri statunitensi si ribellarono più vivacemente contro lo stato d'inferiorità in cui erano tenuti e reclamarono parità di diritti. Nel 1955 una donna di colore, **Rosa Parks**, rifiutò di cedere il posto a un bianco su un autobus di una città dell'Alabama (uno Stato segregazionista): fu questo l'evento iniziale di una protesta che portò alla creazione di un movimento per i diritti civili dei neri.

Uno dei leader del movimento fu il pastore protestante **Martin Luther King**. Egli seppe trasformare la protesta in una battaglia pacifica, che mirava a modificare la mentalità, diffondendo i più elementari princìpi di tolleranza e fratellanza umana. Sotto la sua guida furono organizzati immensi raduni e marce di protesta.

Grazie a questa **scelta non violenta** le rivendicazioni dei neri ebbero grande risonanza e ottennero l'appoggio dell'opinione pubblica mondiale e di gran parte di quella statunitense.

Rosa Parks rivendica il diritto di viaggiare seduta sull'autobus. La accompagna un reporter durante la campagna per i diritti civili dei neri.
Foto Corbis.

Kennedy: il presidente della «nuova frontiera»

La lotta contro il razzismo fu anche uno dei punti principali del programma di John Fitzgerald **Kennedy**, che divenne **presidente** degli Stati Uniti nel **1960** e appoggiò apertamente il progetto di legge per l'estensione dei diritti civili ai neri. Kennedy, esponente del partito democratico, fu anche un protagonista della guerra fredda, negli anni della costruzione del muro di Berlino e della crisi di Cuba [→ cap. 10 par. 2].

La politica intrapresa da Kennedy venne definita **«nuova frontiera»**, per indicare che anch'essa comportava una lotta, come quella sostenuta dai pionieri dell'Ottocento per conquistare il West. Questa volta però l'obiettivo era conquistare l'**uguaglianza dei diritti**, lottare contro la discriminazione razziale e combattere la povertà e la disoccupazione.

Kennedy venne assassinato nel novembre 1963, in circostanze tuttora oscure. Cinque anni più tardi, nel **1968**, anche Martin Luther King cadde vittima di un attentato.

Le **leggi sulla piena integrazione dei neri** furono varate nel **1964** dal successore di Kennedy, il nuovo presidente Lyndon Johnson. Per la maggioranza dei neri le condizioni di vita restarono misere, ma dei passi fondamentali sulla via dell'uguaglianza erano stati fatti.

John Fitzgerald Kennedy posa con un gruppo di delegati afroamericani alla *Convention* democratica del 1960 a Los Angeles.

Gli Stati Uniti intervengono nella guerra del Vietnam

Nello stesso 1964 il governo americano scelse di impegnarsi militarmente nella guerra del Vietnam, un grave punto di crisi nel conflitto fra i blocchi dominati dalle due superpotenze.

Questo Paese dell'Indocina aveva conquistato l'indipendenza dalla Francia nel 1954 dopo un conflitto durato otto anni, ma in base agli accordi internazionali era stato diviso in due repubbliche: il **Vietnam del nord**, comunista, e il **Vietnam del sud**, sottoposto a una dittatura militare sostenuta dagli Stati Uniti. La popolazione vietnamita non accettò la spartizione, e nel Vietnam del sud si formò un fronte armato di liberazione (il Vietcong) – sorretto da URSS, Cina e Vietnam del nord – che organizzò un'intensa guerriglia contro il governo dittatoriale. Attraverso i sentieri che passavano per gli Stati confinanti, dal nord confluivano uomini e mezzi per la guerriglia.

A partire dal **1964**, gli USA intervennero direttamente con grande spiegamento di forze e un'enorme superiorità di mezzi e materiali, attuando durissimi bombardamenti sul Vietnam del nord e distruggendo foreste e villaggi per stanare i guerriglieri. Non riuscirono però a stroncare la resistenza dei ribelli vietnamiti, che potevano contare sull'appoggio di gran parte della popolazione. Inoltre, la politica americana in Vietnam venne apertamente **disapprovata dall'opinione pubblica statunitense e mondiale**, e in ogni Paese si svolsero manifestazioni di protesta contro gli Stati Uniti. Alla fine, nell'aprile **1975**, il governo americano riconobbe la sconfitta e decise di far rimpatriare i suoi soldati. Nel 1976 il Vietnam fu riunificato e divenne una repubblica a regime comunista.

GUARDA!
LA CARTA ANIMATA

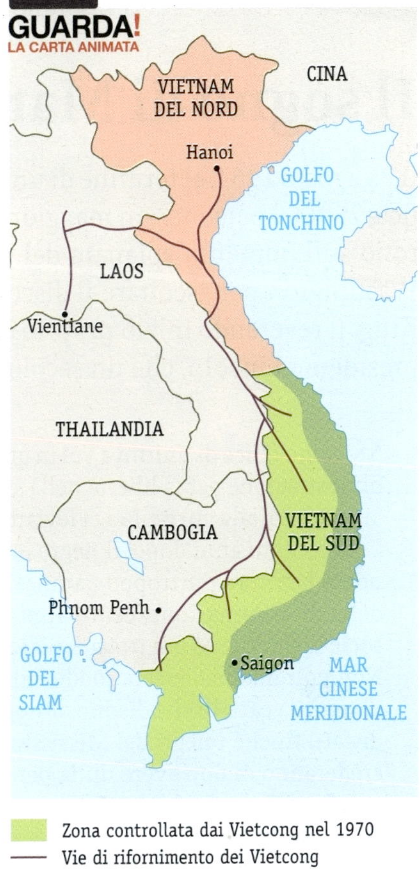

La guerra del Vietnam.

Le truppe dell'esercito vietnamita impegnate nella guerriglia contro i Vietcong, 1961.
College Park, National Archives.

COLLOCO GLI EVENTI NEL TEMPO

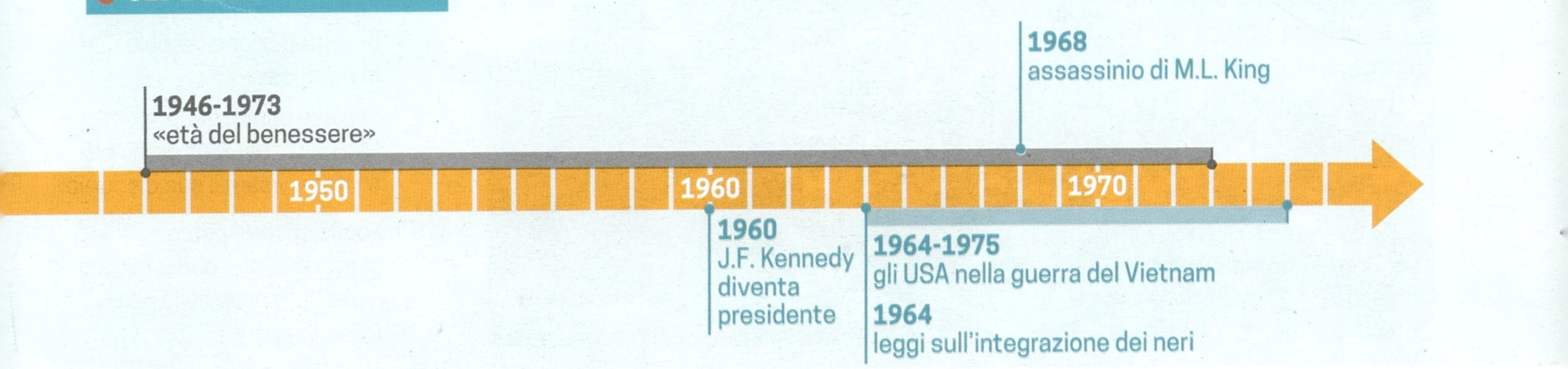

Malcom X

Fonti

Il sogno di Martin Luther King

Il 28 agosto 1963, al termine di una grande marcia pacifica, 250 000 persone – in maggioranza neri – si radunarono sull'immensa spianata del Lincoln Memorial di Washington per ascoltare il discorso di Martin Luther King. Il reverendo iniziò proprio con un riferimento al presidente Lincoln, che un secolo prima aveva abolito la schiavitù. Dopo aver letto la prima parte del discorso, però, mise da parte i fogli e proseguì a braccio, raccontando alla folla il suo grande sogno di uguaglianza e pari opportunità per tutti. King usò la parola «negro», che i razzisti adoperavano con disprezzo, per rivendicare con orgoglio l'identità degli Afroamericani.

« Sono felice di unirmi a voi in questa che passerà alla storia come la più grande dimostrazione per la libertà nella storia del nostro Paese. Cento anni fa un grande americano, alla cui ombra ci leviamo oggi, firmò il Proclama dell'Emancipazione. [...] Ma cento anni dopo, il negro ancora non è libero; cento anni dopo la vita del negro è ancora purtroppo paralizzata dai ceppi della segregazione e dalle catene della discriminazione; cento anni dopo il negro langue ancora ai margini della società americana e si trova esiliato nella sua stessa terra. [...]
Non potremo mai essere soddisfatti finché i nostri figli saranno privati della loro dignità da cartelli che dicono «Riservato ai bianchi». Non potremo mai essere soddisfatti finché i negri del Mississippi non potranno votare e i negri di New York crederanno di non avere nulla per cui votare. No, non siamo ancora soddisfatti e non lo saremo finché la giustizia non scorrerà come l'acqua e il diritto come un fiume possente. [...]
Io ho davanti a me un sogno, che un giorno sulle rosse colline della Georgia i figli di coloro che un tempo furono schiavi e i figli di coloro che un tempo possedettero schiavi sapranno sedere insieme al tavolo della fratellanza.
Io ho davanti a me un sogno, che un giorno perfino lo stato del Mississippi, uno stato colmo dell'arroganza dell'ingiustizia, si trasformerà in un'oasi di libertà e giustizia.
Io ho davanti a me un sogno, che i miei quattro figli piccoli vivranno un giorno in una nazione nella quale non saranno giudicati per il colore della loro pelle, ma per le qualità del loro carattere. »

(Da *I Have a Dream*, RCS Libri - Corriere della Sera, Milano 2010)

Spilletta dei partecipanti alla marcia pacifista del 28 agosto 1963.
Collezione privata.

Martin Luther King parla alla folla radunata al Lincoln Memorial a Washington.
Foto Central Press/Getty Images.

LAVORO SULLE FONTI

1. Partendo dalle informazioni che il documento lascia capire, spiega:
   a. come si manifestava la segregazione razziale in America;
   b. in quale punto, secondo te, Martin Luther King cominciò a improvvisare il suo discorso.
2. Che cosa occorre perché «la giustizia scorra come l'acqua»? Rispondi sulla base delle parole di Luther King.

3. Fra protesta e rinnovamento

Il Sessantotto: i giovani diventano protagonisti

Le voci di protesta contro la guerra in Vietnam confluirono in un più vasto **movimento di contestazione**, ossia di critica e di ribellione, che vide come protagonisti i giovani e in particolare gli studenti. Il movimento raggiunse il suo culmine nel **1968**, anno da cui deriva il nome con cui è conosciuto (il **Sessantotto**). Dagli Stati Uniti, dove era nato, il fenomeno si diffuse in molti Paesi diversi per cultura e regime politico (Francia, Germania, Italia, Cecoslovacchia), assumendo forme e obiettivi differenti.

Negli Stati Uniti le manifestazioni di protesta di studenti e intellettuali denunciavano i modelli di vita della società americana, criticando in particolare il potere autoritario esercitato dai genitori sui figli, l'ossessione del guadagno e il dilagante consumismo. Sul piano politico questi movimenti di opposizione contestavano la politica estera americana – soprattutto la lunga guerra del Vietnam – oltre che la guerra in generale. Sul piano sociale sognavano un mondo libero e nuovo e tentarono di realizzarlo attraverso esperienze personali e di vita in comune insolite, anche estremamente rischiose, come l'uso delle più diverse droghe.

Marcia di protesta contro la guerra in Vietnam a New York nel 1968.
Foto Corbis.

I movimenti femministi

Si sviluppò in quegli anni anche il **femminismo**, un movimento che aveva origini lontane e rivendicava un'effettiva parità fra uomini e donne.

I combattivi movimenti femministi del secondo dopoguerra reclamavano per le donne il diritto di ricoprire nella società altri ruoli oltre a quello di mogli e di madri, e indicavano nel lavoro una possibilità di affermazione personale, oltre che di **emancipazione** (liberazione) economica dalla dipendenza maschile.

Lo slogan «Donna è bello», lanciato in quegli anni, esprime con fierezza la riscoperta di valori tipicamente femminili, che una cultura dominata dai maschi – per questo detta maschilista – aveva sempre sottovalutato e disprezzato.

Anche grazie ai movimenti femministi vennero attuate, nei Paesi europei, quelle riforme del diritto di famiglia che resero davvero paritaria la **condizione giuridica*** dei coniugi.

* **Condizione giuridica**
La posizione di un individuo rispetto alle leggi, che ne definiscono diritti e doveri.

Epoca in cui la moglie ebbe, per legge, gli stessi diritti del marito	
Entro il 1929	Danimarca, Finlandia, Islanda, Norvegia, Svezia
Dal 1930 al 1960	Germania
Dal 1971 al 1975	Austria, Francia, Irlanda, Italia, Gran Bretagna
Dal 1976 al 1985	Belgio, Grecia, Lussemburgo, Olanda, Portogallo, Spagna, Svizzera

Manifestazione femminista a Milano negli anni Settanta.
Foto A. Alecchi/Mondadori Portfolio.

La protesta operaia

Gli anni Sessanta e Settanta furono anche un periodo di aspre **lotte operaie in Europa.** Nonostante le politiche di *welfare*, i lavoratori pativano le disuguaglianze economiche e sociali, e chiedevano miglioramenti delle condizioni di lavoro (particolarmente dure per i ritmi troppo rapidi nelle catene di montaggio), aumenti salariali e maggiori tutele contro i licenziamenti.

Alcuni, nella sinistra estrema, speravano in uno sbocco rivoluzionario che facesse crollare il sistema capitalista, e a tal fine sorsero organizzazioni clandestine in molti Paesi, Italia compresa [→ cap. 12 par. 4]. In generale, però, i sindacati e i partiti di sinistra, compresi i comunisti, riuscirono a mantenere la protesta operaia sul binario della legalità e del confronto democratico.

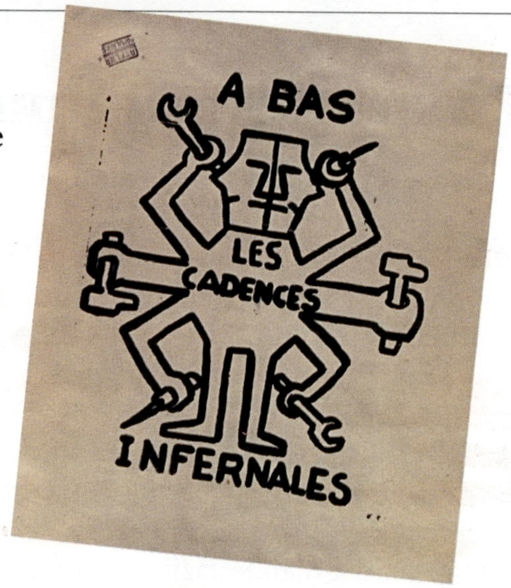

«Abbasso i ritmi infernali»: manifesto di protesta degli operai francesi nel 1968.
Parigi, Bibliothèque Nationale.

Il rinnovamento nella Chiesa cattolica

Nel primo periodo della guerra fredda la Chiesa cattolica si schierò apertamente con il blocco occidentale e mantenne un atteggiamento di chiusura e di condanna verso l'ideologia comunista. Nel suo insieme la Chiesa sembrava un'istituzione conservatrice, in cui la gerarchia e il clero faticavano a interpretare le ansie dei fedeli e le esigenze di rinnovamento sociale.

Con l'elezione di **papa Giovanni XXIII**, nel **1958**, la situazione cambiò. Il nuovo papa – di origine contadina, dotato di grande sensibilità e di esperienza diplomatica – si mostrò vicino alla gente semplice, attento ai problemi sociali; non solo dell'occidente, ma anche dei Paesi latino-americani e di quelli che, in Africa e Asia, come vedremo, uscivano allora dal colonialismo.

Per rinnovare la Chiesa, Giovanni XXIII convocò a Roma un concilio, l'assemblea mondiale di tutti i vescovi cattolici. Il **Concilio Vaticano II** iniziò nel **1962**, l'anno prima della morte di papa Giovanni, e si concluse nel **1965** sotto il nuovo pontefice, Paolo VI. Nel campo della liturgia, fu presa la decisione di non celebrare più la messa in latino, ma nelle lingue nazionali, perché tutti potessero comprendere il senso della cerimonia. Dal Concilio uscì una Chiesa più disposta al dialogo con le altre religioni e più attenta alle aspirazioni dei giovani, alla giustizia sociale e alla cooperazione internazionale.

Papa Giovanni XXIII in una fotografia dei primi anni Sessanta.
Foto Archiv Friedrich/Interfoto/Alinari.

COLLOCO GLI EVENTI NEL TEMPO

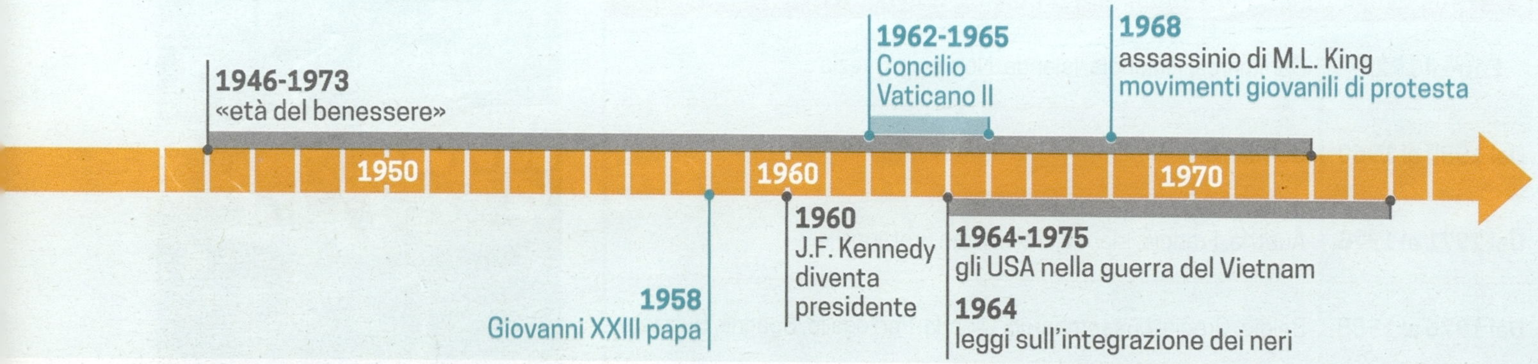

Vita quotidiana

La musica della protesta giovanile negli anni Cinquanta e Sessanta

La protesta giovanile è sempre stata accompagnata dalla musica.

Negli anni Cinquanta si affermò il ***rock'n'roll***, un nuovo genere musicale che affondava le radici nel jazz (la musica dei neri) e nel country (la musica popolare dei bianchi delle pianure dell'ovest). Il *rock'n'roll* diede voce alle inquietudini della popolazione giovanile. Le parole non cantavano più romantiche storie d'amore: erano piuttosto un grido di rabbia, che esprimeva l'incertezza ma anche l'energia e la voglia di libertà dei ragazzi nelle città americane. Star indiscussa dell'epoca fu il cantante Elvis Presley.

Negli anni delle lotte per i diritti civili si affermò un genere musicale diverso. Le canzoni – più da ascoltare che da ballare – si ricollegavano alla tradizione popolare (folk) e ai **canti di protesta** degli anni Trenta-Quaranta. Le parole esprimevano un esplicito richiamo alla pace, alla giustizia, all'impegno politico. Divennero un mito per i giovani, allora, cantanti come Bob Dylan e Joan Baez.

Ciò che oggi chiamiamo «rock» è il frutto dell'incontro di questi stili musicali e di altri che presero forma in quegli anni (come la musica beat, di cui gli inglesi Beatles e Rolling Stones furono esponenti di grande successo).

La protesta giovanile, verso la fine degli anni Sessanta, prese diverse forme. Una di queste fu il messaggio hippie: povertà, abbandono delle città, vita in comune, ma anche, spesso, uso di droga e fuga dalle responsabilità dello studio e del lavoro. Altre forme furono l'impegno civile e la solidarietà, le grandi manifestazioni studentesche nelle università, gli scontri dei pacifisti con la polizia. La musica interpretò tutte queste tensioni. Le star del rock, del folk e di quella che veniva chiamata musica pop (cioè *popular*) furono sempre presenti ai grandi **raduni giovanili**, dove si riunivano grandi masse di giovani provenienti da tutto il mondo.

Joan Baez e Bob Dylan cantano a una manifestazione per i diritti civili nel 1963.
Foto R. Scherman/US National Archive.

Elvis Presley, il più celebre divo del *rock'n'roll*, in una fotografia del 1957.
Foto Metro Goldwyn Mayer.

Il festival di Woodstock radunò nel 1969 oltre mezzo milione di giovani.

4. Il mondo sovietico fra oppressioni e speranze

Un colosso industriale che non soddisfa i bisogni della gente

Verso la metà degli anni Cinquanta l'URSS era una grande potenza industriale, possedeva missili intercontinentali, lanciava satelliti nello spazio e la sua economia era in rapido sviluppo. Ma per la maggior parte dei cittadini sovietici le condizioni di vita rimanevano molto difficili.

Lo sforzo sostenuto per l'industrializzazione del Paese, il continuo rinnovo degli armamenti e l'esplorazione dello spazio in gara con gli Stati Uniti avevano inghiottito enormi risorse finanziarie. Ben **poco invece era stato destinato a produrre beni di consumo** che rispondessero alle esigenze della popolazione. Lo Stato garantiva ai cittadini il lavoro, la pensione, l'assistenza sanitaria; ma sui mercati gli alimentari, gli abiti, le scarpe, gli elettrodomestici erano scarsi o di qualità scadente.

La situazione era ancora peggiore nei Paesi satellite, completamente sottoposti agli interessi economici dell'Unione Sovietica, di cui erano i principali fornitori di materie prime e i più importanti acquirenti. Lì la delusione di molti cittadini nei confronti dei governi locali si aggiungeva all'insofferenza per l'oppressivo controllo dell'URSS. **Il malcontento esplose** sotto forma di rivolte e di richieste di maggiore autonomia.

La rivolta popolare in Ungheria

Già nei primi anni dopo la morte di Stalin (1953) ci furono sommosse operaie in Germania orientale, Polonia, Ungheria. Molto violenta fu, nel **1956**, la **rivolta ungherese**, una vera insurrezione popolare contro il predominio dell'URSS. La repressione dell'URSS fu durissima. I carri armati dell'Armata rossa assediarono la capitale Budapest e soffocarono nel sangue la resistenza del popolo ungherese. Lo stesso capo del governo, Imre Nagy, fu condannato a morte e l'Ungheria ricadde sotto il controllo sovietico.

ORGANIZZO I CONCETTI

► **Completa l'elenco.**

In URSS, le risorse finanziarie vengono usate soprattutto per:
- .... il Paese;
- rinnovare gli .... ;
- esplorare lo ....

Si spende poco per produrre .... necessari alla popolazione.

La rivolta d'Ungheria del 1956: la folla brucia i ritratti di Stalin per le strade di Budapest.

COLLOCO GLI EVENTI NEL TEMPO

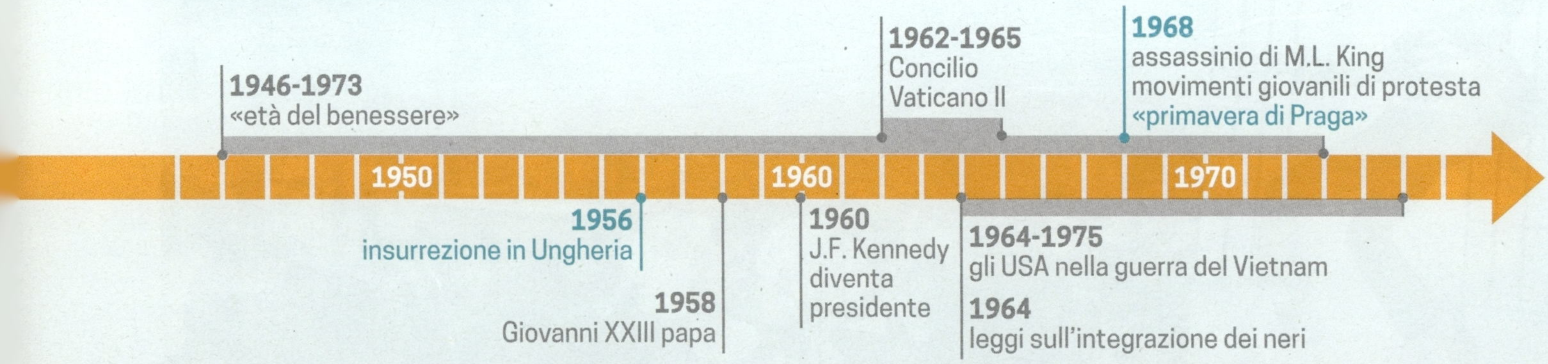

La breve stagione delle riforme in Cecoslovacchia

La pressione dell'URSS sull'Europa orientale provocò nel 1968 un nuovo momento di grave crisi. In Cecoslovacchia gli stessi dirigenti comunisti, primo fra tutti il segretario del partito **Alexander Dubček**, avevano cercato di introdurre importanti riforme, abolendo la censura, favorendo un maggiore rispetto dei diritti umani e incoraggiando l'iniziativa economica privata.

Questo periodo di rinnovamento fu chiamato «**primavera di Praga**». Ma fu una stagione di breve durata. Nell'agosto **1968** le truppe del Patto di Varsavia invasero la Cecoslovacchia per riportare il controllo sovietico sul Paese, imponendo un governo fedele all'URSS.

L'intervento sovietico suscitò la condanna di tutto il mondo e indusse alcuni partiti comunisti europei – fra cui quello italiano – a prendere le distanze dalla politica dell'Unione Sovietica.

ORGANIZZO I CONCETTI

▶ **PERCHÉ la «primavera di Praga» è un periodo di rinnovamento? Completa le frasi.**

- Dubček abolisce la ....
- favorisce il rispetto dei ....
- incoraggia l'iniziativa economica ....

La protesta disarmata di un manifestante sopra un carro armato sovietico a Praga nell'agosto 1968.
Foto J. Koudelka.

RICOSTRUISCO LA MAPPA DEL CAPITOLO

Il benessere
deriva dalla
- crescita economica
- produzione di massa

nasce la
società dei consumi

La protesta

- i neri americani → lottano per ottenere → pieni diritti civili
- movimenti giovanili, femministi e pacifisti → contestano la → • società tradizionale • guerra nel Vietnam
- alcuni Stati satellite dell'URSS → tentano → rivolte o riforme, che vengono represse dall'URSS

Sintesi

RICOSTRUISCO LE INFORMAZIONI

1 Cresce l'economia, si afferma lo Stato sociale

Dopo la seconda guerra mondiale **la popolazione riprende a crescere** velocemente soprattutto nei Paesi occidentali, anche grazie alle conquiste della medicina (antibiotici, vaccini).

Fra il 1950 e il 1973 si ha inoltre una **grande crescita economica** per tutti i Paesi industrializzati. Si affermano nuove forme di organizzazione del lavoro, come la catena di montaggio: si producono grandi quantità di merci a basso costo (**produzione in serie**), favorendo la nascita della **società dei consumi**.

In molti Paesi occidentali si afferma il modello dello **Stato sociale**: vengono messi in atto una serie di interventi (pensione, assistenza sanitaria, aiuti per i disoccupati) per sostenere i cittadini.

2 Potenza e contraddizioni degli Stati Uniti

Negli Stati Uniti il benessere appare diffuso, ma non è alla portata di tutti.

A metà degli anni Cinquanta esplode la **protesta dei neri**, che chiedono la fine della **segregazione razziale** e il miglioramento delle loro condizioni di vita.

Martin Luther King trasforma la protesta in un grande movimento pacifico. Anche il presidente **John Kennedy**, eletto nel 1960, appoggia l'estensione dei diritti civili negli Stati Uniti.

Nel 1964 gli Stati Uniti intervengono militarmente nella **guerra del Vietnam**, appoggiando il Vietnam del sud contro il Vietnam del nord, comunista e sostenuto da URSS e Cina. Alla fine l'esercito americano è costretto a ritirarsi.

3 Fra protesta e rinnovamento

Nello stesso periodo negli Stati Uniti e in Europa occidentale si diffonde un **movimento giovanile di critica e di ribellione** contro la guerra, il potere autoritario e la società delle disuguaglianze.

Si sviluppa anche il **movimento femminista**, che punta a ottenere la parità fra uomini e donne.

Nella Chiesa cattolica **papa Giovanni XXIII** promuove un profondo rinnovamento attraverso il **Concilio Vaticano II**.

4 Il mondo sovietico fra oppressioni e speranze

A metà degli anni Cinquanta l'URSS è una **grande potenza industriale e militare**, ma la vita dei cittadini è molto difficile poiché scarseggiano i beni essenziali, come cibo e abiti. Anche **la libertà delle persone è molto limitata**.

Negli Stati sottoposti al controllo sovietico, poi, la situazione è ancora più critica. In Ungheria (1956) e in Cecoslovacchia (1968) scoppiano **rivolte** che l'URSS reprime facendo intervenire l'esercito.

Esercizi

COSTRUISCO LE MIE COMPETENZE

VERIFICO LE CONOSCENZE
Paragrafo 1

1 Completa il testo con le parole adatte.

Dopo la seconda guerra mondiale la .... cresce e in tutto il mondo aumenta la durata media della .... L'economia si espande nei Paesi .... soprattutto per tre motivi: cresce la domanda di beni di .... ; c'è abbondanza di capitali; il .... favorisce la produzione in .... In Europa si afferma il .... *State*, cioè lo Stato sociale.

STABILISCO COLLEGAMENTI E RELAZIONI
Paragrafo 1

2 Spiega perché dopo la guerra si verificano gli avvenimenti elencati.

a. Aumenta la durata della vita.
b. Aumenta la domanda di beni di consumo.
c. Aumenta la disponibilità di capitali.
d. Aumenta la quantità delle merci prodotte.
e. Beni prima "di lusso" sono ora alla portata di molti.
f. Si intensifica la pubblicità.

LAVORO SULLE FONTI
Paragrafo 1

3 Osserva l'immagine, leggi la didascalia che la accompagna, poi rispondi alle domande.

a. L'automobile pubblicizzata ti sembra grande o piccola?
b. Ti sembra possibile che tutte le persone, gli animali e i bagagli della foto possano entrare nell'auto?
c. Qual è allora il significato della proposta? Scegli fra le seguenti la risposta che ti convince, e spiega il perché.
   - ☐ L'automobile è piccola ma comoda.
   - ☐ L'automobile è piccola ma può soddisfare le esigenze di tutta la famiglia.
   - ☐ L'automobile è adatta a un pubblico giovanile.
   - ☐ L'automobile è adatta alle famiglie di alto livello sociale.
d. Che collegamento c'è fra questa pubblicità e la società dei consumi?

Pubblicità dell'automobile Morris Mini-Minor, messa sul mercato nel 1959.
Foto Getty Images.

VERIFICO LE CONOSCENZE
Paragrafo 2

4 Completa il testo con le parole adatte.

I ricchi Stati Uniti sperimentano per primi la società dei .... Il modello di vita .... viene presto imitato in tutti i Paesi capitalisti. Ma anche l'America è alle prese con problemi sociali: l'ineguale distribuzione della .... e la .... razziale contro la popolazione di colore. La protesta dei neri porta alla creazione di un movimento per i diritti .... (guidato da ....) che riesce a influenzare l'opinione pubblica con mezzi non ....
Infine le leggi sulla piena .... dei neri, volute dal presidente .... , furono realizzate dal suo successore, Johnson. Nel 1964 gli USA intervengono nella guerra in .... ; l'intervento è contestato dall'opinione pubblica e si risolve in una sconfitta (1975).

Esercizi

Imparo a imparare — USARE UNA CANZONE COME FONTE STORICA — Paragrafo 2

Le canzoni e la musica hanno fatto sempre da «colonna sonora» alla storia: ascoltandole possiamo capire molto a proposito della mentalità e dello spirito di un'epoca.

Anche molte canzoni degli anni Sessanta, che ci parlano di aspirazioni giovanili, di rabbia e di pacifismo, possono insegnarci molto – esattamente come una fotografia o un testo scritto.

Per «interrogare» una canzone come fonte storica, dobbiamo esaminare attentamente:

- il testo e la storia della sua composizione (per comprenderne il messaggio e scoprire se ci sono riferimenti a qualche fatto specifico, o se nel tempo le parole hanno subìto cambiamenti);
- il contesto in cui la canzone veniva eseguita.

5 Puoi metterti alla prova con un lavoro sulla canzone *We shall overcome*, che divenne l'inno del movimento dei diritti civili dei neri.

a. Cerca su Internet il testo della canzone e qualche informazione sulla sua origine e la sua storia.

b. Con l'aiuto dell'insegnante e dei compagni traduci il testo in italiano. Qual è il messaggio che il testo trasmette? Secondo la canzone, che cosa si riuscirà a fare, un giorno?

c. Cerca in rete un documentario della famosa marcia guidata da Martin Luther King in cui l'inno viene eseguito. Dopo avere ascoltato, rifletti: che cosa, nel testo e nella musica, rende questo inno adatto a una campagna di lotta non violenta? Si può dire che è legato strettamente alla storia dei neri americani? Perché? Qual era il sogno di Martin Luther King? Rispondi con un testo di cinque righe.

d. Quando, nel 1965, il presidente Johnson tenne un discorso a favore dell'estensione del diritto di voto ai neri, lo concluse dicendo «*We shall overcome*». Perché, secondo te, fece questa scelta?

LAVORO SULLE FONTI — Paragrafo 2

6 Osserva l'immagine, leggi la didascalia che la accompagna, poi scrivi un breve testo seguendo la traccia delle domande proposte.

a. In quale anno John Fitzgerald Kennedy divenne presidente?

b. Quali problemi dovette affrontare in politica estera? Quali provvedimenti prese?

c. Quali problemi sociali dovette affrontare all'interno? Che cosa fece?

d. Perché l'ideale politico di Kennedy venne definito "nuova frontiera"?

Questo manifesto invita a votare per Kennedy alla presidenza. In alto è scritto: «Un tempo per la grandezza».

VERIFICO LE CONOSCENZE — Paragrafo 3

7 Scrivi sul tuo quaderno una frase con ciascuna di queste parole.

Sessantotto ▪ contestazione ▪ emancipazione ▪ Concilio

RIORGANIZZO DATI E CONCETTI

Paragrafi 1, 2 e 4

8 **Ripassa velocemente il paragrafo 1, osserva la tabella che ti proponiamo e rispondi alle domande.**

Speranza di vita in alcuni Paesi occidentali			
	Nel 1930	**Nel 1950**	**Nel 1994**
Italia	54,9	65,5	77,9
Francia	56,7	66,5	77,8
URSS (poi Russia)	42,9	64,0	64,5
USA (popolazione bianca)	61,7	69,4	75,5

a. Perché la speranza di vita è un buon indicatore del benessere di una società?

b. Da quali fattori dipende?

c. Nel 1930, in quale Paese i cittadini avevano una speranza di vita più alta?
E nel 1994 dov'era la speranza di vita più bassa? Prova a spiegare perché.

d. Perché, secondo te, i dati relativi agli Stati Uniti riguardano la sola popolazione bianca?
Esprimi la tua ipotesi scrivendo un testo di circa 5 righe.

VERIFICO LE CONOSCENZE

Paragrafo 4

9 **Completa il testo con le parole mancanti.**
Nel blocco orientale gli Stati .... non sono toccati dal benessere e chiedono maggiore autonomia (rivolta di ...., 1956; primavera di ...., 1968), ma l'.. reprime duramente rivolte e richieste.

VERIFICO LE CONOSCENZE

Intero capitolo

10 **Stabilisci se le seguenti affermazioni sono vere (V) o false (F).**

a. In America dopo la seconda guerra mondiale l'economia entrò in crisi. V F

b. La società dei consumi si sviluppò negli Stati Uniti prima che altrove. V F

c. In America negli anni Cinquanta i neri avevano gli stessi diritti dei bianchi. V F

d. Il principale leader dei movimenti di protesta dei neri fu Martin Luther King. V F

e. J.F. Kennedy ostacolò i movimenti di protesta dei neri. V F

f. J.F. Kennedy fu vittima di un attentato. V F

g. L'URSS negli anni Cinquanta era una grande potenza industriale. V F

h. In URSS si producevano grandi quantità di beni di consumo. V F

i. In URSS il livello di vita della popolazione era alto. V F

j. La rivolta ungherese contro l'URSS ebbe successo. V F

k. In Cecoslovacchia fu avviato un periodo di riforme detto «primavera di Praga». V F

Il capitolo a colpo d'occhio

QUANDO

1. In quali date si collocano questi eventi? SCRIVI sulla linea del tempo la lettera corrispondente.

Riforme della «primavera di Praga»

Rivolta popolare in Ungheria

Leggi per l'integrazione dei neri americani

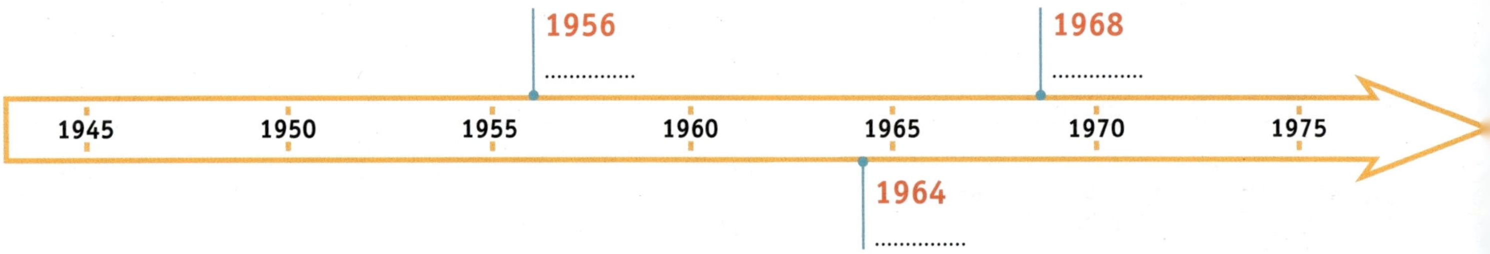

DOVE

2. COMPLETA la legenda. SCRIVI sui puntini le parole mancanti.

1. Movimento per i .... civili dei neri

1. e 2. Società dei .... , movimenti giovanili del ....

3. Insurrezione popolare contro l' ....

4. Riforme della «............................ di Praga»

5. Gli .... intervengono nella guerra

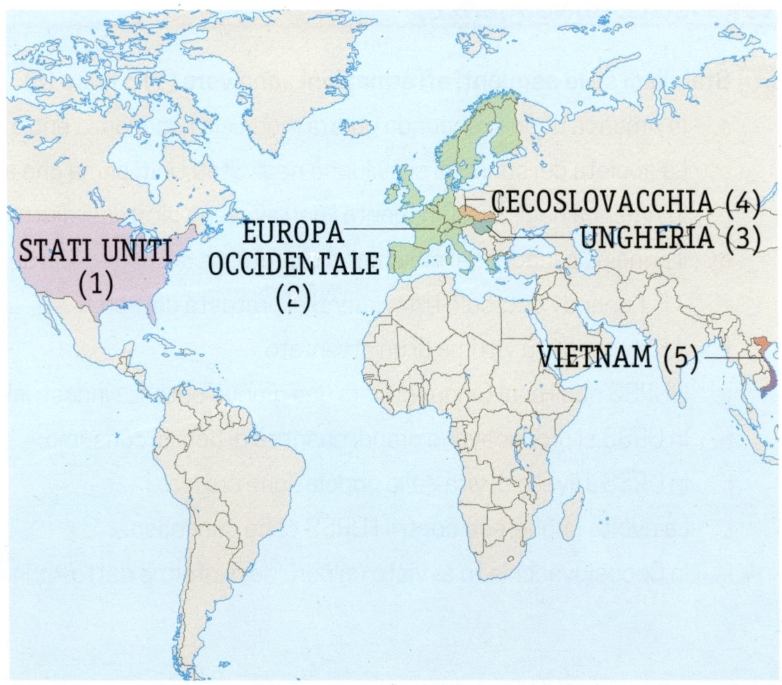

LE PAROLE DA RICORDARE

3. Che cosa significa...? METTI LA CROCETTA sulla definizione giusta.

a. Società dei consumi
- ☐ cooperativa proprietaria di supermercati
- ☐ società caratterizzata da grandi masse di consumatori che chiedono beni e servizi
- ☐ tipo di economia basata sul rapporto fra domanda e offerta

b. Segregazione razziale
- ☐ esclusione dei neri americani sui mezzi pubblici
- ☐ carcerazione dei manifestanti di colore
- ☐ limitazione per legge delle libertà civili in base al colore della pelle

c. Femminismo
- ☐ movimento nato nel secondo dopoguerra per il diritto di voto alle donne
- ☐ movimento che chiede l'effettiva parità fra uomini e donne
- ☐ movimento femminile per il rifiuto del matrimonio

LA MAPPA DEI CONCETTI

4. COMPLETA la mappa.

Il benessere
dà vita
→ alla società dei consumi
grazie a
→ • crescita ....
• produzione di ....

La protesta
si caratterizza per
→ lotte da parte dei neri americani
per ottenere
→ pieni diritti ....

→ movimenti ...., giovanili, pacifisti
che contestano
→ • la società tradizionale
• la guerra in ....

→ rivolte o riforme in alcuni Stati satellite dell'URSS
ma vengono represse
→ dall' ....

Capitolo

12 La Repubblica italiana

CIAK si impara!

GUARDA! IL VIDEO

MI ORIENTO NEL CAPITOLO dal 1943 → al 1980

1

Alla fine della guerra, l'Italia è **devastata**. La società è agitata da **odi e vendette** verso i fascisti. La popolazione, ridotta in **miseria**, riceve dagli **Americani** alimenti e medicine.

IL NUOVO
CORRIERE DELLA SERA
E' nata la Repubblica italiana
Umberto partirà sabato dopo la consegna dei poteri a De Gasperi, Capo provvisorio del nuovo Stato - Volontà di cooperazione di tutti i partiti per la distensione e la concordia
TREGUA NAZIONALE
I RISULTATI DEL "REFERENDUM"
REPUBBLICA 12.718.019
MONARCHIA 10.709.423
La grande giornata a Roma

2

Con le elezioni del **2 giugno 1946**, l'Italia diventa una **repubblica**. Un'Assemblea Costituente scrive la nuova **Costituzione**. Ben presto, però, l'alleanza fra i partiti antifascisti si spezza.

3

In pochi decenni l'Italia diventa un **Paese industrializzato**: il «**miracolo economico**» crea **benessere** e sviluppo, ma restano **squilibri** tra nord e sud.

4

Alla fine degli anni Sessanta scoppiano **contestazioni di studenti e operai**. Si apre anche un periodo di sanguinosi atti di **terrorismo** che tormentano a lungo il Paese: sono i cosiddetti «**anni di piombo**».

1. Fra guerra e dopoguerra

Guerra e disgregazione

L'Italia uscì distrutta e divisa dalla seconda guerra mondiale, durata quasi cinque anni, dal giugno 1940 alla fine di **aprile 1945**. Soprattutto gli **ultimi due anni** furono **drammatici**, quando il Paese si trasformò in un campo di battaglia con la lenta avanzata degli Alleati e la furibonda resistenza degli occupanti tedeschi.

In questi due anni il Paese rimase diviso in due parti, che vissero esperienze molto diverse. A nord c'era la **Repubblica Sociale**, istituita da Mussolini e da altri gerarchi fascisti ma di fatto in mano ai Tedeschi. A sud c'era il **regno di Vittorio Emanuele III**, occupato e controllato dagli Anglo-americani e dai loro alleati.

L'esercito italiano si dissolse dopo l'8 settembre [→ cap. 9 par. 3], ma anche le altre **istituzioni statali**, tanto al sud come al nord, entrarono in **gravissima crisi**: dalla burocrazia alla magistratura, all'amministrazione delle ferrovie e delle poste. Alle distruzioni degli eserciti si aggiunse il diffondersi dell'illegalità, delle vendette e delle violenze.

Un periodo di illegalità e di violenza

I governi del sud non avevano l'autorità sufficiente per reprimere la delinquenza; l'abbondanza di armi in circolazione favorì la formazione di bande criminali; aumentarono i furti, le rapine e gli omicidi.

A nord della «**Linea Gotica**», sugli Appennini e nella pianura padana, la guerra durò più a lungo e fu insanguinata anche dalle stragi compiute dai nazisti e dai fascisti in fuga. Dopo la fine dei combattimenti per molti mesi vi fu una drammatica esplosione di odi e vendette, in molti casi compiute da partigiani. Erano rancori covati a lungo, derivanti da motivi politici o privati e spesso collegati ad atti di violenza subiti per opera dei fascisti molti anni prima. Vi furono anche processi sommari e illegali, condotti da bande che agivano senza rispettare le direttive dei comandi partigiani e che talvolta avevano il consenso delle popolazioni, segnate dalle violenze e dalle sopraffazioni subite per tanto tempo.

Solo lentamente l'autorità dello Stato venne ripristinata.

Tra le case devastate dai bombardamenti aerei, civili e militari sono impegnati nell'opera di rimozione delle macerie.
Foto Ministero dell'Interno/Archivi Alinari.

Le rovine della guerra

L'Italia alla fine della guerra era **piena di rovine**: si è calcolato che i danni materiali corrispondessero a circa il 17% del patrimonio nazionale. La maggior parte delle grandi fabbriche non aveva subito danni irreparabili, ma la produzione industriale era crollata e si era ridotta di un terzo rispetto a quella del 1938 (vedi grafico a fianco). L'agricoltura era stata gravemente compromessa, soprattutto nell'Italia centrale a causa delle battaglie che avevano devastato il territorio; la produzione agricola non bastava a coprire il fabbisogno nazionale. La rovina maggiore riguardava la **rete dei trasporti** e delle **infrastrutture** (ferrovie, ponti, strade), che era completamente devastata, e i quartieri di abitazione delle città che erano stati distrutti dai bombardamenti.

Rientravano intanto, con lunghissimi viaggi in treno, i soldati che dopo l'armistizio dell'8 settembre 1943 erano stati sorpresi dai Tedeschi nelle loro caserme e «**internati**» in Germania; rientravano i **deportati** scampati ai *lager* nazisti; tornavano dall'URSS i **prigionieri** della sventurata campagna di Russia.

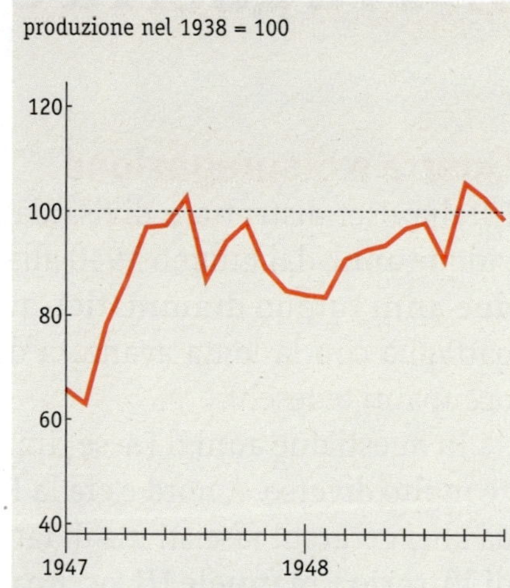

La produzione industriale in Italia (1947-1948). Nel secondo dopoguerra, i valori della produzione industriale italiana restarono per alcuni anni inferiori a quelli che si erano registrati prima dell'inizio del conflitto. Lo mostra questo grafico, dove viene preso come riferimento il valore del 1938 (indicato come 100).

Mercato nero, povertà, nuove speranze

Cibo e generi di prima necessità scarseggiavano o si trovavano solo al **mercato nero**. I generi di consumo razionati e a basso prezzo che si potevano acquistare con la «**carta annonaria***» erano distribuiti ai negozi di vendita in quantità insufficienti e scomparivano molto presto.

L'**occupazione alleata** durò **dal 1943 alla fine del 1947**. In questo periodo le autorità militari continuarono a fabbricare in abbondanza le banconote di occupazione, le **AM Lire**, che i loro soldati spendevano senza risparmio, perché potevano usarle solo in Italia. Ci furono troppe lire in circolazione e la nostra moneta perse valore: i prezzi delle merci, invece, aumentarono in maniera incontrollata. Dappertutto, nelle città e nelle campagne, c'era una grande povertà e questa situazione continuò per diversi anni.

Ma la pace finalmente tornata e il fascismo definitivamente sconfitto avevano suscitato grandi speranze di cambiamenti, che avrebbero reso migliore la vita di tutti gli Italiani.

* **Carta annonaria**
Tessera che consentiva l'acquisto a prezzo stabilito dallo Stato di una certa quantità di generi alimentari di prima necessità.

COLLOCO GLI EVENTI NEL TEMPO

Vita quotidiana

Percorso multimediale
I primi anni del dopoguerra
48 documenti

L'Italia dopo la guerra

Per avere un'idea di come si viveva nel nostro Paese subito dopo la guerra, bisognerebbe, prima di tutto, fare un catalogo di cose che oggi sono assolutamente necessarie e di uso continuo e comune e che allora non c'erano affatto o erano rarissime. Ci limiteremo a mettere in evidenza dei vuoti che oggi sono quasi inconcepibili.

Le automobili e gli scooter

Nei primi anni del dopoguerra (1945-46) circolavano poche automobili e quasi tutte erano veicoli militari, come le jeep o i tozzi e robusti camion americani. Rare erano le macchine di lusso di grossa cilindrata, destinate a trasportare i potenti: primi ministri, generali, ambasciatori. Circolava anche qualche FIAT «Balilla» o 1100, perlopiù vecchie e malconce. La Fiat continuava a fabbricare e a vendere la «Topolino». Lanciata sul mercato per la prima volta nel 1936 come automobile utilitaria popolare, nel 1950 costava 675 000 lire (che corrispondono a circa 13 000 euro). Ma anche di Topolino ce n'erano in giro poche: se pensiamo che la benzina costava 110 lire al litro (2,1 euro odierni) e che in media un italiano del nord, operaio o impiegato guadagnava in un anno l'equivalente di 7000 euro attuali (uno del sud poco più della metà), riusciamo a capire il perché.

La bicicletta era il mezzo di locomozione dominante, ma serviva solo sulle piccole distanze. Negli anni Cinquanta gli scooter «Vespa» e «Lambretta» ebbero uno straordinario successo: erano motociclette con un motore poco potente e piccole ruote.

Manifesto pubblicitario della Lambretta. Per molti italiani i ciclomotori, economicamente più accessibili delle automobili, furono a lungo il principale mezzo di trasporto.

Acqua, luce elettrica, riscaldamento

Solo il 76% degli appartamenti aveva la cucina; il 52% l'acqua corrente; il 27% il gabinetto e il bagno. La luce elettrica non arrivava dappertutto: di notte, specialmente nelle campagne, c'erano cascinali e villaggi che rimanevano al buio. Il termosifone era pressoché inesistente; troneggiavano in posizione centrale in ogni casa grandi stufe di ghisa o di terracotta, alimentate a legna o a carbone, da cui usciva un grosso e lungo tubo, che si diramava in più stanze per diffondervi il calore.

La radio e il telefono

La radio era un oggetto di uso comune. Era servita a portare nelle famiglie prima i discorsi del duce; poi, negli ultimi anni della guerra e nelle case dei più coraggiosi, la voce antifascista di Radio Londra. Ora essa trasmetteva, oltre agli ascoltatissimi «giornali radio», le canzonette di successo, consacrate dal Festival di San Remo della musica leggera, che fu inaugurato nel 1951.

All'inizio degli anni Cinquanta solo il 7% delle famiglie italiane possedeva il telefono. Gli adulti e le persone anziane ad ogni trillo ancora trasalivano, prendevano in mano il ricevitore con impaccio e preferivano lasciare il compito ai più giovani, anche ai bambini, i quali, del resto, si impadronivano presto di quella moderna tecnologia.

Un telefono pubblico nella drogheria di un Paesino nella provincia di Vercelli, 1959. Già nel 1951 la linea telefonica collegava tutti i comuni d'Italia; nei centri minori la sede del telefono pubblico era spesso collocata all'interno di negozi ed esercizi commerciali.

Foto Archivio Storico Telecom Italia.

2. La ricostruzione dello Stato

Il referendum istituzionale: nasce la Repubblica italiana

Il problema più urgente da risolvere era la ricostruzione delle istituzioni statali, dopo la caduta del fascismo e la sconfitta. Si doveva intanto decidere quale «forma istituzionale» lo Stato avrebbe avuto: l'Italia doveva rimanere una monarchia oppure, come volevano molti partiti antifascisti, diventare una repubblica? La decisione fu lasciata al popolo italiano, che fu invitato a scegliere fra monarchia e repubblica con un referendum. In questa occasione, per la prima volta nella storia d'Italia, votarono anche le donne.

Il referendum ebbe luogo il **2 giugno 1946** e la volontà popolare si espresse a favore della repubblica, che ebbe circa 13 milioni di voti contro 11 della monarchia. Nel sud prevalsero i voti monarchici, nel nord quelli repubblicani. Un mese prima Vittorio Emanuele III aveva abdicato in favore del figlio Umberto, che aveva preso il nome di Umberto II. In conseguenza del voto, Umberto II decise di andare in esilio, ponendo così termine alla dinastia dei Savoia re d'Italia.

La data del 2 giugno è la **festa nazionale** della Repubblica italiana.

COLLEGO CAUSE ED EFFETTI

▸ **PERCHÉ nel giugno 1946 re Umberto II andò in esilio? Cerca la risposta nel testo.**

Il referendum del 2 giugno 1946: cittadini in coda per scegliere fra la monarchia e la repubblica. La partecipazione della popolazione fu straordinaria: votò circa il 90% degli aventi diritto.

L'annuncio della vittoria della repubblica nella prima pagina del «Corriere della Sera» del 6 giugno 1946.

IL NUOVO CORRIERE DELLA SERA

E' nata la Repubblica italiana

Umberto partirà sabato dopo la consegna dei poteri a De Gasperi, Capo provvisorio del nuovo Stato - Volontà di cooperazione di tutti i partiti per la distensione e la concordia

TREGUA NAZIONALE

I RISULTATI DEL "REFERENDUM"

REPUBBLICA 12.718.019

MONARCHIA 10.709.423

La Costituente

Chi sarà il Presidente?

La grande giornata a Roma

L'Assemblea Costituente scrive la Costituzione

Insieme al referendum gli Italiani votarono anche per la formazione di un'Assemblea Costituente, che doveva scrivere una nuova **Costituzione**. Questa doveva prendere il posto del vecchio «Statuto albertino» che era rimasto in vigore per quasi un secolo. La nuova legge fondamentale doveva avere uno spirito nuovo, adatto ai tempi e alla forma di governo repubblicana; inoltre doveva essere una legge scritta dai rappresentanti del popolo italiano, non concessa da un sovrano. Alla stesura della Costituzione repubblicana collaborarono tutti i partiti che avevano combattuto contro il fascismo.

L'Assemblea Costituente fu composta da 556 membri. I voti andarono soprattutto alla **Democrazia cristiana** (DC), che ebbe il 35,2% dei voti, al **partito socialista italiano** (PSI), che ottenne il 20,7%, al **partito comunista italiano** (PCI) con il 18,9%.

La Costituzione della repubblica italiana entrò in vigore il **1° gennaio 1948**. Primo presidente della repubblica, eletto dalla Costituente come capo provvisorio dello Stato, fu **Enrico De Nicola**, un esponente del partito liberale con lunga esperienza politica. Nel maggio successivo, il nuovo parlamento nominò il suo successore, **Luigi Einaudi**.

ORGANIZZO I CONCETTI

Il popolo (donne comprese) — vota → il referendum istituzionale — per cui nasce → **la Repubblica italiana** — basata sulla → Costituzione repubblicana

Si spezza l'alleanza fra i partiti antifascisti

Dal 1945 al 1947 l'Italia fu retta da governi formati da rappresentanti di tutti i partiti antifascisti, di destra e di sinistra, compreso il partito comunista. Presidenti delle coalizioni di governo furono dapprima **Ferruccio Parri**, del Partito d'Azione e uno dei più prestigiosi capi della Resistenza, poi il democristiano **Alcide De Gasperi**.

De Gasperi era trentino, da giovane era stato suddito dell'impero austro-ungarico. Nel 1946 rappresentò l'Italia di fronte ai vincitori della guerra, nei negoziati per la pace che si svolsero a Parigi e riuscì a convincere gli Americani che l'Italia meritava di essere aiutata, per il contributo dato alla vittoria sul nazifascismo. Sottoscrisse anche, nella stessa occasione, un accordo con il governo austriaco per la tutela dei diritti dei cittadini di lingua tedesca dell'Alto Adige, che il fascismo aveva negato.

Ma la situazione internazionale stava cambiando rapidamente [→ cap. 10 par. 2]. La contrapposizione fra USA e URSS e la divisione dell'Europa influenzarono direttamente la politica italiana. L'Italia era **collocata nella sfera d'influenza americana**. Finì il periodo delle coalizioni antifasciste: i comunisti e i socialisti, accusati di troppa benevolenza verso la politica dell'Unione Sovietica, vennero allontanati dal governo.

Le elezioni del 1948

Pochi mesi dopo l'entrata in vigore della Costituzione, il 18 aprile 1948, si svolsero le elezioni per il primo parlamento della repubblica.

Il partito comunista e il partito socialista si allearono, sotto la denominazione di **Fronte popolare** e presentarono liste comuni di candidati. La **Democrazia cristiana** ebbe l'appoggio diretto della Chiesa cattolica, che temeva il successo degli «atei» comunisti, e degli Stati Uniti, che inviarono denaro e navi cariche di cibo e promisero finanziamenti per la ricostruzione.

La vittoria della Democrazia cristiana fu netta (oltre il 48% dei voti, contro il 31% del Fronte popolare) e De Gasperi formò un nuovo governo, costituito da una coalizione di partiti di centro.

La violenta propaganda dei partiti durante le elezioni del 1948. La Democrazia cristiana fa leva sulla paura che una vittoria del Fronte popolare possa aprire la strada ad un dominio dell'URSS sull'Italia; nel manifesto del Fronte popolare la croce del simbolo della DC diventa uno strumento di supplizio per il popolo.

Il governo avvia una riforma agraria

I governi di centro si posero l'obiettivo di migliorare le condizioni economiche e sociali delle regioni più povere, in particolare dell'Italia meridionale. I contadini del sud chiedevano da molto tempo una riforma agraria che rendesse possibile una ridistribuzione delle terre. Gran parte delle terre nel meridione erano in mano ai **latifondisti**, che perlopiù vivevano lontano e non si occupavano delle loro proprietà.

Fra il 1947 e il 1950 la protesta dei contadini meridionali, appoggiata e organizzata dai comunisti, si espresse nell'occupazione di terre e in duri scontri con le forze dell'ordine. I latifondisti, per contro, non esitarono a chiedere l'intervento della polizia e, in alcuni casi, anche quello della mafia.

Nel **1950** il governo avviò una **riforma agraria** nel Mezzogiorno e in altre regioni, come la Maremma toscana. La riforma si proponeva di creare vaste aree di piccola proprietà contadina, togliendo ai latifondisti parte delle loro terre e ridistribuendole ai braccianti e ai contadini poveri. Nello stesso 1950 fu istituita la **Cassa per il Mezzogiorno**, con il compito di fornire ai nuovi proprietari supporto finanziario e assistenza tecnica. Ma la riforma fu applicata solo in parte [→ Fonti: Un'inchiesta sulla povertà in Italia p. 301].

ORGANIZZO I CONCETTI

▶ **Completa le frasi.**

La riforma agraria:

- avviata dal governo nel ....
- ha come obiettivo la .... ai contadini poveri.
- istituisce la .... , per fornire supporto finanziario e ....
- viene applicata ....

L'occupazione delle terre incolte in Sicilia. Dipinto del 1950 del pittore Renato Guttuso.
Dresda, Gemäldegalerie. Foto Archivi Alinari.

COLLOCO GLI EVENTI NEL TEMPO

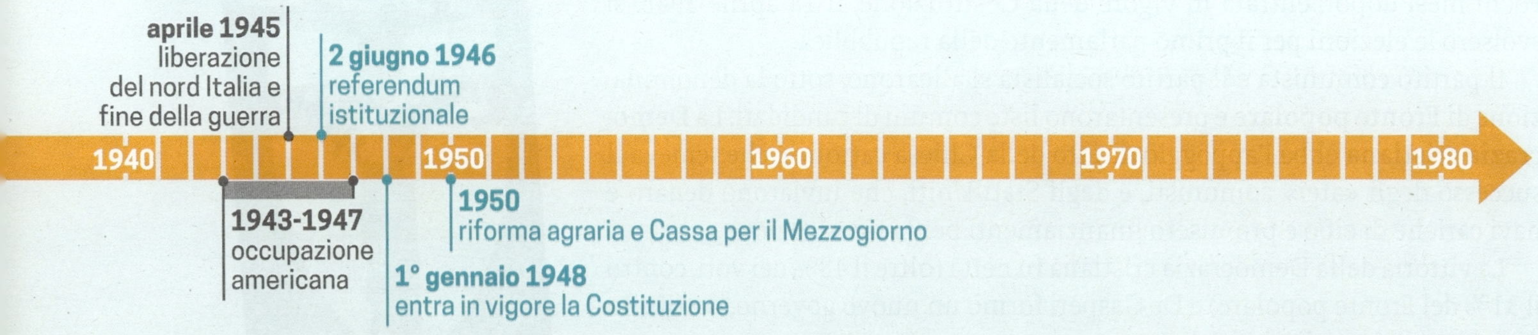

Fonti

Un'inchiesta sulla povertà in Italia

Sei anni dopo la fine della guerra, nel 1951, fu realizzata un'inchiesta parlamentare per capire quanto fosse grave in Italia il problema della povertà. In questo brano uno storico ti fornisce alcuni dati importanti.

« Il tenore di vita era giudicato misero per l'11,8% delle famiglie, disagiato per l'11,5%, medio per il 65,7% ed elevato per l'11%. Queste definizioni vanno riferite agli anni in cui vennero formulate. Avere un tenore di vita elevato significava allora vivere in abitazioni non affollate, mangiare abbondantemente e possedere un abbigliamento in ottime condizioni. Un tenore di vita misero voleva dire abitare in case sovraffollate, avere un'alimentazione scarsissima e un abbigliamento povero.
La questione della casa era drammatica. Due milioni e ottocentomila famiglie vivevano nel 1952 in abitazioni sovraffollate: di esse 232 000 abitavano in cantine, soffitte e magazzini e 92 000 in baracche e grotte. [...] Solo il 10% delle famiglie possedevano il telefono e il termosifone. Un quarto delle case era senz'acqua, più dei tre quinti senza gas, quasi tre quarti senza bagno. [...]
Altre indicazioni sul tenore di vita possono essere ricavate dai consumi alimentari. Su 11 592 000 famiglie, il 38,2% non mangiava carne nemmeno una volta alla settimana; solo il 5,7% la mangiava abitualmente. Il 15% degli Italiani non consumava zucchero; solo il 18,7% arrivava a un consumo giornaliero di oltre 40 grammi.
Le famiglie povere vivevano nel Sud peggio che nel Nord: la spesa complessiva di una famiglia povera napoletana era il 63% di una milanese. »

(Da A. Lepre, *Storia degli Italiani nel Novecento*, Mondadori, Milano 2003).

Bambini con i vestiti sdruciti e le scarpe rotte seduti sulla soglia della scuola a Casola Valsenio (Ravenna) nel 1953.
Foto E. Pasquali.

LAVORO SULLE FONTI

1. Nel testo ci sono alcuni significativi dati statistici, che potrai organizzare in forma grafica.
Completa il grafico a colonne qui accanto in base ai dati forniti nelle prime due righe del testo che hai appena letto (l'esercizio è avviato).
Sul tuo quaderno disegna i grafici del consumo di carne e del consumo di zucchero. In questi casi hai soltanto i dati estremi: dovrai calcolare tu stesso la percentuale di coloro che facevano un uso medio di carne e zucchero.
2. In un punto del testo viene indicato quante erano le famiglie italiane prese in considerazione dall'inchiesta: poiché nel 1952 gli Italiani erano circa 50 milioni, qual era il numero medio di componenti di ciascuna famiglia?
3. Spiega perché il problema della casa, nell'Italia del dopoguerra, era particolarmente grave.

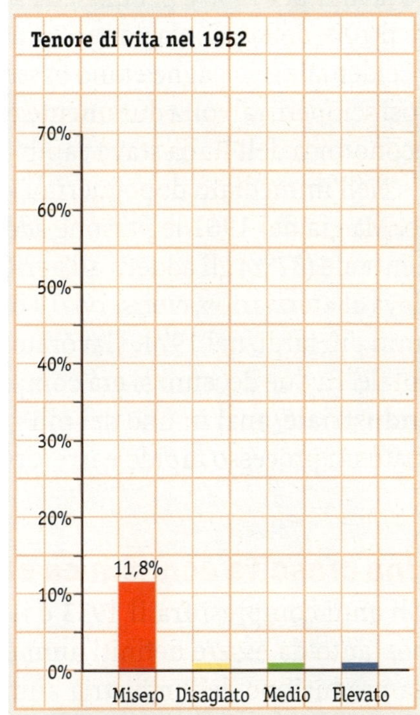

3. Il «miracolo economico» trasforma l'Italia

Case popolari in costruzione. Uno dei cartelli annuncia che il cantiere è finanziato dall'ERP (*European Recovery Program*), il piano per la ripresa europea più noto come Piano Marshall.
College Park, National Archives.

L'adesione al blocco occidentale e la ricostruzione

Dopo la netta vittoria alle elezioni del 1948 il governo italiano, guidato dal partito democristiano, inserì saldamente il Paese nel blocco occidentale, con l'**ingresso nella NATO**, che avvenne nel 1949 [→ cap. 10 par. 2]. Questa scelta facilitò l'arrivo di consistenti aiuti da parte degli Stati Uniti, attraverso il Piano Marshall e con prestiti a condizioni favorevoli.

La **ricostruzione** del Paese poté dunque procedere speditamente e già nei primi anni Cinquanta se ne videro importanti risultati: le vie di comunicazione (strade e ferrovie) furono ripristinate; le abitazioni furono ricostruite e altre se ne aggiunsero, grazie anche a un piano statale per la **costruzione di case popolari**, che rese possibile per molte famiglie l'acquisto della casa.

L'Italia diventa un Paese industriale

Restava molto alta la disoccupazione: quasi due milioni di persone erano senza lavoro nel 1950 e per qualche anno aumentarono ancora fino a raggiungere il 10% della popolazione attiva (era la disoccupazione più alta nell'Europa occidentale). Le paghe erano basse e la protesta dei lavoratori sfociò in numerosi scioperi, talvolta duramente repressi dalla polizia. Tuttavia la condizione economica dell'Italia stava cambiando.

Nell'immediato dopoguerra l'Italia era un Paese prevalentemente agricolo. Ma già nel 1961 le persone addette all'industria avevano superato in percentuale (37%) gli addetti all'agricoltura, che erano il 30%; il resto corrispondeva al «terziario», cioè servizi, commercio, amministrazione pubblica. Dieci anni più tardi, nel 1971, i lavoratori dell'agricoltura erano soltanto il 18% del totale. In due decenni si era compiuta la **trasformazione dell'Italia in Paese industriale**, anzi in uno dei più grandi Paesi industrializzati del mondo. Era stato un processo rapido e irreversibile, una vera «rivoluzione» economica.

Una crescita economica straordinaria

Gli anni compresi **fra il 1953 e il 1963** furono gli anni di più rapido sviluppo, tanto da essere definiti anni del «boom» o del «**miracolo economico**». La produzione dell'industria aumentò in quel periodo del 10% all'anno, la disoccupazione calò nettamente (nel 1963 era al 2,5%) e la richiesta di manodopera da parte delle industrie permise un aumento dei salari.

Grazie agli investimenti, alla capacità d'iniziativa e a un costo del lavoro abbastanza basso, le industrie italiane entrarono con successo nel mercato europeo e mondiale. Aumentarono così le esportazioni di elettrodomestici, automobili, scooter, macchine da scrivere, prodotti in plastica.

Il commercio italiano fu favorito anche dall'istituzione, nel 1957, del **Mercato comune europeo** (MEC), di cui l'Italia fu tra i fondatori. Ne facevano parte i maggiori Paesi dell'Europa occidentale, e in questo spazio i prodotti industriali e agricoli potevano circolare senza essere colpiti da dazi che ne avrebbero fatto aumentare i prezzi.

Cambiano le abitudini e i modi di vita degli Italiani

Il miracolo economico favorì importanti trasformazioni nel modo di vita degli Italiani. Cambiarono le **abitudini alimentari**: si cominciò a consumare più carne e meno pane e pasta. Crebbe la presenza di **beni di consumo durevoli**: mobili ed elettrodomestici, il telefono, il televisore.

L'automobile ebbe una diffusione straordinaria: nel 1962 ne circolavano più di tre milioni (oggi sono quasi trentasette). La mobilità delle persone era favorita anche dalla diffusione dei ciclomotori (la Vespa e la Lambretta), che permisero a moltissimi giovani di spostarsi con facilità. La disponibilità di mezzi di trasporto (e di una maggiore capacità di spesa) influenzò l'**uso del tempo libero**: divennero un'abitudine le gite fuori porta e le vacanze estive al mare o ai monti. Nel 1964 fu inaugurata l'Autostrada del Sole fra Milano e Napoli.

Non cambiarono soltanto i modi di vita, ma anche la **mentalità**. Molti Italiani, grazie alla televisione e alla maggiore possibilità di movimento, venivano a contatto con modi di vita diversi e con problemi che fino ad allora non avevano sperimentato. Cominciavano nello stesso tempo a imparare le regole della convivenza e il funzionamento dello Stato democratico. L'Italia si avviava a diventare un Paese moderno [→ Vita quotidiana p. 307].

In alto, **gli pneumatici Pirelli per scooter** in una pubblicità del 1957.
Foto Pirelli.

Qui sopra, **la macchina da scrivere Olivetti Lettera 22** in una pubblicità del 1953.
New York, Museum of Modern Art.

Picnic in campagna con l'automobile nuova.
Pubblicità del 1956.
Foto National Motor Museum/Heritage Images/Getty Images.

Poli di sviluppo ed emigrazione interna

Per favorire l'industrializzazione del meridione, fu preparato un piano per creare dei poli industriali intorno a Napoli, a Brindisi, a Taranto e in due zone della Sicilia: a Gela e nei pressi di Siracusa. Ma lo sviluppo maggiore, grazie agli aiuti che lo Stato concesse alla grande industria, si ebbe al nord, in particolare nel «**triangolo industriale**», fra Torino, Milano e Genova. I settori trainanti furono l'industria dell'automobile, l'industria chimica e la petrolchimica. In particolare la FIAT ebbe un grande sviluppo, grazie all'aumento della domanda di automobili. Anche lo sviluppo della rete autostradale e delle ferrovie andò a vantaggio soprattutto delle regioni settentrionali.

Il miracolo economico non colmò il **divario** che esisteva **fra il nord e il sud del Paese**, né quello **fra città e campagna**. All'agricoltura lo Stato destinò infatti poche risorse. Così il richiamo dell'industria favorì l'abbandono delle campagne e il trasferimento di popolazione in città. Qui furono rapidamente costruiti nuovi quartieri operai nelle vicinanze delle zone industriali. Moltissimi giovani del sud emigrarono nelle città industriali del nord [→ Geostoria: L'emigrazione interna cambia il volto dell'Italia p. 305].

ORGANIZZO I CONCETTI

► **Completa la tabella.**

Poli industriali al sud:	.... vicino a Siracusa
Città del «triangolo industriale»:	....

I governi di centro-sinistra

Intanto in campo politico prendeva forza l'idea che, per favorire il progresso sociale ed economico, si dovesse collaborare anche con le forze di sinistra. La rapida industrializzazione dell'Italia, infatti, aveva creato disuguaglianze di reddito (ricchi molto ricchi e poveri molto poveri) e squilibri sociali molto forti: per esempio, le possibilità di istruzione non erano uguali per tutti.

Per affrontare questi problemi si formò, nel 1962, il primo governo di centro-sinistra, fondato sull'**accordo fra la Democrazia cristiana** (partito di centro) **e il partito socialista** (partito di sinistra). Entrambi i partiti si proponevano, con l'appoggio dei sindacati cattolici e socialisti, di migliorare le condizioni di vita dei lavoratori e di evitare che le tensioni sociali diventassero troppo violente.

ORGANIZZO I CONCETTI

Miracolo economico in Italia (1953-1963)

accompagnato da

- maggiore benessere
- squilibrio fra nord e sud
  - da cui
  - emigrazione meridionale
- cambiamento dei costumi

Geostoria

L'emigrazione interna cambia il volto dell'Italia

Storicamente, l'emigrazione aveva coinvolto tutte le regioni italiane ed era stata diretta dapprima (fra Otto e Novecento) oltreoceano, nelle Americhe; più tardi verso i Paesi europei più ricchi e industrializzati (la Francia, il Belgio, la Germania, la Svizzera). Negli anni del miracolo economico, invece, l'emigrazione fu interna: si diresse dalle campagne verso le città e dal meridione verso l'Italia settentrionale.

Alla fine degli anni Sessanta, quando lo sviluppo industriale fu completo, vaste regioni delle Alpi e degli Appennini, difficili da coltivare, erano ormai abbandonate. Interi villaggi del sud erano ormai abitati solo da anziani e da donne, perché i giovani si erano trasferiti al nord in cerca di lavoro. Nelle città industriali le fabbriche ebbero a disposizione abbondante manodopera, disposta ad accettare anche salari molto bassi.

Nei primi tempi questo **rimescolamento di popolazione** creò tensioni e anche qualche forma di razzismo e di rifiuto verso persone provenienti da regioni lontane, diverse per abitudini e per dialetto. Ma la conoscenza reciproca aiutò, con il tempo, a superare i pregiudizi.

Il viaggio dal sud al nord era lungo e faticoso. Gli emigranti si spostavano in treno. Se venivano dalla Sardegna, anche in traghetto. Uno dei più noti e frequentati convogli ferroviari per emigranti era chiamato Treno del Sole: partiva dall'assolata Sicilia e arrivava alle nebbiose metropoli padane di Torino e Milano.

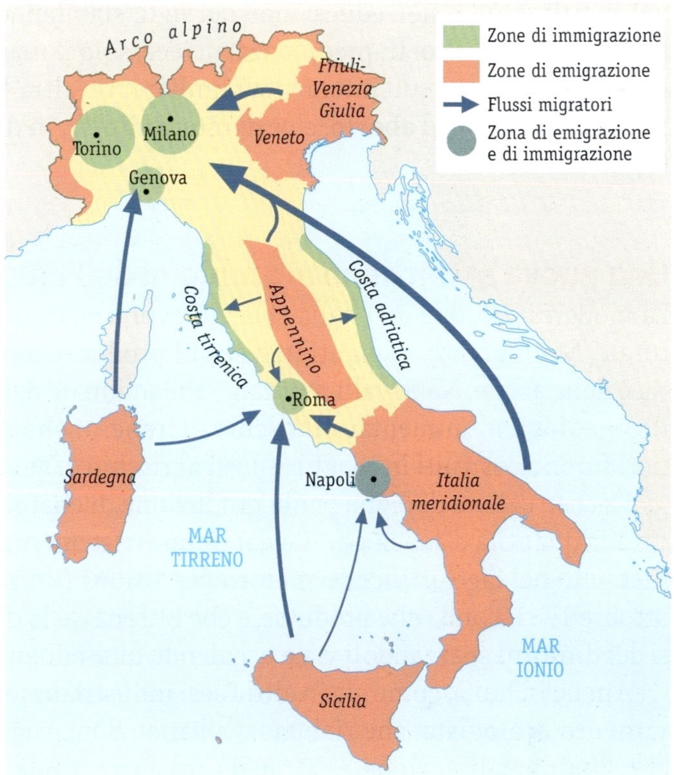

Flussi migratori in Italia.

Nasce la scuola media unica

Ancora all'inizio degli anni Sessanta la scuola dell'obbligo finiva con la quinta classe elementare. I bambini venivano allora messi di fronte a una scelta decisiva: se interrompere gli studi o al massimo iscriversi a un corso triennale di avviamento professionale per andare a lavorare presto come artigiani o operai non specializzati, oppure proseguire gli studi e frequentare i licei e gli altri istituti superiori. Con la **riforma della scuola media unica**, attuata nel **1963**, il triennio della scuola media fu reso **obbligatorio** e **uguale per tutti**.

Al termine della scuola media tutti avevano il diritto di proseguire scegliendo la scuola superiore più adatta; se lasciavano gli studi, avevano comunque una buona preparazione generale. La nuova scuola rese possibili anche nuove sperimentazioni didattiche per rendere più efficace l'insegnamento. Anche nel campo dell'istruzione l'Italia diventava un Paese moderno.

La famiglia italiana cambia

Nella società italiana, al tempo dei governi di centro-sinistra, vi furono due cambiamenti di importanza fondamentale che riguardarono la famiglia e la condizione femminile.

Nel 1970 fu approvata una legge che ammetteva il **divorzio**, cioè la possibilità di sciogliere, per validi motivi, il matrimonio.

Nel **1975** fu approvata la **riforma del diritto di famiglia**. Era una nuova legge che riconosceva a entrambi i coniugi gli stessi diritti e gli stessi doveri nel matrimonio e nell'educazione dei figli, stabilendo così la **piena parità fra moglie e marito**. In precedenza, invece, solo il marito aveva l'autorità di prendere decisioni sull'intera vita familiare. Un'altra legge, votata nel 1978, permise alle donne l'**aborto**, cioè di interrompere, in determinate situazioni, la gravidanza.

Una nuova attenzione ai problemi dell'ambiente

La modernizzazione dell'Italia ebbe notevoli conseguenze sull'ambiente naturale. Molti grandi impianti industriali producevano inquinamento dell'aria e delle acque. Nelle valli montane, abbandonate dai contadini, il **dissesto idrogeologico*** aumentava il rischio di frane; anche nelle città alcuni quartieri furono costruiti in luoghi esposti al rischio di smottamenti e alluvioni.

La costruzione di dighe per la produzione di energia idroelettrica modificava la quantità d'acqua portata dai fiumi. Tristemente famosa è la frana che precipitò nel lago artificiale sul torrente **Vajont** (un affluente del Piave) il 9 ottobre 1963: l'onda che produsse, e che oltrepassò la diga, si abbatté sui Paesi dei dintorni spazzandoli via e uccidendo quasi duemila persone.

Anche in Italia, come già in altri Paesi industrializzati, nacque un **movimento ecologista**, che richiamava l'attenzione sugli effetti dannosi che l'industrializzazione e la rapida urbanizzazione potevano avere sull'ambiente e sulla salute delle persone. Nel 1987, in seguito a un referendum promosso dal partito degli ecologisti (i **Verdi**) e dal partito radicale, fu sospesa in Italia l'attività delle centrali nucleari. Questa decisione suscitò molte discussioni: così, infatti, l'Italia, per l'energia di cui le sue industrie avevano bisogno, veniva a dipendere molto di più dai Paesi produttori di petrolio.

* **Dissesto idrogeologico**
Si verifica quando, per cause naturali (terremoti o eruzioni vulcaniche) o in seguito a interventi umani dannosi (come l'eccessivo disboscamento), un territorio diventa vulnerabile al rischio di frane, erosioni, alluvioni.

Dov'è il Vajont?

COLLOCO GLI EVENTI NEL TEMPO

Vita quotidiana

La TV nell'Italia del miracolo economico

Il 3 gennaio 1954 furono inaugurate le trasmissioni televisive della RAI, la radiotelevisione italiana, ma solo tre anni dopo la TV raggiunse il 90% del territorio nazionale.

La televisione ebbe un ruolo importante nelle trasformazioni della vita e della società italiana di quegli anni, allo stesso modo che l'automobile e gli elettrodomestici. Lo ebbe, certamente, perché favorì la diffusione delle notizie in un Paese dove l'analfabetismo era ancora diffuso. Ma nei primi anni essa fu soprattutto uno **strumento di aggregazione e di socializzazione**: davanti a un televisore si raccoglievano intere famiglie, con amici e vicini di casa, che guardavano insieme gli spettacoli, i giochi a premi, gli eventi sportivi.

La televisione diffondeva anche i nuovi modelli di vita, resi possibili dagli elettrodomestici e dai prodotti dell'industria di massa; modelli che venivano proposti alla stessa maniera a poveri e a ricchi, a settentrionali e a meridionali, a operai e a intellettuali. La pubblicità trovò nella TV il suo strumento più prezioso; il suo peso non ha fatto che aumentare fino ai giorni nostri.

La televisione fu anche di aiuto nel **combattere** una delle più gravi cause di arretratezza: l'**analfabetismo**. Per i bambini c'era la scuola dell'obbligo, anche se non tutti la frequentavano regolarmente. Ma bisognava insegnare a leggere e a scrivere a milioni di adulti che non avevano mai imparato, oppure avevano perduto le poche nozioni ricevute. Per anni andarono in onda programmi per l'alfabetizzazione degli adulti: *Telescuola* (dal 1958) e *Non è mai troppo tardi* (dal 1960).

Nello stesso anno 1960 la TV trasmise in diretta le Olimpiadi di Roma, la cui organizzazione fu un grande successo davanti al mondo per l'Italia del miracolo economico. Da allora in poi il legame tra le manifestazioni sportive e lo schermo televisivo non si sciolse più.

Non è mai troppo tardi, la trasmissione televisiva condotta dal maestro Alberto Manzi per l'alfabetizzazione degli adulti. Si ritiene che quasi un milione e mezzo di persone abbiano conseguito la licenza elementare grazie a queste lezioni a distanza.

Le postazioni riservate agli operatori TV durante le Olimpiadi di Roma del 1960.
Foto Ansa.

4. La stagione dei movimenti e dei conflitti

Il Sessantotto degli studenti italiani

Anche in Italia, come in molti altri Paesi del mondo, il **1968** fu l'anno delle grandi **rivolte studentesche** [→ cap. 11 par. 3]. Gli studenti italiani contestavano i fondamenti della cultura tutta rivolta al passato che veniva impartita nelle istituzioni scolastiche, i criteri di giudizio, i modi autoritari di far lezione dei professori che non lasciavano spazio all'immaginazione. Gli studenti occuparono dunque scuole superiori e università, proposero programmi di studio più moderni.

Oltre alla scuola misero in discussione i **modelli di vita** tradizionali, il rigido controllo esercitato sui giovani dalla famiglia, la **morale dominante** giudicata ipocrita e repressiva.

In Italia gli studenti in rivolta diedero vita anche a movimenti politici di opposizione allo Stato e si scontrarono duramente con le forze di polizia. Essi soprattutto cercarono di collegarsi con la classe operaia delle grandi fabbriche e delle città del nord.

COLLEGO
CAUSE ED EFFETTI

► **PERCHÉ nel Sessantotto gli studenti contestano la scuola? Scegli le risposte corrette.**

- ☐ La scuola trasmette una cultura rivolta solo al passato.
- ☐ I programmi di studio sono troppo moderni.
- ☐ I professori hanno modi autoritari, che frenano l'immaginazione.
- ☐ I professori danno voti troppo alti.

L'autunno caldo e lo Statuto dei lavoratori

Anche dopo la formazione di governi di centro-sinistra i **conflitti nelle fabbriche** continuarono e anzi si fecero più accesi: il culmine fu raggiunto nell'autunno del **1969**, che fu detto per questo «**autunno caldo**». Gli obiettivi delle lotte non furono soltanto i miglioramenti salariali, ma anche cambiamenti sostanziali nel modo stesso di svolgere il lavoro. Si chiedeva di migliorare la sicurezza negli ambienti di lavoro e di eliminare le disparità fra operai e impiegati nei casi di infortunio o malattia.

Furono soprattutto le generazioni più giovani di operai a organizzare le **lotte per il rinnovo dei contratti**, con assemblee in fabbrica, scioperi durissimi e manifestazioni, alle quali spesso partecipavano anche gli studenti.

Nell'organizzare e condurre la protesta, il partito comunista e i sindacati si trovarono di fronte nuovi gruppi giovanili, che riunivano operai e studenti e accusavano il PCI di eccessiva moderazione e debolezza, proponendo programmi rivoluzionari.

Le lotte dell'autunno caldo portarono risultati concreti. Una legge del 1970, lo **Statuto dei lavoratori**, stabilì nuove garanzie a protezione dei lavoratori: in particolare fu regolamentato il diritto dei datori di lavoro di licenziare i dipendenti e fu garantito il diritto di svolgere attività sindacale nei luoghi di lavoro.

Manifesto politico dei primi mesi del 1969: propone l'unità fra operai e studenti in rivolta.
Collezione privata.

Il terrorismo «nero» e le stragi

Il 12 dicembre 1969, in piazza Fontana a **Milano**, una bomba collocata nella **Banca dell'Agricoltura** uccise 17 persone e ne ferì gravemente molte decine. L'attentato era un feroce **atto di terrorismo**, compiuto proprio per suscitare terrore fra la popolazione.

Le indagini portarono alla luce una rete di **complicità** che collegava i servizi di sicurezza italiani con movimenti e gruppi di estrema destra, che si ispiravano all'ideologia fascista. Lo scopo di questo terrorismo era probabilmente di creare insicurezza fra la gente per spingerla ad accettare una svolta autoritaria nel governo dello Stato. Il **terrorismo** dei gruppi fascisti e nazisti fu chiamato «**nero**», perché questo era stato il colore della divisa dei militi fascisti.

Il terrorismo nero continuò a colpire vittime innocenti con attentati per oltre dieci anni. I più gravi furono compiuti nel 1974 a Brescia, in **piazza della Loggia**, fra la gente che ascoltava un comizio sindacale e, pochi mesi dopo, sul **treno Italicus**, in una galleria tra Firenze e Bologna; un'altra strage si consuma nel 1980 alla **stazione di Bologna** gremita di viaggiatori (85 morti).

La stazione di Bologna distrutta dall'attentato del 2 agosto 1980. Al momento dell'attentato, la stazione era gremita di persone in partenza per le vacanze. Da allora il 2 agosto di ogni anno i cittadini bolognesi ricordano quel tragico evento con una manifestazione molto affollata.

Le Brigate Rosse

Contemporaneamente nacquero nella sinistra extraparlamentare, cioè non rappresentata in parlamento, **formazioni clandestine** (come le Brigate Rosse e Prima Linea) che con il terrorismo volevano abbattere il sistema capitalista e borghese. Furono uccisi giornalisti, magistrati, industriali, sindacalisti, militari, politici. Si parlò di **terrorismo** «rosso», dal colore dominante nei simboli di questi gruppi armati.

Il terrorismo rendeva instabile la situazione politica italiana. Per fare fronte all'emergenza c'era bisogno di un governo forte e unito, che avesse un vasto consenso nel Paese. Nel 1973 il segretario del partito comunista, **Enrico Berlinguer**, diede inizio a una politica di collaborazione con la DC e con altri

Anche i giornalisti entrarono nel mirino delle Brigate Rosse. Fra loro Walter Tobagi, del «Corriere della Sera», che con grande lucidità e passione civile studiò il terrorismo, i suoi obiettivi e gli ambienti in cui poteva radicarsi. Fu ucciso il 28 maggio 1980.
Foto Olycom.

partiti al governo. Questa svolta politica fu chiamata «**compromesso storico**». All'apertura al PCI fu favorevole il presidente della Democrazia cristiana, **Aldo Moro**. Le Brigate rosse, allora, nel loro attacco allo Stato, lo presero di mira e nel **1978** lo statista democristiano fu rapito e poi assassinato.

ORGANIZZO I CONCETTI

► **Completa la tabella.**

	Terrorismo nero	Terrorismo rosso
Obiettivi	Creare un clima di .... per spingere i cittadini ad accettare un governo	Abbattere il sistema .... e borghese.
Attentati	Stragi nelle città di .... e .... ; sul treno .... ; alla stazione di	Omicidi di .... , magistrati, ... , sindacalisti, ... , politici.

Il presidente Sandro Pertini seppe ispirare grande fiducia negli Italiani e divenne molto popolare per la sua schiettezza e la capacità di comunicare con tutti.
Foto Olympia/Nazzaro.

Il terrorismo è sconfitto

L'assassinio di Moro segnò per i terroristi rossi l'inizio della sconfitta, perché l'intera società comprese che non poteva esserci trattativa con gli assassini. L'azione della polizia e della magistratura fu intensificata e molti responsabili di quegli anni di violenza politica, che furono detti «**anni di piombo**», vennero arrestati e condannati.

In quel periodo difficile, un punto di riferimento per la nazione fu il presidente della Repubblica **Sandro Pertini**, socialista, eletto nel 1978. Incarcerato più volte al tempo del fascismo, poi capo partigiano, più tardi presidente della Camera, Pertini si distinse per la ferma difesa della democrazia.

COLLOCO GLI EVENTI NEL TEMPO

RICOSTRUISCO LA MAPPA DEL CAPITOLO

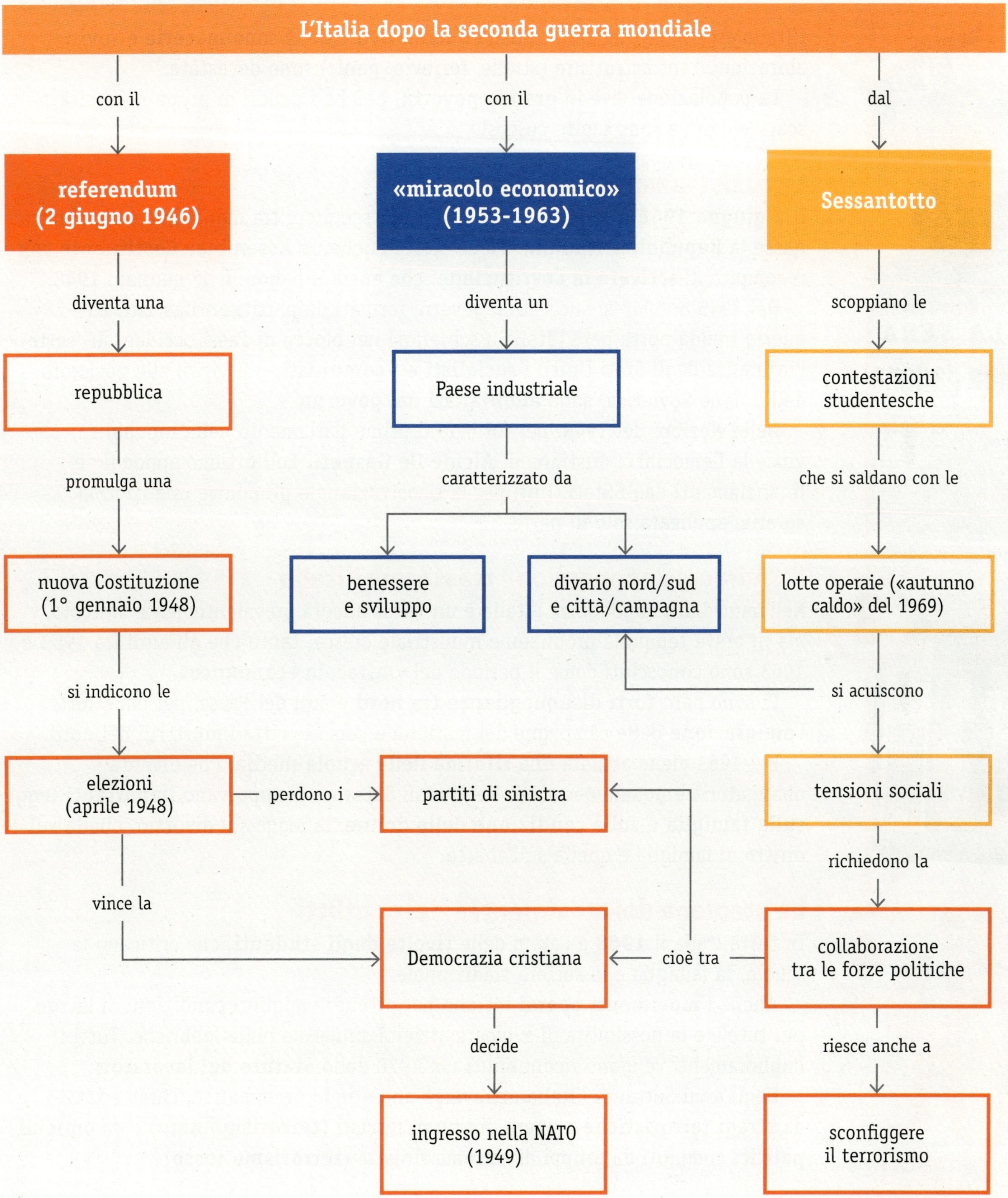

Sintesi

RICOSTRUISCO LE INFORMAZIONI

1 Fra guerra e dopoguerra

L'Italia esce molto indebolita dalla guerra. Ovunque ci sono **macerie e rovine**: abitazioni e infrastrutture (strade, ferrovie, ponti) sono devastate.

La popolazione vive in **grande povertà**, poiché i generi di prima necessità scarseggiano e sono molto costosi.

IL NUOVO
RE DELLA SERA
Repubblica italiana
la consegna dei poteri a De Gasperi, Capo provvisorio del
erazione di tutti i partiti per la distensione e la concordia
TATI DEL "REFERENDUM,,
BLICA 12.718.019
RCHIA 10.709.423
La Costituent
Chi sarà il Presidente
de giornale a Roma

2 La ricostruzione dello Stato

Il **2 giugno 1946** il popolo italiano vota per scegliere tra monarchia e repubblica: nasce la **Repubblica italiana**. Viene eletta anche un'**Assemblea Costituente** con il compito di **scrivere la Costituzione**, che entra in vigore il 1° gennaio 1948.

Dal 1945 al 1947 si succedono governi formati da partiti antifascisti. La guerra fredda porta però l'Italia a schierarsi nel blocco di Paesi occidentali, sotto l'influenza degli Stati Uniti: i **socialisti e i comunisti**, più vicini alle posizioni dell'Unione Sovietica, sono **allontanati dal governo**.

Nelle elezioni del 1948, per formare il primo parlamento della repubblica, vince la Democrazia cristiana di **Alcide De Gasperi**. Egli ottiene appoggio e finanziamenti dagli Stati Uniti per la ricostruzione e promuove una riforma agraria, applicata solo in parte.

3 Il «miracolo economico» trasforma l'Italia

Nell'immediato dopoguerra l'Italia è un Paese ancora prevalentemente agricolo, ma in breve tempo la produzione industriale cresce, tanto che gli anni fra 1953 e 1963 sono conosciuti come il periodo del «**miracolo economico**».

Ci sono però **forti disuguaglianze tra nord e sud** del Paese, per cui è forte l'**emigrazione** dalle campagne del meridione verso le città industriali del nord.

Nel 1963 viene attuata una **riforma della scuola media**, che diventa obbligatoria e uguale per tutti. Negli anni Settanta si approvano **importanti leggi sulla famiglia e sulla condizione delle donne**: la legge sul divorzio, quella sul diritto di famiglia e quella sull'aborto.

4 La stagione dei movimenti e dei conflitti

In tutta Italia il **1968** è l'anno delle **rivolte degli studenti**, che criticano la scuola, la famiglia e la società tradizionale.

Anche i **movimenti operai** lottano per ottenere migliori condizioni di lavoro, più tutele e la possibilità di svolgere attività sindacale nelle fabbriche. Tutti i miglioramenti vengono riconosciuti nel 1970 dallo **Statuto dei lavoratori**.

Negli anni Settanta l'Italia attraversa un periodo drammatico, caratterizzato da **stragi terroristiche** a opera di gruppi fascisti (**terrorismo nero**) e da **omicidi politici** compiuti da gruppi di estrema sinistra (**terrorismo rosso**).

Esercizi

COSTRUISCO LE MIE COMPETENZE

VERIFICO LE CONOSCENZE

Paragrafo 1

1 Completa il testo con le parole mancanti.

Fra il 1943 e il 1945 l'Italia fu divisa in due: a nord c'era la Repubblica ...., istituita da .... ma in mano ai ....; a sud c'era il .... di Vittorio Emanuele III, occupato dagli Anglo-americani. Alla fine della guerra l'Italia era piena di rovine; in particolare era devastata la rete dei ....
I generi di prima necessità scarseggiavano e si trovavano ad alto .... al mercato .... L'occupazione alleata durò dal 1943 alla fine del ....

VERIFICO LE CONOSCENZE

Paragrafo 2

2 Completa il testo con le parole mancanti.

Il .... gli Italiani sono chiamati a scegliere fra monarchia e repubblica con un ....: per la prima volta votano anche le ....
L'Italia diventa una repubblica e viene eletta un'Assemblea Costituente col compito di preparare la nuova .... repubblicana, che entrerà in vigore il ....
I principali partiti sono la .... (DC), il partito .... italiano (PSI) e il partito .... italiano (PCI). La DC è, per molti anni, il principale partito di governo.

USO LE PAROLE DELLA STORIA

Paragrafi 1 e 2

3 Scrivi una frase con le seguenti parole o locuzioni.

Mercato nero ▪ festa nazionale ▪ sfera d'influenza ▪ Fronte popolare

LAVORO SULLE FONTI

Paragrafo 2

4 L'immagine mostra un particolare del monumento costruito a Trento in onore di Alcide De Gasperi nel 1956. Osservala e rispondi.

a. Nel 1956 si festeggiava il decimo anniversario di un avvenimento importantissimo per l'Italia: quale?
b. Chi era De Gasperi? Quali furono le linee della sua politica?
c. Il monumento mostra la ripresa dell'attività agricola e industriale italiana dopo la guerra, che porta al benessere civile. Quali furono i provvedimenti dei primi governi della repubblica in campo economico?

STABILISCO COLLEGAMENTI E RELAZIONI

Paragrafi 1, 2 e 3

5 Rispondi alle domande.

a. Quali problemi dovette affrontare l'Italia nel secondo dopoguerra?
b. Quali differenze esistevano fra nord e sud?
c. Perché contemporaneamente al referendum istituzionale gli Italiani elessero un'Assemblea Costituente?
d. Perché si spezzò l'alleanza dei partiti antifascisti?
e. Su quali appoggi poteva contare la Democrazia cristiana?

Esercizi

Imparo a imparare

REALIZZO UN'INTERVISTA SU UN PERIODO DELLA STORIA D'ITALIA Paragrafi 1, 2 e 3

Negli anni fra il 1950 e il 1980 l'Italia affrontò un periodo di grandi cambiamenti: il «miracolo economico» e l'avvio della società dei consumi, l'introduzione della scuola media unica, l'emigrazione interna, lotte giovanili e operaie, nuove leggi per i diritti civili e, purtroppo, anche il periodo buio del terrorismo.
Cerca testimoni dai quali raccogliere memorie e racconti. Rivolgiti in primo luogo ai nonni o ai prozii che forse ti racconteranno volentieri episodi della loro giovinezza. Puoi allargare la ricerca intervistando amici di famiglia o conoscenti.

6 Segui le istruzioni per realizzare la tua intervista.

a. Scegli gli anni su cui concentrare la ricerca, per evitare di essere troppo dispersivo. Prepara un questionario da usare come scaletta durante l'intervista. Concentrati soprattutto sui temi di vita quotidiana: per esempio, gli inizi della TV e la diffusione degli elettrodomestici, gli spettacoli televisivi più popolari, le canzoni più in voga, l'esperienza della scuola media (prima o dopo la riforma), le manifestazioni studentesche, la vita nelle fabbriche, la condizione della donna nella famiglia. Poni domande del tipo: *Qual è la prima trasmissione televisiva che ricordi? Quali materie si studiavano nella scuola media prima della riforma? Come era il rapporto fra studenti e insegnanti prima e dopo il Sessantotto?* ecc. Lavorate in gruppo e con la guida dell'insegnante.
Naturalmente, se l'insegnante lo ritiene opportuno, potrai allargare il campo d'indagine anche ad altri aspetti della realtà italiana di quel periodo, tenendo conto delle esperienze, dei ricordi e della disponibilità dei tuoi interlocutori.

b. Registra le interviste per poterle poi confrontare e discutere.

c. Scrivi una relazione sul lavoro svolto e sui risultati ottenuti.

d. Componi, insieme ai tuoi compagni, un testo che raccolga le informazioni, dal titolo: «Come si viveva in Italia nel periodo dal 1950 al 1980».

LAVORO SULLE FONTI

Paragrafo 3

7 Leggi il documento e l'introduzione che lo accompagna, poi rispondi alle domande.
Nel passo che riportiamo, tratto da un saggio dello storico contemporaneo Paul Ginsborg, vengono descritti aspetti della trasformazione dei costumi in Italia negli anni del «miracolo economico».

> « Negli anni dal 1950 al 1970 il reddito pro capite in Italia crebbe più rapidamente che in ogni altro Paese europeo, salvo la Germania Occidentale [...]. Pressate da una pubblicità fino allora sconosciuta, le famiglie italiane, soprattutto nel Nord e nel Centro, spesero la nuova ricchezza nell'acquisto di beni di consumo durevoli mai posseduti in precedenza. Se nel 1958 solo il 12 per cento delle famiglie possedeva un televisore, con il 1965 la percentuale salì al 49. Nello stesso periodo, coloro che possedevano un frigorifero passarono dal 13 al 55 per cento, e quelli che avevano la lavatrice dal 3 al 23 per cento. Tra il 1950 e il 1964 le automobili private passarono da 342 000 a 4 570 000 e i motocicli da 700 000 a 4 300 000. Le abitudini alimentari cambiarono radicalmente: per carne e latticini si spese assai più che in passato. Pure il modo di vestire degli italiani cambiò: le donne del Sud abbandonarono il tradizionale vestito di color nero per indossare giacche, vestiti e calze prodotte in serie; per la prima volta la maggior parte degli italiani poteva comprarsi calzature adeguate. »

(Da P. Ginsborg, *Storia d'Italia dal dopoguerra a oggi*, Torino, Einaudi, 1989).

a. Come cambia il reddito pro capite degli Italiani negli anni del miracolo economico?
b. Come cambiano in Italia i consumi, le abitudini alimentari, il modo di vestire?
c. La pubblicità e la produzione in serie influenzano l'aumento dei consumi: in che modo?
d. Visualizza in un grafico come aumentano le percentuali di televisori, frigoriferi, lavatrici in possesso delle famiglie italiane fra il 1958 e il 1965.

STABILISCO COLLEGAMENTI E RELAZIONI — Paragrafo 3

8 Nello schema a stella l'elemento posto al centro è in relazione con tutti gli altri. Trova la relazione e spiegala sul tuo quaderno con una breve frase.

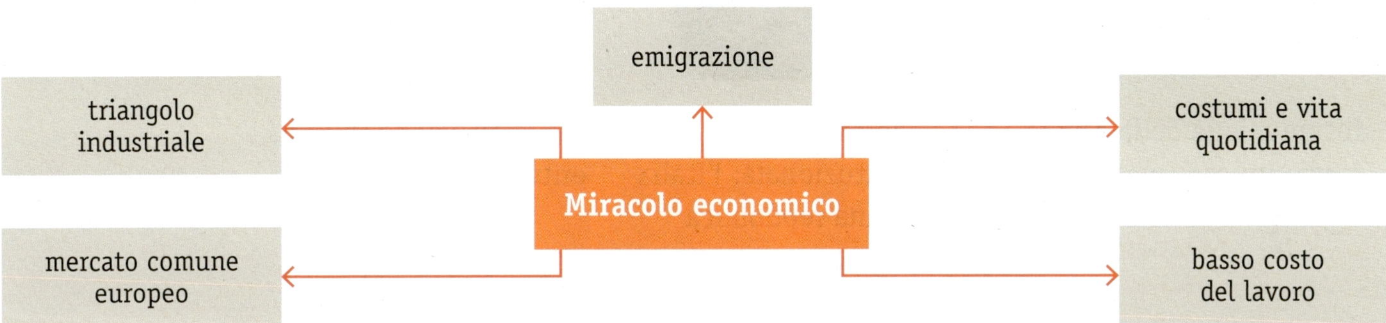

VERIFICO LE CONOSCENZE — Paragrafi 3 e 4

9 Completa il testo con le parole mancanti.

Nel 1962 nasce il primo governo di ...., che, fra l'altro, istituisce la .... (1963) elevando l'obbligo scolastico fino a 14 anni.
Intanto l'Italia si sta trasformando da Paese prevalentemente .... in uno dei principali Paesi ...., aumenta il tenore di vita degli Italiani e si parla di «..».
Nel 1968 scoppiano in Italia, come nel resto del mondo, le rivolte .... seguite, l'anno dopo, dalle proteste degli .... che nel 1970 ottengono lo ....
Gruppi armati di ispirazione fascista danno origine al ...., che provoca stragi di vittime innocenti. Contemporaneamente nasce il terrorismo ...., praticato da gruppi di estrema sinistra come le ....

COLLOCO NEL TEMPO — Intero capitolo

10 Inserisci nella linea del tempo le lettere che precedono gli avvenimenti elencati.

a. Istituzione della scuola media unica
b. Attentato di piazza Fontana (Milano)
c. Primo governo di centro-sinistra
d. Riforma agraria
e. Entra in vigore la Costituzione
f. Proclamazione della Repubblica italiana
g. Statuto dei lavoratori
h. Riforma del diritto di famiglia
i. Movimento studentesco
j. Attentato alla stazione di Bologna
k. Autunno caldo
l. Assassinio di Aldo Moro

Il capitolo a colpo d'occhio

QUANDO

1. In quali date si collocano questi eventi? SCRIVI sulla linea del tempo la lettera corrispondente.

A

Introduzione della scuola media unica

B

Referendum istituzionale: l'Italia è una repubblica

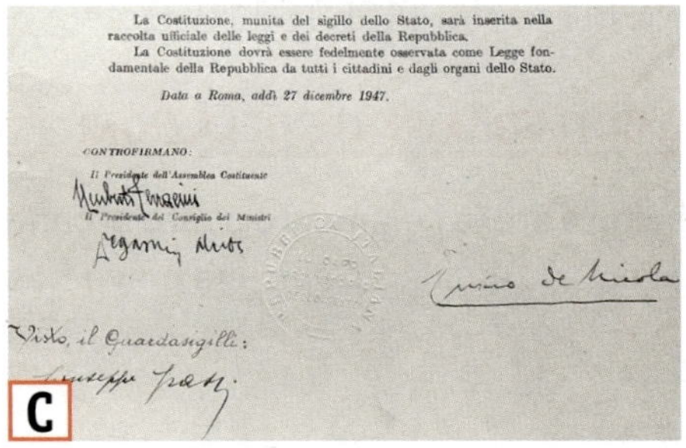

La Costituzione, munita del sigillo dello Stato, sarà inserita nella raccolta ufficiale delle leggi e dei decreti della Repubblica.
La Costituzione dovrà essere fedelmente osservata come Legge fondamentale della Repubblica da tutti i cittadini e dagli organi dello Stato.

Data a Roma, addì 27 dicembre 1947.

CONTROFIRMANO:
Il Presidente dell'Assemblea Costituente
Il Presidente del Consiglio dei Ministri
Visto, il Guardasigilli:

C

La Costituzione italiana entra in vigore

1946 (2 giugno) ....

1940 — 1950 — 1960 — 1970

1948 (1° gennaio) ....

1963 ....

DOVE

2. COMPLETA la legenda. SCRIVI sui puntini le parole mancanti.

1. .... industriale
2. Tutela della minoranza di lingua ....
3. Trieste torna all'Italia nel ....
4. Autostrada ....
5. Giochi olimpici del ....

LE PAROLE DA RICORDARE

3. Che cosa significa...? METTI LA CROCETTA sulla definizione giusta.

a. Assemblea Costituente
- ☐ assemblea eletta con il compito di scrivere la Costituzione
- ☐ altro nome del senato
- ☐ votazione per scegliere fra monarchia e repubblica

b. Emigrazione interna
- ☐ emigrazione di italiani in altri Paesi dell'Europa
- ☐ emigrazione regolata da un sistema di quote
- ☐ emigrazione da una zona all'altra del Paese

c. Autunno caldo
- ☐ manifestazioni studentesche del Sessantotto
- ☐ periodo di aspre lotte dei lavoratori alla fine degli anni Sessanta
- ☐ manifestazioni dei contadini per la riforma agraria

LA MAPPA DEI CONCETTI

4. COMPLETA la mappa.

L'Italia del dopoguerra

diventa	attraversa	deve affrontare
una .... (2 giugno 1946)	una fase detta "miracolo ...."	conflitti sociali e lotte ....
con	diventa	è minacciata da
una nuova .... (1° gennaio 1948)	un Paese	.... nero e rosso
e aderisce al	ma aumenta	che viene
blocco occidentale	l' .... interna	sconfitto

Capitolo **13**

La fine degli imperi coloniali

CIAK si impara!

GUARDA! IL VIDEO

MI ORIENTO NEL CAPITOLO

dal 1945 → al 1993

1

Nel secondo dopoguerra gli imperi coloniali cominciano a disgregarsi: nelle **colonie** si diffondono **movimenti nazionalisti** che incitano alla **lotta per l'indipendenza**.

2

Grazie alla **lotta politica non violenta** ideata da **Gandhi**, l'Inghilterra concede l'indipendenza all'**India**. Nascono due nuovi Stati (Unione Indiana e Pakistan), che si scontrano per **motivi religiosi.**

3

Molti Stati africani ottengono l'**indipendenza**, ma restano in realtà sotto l'influenza degli Stati occidentali, che sfruttano le loro **risorse**. In **Sudafrica** **Nelson Mandela** si batte **contro la discriminazione** dei neri.

4

Da oltre un secolo i Paesi dell'**America Latina** sono indipendenti, ma gli **Stati Uniti** ne controllano la politica e l'economia. I tentativi di **governo democratico e indipendente** sono stroncati da **colpi di Stato** militari.

1. La decolonizzazione

Nascono decine di nuovi Stati

Nel secondo dopoguerra gli imperi coloniali entrarono in una crisi irreversibile. Fra il 1945 e il 1960 ottennero l'indipendenza una quarantina di Paesi in Asia e in Africa (con un quarto della popolazione mondiale). Questo processo, chiamato **decolonizzazione**, trasformò la carta geografica del mondo: nel 1975 quasi tutte le colonie erano ormai diventate degli Stati indipendenti.

La decolonizzazione fu preparata dai **movimenti nazionalisti** che da tempo erano sorti in India, Egitto e Medio Oriente. Durante le guerre mondiali, soprattutto nella seconda, molti soldati provenienti dalle colonie avevano combattuto a fianco degli Europei, avevano capito che i bianchi potevano essere battuti ed erano ormai pronti a lottare per l'indipendenza del proprio Paese.

USA e **URSS incoraggiavano i movimenti di liberazione nazionale**, sperando di poter estendere la loro influenza sui nuovi Stati indipendenti. La rivalità fra le due potenze s'intrecciò con le lotte coloniali e alimentò i conflitti.

Caricatura sovietica sul colonialismo. Il colonialista porge fiori e profumi, ma dietro gli aiuti economici si nascondono le sue vere intenzioni repressive.
Foto Novosti.

La trasformazione dell'impero britannico

Il più grande fra gli imperi coloniali, quello inglese, subì profonde trasformazioni negli anni fra le due guerre mondiali. Sei Paesi dell'impero nei quali vivevano popolose comunità bianche costituirono nel 1931, insieme alla Gran Bretagna, la **Comunità delle nazioni britanniche** (*Commonwealth of nations*): erano Irlanda, Canada, Terranova (un territorio che ora fa parte del Canada), Sudafrica, Australia e Nuova Zelanda.

Il Commonwealth nel 1936.

GUARDA! LA CARTA ANIMATA

Questi Paesi ottennero larghe autonomie e uguaglianza di diritti con la madrepatria, alla quale erano uniti dalla comune fedeltà alla corona britannica.

Il Commonwealth accolse nel secondo dopoguerra gli altri Paesi dell'impero che raggiunsero l'indipendenza. Si trasformò quindi in una **confederazione di Stati sovrani**, legati alla Gran Bretagna da solidi vincoli storici e da rapporti economici sempre più deboli.

Tempi e modi della decolonizzazione

La decolonizzazione avvenne in tempi rapidi e in molti casi fu un ordinato passaggio delle consegne dai precedenti governi coloniali alle nuove classi dirigenti locali.

Tuttavia le potenze europee cercarono con ogni mezzo di mantenere alcune parti del loro impero, sia introducendo **riforme amministrative** (che però si rivelarono insufficienti), sia impegnandosi in logoranti **conflitti**. La Francia, per esempio, si batté in Vietnam e in Algeria; l'Olanda in Indonesia; la Gran Bretagna in Kenya; il Portogallo in Angola e Mozambico. Le guerre furono particolarmente sanguinose dove il **numero di coloni** europei era più **alto** (Algeria, Kenya), le risorse delle colonie erano più **ricche** (Vietnam, Indonesia) o più importante era la loro **posizione strategica** (Vietnam).

COLLEGO
CAUSE ED EFFETTI

Alcune colonie fanno più fatica a ottenere l'indipendenza
PERCHÉ:
- sono abitate da molti Europei
- sono ricche di risorse
- sono in una posizione strategica

La guerriglia è lo strumento delle lotte coloniali

Le lotte di liberazione nazionale, sia in Asia sia in Africa, furono condotte con i metodi della **guerriglia**, cioè attraverso imboscate, attentati e **sabotaggi***. Si trattava infatti di guerre «asimmetriche», nelle quali, cioè, le forze in campo erano disuguali: non erano condotte da eserciti in divisa che si fronteggiavano in campo aperto, ma da reparti irregolari e piccoli gruppi di combattenti che lottavano contro truppe ben organizzate e armate. La guerriglia creava serie difficoltà agli eserciti tradizionali, soprattutto quando i guerriglieri avevano l'**appoggio delle popolazioni locali**, che davano loro cibo e informazioni, e li nascondevano in caso di bisogno.

* **Sabotaggio**
È il danneggiamento di un'infrastruttura (come strade, ferrovie, linee telefoniche) praticato da gruppi di guerriglieri per ostacolare le truppe regolari.

Il processo di decolonizzazione inizia in Asia

Il fenomeno della decolonizzazione iniziò nel continente asiatico, dove esistevano antichissime **civiltà** e **religioni** millenarie che avevano impedito alla popolazione di accettare passivamente i modelli della cultura occidentale.

Nel **1945** l'**Indonesia** olandese si proclamò indipendente – e quattro anni più tardi i Paesi Bassi dovettero accettare il fatto compiuto. L'**India** raggiunse l'indipendenza nel 1947, la **Birmania** (oggi Myanmar) nel 1948 e l'**Indocina** francese, dopo una lunga guerra, nel 1954.

Quanto alla **Cina**, già nel corso della seconda guerra mondiale si era liberata dei Giapponesi invasori. Al termine del conflitto, come abbiamo visto [→ cap. 10 par. 3], una vittoriosa rivoluzione comunista modificò radicalmente la struttura economica, politica e sociale del Paese.

«Abbasso l'imperialismo!». Poster cinese di supporto alla lotta dei popoli ancora oppressi dal colonialismo, del 1964 circa.
Foto IISG.

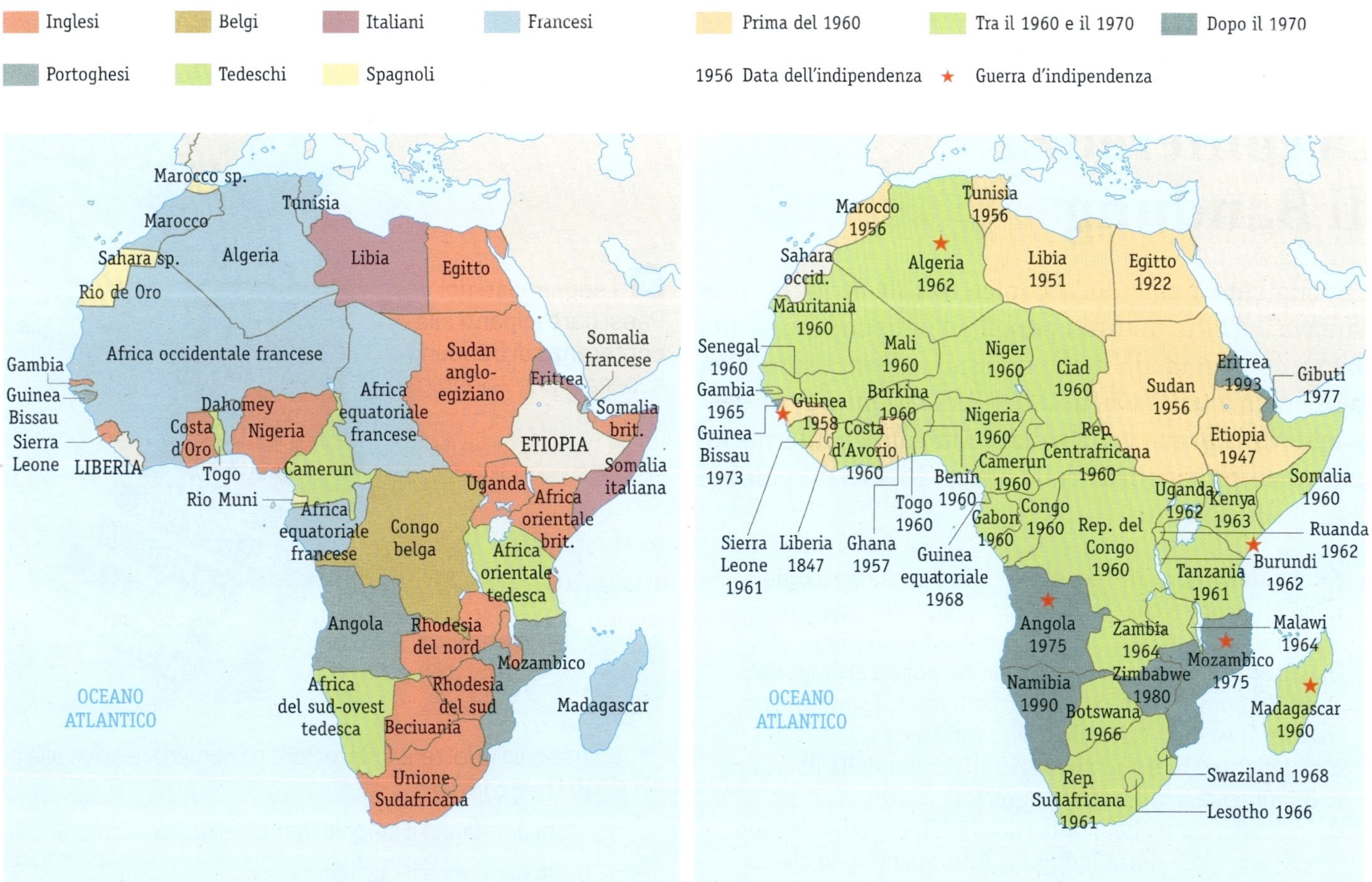

I possedimenti coloniali in Africa nel 1914 (a sinistra) e il raggiungimento dell'indipendenza nei diversi Stati (a destra).

La decolonizzazione africana

In Africa il processo di decolonizzazione interessò prima la fascia settentrionale del continente, cioè i Paesi del cosiddetto **Maghreb** (Marocco, Algeria, Tunisia, Libia), con popolazione in prevalenza araba e musulmana, dove da tempo si erano formati **movimenti nazionalisti** che chiedevano autonomia e si richiamavano alle comuni radici culturali e religiose.

Nell'**Africa subsahariana** il maggior numero di Stati raggiunse l'indipendenza fra il 1957 e il 1965. Nel 1960, divennero indipendenti ben diciassette Paesi. Per questo motivo il **1960** è stato chiamato **«l'anno dell'Africa»**.

Nasce il movimento dei «non allineati»

Nel **1955** si svolse a **Bandung**, nell'isola indonesiana di Giava, una **conferenza** internazionale dei Paesi afro-asiatici: vi parteciparono 29 Stati indipendenti più il Ghana, che stava per diventarlo. La conferenza approvò un documento di **condanna di ogni forma di colonialismo** e di appoggio alle aspirazioni dei popoli alla libertà e all'indipendenza [→ Fonti: La conferenza di Bandung p. 322].

I Paesi di Bandung proclamarono il loro «**non allineamento**»: rifiutarono, cioè, di schierarsi in uno dei blocchi contrapposti legati alle superpotenze, USA e URSS. Per indicare chiaramente questa scelta fu coniata l'espressione **Terzo Mondo**. Dopo la conferenza di Bandung il processo di decolonizzazione subì una vigorosa accelerazione.

Fonti

La conferenza di Bandung

Il documento finale della conferenza di Bandung proclamava il diritto di tutti i popoli all'indipendenza e alla libertà, condannando il colonialismo e il razzismo. Con questa dichiarazione i Paesi del Terzo Mondo si presentavano per la prima volta sulla scena politica internazionale come protagonisti della storia. Riportiamo alcuni passi del documento.

« La conferenza afro-asiatica [...] si è trovata d'accordo:
a. nel dichiarare che il colonialismo in tutte le sue manifestazioni è un male a cui si deve porre fine al più presto;
b. nell'affermare che la soggezione dei popoli al giogo straniero, la dominazione e lo sfruttamento [...] sono in contraddizione con la Carta delle Nazioni Unite [...];
c. nel dichiarare il suo appoggio alla causa della libertà e dell'indipendenza di tutti i popoli [...];
d. [nell'affermare che] la libertà e l'indipendenza devono essere accordate senza indugio a tutti quei popoli che ancora ne sono privi;
e. [nell'esortare tutte le nazioni a collaborare sulla base dei seguenti princìpi]:
1. rispetto per la sovranità di tutte le nazioni;
2. rispetto per i diritti fondamentali dell'uomo;
3. riconoscimento dell'uguaglianza di tutte le razze e di tutte le nazioni [...];
8. risoluzione di tutti i contrasti internazionali con mezzi pacifici;
9. promozione della collaborazione reciproca [...]. »

I segnaposti dei Paesi partecipanti alla conferenza di Bandung appena prima dell'inizio dei lavori.
Foto H. Sochurek/Time Life Pictures Collection/Getty Images.

LAVORO SULLE FONTI

1. Trascrivi le lettere (o le lettere e i numeri) relative alle parti del testo in cui:
   a. si condanna il colonialismo: ....
   b. si condanna il razzismo: ....
   c. si proclama il diritto di tutti i popoli alla libertà e all'indipendenza: ....
   d. si afferma che le colonie devono trasformarsi in Stati indipendenti: ....
   e. si invitano le nazioni a collaborare reciprocamente: ....
   f. si invitano le nazioni a collaborare e a usare mezzi pacifici per risolvere i conflitti: ....
2. Spiega perché la conferenza di Bandung fu un importante evento storico, e quali Paesi vi parteciparono.

COLLOCO GLI EVENTI NEL TEMPO

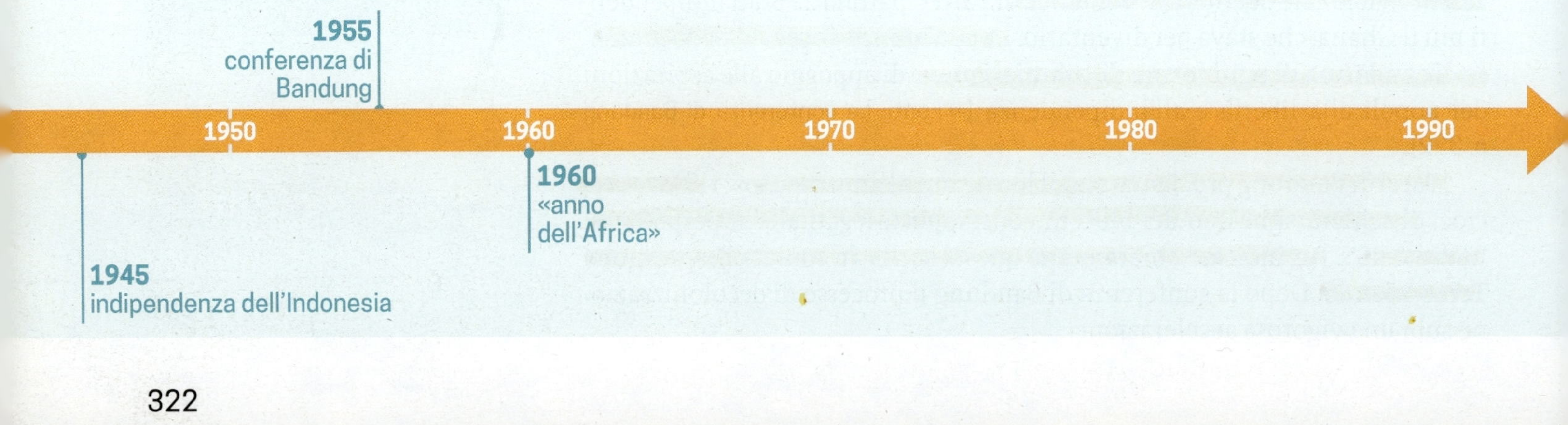

2. Indipendenza e divisione dell'India

Il modello di Gandhi: la resistenza passiva

Nella prima metà del Novecento la guida politica della lotta del popolo indiano contro il secolare dominio inglese fu il **Congresso nazionale indiano**, un partito fondato nel 1885, che voleva fare dell'India una nazione indipendente e moderna. In questa lotta la guida spirituale degli Indiani fu **Mohandas Gandhi**, soprannominato il Mahatma, cioè «la grande anima».

Gandhi nacque nel 1869; dopo la laurea in giurisprudenza ottenuta in Inghilterra, andò a esercitare la professione di avvocato in Sudafrica. In quel Paese, dall'economia fiorente, vivevano molti emigranti indiani, che erano trattati come razza inferiore e subivano soprusi e ingiustizie da parte dei coloni europei. In difesa dei loro diritti Gandhi attuò con successo una tattica di **resistenza passiva**, un **metodo di lotta politica non violento**, che consisteva nel rifiutare l'obbedienza alle leggi ritenute ingiuste e contemporaneamente nell'accettare, senza ribellarsi, le pene che queste leggi stabilivano.

In Sudafrica, Gandhi fu testimone della guerra anglo-boera [→ cap. 3 par. 2]. Ritornato in India nel 1914, egli introdusse anche lì il metodo della resistenza passiva. Nel 1930, per esempio, guidò la «**marcia del sale**»: una clamorosa protesta pacifica per opporsi alla tassa imposta dai colonizzatori su questo prodotto. Dopo ventiquattro giorni di cammino, insieme a migliaia di sostenitori di tutte le classi sociali e di tutte le religioni, il Mahatma raggiunse le saline sulla costa, presidiate dalla polizia, e raccolse simbolicamente un pugno di sale, subito imitato da coloro che lo seguivano.

Per raggiungere i suoi obiettivi politici, Gandhi fece uso più volte del **digiuno**. Era questa un'arma potente, perché la sua popolarità era tale che, quando il digiuno lo portava a rischiare la vita, tutti (Indiani e governanti inglesi) si sentivano obbligati a venire a patti con lui.

Mohandas Gandhi (a destra) **insieme a Jawaharlal Nehru**, che fu a lungo guida politica del partito del Congresso.
Washington, Library of Congress. Foto D. Davis/Acme.

Il partito del Congresso e la disobbedienza civile

I princìpi di Gandhi vennero fatti propri dal **Congresso nazionale indiano**. I funzionari indiani dell'amministrazione coloniale diedero le dimissioni; gli studenti indiani smisero di frequentare le scuole inglesi; gli Indiani tutti si astennero dal comprare merci inglesi, sostituendole con i prodotti dell'artigianato e dell'industria locale; infine, si rifiutarono di pagare le tasse. I "disobbedienti" si presentavano poi spontaneamente ai posti di polizia, ai tribunali e alle carceri, dichiarandosi colpevoli e disposti a subire le pene stabilite.

Queste campagne di resistenza passiva misero in difficoltà l'amministrazione coloniale inglese e contribuirono a diffondere fra le masse indiane l'**aspirazione all'indipendenza**.

I protagonisti

Gandhi e le tradizioni indiane

Secondo Gandhi, nell'India del suo tempo era in atto un conflitto fra due forme di civiltà: quella lenta, pacifica, povera e profondamente religiosa dell'India tradizionale e quella veloce, aggressiva e consumista dell'Europa moderna. Il Mahatma riteneva che l'India dovesse tornare a modi di vita antichi, rinunciando alla civiltà europea che gli Inglesi avevano introdotto nel Paese: solo così, dopo l'indipendenza, avrebbe potuto rinnovare le glorie del suo passato.

Per dare l'esempio, Gandhi prese a vestirsi di grossolana tela bianca, secondo la tradizione indiana, e cominciò a filare cotone all'arcolaio, lo strumento simbolo della locale tradizione artigiana.

Anche nelle numerose visite politiche ufficiali in occidente Gandhi mantenne sempre il suo caratteristico abbigliamento tradizionale.

Gandhi fila all'arcolaio; è circondato da minacciosi leoni, simbolo dell'impero britannico. Vignetta del 1932.

Diverse visioni dell'India indipendente

Gandhi immaginava l'India indipendente come un grande Paese, nel quale le diverse religioni dovevano convivere in pace. Ma i più fanatici fra **i credenti indù** non condividevano la tolleranza religiosa del Mahatma. Dal canto loro i seguaci della **Lega musulmana** (un partito fondato nel 1906) non volevano fare dell'India un'unica nazione, ma volevano costituire nella valle dell'Indo uno Stato separato per gli Indiani di religione islamica (**Pakistan**).

C'erano visioni contrastanti anche all'interno del partito del Congresso. Gandhi sosteneva che l'India doveva ritornare ai suoi modi tradizionali di vita, che gli Inglesi avevano stravolto introducendo nel Paese istituzioni, modelli economici e amministrativi occidentali. Molti dirigenti del Congresso, tra i quali **Jawaharlal Nehru**, che fu più volte presidente del partito, sostenevano invece che l'India indipendente non poteva fare a meno degli elementi di modernità introdotti dal dominio inglese: le scienze e le tecniche, la medicina e gli ospedali, le ferrovie e i telegrafi, le università, le scuole e i tribunali.

ORGANIZZO I CONCETTI

▶ **Completa la tabella.**

Diverse idee di indipendenza	
Gandhi	India ...., multireligiosa, che recupera le .... indiane.
Nehru	India aperta alla ....
Fanatici	No alla .... religiosa.
Lega	Sì a uno Stato separato per gli Indiani ....

La conquista dell'indipendenza e la morte di Gandhi

Gli Inglesi si opposero a lungo alle richieste del popolo indiano. Alla fine della seconda guerra mondiale, però, fu deciso di concedere l'indipendenza.

Il 15 agosto **1947** furono proclamati due Stati indipendenti: l'**Unione Indiana**, con popolazione in maggioranza induista, e il **Pakistan**, con popolazione in maggioranza musulmana.

- induismo
- Islam.

Nei giorni stessi dell'indipendenza, in tutta la penisola si scatenò una **guerra di religione** tra indù e musulmani, che causò un milione di morti e più di sei milioni di profughi. Per scampare alle stragi, i musulmani dall'India fuggirono in massa nel Pakistan e viceversa gli indù dal Pakistan verso l'India. Gandhi stesso fu vittima dell'odio fanatico nel gennaio 1948, ucciso da un giovane **bramino*** convinto che con le sue concessioni ai musulmani il Mahatma avesse tradito l'induismo. L'eredità di Gandhi fu raccolta da Jawaharlal Nehru, che fu primo ministro dal 1947 al 1964.

* **Bramino**
Appartenente alla casta sacerdotale (i devoti del dio Brahma) più elevata dell'India.

ORGANIZZO I CONCETTI

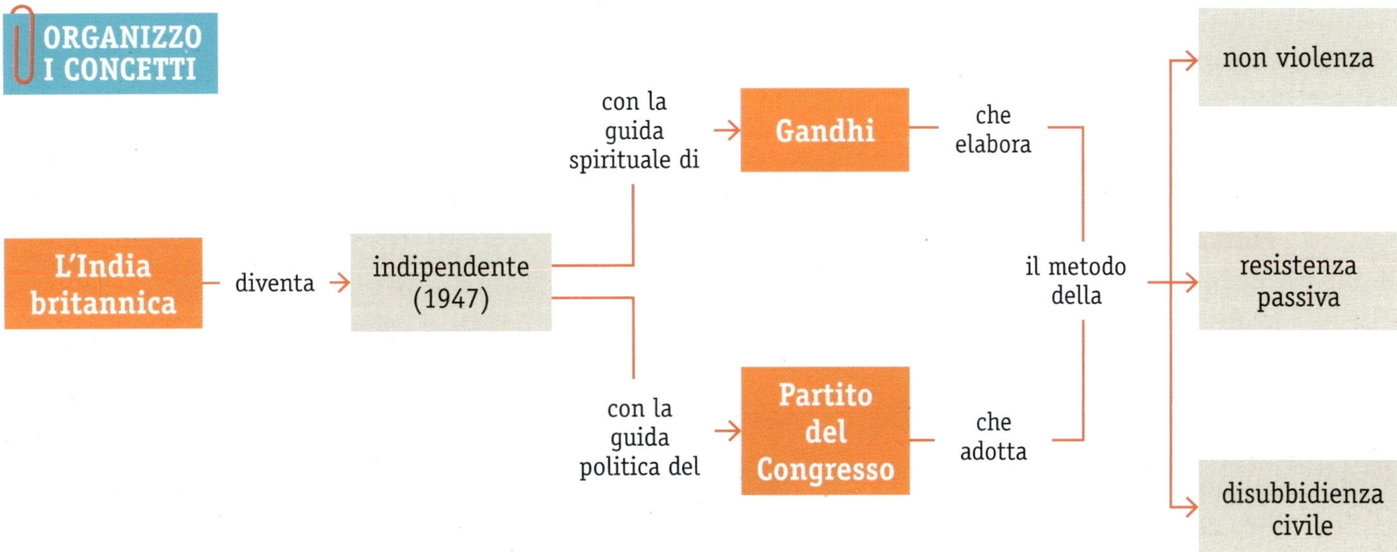

- Causa principale delle lotte e guerre: la Religione
- Art 8 della C. Italiana "tutte le confessioni religiose sono egualmente libere davanti alla legge"

Indiani in fuga per la persecuzione religiosa dopo la creazione dei due Stati indipendenti di India e Pakistan nel 1947.

Foto M. Bourke-White/Time Life Picture Collection/Getty Images.

Tensione e guerre fra India e Pakistan

Tutta la storia dell'India indipendente è stata contrassegnata dalla tensione fra indù e musulmani. Essa ha portato a diverse guerre fra l'Unione Indiana e il Pakistan, e continua a essere causa di scontri sanguinosi al confine fra i due Stati e, talora, di terribili attentati terroristici.

Nel 1948 e nel 1965 le ostilità divamparono per il possesso del **Kashmir**, una vasta regione montuosa attraversata dal corso superiore dell'Indo, che al momento dell'indipendenza era stata assegnata all'Unione Indiana, benché la sua popolazione fosse in maggioranza musulmana.

Nel **1971** una terza guerra portò alla formazione di uno Stato indipendente, il **Bangladesh**, o Bengala orientale, in una regione a est di Calcutta, abitata da una popolazione in prevalenza musulmana, che, al momento della spartizione, era stata assegnata al Pakistan.

Il Pakistan ebbe perlopiù governi autoritari e fu più volte retto da dittature militari. L'India, invece, è diventata la più popolosa democrazia del mondo.

«Il Kashmir è la corona dell'India»: un messaggio nazionalista decora un segnale stradale. Il Kashmir è al centro di una disputa territoriale fra India e Pakistan dal 1947, ed è una delle aree più militarizzate e instabili del mondo. Nell'estate del 2016 le tensioni si sono riaccese: gruppi indipendentisti locali hanno organizzato proteste che sono state duramente represse dalle forze armate indiane.

Foto A. Jain.

ORGANIZZO I CONCETTI

Unione indiana (induista) — **Pakistan (musulmano)**

in lotta per

- possesso del Kashmir (1948, 1965)
- indipendenza del Bangladesh (1971)

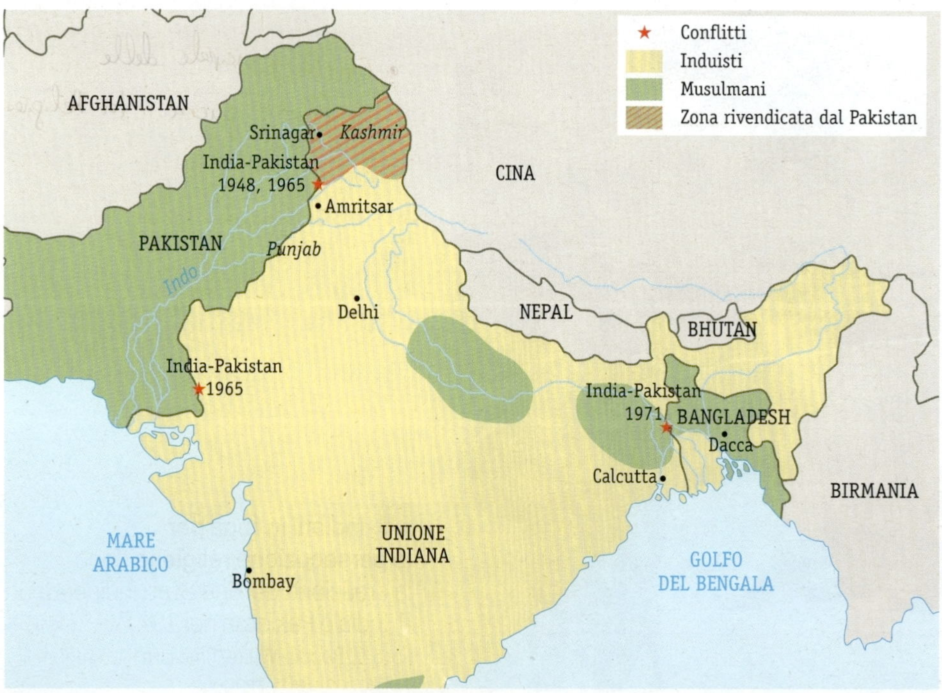

India e Pakistan dopo l'indipendenza.

Una democrazia imperfetta

Come forma di governo l'India scelse la **repubblica** e nel 1950 entrò in vigore la sua **Costituzione democratica**. Uno dei primi articoli dichiarava che tutti i cittadini sono uguali davanti alla legge. Con questo veniva eliminata una secolare tradizione, la divisione in caste alle quali si apparteneva per nascita, ed era abolita formalmente anche la classe degli «intoccabili», i fuori casta, che avevano sempre subìto discriminazioni. La Costituzione stabiliva inoltre la libertà di religione, di stampa, di parola, di riunione e l'impegno dello Stato a lottare per la giustizia sociale.

Come tutte le democrazie, anche quella indiana è ancora una democrazia imperfetta. Perdurano gli **odi fra le religioni e le etnie** diverse, che spesso danno origine a episodi di violenza. Li ha ancora di più inaspriti la crescita recente di **gruppi fondamentalisti***, sia musulmani sia indù.

Anche l'uguaglianza fra i cittadini è stata raggiunta solo in parte: non è stato finora possibile eliminare né la **divisione della società in caste**, né l'ingiusta condizione di **inferiorità delle donne**. Per la parità giuridica fra uomo e donna sono state emanate diverse leggi, ma nei rapporti sociali, nella pratica quotidiana e nella mentalità di molte persone l'antica idea dell'inferiorità femminile tarda a scomparire.

L'introduzione dell'**istruzione elementare obbligatoria** ha favorito il progresso dell'India, ma nella massa della popolazione l'analfabetismo è ancora diffuso: sono centinaia di milioni, più di un quarto degli uomini e più della metà delle donne, gli Indiani che non sanno leggere e scrivere. Tuttavia le università indiane hanno grande prestigio nel campo tecnologico e scientifico, e competono con le più prestigiose università americane e inglesi: i matematici, gli economisti e gli informatici indiani sono ricercati dalle maggiori imprese in tutto il mondo.

* **Gruppi fondamentalisti**
Movimenti religiosi che vogliono il ritorno al rispetto rigoroso dei princìpi fondamentali e originari di una religione, che essi considerano perduti.

Una manifestazione di «intoccabili» che rivendicano i propri diritti, Nuova Delhi 2011.
Foto S. Hussain/AFP/Getty.

COLLOCO GLI EVENTI NEL TEMPO

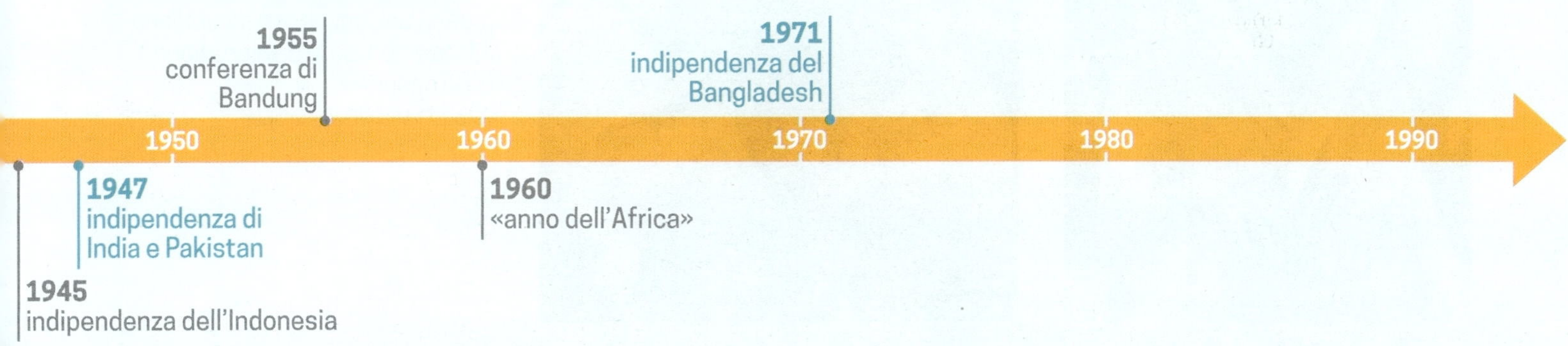

Vita quotidiana

IL DIO DELLE PICCOLE COSE

Le donne e gli «intoccabili» fra uguaglianza e discriminazione

Nell'India tradizionale le donne venivano costrette al matrimonio nell'infanzia o nella fanciullezza con uomini mai visti prima, di cui diventavano legalmente proprietà, senza possibilità di divorziare. Se restavano vedove, cadevano in una condizione quasi di «morte viventi»: considerate impure ed escluse dall'eredità del marito e del padre, erano vittime di offese e di soprusi.

Nell'India democratica le donne ebbero il diritto di voto e la possibilità di essere elette alle cariche politiche. La figlia di Nehru, Indira Gandhi, ricoprì a lungo la carica di primo ministro.

Anche dopo l'indipendenza fu necessario molto tempo perché le donne indù raggiungessero una vera **parità giuridica** con gli uomini. Rimase invece immutata la condizione delle donne musulmane. Soltanto dieci anni dopo l'indipendenza fu accordato alle donne indù il diritto al divorzio e il diritto a ereditare la proprietà paterna. Nel 1961 fu abolito l'obbligo legale della dote, ma questa, per tradizione, continua ancor oggi a essere pretesa dalla famiglia del marito.

Anche la condizione degli «intoccabili» è cambiata dopo l'indipendenza. Ora non sono più degli emarginati, delle persone escluse da ogni contatto umano. Dispongono di un po' di denaro e di una certa istruzione. Soprattutto hanno acquisito la coscienza di appartenere a un gruppo distinto dagli altri, che può lottare unito per i suoi diritti. Tuttavia nei loro confronti **restano discriminazioni** nel lavoro, nelle abitazioni, in ogni aspetto della vita quotidiana.

Donne in coda per votare alle elezioni parlamentari del 1952.
Foto Popperfoto/Getty Images.

A sinistra, **Indira Gandhi**, che è stata primo ministro indiano dal 1966 al 1977 e dal 1980 al 1984.
Foto The India Today Group/Getty Images.

Qui accanto, **donne indiane** presso un consultorio raccolgono informazioni sulla pianificazione delle nascite.
Foto T. Graham/Getty Images.

3. La difficile indipendenza dell'Africa

Il risveglio dell'Africa nera: panafricanismo e negritudine

La prima colonia dell'Africa subsahariana a ottenere l'indipendenza fu nel **1957** la Costa d'Oro che, d'accordo con la Gran Bretagna, divenne lo Stato indipendente del **Ghana** (il nome deriva dall'antico regno africano che si estendeva ai margini meridionali del Sahara). L'uomo politico che portò il Ghana all'indipendenza e ne fu presidente, **Kwame Nkrumah**, si fece promotore del **movimento panafricanista**, i cui principali obiettivi erano la liberazione dell'Africa dal dominio straniero e la cooperazione fra gli Stati africani indipendenti. Questo progetto si dimostrò però impossibile da realizzare.

Léopold Senghor nel suo studio in una foto ufficiale.

Il presidente del Ghana Kwame Nkrumah in abiti tradizionali, nel 1957.
Underwood Archives/Getty Images.

Molti fra i primi dirigenti africani avevano studiato in Europa e avevano guidato i movimenti di liberazione. Erano consapevoli che l'Africa era portatrice di tradizioni culturali di valore che erano state soffocate dalla tratta degli schiavi, dal razzismo e dalla spartizione coloniale del continente. Alcuni politici e intellettuali s'impegnarono a far rivivere queste antiche tradizioni dell'**Africa nera***, che definivano con la parola **negritudine**. Fra questi uomini politici fu in prima linea **Léopold Senghor**, che fu poeta raffinato e presidente della repubblica del Senegal dal 1960 (anno dell'indipendenza) al 1980.

Alla fine degli anni Sessanta gli Stati africani indipendenti erano una quarantina e il loro numero aumentò nel decennio successivo.

* **Africa nera**
Espressione un tempo molto diffusa per indicare l'Africa subsahariana.

Le difficoltà dei primi leader africani

Ai loro Stati i capi politici africani volevano dare **unità nazionale**, superando le antiche divisioni tribali, e **istituzioni democratiche** di tipo europeo, con libere elezioni e più partiti fra cui scegliere.

Ma sulla via dell'unità si trovarono in contrasto con i vari gruppi etnici, rivali fra loro e gelosi ciascuno del proprio potere. I nuovi Stati, infatti, ricalcavano i **confini delle vecchie colonie**, e al loro interno convivevano, come in età coloniale, etnie diverse per cultura e per storia, e nemiche fra loro.

I modelli politici europei che i leader dell'Africa nera volevano introdurre apparvero subito lontanissimi dalle tradizioni locali e troppo difficili da realizzare. Perciò i tentativi democratici vennero presto abbandonati e nella maggior parte degli Stati si affermarono **regimi autoritari a partito unico**, che a volte erano vere e proprie dittature. Gli eserciti cominciarono a intervenire direttamente nella vita politica, e in tutta l'Africa si susseguirono colpi

COLLEGO CAUSE ED EFFETTI

PERCHÉ in Africa si affermano regimi autoritari? Completa le frasi.

- Nei nuovi Stati convivono .... diversi e tra loro ....
- I modelli politici .... proposti dai leader sono difficili da far accettare e da ....
- Le potenze .... alimentano le guerre civili per i loro interessi economici.

di Stato militari, secessioni, rivolte di uno o più gruppi di guerriglieri e sanguinose guerre civili.

Più di una volta gli interessi delle potenze occidentali e le pressioni delle loro compagnie minerarie e commerciali s'intrecciarono con le lotte interne ai nuovi Stati africani e fecero naufragare i tentativi dei loro capi.

Patrice Lumumba riceve dal Parlamento del Congo Belga l'incarico di formare il governo, giugno 1960. Pochi giorni dopo il Congo ottiene l'indipendenza dal Belgio.
Foto Bettmann/Corbis.

La tragedia del Congo

Così, nell'ex **Congo belga** (oggi **repubblica democratica del Congo**), indipendente dal **1960**, le compagnie straniere incoraggiarono la secessione del Katanga (un territorio a sud del Congo), per potere sfruttare a proprio vantaggio le ricche miniere di rame e di stagno di quella regione. Il Congo fu sconvolto da una feroce guerra civile e i ribelli, appoggiati da mercenari bianchi, assassinarono il primo ministro **Patrice Lumumba** (1961), uno dei leader di maggiore prestigio delle lotte per l'indipendenza africana.

Gli ostacoli allo sviluppo

Molti dei Paesi dell'Africa nera rimasero in condizioni di grave arretratezza. Fallirono i progetti di industrializzazione, perché mancavano tecnici e capitali e perché il mercato locale era troppo povero per assorbire le merci prodotte. Andò in crisi anche l'agricoltura, che nei decenni successivi all'indipendenza non riuscì più a sfamare la popolazione. Ciò avvenne per cause diverse. Prima di tutto ci furono **calamità naturali** (cambiamenti del clima, ripetute siccità, invasioni di insetti). Poi si ebbe un rapido **aumento della popolazione**, che triplicò in quarant'anni. Infine, cominciarono presto a divampare, in tutto il continente e fino ai nostri giorni, **guerre civili e conflitti etnici**, provocati da discordie secolari o da contrasti religiosi (come avvenne nel Sudan) e che spesso sfociavano in veri e propri genocidi (come accadde in Ruanda nel 1994). Le regioni dove più hanno imperversato le guerre sono quelle ancora oggi più colpite dalla fame, dalla miseria, dalle malattie.

Decolonizzazione in Africa, fatta fatica alle tribù di convivere
cause in Ruanda
- hutu e tutsi

Campo profughi nel Darfur. Sebbene indipendente dal 1956, il Sudan è stato quasi sempre segnato dalla guerra civile. L'ultimo conflitto portò all'autonomia del Sud Sudan nel 2005, ma anche allora le tensioni continuarono nella parte più occidentale del Paese, il Darfur, con violenze sulla popolazione civile che causarono centinaia di migliaia di vittime e milioni di profughi. Nel 2011 il Sud Sudan divenne indipendente.
Foto Laban-Mattei/APT/Grazia Neri.

Apartheid: la segregazione razziale in Sudafrica

Una storia a sé è quella degli Stati dell'Africa meridionale (Unione Sudafricana, Rhodesia del sud), governati da minoranze di bianchi discendenti dai primi colonizzatori. Nell'Unione Sudafricana i coloni bianchi, al potere dal 1910, avevano imposto ai Sudafricani di pelle nera, che costituivano il 70 per cento della popolazione, un brutale regime di separazione razziale, detto ***apartheid***. Le leggi dell'*apartheid* negavano ai neri il diritto di voto, vietavano i matrimoni misti (cioè fra bianchi e neri), costringevano la popolazione di colore a vivere in quartieri-ghetto, poveri e lontani dai luoghi di lavoro, ne limitavano la libertà di movimento (per spostarsi da un luogo a un altro gli Africani dovevano mostrare un passaporto).

Una stazione di taxi per soli bianchi in Sudafrica, 1967.
Foto Popperfoto/Alamy.

Come reazione alla politica del governo si formarono allora movimenti e partiti che miravano alla conquista dei diritti civili per i neri. Il primo e il più importante fu l'*African National Congress* (ANC), il cui leader, **Nelson Mandela**, (1918-2013), uno degli uomini politici africani di maggior prestigio, fu condannato a una lunga detenzione.

Poiché il Commonwealth britannico, a cui l'Unione apparteneva, criticò la politica dell'*apartheid*, i dirigenti sudafricani non esitarono a staccarsene e proclamarono la Repubblica Sudafricana indipendente (1961). Il loro esempio fu presto imitato dalla Rhodesia del sud (oggi Zimbabwe), che uscì dal Commonwealth e fino al 1979 continuò a essere governata da una minoranza bianca.

Il **superamento dell'*apartheid*** fu avviato solo negli anni Novanta dal presidente sudafricano Frederik de Klerk, spinto a ciò da sanguinose rivolte scoppiate nel Paese e dalle pressioni della comunità internazionale. **Nel 1993**, una nuova Costituzione introdusse in Sudafrica il suffragio universale con l'ammissione al voto della maggioranza nera; insieme, in quello stesso anno, Mandela e De Klerk ottennero il premio Nobel per la pace.

Nel 1994 Mandela fu eletto presidente della Repubblica Sudafricana. Negli anni successivi, la pacificazione ha favorito lo sviluppo del Sudafrica, senza però superare del tutto le disuguaglianze sociali ed economiche.

Nelson Mandela nel 1993.
Foto Kucharz/Ullstein bild/Getty Images.

COLLOCO GLI EVENTI NEL TEMPO

- **1945** indipendenza dell'Indonesia
- **1947** indipendenza di India e Pakistan
- **1955** conferenza di Bandung
- **1957** indipendenza del Ghana
- **1960** «anno dell'Africa» guerra civile in Congo
- **1971** indipendenza del Bangladesh
- **1993** fine del regime di *apartheid* in Sudafrica

1950 1960 1970 1980 1990

4. L'America Latina fra dittature e democrazia

La supremazia economica degli Stati Uniti

Gli Stati dell'America Latina erano indipendenti fin dai primi decenni dell'Ottocento e a lungo furono i principali fornitori di materie prime e di prodotti agricoli per i mercati europei. Durante la prima guerra mondiale gli scambi commerciali con l'Europa vennero ridotti, ma contemporaneamente aumentarono i capitali e gli investimenti degli Stati Uniti in tutto il continente. Grandi società statunitensi poterono sfruttare immense piantagioni nei Paesi dell'America centrale; altre si impadronirono di miniere o gestirono direttamente le reti ferroviarie. Insieme alla **supremazia economica** gli Stati Uniti esercitarono sul continente una forte **influenza politica**.

Nel secondo dopoguerra il controllo sull'America Latina si accentuò, non solo per motivi economici ma anche per impedire la diffusione del comunismo nel continente. A questo scopo gli USA si schierarono a fianco di governi impopolari e corrotti e perfino di regimi dittatoriali (come la dittatura dei Somoza in Nicaragua, che si resse con il sostegno americano per più di cinquant'anni). Per la stessa ragione si opposero tenacemente alla rivoluzione cubana di Fidel Castro [→ cap. 10 par. 2].

COLLEGO CAUSE ED EFFETTI

▶ PERCHÉ gli USA controllano i Paesi dell'America Latina, anche se questi sono indipendenti? Scegli le due risposte corrette.

- ☐ Durante la prima guerra mondiale, gli USA hanno tenuto viva l'economia dell'America Latina.
- ☐ Le società statunitensi si sono impadronite di piantagioni, miniere e ferrovie.
- ☐ Gli USA vogliono favorire la diffusione del comunismo.

Si estendono i focolai di guerriglia

Sull'esempio cubano, focolai di guerriglia si accesero in altri Paesi dell'America Latina. Per organizzare la lotta armata, **Ernesto Guevara**, detto **Che**, protagonista della rivoluzione cubana insieme a Castro, viaggiò a lungo nell'America meridionale e centrale. Attirato in un'imboscata, fu ucciso in Bolivia nel 1967: la sua figura di rivoluzionario entrò subito nella leggenda.

Il tentativo di estendere ad altri Paesi la rivoluzione cubana fallì e i movimenti guerriglieri furono repressi quasi dappertutto (ma in Colombia le Forze Armate Rivoluzionarie – o **FARC** – hanno deposto le armi solo nel 2016, dopo quasi settant'anni di sanguinosa guerriglia).

Una manifestazione dell'associazione delle Madri di Plaza de Mayo, formata dalle madri dei dissidenti argentini fatti scomparire durante il periodo della dittatura militare.
Foto D. Garcia.

Gli anni delle dittature militari

Negli anni Sessanta e Settanta, alla guerriglia e ai tentativi di rivoluzione si alternarono frequenti colpi di Stato (**golpe**, cioè colpo di Stato, è una parola spagnola), che in Brasile, in Argentina, in Cile, in Uruguay e in molti altri Paesi del Centro e del Sudamerica portarono al potere capi militari e violente dittature.

In **Brasile** le istituzioni democratiche non vennero soppresse, ma furono per qualche tempo svuotate di potere. In altri Paesi le dittature militari sciolsero partiti, sindacati, associazioni studentesche. Gli oppositori vennero torturati, condannati a morte senza processo, fatti sparire nel nulla: in **Argentina**, dove si ebbe una dittatura militare **dal 1976 al 1983**, i *desaparecidos* (gli «scomparsi») furono 30 000 fra uomini, donne e bambini.

Esperimento democratico e dittatura in Cile

A volte i colpi di Stato stroncarono sul nascere esperimenti di vita democratica: le vicende del Cile ne sono un esempio significativo.

In Cile, nel 1970, fu eletto presidente della repubblica il socialista **Salvador Allende**. Egli avviò subito un vasto programma di riforme (assegnazione di terre ai contadini, lotta all'analfabetismo, **nazionalizzazione** delle miniere di rame, che passarono dalla proprietà di compagnie americane a quella dello Stato cileno). La sua politica, però, contrastava con gli interessi dei latifondisti e delle multinazionali statunitensi, che decisero di reagire. Il prezzo del **rame** – il principale prodotto di esportazione – fu abbassato da gruppi capitalisti stranieri; l'economia cilena entrò in crisi; scioperi e atti terroristici gettarono il Paese nel caos.

Nel settembre **1973** il governo di Allende fu rovesciato da un **colpo di Stato** militare e migliaia di persone che lo avevano sostenuto furono arrestate e assassinate. Il potere passò al generale Augusto Pinochet, che lo mantenne fino al **1990**.

Manifesto che celebra la nazionalizzazione delle miniere di rame cilene. Lo slogan afferma: «il Cile si è messo i pantaloni lunghi», cioè è diventato finalmente adulto e può prendere le decisioni che lo riguardano in autonomia.

Il colpo di Stato in Cile. Nella foto il palazzo presidenziale bombardato e preso d'assalto dai golpisti, 1973.
Foto AFP/Getty Images.

Il ritorno alle forme democratiche

A partire dagli anni Ottanta, a seguito di una crisi economica che coinvolse un po' tutta l'America Latina, le dittature militari cominciarono a cedere il posto a **governi regolarmente eletti** e la vita democratica rinacque in tutto il continente. Tuttavia i nuovi governi si trovarono spesso a dover fronteggiare una difficile situazione economica e sociale, ereditata dai regimi dittatoriali e caratterizzata da disoccupazione, debito estero e violazione dei diritti umani.

In alcuni Paesi il ritorno della democrazia portò anche a un maggior riconoscimento dei diritti e delle culture delle popolazioni indigene, che spesso in passato erano state sfruttate ed inascoltate, ma che grazie allo sviluppo delle reti globali di comunicazione poterono far sentire la propria voce.

I protagonisti

Rigoberta Menchú e la lotta degli *indios* del Guatemala

Rigoberta Menchú porta con orgoglio il vestito della tradizione maya.

L'economia del Guatemala, un piccolo stato del Centroamerica dove in passato si era sviluppata la civiltà Maya, si basa sull'agricoltura di piantagione. Le grandi aziende appartengono a una minoranza di creoli (bianchi nati in America del sud) o a grandi compagnie americane. Gli *indios*, discendenti dagli antichi Maya, lavorano come braccianti, spesso brutalmente sfruttati e con paghe da fame. Negli anni Sessanta gli *indios* si ribellarono e molti di loro diedero inizio a una guerriglia, che si concluse solo nel 1996 e costò la vita ad almeno 140 000 persone. Con gli accordi di pace gli *indios* si videro riconosciuti maggiori diritti.

La lotta armata non era però l'unica possibilità. Una giovane india, Rigoberta Menchú lottò senz'armi per la dignità degli *indios* e di tutte le minoranze. Costretta all'esilio in Messico nel 1981, denunciò con tutti i mezzi la brutalità delle dittature militari al potere (lei stessa aveva perduto i genitori e un fratello), partecipò ai lavori della commissione ONU per i diritti umani e fece conoscere a tutto il mondo i valori della tradizione india. In riconoscimento della sua opera coraggiosa, nel 1992 le fu assegnato il premio Nobel per la pace.

Donne guatemalteche protestano contro il governo nel 2002.
Foto Guatebrian/Alamy.

COLLOCO GLI EVENTI NEL TEMPO

- **1945** indipendenza dell'Indonesia
- **1947** indipendenza di India e Pakistan
- **1955** conferenza di Bandung
- **1957** indipendenza del Ghana
- **1960** «anno dell'Africa» guerra civile in Congo
- **1971** indipendenza del Bangladesh
- **1973** colpo di Stato militare in Cile
- **1976-1983** dittatura militare in Argentina
- **1990** ritorno della democrazia in Cile
- **1993** fine del regime di *apartheid* in Sudafrica

1950 1960 1970 1980 1990

RICOSTRUISCO LA MAPPA DEL CAPITOLO

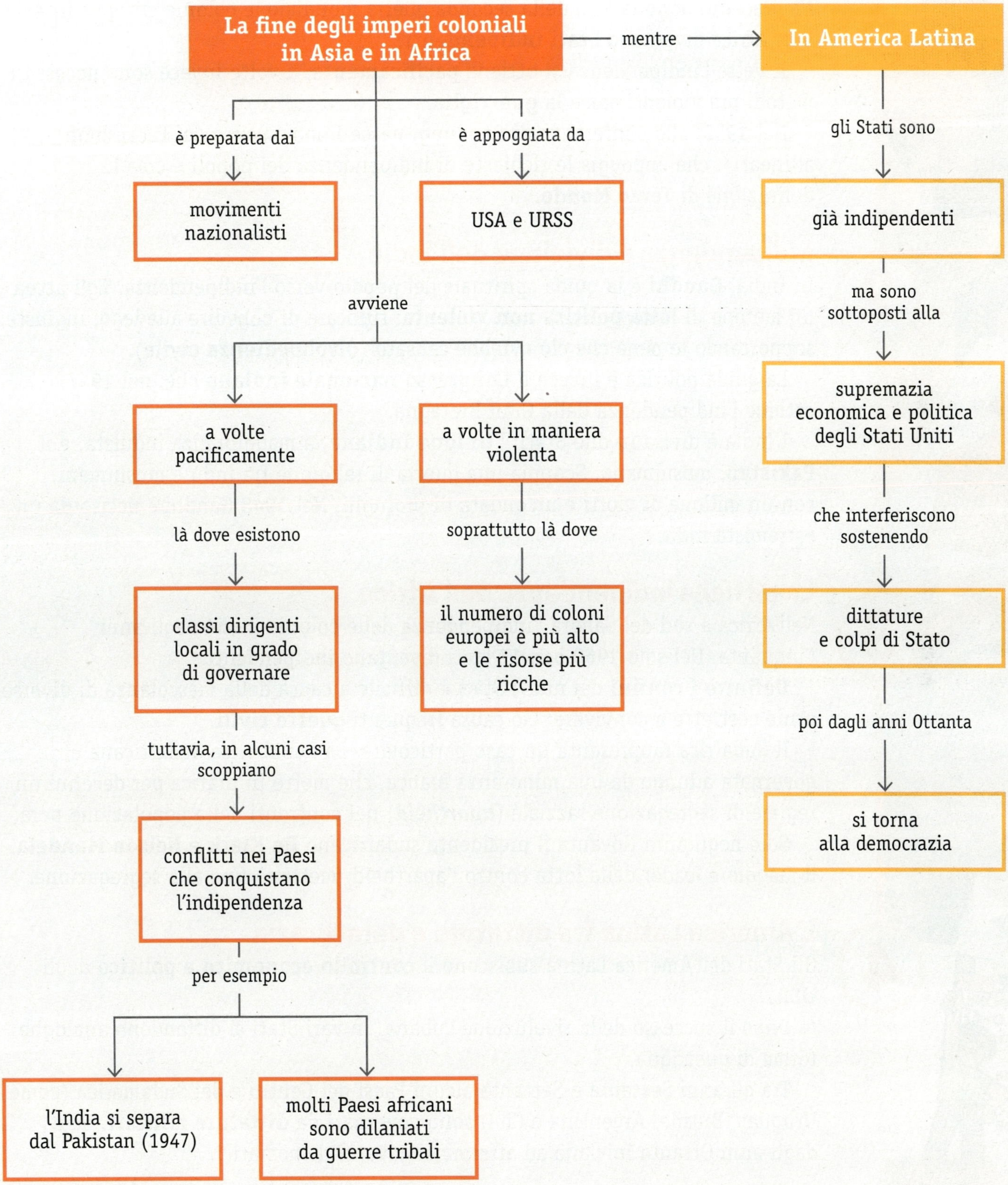

Sintesi

RICOSTRUISCO LE INFORMAZIONI

1 La decolonizzazione

Nei decenni dopo la fine della seconda guerra mondiale le colonie europee in Asia e in Africa diventano **Stati indipendenti**.

A volte l'indipendenza si ottiene **pacificamente**, a volte invece sono necessari metodi più violenti come la **guerriglia**.

Nel 1955, alla conferenza di Bandung, nasce il movimento dei Paesi «non allineati», che appoggia le richieste di indipendenza dei popoli e crea la definizione di **Terzo Mondo**.

2 Indipendenza e divisione dell'India

In India, **Gandhi** è la guida spirituale del popolo verso l'indipendenza. Egli attua un metodo di **lotta politica non violenta**: rifiutare di obbedire alle leggi ingiuste, sopportando le pene che ciò avrebbe causato (**disobbedienza civile**).

La guida politica è invece il **Congresso nazionale indiano** che, nel 1947, ottiene l'indipendenza dalla Gran Bretagna.

L'India è divisa in due Stati: l'**Unione Indiana**, a maggioranza induista, e il **Pakistan**, musulmano. Scoppia una guerra di religione fra indù e musulmani, con un milione di morti e un'ondata di profughi. Nel 1948 Gandhi è ucciso da un estremista indù.

3 La difficile indipendenza dell'Africa

Nell'Africa a sud del Sahara l'indipendenza delle colonie inizia negli anni Cinquanta. Nel solo 1960 ben 17 stati diventano indipendenti.

Definire i confini dei nuovi Stati è difficile a causa della mescolanza di diverse etnie costrette a convivere; ciò causa frequenti **guerre civili**.

Il Sudafrica rappresenta un caso particolare. La Repubblica Sudafricana è governata a lungo da una minoranza bianca, che mette in pratica per decenni un regime di segregazione razziale (***apartheid***) nei confronti della popolazione nera.

Solo negli anni Novanta il presidente sudafricano **De Klerk** e **Nelson Mandela**, il maggiore leader della lotta contro l'apartheid, mettono fine alla segregazione.

4 L'America Latina fra dittature e democrazia

Gli Stati dell'America Latina subiscono il **controllo economico e politico** degli **USA**.

Dopo il successo della rivoluzione cubana, in vari Stati si diffondono analoghe forme di guerriglia.

Tra gli anni Sessanta e Settanta alcuni Paesi del Centro e del Sudamerica (come Uruguay, Brasile, Argentina e Cile) sono governati da **dittature militari**. Solo dagli anni Ottanta iniziano ad affermarsi governi democratici.

Esercizi

COSTRUISCO LE MIE COMPETENZE

VERIFICO LE CONOSCENZE — Paragrafo 1

1 Completa il brano con le parole adatte.

Nel dopoguerra quasi tutte le colonie dell'.. e, poco più tardi, dell' .... si liberano dal dominio europeo, in modo pacifico (come molte colonie inglesi) o dopo lunghe .... (come l'Algeria e il Vietnam).
Questo fenomeno si chiama ....
Nel 1955 alla conferenza di .... nasce il movimento dei Paesi .... , che appoggia l'indipendenza dei popoli. Anche le due .... (USA e URSS) sono contrarie al vecchio ....

STABILISCO COLLEGAMENTI E RELAZIONI — Paragrafo 1

2 Spiega perché si verificarono gli avvenimenti elencati.

a. Le due superpotenze erano contrarie al vecchio colonialismo.
b. Molte lotte anticoloniali furono fatte con lo strumento della guerriglia.
c. Le potenze europee cercarono in alcuni casi di mantenere a tutti i costi alcune colonie.

LEGGO UNA CARTA STORICA — Paragrafo 1

3 Osserva la doppia carta dell'Africa a p. 321, poi rispondi alle domande.

a. Quanti Stati si formarono dalle ex colonie francesi?
b. Quanti Stati nacquero dalle ex colonie inglesi?
c. In quale periodo nacque la maggior parte degli Stati indipendenti dell'Africa?

VERIFICO LE CONOSCENZE — Paragrafo 2

4 Stabilisci se le affermazioni sono vere (V) o false (F). Poi correggi le frasi false.

a. Il partito che guidò l'India all'indipendenza fu il partito del Congresso. V F
b. Gandhi venne chiamato Mahatma, cioè «comandante». V F
c. Gandhi predicava la non violenza e la resistenza passiva. V F
d. La disobbedienza civile era il rifiuto del servizio militare. V F
e. Al momento dell'indipendenza furono creati due Stati, uno di religione indù, l'altro musulmano. V F
f. Fra India e Pakistan venne presto firmata la pace. V F
g. L'Unione indiana è una democrazia. V F
h. La Costituzione indiana abolisce il sistema delle caste. V F
i. Le donne indiane godono di una perfetta parità con gli uomini. V F

Esercizi

LAVORO SULLE FONTI — Paragrafo 2

5 **Leggi un passo dell'*Autobiografia*, scritta da Jawaharlal Nehru nel 1936, quando era un dirigente del partito del Congresso e rispondi alle domande.**

> « Non comprendo l'idealizzazione della "semplice vita contadina". Essa mi fa quasi orrore [...]. Che cosa c'è da idealizzare tanto nell'uomo della zappa? Oppresso e sfruttato da innumerevoli generazioni, egli è ben poco diverso dagli animali che gli fanno compagnia. Personalmente non amo gli elogi della povertà e della sofferenza, non credo affatto che esse possano essere desiderabili e credo invece che dovrebbero scomparire. »

a. Che genere di documento è un'autobiografia? È un documento pubblico o privato?
b. Che cosa significa «idealizzare» la semplice vita contadina del passato? Chi è «l'uomo della zappa»?
c. Quale personaggio storico nella sua propaganda e nei suoi programmi politici prendeva a modello il passato indiano e lo contrapponeva alla vita moderna?

SCOPRO I CAMBIAMENTI NELLO SPAZIO E NEL TEMPO — Paragrafo 2

6 **Osserva le cartine e, basandoti sulle date che le accompagnano, stabilisci di quale Stato via via fa parte la città di Dacca. Poi abbina correttamente le bandiere a ciascuna cartina (puoi vedere le bandiere su un atlante o su Internet).**

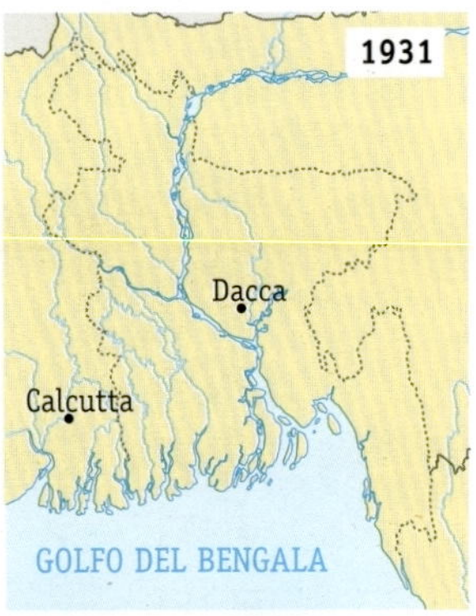

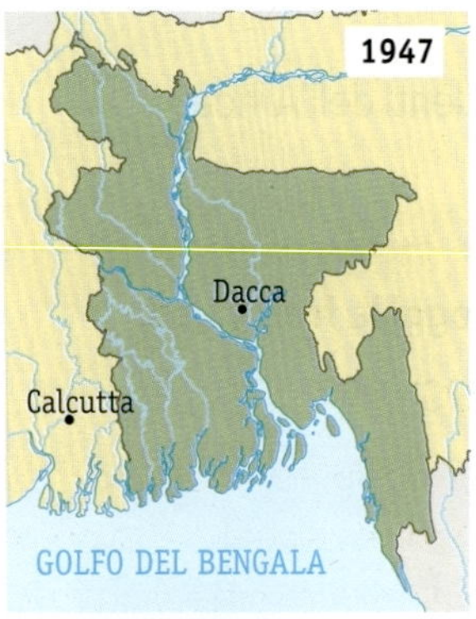

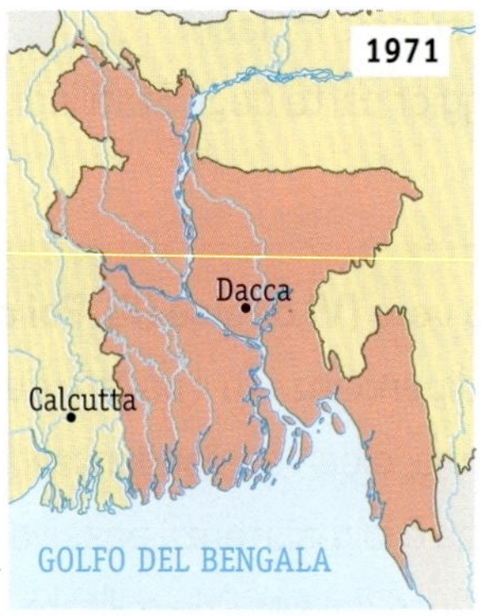

19 ....

19 ....

19 ....

VERIFICO LE CONOSCENZE — Paragrafo 3

7 **Completa il brano con le parole adatte.**
In Africa la proclamazione dell'indipendenza è seguita da .... civili e conflitti in cui spesso intervengono anche le .... straniere per difendere i propri interessi. Così, per esempio, succede nell'ex ...., dove la vittima più illustre è il leader nero Patrice Lumumba.
Nel Sudafrica una minoranza .... impone ai neri un regime di .... che termina solo negli anni Novanta.

STABILISCO COLLEGAMENTI E RELAZIONI Paragrafo 3

8 Spiega perché si verificarono gli avvenimenti elencati.

a. In molti Paesi africani la proclamazione dell'indipendenza fu seguita da rivolte e da guerre civili.

b. In molti i Paesi africani si affermarono regimi dittatoriali.

c. I coloni bianchi del Sudafrica si staccarono dal Commonwealth britannico e proclamarono la repubblica indipendente.

Imparo a imparare — SCELGO CRITICAMENTE LE INFORMAZIONI DAI SITI INTERNET Paragrafo 3

Nella rete Internet si può trovare praticamente tutto, ma non è sempre facile controllare la fonte precisa delle informazioni e dunque la loro validità.

Prima di tutto bisogna muoversi all'interno di siti che diano garanzia che ci sia stato un controllo iniziale delle informazioni messe in rete: scegliere quindi, per esempio, siti che facciano capo a istituzioni politiche o culturali, università, musei, biblioteche. In ciascuno di questi siti si possono trovare numerosi link (cioè collegamenti) ad altri siti che possiamo supporre siano stati controllati e dunque offrano sufficienti garanzie.

Questi accorgimenti sono particolarmente importanti quando si trovano notizie su scoperte recenti, su nuove interpretazioni di documenti, su questioni dibattute fra gli storici, oppure quando si trovano trascrizioni di fonti scritte e traduzioni di testi.

Wikipedia, per esempio, è un'enciclopedia online redatta da volontari: spesso le informazioni che vi si trovano sono accurate, ma non sempre. È buona norma, quindi, controllarle anche presso altri indirizzi affidabili: per esempio, siti di università, di istituti di ricerche storiche, di enciclopedie autorevoli (come l'italiana Treccani).

A volte sono di buona qualità anche i siti degli enti del turismo delle località italiane e straniere: possono informarci su tradizioni, feste, spettacoli che si riferiscono a un fatto storico o a un monumento del luogo; spesso sono un utile spunto per ricerche di storia locale.

9 Fai una ricerca sull'indipendenza dell'Africa seguendo le tappe di questa scaletta

a. Comincia digitando «decolonizzazione» (oppure «decolonizzazione Africa») su un motore di ricerca.

b. Fra i numerosi siti che il motore di ricerca propone, scegline tre o quattro che ti sembrano validi spiegando i criteri della tua scelta. Troverai alcuni siti che riportano ricerche scolastiche: sono, di solito, una «scorciatoia» da evitare (non abbiamo garanzia della loro validità). Altri siti fanno capo a un'università: qui si può provare a cercare informazioni attendibili.

c. Troverai probabilmente alcuni siti che risulteranno meno attendibili: scegline due e spiega perché ti insospettiscono.

VERIFICO LE CONOSCENZE Paragrafo 4

10 Rispondi alle domande.

a. Nel secondo dopoguerra il controllo degli USA sull'America Latina divenne più intenso. Perché?

b. Quali gruppi di potere erano danneggiati dalle riforme di Allende in Cile?

c. Come e quando ritornò la democrazia nei Paesi dell'America Latina?

Il capitolo a colpo d'occhio

QUANDO

1. In che anni si svolgono questi eventi? SCRIVI le date sui puntini e COLLOCALE sulla linea del tempo.

Foto M. Kauffman/Life/Getty Images.

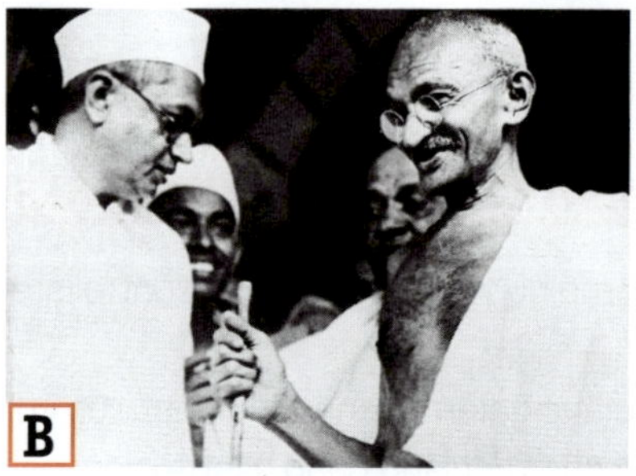

.... In un solo anno molti Stati africani ottengono l'indipendenza

.... Indipendenza dell'India

.... Fine dell'*apartheid* in Sudafrica

1945	1950	1955	1960	1965	1970	1975	1980	1985	1990	1995

DOVE

2. SCRIVI il nome degli Stati che corrispondono alle lettere e COMPLETA le frasi con le parole mancanti.

A. L' .... ottiene l'indipendenza nel 1962 dopo una sanguinosa lotta.

B. L' .... ritorna indipendente dopo la .... guerra mondiale, quando l' .... perde tutte le colonie.

C. Il .... ottiene l'indipendenza dal .... nell'anno «dell'Africa», il ....

D. Nel .... per molto tempo rimane in vigore il regime di segregazione .... , l'*apartheid*.

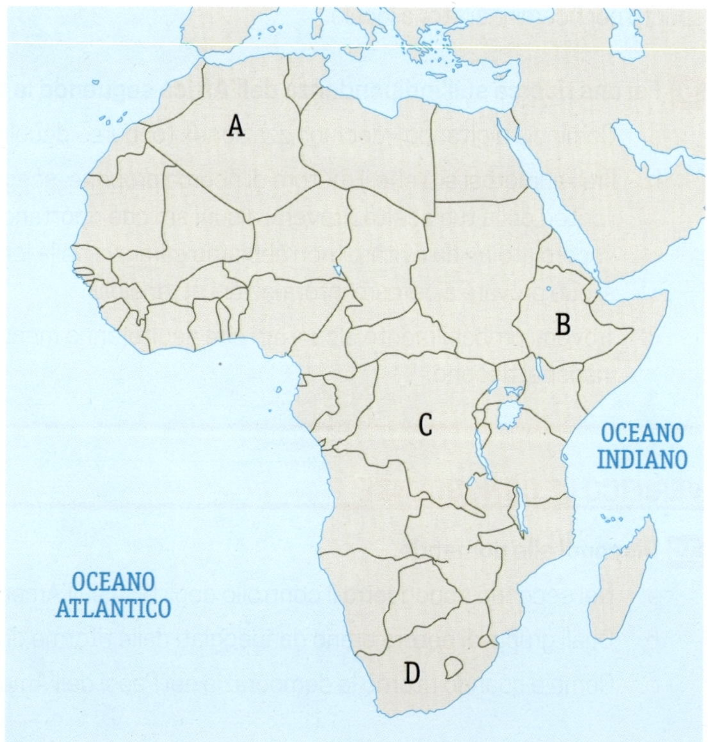

LE PAROLE DA RICORDARE

3. Come si chiama? METTI LA CROCETTA sulla parola o sulla locuzione giusta.

a. Rapida fine degli imperi coloniali e raggiungimento dell'indipendenza di molti Stati

☐ dopoguerra ☐ decolonizzazione ☐ conferenza di Bandung

b. Confederazione di Stati sovrani legati alla Gran Bretagna

☐ Bandung ☐ impero britannico ☐ Commonwealth

c. Metodo di lotta non violenta praticato da Gandhi

☐ decolonizzazione ☐ sabotaggio ☐ resistenza passiva

LA MAPPA DEI CONCETTI

4. COMPLETA la mappa

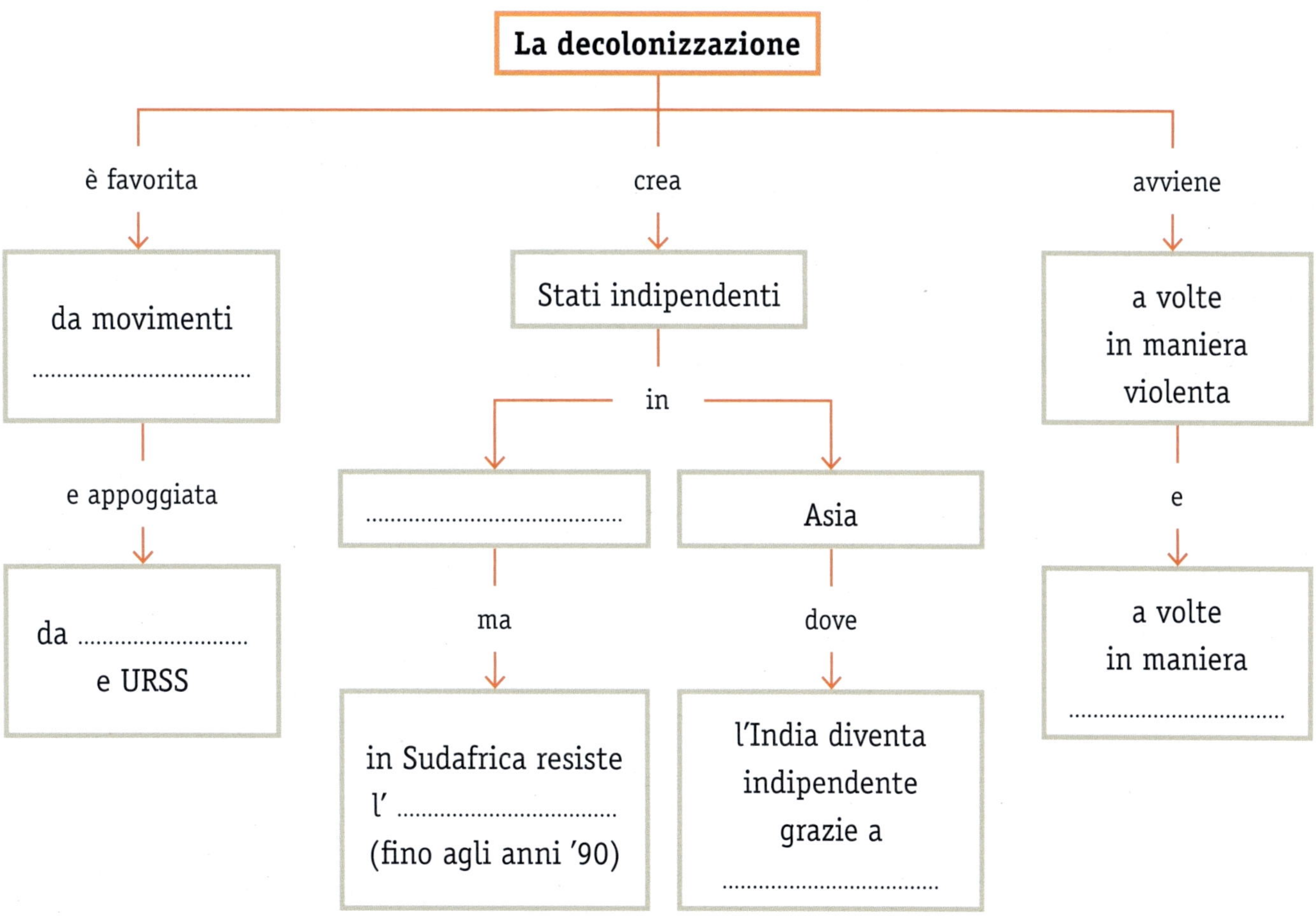

Sei pronto per la verifica?

ZTE ONLINE

IN 1 ORA

Punteggio massimo: 100 punti   Sufficienza: 60 punti

1. COLLOCARE NEL TEMPO

A quali avvenimenti corrispondono le date scritte sulla linea del tempo? Sotto ciascuna data scrivi la lettera che precede l'avvenimento corrispondente.

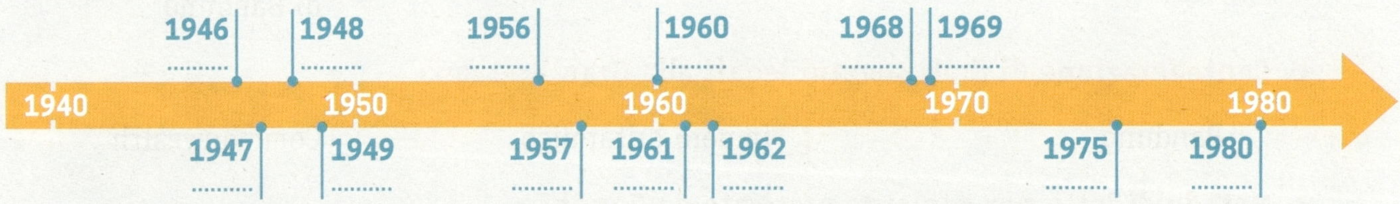

a. entrata in vigore della Costituzione in Italia
b. indipendenza dell'India
c. referendum istituzionale in Italia
d. istituzione della Repubblica Popolare Cinese
e. costruzione del muro di Berlino
f. rivolta in Ungheria
g. movimenti giovanili di contestazione
h. strage della stazione di Bologna
i. riforma del diritto di famiglia in Italia
j. «anno dell'Africa»
k. crisi dei missili di Cuba
l. lancio dello Sputnik
m. strage di piazza Fontana

2 punti per ogni risposta esatta – Punti: ..../26

2. VERIFICARE LE CONOSCENZE

Completa il testo con le parole mancanti.

L'Europa uscì indebolita dalla .... guerra mondiale e la guida del mondo fu assunta dalle .... , USA e ....
Il continente restò diviso , politicamente, in due parti, ... e ovest, sottoposte la prima all' ...., la seconda agli .... Fra le superpotenze iniziò un periodo di conflitto, chiamato .... , che durò più di quarant'anni e fu caratterizzato dalla corsa agli .... e da periodi di acuta crisi. Simbolo della guerra fredda fu il .... , eretto nel .... fra le due parti in cui l'ex capitale tedesca era divisa.
Fra il 1945 e il 1975 l' .... crebbe rapidamente, nei Paesi industrializzati aumentò la ricchezza, particolarmente in quelli a economia capitalista, dove ebbe origine la società dei .... Nello stesso periodo le colonie europee d'Africa e d'Asia ottennero l' .... , a volte pacificamente, a volte a prezzo di .... di liberazione.

2 punti per ogni risposta esatta – Punti: ..../28

3. ORIENTARSI NELLO SPAZIO

Indica sulla carta i nomi degli Stati mancanti: Unione Indiana, Pakistan, Bangladesh. Poi colora con due tinte diverse i Paesi prevalentemente induisti e quelli prevalentemente musulmani e completa la legenda.

4 punti per ogni risposta esatta – Punti: ..../20

4. USARE LE PAROLE DELLA STORIA

Su un foglio a parte, scrivi una frase con ciascuna delle seguenti parole o espressioni.

decolonizzazione ▪ corsa agli armamenti ▪ terrorismo ▪ stato sociale ▪ società dei consumi.

4 punti per ogni risposta esatta – Punti: ..../20

5. LAVORARE SULLE FONTI

Leggi le pagine iniziali della Carta che istituì l'ONU, poi rispondi alle domande.

« Noi, popoli delle Nazioni Unite, decisi a salvare le future generazioni dal flagello della guerra, che per due volte nel corso di questa generazione ha portato indicibili dolori all'umanità, a riaffermare la fede nei fondamentali diritti dell'uomo [...], a promuovere il progresso sociale e più elevati tenori di vita in una più ampia libertà [...], a unire le nostre forze per mantenere la pace e la sicurezza, ad assicurare che [...] le forze armate non saranno usate se non nel comune interesse, [...] abbiamo deciso di unire i nostri sforzi per il raggiungimento di tali scopi.
Di conseguenza, i nostri rispettivi governi [...] si sono accordati sul presente Statuto e istituiscono con questo un'organizzazione internazionale che sarà chiamata Nazioni Unite. »

a. In quale anno fu scritto questo documento?

b. Quali sono le guerre a cui si riferisce la seconda riga del brano?

c. Individua le tre parti in cui si può dividere il documento (obiettivi, decisione di unirsi per collaborare, istituzione dell'ONU) e sottolineale con colori diversi.

2 punti per ogni risposta esatta – Punti: ..../6

6. STABILIRE COLLEGAMENTI E RELAZIONI

Perché molti Paesi africani dovettero affrontare gravi problemi dopo aver ottenuto l'indipendenza?

Compito di realtà

Ma che musica!

L'IDEA

Se i capitoli di questo libro avessero una colonna sonora formata dai brani più popolari del periodo che ciascuno di essi racconta, probabilmente la *playlist* più ricca, varia e apprezzata sarebbe quella dei capitoli di questa unità.
Dalla nascita del *rock and roll* alla *disco dance*, dalle canzoni di protesta dei cantautori più impegnati ai megaconcerti benefici, gli ultimi sessant'anni si sono caratterizzati per uno straordinario intreccio fra musica e avvenimenti storici. Provate a ricostruirlo con un lavoro di ricerca mirata, che può essere espansa fino ad allestire, magari, persino uno spettacolo musicale per tutta la scuola.

CHE COSA DEVI FARE

Lavorando a coppie, tu e i tuoi compagni procederete seguendo le istruzioni di questa scaletta.

1. Con la guida dei vostri insegnanti, definite i generi musicali e gli artisti più significativi nel periodo compreso fra gli anni Sessanta e i nostri giorni.
2. Scegliete un artista, un genere musicale, un argomento di ricerca o un evento musicale di rilievo, e mettetelo in relazione con il contesto storico a cui può essere ricondotto.

Ecco alcuni spunti di ricerca (ma date spazio alla vostra fantasia!):

- Elvis Presley e la nascita del *rock and roll*;
- le canzoni italiane negli anni del boom;
- le canzoni di protesta contro la guerra del Vietnam;
- *We are the world*: un brano musicale a scopo benefico.

3. Preparate una presentazione multimediale che comprenda almeno un video musicale, oltre a un testo che riassuma i risultati della vostra ricerca e a immagini adeguate.
4. Presentate il vostro elaborato in classe. Eventualmente, usate tutti gli elaborati come punto di partenza per organizzare uno spettacolo musicale, che può anche prevedere momenti di musica da vivo.

INDICAZIONI DI LAVORO

Tempo a disposizione e discipline coinvolte

1 ora a scuola per la prima fase (Storia + Musica)
1 ora a scuola per la seconda fase (Storia+ Musica)
2 ore a casa per la terza fase
1 ora a scuola per la presentazione

Materiali e strumenti utilizzabili

Libri di testo, Internet, servizi di musica online
Personal computer, software per la realizzazione di presentazioni multimediali

History Highlights

CLIL

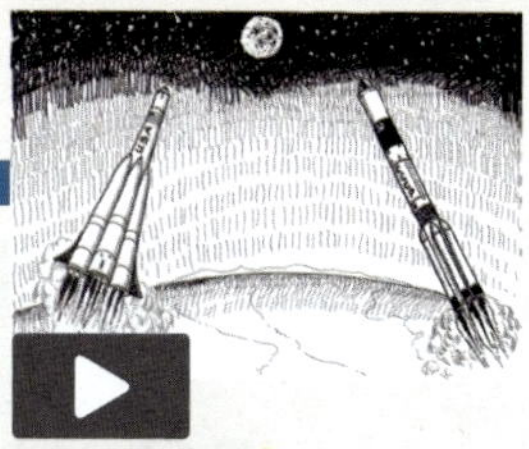

GUARDA! IL VIDEO

The Space Race

1. Warm up

Match each word or expression with its Italian equivalent.

decades-long struggle	"corsa allo spazio"
pitted… against each other	lo spazio cosmico
outer space	obiettivo finale
Space Race	lotta pluridecennale
end goal	mise… l'una contro l'altra

2. Reading

Read the text and fill in the gaps with the English words from exercise 1. Then listen and check.

Soon after the end of the World War II, the Cold War – a .... for global supremacy – .... the United States and the Soviet Union (and their respective allies) against each other.

The two superpowers started to compete in many fields, including the exploration of .... So, the .... began: both countries put huge amounts of money and time in building rockets that could escape Earth's atmosphere and get artificial satellites into orbit. The .... of this competition was to land on the Moon; but it took a long time, and many missions, to achieve it.

The cover of an american children's book, published in 1959.

3. Check your comprehension

Tick the correct answer

a. The Cold War began
- ☐ before 1945.
- ☐ shortly after the end of World War II.

b. In exercise 2, the United States and the Soviet Union are described as
- ☐ «the two allies».
- ☐ «the two enemies».
- ☐ «the two superpowers».

c. The Space Race was
- ☐ cheap, but very difficult.
- ☐ very expensive and difficult.

4. Historians at work

Look at the picture above and tick the correct answer.

a. As an historical document, this book shows us that young people as well were interested in
- ☐ the nuclear arms race engaged by US and USSR
- ☐ the Space Race

b. Complete the sentence: the boy is looking
- ☐ at planet Saturn
- ☐ at the Moon.

c. He is using
- ☐ a microscope
- ☐ a telescope.

d. In the sky, he also can see
- ☐ an UFO (Unidentified Flying Object)
- ☐ a space rocket.

CITTADINANZA e COSTITUZIONE

L'Organizzazione delle Nazioni Unite e i diritti dell'uomo

Ieri e oggi

Gli inizi delle organizzazioni sovranazionali si trovano nelle conferenze per la pace che fecero seguito alla prima guerra mondiale [→ cap. 6 par. 2].

Il presidente americano Thomas W. Wilson, democratico, propose un programma che prevedeva, fra l'altro, l'istituzione di un organismo che comprendesse tutti gli Stati del mondo (che a quel tempo erano circa 75), con lo scopo di regolare i rapporti fra le nazioni ed evitare future guerre. Nacque così nel 1919 la **Società delle Nazioni** con sede a Ginevra in Svizzera.

Purtroppo, la Società delle Nazioni nacque debole e non poté impedire che vent'anni dopo il mondo precipitasse nella seconda guerra mondiale.

Durante il conflitto fu ripresa l'idea di un organismo sovranazionale. Il 26 giugno 1945, quando la guerra in Europa era finita e nel Pacifico il Giappone stava per essere sconfitto, una Conferenza internazionale a San Francisco istituì l'ONU, l'**Organizzazione delle Nazioni unite** (in inglese UNO, United Nations Organization).

Gli organi fondamentali dell'ONU

I Paesi membri dell'ONU alla fondazione erano 51 e altri si aggiunsero nel tempo; dal 2011 (anno dell'ammissione del Sud Sudan) sono 193. Solo gli **Stati sovrani** possono essere ammessi all'ONU: negli anni recenti l'Autorità Nazionale Palestinese ha visto respinte le sue richieste, ma ha ottenuto lo status di «osservatore», nonostante la contestazione di Israele. La stessa condizione di osservatore caratterizza lo Stato della Città del Vaticano.

La sede centrale dell'ONU è a New York. Gli organi principali dell'Organizzazione sono:

- l'**Assemblea generale**, con il compito di discutere i problemi e fare proposte e raccomandazioni agli Stati membri e al Consiglio di Sicurezza;
- il **Segretariato generale**, cioè l'insieme degli uffici che fanno capo alla carica più alta dell'organizzazione, il segretario generale. Il segretario resta in carica cinque anni ed è rieleggibile;
- il **Consiglio di Sicurezza**, l'organismo che prende le decisioni. È una specie di «governo» mondiale che può emettere «risoluzioni» impegnative per i Paesi interessati sulle questioni che vengono sottoposte. Al Consiglio fanno capo anche i reparti di Caschi blu delle diverse missioni di mantenimento della pace.

La sede centrale dell'ONU a New York.
Foto BlurAZ/Shutterstock.

Il Consiglio è composto di **15 membri**: dieci sono scelti ogni due anni dall'Assemblea, **cinque sono permanenti**. I membri permanenti sono Stati Uniti, Federazione Russa (che ha sostituito nel 1991 l'Unione Sovietica), Regno Unito, Francia e Repubblica Popolare Cinese. Come potenze vincitrici della seconda guerra mondiale hanno il privilegio di poter bloccare con il loro «**veto**» le decisioni del Consiglio. In molti casi il veto reciproco (o anche solo la minaccia di porlo) ha bloccato o indebolito le risoluzioni del Consiglio di Sicurezza.

All'Assemblea dell'ONU fa capo un **organo giudiziario**, la **Corte internazionale di giustizia**, che ha sede a L'Aia, in Olanda. La Corte è composta di 15 magistrati che emettono sentenze a carattere consultivo che l'Assemblea dovrà discutere.

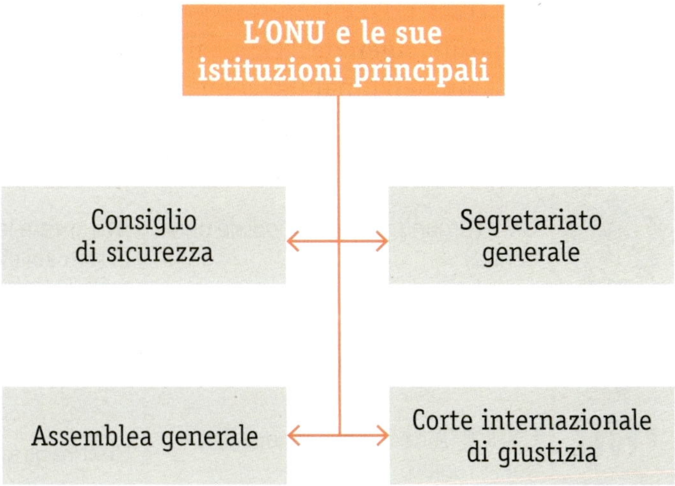

Missione e organismi dell'ONU

Anche l'ONU, come la Società delle Nazioni, nacque con lo scopo di risolvere i conflitti ed evitare le guerre. A questo scopo si stabilì di dotare l'organizzazione di una forza militare, fatta di reparti messi a disposizione dai paesi aderenti. Questi reparti sono detti **Caschi blu** per il colore del loro elmetto. Nel 2001 all'organizzazione fu assegnato il premio Nobel per la pace.

Le missioni dell'ONU possono avere caratteri diversi; a quelle per il mantenimento della pace (*peacekeeping*), che hanno il compito di verificare il rispetto di accordi di tregua o di cessate il fuoco, si affiancano quelle per la «costruzione della pace» (*peacebuilding*). Queste ultime vengono messe in atto alla fine di un conflitto per mantenere la stabilità e aiutare a ricostruire le istituzioni statali.

Dal 1948 a oggi l'ONU ha organizzato più di 50 missioni di mantenimento della pace. I Caschi blu non possono partecipare ad azioni belliche e le regole del loro impiego sul terreno sono stabilite dalle **risoluzioni** dell'ONU che danno il via alle operazioni. Le truppe dell'ONU devono quindi presidiare le zone pericolose per impedire scontri e soprattutto per proteggere le popolazioni civili.

In alcuni casi la missione è attiva da molti anni: dal 1948 osservatori militari ONU sono impegnati a Gerusalemme per controllare la tregua fra Israele e i Paesi arabi, e dal 1949 in Kashmir sulla linea di confine fra India e Pakistan. Altre missioni risalgono agli anni Sessanta-Settanta (a Cipro, sulle alture del Golan fra Israele e Siria, nel Libano). Molto numerose sono quelle iniziate negli anni Novanta.

A volte l'intervento dell'ONU è stato decisivo e ha riportato pace e sicurezza. Altre volte, invece, è stato poco o per nulla efficace, perché bloccato dal veto del Consiglio di Sicurezza o indebolito dallo scarso e tardivo apporto di forze militari da parte dei paesi membri o, infine, per il moltiplicarsi delle guerre civili, assai più difficili da controllare dei conflitti fra Stati. Tuttavia, nonostante i fallimenti, l'ONU continua a rappresentare anche oggi un **punto di riferimento obbligato** per tutti i Paesi del mondo nelle situazioni di pericolo e di emergenza.

Una missione dei Caschi blu in Libano.
Foto S. Gulec/Shutterstock.

Le agenzie dell'ONU

Attraverso apposite **Agenzie** l'ONU affronta anche i maggiori problemi dell'umanità, come la fame, la malattia, l'analfabetismo. La tabella ricorda le principali.

Agenzia		Scopo	Sede
	OMS (Organizzazione Mondiale della sanità)	Affrontare le emergenze legate alle epidemie, con distribuzione di farmaci e realizzazione di ospedali nei paesi più poveri	Ginevra
	FAO (Organizzazione per l'agricoltura e l'alimentazione)	Distribuire aiuti per migliorare le tecniche agricole e ridurre la fame nel mondo	Roma
UNHCR	UNHCR (Alto commissariato ONU per i rifugiati)	Gestire gli aiuti e la protezione ai profughi vittime di guerre civili	Ginevra
	UNICEF (Fondo delle Nazioni Unite per l'infanzia)	Tutelare i diritti dei bambini nel mondo	New York
	UNESCO (Organizzazione per l'istruzione la scienza e la cultura)	Scambio culturale fra i popoli, lotta contro l'analfabetismo, tutela del patrimonio artistico e culturale	Parigi
	ILO (Organizzazione internazionale del lavoro)	Legislazione sociale con la rappresentanza di governi ed associazioni imprenditoriali e sindacali	Ginevra

La *Dichiarazione universale dei diritti dell'uomo*

La riflessione sui diritti di libertà e di uguaglianza e sui diritti inalienabili dell'individuo fece passi decisivi nel XVIII secolo con il pensiero dell'Illuminismo e con le conquiste della rivoluzione americana e di quella francese. La *Dichiarazione dei diritti dell'uomo e del cittadino* proclamata nel 1789 dai rivoluzionari francesi si diffuse rapidamente in tutta l'Europa. Negli anni successivi la Francia rivoluzionaria abolì la schiavitù; ma fu necessario ancora quasi un secolo perché l'abolizionismo si affermasse nella maggior parte del mondo.

Solo a metà del XX secolo, dopo le devastazioni materiali e morali della seconda guerra mondiale, il problema della tutela dei diritti umani venne affrontato su scala mondiale. La prima metà del secolo aveva visto tragedie come le dittature totalitarie, i gulag staliniani, i lager nazisti e il genocidio degli Ebrei d'Europa: tutti i diritti calpestati e un'immensa sofferenza.

Il 10 dicembre 1948 l'assemblea dell'ONU approvò la *Dichiarazione universale dei diritti dell'uomo*, stabilendo che i diritti umani devono essere protetti dalle leggi degli Stati, la dignità e il valore delle persone devono essere l'obiettivo primario e occorre favorire le relazioni amichevoli fra gli uomini e fra le nazioni.

I trenta articoli della *Dichiarazione* riguardano quattro categorie di diritti:

1. i **diritti della persona umana** (uguaglianza di tutti gli esseri umani; diritto alla vita, alla libertà, alla sicurezza);
2. i **diritti** che ogni persona ha **nei confronti dello Stato**, o del gruppo sociale di cui fa parte (nessuno può subire intromissioni dello Stato nella sua vita privata; a nessuno lo Stato o il gruppo sociale – la famiglia, la tribù, la casta – può impedire di sposarsi; libertà sia di movimento all'interno del proprio Paese, sia di andare all'estero; libertà religiosa; diritto di cittadinanza e di proprietà);
3. i **diritti politici** (libertà di pensiero e di associazione; diritto di votare alle elezioni e di essere eletti; di partecipare al governo del proprio Paese; di ottenere pubblici impieghi, ecc.);
4. i **diritti in campo economico e sociale** (diritto al lavoro; ad una retribuzione «equa e soddisfacente»; al riposo; all'assistenza sanitaria; all'istruzione; all'assistenza di madri e bambini piccoli, ecc.).

Per saperne di più

Amnesty International

Un'organizzazione internazionale che opera in difesa dei diritti umani è Amnesty International, un movimento nato in Inghilterra nel 1961, in seguito a un appello per un'amnistia a detenuti politici di tutto il mondo. L'attività di Amnesty è indipendente dai governi, dai partiti e dagli schieramenti politici, dalle fedi religiose. La sede principale è a Londra; vi sono sedi nazionali in molti Paesi dell'occidente, tra i quali l'Italia.

Amnesty cerca di ottenere la liberazione di «prigionieri di coscienza», cioè coloro che sono detenuti per le loro opinioni politiche o religiose, oppure a causa della loro appartenenza etnica. L'organizzazione si oppone inoltre alla detenzione senza processo dei prigionieri politici, alla pena di morte e all'uso della tortura; lotta infine contro le «sparizioni» (i «desaparecidos», le persone fermate dalla polizia in vari Paesi del mondo).

L'azione di Amnesty si svolge attraverso gruppi locali, ciascuno dei quali s'impegna a difendere un certo numero di «prigionieri di coscienza» attraverso vari mezzi di lotta: rapporti sulla violazione dei diritti, lettere, petizioni, appelli, manifesti, pubblicazioni.

Problemi aperti

Sono pochi i Paesi nei quali i diritti umani vengono pienamente rispettati; molti, invece, quelli nei quali non sono neppure presi in considerazione. Di fronte alle ripetute violazioni, nel tentativo di vincolare più strettamente gli Stati all'osservanza degli impegni sottoscritti, l'Assemblea generale dell'ONU ha moltiplicato le dichiarazioni e soprattutto ha fatto stipulare patti che avessero valore obbligatorio almeno per gli Stati che li firmavano. Alla *Dichiarazione* fecero seguito altri trattati e convenzioni:

- 1948, contro il genocidio, considerato un crimine contro l'umanità;
- 1965, contro la discriminazione razziale;
- 1981, contro le discriminazioni di genere, cioè fra uomini e donne;
- 1987, contro la tortura;
- 1989, per la difesa dei diritti dell'infanzia;
- 1990, per i diritti dei migranti per lavoro e delle loro famiglie;
- 1998, contro l'arruolamento dei bambini soldato.

Le dichiarazioni non cancellano i problemi. Tuttavia l'esistenza di queste convenzioni e trattati ha favorito importanti risultati, come il miglioramento della condizione degli Afroamericani negli Stati Uniti e la fine del regime di *apartheid* in Sudafrica. Sono stati istituiti alcuni **Tribunali internazionali** per giudicare i responsabili dei delitti compiuti in conseguenza della guerra civile in Cambogia fra 1975 e 1979, delle guerre nell'ex Iugoslavia (1992-1995) e della guerra civile in Ruanda nel 1994.

Molti Paesi hanno abolito la pena di morte o hanno rinunciato ad applicarla. Ha fatto passi avanti la democrazia e anche in molti Paesi poveri è migliorata la condizione di vita e di salute, con la riduzione della mortalità infantile.

Nonostante i risultati positivi, c'è ancora molto da fare, anche nei Paesi più avanzati, compreso il nostro. Ogni volta che un bambino è costretto a lavorare, una donna subisce violenza o è obbligata a un matrimonio non voluto, un migrante viene umiliato o maltrattato, un individuo viene discriminato per il colore della pelle, ecco che un diritto viene negato e la società ne è ferita.

CONOSCO LA REALTÀ SOCIALE

1. Riassumi i compiti e la struttura dell'ONU compilando una tabella secondo il modello proposto.

Istituzione	Quali sono i compiti
Consiglio di Sicurezza	
Assemblea generale	
Caschi blu	
Agenzie dell'ONU	

Percorso di geostoria

Le forze della natura e la storia

LA «SPAGNOLA», LA GRANDE INFLUENZA

La «spagnola», nota anche come «grande influenza», è considerata la più grave forma di **pandemia*** della storia, paragonabile, per pericolosità e virulenza, solo alla Peste nera che flagellò gran parte dell'Europa nel XIV secolo.

La malattia si presentò in due fasi successive. La prima, più blanda, scoppiò nella primavera del 1918 e sembrò esaurirsi rapidamente. La seconda scoppiò in autunno, in una forma molto più aggressiva, continuò a colpire nell'inverno, poi nella primavera 1919, propagandosi con rapidità straordinaria quasi in ogni parte del mondo, dall'Artico fino alle più remote isole del Pacifico. La pandemia contagiò 500 milioni di persone, il 30% della popolazione mondiale, e ne uccise fra i 50 e i 100, facendo in pochi mesi assai più vittime della prima guerra mondiale (1914-1918), che aveva provocato 10 milioni di morti, quasi tutti fra i militari.

* **Pandemia**
Epidemia (cioè rapida diffusione di una malattia infettiva entro un'area determinata) che colpisce più regioni e continenti.

La «spagnola» e la Grande guerra

La pandemia si scatenò su popolazioni ormai esauste, che a causa della guerra mondiale avevano sopportato anni di fame, di sofferenze, di disagi e di lutti, ed erano più facili prede del virus.

La malattia fece strage anche nelle trincee, dove vivevano ammassati milioni di soldati in condizioni igieniche disastrose. Sul fronte italo-austriaco le truppe austro-tedesche subirono il contagio in misura tre volte maggiore rispetto ai militari italiani, forse perché, essendo impegnate su più fronti, venivano esposte a più fonti di contagio. Alcuni storici austriaci ritengono che anche la perdita dei tanti soldati stroncati dal morbo abbia avuto un ruolo nella **disfatta finale** dell'impero austro-ungarico.

Nei Paesi in guerra, per non abbattere il morale dei combattenti, i mezzi di informazione cercarono di tener nascosto il diffondersi della pandemia. Il solo Paese che ne diede conto fu la Spagna, che non partecipava al conflitto. Proprio perché la stampa iberica ne parlò per prima, la malattia fu chiamata «**spagnola**».

Durante la pandemia di influenza spagnola del 1918-1919 i poliziotti americani, così come altre categorie di lavoratori a frequente contatto con il pubblico, vennero forniti di mascherine protettive nel tentativo di contenere il contagio.
Foto Time Life Picture/Getty Images.

Indifesi di fronte alla «spagnola»

La malattia si presentava come una comune influenza, ma presto evolveva in polmonite acuta o in pleuropolmonite, la pelle dei pazienti assumeva una colorazione bluastra e nel giro di pochi giorni la persona colpita moriva per insufficienza respiratoria (incapacità di respirare). Non si conoscevano allora gli **antibiotici***, che del resto non avrebbero potuto sconfiggere la spagnola, una malattia prodotta da un virus (e non da batteri). Con gli antibiotici però si sarebbero potute combattere efficacemente le complicanze della «spagnola» (polmoniti o pleuriti batteriche) che erano le vere cause di morte.

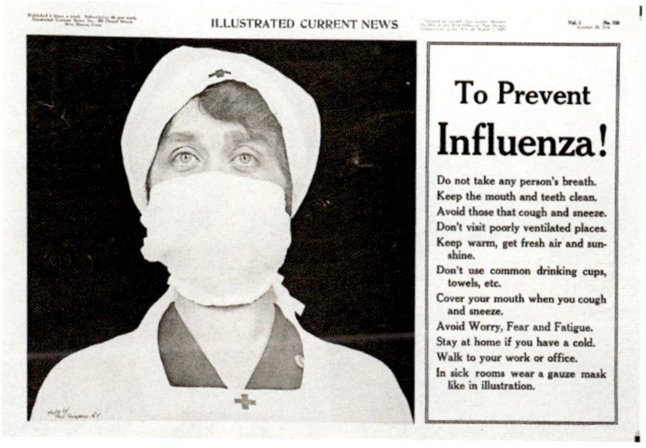

Per prevenire l'influenza!
Poster americano del 1918 che suggerisce i comportamenti opportuni per evitare di ammalarsi.
Bethesda, U.S. National Library of Medicine.

Lo sgomento di fronte alla morte di tanti giovani

Destava sgomento notare come il numero delle vittime fosse particolarmente alto fra i giovani sani e robusti che avevano da 18 a 29 anni. Sembrava quasi che la malattia si accanisse contro di loro, risparmiando gli anziani o colpendoli in modo meno grave.

Quali sono le ragioni di questo fenomeno, apparentemente contrario a ogni logica? Quasi trent'anni prima, nel 1889, si era diffusa un'epidemia di influenza chiamata «russa», provocata da un virus molto simile a quello della «spagnola». Avessero o no contratto quella malattia, gli anziani superstiti avevano prodotto degli anticorpi, che permettevano loro di essere parzialmente immuni nei confronti del nuovo virus. I giovani, nati molto più tardi, non avevano sviluppato gli anticorpi necessari per reagire alla «spagnola», e ne furono falcidiati.

* **Antibiotico**
Sostanza in grado di distruggere i batteri, usata in caso di malattie infettive.

IL TERREMOTO IN NEPAL

Un Paese ad alto rischio sismico

Il Nepal è uno dei Paesi più poveri del mondo. In Nepal si vive (in media) con poco più di 3 euro al giorno, la durata media della vita non supera i sessant'anni, la mortalità infantile è elevata (entro il primo anno di età muoiono più di 70 bambini su mille), il 58% della popolazione è analfabeta.

Inoltre il Nepal è una delle regioni a più alto **rischio sismico** del mondo. Ogni anno, a metà gennaio, i Nepalesi celebrano la giornata della sicurezza contro i terremoti, in ricordo di un terribile sisma che nel 1934 rase al suolo la capitale, Kathmandu, provocando 17 mila morti. Dopo il terremoto la città risorse sulle sue rovine, estendendosi nella fertile e popolatissima vallata (la valle di Kathmandu) posta ai piedi dell'Himalaya. Scosse sismiche si ripeterono nel tempo e nel 1988, dopo una scossa più violenta, cominciarono a essere stabilite delle regole per un'edilizia antisismica.

Non sempre quelle regole furono applicate e comunque non bastarono a proteggere la città dall'assalto di un nuovo sisma. Il 25 aprile 2015 un terribile terremoto, il più violento dopo quello del 1934, colpì nuovamente Kathmandu e la sua valle, infierendo per settimane sul territorio nepalese con centinaia di scosse, alcune delle quali – devastanti – di **magnitudo 7,9 e 7,3**. Le scosse sismiche furono avvertite anche in Pakistan, Bangladesh, Tibet e in India fino a Nuova Delhi.

Poster della Giornata della sicurezza contro i terremoti in Nepal che sostiene la necessità di costruire edifici antisismici e di educare la popolazione a comportarsi nel modo migliore durante un terremoto.
Foto NSET.

Una cittadina distrutta dal terremoto del 25 aprile 2015 nella valle di Kathmandu.
Foto A. Abdullah/EPA.

Il Nepal sotto le macerie

Il terremoto provocò migliaia di vittime e decine di migliaia di feriti, bloccò le comunicazioni stradali, ferroviarie e telefoniche, produsse danni incalcolabili alle abitazioni, agli edifici pubblici, ai monumenti storici e artistici. A **Kathmandu** fece crollare la torre a nove piani di **Dharhara**, già distrutta dal precedente terremoto del 1934 e prontamente ricostruita. Nella città, rimasta per giorni priva di acqua, di corrente elettrica, di medicine, di carburante, i superstiti si accamparono all'aperto, nei parchi e nei giardini, dormendo sotto tende improvvisate, cucinando su fornelletti a gas, vestendo gli abiti che indossavano nella fuga, e attendendo con rassegnazione la pioggia torrenziale che, con il prossimo arrivo del monsone, avrebbe trasformato il paese in una distesa di fango. Nei villaggi rurali la situazione fu ancora peggiore. Case e capanne furono rase al suolo e per coloro che erano rimasti intrappolati fra le macerie, l'arrivo dei soccorsi fu ritardato, spesso con esiti fatali, a causa dell'impraticabilità delle strade, rese inutilizzabili dalle frane.

I resti della torre di Dharhara distrutta per la seconda volta dal terremoto.
Foto Parazlaure/Wikimedia Commons.

Valanghe e frane

Il sisma fece tremare anche le montagne: si scosse l'**Everest**, da cui si staccarono enormi valanghe di neve, sassi e detriti che scesero a valle accompagnate da boati spaventosi, spazzando via tutto ciò che incontravano al loro passaggio. La primavera è la stagione più adatta per le scalate e sui due versanti dell'Everest, quello sud, nepalese, e quello nord, tibetano, si trovava quasi un migliaio di appassionati della montagna, soprattutto stranieri: scalatori e amanti del trekking, cioè delle lunghe escursioni a piedi in ambienti naturali. Erano con loro anche guide locali e *sherpa*, i portatori di carichi che accompagnano le spedizioni. Decine di queste persone persero la vita, travolte dalle valanghe e – a quote più basse – dalle frane.

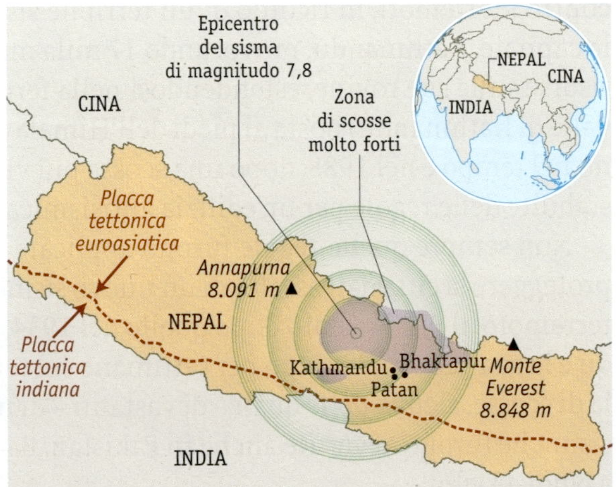

La causa del terremoto

A causare il terremoto fu la spinta della **placca indiana**, che preme da sud, verso quella euroasiatica, che si trova a nord.

Si tratta di un movimento, iniziato circa 70 milioni di anni fa e – come ha drammaticamente mostrato il terremoto del Nepal – tuttora in corso. Esso diede origine, in due fasi successive, alla **catena dell'Himalaya**, quando le due placche si scontrarono e il margine settentrionale della zolla indiana sprofondò lentamente sotto l'attuale altopiano del Tibet. Nella zona in cui avvenne la collisione sorsero allora i grandi massicci himalayani, che comprendono le vette più alte del mondo, fra cui l'Everest.

Il territorio del Nepal è posto quasi interamente su una **faglia**, vale a dire su una frattura, una lacerazione della crosta terrestre, lungo la quale le due parti rocciose che la faglia separa si sono mosse all'improvviso scivolando in direzioni opposte l'una rispetto all'altra. Secondo gli studiosi, a seguito del terremoto, la zona di Kathmandu si è alzata di 1 metro e mezzo, mentre la catena dell'Himalaya e una fascia del Tibet si sono abbassate di 120/150 centimetri.

* **Stupa**
Monumento buddista che simboleggia l'universo: il pilastro centrale è l'asse del mondo, la cupola semisferica la volta celeste, i quattro portali sono i punti cardinali.

Irreparabili danni ai beni artistici e culturali

L'epicentro del terremoto era molto vicino alle città d'arte più famose del Nepal: oltre a Kathmandu, città regale, anche **Bhaktapur** e **Patan**, entrambe dichiarate dall'UNESCO patrimonio dell'umanità, per i monumenti che conservavano, veri gioielli architettonici di una civiltà secolare. Al centro di entrambe le città c'era la piazza su cui si affacciava il palazzo reale, costruito con legno e mattoni cotti, mirabilmente scolpiti sull'intera superficie. Nei cortili interni al palazzo e sulla piazza sorgevano templi con coperture a pagoda, **stupa*** buddisti, statue e colonne.

Dopo il terremoto, il palazzo reale di Bhaktapur appariva come sventrato. A terra, fra i calcinacci, giacevano a pezzi altari, statue di divinità, capitelli, piccoli santuari, fregi. A Patan (che in sanscrito significa «città della bellezza») i templi induisti dedicati a Shiva e a Vishnu e il palazzo reale si erano come accartocciati su se stessi. In pochi istanti il terremoto aveva cancellato, forse per sempre, le tracce più significative e più preziose di una secolare civiltà.

Una statua di Buddha nel sito di Bhaktapur in rovina dopo il sisma dell'aprile 2015.
Foto O. Havana/Getty Images.

MI PREPARO AL COLLOQUIO PLURIDISCIPLINARE

Scegli uno dei temi di questa scheda, fai una ricerca per trovare collegamenti con altre discipline e poi prepara una breve esposizione. Ecco alcuni spunti.

Tema A. Le guerre e le epidemie: puoi fare riferimento alla storia dei secoli passati (per esempio, la conquista dell'America, la peste del Trecento, la guerra dei Trent'anni), alla biologia, alla storia dell'arte, alla letteratura (la peste raccontata da Manzoni nei *Promessi sposi*).

Tema B. Cause e conseguenze dei terremoti: puoi fare una ricerca sulla sismicità della penisola italiana, approfondire alcuni esempi recenti o passati e informarti sui sistemi antisismici di costruzione degli edifici.

Uno sguardo sul mondo

La distribuzione della ricchezza negli Stati di oggi

La popolazione mondiale nel 2000

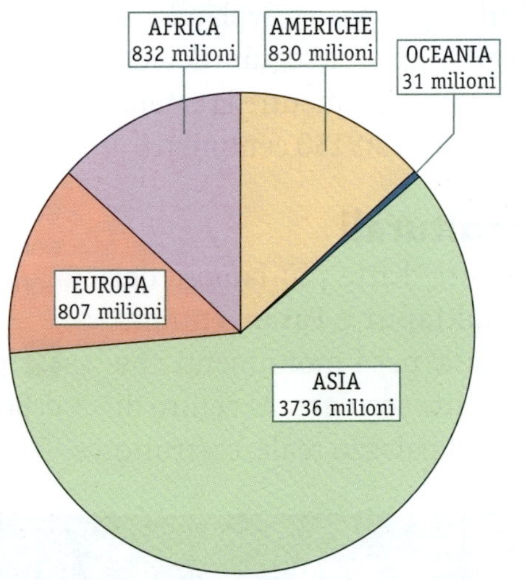

Le cinque città più grandi nel 2010

Tokyo	35 470 000
Città del Messico	20 690 000
Mumbai	20 040 000
San Paolo	19 580 000
New York	19 390 000

Comprendo i cambiamenti nello spazio e nel tempo

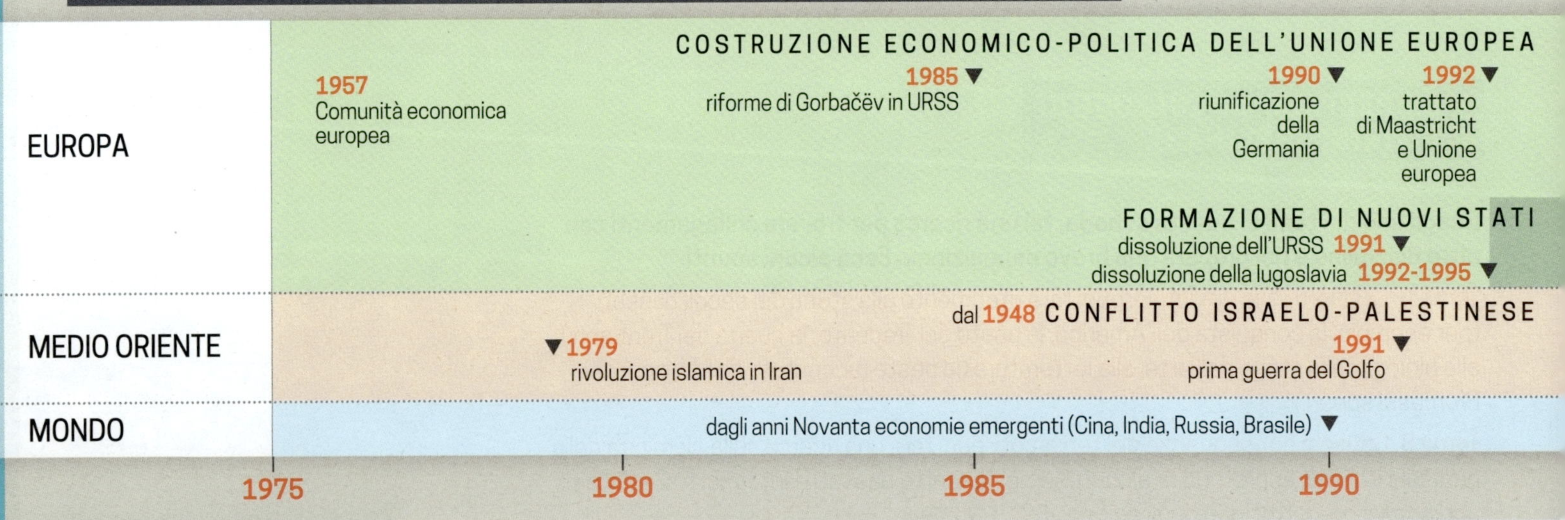

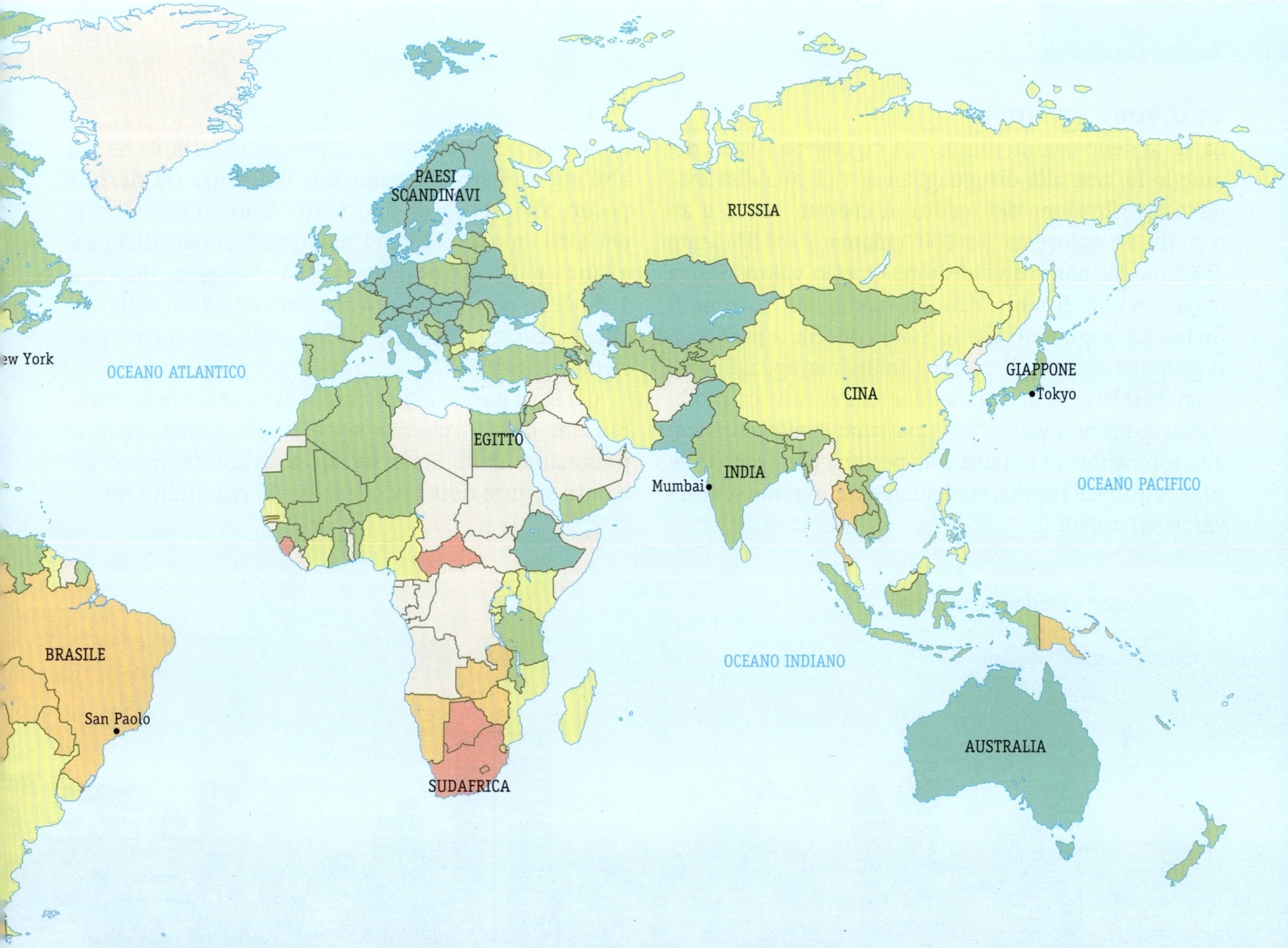

▼ **2002** nuova moneta, l'euro

▼ dal **2013** l'UE ha 28 membri

▼ nel **2017** Il Regno Unito esce dall'UE

2001 ▼ attentato a New York e guerra in Afghanistan

▼ **2003** guerra in Iraq

2011 ▼ rivolte arabe; inizio di guerre civili in Siria e Libia

GLOBALIZZAZIONE ECONOMICA E CULTURALE

1995 **2000** **2005** **2010** **2015** **Oggi**

Unità 4

Le società disuguali

La disuguaglianza

La carta delle pagine precedenti raggruppa i Paesi del mondo in base alla disuguaglianza, cioè alla disparità nella distribuzione dei redditi. A ciascuno stato è attribuito un valore da 1 a 100, chiamato «coefficiente di Gini» dal nome dell'ideatore. Questo valore deriva dalla raccolta di molti dati sui redditi, sui patrimoni finanziari, sugli aiuti che lo Stato concede a particolari gruppi e così via. Il valore 1 (massima uguaglianza) corrisponderebbe alla situazione in cui tutti hanno lo stesso reddito; il valore 100 (massima disuguaglianza) alla condizione in cui una sola persona possiede l'intero reddito. Nella realtà, evidentemente, avremo sempre valori intermedi.

Ciò che ci interessa, per interpretare la carta, è che più alto è il numero, maggiore è la differenza fra ricchi e poveri all'interno di uno Stato. Uno studio recente dell'ONU mostra che nel mondo c'è grande disuguaglianza nella distribuzione della ricchezza. Infatti il 10% delle persone più ricche detiene l'85% della ricchezza; ciò significa che il 90% delle persone ne possiede solo il 15%.

Gli Stati hanno la possibilità di modificare la distribuzione della ricchezza: per esempio aumentando le prestazioni dello Stato sociale a favore dei meno abbienti, oppure riducendo le tasse sui redditi inferiori.

Baraccopoli e moderni grattacieli a Belo Horizonte in Brasile.
Foto Shutterstock/F. Cardoso.

Distribuzione della disuguaglianza economica

La carta mostra che gli **Stati dell'Occidente** hanno in generale una **disuguaglianza bassa o moderata**: fanno parte di questo gruppo, in particolare, quasi tutti gli Stati europei, che hanno una lunga tradizione di *Welfare State*.

L'eccezione più importante è costituita dagli **Stati Uniti**, in cui la disuguaglianza economica è più marcata. Questo si spiega con il sistema economico-politico di quel paese, dove lo Stato interviene poco nell'economia e mantiene su livelli minimi le prestazioni dello Stato sociale.

Alla stessa categoria, contraddistinta dal colore giallo, appartengono anche due grandi Stati, le cui economie sono molto cresciute negli ultimi decenni: la **Russia** e la **Cina** (ne parleremo nel capitolo 16).

Alcuni paesi dell'**America Latina** hanno una **disuguaglianza piuttosto alta**; fra questi il **Brasile**, un'altra **economia emergente**. Ma il massimo di disuguaglianza si registra nel **Sudafrica**.

C'è un'importante presenza anche di Stati per i quali **non esistono statistiche** utili per chiarire il fenomeno della disuguaglianza. Questi sono concentrati in **Africa** e nel **Medio Oriente**, le regioni più instabili del mondo attuale, in molti casi devastate da guerre e conflitti civili negli ultimi decenni fino a oggi.

Disuguaglianza e povertà

Gli economisti ritengono che la disuguaglianza sia cresciuta dall'inizio della rivoluzione industriale fino alla metà del XX secolo. Nel secondo dopoguerra l'aumento si è arrestato, ma la disuguaglianza resta stabile ad alti livelli.

Strettamente collegata alle disuguaglianze è la povertà. Secondo le statistiche della Banca Mondiale (un organismo istituito dall'ONU) nelle regioni economicamente meno sviluppate 700 milioni di persone vivono in povertà estrema, soprattutto nelle zone rurali dell'Asia meridionale, dell'Africa e dell'America latina.

Ai contadini poveri si aggiungono altri gruppi sociali particolarmente fragili: pastori nomadi minacciati dalla desertificazione in Nord Africa e Medio Oriente, popolazioni indigene minacciate dall'ampliamento delle piantagioni industriali e infine profughi e rifugiati in fuga da conflitti civili e da guerre.

Rispetto agli anni Ottanta del XX secolo, tuttavia, la **povertà estrema** nel mondo **si è ridotta**, ma **non in maniera uniforme**. Il calo è stato notevolissimo in Cina e nell'Asia sud-orientale, dove lo sviluppo economico ha migliorato la condizione di molti milioni di persone; nell'Africa sub-sahariana, invece, il processo è stato opposto e la povertà estrema è molto cresciuta.

Così, oggi, la disuguaglianza e la povertà sono fra le cause principali delle migrazioni verso le regioni economicamente più sviluppate.

Un uomo e una donna scavano tra i rifiuti di una discarica alla ricerca di cibo o di qualcosa di utile a Mombasa, in Kenia.
Foto T. Allen/Getty Images.

COMPRENDO I CAMBIAMENTI NELLO SPAZIO E NEL TEMPO

1. Osserva la carta e la linea del tempo nelle pagine precedenti, poi rispondi alle domande facendo riferimento anche al testo.
   a. Quali sono gli Stati con maggiore e quelli con minore disuguaglianza economica?
   b. Che cosa può fare lo Stato per ridurre la disuguaglianza?
   c. Quali sono, dagli anni Novanta del secolo scorso, le principali economie con grande crescita?
   d. Un importante processo politico ha interessato l'Europa fin dalla metà del XX secolo. Quale?

Capitolo

14 Il Medio Oriente islamico e le guerre di Israele

CIAK si impara!

GUARDA! IL VIDEO

MI ORIENTO NEL CAPITOLO 1956 → 2000

1

Nel secondo dopoguerra, molti Stati del Medio Oriente diventano indipendenti. I **fondamentalisti**, però, si battono perché le leggi non siano laiche ma si basino sulla **religione islamica**.

2

Fin dalla sua nascita, lo **Stato di Israele** è in conflitto con i **Palestinesi** e con i Paesi arabi confinanti.

3

Negli anni Settanta una rivoluzione guidata da **Khomeini**, capo religioso e politico, trasforma l'**Iran** in uno Stato basato sulla **legge islamica**.

4

Nel 1996 anche in **Afghanistan** prendono il potere i **fondamentalisti islamici**. Sono vietati i contatti con l'occidente, le **donne sono sottomesse** agli uomini.

1. Nazionalismo e islamismo

L'islam, una delle grandi religioni del mondo

Come mostra la carta di questa pagina, l'area di diffusione della religione islamica si estende, con la sola interruzione del piccolo stato d'Israele, dal Nordafrica all'Indonesia, dall'Asia centrale alle coste africane dell'Oceano Indiano. I musulmani sono oltre un miliardo e sono in costante aumento; il tasso di crescita della loro popolazione è più alto di quello del mondo occidentale. Molti Stati hanno importanti minoranze musulmane.

Il mondo islamico oggi.

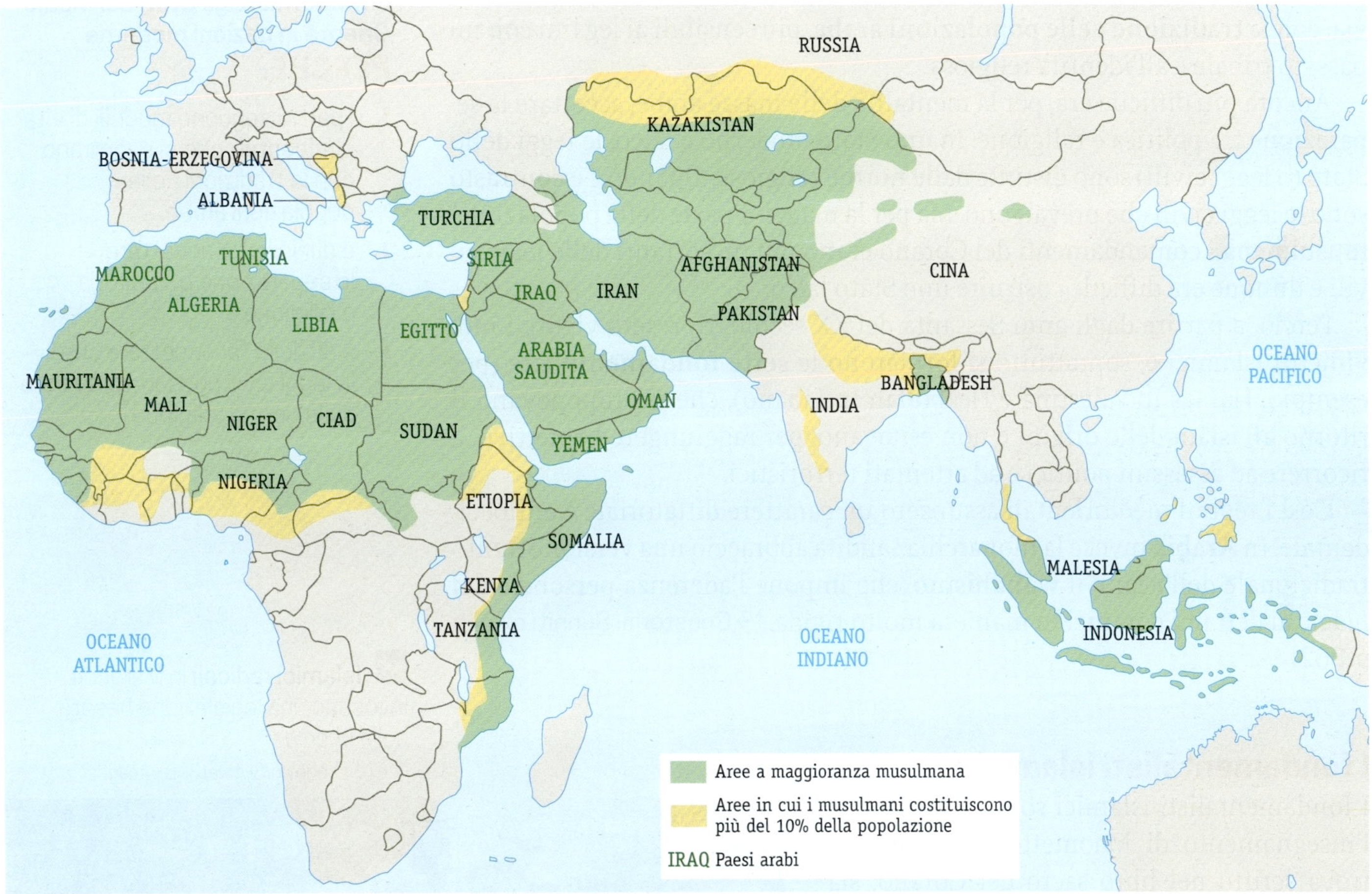

Le nuove nazioni del Medio Oriente islamico

Il **Medio Oriente** occupa buona parte del mondo islamico; corrisponde alla regione fra l'Egitto, la Turchia, la penisola dell'Arabia e l'Iran. Alla storia del Medio Oriente è strettamente legata anche quella dell'Afghanistan, ai confini dell'Asia centrale. Nel Medio Oriente vivono popolazioni di etnie diverse (Arabi, Ebrei, Turchi, Curdi, Iranici, Azeri...) e di religioni diverse (musulmani, ebrei, cristiani).

Il Medio Oriente è la culla delle civiltà (basta pensare all'antico Egitto e alla Mesopotamia), ma gli Stati che lo costituiscono sono di formazione recente. In Turchia, dopo la prima guerra mondiale, Kemal Atatürk aveva posto fine all'impero ottomano e aveva costituito uno Stato laico e moderno, la Repubblica turca. Nel corso della seconda guerra mondiale e nel primo decennio della decolonizzazione, divennero pienamente indipendenti l'Egitto, l'Arabia, l'Iraq, la Siria, il Libano e la Giordania. Nel 1947 venne costituito, per decisione delle Nazioni Unite, lo Stato di Israele [→ cap. 10 par. 4].

Modernità e tradizioni islamiche

In qualche caso, come in Siria e in Iraq, il partito che prese il potere (il **Baath**, cioè «rinascita») aveva un programma modernizzatore e laico e intendeva introdurre riforme di tipo socialista.

L'aspirazione dei partiti nazionalisti a trasformare i nuovi Stati del Medio Oriente in nazioni moderne sull'esempio dell'occidente si scontrava, tuttavia, con la **tradizione delle popolazioni arabe**, più sensibili ai legami con un passato tribale e all'identità religiosa.

Ancora più difficile era, per la mentalità delle masse arabe, accettare la separazione fra politica e religione. In uno Stato moderno e laico, le leggi dello Stato (o leggi civili) sono distinte dalle norme religiose. Quando c'è contrasto sono le leggi civili che prevalgono. Ma per la maggior parte della popolazione musulmana i comandamenti del Corano erano più importanti delle leggi civili e dunque era difficile costruire uno Stato laico.

Perciò, a partire dagli anni Sessanta del XX secolo, ripresero vigore i movimenti islamici e, soprattutto si formarono le **sette fondamentaliste** (per esempio, Hamas in Palestina e Hezbollah in Libano), che si proponevano il ritorno all'islam delle origini e non esitavano, per raggiungere l'obiettivo, a ricorrere ad assassini politici e ad attentati terroristici.

Così i regimi mediorientali assunsero un carattere dittatoriale e antioccidentale. In **Arabia** invece la monarchia saudita abbracciò una versione molto tradizionale dell'islam, il **wahabismo**, che impone l'aderenza personale del fedele ai dettami coranici in maniera molto rigida. [→ Geostoria: Sunniti e sciiti p. 362]

COLLEGO CAUSE ED EFFETTI

I partiti nazionalisti non riescono a trasformare gli Stati del Medio Oriente in nazioni moderne
PERCHÉ:

- i partiti seguono modelli di vita occidentali, che si scontrano con le tradizioni delle popolazioni arabe
- è difficile far accettare la separazione fra politica e religione
- è difficile far accettare che le leggi civili possano prevalere sulle norme religiose

I fondamentalisti islamici

I fondamentalisti islamici sono convinti che l'insegnamento di Maometto, così come si trova scritto nel libro sacro del Corano, sia stato dimenticato nella pratica delle società musulmane di oggi. La religione non occupa più il posto di un tempo nella vita quotidiana, per effetto dell'influenza di altre culture (soprattutto quella dell'occidente).

Gli obiettivi dei fondamentalisti sono insieme politici e religiosi. Si propongono il ritorno ai «fondamenti» della religione, all'islam delle origini. Chiedono che nell'esercitare la giustizia si abbandonino le regole giuridiche nate in occidente, che si stanno affermando anche in alcuni Paesi musulmani (per esempio la libertà di opinione, o l'ugua-

Islamici radicali in Marocco invocano una legislazione basata sulla *shari'a*.
Foto J. Langevin/Sygma/Getty Images.

glianza di tutti i cittadini di fronte alla legge), e che si torni all'antica legge islamica, la *sharī'a* (che, tra l'altro, prescrive pene corporali per molti reati). Chiedono che la condizione della donna resti subordinata a quella dell'uomo. Vogliono che sia riaffermato il dovere di ogni buon musulmano di battersi per la conversione degli infedeli.

Una regione strategica

Nel Medio Oriente si trovano **le maggiori riserve di petrolio del mondo**, le più preziose perché facili da sfruttare; questo spiega l'interesse strategico che la regione ha avuto fin dall'inizio del Novecento, quando furono scavati i primi pozzi. Dopo la seconda guerra mondiale, i giacimenti petroliferi furono nazionalizzati dai diversi Stati della regione, ma i guadagni della vendita del petrolio servirono soprattutto ad arricchire pochi gruppi privilegiati, e solo in parte a migliorare la vita della gente. Le rivalità economiche, le differenze religiose, gli interessi della politica internazionale e il conflitto per la Palestina hanno reso instabile la regione fino a oggi.

Progetto multidisciplinare
Una mostra sul petrolio
p. 446

Una delle più grandi raffinerie di petrolio del mondo, a Ras Tanura in Arabia Saudita.
Foto B. Iverson/Alamy.

Una nazione senza Stato: i Curdi

Un altro elemento d'instabilità fu (e resta tuttora) la questione curda.

I Curdi sono un'antica **popolazione iranica**, di religione musulmana sunnita, che rappresenta la maggioranza della popolazione nel **Kurdistan**, una regione compresa tra l'Anatolia e l'altopiano iranico. Alla fine della prima guerra mondiale i trattati di pace stabilirono la **creazione di uno Stato curdo**, ma dopo la nascita della repubblica turca il territorio curdo fu diviso fra la Turchia, la Siria, l'Iraq e l'Iran. La popolazione curda fu perseguitata e obbligata a diverse migrazioni di massa. Tutti i tentativi di ottenere l'autonomia furono repressi. Contro i Curdi (che nell'Iraq abitano una delle regioni più ricche di petrolio) negli anni Ottanta e Novanta il regime dittatoriale iracheno di Saddam Hussein fece uso più volte di armi chimiche. Nacquero **movimenti indipendentisti curdi** che compirono attentati terroristici e atti di guerriglia in Turchia.

Dov'è il Kurdistan?

Geostoria

Sunniti e sciiti

La distinzione fra sunniti e sciiti risale alle guerre civili che caratterizzarono i primi secoli dell'islam.

Oltre che profeta di Allah, Maometto fu anche il capo politico dello Stato islamico, e alla sua morte si pose il problema della successione. Uno dei suoi più stretti collaboratori, Abu Bakr, assunse la guida della comunità e dello Stato. Egli scelse per sé il titolo di «califfo», una parola araba che significava «sostituto» (di Maometto). Coloro che riconobbero la legittimità dei califfi furono chiamati **sunniti**, da ***sunna***, una parola araba che significa «regole di vita»: era il racconto dei detti e delle azioni di Maometto, che guidano, insieme al Corano, l'azione del buon musulmano. Il termine «sunnita» indica dunque l'adesione alla tradizione principale dell'islam. Il **califfato**, la suprema carica politica e religiosa, guidò la comunità islamica fino alla caduta dell'impero ottomano dopo la prima guerra mondiale.

Alla morte di Maometto, molti musulmani non accettarono Abu Bakr e il califfato e videro invece in Alì, parente del profeta e marito di sua figlia Fatima, il legittimo successore. Furono chiamati **sciiti**, da ***shi'a***, un'altra parola araba che significa «fazione, partito politico». Gli sciiti riconoscono come valida soltanto la successione all'interno della discendenza diretta del Profeta. Nel 680 una rivolta sciita si concluse con una dura sconfitta a Kerbela, in Iraq. Dopo la sconfitta, il partito di Alì si trasformò in un **movimento religioso radicale**, che si divise poi ulteriormente in diverse correnti. Lo sciismo si caratterizza per l'attesa del vero successore di Maometto, un *imam* nascosto che si manifesterà e farà trionfare la vera dottrina dell'islam, e per l'importanza che viene attribuita alla gerarchia religiosa.

Il califfato fu sempre nelle mani di dinastie sunnite (salvo brevi periodi), ma furono sciiti alcuni grandi costruttori d'imperi, come i capi della dinastia Safavide che portarono lo sciismo al potere in Iran, fra il Cinquecento e il Settecento.

Attualmente gli sciiti rappresentano la quasi totalità della popolazione in Iran e nell'Azerbaigian, hanno una forte maggioranza in Iraq e nel Bahrein e importanti minoranze in Libano e in Siria. È in grande maggioranza sunnita la popolazione nei Paesi del Nordafrica, dell'Arabia Saudita, della Turchia e negli Stati islamici dell'Asia centrale e sud-orientale.

La crisi del Medio Oriente (di cui si parla in queste pagine e nel capitolo 16) ha aggravato la contrapposizione fra sunniti e sciiti, che ha anche motivazioni politiche, oltre che religiose.

L'ultimo sultano-califfo Maometto VI, capo dell'islam sunnita e dell'impero ottomano, in una foto del 1922.
Foto Alamy.

L'*ashura*, una celebrazione che richiama ogni anno migliaia di fedeli sciiti alla grande moschea di Kerbela.
Foto O. Nikishin/Getty Images.

2. Le guerre di Israele

La crisi di Suez e la nascita dell'OLP

Nel luglio 1956 scoppiò in Medio Oriente una grave crisi internazionale quando il presidente egiziano Nasser decise di **nazionalizzare il canale di Suez**. Questo significava che l'Egitto, oltre a incamerare i pedaggi delle navi in transito, avrebbe potuto deciderne l'aumento e anche impedire il transito a Paesi considerati ostili. La Francia e la Gran Bretagna, colpite nei loro interessi, decisero un intervento militare insieme a Israele. Ma gli Stati Uniti e l'Unione Sovietica condannarono l'aggressione e lo stesso fece l'ONU. Le operazioni militari cessarono. Questa vicenda peggiorò le relazioni fra Israele e il mondo arabo.

Qualche anno dopo, nel 1964, venne fondata l'**Organizzazione per la Liberazione della Palestina** (OLP), che aveva come obiettivo l'eliminazione dello Stato di Israele. Molti giovani palestinesi, reclutati nei campi profughi, vi aderirono, trasformandosi in *fedayyin*, «combattenti». I mezzi di cui si servivano erano la guerriglia, le azioni terroristiche e i dirottamenti aerei. Dal 1969 l'organizzazione ebbe come capo **Yasser Arafat**.

Percorso di geostoria
Il Mediterraneo nel mondo globale
p. 442

Distruzioni a Port Said durante la crisi di Suez.
Foto Keystone/Alamy.

Il conflitto mediorientale e la guerra fredda

La rivalità politica delle due superpotenze ebbe conseguenze anche nel Medio Oriente. Gli Stati Uniti strinsero buoni rapporti, fin dall'inizio degli anni Cinquanta, con due Paesi islamici di antichissima civiltà, la Turchia e l'Iran, che confinavano con l'URSS e ne temevano la potenza. Dal canto suo l'Unione Sovietica consolidò i suoi legami commerciali e politici con l'Egitto e con alcuni Paesi arabi. Gli Stati Uniti apparvero sempre di più i **protettori dell'esistenza di Israele** contro il mondo arabo. Pur trovandosi nel Medio Oriente, Israele apparteneva alla civiltà occidentale, per il regime democratico, per la tecnologia avanzata delle sue industrie e delle sue armi, per le sue alleanze.

COLLEGO CAUSE ED EFFETTI

► **PERCHÉ Israele è percepito come un "corpo estraneo" dagli Stati confinanti? Completa le frasi.**

- Ha un regime politico ....
- Dispone di .... avanzate
- È alleato con gli .... e con l'occidente

La guerra dei sei giorni

La tensione fra Israele e gli Stati arabi confinanti sfociò di nuovo in una guerra nel **1967**, quando Nasser bloccò il golfo di Aqaba (impedendo alle navi israeliane l'accesso al Mar Rosso) e gli eserciti di Siria, Giordania ed Egitto minacciarono i confini dello Stato ebraico.

Israele reagì anticipando gli avversari. Il 5 giugno 1967 i bombardieri israeliani distrussero l'aviazione egiziana, mentre i carri armati occupavano estesi territori di confine: la penisola del **Sinai** e la cosiddetta **Striscia di Gaza** (appartenenti all'Egitto), la **Cisgiordania** (appartenente alla Giordania) e le alture del **Golan** (strappate alla Siria). Il 10 giugno le Nazioni Unite imposero il cessate il fuoco: perciò la guerra è nota come guerra «dei sei giorni». L'ONU chiese a Israele di restituire i territori occupati e ai Paesi arabi il riconoscimento dello Stato d'Israele. I Paesi arabi non accettarono e Israele rifiutò di ritirarsi, considerando quei territori essenziali alla propria sicurezza.

GUARDA! LA CARTA ANIMATA

Israele dopo la guerra dei sei giorni.

Stato d'Israele

Territori arabi occupati da Israele nel 1967
- Territori tolti all'Egitto
- Territori tolti alla Giordania
- Territori tolti alla Siria

La guerra del Kippur

Un nuovo attacco scatenato da Egiziani e Siriani nel **1973**, nel giorno della festa ebraica dello Yom Kippur («l'espiazione»), mise in difficoltà Israele, che passò al contrattacco, ma non riuscì a sbaragliare definitivamente i nemici. L'ONU intervenne nuovamente, per impedire che il conflitto si prolungasse.

In seguito il Sinai fu restituito all'Egitto e Israele firmò con quel Paese nel 1979 un trattato di pace. L'Egitto fu il primo Stato arabo a riconoscere lo Stato d'Israele; solo nel 1994 si giunse a un trattato analogo con la Giordania. Ma non cessò l'occupazione israeliana di territori palestinesi (Cisgiordania e Gaza), che, anzi, si consolidò con l'installazione di molti insediamenti di coloni ebrei.

Operazioni in Libano

Il conflitto si riaccese nel 1982. L'esercito israeliano, comandato dal **generale Ariel Sharon**, entrò nel Libano meridionale per eliminare le basi dell'OLP, dalle quali venivano lanciati missili sulla Galilea, in territorio israeliano. Gli Israeliani si lanciarono poi all'inseguimento dei guerriglieri palestinesi fino a Beirut, la capitale del Libano, che cinsero d'assedio. Solo l'intervento di una forza multinazionale permise ai *fedayyin* di mettersi in salvo.

Sempre nel 1982 nel sud del Libano, protette, armate e finanziate dall'Iran e dalla Siria, si stanziarono le milizie sciite di **Hezbollah** («il partito di Dio») destinato a diventare un nuovo pericoloso nemico per Israele.

L'*intifada* fu chiamata «rivolta delle pietre» perché condotta dai giovani palestinesi con la costruzione di barricate, il lancio di pietre e bastoni, scioperi e manifestazioni di massa.
Foto P. Turnley/Corbis.

La prima *intifada*

Nel 1987 iniziò una rivolta dei Palestinesi nelle zone occupate di Gaza e Cisgiordania (la cosiddetta *intifada*, parola araba che significa «scrollarsi di dosso»). Fu una vera **insurrezione popolare**, che durò a lungo e costò ai Palestinesi centinaia di morti e migliaia di feriti.

Nel 1988 nacque a Gaza un nuovo movimento politico fondamentalista, **Hamas** (le iniziali in arabo di «Movimento di resistenza islamico»), che considerava un sacro dovere la riconquista della Palestina con ogni mezzo e rifiutava ogni ipotesi di accordo con Israele.

«Terra in cambio di pace»

Spinti dalle pressioni internazionali, i capi israeliani e palestinesi iniziarono una serie di trattative per creare un'entità statale autonoma per i Palestinesi.

Nel **1993** Arafat e il primo ministro israeliano **Yitzhak Rabin** firmarono a Washington, davanti al presidente americano Bill Clinton, una **dichiarazione**, basata sul principio «terra in cambio di pace». Da parte palestinese dovevano cessare gli attacchi terroristici contro Israele; gli Israeliani dovevano ritirarsi dalla Cisgiordania e da Gaza per favorire la nascita di uno **Stato nazionale palestinese**.

Per amministrare i «territori» si costituì – in attesa di uno Stato – un governo palestinese autonomo, l'**Autorità nazionale palestinese**, alla cui presidenza fu eletto Arafat.

L'incontro fra Rabin e Arafat davanti al presidente americano Clinton, tenutosi a Washington nel 1993.
Foto J.D. Ake/AFP/GettyImages.

La seconda *intifada*

Molte forze si opponevano al processo di pace. In Israele erano i partiti nazionalisti, alcuni gruppi religiosi integralisti e i coloni degli insediamenti che si moltiplicavano nei territori occupati. Nel **1995** un **estremista** ebreo **assassinò Rabin** a Tel Aviv.

Fra i Palestinesi, rifiutavano ogni trattativa Hamas e alcune componenti dell'OLP. Fuori dai confini c'era l'ostilità di Hezbollah, della Siria e dell'Iran. Le trattative proseguirono nella reciproca diffidenza, con scarsi risultati.

Nel settembre 2000 riprese vigore anche l'*intifada*. La sequenza di attentati (anche suicidi), attacchi palestinesi e rappresaglie israeliane proseguì a lungo.

Per proteggere le città israeliane dall'infiltrazione di terroristi, nel 2002 il **primo ministro Ariel Sharon** avviò la costruzione di un **muro di protezione** sul confine della Cisgiordania e intorno alle colonie. In questo modo furono ridotti gli attentati, ma l'**isolamento** rese ancora più precarie le condizioni di vita delle comunità palestinesi.

ORGANIZZO I CONCETTI

► **Completa la tabella cronologica.**

1987	• Prima *intifada*: insurrezione popolare palestinese a .... e in .... • Nasce il movimento fondamentalista ....
1995	Assassinio di Rabin da parte di un ....
2000	Seconda *intifada*: i Palestinesi attaccano anche con armi da fuoco
2002	Sharon avvia la costruzione di un .... sul confine della ....

Il muro di separazione innalzato dal governo israeliano nei territori occupati della Cisgiordania. In alto a destra si può vedere la figura di una bambina che aggrappandosi a un grappolo di palloncini supera idealmente la barriera: è uno dei murales realizzati dall'artista inglese Banksy.

Una sequenza di azioni e reazioni

Nel 2005, infine, Israele si ritirò dalla Striscia di Gaza, che passò sotto l'amministrazione dell'autorità palestinese. Sembrò per breve tempo aprirsi uno spiraglio per la soluzione politica del conflitto, ma non fu così.

Morto Arafat alla fine di quell'anno, nei territori palestinesi si tennero le elezioni e fu eletto presidente Mahmud Abbas, detto **Abu Mazen**. Costui era esponente del partito Fatah (lo stesso di Arafat), disponibile alla trattativa con Israele. Presto, però, iniziò una guerra civile innescata da Hamas, che prese il controllo di Gaza.

La situazione oggi resta precaria: la regione è tutt'altro che pacificata, lo Stato palestinese non si consolida, un terzo dei Palestinesi non ha un lavoro, le prospettive di miglioramento delle loro condizioni sono scarse.

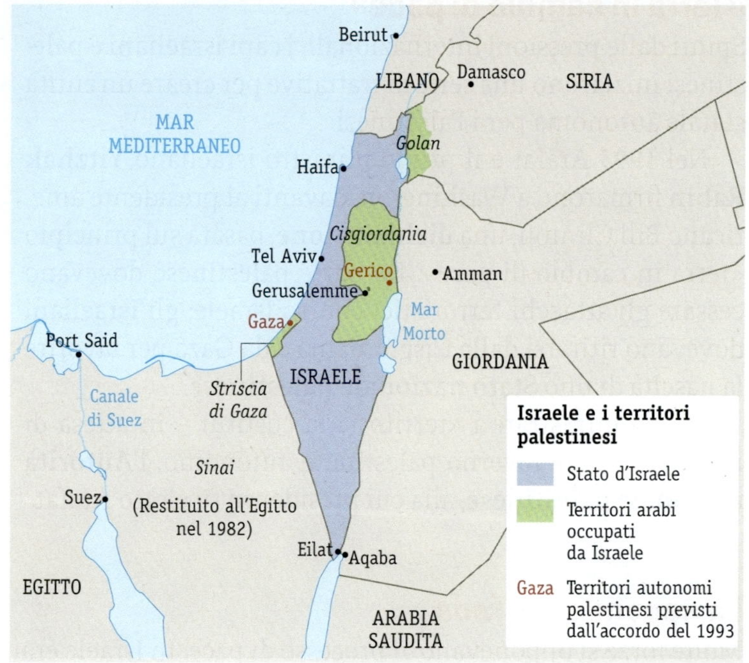

La lotta per le risorse idriche

La guerra fra Israeliani e Palestinesi è anche una guerra per l'acqua. Il territorio è arido e desertico, e le uniche fonti di approvvigionamento di acqua sono il fiume Giordano e il Mar Morto, un grande lago salato. Fra le cause della guerra dei sei giorni ci fu anche il tentativo degli Stati arabi di deviare le acque del Giordano per impedire a Israele di utilizzarle.

Le risorse idriche sono anche distribuite in maniera ineguale: gli Israeliani ne hanno cinque volte più dei Palestinesi. Israele è un Paese altamente industrializzato, ha un'agricoltura meccanizzata, e usa l'acqua soprattutto per l'industria e per i bisogni privati delle persone. La costruzione di dighe e impianti di desalinizzazione, che rendono potabile l'acqua del mare, ha risolto il problema dell'approvvigionamento idrico. La Palestina è invece un Paese in via di sviluppo, con un'agricoltura arretrata: per i rifornimenti d'acqua dipende in gran parte dalle forniture degli Israeliani.

COLLOCO GLI EVENTI NEL TEMPO

1970 — 1980 — 1990

1967 guerra dei sei giorni

1973 guerra del Kippur

1993 accordi di pace fra Israele e OLP

Geostoria

Gerusalemme, capitale contesa

Alla nascita dello Stato d'Israele, l'ONU stabilì di mantenere la città di Gerusalemme sotto il suo controllo. Sia gli Ebrei sia gli Arabi rifiutarono questa soluzione. Dopo la guerra del 1948 [→ cap. 10 par. 4] la città fu divisa in due: la parte ovest fu presa dagli Israeliani, la parte est dagli Arabi.

Con la guerra del 1967, Israele occupò Gerusalemme est e i territori agricoli circostanti. Dal 1981 un articolo della Costituzione israeliana dichiara Gerusalemme «intera e riunificata» capitale dello Stato. L'ONU non ha ritenuto legittima questa aspirazione e finora le trattative per risolvere la contesa non hanno avuto risultati.

Al conflitto politico si aggiunge un aspetto profondamente emotivo: Gerusalemme è città sacra per tre religioni (ebraismo, cristianesimo, islam) e i luoghi sacri di tutte e tre si trovano a Gerusalemme est.

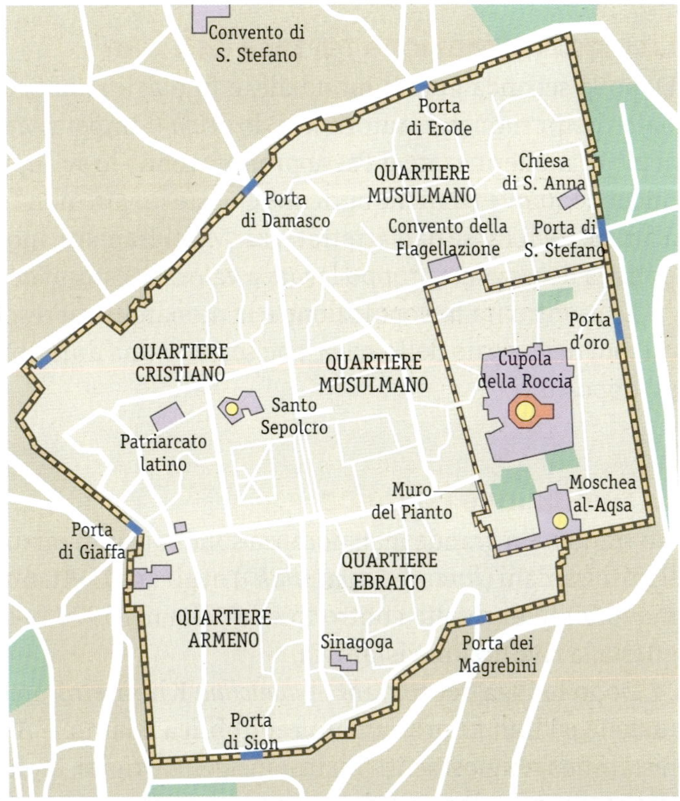

3. L'Iran e la rivoluzione islamica

La modernizzazione forzata dell'Iran

Dopo la seconda guerra mondiale, e fino agli anni Settanta, l'Iran fu governato da un monarca autoritario, lo *sciah* («imperatore») **Reza Pahlavi**, che cercò di modernizzare il Paese promuovendo lo sviluppo industriale e introducendo nuove tecniche agricole. Queste misure non furono però sufficienti a far uscire il Paese dall'arretratezza. Molti Iraniani, inoltre, consideravano la politica del sovrano troppo legata a valori e costumi occidentali.

Lo scontro fra la popolazione e la monarchia fu reso più acuto dai brutali metodi di governo dello *sciah*, che scatenò una durissima repressione contro gli oppositori.

La rivoluzione islamica

Gli Iraniani in grande maggioranza sono musulmani di tradizione sciita. I religiosi iraniani (**imam*** e **ayatollah***) negli anni Settanta animarono un vasto movimento di rivolta contro lo *sciah*, che nel **1979** fu costretto a fuggire. Fu questa la **rivoluzione islamica**.

Dopo la fuga del sovrano, l'*ayatollah* **Khomeini** prese la guida della rivoluzione e l'Iran fu proclamato **repubblica islamica**. A poco a poco al potere restarono i religiosi sciiti più intransigenti e rigidi. Molte persone di tendenze laiche, liberali, democratiche, comuniste che si erano unite ai rivoltosi sperando in una maggiore giustizia sociale, si trovarono perseguitate, costrette a vivere in clandestinità oppure a fuggire all'estero.

Khomeini (che visse fino al 1989) fu venerato con fanatismo. La repubblica islamica scatenò violente reazioni contro ogni aspetto della vita quotidiana considerato troppo occidentale o moderno. Alle donne fu imposto di nuovo di indossare il velo in pubblico. La legge coranica divenne legge dello Stato e furono rimesse in vigore pene (come la lapidazione delle adultere e il taglio delle mani per i ladri) che da molto tempo erano state dimenticate. Gli **Stati Uniti**, simbolo dell'occidente, erano considerati come un **nemico assoluto**.

* **Imam**
Nell'uso comune, il termine indica il fedele musulmano che guida la preghiera nella moschea. Per gli sciiti, questo titolo indica anche i discendenti legittimi di Alì, considerati sovrani per diritto divino.

* **Ayatollah**
Per i musulmani sciiti sono i massimi capi spirituali per diritto divino.

COLLEGO CAUSE ED EFFETTI

La repubblica islamica si oppone a ciò che è considerato troppo occidentale o moderno

quindi

- Le donne devono tornare a indossare il velo
- La legge coranica è legge dello Stato
- Gli Stati Uniti sono il nemico assoluto

Manifestazione contro lo *sciah* a Teheran nel 1979; i dimostranti innalzano un cartello col volto dell'*ayatollah* Khomeini.
Stringer/AFP/Getty Images.

Guerra tra Iran e Iraq

Nel **1980** l'Iran fu aggredito dalla confinante **repubblica dell'Iraq**. In questo Paese era andato al potere l'anno prima, con un colpo di Stato, **Saddam Hussein**. Pensando che l'Iran si trovasse in condizioni di disordine politico e debolezza militare, Saddam invase una regione iraniana di confine, ricca di petrolio.

In realtà l'esercito iraniano era ben armato e addestrato. A esso si affiancarono masse di giovanissimi combattenti, i ***pasdaran*** («guardie della rivoluzione»), direttamente dipendenti dagli *ayatollah*.

La guerra provocò oltre un milione di morti e si concluse solo nel **1988** senza vincitori. Gli Iraniani comunque considerarono questo risultato come una prova che la loro nazione era protetta da Allah.

L'Iran e il nucleare

I tentativi di alcuni politici iraniani di attenuare la durezza del regime ebbero scarso successo. Anzi, fra il 2005 e il 2013 il presidente Mahmud Ahmadinejad avviò una politica segnata da un violento antiamericanismo e da continue minacce contro Israele. Il regime avviò anche lo sviluppo del **programma nucleare**, che suscitò allarme per il sospetto che l'Iran volesse dotarsi di armamenti atomici.

Negli ultimi anni i governanti iraniani hanno accettato controlli internazionali sull'attività nucleare e hanno ridotto la polemica contro l'occidente. Così l'**embargo commerciale** a cui per lungo tempo l'Iran è stato soggetto ha potuto essere **revocato** e l'economia del Paese è in ripresa.

La società iraniana è in movimento: fra gli imprenditori e i professionisti e fra i giovani è forte la richiesta di maggiore libertà e di apertura verso la componente laica della società.

L'embargo contro l'Iran è cancellato a seguito dei controlli dell'agenzia internazionale per l'energia atomica. Nella foto il segretario di Stato americano John Kerry (a sinistra) incontra il ministro degli esteri iraniano Javad Zarif (a destra) in occasione della revoca delle sanzioni.

Foto K. Lamarque/Reuters.

COLLOCO GLI EVENTI NEL TEMPO

I protagonisti

Le donne iraniane fra tradizione islamica ed emancipazione

La dinastia Pahlavi, nel suo slancio di **modernizzazione** e di apertura alla **cultura occidentale**, aveva proibito alle donne l'uso del velo nei luoghi pubblici durante le cerimonie civili e aveva introdotto nei codici penali elementi favorevoli alle donne nei casi di divorzio. Le donne, inoltre, erano state ammesse a frequentare l'università e ad arruolarsi nelle forze armate; era stato loro concesso il diritto di voto e garantito l'accesso al parlamento, come pure alle più alte cariche del potere giudiziario e della polizia. Ma l'imposizione di questa occidentalizzazione forzata provocò reazioni in molte donne di ogni classe che, dopo una lunga **resistenza passiva**, al momento della rivoluzione popolare che rovesciò lo *sciah*, ritirarono fuori il chador come simbolo di ribellione.

Con l'avvento, nel 1979, della Repubblica islamica di Khomeini la situazione si ribaltò drasticamente: le donne che non portavano il velo in pubblico o che disobbedivano al marito cominciarono a essere punite; furono **aggravate le pene** per l'adulterio femminile fino a recuperare le antiche prescrizioni coraniche della lapidazione. Poi le donne furono escluse dalla magistratura; furono chiusi gli asili infantili, per obbligare le madri a restare a casa a occuparsi dei bambini; furono vietate nelle scuole le classi miste.

Oltre al divieto di fare bagni in piscina, alla chiusura di tutti i negozi di parrucchiere per signora e di tutti i saloni di bellezza, vennero imposte limitazioni nel lavoro: infermiere e insegnanti furono assunte con l'obbligo di avere rapporti solo con persone del loro sesso; le segretarie furono autorizzate a lavorare soltanto in locali preclusi agli uomini; le studentesse universitarie dovettero seguire le lezioni degli insegnanti maschi attraverso gli schermi di televisioni a circuito chiuso. Una situazione che è perdurata, ma oggi, nonostante la discriminazione e la repressione, milioni di donne iraniane, sempre più presenti nella società a partire dall'università, stanno prendendo coscienza della loro **condizione di non libertà** e attraverso le nuove forme di comunicazione vanno diffondendo in Iran e all'estero le immagini e le parole d'ordine del movimento per la **parità dei diritti**.

Una donna iraniana è ammonita dalla polizia per un abbigliamento non conforme alle rigide norme del Paese.
Foto Majid Saeedi/Stringer/Getty Images.

Studentesse iraniane all'Università di Teheran nel 1971.

4. Le guerre in Iraq e Afghanistan

La guerra del Golfo

Nel **1990**, due anni dopo la pace con l'Iran, Saddam Hussein invase il **Kuwait**, un piccolo Stato arabo del Golfo Persico, uno dei maggiori produttori al mondo e uno dei maggiori fornitori di petrolio all'occidente. Con l'autorizzazione dell'ONU e sotto la guida degli Stati Uniti, molti Paesi, fra cui anche l'Italia, intervennero militarmente contro l'Iraq e in poche settimane costrinsero Saddam Hussein alla resa (**1991**). La guerra, poiché fu combattuta sulle rive del Golfo Persico, prese il nome di **guerra del Golfo**.

L'Iraq fu sottoposto a un blocco economico (**embargo**) e fu obbligato sia a cessare la costruzione di armi di distruzione di massa, sia a distruggere quelle già in suo possesso. Ispettori furono inviati in Iraq dalle Nazioni Unite, per controllare il rispetto degli impegni presi.

Soldato americano in cima a un carro armato iracheno in Kuwait; sullo sfondo si vedono i pozzi di petrolio dati alle fiamme dalle truppe di Saddam Hussein.
Foto P. Turnley/ Corbis.

L'ultima guerra dell'URSS: l'invasione dell'Afghanistan

Nel dicembre **1979**, lo stesso anno della rivoluzione islamica in Iran, truppe sovietiche entrarono in Afghanistan, dove l'anno prima un colpo di Stato aveva portato al potere i comunisti. L'intervento dell'URSS aveva lo scopo di rafforzare la fazione filosovietica.

Erano ancora gli anni della guerra fredda e gli Stati Uniti finanziarono e armarono i guerriglieri della resistenza, i ***mujahidin*** («combattenti del *jihad*», la guerra santa contro i nemici di Allah). Da molti Paesi arabi gruppi organizzati e singoli guerriglieri accorsero in aiuto del popolo afghano aggredito.

Durante il conflitto si allargò, anche per far fronte alle necessità di un'economia di guerra, la **coltivazione dell'oppio**, che divenne quasi l'unica fonte di reddito dell'Afghanistan per due decenni.

In Unione Sovietica la guerra fu subito molto impopolare, per le perdite di uomini e le enormi spese che comportava. La potenza politica e militare dell'URSS era da tempo in declino, e anche il prestigio di cui godeva nel mondo arabo crollò. Nel **1989** i Russi furono costretti a ritirarsi.

Due *mujahidin* afghani in una foto degli anni Ottanta.
Foto S. McCurry/Magnum.

I talebani prendono il potere

Dopo il ritiro delle truppe sovietiche scoppiò una guerra civile fra le varie etnie e tribù afghane, divise da secolari rancori e rivalità. Prevalse alla fine un'associazione politica e religiosa di studenti delle scuole coraniche, i **talebani**, che nel 1996 **occuparono la capitale Kabul**. I talebani, armati e appoggiati dal Pakistan, ma appoggiati da gran parte della popolazione, instaurarono un regime islamico nella forma più rigida. Furono rimesse in vigore le punizioni corporali previste dalla legge coranica (la *shari'a*). Furono vietati i contatti con il mondo occidentale e i divertimenti «profani»: lo sport, il cinema, la televisione. Gli uomini furono obbligati a portare la barba lunga, le donne a indossare il *burqa*, un pesante abito che copre tutto il corpo e il viso. Le scuole femminili furono chiuse; la condizione delle donne ritornò a una totale dipendenza e sottomissione agli uomini.

I talebani si batterono anche contro la tradizione storica del loro Paese. Suscitò disappunto in tutto il mondo la distruzione a cannonate delle antichissime statue rupestri di Buddha a Bamiyan, nell'Afghanistan centrale, simbolo del passato preislamico della nazione. Nella foto due donne con il *burqa* camminano davanti alle pareti rocciose che ospitavano le statue.
Foto US Army Photo/Alamy Stock Photo.

I fondamentalismi islamici si rafforzano

La vittoriosa resistenza contro i Russi e la presa del potere dei talebani fecero crescere nel mondo islamico le tendenze fondamentaliste, che intendevano far trionfare la legge islamica e combattere contro l'occidente, incarnato dagli Stati Uniti.

Fra coloro che avevano finanziato la guerriglia dei *mujahidin* contro l'occupazione sovietica c'era anche un ricchissimo imprenditore edile dell'Arabia Saudita, Osama bin Laden, che aveva arruolato e addestrato un gruppo di **miliziani*** arabi. Il loro intento era di abbattere i governi corrotti e infedeli dei Paesi musulmani, e sconfiggere quelli che venivano considerati i nuovi crociati invasori: gli Stati Uniti e il mondo occidentale.

Per raggiungere i suoi scopi, bin Laden organizzò una **rete terroristica** che eseguì sanguinosi attentati contro obiettivi americani durante gli anni Novanta. Il regime talebano dell'Afghanistan fu sottoposto a sanzioni economiche dall'ONU con l'accusa di ospitare sul suo territorio le basi dei terroristi. Dopo decenni di guerra l'Afghanistan era precipitato nella miseria, con milioni di profughi e migliaia di mutilati (soprattutto per l'impiego senza limiti di **mine antiuomo***).

* **Miliziano**
È chi milita all'interno di gruppi di civili armati e organizzati secondo una struttura militare.

* **Mine antiuomo**
Sono ordigni di piccole dimensioni che vengono nascosti nel terreno e restano attivi e pericolosi per decenni. Per questo motivo anche molti anni dopo la conclusione di un conflitto, molti civili (e tanti bambini) continuano a morire o a restare mutilati. Una convenzione dell'ONU del 1997 mette fuori legge la produzione e l'uso di queste armi; ma molti Paesi (fra i quali gli Stati Uniti, la Cina e la Russia) non l'hanno sottoscritta. Nel 2015 in Afghanistan ci sono state 11 002 vittime civili di mine antiuomo (fra cui 3545 morti).

COLLOCO GLI EVENTI NEL TEMPO

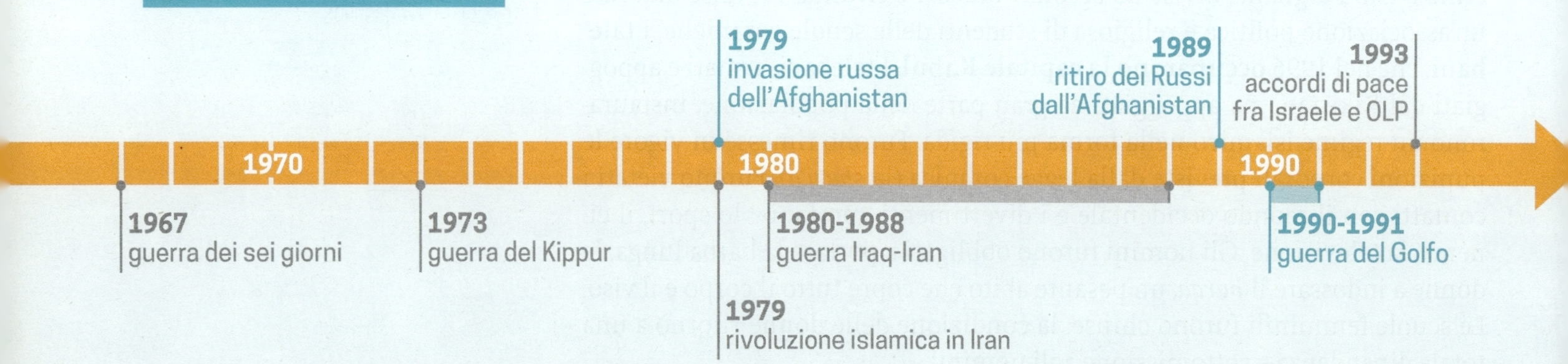

RICOSTRUISCO LA MAPPA DEL CAPITOLO

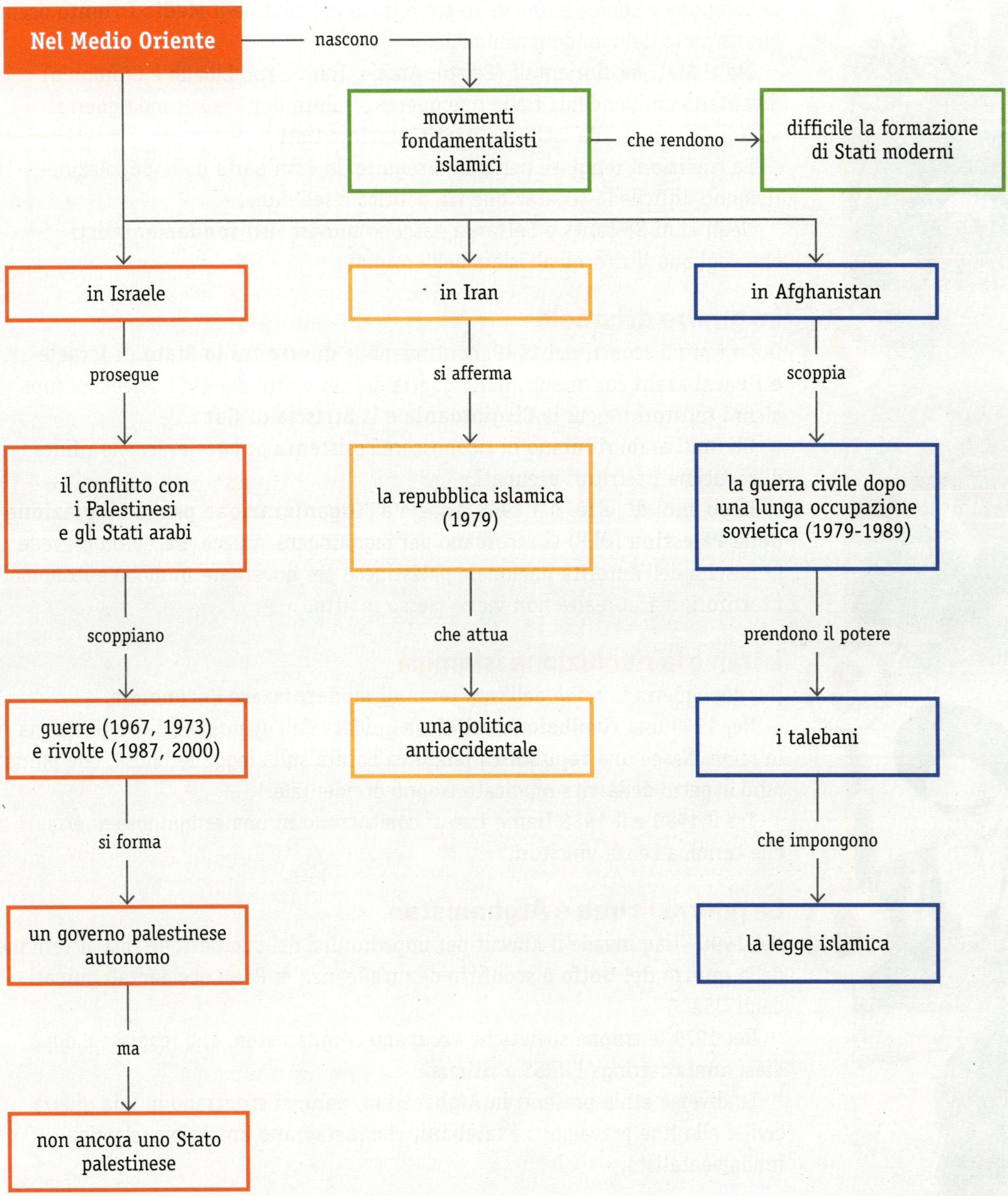

Sintesi

RICOSTRUISCO LE INFORMAZIONI

1 Nazionalismo e islamismo

La religione islamica è una delle più diffuse al mondo e il **Medio Oriente** occupa buona parte del mondo musulmano.

Molti Stati mediorientali (Egitto, Arabia, Iraq, Siria, Libano e Giordania) diventano indipendenti fra le due guerre o subito dopo la seconda guerra mondiale, grazie alla lotta dei **partiti nazionalisti**.

Le tradizioni religiose dell'islam, seguite da gran parte della popolazione, rendono difficile la separazione tra politica e religione.

Negli anni Sessanta e Settanta nascono **movimenti fondamentalisti** che vogliono il ritorno all'islam delle origini.

2 Le guerre di Israele

Dopo i primi scontri nel 1948, continuano le **guerre tra lo Stato di Israele e i Paesi arabi** confinanti. Nella guerra dei sei giorni del 1967 Israele occupa alcuni territori fra cui la **Cisgiordania** e la **Striscia di Gaza**.

Gli Stati arabi rifiutano di riconoscere l'esistenza di Israele. Israele rifiuta di restituire i territori occupati.

Dopo anni di lotte, nel 1993, Israele e l'**Organizzazione per la Liberazione della Palestina** (OLP) si accordano per raggiungere la pace. L'accordo prevede la nascita dell'Autorità nazionale palestinese per governare in modo autonomo i territori, ma in realtà non viene messo in atto.

3 L'Iran e la rivoluzione islamica

Nel dopoguerra lo *sciah* dell'Iran tenta di **modernizzare l'economia**.

Nel 1979 una **rivoluzione religiosa** guidata dall'*ayatollah* Khomeini caccia lo *sciah*. Nasce una **repubblica islamica** basata sulla legge religiosa, che punisce ogni aspetto della vita giudicato troppo occidentale.

Tra il 1980 e il 1988 Iran e Iraq si combattono in una sanguinosa guerra, che termina senza vincitori.

4 Le guerre in Iraq e Afghanistan

Nel 1990 l'Iraq invade il Kuwait per impadronirsi del suo petrolio, ma al termine della **guerra del Golfo** è sconfitto da un'alleanza di Paesi occidentali guidati dagli USA.

Nel 1979 le truppe sovietiche occupano l'Afghanistan, che reagisce e dopo dieci anni costringe l'URSS a ritirarsi.

Le diverse etnie presenti in Afghanistan, però, si scontrano in una guerra civile: alla fine prevalgono i **talebani**, che instaurano un regime islamico fondamentalista.

STABILISCO COLLEGAMENTI E RELAZIONI — Paragrafo 1

1 Rispondi alle domande che seguono.

a. Quale obiettivo si ponevano i partiti nazionalisti arabi al potere?

b. Perché incontrarono difficoltà a imporre la laicità dello Stato?

c. Perché si moltiplicarono le sette fondamentaliste?

SCOPRO I CAMBIAMENTI NELLO SPAZIO E NEL TEMPO — Paragrafi 1 e 2

2 Osserva le due carte, che mostrano il Medio Oriente negli anni Venti e oggi, poi rispondi alle domande.

Il Medio Oriente negli anni Venti

Sfera d'influenza francese: mandati e possedimenti

Sfera d'influenza britannica: mandati, protettorati e territori governati, occupati o amministrati dalla Gran Bretagna

Il Medio Oriente oggi

a. Quali Stati sono diventati indipendenti in Medio Oriente?

b. Tutti gli Stati della regione sono musulmani a eccezione di uno: quale?

c. Quale religione professa la maggioranza della popolazione di quello Stato?

d. Che cosa sono i "territori palestinesi"?

VERIFICO LE CONOSCENZE — Paragrafo 2

3 Completa il brano con le parole adatte.

Dopo la proclamazione dello Stato di .... e la guerra del 1948, vi furono altri conflitti fra gli Israeliani e gli Stati .... Nella guerra dei .... Israele strappò alcuni territori all'Egitto (la Striscia di ....), alla Giordania (la ....) e alla Siria (le alture del ....) e intraprese una politica di nuovi .... nei territori occupati. Solo nel 1993, dopo una rivolta dei Palestinesi (l'..), si giunse a un primo accordo che portò alla nascita, in parte della Cisgiordania e nella Striscia di Gaza, di uno .... nazionale .... Movimenti estremisti da una parte e dall'altra si opposero al processo di pace, che è tuttora bloccato.

Esercizi

COLLOCO NEL TEMPO — Paragrafo 2

4 **Servendoti dei dati forniti dal paragrafo 2, costruisci una tavola cronologica dal titolo: «La Palestina dal 1948 al Duemila».**

VERIFICO LE CONOSCENZE — Paragrafo 3

5 **Completa il brano con le parole adatte.**

Fino agli anni Settanta in Iran governò lo .... , un monarca autoritario che cercò di .... il Paese appoggiandosi agli Stati Uniti. Nel 1979 una .... islamica, guidata dall' .... Khomeini, rovesciò il sovrano e trasformò l'Iran in una .... islamica, retta dalla legge del Corano. Venne proibito ogni aspetto della vita considerato troppo moderno o .... Nel 1980, Saddam .... , presidente dell' .... , attaccò l'Iran per conquistare una zona ricca di .... ; ma l'Iran resistette e uscì consolidato dalla guerra. Durante il conflitto, gli Iraniani mandarono al fronte i giovanissimi ...., le «.. della rivoluzione».

LAVORO SULLE FONTI — Paragrafo 3

6 **Osserva l'immagine e rispondi alle domande.**

a. Chi è il personaggio sulla destra, in atteggiamento di minaccia?

b. Il personaggio a sinistra è lo *sciah* di Persia; perché insieme a lui c'è un americano?

c. In questo manifesto ci sono bandiere iraniane? La rivoluzione iraniana è «nazionale»? Qual è il suo carattere dominante?

VERIFICO LE CONOSCENZE — Paragrafo 4

7 **Completa il brano scegliendo le parole adatte.**

Negli anni Ottanta ☐ gli Stati Uniti / ☐ i filosovietici finanziarono e armarono i guerriglieri della resistenza afghana, detti ☐ *mujahidin* / ☐ talebani. Negli anni Novanta, dopo il ritiro delle truppe ☐ americane / ☐ sovietiche, in Afghanistan scoppiò una guerra civile basata su antichi rancori etnici. Ne uscirono vincitori i ☐ *pasdaran* / ☐ talebani, che imposero alla popolazione del Paese un regime basato sull'applicazione molto rigida della ☐ *shari'a* / ☐ lotta armata.

COLLOCO NEL TEMPO — Intero capitolo

8 **Associa le date agli avvenimenti elencati a pagina seguente, scrivendo nelle caselle i numeri corrispondenti.**

☐ **a.** 1967
☐ **b.** 1973
☐ **c.** 1979
☐ **d.** 1980
☐ **e.** 1987
☐ **f.** 1988
☐ **g.** 1991
☐ **h.** 1993
☐ **i.** 1996

1. guerra del Golfo e sconfitta dell'Iraq
2. i talebani al potere in Afghanistan
3. prima *intifada*
4. inizio della guerra Iran-Iraq
5. rivoluzione islamica in Iran
6. guerra dei sei giorni
7. guerra del Kippur
8. fine della guerra Iran-Iraq
9. primi accordi fra Israele e OLP

RIORGANIZZO DATI E CONCETTI

Intero capitolo

9 **Scrivi una frase che spieghi il significato di ciascuna delle seguenti parole o sigle.**
fedayyin ▪ fondamentalismo ▪ OLP ▪ Hamas ▪ terrorismo ▪ *intifada* ▪ territori occupati ▪ talebani

Imparo a imparare

CONSULTO UN'EMEROTECA

Intero capitolo

Le emeroteche sono raccolte di giornali (quotidiani, periodici e riviste): si trovano presso le biblioteche pubbliche di ogni città e mettono a disposizione dei lettori un prezioso patrimonio di notizie riguardanti il presente e il passato, recente o remoto. Possono costituire una interessante fonte di conoscenza anche per gli storici. Presso alcune emeroteche esistono anche microfilm che permettono di visualizzare a schermo le pagine dei giornali proprio come se li si stesse sfogliando: dai microfilm è anche possibile estrarre pagine stampate che permettono una più accurata consultazione. Alcune testate giornalistiche, inoltre, sono disponibili anche in una versione digitalizzata, che si può consultare *online* presso le emeroteche a ciò attrezzate digitando il tema o l'argomento che interessa.

10 **Per documentarvi su argomenti di attualità, organizzate una visita a una emeroteca. Lavora con tuoi compagni di classe seguendo le istruzioni di questa scaletta.**

a. Scegliete un argomento trattato nel capitolo, oppure un fatto di attualità riguardante uno degli Stati considerati nel capitolo, di cui abbiano parlato TV e giornali.

b. Divisi in gruppi e con la guida dell'insegnante sfogliate i quotidiani e le riviste per ricercare gli articoli che riguardano la vostra ricerca, scorreteli rapidamente per farvene un'idea, selezionate i più significativi e fotocopiateli.

c. Se la ricerca richiede un approfondimento, verificate se l'emeroteca conserva giornali di annate passate, se dispone di microfilm, se offre la possibilità di consultare archivi *online*.

d. Di solito i giornali aggiungono un commento alle notizie pubblicate e, poiché ogni testata segue una propria linea politica o una propria ideologia, può capitare che le interpretazioni degli avvenimenti siano anche molto diverse da un giornale all'altro.

In classe mettete a confronto i vari articoli cercando di individuare:
- il risalto dato alla notizia (titolo in prima pagina o nelle pagine interne, numero di colonne occupate, caratteri piccoli o grandi, presenza di illustrazioni ecc.);
- il punto di vista del giornalista (commenti impliciti o espliciti, giudizi positivi o negativi).

e. Leggete gli articoli con attenzione. A gruppi, provate a separare i fatti dalle opinioni, selezionate le parti più significative ed esponetele in sintesi con parole vostre.

f. Discutete fra voi per confrontare le vostre idee sull'argomento e concludete il lavoro costruendo una tabella in cui siano esposte sinteticamente informazioni e opinioni, compresa la vostra.

Il capitolo a colpo d'occhio

QUANDO

1. In quali anni si svolgono questi eventi? SCRIVI le date sui puntini e poi COLLOCALE sulla linea del tempo.

.... Rivoluzione islamica in Iran e invasione russa dell'Afghanistan.

.... Guerra «dei sei giorni» fra gli Stati arabi e Israele.

Foto AP.

.... Guerra del Golfo.

DOVE

2. SCRIVI il nome dei Paesi arabi che nella carta sono indicati dai numeri.

1. ....
2. ....
3. ....
4. ....
5. ....
6. ....

PAESI A MAGGIORANZA MUSULMANA ALL'INIZIO DEL XXI SECOLO (in verde i nomi dei Paesi arabi)

LE PAROLE DA RICORDARE

3. Che cosa significa? METTI LA CROCETTA sulla definizione giusta.

a. Movimenti islamici fondamentalisti
- ☐ movimenti che vogliono diffondere la lingua araba
- ☐ movimenti che vogliono il ritorno all'islam delle origini
- ☐ movimenti che rifiutano di riconoscere lo Stato di Israele

b. Sunniti
- ☐ fedeli che aderiscono alla tradizione principale dell'islam
- ☐ fedeli che considerano Gerusalemme città sacra per l'islam
- ☐ fedeli di una setta minoritaria dell'islam

c. *Intifada*
- ☐ appartenenza all'islam
- ☐ altro nome per indicare l'OLP
- ☐ insurrezione popolare palestinese

d. *Shari'a*
- ☐ sinonimo di *intifada*
- ☐ forma di governo dell'Iran
- ☐ legge coranica

LA MAPPA DEI CONCETTI

4. COMPLETA la mappa

Nel Medio ....

- prosegue → la guerra tra .... e Paesi arabi
  - scoppiano → rivolte (*intifada*)
  - ma non nasce → uno Stato ....
- si attua → una politica antioccidentale
  - con l'affermarsi della → repubblica islamica in ....
- si impone → la legge islamica (..............................) a opera dei talebani
  - che prendono il potere → dopo la guerra civile in ....

Capitolo

15 La fine del comunismo e la nuova Europa

CIAK si impara!

GUARDA! IL VIDEO

MI ORIENTO NEL CAPITOLO — dal 1980 → a oggi

1 Negli anni Ottanta l'economia dell'URSS è in crisi. **Michail Gorbacëv** prova a modernizzare il Paese e migliora i **rapporti con gli USA**.

2 I Paesi satellite dell'URSS scelgono nuovi governi con **libere elezioni**. In Germania **cade il muro di Berlino** e il Paese viene riunificato. L'URSS si **disgrega**.

3 Nel 1991 anche la **Federazione iugoslava** si disgrega. In **Bosnia** scoppia una **guerra civile**: si compiono massacri e si distruggono intere città come **Sarajevo**.

4 Un gruppo sempre più numeroso di Paesi europei si riunisce nell'**Unione europea**, che è dotata di una moneta comune (l'**euro**) e di un suo **parlamento**.

5 In Italia, a inizio anni Novanta, una grave **crisi politica** favorisce la crescita delle organizzazioni criminali: la **mafia** fa assassinare i **giudici** che lottano per contrastarla.

1. La crisi del comunismo in URSS

La svolta liberista dell'occidente negli anni Ottanta

Intorno al 1980 in occidente vi furono cambiamenti importanti nell'economia e nella politica. Il modello economico del capitalismo occidentale si rafforzò, anche grazie all'introduzione delle nuove tecnologie informatiche che resero più efficiente il modo di produrre delle industrie.

Negli Stati Uniti e in Gran Bretagna andarono al potere dei leader (**Ronald Reagan**, presidente americano dal 1980 al 1988 e **Margaret Thatcher**, primo ministro inglese dal 1979 al 1990) che favorirono la **libera iniziativa degli imprenditori** e ridussero l'intervento dello Stato nell'economia. Furono privatizzate, cioè vendute a compagnie private, molte imprese e servizi che un tempo erano gestiti dallo Stato, come le ferrovie, i servizi postali e parte delle aziende sanitarie. La scelta del **liberismo** fece diminuire le spese dello Stato e rese possibile abbassare le tasse, ma portò anche a una riduzione del *welfare*, e mise in grave difficoltà la parte più debole della popolazione (anziani, malati, famiglie numerose, operai).

COLLEGO CAUSE ED EFFETTI

Il liberismo limita l'intervento dello Stato nell'economia

perciò ↓

lo Stato vende a privati imprese e servizi

di conseguenza ↓

diminuiscono le spese dello Stato

quindi ↓

si riducono le tasse

ma ↓

si riduce anche il *welfare*

di conseguenza ↓

i più deboli sono in difficoltà

Una sfida impossibile

Rispetto al mondo occidentale, la produzione industriale nell'URSS aveva accumulato un ritardo tecnologico incolmabile. Le industrie sovietiche erano meno produttive, più inquinanti, meno sicure. Nel regime comunista dell'URSS e dei Paesi satellite, lo Stato si faceva carico della **protezione sociale dei cittadini**, ma garantiva **livelli di vita bassi**. L'economia era ferma, l'industria poco efficiente e gran parte delle risorse erano usate per coprire le spese militari. Questo finì col mettere in crisi tutto il sistema.

Proprio in quegli anni il presidente Reagan aumentò le spese per gli armamenti e decise di installare missili in alcuni Paesi europei per colmare il divario che si era creato in Europa fra le forze della NATO e quelle del Patto di Varsavia.

La protesta contro il regime in Polonia

Le difficoltà dell'URSS erano accentuate dalla ripresa della protesta nei Paesi satelliti. In **Polonia**, nel settembre 1980, venne fondato il sindacato **Solidarność** (cioè «solidarietà»), che diede voce alla protesta operaia contro il regime e organizzò lunghi scioperi nei cantieri navali di Danzica, un'industria d'importanza strategica per il Paese.

Una manifestazione del sindacato Solidarność in Polonia nel 1988.
Foto P. Turnley/Corbis.

Il sindacato era appoggiato dalla **Chiesa cattolica**, che aveva grande prestigio fra la popolazione: nel 1978 era stato eletto papa il cardinale polacco **Karol Wojtyła** (Giovanni Paolo II), deciso oppositore del regime comunista.

In Polonia l'URSS non rispose con la repressione armata; appoggiò invece un colpo di Stato militare. Le leggi speciali e la repressione poliziesca misero fine alle proteste, ma non eliminarono l'insofferenza nella società polacca.

Un tentativo di riformare l'URSS

Nel **1985** fu eletto segretario del partito comunista dell'Unione Sovietica **Michail Gorbačëv**, un alto funzionario convinto che soltanto profonde riforme avrebbero potuto far uscire il Paese dalla disastrosa crisi economica in cui era caduto. Era convinto che fossero necessarie riforme politiche, perché sia in URSS sia nei Paesi satelliti crescevano i movimenti che chiedevano democrazia, libertà e rispetto dei diritti umani.

Gorbačëv ordinò il ritiro delle truppe dall'Afghanistan [→ cap. 14 par. 4] e cercò di migliorare i rapporti con gli Stati Uniti. Fra le due superpotenze cominciò un periodo di **distensione**, nel quale i contrasti si attenuarono. Con il presidente Reagan e poi con il suo successore George Bush, Gorbačëv firmò accordi che portarono alla riduzione degli arsenali nucleari e allo smantellamento di alcune basi militari. In quegli anni **la guerra fredda ebbe fine**.

Gorbačëv si propose di correggere i gravi difetti ormai radicati in tutte le istituzioni dello Stato sovietico con un'energica **azione di riforma**. Una spinta in questo senso venne da un tragico incidente avvenuto in Ucraina nel **1986**: la fusione del nocciolo di un reattore nella centrale nucleare di **Černobyl'**. Il disastro mise in luce la fragilità dell'industria sovietica e mobilitò l'opinione pubblica dell'Europa occidentale, che iniziò a interrogarsi sulla **sicurezza dell'energia nucleare**.

Michail Gorbačëv e Ronald Reagan firmano il trattato di Washington nel dicembre 1987: un passo fondamentale verso la riduzione degli armamenti.
Foto D. Emmert/AFP/Getty Images.

Dov'è Černobyl'?

La centrale nucleare di Černobyl' dopo il disastro dell'aprile 1986. Migliaia di persone furono esposte a radiazioni prima che le autorità sovietiche evacuassero il territorio intorno alla centrale. In seguito diversi centri abitati furono abbandonati. Spinta dal vento, la nube radioattiva investì tutta l'Europa: l'aria, l'acqua, il suolo, i prodotti agricoli ne furono contaminati.
Foto V. Repik/AP.

Ristrutturazione e trasparenza

Gorbačëv non voleva cambiare il sistema economico e sociale dell'URSS. Pensava che si potessero introdurre alcune delle libertà caratteristiche delle democrazie occidentali: libertà di parola, di associazione, di praticare la religione, di muoversi all'interno del Paese e all'estero.

Le parole chiave dell'attività riformatrice di Gorbačëv furono **ristrutturazione** (in russo *perestrojka*) e **trasparenza** (*glasnost'*). La prima significava scegliere come dirigenti statali dei funzionari onesti e capaci. La seconda indicava che le decisioni del partito dovevano essere comunicate ai cittadini, perché potessero criticarle e controllare la loro esecuzione.

In pochi anni venne **smantellato il regime poliziesco** dell'URSS, furono liberati i prigionieri politici, riaperti gli edifici di culto e abolita la censura. Nelle elezioni del 1990, i cittadini poterono votare, dopo settant'anni di partito unico, anche per partiti di opposizione.

Il controllo dello Stato sull'economia divenne meno rigido. Nacquero piccole aziende e **negozi privati**, le industrie furono invitate a produrre merci secondo le esigenze dei consumatori e non secondo la rigida pianificazione statale. I prezzi non furono più fissati dallo Stato, ma cominciarono a essere regolati dalle **leggi della domanda e dell'offerta**. Anche i contadini ricominciarono a vendere al mercato una parte dei prodotti delle loro terre.

Le riforme affrettano la disgregazione dell'URSS

Dopo le riforme di Gorbačëv l'URSS non poteva più essere definita una dittatura. Il presidente russo era molto stimato e apprezzato in occidente (nel 1990 ricevette il **premio Nobel per la pace**), ma all'interno dell'URSS la sua popolarità cominciò presto a calare.

Infatti le riforme economiche da lui introdotte non producevano gli effetti sperati. Anzi, quando venne meno il controllo statale nelle fabbriche, la produzione crollò e nei magazzini semivuoti mancarono anche i generi di prima necessità, accrescendo i disagi dei cittadini.

Nel nuovo clima politico reso possibile dalla libertà d'informazione e di critica, crebbe la **protesta** contro le difficoltà economiche e contro i governanti corrotti. Il rinnovamento voluto da Gorbačëv affrettava la fine del sistema politico sovietico.

ORGANIZZO I CONCETTI

► **Completa la tabella.**

Riforme di Gorbačëv	Effetti
Politica estera	
• Ritiro delle truppe dall' .... • Accordi con gli USA per ridurre gli	Fine della ....
Politica interna	
• Ristrutturazione (*perestrojka*) • .... (*glasnost'*) • Abolizione del regime poliziesco • Abolizione del .... unico	1990: ....
Economia	
• Produzione non pianificata • Piccole aziende • Prezzi non fissati dallo	Crollo della ....
Diritti	
• Libertà di .... • Libertà di associazione • Libertà di .... • Libertà di spostamento	Cresce la ....

COLLOCO GLI EVENTI NEL TEMPO

2. La fine delle democrazie popolari e dell'URSS

Cadono i regimi comunisti dell'Europa orientale

Fra il 1989 e il 1991 le «democrazie popolari», cioè i regimi comunisti che avevano mantenuto per quarant'anni il potere nei Paesi dell'Europa orientale, crollarono uno dopo l'altro in un modo improvviso e inatteso.

In tutti i Paesi del blocco comunista si moltiplicarono le manifestazioni di opposizione al regime. Questa volta non ci fu alcuna repressione da parte dell'Unione Sovietica: Gorbačëv lasciò che i popoli dell'Europa orientale facessero **liberamente le loro scelte politiche**.

Nel **1989** in **Polonia**, **Ungheria**, **Cecoslovacchia** e nel **1990** in **Bulgaria** si indissero votazioni libere e aperte a tutti i partiti. Solo in Bulgaria risultò vincitore il partito comunista; negli altri casi si formarono pacificamente governi non comunisti.

Questi cambiamenti, rapidi e rivoluzionari, avvennero senza spargimento di sangue. Soltanto in **Romania**, dove da oltre vent'anni si era instaurata la dittatura personale di Nicolae Ceauşescu, il regime cadde dopo una breve ma sanguinosa guerra civile (dicembre 1989).

Cittadini romeni festeggiano la fine della dittatura di Ceaușescu, ucciso il 25 dicembre 1989.
Foto J. Robine/AFP/Getty Images.

La Germania viene riunificata

Nella Germania orientale le manifestazioni furono così imponenti che il regime decise di concedere con più facilità il permesso di recarsi a ovest. Il semplice annuncio di questa possibilità, il **9 novembre 1989**, fece confluire un'enorme massa di berlinesi ai varchi del muro che divideva in due la città. Le guardie di confine non reagirono e la «**caduta**» **del muro** si trasformò in una grande festa. Il muro, che aveva diviso la città per ventotto anni, venne rapidamente distrutto.

ORGANIZZO I CONCETTI

Completa la mappa.

1989
- Elezioni .... in Polonia, Ungheria e Cecoslovacchia
- Cade il muro di ....
- In .... finisce la dittatura

I Berlinesi in festa sul muro. Sullo sfondo la Porta di Brandeburgo, novembre 1989.
Foto ImageBroker/Alamy.

Il nuovo governo, eletto per la prima volta nella Repubblica democratica tedesca con elezioni libere, iniziò le trattative per la **riunificazione** con la Germania ovest, che – con l'accordo dell'Unione Sovietica, degli Stati Uniti e dell'Europa – avvenne ufficialmente il 3 ottobre **1990**. Nel decennale della caduta del muro (1999) **Berlino divenne capitale** della Germania riunificata.

La riunificazione rappresentò per la Germania uno sforzo economico colossale: fu unificato il sistema monetario, furono rinnovate le infrastrutture (strade e ferrovie) e ammodernate le città, riorganizzata l'industria e uniformata la legislazione. Furono necessari diversi anni per eliminare le differenze nel tenore di vita fra le due parti del Paese [→ Patrimonio della cultura p. 386].

COLLEGO CAUSE ED EFFETTI

Caduta del muro
↓
Elezioni libere nella RDT
↓
Nuovo governo democratico
↓
Trattative con URSS, USA, Francia e GB
↓
Riunificazione della Germania

Il crollo dell'URSS

Dopo gli Stati satellite, la spinta al cambiamento raggiunse il cuore dell'impero, cioè la stessa Unione Sovietica, costituita da 15 repubbliche federate.

Su tutto il territorio dell'URSS si rafforzavano **movimenti nazionalisti** che rivendicavano la piena indipendenza: nelle prime elezioni libere, che si svolsero nel 1990, essi ottennero la maggioranza. Le tre repubbliche baltiche di Estonia, Lettonia e Lituania si dichiararono indipendenti e si staccarono dall'URSS, presto seguite da Georgia, Armenia, Moldavia e Ucraina.

I tentativi di Gorbačëv di ricostruire l'Unione furono interrotti nell'agosto **1991** da un **principio di colpo di Stato**, compiuto da un gruppo di funzionari comunisti con l'intento di restaurare il vecchio regime. Il colpo di Stato fallì; il partito comunista dell'Unione Sovietica venne messo fuori legge e **tutti gli Stati dell'URSS si dichiararono indipendenti**. Gorbačëv si dimise: l'Unione di cui era presidente non esisteva più. Nello stesso anno anche il **Patto di Varsavia cessò di esistere**.

I territori dell'ex URSS all'inizio del 1992.

Patrimonio della cultura

Un simbolo della storia del Novecento

Il **palazzo del Reichstag** a Berlino fu inaugurato dall'imperatore Guglielmo II nel 1894. Ospitò fino al 1919 il **parlamento del Reich** e poi quello della **repubblica di Weimar** [→ cap. 8 par. 2].

Nel febbraio 1933, appena un mese dopo l'avvento al potere del **nazismo**, il palazzo fu dato alle fiamme e abbandonato: i nazisti non avevano bisogno di un parlamento.

Con il crollo del nazismo, Berlino fu occupata dall'**Armata Rossa**. Nella successiva divisione della città fra le potenze vincitrici, l'edificio del Reichstag fu assegnato al settore occidentale. La capitale della RFT fu spostata a Bonn e per decisione degli Alleati fu vietato al parlamento tedesco di riunirsi a Berlino. L'edificio del Reichstag fu in parte restaurato e usato come sede di un'esposizione sulla storia tedesca.

Dopo la riunificazione il palazzo, rinnovato e ricostruito, tornò a essere la sede del parlamento tedesco nel **1999**, come un segno che un passato terribile era ormai superato.

Il Reichstag in una foto di inizio Novecento.
Washington, Library of Congress.

Un soldato dell'Armata Rossa pianta la bandiera sovietica sul tetto del Reichstag subito dopo la caduta di Berlino nel maggio 1945.
Foto Y. Khaldei.

L'interno del nuovo parlamento tedesco. Cupola disegnata da Norman Foster, 1995-1999.
Foto Meisel Visum/G. Neri.

La Russia di Eltsin e di Putin

La maggior parte degli Stati che avevano fatto parte dell'Unione Sovietica diede vita nel 1991 a un nuovo organismo sovranazionale, la **Comunità degli Stati indipendenti**. Dall'organizzazione restarono fuori i tre Stati baltici (Estonia, Lettonia e Lituania). La Russia, con il nome di **Federazione Russa**, era lo Stato più esteso, potente e popoloso; all'ONU prese il posto che era stato dell'URSS.

I primi presidenti russi eletti con libere votazioni, **Boris Eltsin** e **Vladimir Putin**, portarono avanti la trasformazione dell'economia socialista in un'**economia di mercato**, affrontando e cominciando a superare i gravissimi disagi che, in conseguenza del cambiamento, la popolazione aveva dovuto sopportare (fra gli altri, un forte calo della produzione agricola e industriale, l'inflazione, la disoccupazione, il mercato nero).

Sotto Putin (al potere dal 1999, eletto alla presidenza per la terza volta nel 2012) la Russia si rafforzò e riprese il ruolo di **grande potenza politica** che aveva avuto in passato. La grave crisi economica degli anni precedenti fu lentamente superata, la disoccupazione calò e si dimezzò il numero di cittadini che vivevano sotto la soglia di povertà.

La base fondamentale per l'economia russa sono le **enormi risorse energetiche** – idrocarburi e gas naturale – del Paese. Esse non sono soltanto indispensabili allo sviluppo della Russia, ma, incanalate in oleodotti lunghi migliaia di chilometri, sono vendute con alti profitti in Europa, India, Cina, Giappone. L'importanza strategica di queste risorse spiega la determinazione con cui Putin agì per mantenerne il controllo.

Vladimir Putin nel 2005.
Foto Presidential Press and Information Office.

La guerra in Cecenia

Putin affrontò con brutale energia il problema della **Cecenia**, che nel 1991 si era dichiarata indipendente.

La Cecenia è una regione del Caucaso abitata da una popolazione islamica sunnita. Annessi all'impero russo fin dal Settecento, i Ceceni continuarono a lottare contro i dominatori, fino a una decisiva disfatta nel 1859. Quando fu istituita l'URSS, la Cecenia divenne una **repubblica autonoma** all'interno dell'Unione Sovietica.

Nel **1994** iniziò una **guerra fra i separatisti ceceni e l'esercito russo**; il conflitto durò molti anni e fu un succedersi di stragi. Mosca fu sconvolta da attacchi di terroristi ceceni, mentre Grozny, capoluogo della Cecenia, fu assediata a lungo e in gran parte distrutta. Fu insediato un governo filo-russo e la repressione continuò, inutilmente denunciata da giornalisti coraggiosi.

Truppe russe marciano nel centro in rovina della città cecena di Grozny.
Foto AP.

Il problema delle nazionalità e l'egemonia della Russia

La guerra di Cecenia fu uno dei molti conflitti causati dalla presenza, nel territorio ex-sovietico, di un **gran numero di etnie diverse**: popoli slavi (Russi, Ucraini, Bielorussi), caucasici (Georgiani, Armeni, Ceceni), turchi (Azeri, Uzbeki, Kazachi, Tagichi, Turkmeni, Kirghisi). Si tratta di una situazione antica, che ha le sue origini nell'impero degli zar e poi nell'Unione Sovietica. Dopo il crollo dell'URSS le rivalità fra etnie sono diventate ancora più aspre, soprattutto nel **Caucaso**, che resta ancor oggi una regione tormentata.

Durante la presidenza di Putin la Russia ha cercato di mantenere un'influenza economica e politica sugli Stati che avevano fatto parte dell'impero sovietico. Particolarmente difficili sono stati i rapporti con l'**Ucraina**, nelle cui regioni orientali vive una forte minoranza russa. Quando il governo ucraino cercò di stringere accordi economici e politici con l'Europa, il governo russo appoggiò la rivolta delle regioni orientali, abitate in prevalenza da Russi. La penisola di **Crimea**, una regione sul Mar Nero, nel 2014 con un referendum scelse di lasciare l'Ucraina per essere annessa alla Federazione Russa. La guerra civile in Ucraina ha reso più difficili i rapporti fra la Russia e l'Europa.

COLLEGO CAUSE ED EFFETTI

Nei territori dell'ex URSS scoppiano conflitti e guerre civili
PERCHÉ:

- fin dal tempo degli zar, vi abitano popoli di etnie diverse
- la Russia vuole mantenere un'influenza economica e politica

ORGANIZZO I CONCETTI

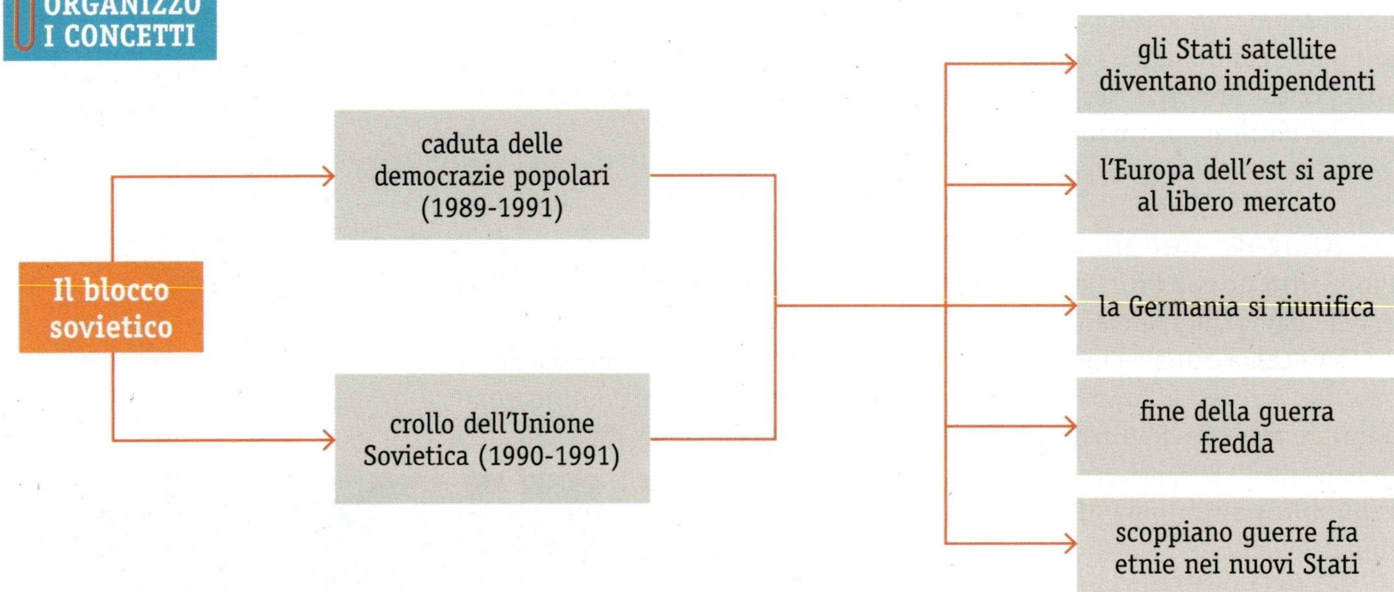

COLLOCO GLI EVENTI NEL TEMPO

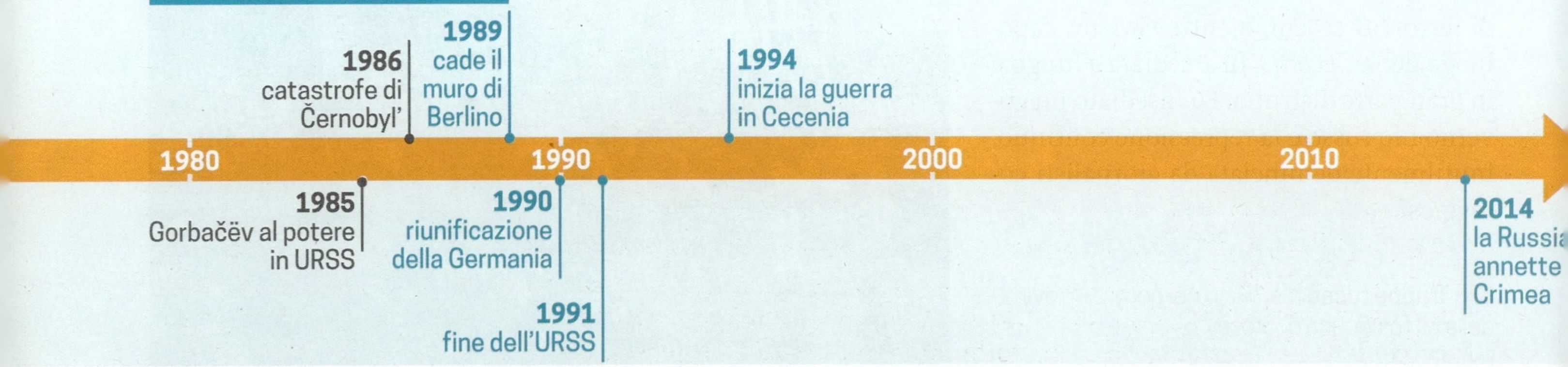

3. La tragedia dei Balcani: nuove guerre in Europa

I popoli della Iugoslavia

Dopo la fine della seconda guerra mondiale Tito, il capo della resistenza iugoslava contro i nazisti e i fascisti [→ cap. 9 par. 1], divenne presidente di uno Stato socialista, la **Federazione delle Repubbliche socialiste iugoslave**. Grazie al suo prestigio e al regime autoritario che riuscì a instaurare, Tito tenne sotto controllo, senza però spegnerle, le rivalità etniche e i contrasti religiosi fra le diverse nazionalità della Federazione.

Nel passato dei popoli iugoslavi si trovano i germi dei loro contrasti. A ovest gli **Sloveni** e i **Croati**, cattolici, fecero parte a lungo dell'impero austro-ungarico. A oriente, i **Serbi**, cristiani ortodossi, mantennero stretti legami con la Russia zarista. A sud gli abitanti della **Bosnia** e della **Macedonia** furono a lungo soggetti all'impero ottomano e in parte si convertirono alla religione musulmana. Nel regno di Iugoslavia, riconosciuto nel 1919, il conflitto fra Serbi e Croati continuò, per aggravarsi ancora durante la seconda guerra mondiale, quando la Iugoslavia fu occupata dai Tedeschi e dagli Italiani. Con l'appoggio degli occupanti italiani si costituì uno **Stato indipendente croato** che assoggettò anche la Bosnia, in gran parte abitata da popolazione serba.

Nello Stato croato si costituirono delle formazioni militari, gli **ustascia** (gli «insorti»), che si proponevano di cacciare o eliminare chi non fosse di sangue croato. Gli ustascia attuarono una feroce «pulizia etnica» contro i Serbi, che a centinaia di migliaia furono rinchiusi nei campi di concentramento o sterminati. I Serbi dal canto loro reagirono con vendette e omicidi durante la lotta per la liberazione del Paese.

Nella Federazione iugoslava di Tito le aspirazioni nazionali vennero messe a tacere, ma i contrasti fra le diverse nazionalità non furono superati.

Lo Stato iugoslavo si disgrega: la guerra di Bosnia

Tito morì nel 1980 e immediatamente si riaccesero le tensioni, aggravate dalle disparità economiche. In alcune repubbliche della Federazione, come la Slovenia e la Croazia, la popolazione aveva raggiunto un certo grado di benessere; ma altre repubbliche, come il Montenegro e la Macedonia, erano ancora molto arretrate. La stessa Serbia aveva al suo interno una regione autonoma, il Kosovo, molto più povera del resto del Paese.

Con la fine dei regimi comunisti nell'Europa orientale e nell'Unione Sovietica, anche la Federazione iugoslava si sgretolò.

Nel 1991 la **Croazia** e la **Slovenia** si dichiararono **indipendenti**, seguite dalla **Macedonia** e dalla **Bosnia-Erzegovina**, e presto furono riconosciute dalla comunità internazionale. L'esercito federale, prevalentemente serbo, intervenne prima in Slovenia, dove la pressione internazionale fece cessare rapidamente le operazioni militari, e poi in Croazia.

In Bosnia la situazione era assai intricata: i Serbi rappresentavano quasi un terzo della popolazione, c'era una forte minoranza croata e il presiden-

ORGANIZZO I CONCETTI

Sloveni **Croati**
facevano parte dell'
↓
impero austro-ungarico
sono in prevalenza
↓
cattolici

Serbi
erano legati alla
↓
Russia zarista
sono in prevalenza
↓
cristiani ortodossi

Bosniaci **Macedoni**
durante la
↓
dominazione ottomana
si erano in gran parte convertiti all'
↓
islam

te della repubblica era musulmano come la maggioranza della popolazione. Con la secessione delle regioni serbo-bosniache della Bosnia ebbe inizio una **guerra civile** (**1992-1995**) che in un primo momento contrappose i musulmani e i Croati di Bosnia alle milizie serbo-bosniache appoggiate dall'esercito federale; più tardi iniziò la guerra civile anche fra Croati e musulmani. Sarajevo, Mostar e altre città furono devastate da feroci combattimenti e bombardamenti. Tutte le parti in lotta perseguitarono con ferocia le etnie rivali, ma furono le milizie serbo-bosniache a compiere i peggiori massacri, ad attuare una **pulizia etnica*** cacciando i musulmani dalle regioni a maggioranza serba. Sarajevo, assediata a lungo, venne ridotta alla fame.

Il conflitto ebbe fine solo nel 1995, per l'intervento di truppe armate statunitensi ed europee che agivano in nome della NATO. La Bosnia-Erzegovina rimase un unico Stato, formato da due territori separati e autonomi, uno croato-musulmano e uno serbo.

* **Pulizia etnica**
Consiste nell'eliminazione dal territorio nazionale di cittadini di altre etnie, mediante allontanamento forzato, arresto, segregazione, violenza sulle donne, omicidio.

La città di Sarajevo in rovina in una foto del 1996.
Foto SPC/M. Mlasko.

La ex Iugoslavia oggi.
Il Kosovo è stato riconosciuto da 115 Paesi, fra i quali l'Italia.

La guerra del Kosovo

La **Federazione iugoslava**, dopo il distacco della Bosnia, era ridotta ai territori della **Serbia e Montenegro**. Il presidente, Slobodan Milošević, era un acceso nazionalista e aveva appoggiato, militarmente e politicamente, i Serbo-bosniaci durante la guerra civile.

Della Federazione faceva parte una piccola regione autonoma, il **Kosovo**, al confine con l'Albania e abitata per il 90 per cento da Albanesi prevalentemente musulmani. Nel **1991** il parlamento kosovaro dichiarò la regione indipendente, ma la Federazione iugoslava si oppose. Nel 1996 nacque l'**Uçk**, un'organizzazione terroristica per l'indipendenza del Kosovo. Gli attentati degenerarono in un conflitto vero e proprio; la guerra terminò solo dopo l'intervento militare della NATO, che nel **1999** fece ricorso a **bombardamenti aerei sulla Serbia** e sulla stessa capitale, Belgrado. Da allora il Kosovo divenne un protettorato internazionale e nel febbraio 2008 si autoproclamò indipendente. Slobodan Milošević, accusato di crimini contro l'umanità, nel 2001 fu sottoposto a processo nel tribunale internazionale dell'Aja, ma morì nel 2006, prima della sentenza.

Nel 2006 anche il Montenegro si rese indipendente. L'evento si svolse in maniera pacifica e da allora la **repubblica di Serbia** fu retta da governi che stabilirono rapporti non conflittuali con gli altri Stati dell'ex Iugoslavia e con l'Europa.

L'Albania

La storia dell'Albania nel dopoguerra era stata diversa da quella degli altri Paesi balcanici. Anche qui si era creata una repubblica popolare, guidata da **Enver Hoxha**, che instaurò una rigida dittatura. L'Albania ruppe le relazioni diplomatiche con la Iugoslavia di Tito e poi si distaccò dall'URSS scegliendo l'alleanza con la Cina comunista, per poi abbandonare anche quella e chiudersi in un **progressivo isolamento**. Il Paese, di cui in occidente si sapeva pochissimo, era assai povero e scosso da tensioni sociali.

Nonostante qualche timido tentativo di riforma (Enver Hoxha era morto nel 1985), negli anni Novanta il regime politico comunista crollò a causa della gravissima crisi economica e delle diffuse proteste. Molti Albanesi abbandonarono il Paese per cercare fortuna altrove, in particolare in Italia.

Fu avviato un processo di democratizzazione che si consolidò attraverso una serie di libere elezioni. Oggi il Paese ha raggiunto una certa stabilità, ma la povertà diffusa alimenta una consistente emigrazione.

Una nave carica di immigrati albanesi attracca nel porto di Bari, agosto 1991.

Foto L. Turi/Associated Press.

ORGANIZZO I CONCETTI

► **Completa la tabella cronologica.**

La Federazione iugoslava dopo la morte di Tito (1980)	
1991	▪ ...., Slovenia, ... e .... si dichiarano indipendenti: interviene l'esercito ▪ Il Kosovo vuole l'indipendenza dalla ....
1992	Inizia la guerra in Bosnia-Erzegovina
1995	Fine della guerra in Bosnia-Erzegovina
1996	Nasce l'Uçk, che lotta per l'indipendenza del ....
1999	Fine della guerra in Kosovo
2006	Indipendenza del ....
2008	Il Kosovo si autoproclama ....

COLLOCO GLI EVENTI NEL TEMPO

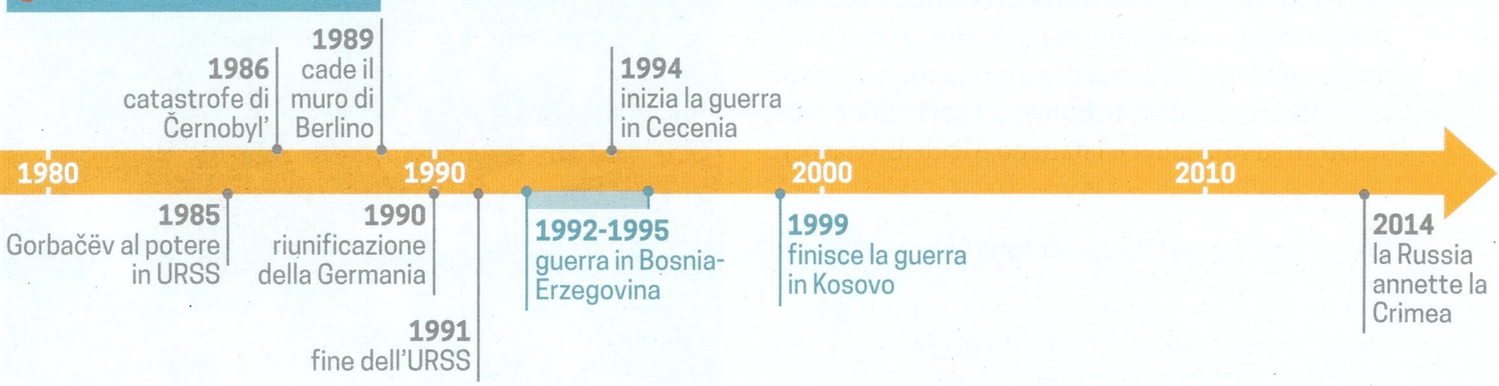

4. Il cammino dell'Unione europea

Storia di un'idea

Nel corso dei due conflitti mondiali, intellettuali e politici cominciarono a rendersi conto che una nuova guerra avrebbe avuto come risultato la distruzione della civiltà europea. Si posero perciò l'obiettivo di dare vita a una federazione europea, cioè a un'unione di Stati confederati, ognuno dei quali avrebbe conservato leggi e organi di governo propri, ma sarebbe stato sottoposto a un governo centrale e sovranazionale per materie di interesse comune come, per esempio, la politica estera e la difesa.

Con grande vigore e convinzione le idee federaliste furono espresse durante la seconda guerra mondiale in un documento scritto da due antifascisti italiani, **Ernesto Rossi** e **Altiero Spinelli**, confinati nell'isola di Ventotene. Per questo il documento prese il nome di ***Manifesto di Ventotene***.

COLLEGO CAUSE ED EFFETTI

► **PERCHÉ** **nasce l'idea di una federazione europea? Cerca la risposta nel testo.**

Inizia la costruzione dell'Europa

L'idea di un'unione politica si scontrava con la resistenza degli Stati nazionali e dei partiti che li governavano, poco disposti a rinunciare a una parte della propria libertà d'azione. Sembrò dunque più realistico costruire un'unione economica fra i Paesi d'Europa. Nel 1951 venne fatto il primo passo concreto, con l'istituzione della **Comunità europea del carbone e dell'acciaio** (CECA), costituita da **sei Paesi**: Francia, Repubblica federale di Germania, Italia, Belgio, Paesi Bassi e Lussemburgo. Era un accordo ristretto a un settore limitato dell'economia, ma di enorme importanza, perché il carbone e l'acciaio erano essenziali per la ripresa dell'industria. Gli Stati contraenti si impegnavano ad abolire i **dazi doganali*** e ogni ostacolo alla libera circolazione del carbone e dell'acciaio, e ad affidare a un organismo comunitario il controllo della produzione e del commercio e la risoluzione delle eventuali controversie.

Gli stessi sei Paesi firmarono a Roma, nel 1957, i trattati che istituivano altre due comunità economiche: la **Comunità europea dell'energia atomica** (Euratom) e la **Comunità economica europea** (CEE). Questi risultati furono possibili anche per la ferma volontà europeista di alcuni uomini di governo: il francese Robert Schuman, il cancelliere tedesco Konrad Adenauer e l'italiano Alcide De Gasperi.

* **Dazi doganali**
Imposte che si applicano alle merci al momento del loro passaggio da uno Stato a un altro, facendole rincarare.

La firma del trattato che istituì la CEE nel 1957, nel palazzo del Campidoglio. Al centro, il cancelliere tedesco Adenauer (terzo da destra); ultimo a destra, il presidente del Consiglio italiano Antonio Segni.
Foto Bettmann/Getty Images.

La CEE dà vita al Mercato comune europeo

Con la CEE la collaborazione fra gli Stati europei si estese dalle materie prime a tutti gli altri settori produttivi, e nacque il **Mercato comune europeo (MEC)**, all'interno del quale le **persone**, le **merci** e i **capitali** potevano circolare liberamente. La CEE aiutò anche l'agricoltura. I coltivatori ottennero finanziamenti, facilitazioni nell'acquisto di macchine e fertilizzanti, riduzioni d'imposte. Gli Stati s'impegnarono a coordinare le loro **politiche agricole** in modo da garantire l'equilibrio fra le varie produzioni.

Nel tempo, altri Stati entrarono nella Comunità europea. Nel 1973, con l'ingresso di Gran Bretagna, Danimarca e Irlanda, nacque «l'Europa dei Nove», che divenne «l'Europa dei Dodici» quando entrarono la Grecia (nel 1981) e la Spagna e il Portogallo (nel 1986). L'unificazione della Germania nel 1990 aumentò ulteriormente l'estensione dello spazio europeo. Nel 1995 entrarono la Svezia, l'Austria e la Finlandia.

La bandiera della CEE e della UE: sullo sfondo blu le stelle che rappresentano i popoli d'Europa formano un cerchio, simbolo di unità e pace.

L'Unione europea e la nuova moneta, l'euro

I Dodici firmarono, il 7 febbraio **1992** nella città olandese di Maastricht, un trattato con il quale veniva istituita l'**Unione europea** (UE).

Il **trattato di Maastricht** stabilì un percorso per la realizzazione di una **moneta comune europea**, chiamata **euro**, che avrebbe preso il posto delle monete nazionali (il marco tedesco, il franco francese, la lira italiana ecc.).

Per poter adottare la nuova moneta, gli Stati dell'Unione dovettero impegnarsi a regolare la loro economia in modo che il **deficit pubblico*** e il **debito pubblico*** fossero compresi entro una certa fascia, comune a tutti. L'Italia [→ par. 5] dovette fare molti sforzi per rispettare questi impegni, ma alla data stabilita, nel **2002**, entrò in circolazione l'euro.

Alcuni Stati (la Gran Bretagna, la Danimarca e la Svezia), pur avendone i requisiti, preferirono non aderire all'euro e mantennero la propria moneta. Negli anni successivi, altri Paesi entrarono nella cosiddetta **eurozona** (nel 2016 erano diciannove). Verso la fine del primo decennio del Duemila, una grave – e lunga – crisi economica e finanziaria colpì l'intero occidente, e alcuni Paesi (la Grecia soprattutto, ma anche il Portogallo, la Spagna e l'Irlanda) dovettero ricorrere all'aiuto delle istituzioni monetarie europee.

* **Deficit pubblico**
È la differenza annuale fra le spese dello Stato e le sue entrate (derivanti principalmente dalle tasse).

* **Debito pubblico**
È la somma di tutti i deficit annuali di uno Stato.

Gli obiettivi del trattato di Maastricht

Unione economica	moneta comune (euro)	Banca centrale europea
Politica estera e sicurezza	politica estera comune	politica di difesa comune
Cooperazione rafforzata	politica di immigrazione	cooperazione giudiziaria e di polizia

La cittadinanza europea e gli accordi di Schengen

Il trattato di Maastricht istituì la cittadinanza europea: tutti i cittadini dei Paesi dell'Unione europea sono considerati **cittadini dell'Unione**, con pari diritti e doveri.

Cittadinanza e Costituzione
Essere cittadini europei
p. 438

Per rafforzare la cooperazione internazionale, nel 1995 entrarono in vigore gli **accordi di Schengen** (sottoscritti nel 1985) che stabilirono la **libera circolazione delle persone** all'interno degli Stati dell'Unione europea, eliminando i controlli doganali alle frontiere. Con l'allargamento dell'UE, anche lo «spazio-Schengen» si allargò. L'esistenza di questo accordo ha obbligato i Paesi i cui confini costituiscono il margine esterno dell'Unione (in particolare i Paesi del Mediterraneo e quelli dell'Europa orientale) a coordinare la loro legislazione e le loro forze di polizia in modo da **controllare l'immigrazione clandestina** e il flusso dei profughi provenienti dalle zone di conflitto in Africa e nel Medio Oriente [→ cap. 16 par. 4].

La sede del Parlamento europeo a Strasburgo, in Francia.
Foto Hadrian/Shutterstock.

Il territorio dell'Europa si allarga

Dopo i grandi cambiamenti nella carta geografica dell'Europa, l'Unione europea dovette affrontare la sfida dell'allargamento dei propri confini. Molti nuovi Paesi chiedevano infatti di entrare a far parte dell'Unione. Dieci di essi – Polonia, Repubblica Ceca, Slovacchia, Ungheria, Slovenia, Estonia, Lettonia, Lituania, Malta, Cipro – furono ammessi il 1° gennaio 2004; altri due – Bulgaria e Romania – entrarono il 1° gennaio 2007. Nel luglio **2013** è entrata la Croazia.

L'allargamento fu politicamente molto importante e trasformò l'Unione europea nel **mercato più grande del mondo**: **28 Stati** membri, una popolazione di mezzo miliardo di abitanti, una moneta comune a 19 Stati.

L'allargamento, però, ha creato anche dei problemi, perché le istituzioni e i meccanismi con cui si prendono le decisioni sono nati per un numero di Stati minore e più simili fra loro.

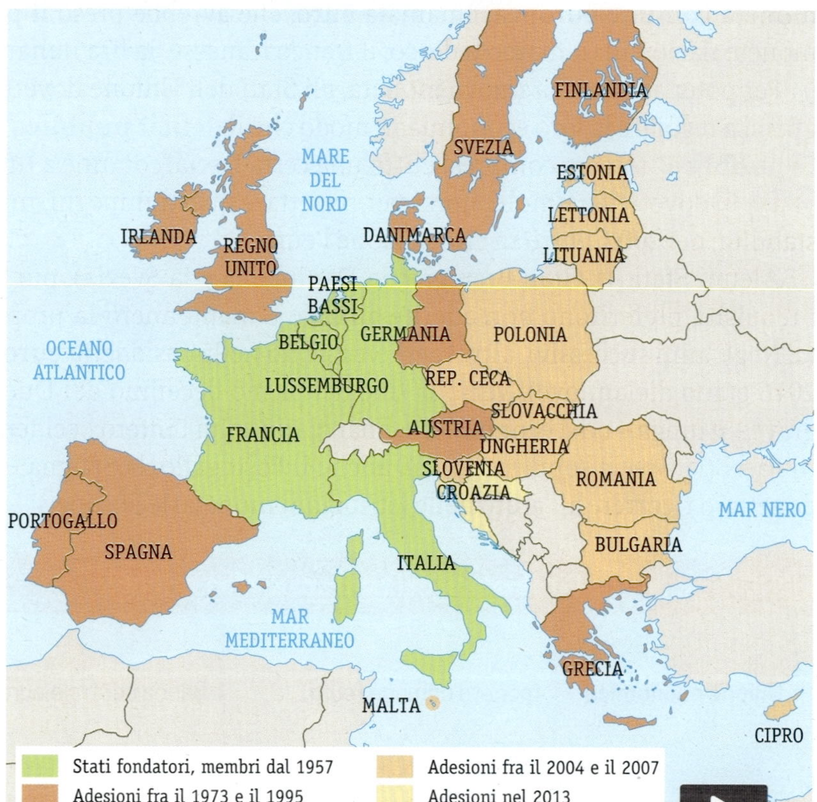

L'integrazione europea dalla CEE alla UE.

GUARDA! LA CARTA ANIMATA

Nonostante i successi conseguiti, alcuni importanti obiettivi del trattato di Maastricht non sono ancora stati raggiunti: in particolare, quelli relativi alla costruzione di una **politica estera** e una **difesa** comuni. Parlando con una sola voce e agendo unitariamente in nome di comuni valori e della pace mondiale, l'Europa diventerebbe certamente più forte e più autorevole sul piano internazionale.

Il rinnovamento delle istituzioni

Le istituzioni dell'Unione sono di due tipi. La Commissione e il parlamento (eletto dal 1979 a suffragio universale) hanno un carattere sovranazionale e rappresentano la volontà dell'Unione. Il Consiglio dei ministri e il Consiglio europeo (nato nel 1970 e formato dai capi di Stato e di governo) sono invece diretta espressione dei governi dei singoli Stati. Se si rafforzano i primi, l'Unione conta più dei singoli Stati; se prevalgono i secondi, avviene il contrario.

L'allargamento dell'Unione ha reso necessario rinnovare le istituzioni comunitarie per renderle più adeguate alla nuova realtà e trovare un equilibrio fra l'interesse generale e quello particolare dei singoli Stati. Questo passaggio fu realizzato nel **2007** con il **trattato di Lisbona**. In base al trattato, sono aumentate le competenze del parlamento europeo e sono nate due nuove figure istituzionali: il presidente del Consiglio europeo e l'Alto rappresentante europeo per gli affari esteri e la politica della sicurezza.

ORGANIZZO I CONCETTI

► **Completa la tabella.**

Le istituzioni europee
.... e .... europeo: i membri sono eletti direttamente dai ....
.... e Consiglio europeo: i membri sono scelti dai .... dei Paesi dell'Unione
Il trattato di .... ha rafforzato il ruolo del parlamento e introdotto due figure di garanzia: ▪ il .... ▪ l'Alto rappresentante europeo per gli affari .... e la politica della ....

Il Regno Unito decide di lasciare l'UE

Negli anni recenti l'Unione europea è stata attraversata da forti tensioni. È cresciuta la diffidenza verso la Russia per l'appoggio che questa ha dato ai secessionisti in Ucraina. In diversi Paesi sono in crescita movimenti anti-europeisti che criticano le rigide regole sui conti economici, la debolezza nel difendere le produzioni locali e, soprattutto, la difficoltà a proteggere i confini dai flussi dell'immigrazione clandestina (ne parleremo nel prossimo capitolo).

Nel **2016**, per la prima volta, si è posto il problema dell'uscita di uno Stato, il **Regno Unito**, dall'Unione. In un referendum, una ristretta maggioranza della popolazione ha votato per l'abbandono dell'Unione, ritenendo che gli interessi economici e politici inglesi potranno essere così meglio garantiti. Il Regno Unito non ha aderito né alla moneta unica, né al trattato di Schengen e gode di molte altre condizioni di favore. La procedura per l'uscita sarà comunque lunga e gli effetti sull'economia e la politica europea non sono facilmente prevedibili.

Manifestazione dei cittadini britannici europeisti insoddisfatti dell'esito del referendum del 2016.
Foto J. Campbell/Shutterstock.

COLLOCO GLI EVENTI NEL TEMPO

- **1985** Gorbačëv al potere in URSS
- **1986** catastrofe di Černobyl'
- **1989** cade il muro di Berlino
- **1990** riunificazione della Germania
- **1991** fine dell'URSS
- **1992** trattato di Maastricht
- **1992-1995** guerra in Bosnia-Erzegovina
- **1994** inizia la guerra in Cecenia
- **1999** finisce la guerra in Kosovo
- **2002** entra in vigore l'euro
- **2007** trattato di Lisbona
- **2013** L'UE ha 28 membri
- **2014** la Russia annette la Crimea
- **2016** il Regno Unito decide l'uscita dall'UE

1980 – 1990 – 2000 – 2010

5. La «fine della prima Repubblica» e l'Italia del Duemila

Il sistema politico italiano si trasforma

All'inizio degli anni Novanta del secolo scorso, la caduta dei regimi comunisti dell'Europa orientale e la fine dell'URSS ebbero conseguenze anche sulla vita politica italiana.

Nel decennio precedente era proseguita l'esperienza dei governi di centro-sinistra, con l'aumento del peso politico del Partito socialista, guidato da Bettino Craxi, che per qualche tempo fu presidente del Consiglio. I partiti maggiori rimanevano la DC e il PCI; quest'ultimo era assai presente nelle amministrazioni locali e governava molte regioni, province, comuni.

Gli anni Ottanta furono un periodo di ripresa economica, ma le spese dello Stato (il **debito pubblico**) aumentarono troppo e restò forte l'evasione fiscale, perché molti cittadini si sottraevano al dovere di pagare le tasse.

Con la fine dell'URSS, il Partito comunista cambiò nome (la sigla divenne dapprima PDS, Partito democratico della sinistra, poi DS, **Democratici di sinistra**) e si avvicinò con decisione alle concezioni democratiche e riformiste delle socialdemocrazie europee. La Democrazia cristiana non poté più presentarsi agli elettori come un baluardo contro il comunismo e si divise in varie e contrapposte formazioni politiche.

La corruzione politica

Fra il **1992** e il 1994 alcune coraggiose inchieste giudiziarie portarono alla luce un'estesa e ramificata rete di corruzioni, di finanziamenti illegali ai partiti, di evasioni fiscali e di arricchimenti personali, che nel linguaggio giornalistico fu chiamata «Tangentopoli» ossia la «città delle **tangenti**». Le inchieste (dette di «mani pulite») coinvolsero parlamentari, ministri e segretari di partito. Vennero dimostrate anche le responsabilità e le colpe di alcuni industriali e di manager delle industrie di Stato e private.

Una manifestazione contro la corruzione davanti al Palazzo di Giustizia di Milano, 1992.
Foto Archivio Unità.

La lotta alla criminalità organizzata

In questa situazione di crisi dei partiti e di debolezza dello Stato si intensificò l'attività delle **organizzazioni criminali** che avevano una tradizione ormai secolare: la **mafia** in Sicilia, la **camorra** in Campania, la **'ndrangheta** in Calabria, la **Sacra corona unita** in Puglia. Si moltiplicarono sia le lotte fra gruppi rivali per il controllo del territorio sia i tentativi d'**infiltrarsi nell'economia** e di **controllare la politica** e l'amministrazione locale. Per lungo tempo lo Stato si dimostrò incapace di vincere la mafia. Questo ha fatto sospettare che i mafiosi avessero goduto di protezioni e complicità tra i politici e tra le autorità pubbliche.

Lo scontro fra la mafia e lo Stato raggiunse livelli di estrema gravità con l'assassinio, nel 1982, del prefetto di Palermo **Carlo Alberto Dalla Chiesa** e, nel 1992, dei **giudici Giovanni Falcone e Paolo Borsellino**. La lotta alla criminalità organizzata non ha cessato di impegnare magistrati e forze dell'ordine, che in anni recenti hanno ottenuto importanti successi, anche grazie a una mobilitazione crescente dell'opinione pubblica.

I protagonisti

Il contrasto alle attività della mafia

La mafia è nata nel XVIII secolo ed è sempre stata una forma di potere occulto, capace di tenere sotto controllo la società con l'uso della violenza nei territori e nei luoghi dove lo Stato non riusciva a essere presente. Il potere mafioso si basa sul crimine e sulle minacce che, provocando la paura e imponendo l'**omertà** (cioè il silenzio) dei testimoni, proteggono i mandanti e gli esecutori del crimine.

Negli anni Cinquanta e Sessanta, quando lo Stato finanziava nel sud molte **opere pubbliche** attraverso la Cassa per il Mezzogiorno, le associazioni mafiose si accaparrarono grandi quantità di denaro controllando gli appalti, cioè i procedimenti in base ai quali lo Stato affida a un'impresa piuttosto che a un'altra l'esecuzione di un'opera. Solo le ditte legate alla mafia ottenevano gli appalti, ma in cambio dovevano versare ai criminali gran parte del denaro di cui si trovavano a disporre. In anni più recenti la mafia ha trovato più vantaggioso il mercato della droga, che assicura guadagni altissimi con investimenti minimi. Ha inoltre riciclato enormi somme di denaro investendo in attività commerciali lecite, specialmente al nord.

Le attività di coraggiosi **magistrati antimafia** (come Giovanni Falcone e Paolo Borsellino) e di uomini delle forze dell'ordine, insieme alle rivelazioni di alcuni pentiti, hanno permesso di assicurare alla giustizia molti capi mafiosi.

Con il tempo la **reazione della società civile** si è fatta più forte e decisa; negli ultimi anni è aumentato il numero di chi denuncia i crimini della mafia, e molti beni sono stati sequestrati ai mafiosi e messi a disposizione della comunità.

Manifestazione antimafia a Palermo per ricordare Peppino Impastato, ucciso nel 1978 per la sua attività di denuncia contro la mafia.
Foto R. Koch.

Giovanni Falcone (a sinistra) **e Paolo Borsellino** avevano collaborato strettamente tra loro nelle indagini; al loro impegno si sono ispirati tutti coloro che hanno intrapreso la lotta contro la mafia.
Foto Ansa.

Nuove formazioni politiche si alternano al potere

Nei primi anni Novanta il **grande sforzo** dei governi italiani (presieduti da Giuliano Amato, poi da Carlo Azeglio Ciampi, che divenne in seguito presidente della Repubblica) è stato diretto a **risanare l'economia** del Paese, indebolita dall'enorme debito pubblico.

Nuovi partiti entrarono nella scena politica. I principali furono la **Lega Nord**, espressione d'insofferenza verso lo Stato centralizzato, e **Forza Italia**, fondato dall'industriale lombardo Silvio Berlusconi (presidente del maggiore gruppo televisivo privato italiano) e divenuto poi il perno dello schieramento di centro-destra.

Nelle elezioni del 1994 risultò vincitore il **Polo delle libertà**, la coalizione di centro-destra il cui nucleo principale era costituito da Forza Italia, e Silvio Berlusconi fu per breve tempo presidente del Consiglio. Nuove elezioni nel 1996 diedero invece la vittoria a una coalizione di centro-sinistra, l'**Ulivo**, guidata dall'economista Romano Prodi. Pur avendo una maggioranza parlamentare molto debole, Prodi affrontò importanti riforme nel campo dell'amministrazione pubblica e nella privatizzazione di alcune grandi imprese statali. Proseguì anche l'opera di risanamento economico e l'Italia fu **ammessa nell'unione monetaria dell'euro** [par. 4]. Il governo Prodi era però indebolito dalla scarsa coesione delle forze che lo sostenevano e dovette dimettersi nel 1998.

Moneta da un euro con il disegno di Leonardo da Vinci che rappresenta le proporzioni ideali della figura umana.

Silvio Berlusconi e Romano Prodi dopo un faccia a faccia televisivo durante la campagna elettorale del 2006.

Un periodo di forti contrapposizioni

Nel primo decennio del Duemila, salvo una breve parentesi di governo del centro-sinistra (dal 2006 al gennaio 2008), l'Italia è stata governata da **coalizioni di centro-destra**, ancora guidate da Berlusconi; questi governi hanno realizzato alcune riforme nel campo della scuola e del lavoro, dove sono state introdotte nuove tipologie di contratti. Le opposizioni di sinistra accusavano Berlusconi di mirare soprattutto al controllo dell'informazione e di non voler risolvere il conflitto d'interessi fra l'attività di imprenditore e il suo ruolo politico. Infine, alla sua terza esperienza di governo, nel 2011 Berlusconi fu spinto a dimettersi per la profonda crisi dell'economia italiana che creava allarme e sfiducia negli altri governi europei. Fu nominato allora un **governo di tecnici**, guidato dall'economista Mario Monti, che con tagli alla spesa pubblica e una riforma del sistema previdenziale riuscì a rassicurare l'Europa sulla tenuta finanziaria del Paese.

Negli anni successivi i governi espressi dal **Partito democratico** e da partiti di centro alleati hanno mantenuto un rapporto di forte **collaborazione con le istituzioni europee**, chiedendo però di adottare misure per facilitare l'economia e la gestione dei flussi migratori.

Parallelamente, hanno preso forza anche in Italia (come in altri Paesi europei) le **posizioni anti-europeiste** che chiedono l'abbandono dell'euro.

Questa tendenza è espressa soprattutto dalla Lega Nord e dal **Movimento Cinque Stelle**, che con la sua critica delle forze politiche tradizionali ha fatto leva sulla delusione di parte dell'elettorato nei confronti degli altri partiti.

L'Italia del Duemila

I problemi che l'Italia di oggi deve affrontare sono in parte ereditati dal passato, in parte dovuti ai grandi mutamenti mondiali degli ultimi anni.

L'industria italiana fatica a mantenere **competitività** nella concorrenza mondiale e deve investire nella ricerca e nell'innovazione per competere con le economie dei Paesi emergenti [→ cap. 16 par. 2].

Da Paese fondatore dell'Unione europea, dopo essere entrata nel gruppo dei Paesi che hanno adottato l'euro come moneta, l'Italia deve mantenere un **ruolo attivo nella politica internazionale**, in Europa e nel mondo. Il suo futuro è strettamente legato all'integrazione europea.

La **popolazione tende a invecchiare**, perché la vita media si allunga. Come in molti Paesi prosperi e avanzati, diminuisce, invece, il numero delle nascite. Solo grazie agli immigrati il tasso di natalità aumenta un po'.

È evidente la **difficoltà di mantenere** il tradizionale **sistema del *welfare***; negli ultimi anni, infatti, sono stati necessari interventi per innalzare l'età della pensione e ridurne l'importo, insieme a limitazioni nell'assistenza alle famiglie e agli anziani. È un problema comune ad altri Paesi dell'occidente industrializzato [→ cap. 16 par. 4], aggravato però in Italia dalla scarsità di risorse finanziarie, dovuta a un'insufficiente crescita economica, a un eccessivo debito pubblico, alla forte evasione fiscale.

L'Italia è comunque un Paese ricco di risorse umane ed economiche ed è meta di una **massiccia immigrazione**, che sta modificando la composizione della popolazione e deve essere trasformata in un'opportunità di crescita.

Un esempio di innovazione industriale italiana. In questa catena di produzione automobilistica le stazioni di assemblaggio sono state modificate per facilitare il lavoratore e migliorare la produttività.
Foto S. Montesi/Corbis/Getty Images.

COLLOCO GLI EVENTI NEL TEMPO

- **1985** Gorbačëv al potere in URSS
- **1986** catastrofe di Černobyl'
- **1989** cade il muro di Berlino
- **1990** riunificazione della Germania
- **1991** fine dell'URSS
- **1992** trattato di Maastricht
- **1992** prime inchieste di Tangentopoli
- **1992-1995** guerra in Bosnia-Erzegovina
- **1994** inizia la guerra in Cecenia
- **1999** finisce la guerra in Kosovo
- **2002** entra in vigore l'euro
- **2007** trattato di Lisbona
- **2013** L'UE ha 28 membri
- **2014** la Russia annette la Crimea
- **2016** il Regno Unito decide l'uscita dall'UE

(1980 – 1990 – 2000 – 2010)

I protagonisti

L'immigrazione, una sfida e una risorsa

R. Piccinini/Shutterstock.

Fin dagli anni Ottanta del secolo scorso l'Italia ha smesso di essere un Paese di emigranti per trasformarsi – con decenni di ritardo rispetto ad altri Paesi europei come la Francia e la Germania – nella meta di una forte immigrazione. Questo fenomeno sta modificando la composizione della popolazione; porta con sé alcune sfide, ma può anche rappresentare una nuova **opportunità di crescita** economica, sociale e culturale per il nostro Paese.

Nel 2015 gli stranieri regolari in Italia erano poco più di 5 milioni, cioè l'8,3% del totale dei residenti.

Gli immigrati che si stabiliscono qui provengono soprattutto dall'Europa dell'est, dall'Africa, dall'Asia; una piccola minoranza viene dall'America Latina. Sono in maggioranza giovani e, in genere, istruiti: il 40% ha un diploma di scuola superiore, e il 12,5% è laureato. Tuttavia, va detto che non sempre chi arriva riesce a trovare un impiego adeguato al suo grado di istruzione: così, molti si adattano a fare lavori faticosi e umili, poco richiesti dagli Italiani, ma di grande importanza per la nostra società.

Gli immigrati che scelgono l'Italia hanno religioni differenti. Per la maggior parte sono cristiani (divisi quasi a metà fra cattolici e ortodossi); i musulmani sono circa un milione; altri gruppi professano l'induismo o il buddismo. Oggi, circa il 20% degli stranieri residenti nel nostro Paese ha meno di diciotto anni, e circa il 15% dei bambini che nascono ogni anno in Italia ha genitori immigrati. Anche nelle scuole le **classi multietniche** sono in aumento: un'opportunità in più per imparare a conoscere e ad apprezzare le diverse culture di un mondo sempre più integrato.

Immigrati in fila per ottenere il permesso di soggiorno.
Foto Tania/A3/Contrasto.

Immigrati dal Bangladesh al lavoro in una serra.
Foto PaolikPhotos/Shutterstock.

RICOSTRUISCO LA MAPPA DEL CAPITOLO

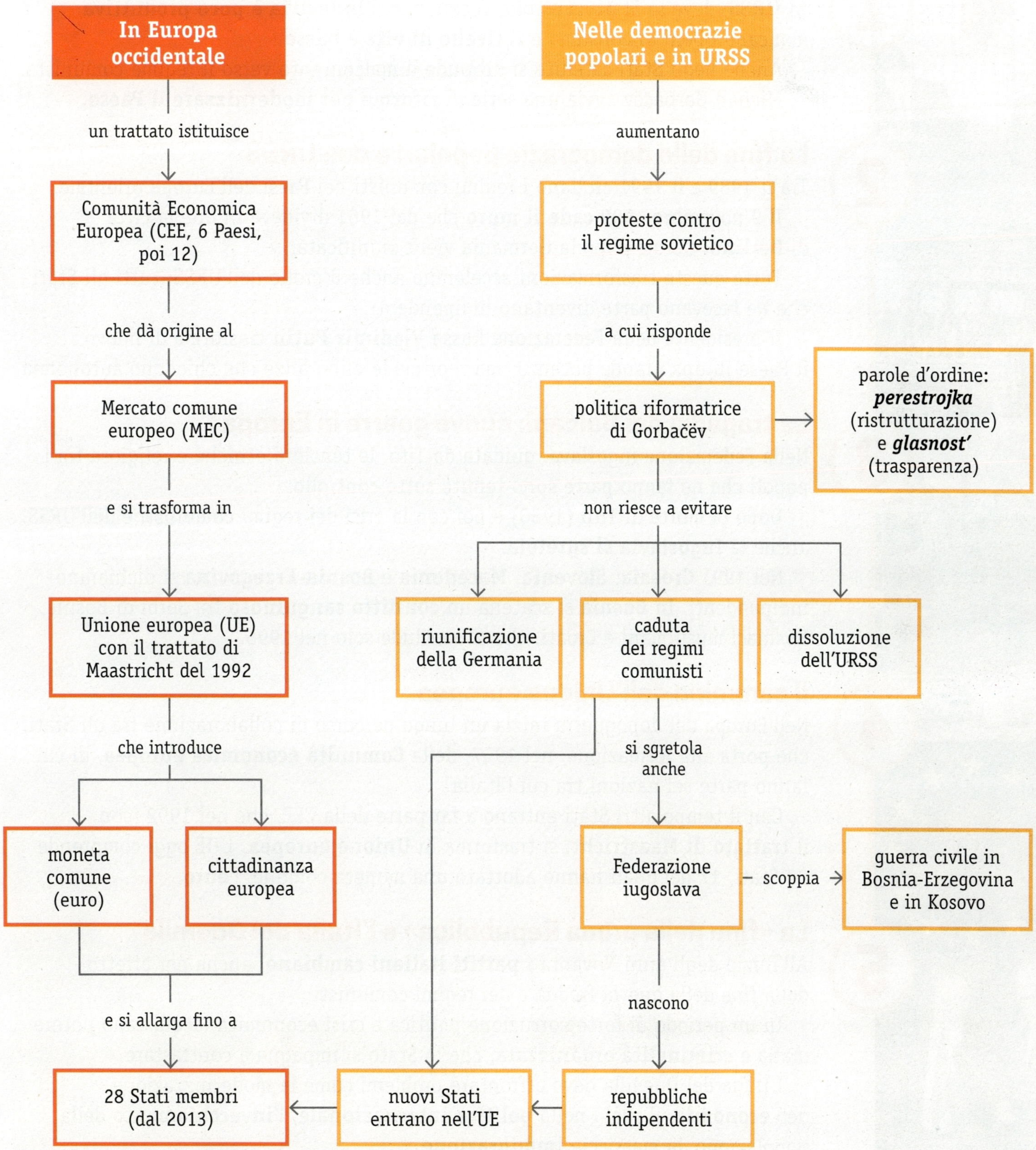

Sintesi

RICOSTRUISCO LE INFORMAZIONI

1 La crisi del comunismo in URSS

In **URSS**, dove lo Stato controlla l'economia, **l'industria è poco produttiva**, mancano i beni di consumo e **il livello di vita è basso**.

Anche negli Stati satellite si diffonde il malcontento verso il regime comunista.

Michail Gorbačëv avvia una serie di **riforme per modernizzare il Paese**.

2 La fine delle democrazie popolari e dell'URSS

Tra il 1989 e il 1991 crollano i regimi comunisti nei Paesi dell'Europa orientale.

Il 9 novembre 1989 **cade il muro** che dal 1961 divideva in due la città di **Berlino**. L'anno dopo la Germania viene riunificata.

Tutte queste trasformazioni accelerano anche il crollo dell'URSS: tutti gli Stati che ne facevano parte diventano indipendenti.

Il presidente della Federazione Russa **Vladimir Putin** trasforma di nuovo il Paese in una grande potenza, ma reprime le minoranze che chiedono autonomia.

3 La tragedia dei Balcani: nuove guerre in Europa

Nella Federazione iugoslava, guidata da Tito, le tensioni etniche e religiose fra i popoli che ne fanno parte sono tenute sotto controllo.

Dopo la morte di Tito (1980) e poi con la crisi dei regimi comunisti e dell'URSS, anche la **Iugoslavia si sgretola**.

Nel 1991 **Croazia**, **Slovenia**, **Macedonia** e **Bosnia-Erzegovina** si dichiarano indipendenti. In **Bosnia** si scatena un **conflitto sanguinoso** fra Serbi di Bosnia, Bosniaci musulmani e Croati, che si conclude solo nel 1995.

4 Il cammino dell'Unione europea

Nell'Europa del dopoguerra inizia un lungo percorso di collaborazione fra gli Stati, che porta alla formazione, nel 1957, della **Comunità economica europea**, di cui fanno parte sei nazioni tra cui l'Italia.

Con il tempo altri Stati entrano a far parte della CEE, che nel 1992, con il **trattato di Maastricht**, si trasforma in **Unione europea**. L'UE oggi comprende 28 Stati, 17 dei quali hanno adottato una moneta comune, l'**euro**.

5 La «fine della prima Repubblica» e l'Italia del Duemila

All'inizio degli anni Novanta i **partiti italiani cambiano**, anche per effetto della fine della guerra fredda e dei regimi comunisti.

In un periodo di forte corruzione politica e crisi economica, acquistano potere mafia e **criminalità organizzata**, che lo Stato si impegna a contrastare.

L'Italia del Duemila deve affrontare problemi come la modernizzazione dell'**economia**, il ruolo nella **politica internazionale**, l'**invecchiamento** della popolazione, la massiccia **immigrazione**.

Esercizi

COSTRUISCO LE MIE COMPETENZE

VERIFICO LE CONOSCENZE — Paragrafo 1

1 Completa il brano con le parole dell'elenco.

Bush ▪ PCUS ▪ crollo ▪ Reagan ▪ riforme ▪ Stati Uniti ▪ sovietico ▪ Gorbačëv ▪ economico ▪ libertà

Nei Paesi del blocco .... non fu mai raggiunto un livello di vita paragonabile a quello dei Paesi occidentali. Michail .... , segretario del .... , tentò di riformare il sistema .... e la vita politica dell'URSS, concedendo maggiori .... ai cittadini. In politica estera riuscì a migliorare i rapporti con gli .... e firmò accordi importanti con i presidenti Ronald .... e George .... All'interno del Paese però le sue .... economiche non diedero i risultati sperati, anzi peggiorarono le condizioni di vita della popolazione e finirono per favorire il .... dell'Unione Sovietica.

STABILISCO COLLEGAMENTI E RELAZIONI — Paragrafo 1

2 Rispondi alle domande.

a. Perché Gorbačëv cominciò a ritirare le truppe sovietiche dall'Afghanistan?
b. Perché Gorbačëv tentò di migliorare i rapporti con gli Stati Uniti?
c. Quali furono le conseguenze dell'incidente di Černobyl'?
d. Quali idee erano alla base della politica di Gorbačëv in URSS?
e. Perché la popolarità di Gorbačëv era alta all'estero, ma calò rapidamente nell'Unione Sovietica?

USO LE PAROLE DELLA STORIA — Paragrafo 1

3 Scrivi una frase con ciascuna delle seguenti parole.

Distensione ▪ *perestrojka* ▪ Solidarność

VERIFICO LE CONOSCENZE — Paragrafo 2

4 Completa la tabella riassuntiva mettendo le crocette nelle caselle opportune.

Paesi	Nel 1989 vi si indicono libere elezioni	Dopo le elezioni si forma un governo non comunista	Dopo le elezioni i partiti comunisti rimangono al potere	Il regime comunista è rovesciato da una rivoluzione
Polonia				
Ungheria				
Bulgaria				
Romania				
Cecoslovacchia				

Esercizi

LAVORO SULLE FONTI Paragrafo 2

5 **Leggi questo brano, nel quale lo storico e giornalista americano Robert Darnton racconta la caduta del muro di Berlino, poi rispondi alle domande.**

« Un giovane con uno zaino sulle spalle era riuscito in qualche modo a issarsi sulla cima del muro. Se ne stava lassù a bighellonare, agitando le braccia da una parte e dall'altra, un bersaglio perfetto per i proiettili delle guardie, che già in passato avevano abbattuto molti altri scalatori. Ora le guardie miravano e sparavano a un nuovo bersaglio, ma solo con delle pompe d'acqua. Il conquistatore del muro ha proseguito la sua passeggiata, bagnato fradicio, fino a che l'ultima guardia non si è arresa e ha smesso. Allora ha aperto lo zaino e ha rovesciato tutta l'acqua nella parte orientale, con un gesto simbolico, che significava "Addio per sempre".

Pochi minuti più tardi, centinaia di persone, sia berlinesi orientali che occidentali, erano in cima al muro ad abbracciarsi, ballare, scambiarsi fiori, bere vino. A mezzanotte, sotto una luna piena e i fasci dei riflettori piazzati sulle torrette di controllo, la vetta del muro brulicava di un migliaio di persone, intente a picconare, martellare, raschiare... A poco a poco han cominciato ad apparire larghi squarci, attraverso cui filtravano deboli raggi di luce. Su in cima, al centro della baraonda, un berlinese orientale dirigeva le operazioni di abbattimento con una falce in una mano e un martello nell'altra. »

a. Quando fu eretto il «muro di Berlino»?
b. A quale Stato appartengono «le guardie»?
c. Come reagiscono le guardie all'azione del giovane?
d. Chi si ritrova in cima al muro a festeggiare?
e. Perché questo evento è stato definito «spettacolare»?
f. Il gesto di dirigere le operazioni di abbattimento con una falce in una mano e un martello nell'altra è un gesto spettacolare e fortemente simbolico. Qual è il suo significato?

SCOPRO I CAMBIAMENTI NELLO SPAZIO E NEL TEMPO Paragrafi 1 e 2

6 **Le carte qui accanto mostrano l'Europa centro-orientale e balcanica nel 1989 e nel 1993. Osservale e rispondi alle domande con brevi testi scritti.**

a. Perché, nella prima cartina, gli Stati dell'Europa centro-orientale hanno tutti lo stesso colore, mentre nella seconda hanno colori diversi?
b. Cosa significano le sigle RDT e RFT? Cosa sono diventati, questi due Stati, nella seconda cartina?
c. Da quali eventi derivano, nella seconda cartina, gli Stati con il nome scritto in rosso? E quelli in verde?

VERIFICO LE CONOSCENZE — Paragrafo 3

7 Completa il brano con le parole adatte.

In anni recenti la regione dei .... è stata sconvolta da due sanguinose guerre.
La prima si è combattuta in .... , e ha opposto Bosniaci .... , Croati .... e Serbi ortodossi. Si è conclusa nel .... in seguito all'intervento della ....
La seconda si è combattuta nel .... , una regione abitata in prevalenza da .... di etnia albanese che nel 2008 si è proclamata .... dalla Federazione iugoslava.
Il .... , invece, ha raggiunto l'indipendenza in modo pacifico nel 2006.

COMPLETO UNA CARTA STORICA — Paragrafo 4

8 Colora gli Stati che attualmente fanno parte dell'Unione europea.

VERIFICO LE CONOSCENZE — Paragrafo 5

9 Completa il testo con le parole adatte.

Fra il 1992 e il 1994 alcune inchieste mostrarono una rete di corruzione che fu detta .... (cioè «città delle ....»). Era molto intensa, in quegli anni, anche l'attività della criminalità .... : in primo luogo la .... siciliana, contro cui combatterono alcuni coraggiosi magistrati, come Giovanni .... e Paolo ....
Nel 1994 entrò in politica l'imprenditore Silvio .... , che fu poi capo di alcuni governi di centro-.. .
Il centro-.. fu al governo nel 1996 e nel 2006 sotto la guida di Romano .... con la coalizione dell'.. e poi con il Partito ....

Il capitolo a colpo d'occhio

QUANDO

1. In quali anni si svolgono questi eventi? SCRIVI le date sui puntini e poi COLLOCALE sulla linea del tempo.

.... Cade il muro di Berlino.

.... Fine dell'URSS.

Foto F. Damm/Corbis.

.... L'Unione europea conta 28 membri.

DOVE

2. COMPLETA la didascalia della carta.

I sei Stati evidenziati in verde nel 1957 danno vita alla Comunità .... ; il trattato viene firmato a ....

Nel 1989 viene abbattuto il muro di .... e l'anno successivo la .... viene riunificata.

Nonostante i tentativi di riforma di Gorbačëv, nel 1991 l' .... si dissolve e nascono 15 Stati indipendenti. Fra il 1992 e il 1995 si disgrega la .... ; in Bosnia-Erzegovina scoppia una sanguinosa guerra .... e la capitale, ... , subisce un lungo assedio.

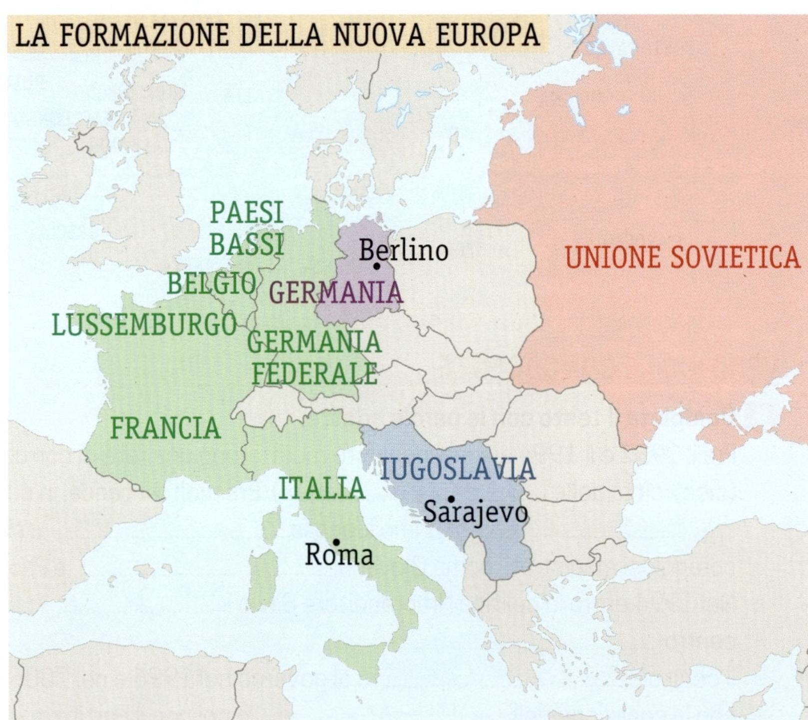

LE PAROLE DA RICORDARE

3. Che cosa significa? METTI LA CROCETTA sulla definizione giusta.

a. *Perestrojka*
- ☐ ristrutturazione
- ☐ trasparenza
- ☐ riunificazione

b. Pulizia etnica
- ☐ divieto d'ingresso ai migranti
- ☐ aggiornamento dei dati sulla popolazione di uno Stato
- ☐ eliminazione violenta dal territorio nazionale di cittadini di altre etnie

c. Secessione
- ☐ guerra civile
- ☐ decisione da parte di una regione di staccarsi dallo Stato di cui fa parte
- ☐ riforma dello Stato sociale

LA MAPPA DEI CONCETTI

4. COMPLETA la mappa

Verso l'Europa attuale

- in Europa ....
  - nasce → la .... economica europea
  - e in seguito → l'Unione ....
- nelle democrazie .... e in URSS
  - nonostante → la politica riformatrice di Gorbačëv
    - cadono → i regimi ....
    - si dissolve → l'URSS
    - si riunifica → la ....

Capitolo

16 Il mondo globale del Duemila

CIAK si impara!

GUARDA! IL VIDEO

MI ORIENTO NEL CAPITOLO

dal 1989 → a oggi

1

Compagnie americane ed europee, dette **multinazionali**, controllano l'economia delle ex colonie. Fra **Paesi lontani** del mondo si muovono velocemente persone, informazioni, merci e tecnologie: viviamo in un **mondo globalizzato**.

2

Nuovi Paesi emergono come **potenze economiche** a livello mondiale, come l'**India** e la **Cina**. La ricchezza però non cresce per tutti e restano forti **squilibri sociali**.

4

La **popolazione invecchia** nei Paesi industrializzati, mentre **cresce** nel sud del mondo: da qui partono **migranti** sempre più numerosi, in cerca di **migliori condizioni di vita**.

3

La nuova minaccia del **terrorismo islamico** agisce con attentatori suicidi, che compiono stragi come quella dell'11 settembre 2001 alle **Torri gemelle** di New York.

1. Una rete che abbraccia il mondo intero

Il nord e il sud del mondo e le economie emergenti

L'espressione «Terzo Mondo» nacque nella seconda metà del XX secolo, per indicare i Paesi «non allineati» [→ cap. 13 par. 1]: aveva dunque un significato politico. Presto assunse anche un significato economico e passò a indicare i Paesi **sottosviluppati** o **in via di sviluppo**. Erano Stati con economie deboli e uno scarso sviluppo industriale; in molti casi erano ex colonie. Oggi si preferisce usare l'espressione **sud del mondo**, perché i Paesi «in via di sviluppo» si concentrano nell'emisfero meridionale o vicino all'equatore.

Per contrasto, i Paesi ricchi e industrializzati (USA, Canada, Stati europei, Giappone, Australia, Nuova Zelanda) formano il cosiddetto **nord del mondo**.

Negli ultimi anni, alcune economie sono cresciute a ritmo sostenuto e vengono definite **economie emergenti**; si tratta in primo luogo di Brasile, Russia, India e Cina. Altri Stati, nati dalla dissoluzione dell'URSS, hanno un'economia **in transizione**, perché stanno passando dall'economia socialista all'economia di mercato.

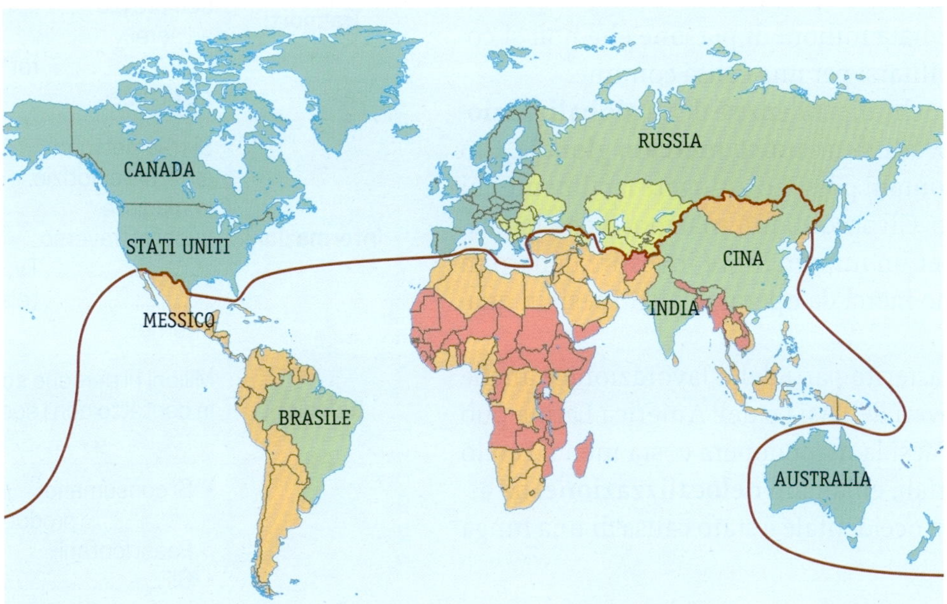

Le economie mondiali secondo una classificazione dell'ONU.

GUARDA! LA CARTA ANIMATA

Il neocolonialismo e il problema del debito

L'economia di molte delle ex colonie continuò, anche dopo l'indipendenza, a basarsi sull'esportazione di prodotti agricoli e materie prime. Queste risorse naturali, tuttavia, restarono perlopiù nelle mani di **compagnie straniere**, soprattutto europee e americane. Erano aziende potenti, con filiali in tutto il mondo (dette perciò **multinazionali**), in grado di imporre i loro prezzi al mercato.

La dipendenza economica si traduceva spesso in **controllo politico**. Queste nuove forme di controllo economico e politico dei Paesi sottosviluppati sono chiamate **neocolonialismo**.

Molti Paesi del sud del mondo dovevano vendere i loro prodotti agricoli e le materie prime a basso prezzo e acquistare i prodotti dell'industria occidentale a prezzi alti. Perciò non riuscirono a raccogliere le risorse per **avviare l'industrializzazione** e furono costretti a chiedere prestiti ai Paesi industrializzati o a enti come il Fondo monetario internazionale o la Banca mondiale per lo sviluppo.

L'indebitamento dei Paesi sottosviluppati è un **problema di difficile soluzione**. Alcuni sostengono che sia necessario cancellare almeno parzialmente il debito ai Paesi più poveri, per permettere alle loro economie di ripartire. Ma soprattutto occorrerebbe aprire i mercati dei Paesi più avanzati ai prodotti dei Paesi del sud, cessando di penalizzarli con dazi e divieti.

COLLEGO CAUSE ED EFFETTI

I Paesi del sud del mondo si indebitano PERCHÉ:

- vendono prodotti agricoli e materie prime a prezzi bassi
- acquistano prodotti delle industrie occidentali a prezzi alti
- per avviare l'industrializzazione devono chiedere prestiti

La globalizzazione dei mercati

Il mondo oggi è stretto in una fitta rete di rapporti reciproci; qualsiasi scelta economica o politica ha immediate ripercussioni nei luoghi più lontani. È una rete di **trasporti** – aerei, autostradali, ferroviari, marittimi – attraverso i quali si muovono, rapidamente e a costi sempre più bassi, persone e cose. Ed è anche una rete **informatica**: grazie a computer, televisioni, satelliti, reti telefoniche e telematiche si possono inviare in tempo reale da un capo all'altro del pianeta notizie, immagini, messaggi e suoni. Via **Internet** viaggiano le quotazioni di borsa e si sposta il denaro delle operazioni finanziarie. I **social network** mettono in relazione immediata milioni di persone che non si conoscono di persona, ma possono mobilitarsi per una causa comune.

Questa **rete di relazioni** e di reciproche dipendenze è detta **globalizzazione**. Tutti i Paesi del mondo sono coinvolti in un unico **mercato globale**. Ciò significa che merci prodotte in Paesi lontani possono giungere facilmente sui nostri mercati, come le nostre sui loro. Gli accordi internazionali che regolano il commercio rendono possibile per un imprenditore investire denaro in imprese straniere o far produrre le sue merci da operai di altri Paesi, in qualunque punto del globo.

Per gli imprenditori, la scelta di trasferire parti della lavorazione e anche interi impianti industriali in Paesi poveri dell'Asia o dell'America Latina può essere vantaggiosa, perché in questi Paesi la manodopera costa meno. Perciò il fenomeno dei trasferimenti industriali, chiamato **delocalizzazione**, ha assunto grandi dimensioni e nell'Europa occidentale è stato causa di una lunga serie di licenziamenti.

ORGANIZZO I CONCETTI

▶ **Completa la tabella.**

Il mondo di oggi è una rete di...	
Trasporti	Le persone si muovono rapidamente e a costi sempre più .... grazie ad aerei, ... , ... , rotte marittime.
Informazioni	Si trasmettono all'istante notizie, immagini e suoni attraverso .... , TV, ... , telefoni, Internet.
Relazioni	Milioni di persone sono in contatto con i social ....
Commerci	▪ Si consumano .... prodotte in Paesi lontani. ▪ Gli .... investono in aziende straniere. ▪ Le industrie si trasferiscono dove la manodopera costa ....

Effetti della globalizzazione economica

Nell'emisfero sud del pianeta la miseria è diffusa, ma alcuni Paesi asiatici – in particolare Singapore, Hong Kong, Taiwan, Corea del sud – hanno conosciuto fin dagli anni Settanta una rapida crescita economica grazie ai massicci investimenti degli USA, del Giappone e dei Paesi europei.

Negli anni Ottanta la **Cina** e, più di recente, l'**India** hanno dato inizio a un processo di sviluppo economico che ha permesso a centinaia di milioni di persone di migliorare la loro condizione. Secondo gli economisti, questo balzo in avanti di un'area così vasta del mondo è in gran parte dovuto alla globalizzazione dell'economia e dei mercati.

Nonostante questi successi, nell'età della globalizzazione è aumentata nel mondo la **disuguaglianza sociale**, cioè la distanza fra ricchi e poveri, che invece negli anni precedenti era andata costantemente calando.

Contro gli effetti negativi che si attribuiscono alla globalizzazione, si sono sviluppati, a partire dal 1999, **movimenti** di protesta detti ***no global***, attivi con manifestazioni di piazza in occasione delle periodiche riunioni in cui i capi di Stato e di governo mondiali concordano le loro politiche economiche per governare i mercati globali.

Manifestazione contro la globalizzazione in occasione del G7 del 1999 a Seattle, negli Stati Uniti. A quella data si fa risalire l'origine del movimento *no global*.
Foto P. Le Segretain/Sygma/Corbis.

La globalizzazione culturale

Con la globalizzazione si è sviluppata anche la tendenza a uniformare in ogni parte del mondo la maniera di vivere, almeno fra le persone benestanti e che vivono in città. E il **modello dominante** è quello **occidentale**.

Nelle grandi città di tutti i continenti si trovano gli stessi edifici di vetro e acciaio, gli stessi hotel di lusso dalle identiche forme architettoniche, gestiti dalle stesse catene alberghiere e arredati alla stessa maniera. In tutto il mondo si vedono gli stessi telefilm, perlopiù nord-americani, trasmessi con apparecchi costruiti con componenti di solito giapponesi, da emittenti americane o europee; si proiettano gli stessi film; si ascolta la stessa musica.

Tradizione e modernità: una donna boliviana veste gli abiti tradizionali indigeni, ma usa per comunicare un cellulare costruito, molto probabilmente, dall'altra parte del mondo.
Foto P. Roig/Alamy.

L'occidentalizzazione suscita paure e contrasti

Negli ultimi tempi però in molti Paesi dell'Africa, dell'Asia e dell'America Latina si va diffondendo il timore che l'affermarsi di consumi e mode occidentali porti alla graduale scomparsa di molte tradizioni culturali locali. È nato, cioè, nei confronti dell'occidente, un atteggiamento misto di **attrazione-rifiuto**. Accanto alla voglia di godere della cultura e della tecnologia occidentale, cresce un'avversione dovuta, in parte, al ricordo del colonialismo e in parte all'orgoglio di appartenere a grandi culture, non inferiori a quelle europee e americane, ma minacciate oggi dall'influenza dei modelli occidentali. L'atteggiamento di rifiuto è particolarmente forte all'interno del **mondo islamico**.

Scienza e tecnica

La terza rivoluzione industriale

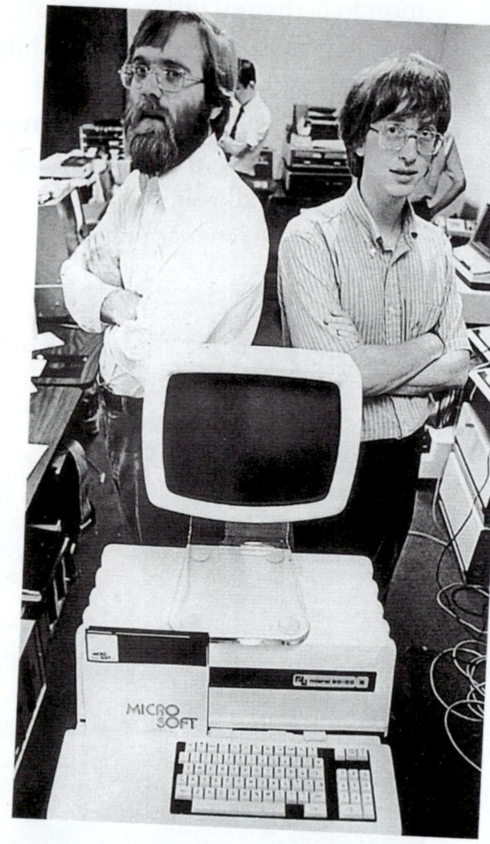

Paul Allen e Bill Gates, fondatori della Microsoft, accanto a un modello di personal computer nel 1981.
Foto Seattle Post-Intelligencer.

Nei primi decenni del Novecento si era compiuta l'industrializzazione dell'occidente iniziata con la «seconda rivoluzione industriale». Nella seconda metà del secolo i progressi tecnico-scientifici furono talmente rapidi da cambiare radicalmente il modo di produrre. Si cominciò a parlare di «terza rivoluzione industriale», o anche di «rivoluzione informatica» perché era basata sul computer.

Il **primo calcolatore elettronico**, costruito negli Stati Uniti nel 1946, funzionava per mezzo di 19 000 valvole collegate fra loro da mezzo milione di contatti saldati a mano ed era grande come una sala da ballo. L'uso di circuiti integrati e poi di microprocessori ha permesso di ridurre le dimensioni, di aumentare la potenza, la velocità di calcolo e il numero di funzioni di queste macchine. Nel 1977 furono messi in commercio i primi personal computer, apparecchi di piccole dimensioni, economici, pensati per uso privato. Intanto si svilupparono due nuove tecnologie dell'informazione: l'informatica (per l'elaborazione dei dati) e la telematica (per la loro trasmissione a distanza).

Fra il 1994 e il 1995 decollò **Internet**, la rete di computer collegati fra loro estesa a tutto il mondo. Divenne così possibile far circolare, ovunque vi fosse un computer collegato in rete, ogni tipo di informazione in tempo reale. L'informatica permise di cambiare l'organizzazione del lavoro di fabbrica, con un massiccio sviluppo dell'automazione: nelle fabbriche furono introdotti dei robot controllati elettronicamente, che sostituirono parzialmente o del tutto l'intervento della manodopera. Questo provocò una riduzione della forza lavoro operaia nell'industria.

Il calcolatore ENIAC a Philadelphia nel 1946.
Foto Corbis/Bettmann.

Un braccio robotico programmato per l'impacchettamento industriale.
Foto Wellphoto/Shutterstock.

2. Nuovi protagonisti del mondo globale

Le economie emergenti

Nel 2011 circa metà del PIL mondiale era prodotto negli Stati Uniti e nell'Unione europea. Da almeno un decennio, però, alcuni Stati in via di sviluppo avevano iniziato ad aumentare in maniera vistosa la loro ricchezza e la loro produzione. Questo gruppo di Stati venne indicato (usando le loro iniziali) con la sigla **BRIC**: Brasile, Russia, India, Cina. Sono queste le economie emergenti all'inizio del terzo millennio. Della Russia abbiamo parlato [→ cap. 15 par. 2]: la sua ricchezza si basa sullo sfruttamento delle immense risorse energetiche e sulle materie prime delle miniere siberiane e la sua potenza politica non è mai venuta meno. Gli altri Paesi sono esempi di politiche di sviluppo recenti, che hanno portato grandi masse a uscire dalla miseria, ma con gravi problemi sociali e ambientali.

ORGANIZZO I CONCETTI

► **Completa la tabella.**

Le economie emergenti	
Gli Stati identificati con la sigla	• .... • Russia • .... • ....

La Cina sulla scena mondiale

Dopo la morte di Mao [→ cap. 10 par. 3], avvenuta nel 1976, in Cina cominciò un periodo di riforme (le **modernizzazioni**), che cambiarono l'economia e la società cinese con la creazione di «zone economiche speciali», nelle quali s'installarono imprese straniere (industrie, banche, società di servizi) disposte a investire capitali nel Paese.

L'economia cinese cominciò a crescere a ritmi molto alti, tanto che nel 2010 il Prodotto interno lordo della Cina divenne il secondo al mondo, dopo quello degli Stati Uniti.

Lo sviluppo della Cina è dovuto a una decisa azione del regime comunista al governo, che negli anni recenti ha ampliato le **libertà economiche**, ma **non** quelle **politiche**: il dissenso viene represso, la stampa e l'accesso a Internet sono controllati dal regime, non si possono fondare nuovi partiti, c'è scarso rispetto dei diritti umani, la pena di morte è applicata con frequenza. La richiesta di riforme democratiche e di allargamento dei diritti civili portò nel giugno **1989** a una grande mobilitazione popolare di protesta, che fu chiamata **primavera di Tienanmen**, dal nome della grande piazza centrale di Pechino, dove si svolse. La manifestazione fu repressa duramente e da allora il controllo del regime si è fatto ancora più rigido.

La primavera di Tienanmen. Un giovane si para davanti ai carri armati inviati a reprimere le proteste dei manifestanti, 5 giugno 1989.
Foto S. Franklin/Contrasto.

La diga delle Tre Gole, completata nel 2006, alimenta le centrali idroelettriche che forniscono energia alle industrie della Cina meridionale. Per costruirla, però, il corso del Fiume Azzurro è stato bloccato: città intere e villaggi sono stati sommersi dall'acqua, costringendo più di un milione di persone a trasferirsi altrove.
Foto W. Zhenxiao/Xinhua Press/Corbis.

Un Paese di contrasti

Oggi le città cinesi si espandono e si popolano di grattacieli modernissimi; molte università sono di altissimo livello e il Paese è ai primi posti al mondo per gli investimenti nella ricerca. La rapida crescita industriale della Cina ha trainato a lungo l'economia dell'Asia e del mondo intero. In alcune «zone economiche speciali», perlopiù collocate nelle regioni costiere, si concentrano le fabbriche che producono per l'esportazione; da lì escono l'80% dei computer venduti nel mondo, il 70% dei giocattoli e quasi la metà dei televisori e di altri strumenti elettronici.

Eppure, anche se la Cina è uno Stato – come è scritto nella sua Costituzione – «guidato dai contadini e dalla classe operaia», per i contadini in molte campagne l'abbandono della terra è l'unica possibilità rimasta di sopravvivenza. Il salario di un operaio resta uno dei più bassi del mondo e nelle fabbriche statali, che sono state smantellate perché non sono più produttive, milioni di operai perdono il lavoro e vanno a ingrossare, prima o poi, il numero già enorme degli emarginati nelle metropoli.

Non tutti i settori dell'industria cinese si sono sviluppati in uguale maniera. La produzione e la distribuzione dell'energia è insufficiente a garantire un equilibrato sviluppo. La costruzione di dighe sui grandi fiumi per produrre energia crea problemi sociali importanti (come l'abbandono di villaggi e il trasferimento della gente che vive nelle zone destinate a essere sommerse), gravi dissesti ambientali e riduzione delle superfici coltivate.

ORGANIZZO I CONCETTI

Cina	
Punti di forza	• Forte sviluppo del PIL • Rapida crescita dell'industria • Modernizzazione delle città • Università e ricerca ai massimi livelli mondiali
Punti deboli	• Scarse libertà politiche • Stampa e Internet controllati dal regime • Poco rispetto dei diritti umani • Abbandono della terra da parte dei contadini • Disoccupazione • Problemi ambientali

L'India, uno sviluppo a due velocità

Gli ultimi anni del Novecento e i primi del Duemila sono stati anche per l'India anni di rapida crescita economica e di progresso sociale. Nel 1992 il partito del Congresso diede inizio a riforme che resero le attività economiche molto più libere. Il **vastissimo mercato indiano** fu aperto al **commercio internazionale**: grandi imprese straniere (soprattutto americane, europee e giapponesi) poterono da allora non soltanto vendere liberamente in India i loro prodotti, ma anche impiantare delle filiali e dare così lavoro a tecnici e a operai indiani, e investire capitali nelle imprese indiane.

History Highlights
India, an emerging country
p. 437

L'India sta diventando uno dei maggiori produttori del mondo nel mercato del **software**; gli imprenditori indiani hanno aggiunto alla lista delle merci tradizionalmente esportate (tessuti di cotone, tè, cuoio e pelletterie) anche prodotti farmaceutici e componenti elettronici; costruiscono testate nucleari, missili a breve e a medio raggio, satelliti da lanciare nello spazio.

Nel campo dei **servizi** si sono moltiplicate le **agenzie**, alle quali si rivolgono da tutto il mondo grandi ditte per compilare i bilanci, grandi studi di architettura per i disegni dei progetti, grandi università per i cataloghi delle biblioteche, industrie ed enti pubblici per i servizi di ***call center*** (centri di assistenza telefonica). Ma c'è un abisso tra questa modernissima India tecnologica e scientifica e il livello di vita di gran parte della popolazione. Nelle campagne, dove vive più del 70% degli Indiani, la maggior parte dei villaggi non ha elettricità, né acqua potabile, né scuole e maestri.

ORGANIZZO I CONCETTI

India	
Punti di forza	• Rapida crescita dell'industria • Apertura del mercato interno al commercio internazionale • Produzione di software • Agenzie di *call center*
Punti deboli	• Il 70% della popolazione vive nelle campagne • Nei villaggi mancano elettricità, acqua potabile e scuole

Ricchezza e povertà nell'India di oggi: un moderno centro commerciale a Calcutta e un gruppo di donne alla ricerca di acqua potabile.
Foto Ssray/Shutterstock; Gnomeandi/Shutterstock.

Il Brasile, un gigante economico in affanno

Fra gli anni Settanta e Novanta il Brasile conobbe uno straordinario sviluppo economico, basato sull'esportazione di prodotti agricoli e minerari. Tuttavia, la nuova ricchezza era concentrata nelle mani delle classi privilegiate, lasciando ai margini la maggioranza della popolazione. Nelle periferie delle grandi città si estesero miserabili quartieri di baracche (*favelas*) e aumentarono la criminalità e l'insicurezza.

Sotto la presidenza di Luiz Inácio **Lula da Silva** (2003-2011) furono avviate riforme per favorire la produzione industriale, per far entrare il Brasile nel mercato mondiale e per aumentare le esportazioni verso un mercato in grande espansione come quello cinese. Già pochi anni dopo, però, l'economia brasiliana subì una brusca frenata, dovuta alla riduzione della richiesta cinese di materie prime.

Nel periodo dell'espansione, è stato possibile avviare progetti sociali nel campo dell'istruzione e della sanità e far uscire dalla povertà milioni di cittadini. Restano però enormi problemi sociali (come la necessità di una riforma agraria per distribuire terra ai contadini) e ambientali (la massiccia distruzione della foresta amazzonica).

ORGANIZZO I CONCETTI

Brasile	
Punti di forza	• Rapida crescita dell'industria • Progetti sociali per ridurre povertà, ignoranza e malattie
Punti deboli	• Ricchezza nelle mani di pochi • Diminuzione delle esportazioni • Criminalità nelle *favelas* • Problemi ambientali

L'Africa nera ai margini del mondo

Durante la guerra fredda l'Africa fu al centro della contesa fra le superpotenze, che armarono e appoggiarono anche regimi tirannici pur di allargare la loro zona d'influenza. Il risultato di questa politica fu la diffusione di feroci dittature in Paesi poverissimi.

Quando la guerra fredda ebbe termine [→ cap. 15 par. 1], molti Paesi africani furono abbandonati al loro destino, perché giudicati privi di importanza politica e militare. Gran parte dell'Africa subsahariana rimase così esclusa dalla globalizzazione e dalla diffusione delle nuove tecnologie. Un miliardo e 200 milioni di abitanti dell'Africa nera e di altri Paesi del sud del mondo continuano a sopravvivere con meno di due dollari al giorno.

L'Africa subsahariana è flagellata da conflitti militari che le organizzazioni internazionali non sanno o non vogliono bloccare: guerre di confine, guerre civili, conflitti etnici che provocano masse di profughi. I Paesi africani difficilmente possono intervenire per migliorare la vita della popolazione più povera. La spesa sociale, infatti, è frenata anche dal debito che questi Paesi hanno contratto con i Paesi industrializzati [→ par. 1].

Guerriglia nella foresta durante la guerra di indipendenza in Mozambico, 1973.
Foto P. Chauvel/Sygma/Corbis.

Finanza ed economia reale

Negli ultimi anni si è visto bene come sono **intrecciate** fra loro **le economie di tutto il mondo**. Alla fine del 2007 iniziò, negli Stati Uniti, una **crisi finanziaria** che si allargò a tutto il mondo globalizzato e che mostrò quanto fosse necessario aumentare i controlli sull'attività delle banche e delle società che gestiscono in Borsa i grandi capitali.

La crisi ebbe inizio da spericolate operazioni finanziarie nel mercato delle abitazioni, ma ebbe conseguenze molto gravi anche sugli altri settori dell'economia. Fu un lungo periodo di stagnazione economica e di **recessione***. Si vendette e si produsse di meno con conseguenze sociali negative, come l'aumento della disoccupazione, del precariato e della povertà.

La **ripresa economica** è stata assai lenta in Europa, mentre sono cresciute più rapidamente le economie dei Paesi emergenti. Nel caso dell'Italia la situazione è particolarmente difficile, perché alla crescita scarsa si accompagna un altissimo debito pubblico [→ cap. 15 par. 5].

* **Recessione**
È un periodo prolungato di riduzione del PIL.

COLLOCO GLI EVENTI NEL TEMPO

3. Guerra al terrore e crisi del Medio Oriente

La nuova mappa del potere mondiale

Dopo la fine della guerra fredda e la dissoluzione dell'URSS [→ cap. 15 par. 2], sembrava che la mappa del potere mondiale si fosse semplificata, perché ormai gli Stati Uniti restavano l'unica superpotenza. In realtà le cose erano più complesse. La Russia infatti riprese ben presto un ruolo importante nella politica internazionale, mentre altri grandi Paesi, come la Cina e l'India, si trasformavano rapidamente in grandi potenze economiche e politiche.

Durante la sua presidenza degli USA, fra il 1993 e il 2001, il democratico Bill Clinton fu coinvolto nella crisi dei Balcani [→ cap. 15 par. 3] e cercò di esercitare un'opera di mediazione in Medio Oriente [→ cap. 14 par. 2]. Ma l'appoggio che gli Stati Uniti garantivano allo Stato di Israele era per i **fondamentalisti islamici** un segno della volontà di dominio dell'occidente sul mondo islamico.

COLLEGO CAUSE ED EFFETTI

▶ **PERCHÉ** **i fondamentalisti islamici considerano gli Stati Uniti un nemico? Cerca la risposta nel testo.**

Il terrorismo islamico

L'avanzata dei movimenti fondamentalisti nel mondo islamico, nel corso degli anni Novanta, fu accompagnata da un aumento degli atti terroristici contro obiettivi americani (in Kenya, in Yemen e altrove) considerati particolarmente importanti, come ambasciate o basi delle forze armate.

Esisteva anche, da qualche tempo, il terrorismo degli **attentatori suicidi** palestinesi che si facevano saltare in aria in luoghi affollati di Israele. Considerare come un dovere religioso il suicidio che fa strage di nemici è uno degli aspetti del terrorismo islamico, un modo estremo di combattere in difesa della religione islamica.

Alcune organizzazioni terroristiche approfittarono dunque della frustrazione e del degrado legati a situazioni di guerra per indottrinare giovani da destinare al suicidio. Esse facevano leva sulla speranza di una vita eterna gloriosa e si occupavano di aiutare economicamente le famiglie e le comunità di origine dei «martiri».

Militanti di Hezbollah sfilano in una dimostrazione a Beirut.
Foto R. Haidar/AFP/Getty Images.

L'attentato alle Torri gemelle di New York

L'11 settembre **2001** il terrorismo islamico mise a segno l'attentato più devastante della storia e lo fece nel cuore di New York. Quel giorno un commando terroristico dirottò due aerei civili e li portò a schiantarsi contro le **Twin Towers**, le Torri gemelle di Manhattan, due grattacieli che erano il simbolo del potere economico americano. Un terzo aereo si schiantò contro il **Pentagono**, sede del comando supremo delle forze armate e simbolo del potere militare degli Stati Uniti. Fallì invece la missione di un quarto aereo.

Sotto gli occhi di tutto il mondo, collegato in diretta dalle televisioni, i due grattacieli s'incendiarono e crollarono su se stessi. Le vittime furono quasi tremila. Fra esse gli attentatori (una ventina), che appartenevano al gruppo terrorista **al-Qaeda**. Con ripetute interviste rilasciate al canale televisivo arabo più diffuso, il capo di al-Qaeda, **Osama bin Laden**, esaltò l'attentato e i suoi autori in nome della «guerra santa» contro l'occidente. Altri sanguinosi attentati furono organizzati anche in Europa (a **Madrid** nel 2004, a **Londra** nel 2005).

L'attentato contro le Twin Towers di New York. La foto coglie l'attimo in cui il secondo aereo sta per schiantarsi sulla torre di destra, mentre l'altra è già in fiamme, 11 settembre 2001.
Foto A. Kuriya/Corbis.

La lotta al terrorismo comincia in Afghanistan

Nel 2002 il presidente degli Stati Uniti, il repubblicano George W. Bush, lanciò una campagna internazionale contro il terrorismo, da combattere con ogni mezzo. A questa lotta aderirono quasi tutti i Paesi del mondo, compresi l'Unione europea e molti Paesi islamici. Il primo obiettivo fu l'Afghanistan, dove i talebani al potere [→ cap. 14 par. 4] continuavano a dare ospitalità a bin Laden e alla sua organizzazione.

Le operazioni militari, condotte sia da forze armate americane e inglesi, sia da truppe afghane ostili al regime dei talebani, si conclusero dopo pochi mesi con l'occupazione della capitale Kabul. Una forza multinazionale fu inviata per controllare il territorio e favorire la formazione di un governo stabile.

Nel 2004 fu approvata una Costituzione; con il controllo delle truppe occidentali si svolsero le elezioni; fu eletto un parlamento e andò al potere un governo appoggiato dalla maggior parte delle forze politiche. Tuttavia i talebani non si sono arresi, e occupano ancora alcune regioni del Paese. Il futuro del popolo afghano, diviso fra varie etnie, eserciti privati comandati da potenti «signori della guerra» e forze politiche in aspro contrasto, resta tuttora incerto.

Un'altra guerra in Iraq

Contro il terrorismo gli Stati Uniti elaborarono una nuova strategia, fondata sul concetto di **guerra di difesa preventiva**. Dal momento che il nemico – il terrorismo – poteva essere dappertutto e tuttavia restare invisibile, bisognava attaccare ogni Paese che si giudicava nemico, ancor prima che compisse distruttivi atti di guerra.

Il primo obiettivo fu l'Iraq. Saddam Hussein, che era rimasto al potere anche dopo la guerra del Golfo del 1991 [→ cap. 14 par. 4], fu accusato (senza valide prove) di sostenere il terrorismo internazionale e di possedere **armi di distruzione di massa***. Fra il marzo e l'aprile **2003**, dopo violenti bombardamenti, truppe americane e inglesi occuparono l'Iraq. Catturato, processato da un tribunale iracheno e condannato a morte, Saddam Hussein fu giustiziato alla fine del 2006.

* **Armi di distruzione di massa**
Il termine indica delle armi capaci di uccidere indiscriminatamente grandi quantità di persone: per esempio, armi chimiche, nucleari e biologiche.

Durante l'occupazione americana, l'Iraq cadde preda di una **guerra civile** tra le diverse etnie e correnti religiose. Le regioni curde del nord si resero di fatto autonome. La guerra fece oltre mezzo milione di vittime fra i civili iracheni e rese ancora più instabile il Medio Oriente. Alla guerra americana, infatti, s'intrecciava una lotta che divideva il Medio Oriente fra regimi sciiti (l'Iran e la Siria) e l'insieme dei regimi sunniti guidato dall'Arabia Saudita.

Nel 2005, e poi di nuovo nel 2010, in Iraq si tennero elezioni aperte a vari partiti. Il Paese ebbe una nuova Costituzione democratica, ma le sue istituzioni sono fragili e la sua situazione è tuttora precaria e incerta.

Il volto della statua di Saddam Hussein viene coperto con la bandiera americana, durante i festeggiamenti per la caduta del regime di Saddam a Baghdad nel 2003: questa iniziativa di alcuni militari americani fu molto criticata, perché considerata umiliante per la popolazione irachena sotto occupazione straniera.
Foto J. Delay/AP.

La svolta di Obama

L'attacco del terrorismo all'America fu vissuto da molti Statunitensi (e in primo luogo dal presidente Bush e dal suo governo) come un'apocalittica lotta fra il bene e il male da condurre senza esclusione di colpi, anche ricorrendo a forme di tortura e a carceri speciali per i sospettati di terrorismo. Questo atteggiamento, insieme all'occupazione armata di interi Stati, rese ancora più difficili i rapporti fra l'occidente e il mondo islamico.

Il successore di Bush, il democratico **Barack Obama**, fin dall'inizio della sua presidenza nel 2009 diede una svolta alla politica americana in Medio Oriente. Programmò il **ritiro americano dall'Iraq** e cercò di migliorare la situazione in Afghanistan. Al tempo stesso manifestò un atteggiamento di apertura e attenzione verso il mondo islamico. Obama proseguì però con successo la caccia senza quartiere ai terroristi islamici; nel maggio 2011 lo stesso Osama bin Laden fu individuato e ucciso [→ Fonti: Il discorso di Obama ai musulmani p. 422].

La «primavera araba»

Fra il dicembre 2010 e il marzo **2011** in diversi Paesi arabi del Nordafrica e del Medio Oriente presero forza movimenti di protesta contro i governi. In alcuni casi (Tunisia ed Egitto) le proteste portarono alla caduta dei regimi autoritari che detenevano il potere da molti anni.

Queste rivolte avevano alcuni tratti in comune: ne erano protagonisti i giovani, in particolare i più istruiti, che soffrivano la disoccupazione e la mancanza di prospettive per il futuro nel loro Paese; denunciavano la corruzione dei gruppi al potere, che si erano arricchiti a danno della popolazione; rivendicavano maggiore libertà politica e civile.

I manifestanti fecero uso dei **moderni mezzi di comunicazione**, come i social network su Internet, per aggirare le proibizioni dei regimi e far circolare le informazioni. La rapida diffusione della rivolta fu paragonata a una «**primavera araba**», per dare l'idea dell'entusiasmo verso un futuro che si sperava migliore.

I primi risultati furono diversi da Paese a Paese. In Tunisia si tennero nell'autunno del 2011 elezioni libere, che furono vinte da un partito islamico fino ad allora costretto alla clandestinità. In Egitto nel 2012 le elezioni diedero al partito dei Fratelli Musulmani un potere effimero, che fu presto rovesciato con un colpo di Stato dalle forze armate. Altrove, in Yemen e soprattutto in Siria, le manifestazioni furono represse nel sangue. Altri Paesi, come il Marocco e la Giordania, introdussero alcune riforme. Tutto il mondo arabo sembrava in movimento.

ORGANIZZO I CONCETTI

► **La «primavera araba» è un fenomeno che ha interessato diversi Paesi. Completa l'elenco.**

- Tunisia, 2011: elezioni ....
- Egitto, ...: elezioni vinte dal partito dei Fratelli Musulmani, poi rovesciato dalle ....
- Marocco e ....: nuove riforme
- ....: ribellione armata

Una manifestazione di protesta al Cairo, in Egitto, nel 2013.
Foto M. Brabo/AP.

Guerre civili in Libia e in Siria

In Libia le manifestazioni assunsero ben presto il carattere di una **ribellione armata** di alcune tribù contro il dittatore, il colonnello Mu'ammar Gheddafi, che era al potere dal 1969 e che reagì con le armi, scatenando una guerra civile.

Con l'autorizzazione dell'ONU, le forze della NATO intervennero con bombardamenti aerei che avevano lo scopo di proteggere le popolazioni civili dagli attacchi armati del regime. In realtà l'intervento della NATO aiutò i ribelli a conquistare le principali città della Libia. Con la cattura e l'uccisione di Gheddafi si aprì per il Paese una fase di lotta armata fra tribù contrapposte e per anni la Libia restò priva di un governo unitario.

L'esito più drammatico delle rivolte è quello che è accaduto in **Siria**, dove nel **2012** ha avuto inizio una guerra civile fra il regime di Bashar Assad, appoggiato dalla minoranza sciita, e le milizie degli oppositori sunniti, armati da diversi Paesi islamici. Le vittime sono state forse cinquecentomila e i profughi alcuni milioni.

Una nuova minaccia terroristica

Nella tormentata regione compresa fra Siria e Iraq, una milizia armata aggressiva ed efficiente si pose allora un obiettivo ambizioso: costituire uno **Stato islamico**, unificando anche altre organizzazioni terroristiche della regione. Della milizia fanno parte parecchi ex ufficiali iracheni del disciolto esercito di Saddam, ricchi di esperienza militare e di preziose conoscenze del territorio. L'obiettivo dell'Isis (con questa sigla lo Stato islamico indica se stesso) era di sottomettere una vasta regione fra il Kurdistan iracheno e la Siria, governandola grazie alle donazioni dei regni del Golfo Persico e con il contrabbando del petrolio, i traffici della droga e dei reperti archeologici, la tassazione islamica imposta alla popolazione, lo sfruttamento dei profughi.

I capi dell'Isis proclamavano la guerra contro l'occidente e la ricostituzione del **Califfato**, l'istituzione politico-religiosa dell'islam che è stata abolita dopo la prima guerra mondiale. L'Isis giunse a controllare un vasto territorio che, sebbene in gran parte desertico, comprende importanti giacimenti di gas e petrolio, le principali vie di traffico e importanti città come Raqqa, in Siria, e Mosul, in Iraq.

Dal **2015** i bombardamenti attuati da Stati Uniti, Francia e Russia hanno ridotto il territorio in mano all'Isis, che però nel frattempo ha cercato di radicarsi anche nella Libia devastata dalla guerra civile. I fanatici dell'Isis hanno anche dato inizio a **un'offensiva terroristica massiccia e diffusa**, con attentati suicidi anche in Europa. Fra il 2015 e il 2016 gli attentati sono stati particolarmente intensi in Francia, in Belgio e in Germania, nel cuore dell'Europa.

Le rovine della città di Aleppo (Siria) distrutta dai bombardamenti del 2016.
Foto Abdalrhman Ismail/Reuters.

COLLOCO GLI EVENTI NEL TEMPO

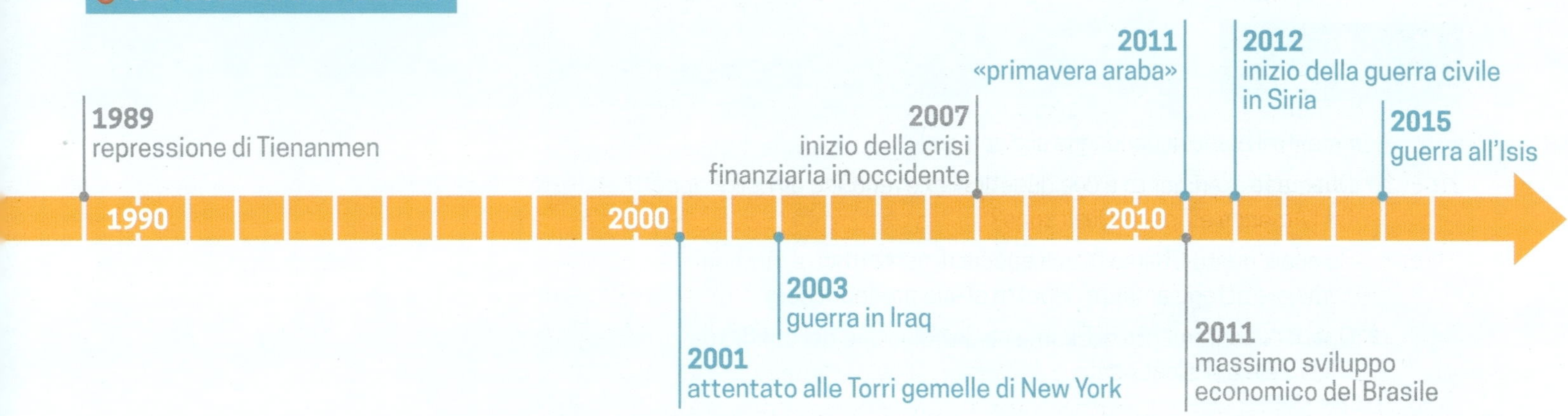

Fonti

Per un nuovo inizio: il discorso di Obama ai musulmani

Riportiamo una parte del discorso che il presidente americano Barack Obama tenne all'università islamica del Cairo (in Egitto) nel corso di una lunga visita ufficiale in diversi Paesi arabi nel giugno 2009.

« Ritengo che rientri negli obblighi e nelle mie responsabilità di presidente degli Stati Uniti lottare contro qualsiasi stereotipo negativo dell'Islam, ovunque esso possa affiorare. Ma questo medesimo principio deve applicarsi alla percezione dell'America da parte dei musulmani. Ciò non significa che dovremmo ignorare i motivi di tensione. Significa anzi esattamente il contrario: dobbiamo far fronte a queste tensioni senza indugio e con determinazione.

Il primo problema che dobbiamo affrontare insieme è la violenza estremista in tutte le sue forme. Ho detto chiaramente che l'America non è – e non sarà mai – in guerra con l'Islam. In ogni caso, però, noi non daremo mai tregua agli estremisti violenti che costituiscono una grave minaccia per la nostra sicurezza. [...] L'11 settembre è stato un trauma immenso per il nostro paese. La paura e la rabbia che quegli attentati hanno scatenato sono state comprensibili, ma in alcuni casi ci hanno spinto ad agire in modo contrario ai nostri stessi ideali. Ci stiamo adoperando concretamente per cambiare linea d'azione. Ho personalmente proibito in modo inequivocabile il ricorso alla tortura da parte degli Stati Uniti. [...]

La seconda più importante causa di tensione della quale dobbiamo discutere è la situazione fra israeliani, palestinesi e mondo arabo. Sono ben noti i solidi rapporti che legano Israele e Stati Uniti. [...] Minacciare Israele di distruzione è profondamente sbagliato, e serve soltanto a evocare nella mente degli Israeliani il ricordo più doloroso della loro storia, precludendo la pace che il popolo di quella regione merita.

D'altra parte è innegabile che il popolo palestinese ha sofferto anch'esso nel tentativo di avere una propria patria. [...] L'America non volterà le spalle alla legittima aspirazione del popolo palestinese alla dignità, alle pari opportunità, a uno Stato proprio. [...] L'unica soluzione possibile per le aspirazioni di entrambe le parti è quella di due Stati, dove israeliani e palestinesi possano vivere in pace e in sicurezza. »

(Trad. di Anna Bissanti, da «la Repubblica», 5 giugno 2009)

Barack Obama tiene il suo discorso all'università islamica del Cairo, in Egitto, nel giugno 2009.
Foto Reuters.

LAVORO SULLE FONTI

1. Commenta il brano rispondendo alle domande.
   a. Obama fa riferimento a due questioni che rendono difficili i rapporti fra l'America e l'islam. Quali sono?
   b. Su quale punto Obama fa una specie di autocritica e intende cambiare atteggiamento rispetto al suo predecessore?
   c. Qual è l'orientamento di Obama per la soluzione del conflitto fra Israele e i Palestinesi?

4. Come cambia la popolazione mondiale

La crescita della popolazione mondiale

Circa due secoli fa, intorno al 1804, la popolazione mondiale superò il primo miliardo d'individui: era in corso la prima rivoluzione industriale. Da allora l'aumento della popolazione (o **incremento demografico**) si è fatto impetuoso: sono bastati 123 anni per passare da 1 a 2 miliardi di persone e appena dodici anni per crescere da 5 a 6 miliardi (quota raggiunta nel 1999). Dopo altri dodici anni, nell'ottobre **2011**, è stato raggiunto il traguardo dei **7 miliardi**. Oggi siamo circa 7 miliardi e 500 milioni.

Secondo le previsioni, la crescita della popolazione continuerà, con ritmi un po' meno rapidi, almeno fino alla metà del nostro secolo, perché oggi la maggior parte della popolazione mondiale è costituita da giovanissimi o da giovani in età riproduttiva.

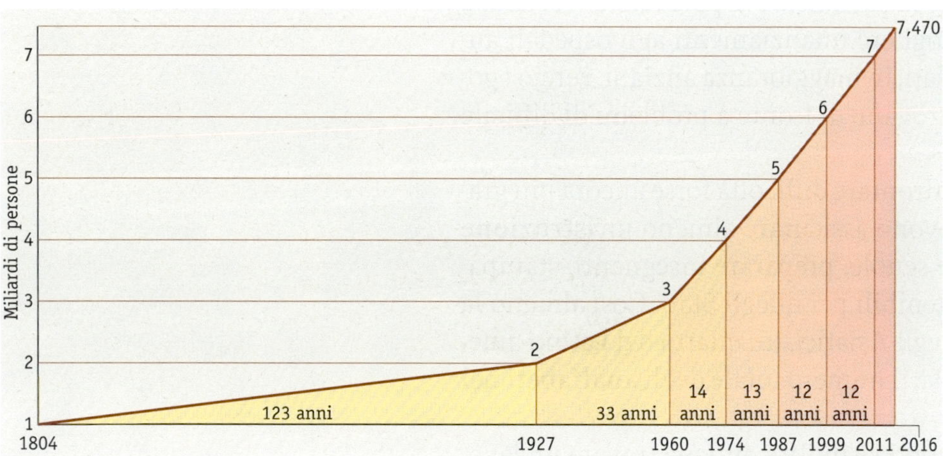

La crescita della popolazione mondiale.

Un nord vecchio, un sud giovane

L'aumento della popolazione non è stato omogeneo nel tempo e nello spazio. Nei due secoli della prima e della seconda rivoluzione industriale – all'incirca fra il 1750 e il 1950 – crebbero soprattutto i **Paesi industrializzati**, fra cui l'Europa, grazie alla diminuzione della mortalità dovuta al benessere, ai progressi della medicina e allo sviluppo tecnologico.

Negli ultimi decenni, in Europa e nei Paesi ricchi (a eccezione degli Stati Uniti) la crescita è rallentata o si è addirittura quasi fermata. Nel **nord del mondo**, infatti, la **mortalità** è **bassa**, ma **cala** contemporaneamente anche la **natalità**: nascono cioè sempre meno bambini.

Anziani al mercato in una città nordeuropea. Il calo della natalità è sensibile in gran parte dell'Europa. Foto J. Burke/Getty Images.

In alcuni Paesi il numero dei nati non supera, ma è pari e perfino inferiore al numero dei morti, perciò la popolazione non aumenta: si tratta dei Paesi «**a crescita zero**». Mentre la natalità è in netto ribasso, la vita media si allunga, così la percentuale degli anziani e dei vecchi è sempre più alta: la popolazione, insomma, finisce per invecchiare.

La situazione è opposta nei Paesi del **sud del mondo**. Qui la popolazione è molto giovane: più del 20% degli abitanti (più del 40% in Africa) è formato da bambini e da ragazzi sotto i vent'anni. La durata media della vita è minore rispetto al nord e la natalità resta alta: ciò significa che si muore prima e si nasce molto. Esistono però grandi differenze fra un Paese e l'altro: in Cina e in India, per esempio, i governi hanno per molto tempo imposto alle famiglie una limitazione forzata – e assai discussa – delle nascite.

Oggi, solo 6 bambini su cento nascono in Europa, 25 su cento in Africa e ben 33 su cento fra India e Cina.

I problemi delle popolazioni troppo vecchie o troppo giovani

L'invecchiamento della popolazione fa **crescere le spese dello Stato** per le pensioni e per l'assistenza ospedaliera. Ma abbassare le pensioni di vecchiaia potrebbe ridurre molti in povertà e togliere finanziamenti agli ospedali aumenterebbe le sofferenze degli ammalati, in maggioranza anziani. Perciò i governi delle popolazioni «vecchie» si trovano di fronte a problemi di difficile soluzione.

I Paesi del sud del mondo devono affrontare difficoltà forse ancora più gravi. Ai tanti giovani e giovanissimi devono assicurare almeno un'**istruzione elementare**, devono quindi costruire scuole, preparare insegnanti, stampare libri: si tratta di spese spesso insostenibili per quegli Stati. Così almeno la metà degli Africani adulti, due terzi degli Asiatici, un quarto dei Latino-americani non ha mai frequentato la scuola: il numero totale degli **analfabeti** nel mondo sfiora, ancora oggi, il miliardo.

Per le masse di giovani del Terzo mondo è inoltre difficile trovare un lavoro e ciò spinge molti di loro a **emigrare** verso i Paesi industrializzati.

Un'aula senza banchi per gli alunni di una scuola a Mombasa, in Kenya.
Foto J. Shangarey/Shutterstock.

ORGANIZZO I CONCETTI

TENDENZE DELLA POPOLAZIONE MONDIALE

- nei **Paesi industrializzati**
  - c'è un → calo della natalità
  - prevalgono → anziani e vecchi
    - perciò → forti spese degli Stati per l'assistenza
- nei **Paesi del Terzo Mondo**
  - c'è una → esplosione demografica
  - prevalgono → giovani e giovanissimi
    - perciò → forti spese degli Stati per l'istruzione; disoccupazione; emigrazione all'estero

Le migrazioni

Negli ultimi decenni circa 35 milioni di persone si sono spostate dal sud al nord del mondo in cerca di lavoro e di migliori condizioni di vita. Per la maggior parte si tratta d'immigrati regolari: giovani intraprendenti e dinamici, spesso con un buon grado d'istruzione, che rappresentano una risorsa per i Paesi di destinazione. Le loro **rimesse** – cioè le somme di denaro che riescono a mandare in patria alla loro famiglia – contribuiscono in maniera significativa al PIL del loro Paese. Spesso però sono costretti, almeno per qualche tempo, a **lavori faticosi e poco pagati**.

Gran parte dei migranti con buona istruzione si dirige verso gli Stati Uniti e l'Europa. Flussi consistenti di migranti non qualificati si spostano anche verso alcune zone più sviluppate dell'Africa e verso l'Arabia Saudita. All'interno di aree come Stati Uniti, Europa e Cina vi sono ampi movimenti di forza lavoro.

Il flusso dei migranti non accenna a diminuire e si prevede che sia destinato a prolungarsi nel tempo. La previsione si basa su due dati di fatto. Il primo è la ricerca di un maggiore benessere. Il secondo è l'andamento demografico dei Paesi del sud del mondo: mentre i giovani calano nei Paesi ricchi, infatti, essi continuano a crescere nei Paesi poveri. Secondo molti economisti, accogliere gli immigrati è spesso, oltre che un atto di umanità, anche un'esigenza economica: in un'Europa e in un'Italia che rapidamente invecchiano, c'è bisogno di giovani forze di lavoro che colmino i vuoti lasciati dall'andamento demografico.

Immigrato nordafricano al lavoro in un campo.
Foto J. Sochor/Alamy.

Profughi verso l'Europa

Negli anni recenti il fenomeno migratorio ha assunto in Europa caratteri di un'**emergenza umanitaria**, con l'arrivo di decine di migliaia di migranti in fuga da guerre, dittature e miseria soprattutto dal Medio Oriente (Siria, Afghanistan, Iraq) e dall'Africa subsahariana (Eritrea e Nigeria in primo luogo). Le **richieste di asilo** in Europa hanno avuto di conseguenza, negli ultimi anni, una netta impennata.

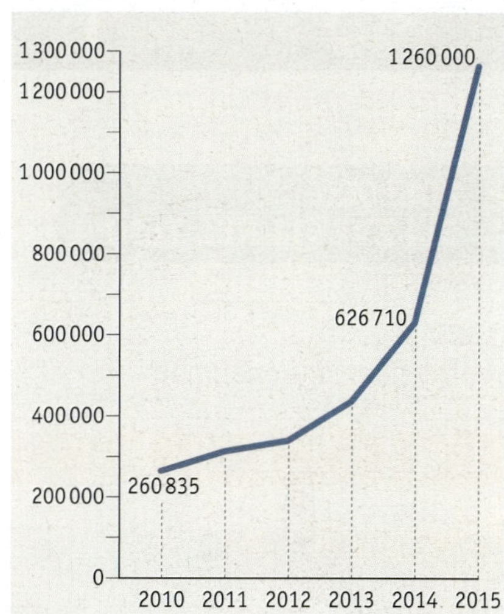

Le domande di asilo in Europa dal 2010 al 2015.

Una crisi migratoria si era già verificata in Europa negli anni Novanta, ma si trattava comunque di un movimento di popolazioni slave e albanesi, interno al continente. Oggi prevale la componente extraeuropea e in particolare arabo-islamica.

La crisi migratoria si trasforma in grave crisi umanitaria non solo per la quantità di persone che arrivano, ma anche per il **modo** con cui arrivano. Una parte consistente attraversa il Mediterraneo dalla Libia (un Paese diviso fra gruppi tribali) su imbarcazioni fatiscenti condotte da scafisti senza scrupoli, dopo avere attraversato il deserto in condizioni disumane. Molti, nel tentativo di raggiungere i Balcani e l'Europa centrale, passavano per la Turchia, finché, in seguito a un accordo economico con l'Unione europea, la Turchia ha accettato di fermare questo flusso, trattenendo i profughi in strutture di accoglienza.

Qualunque soluzione adottata è risultata insufficiente e provvisoria. Davanti a questo fenomeno drammatico l'Europa infatti stenta a trovare una linea politica comune, che distribuisca i migranti in maniera ordinata e proporzionata nei diversi Paesi europei.

Percorso di geostoria
Il Mediterraneo nel mondo globale
p. 442

Profughi in cammino in Slovenia, diretti in Austria e poi verso il nord Europa. Il governo ungherese ha cercato di frenare questo flusso di persone costruendo anche barriere di filo spinato sul confine.
Foto J. Gergely/Shutterstock.

COLLOCO GLI EVENTI NEL TEMPO

- **1989** repressione di Tienanmen
- **2001** attentato alle Torri gemelle di New York
- **2003** guerra in Iraq
- **2007** inizio della crisi finanziaria in occidente
- **2011** «primavera araba»
- **2011** la popolazione mondiale è di 7 miliardi; massimo sviluppo economico del Brasile
- **2012** inizio della guerra civile in Siria
- **2015** guerra all'Isis

1990 — 2000 — 2010

RICOSTRUISCO LA MAPPA DEL CAPITOLO

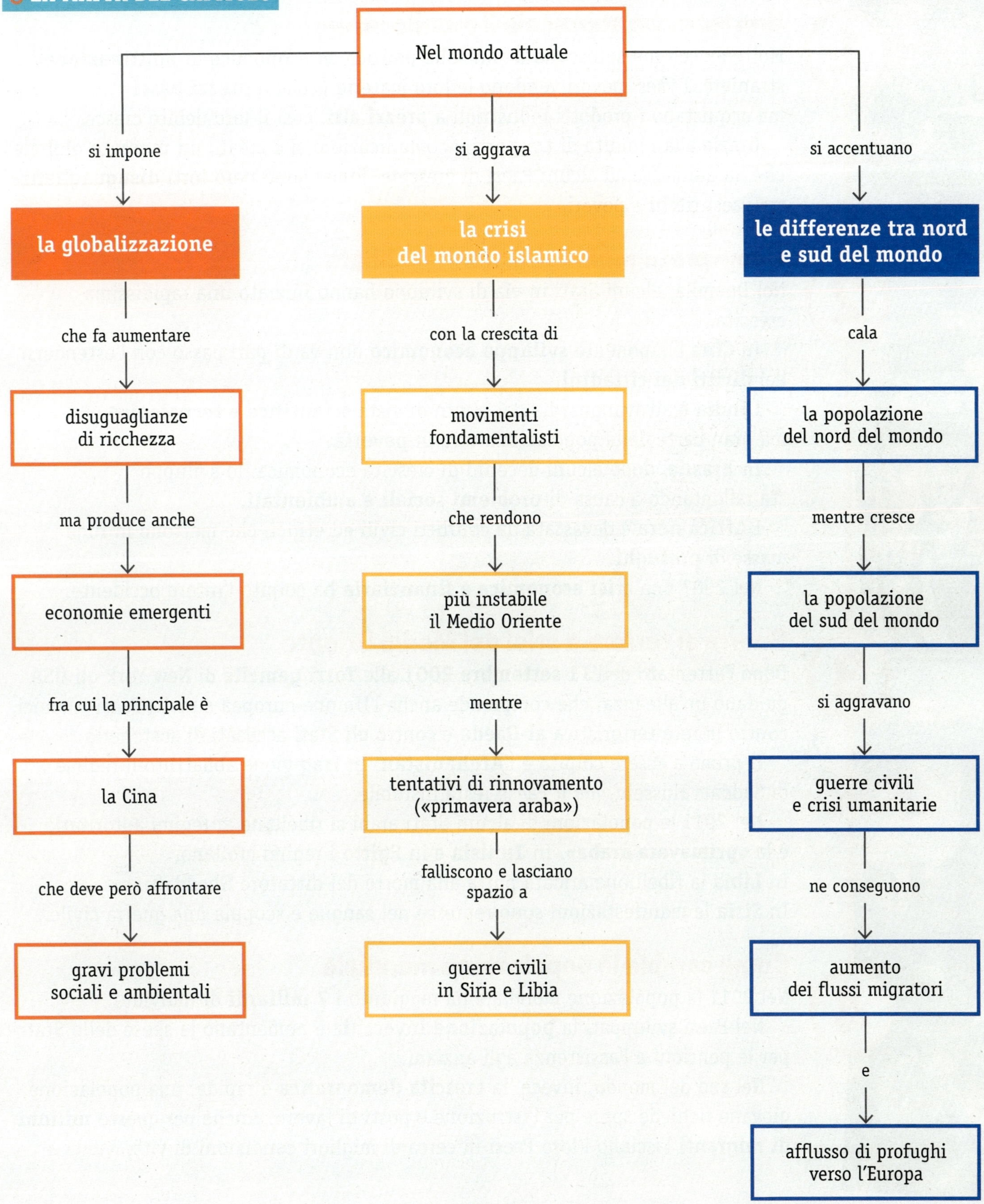

Sintesi

RICOSTRUISCO LE INFORMAZIONI

1 Una rete che abbraccia il mondo intero

Molte ex colonie subiscono il controllo politico ed economico di **multinazionali** straniere. I Paesi poveri vendono le loro materie prime a **prezzi bassi** ma acquistano i prodotti industriali a **prezzi alti**: così il loro debito cresce.

Grazie alla rapidità di trasporti e comunicazioni si è creato un **mercato globale**, che ha permesso ad alcuni Paesi di crescere. Rimangono però forti **disuguaglianze** tra Paesi ricchi e poveri.

2 Nuovi protagonisti del mondo globale

Nel Duemila, alcuni Stati in via di sviluppo hanno iniziato una rapidissima crescita.

In **Cina** l'imponente **sviluppo economico** non va di pari passo con l'estendersi dei **diritti dei cittadini**.

L'**India** è all'avanguardia dal punto di vista **scientifico e tecnologico**, ma gran parte della popolazione vive in **povertà**.

In **Brasile**, dopo alcuni decenni di crescita economica, lo sviluppo sta rallentando a causa di **problemi sociali e ambientali**.

L'**Africa nera** è devastata da conflitti civili ed etnici, che mettono in fuga masse di **profughi**.

Nel 2007 una **crisi economica e finanziaria** ha colpito l'intero occidente.

3 Guerra al terrore e crisi del Medio Oriente

Dopo l'attentato dell'**11 settembre 2001** alle **Torri gemelle** di New York gli USA guidano un'alleanza, che comprende anche l'Unione europea e molti Paesi islamici, contro la rete terroristica **al-Qaeda** e contro gli Stati accusati di sostenerla.

Il primo a essere colpito è l'**Afghanistan**. In **Iraq** viene abbattuto il regime di Saddam Hussein, ma il Paese resta instabile.

Nel 2011 le popolazioni di alcuni Stati arabi si ribellano ai regimi autoritari: è la «**primavera araba**». In **Tunisia** e in **Egitto** i regimi crollano. In **Libia** la ribellione armata porta alla morte del dittatore Gheddafi. In **Siria** le manifestazioni sono represse nel sangue e scoppia una guerra civile.

4 Come cambia la popolazione mondiale

Nel 2011 la popolazione mondiale ha raggiunto i **7 miliardi** di individui.

Nei Paesi sviluppati la **popolazione invecchia** e aumentano le spese dello Stato per le pensioni e l'assistenza agli anziani.

Nel sud del mondo, invece, la **crescita demografica** è rapida: una popolazione giovane richiede spese per l'istruzione e posti di lavoro. Anche per questo **milioni di migranti** lasciano i loro Paesi in cerca di migliori condizioni di vita.

Esercizi

COSTRUISCO LE MIE COMPETENZE

VERIFICO LE CONOSCENZE — Paragrafo 1

1 Completa il brano con le parole adatte.

I Paesi in via di sviluppo costituiscono il .... in contrapposizione alle economie industrializzate. Nei Paesi in via di sviluppo il PIL (cioè il ....) è molto basso. I Paesi meno sviluppati sono danneggiati anche dal grande .... contratto con i Paesi industrializzati, che impedisce alle loro economie di crescere. Oggi i Paesi del mondo e le loro economie sono collegati in una fitta .... di relazioni; per indicare questo fenomeno contemporaneo si parla di ....

STABILISCO COLLEGAMENTI E RELAZIONI — Paragrafo 1

2 Indica almeno un effetto positivo e un effetto negativo della globalizzazione.

Positivo: ....

Negativo: ....

VERIFICO LE CONOSCENZE — Paragrafo 2

3 Completa il brano scegliendo le parole adatte.

Negli anni Novanta il vastissimo mercato indiano si aprì ☐ al capitalismo / ☐ agli investitori stranieri. Molti di loro crearono ☐ filiali / ☐ magazzini approfittando del costo ☐ più alto / ☐ più basso della manodopera. L'industria indiana oggi è molto ☐ in crisi / ☐ competitiva, anche in settori come l'informatica, la ricerca farmaceutica, la produzione di ☐ armi / ☐ carburanti. Anche il settore dei servizi è in crescita: in India ci sono tantissimi ☐ *call center* / ☐ operai qualificati. Nelle campagne indiane, però, ☐ miliardi / ☐ milioni di persone vivono ancora in condizioni di estrema povertà.

RIORGANIZZO DATI E CONCETTI — Paragrafo 2

4 Il grafico rappresenta come sono cambiati i redditi delle famiglie cinesi fra il 1985 e il 2005 e come si prevede che saranno nel 2025. I numeri indicano la percentuale della popolazione che si trova in ciascuna categoria di reddito. I redditi sono espressi nella moneta cinese (yuan). Per i tuoi calcoli considera che 1000 yuan valgono circa 100 euro. Osserva il grafico, poi rispondi alle domande.

a. Nei vent'anni che vanno dal 1985 al 2005:
- il numero delle famiglie cinesi ricche o ricchissime è aumentato o diminuito?
- il numero delle famiglie povere è aumentato o diminuito?
- il potere d'acquisto delle famiglie cinesi (cioè la possibilità di acquistare beni) è aumentato o diminuito?

b. Quali redditi si può prevedere che aumenteranno di più nel prossimo futuro?

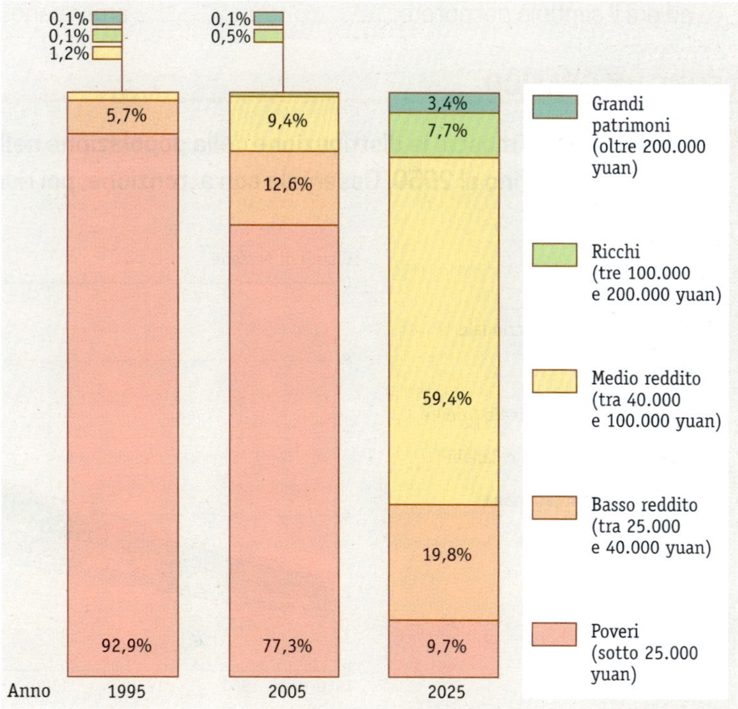

Esercizi

USO LE PAROLE DELLA STORIA — Paragrafi 1 e 2

5 Scrivi una frase con ciascuna delle seguenti parole o locuzioni.

a. BRIC

....

b. Modernizzazioni

....

c. *Favelas*

....

d. Debito

....

VERIFICO LE CONOSCENZE — Paragrafo 2

6 Rispondi alle domande seguenti.

a. Perché dopo l'avvio delle modernizzazioni in Cina giunsero imprenditori stranieri in gran numero?
b. Quali squilibri si sono creati nella società cinese?
c. Insieme alla libertà economica è aumentata la libertà politica in Cina?
d. Che cosa chiedevano i manifestanti della primavera di Tienanmen?

VERIFICO LE CONOSCENZE — Paragrafo 3

7 Completa il brano con le parole adatte.

Gli attentatori dell'11 settembre 2001 colpirono obiettivi che erano considerati simbolici: le .... di New York erano il simbolo del .... degli Stati Uniti. Il .... ospitava il .... supremo delle .... ed era il simbolo del potere .... americano.

LEGGO UN GRAFICO — Paragrafo 4

8 Questo grafico mostra la distribuzione della popolazione nelle diverse aree geografiche dal 1950 a oggi e le previsioni fino al 2050. Osservalo con attenzione, poi rispondi.

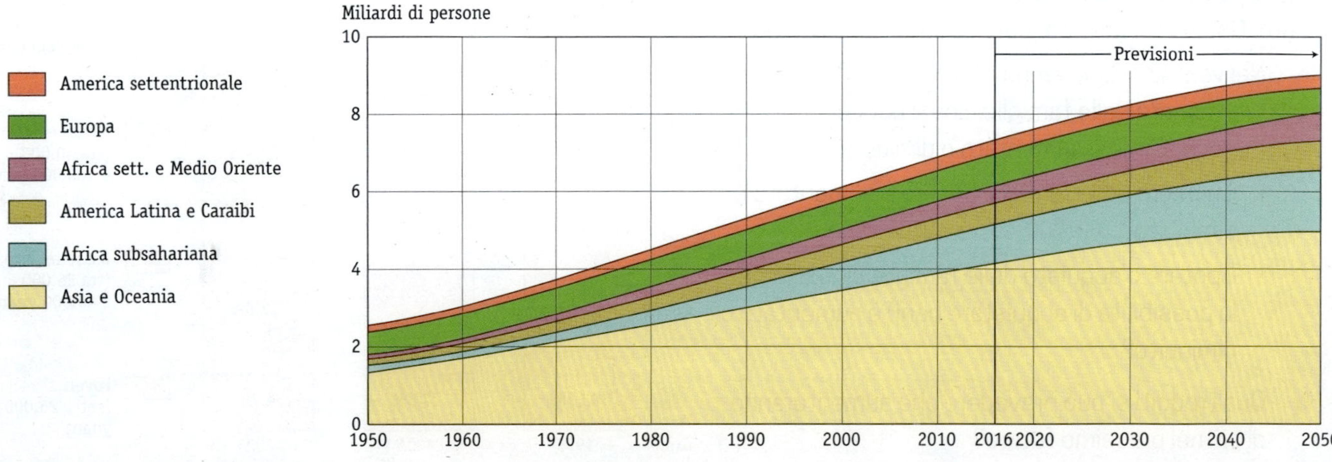

a. Quanti abitanti si prevede che avrà la Terra nel 2050 (all'incirca)?
b. Quale continente ospiterà circa metà degli abitanti del mondo?
c. Ci sono tre aree geografiche nelle quali si prevede che la popolazione, in percentuale, aumenterà di più: quali sono?
d. In due aree la popolazione rimarrà più o meno stabile e dunque la percentuale sul totale calerà: quali sono?
e. Come puoi spiegare questo andamento della popolazione? Rispondi completando la frase con le parole mancanti:
Nel nord del mondo la natalità tende a .... , ma la vita media si allunga; nel sud del mondo la durata media della vita è minore, ma la natalità resta ....

Imparo a imparare

USO UN FILM COME FONTE STORICA

Intero capitolo

Ci sono diversi aspetti delle opere di fiction utili ai fini della documentazione storica. Ne elenchiamo alcuni.
- Molte opere (comprese quelle realizzate sotto i regimi totalitari) illustrano fedelmente ambienti, caratteri, discorsi, musiche e situazioni che permettono di capire il clima culturale, sociale e politico della loro epoca.
- Nei film "neorealisti" italiani sono spesso documentati gli esterni cittadini e gli interni popolari del periodo immediatamente successivo alla seconda guerra mondiale.
- Vi sono anche film "di denuncia", che si basano su accurate inchieste giornalistiche, su interviste, sulla ricostruzione di intrighi politici o di problemi ambientali controversi.

9 Scegli un film che, secondo te, abbia almeno un collegamento a un argomento di storia contemporanea, e completa sul tuo quaderno una tabella come quella che segue.

Titolo, regista e anno	
Genere (film storico, fantasy, western, commedia...)	
Soggetto: è di fantasia o si può collegare a qualche fatto storico preciso? Quale?	
C'è un'accurata ricostruzione degli ambienti (esterni e interni)?	
Ci sono nel film parti costituite da documentari, interviste, citazioni di discorsi pubblici o altri documenti? A che scopo sono usati?	
Il film ti aiuta a ricostruire fatti del passato o è piuttosto un documento del momento in cui è stato realizzato?	
La colonna sonora è originale o usa documenti sonori dell'epoca alla quale si riferisce?	
Questo film può essere usato come fonte storica? In quali parti?	

Il capitolo a colpo d'occhio

QUANDO

1. In quali anni si svolgono questi eventi? SCRIVI le date sui puntini e poi COLLOCALE sulla linea del tempo.

.... Repressione della rivolta di Tienanmen a Pechino.

.... Rivolte della «primavera araba».

.... Attentato alle Torri gemelle di New York.

DOVE

2. SCRIVI:

- **il nome degli Stati che corrispondono ai numeri**
- **il significato della linea rossa che divide in due il planisfero.**

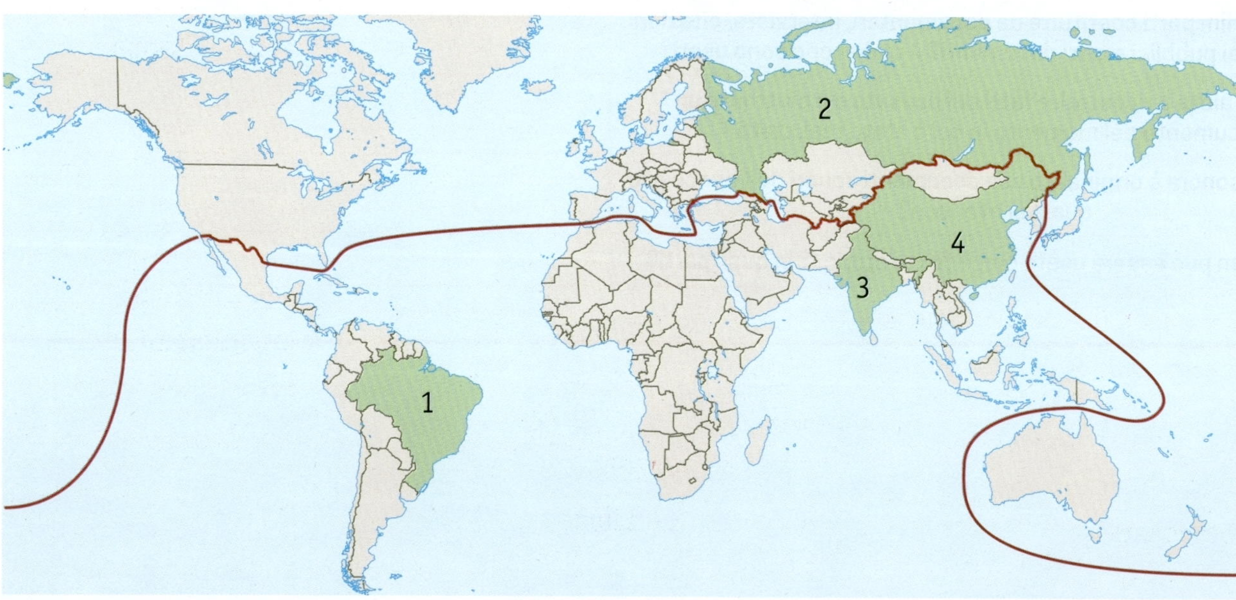

LE PAROLE DA RICORDARE

3. Che cosa significa? METTI LA CROCETTA sulla definizione giusta.

a. Globalizzazione
- ☐ suffragio universale
- ☐ libera economia di mercato
- ☐ fitta rete di relazioni fra le economie e gli Stati del mondo

b. Neocolonialismo
- ☐ opposizione al colonialismo
- ☐ controllo economico e politico sui Paesi sottosviluppati da parte di quelli più avanzati
- ☐ costruzione di imperi coloniali nel XXI secolo

c. Primavera araba
- ☐ effetto dei cambiamenti climatici previsti nel XXI secolo
- ☐ manifestazioni popolari contro i regimi autoritari in diversi Paesi arabi
- ☐ moltiplicazione delle organizzazioni terroristiche

LA MAPPA DEI CONCETTI

4. COMPLETA la mappa.

Nel mondo attuale

si sviluppano → economie .... → grazie alla → .... → che però produce → divario tra ricchi e poveri

si aggrava → crisi del Medio .... → con → guerre (Afghanistan e ....), tentativi di rinnovamento («primavera ....») e guerre civili (.................... e Libia)

aumentano → flussi .... verso l'Europa → a causa di → guerre civili e crisi umanitarie

Sei pronto per la verifica?

ZTE ONLINE

IN 1 ORA

Punteggio massimo: 100 punti Sufficienza: 60 punti

1. COLLOCARE NEL TEMPO

A quali avvenimenti corrispondono le date scritte sulla linea del tempo? Sotto ciascuna data scrivi la lettera che precede l'avvenimento corrispondente.

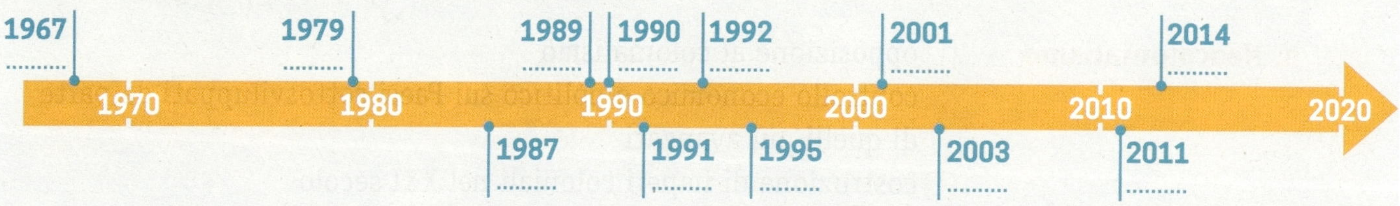

a. guerra «dei sei giorni»
b. inizio della prima intifada
c. rivoluzione islamica in Iran
d. attentato alle torri gemelle di New York
e. trattato di Maastricht
f. caduta del muro di Berlino
g. riunificazione della Germania
h. fine dell'URSS
i. fine della guerra civile in Bosnia
j. «guerra preventiva» e occupazione americana dell'Iraq
k. annessione russa della Crimea
l. «primavere arabe»

3 punti per ogni risposta esatta – Punti: ..../36

2. STABILIRE COLLEGAMENTI E RELAZIONI

Collega ciascun personaggio all'azione che gli può essere attribuita.

a. George W. Bush ☐ **1.** atteggiamento di apertura e attenzione verso il mondo islamico
b. Michail Gorbačëv ☐ **2.** strategia della «difesa preventiva»
c. Ruhollah Khomeini ☐ **3.** politica di potenza in Russia
d. Ronald Reagan ☐ **4.** vittoria della rivoluzione islamica in Iran
e. Barack Obama ☐ **5.** riformismo e rinnovamento in URSS
f. Vladimir Putin ☐ **6.** ripresa della corsa agli armamenti negli anni Ottanta

2 punti per ogni risposta esatta – Punti: ..../12

3. VERIFICARE LE CONOSCENZE

Completa il testo con le parole o espressioni mancanti.

Dopo la .... del muro di Berlino (considerata il simbolo della conclusione della ....) finirono i regimi .... dell'Europa .... e la .... venne riunificata. Poco dopo si dissolse l' .... : le repubbliche che ne facevano parte divennero Stati indipendenti. Anche uno Stato dei Balcani, la .... si dissolse, non pacificamente, ma con una sanguinosa .... (in Bosnia e in Kosovo).

2 punti per ogni risposta esatta – Punti: ..../16

4. ORIENTARSI NELLO SPAZIO

La carta muta mostra l'Europa di oggi. Scrivi al giusto posto i numeri che, nell'elenco, corrispondono ad alcuni Stati. Svolgi le attività richieste e infine rispondi alle domande.

1. Francia
2. Germania
3. Russia
4. Paesi baltici (Estonia, Lettonia, Lituania)
5. Ucraina
6. Serbia
7. Turchia
8. Romania

a. Ricostruisci la situazione politica del tempo della «guerra fredda»: con una linea rossa traccia il confine tra l'ex Europa occidentale e l'Europa che faceva parte del blocco comunista.
b. Con una linea verde traccia il confine dell'ex Unione Sovietica.
c. Indica con un pallino colorato i sei Paesi fondatori della Comunità europea.
d. Quanti Stati fanno attualmente parte dell'Unione europea?
e. Alcuni Stati dell'UE facevano un tempo parte del blocco comunista: quali?
f. La linea rossa che hai tracciato divide in due uno degli Stati europei: perché? Quando avvenne la riunificazione?

1 punto per ogni inserimento e 2 punti per ogni risposta esatta – Punti: ..../20

5. USARE LE PAROLE DELLA STORIA

Associa ogni parola alla sua definizione.

1. *pasdaran*	☐	a. trasferimento di impianti industriali all'estero
2. talebano	☐	b. per gli sciiti, autorevoli guide religiose
3. imam	☐	c. studente delle scuole coraniche in Afghanistan
4. *intifada*	☐	d. guardie della rivoluzione islamica in Iran
5. wahabismo	☐	e. ristrutturazione
6. sunniti	☐	f. interpretazione molto tradizionale dell'islam
7. *perestrojka*	☐	g. insurrezione popolare dei Palestinesi
8. delocalizzazione	☐	h. appartenenti alla corrente maggioritaria dell'islam

2 punti per ogni risposta esatta – Punti: ..../16

6. STABILIRE COLLEGAMENTI E RELAZIONI

Scrivi un testo di dieci righe sui problemi del mondo globalizzato.

[extrapunteggio] 4 punti per un testo ben argomentato

Compito di realtà

VERIFICO LE MIE COMPETENZE

Un telegiornale di buone notizie

L'IDEA

Guerre, crisi ecologiche, disuguaglianze nello sviluppo, povertà, emarginazione: le notizie drammatiche quotidianamente diffuse dai *mass media* sono molte, purtroppo. E inoltre, porre l'accento sulle cattive notizie è un tratto tipico del giornalismo (sia quello televisivo sia quello cartaceo). Ogni giorno, tuttavia, accadono anche molte cose positive che meriterebbero di essere raccontate, ma che difficilmente "fanno notizia".
Cimentatevi nella realizzazione di un telegiornale diverso dal solito, i cui servizi di cronaca riguardino solo buone notizie.

CHE COSA DEVI FARE

Lavorando in coppie o a piccoli gruppi, tu e i tuoi compagni procederete seguendo le istruzioni di questa scaletta.

1. Con la guida dell'insegnante di Italiano, ripassate le caratteristiche che deve avere un articolo giornalistico (e dunque anche un servizio giornalistico) di cronaca.
2. Scegliete l'avvenimento storico a cui dedicherete il vostro servizio. La scelta può essere libera, a patto che l'avvenimento possieda queste caratteristiche:
   - deve essere accaduto negli ultimi trent'anni, in una qualsiasi parte del mondo;
   - deve evidenziare aspetti positivi legati al progresso, alla convivenza civile o alla solidarietà.
3. Scrivete il testo del vostro servizio e cercate le immagini di supporto per confezionare un breve video (durata massima 3 minuti).
4. Passate poi alla produzione del telegiornale. Per gruppi di interesse, occupatevi di questi aspetti:
   - l'allestimento dello spazio che fungerà da studio televisivo;
   - la sigla del telegiornale e la grafica dei video;
   - la sequenza degli interventi del conduttore e dei servizi all'interno del telegiornale;
   - la scelta di un conduttore;
   - le riprese e il montaggio del video del telegiornale completo.
5. Organizzate una proiezione del vostro telegiornale per i compagni delle altre classi, o caricate il video sul sito della scuola.

INDICAZIONI DI LAVORO

Tempo a disposizione e discipline coinvolte

1 ora a scuola per la prima fase (Italiano)
2 ore a scuola per la ricerca delle informazioni e la stesura dell'articolo (Storia)
1 ora a scuola + 1 ora a casa per il montaggio del video (Tecnologia)
2 ore a scuola per la realizzazione e il montaggio del telegiornale (Tecnologia)
1 ora a scuola per la presentazione

Materiali e strumenti utilizzabili

Libro di testo di storia, Internet
Smartphone o videocamera
Personal computer, software per il montaggio video

History Highlights

CLIL

India, an emerging country

1. Warm up

Match each word or expression with its Italian equivalent.

to make strides	istruita
economic growth rate	fare progressi o passi avanti
wealth	tasso di crescita economica
evenly	quartieri degradati
slums	uniformemente
taught	la ricchezza

2. Read and check your comprehension

Read the text and fill in the gaps with the English words from exercise 1. Then listen and check.

Logos for the "Make in India" campaign, promoted by the Indian government in 2014 in order to attract foreign investors. The emblem of the lion was chosen because it links up to a glorious period of Indian history.

When it conquered its independence in 1947, India was a very poor country.

Its economy grew slowly during the second half of the 20th century, but made great .... in recent years. In 2016 India had the world's highest annual economic .... rate.

India is also the world's second most populous country after China. .... is not .... distributed among the rich and the poor. There is still extreme poverty both in the rural areas and in the .... of the big cities.

To resolve this problem, the government encouraged multinational companies to invest and to make their products in India: a country that has a large workforce, often well .... but prepared to work for long hours for little pay.

3. Historians at work

Look at the the pictures above and tick the correct answers.

a. The "Make in India" campaign focuses on many economic sectors. Which ones are hinted at by the images in this page?

- ☐ Tourism.
- ☐ Manufacturing industry.
- ☐ Information technology.
- ☐ Agriculture and food processing.
- ☐ Chemical and pharmaceutical industry.

CITTADINANZA e COSTITUZIONE

Essere cittadini europei

L'Unione europea e i cittadini

Parole chiave dell'Unione europea

DIRITTO DI VOTO I cittadini europei hanno diritto di partecipare, anche come candidati, alle elezioni del parlamento europeo.

EURO L'euro è adottato da 19 Paesi. È usato dai due terzi della popolazione europea e ha reso più stabile la moneta (evitando, ad esempio, svalutazioni improvvise).

SCHENGEN In base al trattato di Schengen i cittadini europei possono circolare da un Paese all'altro fra quelli aderenti, senza controlli alle frontiere. Uno Stato può, per motivi di sicurezza (come accaduto, per esempio, nel 2016) sospendere per un periodo l'applicazione del trattato. Allo spazio Schengen hanno aderito anche alcuni Paesi che non fanno parte dell'UE.

CULTURA Attraverso progetti come «Socrates – Erasmus» i giovani universitari possono scegliere di trascorrere un periodo di studio all'estero e fare scambi con studenti di altri Paesi.

CURE SANITARIE In tutti i Paesi dell'Unione sono previste cure sanitarie gratuite o a costi ridotti per i cittadini della UE che si ammalano durante il viaggio.

AMBIENTE L'UE combatte e previene l'inquinamento ambientale in tutte le sue forme.

PROTEZIONE DEI CONSUMATORI L'UE difende la salute e gli interessi dei consumatori, imponendo norme e controlli sui prodotti alimentari ed etichette chiare e veritiere su ogni confezione, perché i consumatori abbiano un'informazione adeguata del contenuto.

Carta d'identità dell'Unione europea	
Paesi membri	28 (27 senza il Regno Unito)
Lingue ufficiali	24
Capitali (sedi delle istituzioni)	Bruxelles, Strasburgo, Lussemburgo
Istituzioni	Commissione Parlamento Consiglio dei ministri Consiglio europeo Corte di giustizia Banca centrale europea
Moneta	Euro (in 19 Paesi nel 2016), e altre monete nazionali
Inno	Beethoven, *Inno alla Gioia* (dalla *IX Sinfonia*)
Superficie	4 326 253 km^2
Popolazione	503 679 730 abitanti

Le istituzioni dell'Unione europea

La **Commissione** ha sede a Bruxelles, è un organo di governo e ha il diritto di proporre al Consiglio leggi e progetti. Il presidente della Commissione è scelto dal Consiglio europeo e la sua nomina deve essere approvata dal Parlamento. I commissari sono 18, con un sistema di rotazione fra gli Stati. Ciascun commissario è responsabile di un settore, paragonabile a un ministero.

Il **Parlamento europeo** viene eletto ogni cinque anni dai cittadini dell'Unione. Ciascuno Stato dispone, in base alla sua popolazione, di un numero di deputati compreso fra 6 e 96 (l'Italia ne ha 73), per un totale di 751 membri. Il parlamento ha tre sedi: a Strasburgo operano le sessioni ordinarie mensili, a Bruxelles le Commissioni e le sessioni plenarie straordinarie, a Lussemburgo gli uffici amministrativi.

Il **Consiglio europeo** è formato dai capi di Stato e di governo degli Stati membri. Ha il compito di stabilire le scelte e gli orientamenti strategici dell'Unione, insieme al Consiglio dei ministri, formato da un ministro per ciascuno Stato. Il Consiglio elegge un Presidente e un Alto rappresentante per gli affari esteri e la politica della sicurezza.

La **Corte di giustizia** ha sede a Lussemburgo e ha il compito di assicurare il rispetto da parte degli Stati membri degli obblighi assunti firmando i trattati.

La **Banca centrale europea** ha sede a Francoforte e decide la politica monetaria dell'Unione.

Strasburgo, una seduta del Parlamento europeo.
Foto © Parlamento Europeo.

Il motto latino *In varietate concordia*, che liberamente tradotto significa «unità nella diversità», è anch'esso, come la bandiera, il passaporto e l'inno, un simbolo dell'Europa.

In varietate concordia

La bandiera dell'Unione europea.
Foto Wlad74/ Shutterstock.

L'*Inno alla gioia* di Ludwig van Beethoven, scelto come inno dell'UE.

Passaporti dell'Unione europea.
Foto Only Fabrizio/ Shutterstock.

L'EUROPA DEI DIRITTI

Ieri e oggi

Fra i «padri» dell'Europa va considerato l'umanista Erasmo (Rotterdam 1466 – Basilea 1536), che nelle sue opere propose l'idea della tolleranza e della libertà religiosa in un periodo in cui l'Europa era divisa fra cattolici e protestanti in lotta fra loro. Erasmo viaggiò molto, toccando i principali centri dell'epoca, città che sono ancor oggi fra le capitali della cultura europea: Oxford, Cambridge, Parigi, Venezia, Basilea e molte altre.

La facilità di spostamento all'interno del continente è un segno di libertà e di civiltà, di cui l'Europa deve essere orgogliosa. Dal 1987 a oggi, oltre due milioni di studenti universitari europei hanno partecipato al **progetto Erasmus**, che consente loro un'esperienza di studio o di dottorato presso un istituto di un altro Paese dell'Unione europea. È un movimento di giovani che favorisce la maturazione personale, la circolazione delle idee e l'amicizia fra i popoli.

La Carta dei diritti fondamentali

Nei trattati istitutivi dell'Unione europea c'è un preciso riferimento ai valori universali che devono permeare l'azione dei governi che ne fanno parte: democrazia, uguaglianza, inclusione, libertà. Nel 2000 tutti questi principi sono stati riassunti nella **Carta dei diritti fondamentali dell'Unione europea**. I 54 articoli della Carta fanno riferimento a sei parole chiave: dignità, libertà, uguaglianza, solidarietà, cittadinanza, giustizia.

La **dignità** della persona va salvaguardata attraverso il diritto alla vita, l'inviolabilità fisica e psichica e il rifiuto della tortura e della pena di morte.

È garantito il diritto alla **libertà** di pensiero, di coscienza e di religione, di espressione e d'informazione, il diritto a costruirsi una famiglia, all'istruzione, al lavoro e alla proprietà. Tutti questi diritti, afferma la Carta, vanno tutelati dalle legislazioni nazionali dei Paesi membri. Sono temi ben presenti anche nella Costituzione italiana.

Il principio dell'**uguaglianza** prevede il rifiuto di qualsiasi discriminazione basata sul sesso, il colore della pelle, l'origine etnica, gli orientamenti sessuali. La Carta sancisce esplicitamente la parità fra uomini e donne «in tutti i campi, compreso in materia di occupazione, di lavoro e di retribuzione». Anche la necessità di tutelare i bambini, gli anziani e i disabili è apertamente dichiarata.

La sezione dedicata alla **solidarietà** richiama esplicitamente la necessità di tutelare i lavoratori (sicurezza, condizioni di lavoro, rappresentanza sindacale, divieto del lavoro minorile). Ogni persona ha diritto alla tutela della salute, a cure adeguate e all'assistenza sociale. Anche la protezione dell'ambiente e dei diritti del consumatore rientrano in questo ambito.

Il diritto alla **cittadinanza** europea (che si aggiunge a quella nazionale) consiste nella libertà di spostarsi e risiedere in qualsiasi Stato dell'Unione e nel diritto di avere una buona amministrazione.

Quanto alla **giustizia**, infine, ogni cittadino ha diritto a un giusto processo, non va considerato colpevole fino alla condanna definitiva e, in caso di condanna, deve ricevere una pena proporzionata.

L'integrità della persona

L'articolo 3 della Carta dei diritti ha un particolare rilievo perché pone dei limiti precisi all'uso del corpo umano dove afferma: «Nell'ambito della medicina e della biologia devono essere in particolare rispettati: il consenso libero e informato della persona interessata, secondo le modalità definite dalla legge; [...] il divieto di fare del corpo umano e delle sue parti in quanto tali una fonte di lucro [...].»

Vengono richiamati qui temi di grande rilievo. Il consenso «libero e informato» significa che il medico ha il dovere di informare il paziente sulle sue reali condizioni e sulle implicazioni di cure e interventi chirurgici.

Che le parti del corpo non possano diventare fonti di lucro significa che non si può vendere o acquistare un organo a scopo di trapianto; ma significa anche – per restare su un piano meno drammatico – che la donazione di sangue deve restare un atto libero e gratuito.

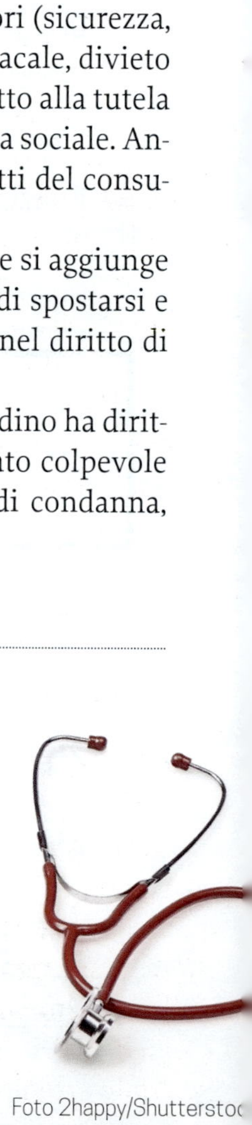

Foto 2happy/Shutterstock

Dal Trattato sull'Unione europea

Articolo 2

L'Unione si fonda sui valori del rispetto della dignità umana, della libertà, della democrazia, dell'uguaglianza, dello Stato di diritto e del rispetto dei diritti umani, compresi i diritti delle persone appartenenti a minoranze. Questi valori sono comuni agli Stati membri in una società caratterizzata dal pluralismo, dalla non discriminazione, dalla tolleranza, dalla giustizia, dalla solidarietà e dalla parità tra donne e uomini.

Articolo 9

L'Unione rispetta, in tutte le sue attività, il principio dell'uguaglianza dei cittadini, che beneficiano di uguale attenzione da parte delle sue istituzioni, organi e organismi. È cittadino dell'Unione chiunque abbia la cittadinanza di uno Stato membro. La cittadinanza dell'Unione si aggiunge alla cittadinanza nazionale e non la sostituisce.

La tutela dei consumatori

L'Unione cerca di proteggere i consumatori sia con misure legislative, sia con il controllo di qualità sui prodotti. Particolarmente importante è l'azione a tutela della salute attraverso i controlli nel campo degli alimenti e attraverso normative rigide nel campo dei cosmetici e dei giocattoli e di altri prodotti come gli elettrodomestici.

Dal 2002 è attiva l'**Autorità europea per la sicurezza alimentare** (EFSA, European Food Safety Authority) che fornisce consulenze e valuta i rischi legati alla catena alimentare. L'Autorità ha diffuso linee guida per la corretta gestione di problemi come la diffusione dell'influenza aviaria o del «morbo della mucca pazza», pareri scientifici sulla presenza di certi additivi negli alimenti o sull'uso di pesticidi.

A tutela del consumatore va anche l'obbligo di **etichettatura degli alimenti**, che fornisce indicazioni sugli ingredienti e la loro provenienza, compresi gli additivi e l'eventuale uso di OGM. Per alcuni prodotti, come carne di manzo, pollame, miele, olio, verdure, va indicato anche il Paese di provenienza. Infine, per proteggere alcune produzioni alimentari tipiche, l'UE ha stabilito requisiti rigorosi per l'uso di marchi che garantiscono la provenienza e la qualità: marchi di produzioni biologiche, DOP (Denominazione di Origine Protetta) o IGP (Indicazione Geografica Protetta).

CONOSCO LA REALTÀ SOCIALE

1. Costruisci una tabella secondo il modello proposto per riassumere le parole chiave dei diritti garantiti dall'Unione europea. Per ciascuna parola chiave scrivi un esempio e spiegalo con una breve frase.

Parola chiave	Esempio
Dignità	
Libertà	
Uguaglianza	
Solidarietà	
Cittadinanza	
Giustizia	

2. Lavorando in gruppo, raccogliete alcuni esempi di etichettatura di alimenti o di giocattoli. Cercate nell'etichetta le indicazioni sul luogo di produzione, sull'eventuale denominazione protetta, sugli ingredienti e cercate, anche in rete, la spiegazione di tutte le sigle che trovate. In una discussione comune valutate se le indicazioni vi sembrano chiare e complete; eventualmente fate qualche proposta o suggerimento per migliorarle.

Il marchio CE garantisce che i prodotti (in questo caso una chiavetta USB e un giocattolo) presentino le caratteristiche di sicurezza d'uso stabilite dalla normativa europea.
Foto A. Mc Clouds/Shutterstock; F. Robertson.

Il limone di Sorrento ha ottenuto il riconoscimento IGP (Indicazione Geografica Protetta).
Foto Quanthem/Shutterstock.

Percorso di geostoria

Il Mediterraneo nel mondo globale

Di nuovo, al centro di eventi storici eccezionali

Nel corso della storia il Mediterraneo è stato più di una volta al centro di eventi di eccezionale importanza: politica, per esempio, come le guerre tra Greci e Persiani e quelle tra i Romani e i Cartaginesi; o religiosa, come la diffusione del cristianesimo e dell'islam.

Oggi, ancora una volta, il Mediterraneo sta subendo grandi cambiamenti: gli eventi economici, tecnologici e finanziari legati alla globalizzazione [→ cap. 16 par. 1] lo hanno coinvolto e lo sconvolgono. Sono emigrazioni di milioni di persone, trasformazioni di territori e di città, che stanno diffondendo anche fra noi, in Europa, il timore di esserne travolti.

Le rotte delle navi da trasporto commerciali

All'inizio del terzo millennio, nel 2010, il canale di Suez è stato rinnovato e allargato per permettere il passaggio di navi di grandi dimensioni. Sono, di conseguenza, molto aumentati la quantità e il volume delle merci trasportate per via marittima attraverso il Mediterraneo. Nello stesso tempo nuovi centri economici di importanza mondiale sono sorti nell'Estremo Oriente e nell'area dell'Oceano Pacifico. Le compagnie di trasporto marittime sempre di più fanno percorrere alle loro navi la rotta mediterranea per raggiungere rapidamente i porti e i mercati di destinazione delle merci imbarcate.

Le rotte principali ora percorse dalle grandi navi sono due:

- la **rotta transatlantica**, dai porti dell'Europa a quelli della costa orientale del Nord America, attraverso il Mediterraneo e l'Oceano Atlantico;
- la **rotta transindiana**: dall'Asia all'Europa, attraverso il Mar Rosso, il Mediterraneo e il Mare del Nord.

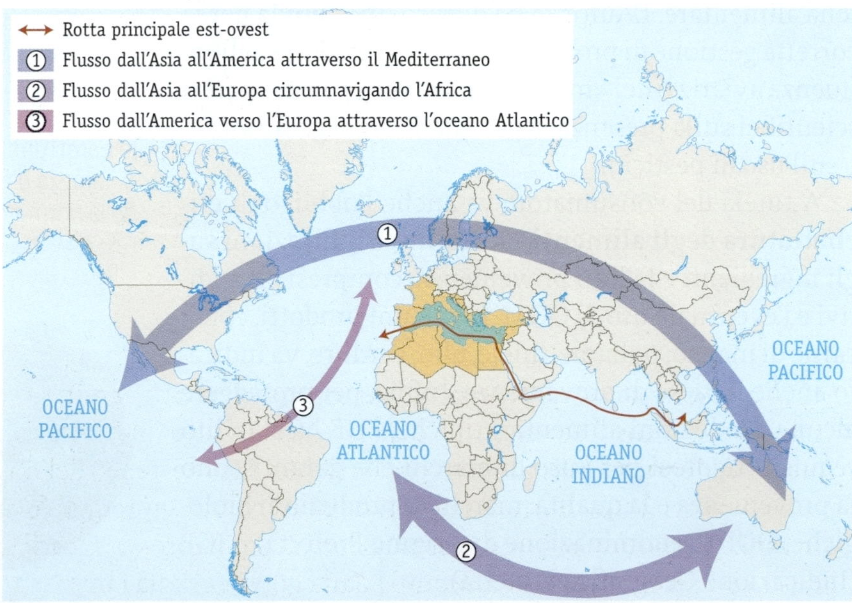

Il Mediterraneo come ponte est-ovest.

L'avvento dei container

Via via che s'intensificava il traffico marittimo sono diventati di portata e di dimensioni uniformi anche i recipienti che contengono le merci da trasportare, i **container**. Percorrono ora il Mediterraneo, soprattutto in direzione est-ovest, navi mastodontiche, che hanno equipaggi ridotti al minimo e i ponti e le stive ingombre di questi cassoni multicolori.

Le navi e i porti

Anche le navi e i porti sono cambiati per adattarsi alle esigenze del commercio mondiale. Si devono soprattutto ridurre i costi, i tempi e i rischi dei viaggi di trasporto delle merci. Il trasporto del carico si svolge ora così:

- prima fase: una nave portacontainer carica e scarica un gran numero di container da un porto-cardine a un altro (vedi cartina). Le dimensioni di un porto-cardine sono enormi, perché deve essere attrezzato con molte banchine munite di altissime gru, per scaricare anche più navi portacontainer nello stesso tempo.
- seconda fase: appena scaricati, i container vengono ricaricati su navi più piccole, che toccano porti minori. Di qui camion, treni e altri mezzi di trasporto li portano alle loro destinazioni finali.

Navi portacontainer nel porto calabrese di Gioia Tauro, uno dei più grandi del Mediterraneo utilizzati per questo genere di trasporto.
Foto S. Vannini/De Agostini/Alamy Stock Photo.

I principali porti del Mediterraneo e del Mare del Nord.

Le imbarcazioni degli emigranti

Ma non ci sono solo i giganteschi e ipertecnologici porti-cardine, con le banchine dei loro moli sovraccariche delle scatole multicolori dei container e con le file di gru pronte allo scarico: le rive del Mediterraneo del nostro tempo sono costellate da porti più poveri e improvvisati approdi di fortuna. Qui arrivano, giorno dopo giorno, imbarcazioni di ogni tipo sovraccariche di emigranti, che cercano in Europa scampo dalla guerra e dalla fame.

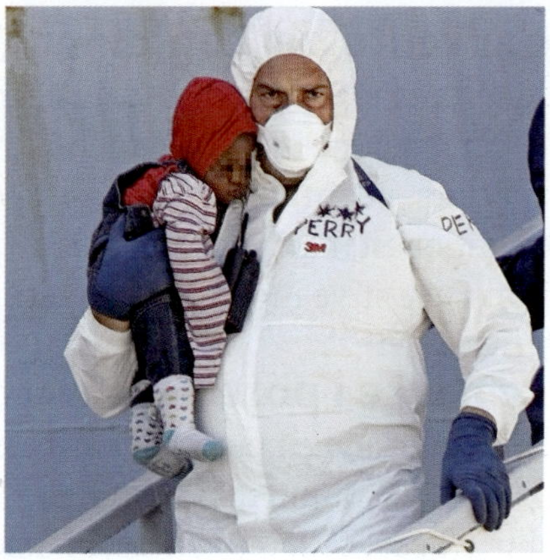

La marina militare svolge una preziosa opera di pattugliamento e di soccorso in mare aperto. Migliaia di migranti sono stati messi in salvo mentre la loro imbarcazione affondava.
Foto Ansa/Marina Militare; Reuters.

Una presenza permanente di conflitti caratterizza i Paesi che si affacciano sulla sponda sud del Mediterraneo. Si tratta di guerre civili fra fazioni rivali, di guerre di religione fra confessioni diverse, di episodi più o meno violenti e durevoli di terrorismo. Si possono individuare **quattro cause di crisi**:

1. il **dislivello economico** tra il mondo industriale della sponda nord e quello, ancora in gran parte contadino, della sponda sud, vissuto a sud anche come una contrapposizione fra ricchi e poveri;
2. il **fattore demografico**: crescita rapida e costante della popolazione a sud; stagnazione, se non diminuzione a nord;
3. la **contrapposizione fra mondo cristiano e mondo musulmano**;
4. il **contrasto fra lo Stato ebraico e gli Stati e i Paesi islamici** che lo circondano (la Palestina, prima di tutti).

L'unico rimedio a questa situazione di instabilità politica ed economica finisce con l'essere la **fuga verso l'Europa**, dove ci sono i Paesi che i *mass media* quotidianamente presentano come ricchi, pacifici e accoglienti.

Gli Stati europei più accessibili sono proprio quelli che si affacciano sulla sponda nord del Mediterraneo, come Italia, Grecia, Francia e Spagna; e queste sono le mete che migliaia di profughi cercano di raggiungere con ogni mezzo lasciando spesso in patria ogni loro bene e parte della famiglia.

Si tratta di persone disposte a tutto pur di fuggire dalla miseria e dai pericoli della guerra. Di questa disperata condizione approfittano individui privi di scrupoli (i cosiddetti **scafisti**), che, a carissimo prezzo, mettono a disposizione imbarcazioni di ogni genere, molto spesso prive dei più elementari requisiti di sicurezza, stipandole di uomini, donne e bambini. Così viene affrontata la traversata del Mediterraneo, in ogni stagione dell'anno e con qualsiasi clima, come se si trattasse di trasportare bestiame e non esseri umani.

L'arrivo in Europa

Ogni giorno centinaia di emigranti sbarcano sulle coste europee in precarie condizioni sanitarie e bisognosi dei più elementari sussidi di sopravvivenza.

Spesso li aspetta un destino che non corrisponde affatto alle speranze che li hanno tenuti in vita durante il viaggio: infatti per lo più vengono ammassati in **centri di accoglienza** sovraffollati, sottoposti a umilianti visite mediche e a diffidenti controlli burocratici.

I centri di accoglienza sono strutture adibite a ospitare temporaneamente i profughi una volta giunti nei Paesi ospitanti. Chi arriva viene accudito per i primi soccorsi, sottoposto a controlli riguardo alla sua identità e a procedure